『古代中國高句麗歷史續論』

text by 馬大正 等
Original Published By 中國社會科學出版社 in 2003
All Rights Reserved.
Korean Translation Copyright 2006 by (株)四季節出版社
Published by arrangement with 中國社會科學出版社
through Access Korea Agency, Seoul, Korea.
All rights reserved.

東北工程高句麗史

고구려사 동북공정

마다정 외 지음 · 서길수 옮김

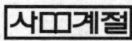
사계절

『동북공정 고구려사』의 내용과 성격

【하나】
『동북공정 고구려사』는 어떤 책인가?

이 책은 『고대 중국 고구려역사 속론(古代中國高句麗歷史續論)』(馬大正, 李大龍, 耿鐵華, 權赫秀, 北京: 中國社會科學出版社, 2003)을 완역한 것이다.

중국에 중국사는 있어도 중국 당사, 중국 삼국사, 중국 남북조사, 중국 송사 같은 책은 없다. 자기 역사에다 다시 중국을 붙일 필요가 없기 때문이다. 그런데 고구려사에는 '중국 고구려역사'라는 매우 이례적인 이름을 붙였고, 중국 국경문제를 다루는 '동북변강연구총서(東北邊疆研究叢書)' 가운데 하나로 출판되었다. 분명히 어떤 특별한 목적을 가지고 의도적으로 낸 책이라는 것을 쉽게 알 수 있다.

이 책의 '출판 설명'에서 그 총서의 성격에 대해 다음과 같이 설명했다.

'동북 변경 역사와 현황에 대한 체계적인 연구 프로젝트(東北邊疆歷史與現狀系列研究工程, 약칭 '동북공정')'는 중국사회과학원에서 조직하고 동북 3성(三省)의 성 위원회가 참여·지원하는 학술연구 프로젝트로 기초연구와 응용연구,

두 가지 연구방향으로 나뉘었다. 그 가운데 기초연구 분야의 연구 성과를 모아서 펴낸 것이 '동북변강연구총서'이다.

'동북변강연구총서'는 '동북공정'의 연구 결과라는 것을 분명히 하고 있는 것이다. 또한 책 뒤표지에 '이 책은『고대 중국 고구려역사 총론(古代中國高句麗歷史叢論)』을 바탕으로 고구려 역사를 한걸음 더 깊이 연구한 것이다'고 한 것처럼 중국의 국책 연구기관인 중국사회과학원과 옛 고구려 땅을 차지하고 있는 동북 3성(길림성, 요령성, 흑룡강성)이 함께 동북공정을 진행하면서 잇따라 펴낸 책이라는 것을 알 수 있다.

『고대 중국 고구려역사 총론(叢論)』(이하『총론』)과『고대 중국 고구려역사 속론(續論)』(이하『속론』) 두 책은 중국이 고구려 역사를 침탈하는 데 이론적 바탕을 이루는 핵심적인 책이라고 할 수 있다. 여기서 역사 '왜곡'이란 말을 쓰지 않고 역사 '침탈'이라는 용어를 쓰는 것은 '왜곡'이란 단어로는 중국의 행동을 완전하게 설명할 수 없기 때문이다. 왜곡이란 '사실과 다르게 해석하는 것'을 말하는 것으로, 예를 들어 일본이 '정신대는 억지로 끌고 간 것이 아니다'며 정신대의 존재는 인정하지만 그 성격을 사실과 다르게 해석하는 것을 말한다. 그러나 1000년 이상 변함없이 한국사였던 고구려사를 갑자기 중국 역사라고 들고 나온 것은 '해석'에서 그치는 것이 아니라 '침범하여 빼앗아 가려는' 침탈의 의도가 뚜렷하게 나타난다.

이 두 책이 갖는 실질적인 의미는 중국의 역사 침탈 과정을 자세하게 보면 쉽게 알 수 있다. 중국 고구려사 침탈 과정을 단계별로 나누어 보면 다음과 같다.

1단계(1980~1995, 15년) : 학자들에 의한 역사 침탈 준비기

① 1980~1985 : 통일적다민족국가론에 대한 새로운 해석과 고구려 연구의 시작

② 1985~1995 : 고구려 연구의 팽창기

2단계(1996~2001, 5년) : 국책에 의한 역사 침탈 추진과 1차 왜곡의 완성기
① 1996~1997 : 국책 연구 추진기
② 1997~2001 : 1차 국책 연구의 완성, 『고대 중국 고구려역사 총론』 발행

3단계(2002~2003, 2년) : 2차 왜곡의 실시(동북공정)와 완성기
① 2002년 2월 : 동북공정, 연변에서 3관교육(三觀教育) 시작
② 2003년 2월~9월 : 『고대 중국 고구려역사 속론』의 발행과 고구려 유적 정비
   (세계유산 등록 목적)를 통한 2차 왜곡의 완성 ('오녀산산성사적진열관'과
   '집안박물관'의 전시 내용)

여기서 우리는 국책에 의한 고구려 침탈의 중요한 시점에 『총론』과 『속
론』이 나왔다는 것을 쉽게 알 수 있다. 이러한 성격은 책을 지은 저자들을
보아도 쉽게 나타난다.

『총론』 - 마다정(馬大正)[1], 양바오룽(楊保隆)[2], 리다룽(李大龍)[3], 권혁수
      (權赫秀)[4], 화리(華立)
   마다정 : 머리말, 연구편 - 중국 학자의 고구려 역사 연구에 대한 평론, 고구려 역
          사 연구 심화를 위한 소견
   양바오룽 : 민족편

---

1) 중국사회과학원 중국변강사지연구중심 학술위원회 주임.
2) 중국사회과학원 민족연구소 연구원.
3) 중국사회과학원 중국변강사지연구중심 연구원.
4) 동북사범대학 역사학과 교수.

리다룽 : 정치편

권혁수 : 조선반도 학자의 고구려 역사 연구에 대한 평론

화리 : 100년에 이르는 일본 학자의 고구려 역사 연구 개황

『속론』- 마다정(馬大正), 리다룽(李大龍), 경톄화(耿鐵華)[5], 권혁수(權赫秀)

마다정 : 머리말, 연구편(2장), 꼬리말

리다룽 : 이론편, 역사편 상(1장, 2장, 3장, 4장), 연구편(3장)

경톄화 : 역사편 상(5장), 역사편 하, 연구편(1장)

권혁수 : 연구편(4장, 5장, 6장)

전체적으로 보면 마다정, 양바오룽, 리다룽, 경톄화, 권혁수, 화리 등 6명이 집필한 것이다. 이 가운데 권혁수는 조선족 학자로 한국정신문화연구원(현재 한국학중앙연구원)에서 박사학위를 받았기 때문에 유일하게 한국말을 할 수 있는 학자인데 주로 남북한의 고구려 연구 경향에 대해 썼고, 화리는 일본의 고구려 연구에 대해 썼다. 두 사람 모두가 고구려사 전공자가 아닌데도, 다른 고구려 전문가들이 한국어와 일본어를 모르기 때문에 해당 언어를 잘 해득하고 있는 두 학자가 남북한과 일본의 고구려사 연구 성과를 분석하기 위해 추가된 것이다.

결국 두 책의 핵심 내용은 4명이 쓴 것인데 마다정과 리다룽은 두 책에 모두 관여하여 주도적인 역할을 하였고, 『총론』에는 양바오룽이, 『속론』에서는 경톄화가 추가되었다. 여기서 주도적인 역할을 한 마다정과 리다룽은 모두 동북공정을 추진하고 있는 중국변강사지연구중심의 핵심 구성원이다. 동북공정에서 가장 중요한 조직은 지도위원회인데, 위원장은 왕뤄린(王洛

_____

5) 통화사범학원 고구려연구소 소장.

林) 공산당 중앙위원 겸 중국사회과학원 학술위원회 주임이고, 이어서 동북 3성의 부성장급(흑룡강성 부서기, 길림성 부성장, 요령성 부성장)과 함께 마다정이 부위원장을 맡고 있다. 대부분 정치적 보직이고 마다정만이 학자임을 알 수 있다. 지도위원회 바로 아래 전문가 위원회가 있는데 마다정은 그 위원회 주임(위원장)을 맡고 있다. 리다롱은 동북공정 사무실 상근 직원으로 동북공정의 실질적인 업무를 맡고 있다.

이처럼 동북공정을 주도하는 두 사람이 사실상 두 책의 성격과 흐름을 잡았다는 것을 아주 쉽게 알 수 있다. 그러나 이 두 사람은 원래 동북지방의 역사, 특히 고구려사 전공자가 아니다. 마다정(1938년생)은 산동대학 역사학과를 졸업하고 중국사회과학원에 들어가 줄곧 중국 변경의 역사를 연구하면서 정부와 중국사회과학원이 시행하는 각종 국경문제 연구를 주관하였다. 그리고 1995년 이후 동북지방의 역사와 고구려사에 관심을 갖기 시작하였다. 물론 이러한 관심은 개인적인 것이라기보다는 국가기관인 사회과학원 프로젝트의 일환이라고 볼 수 있다. 리다롱은 서북대학 역사학과를 졸업하고 중국사회과학원 민족연구소에서 2000년까지 『민족연구(民族研究)』라는 잡지의 편집을 맡고 있었다. 그렇기 때문에 리다롱의 고구려사 연구는 동북공정과 맞물려 처음 시작한 새내기의 것이라고 할 수 있을 것이다. '중국 고구려사'를 처음 쓰면서 왜 기라성 같은 고구려 연구가들을 놔두고 시작한 지 몇 년 안 되는 초보자 두 사람에게 주도적인 역할을 맡겼을까? 이 대답은 대단히 간단하다. 이 책은 그동안 고구려에 대한 연구를 바탕으로 개연성 있는 서술을 한 것이 아니고 '동북공정'이란 목적을 달성하기 위해 미리 짜 놓은 프로그램에 맞추어 만들어 낸 것이기 때문이다.

비록 이처럼 학술적인 측면에서는 치명적 결함을 가지고 태어난 책이지만 이 책의 위력은 막강하다. 이 책이 나온 지 상당 기간이 지났지만 이 책에 대한 비판을 아직 본 적이 없다. 뿐만 아니라 이 책의 전체적인 흐름에 반하는 논리를 내세운 논문도 나오기 어려운 것이 현재 중국의 학문적 풍토이고 현실이다. 몇몇 학자들은 고구려사에 대한 단행본을 내기 위해 원고를 제출한 지가 5년이 지났지만 아직 허가가 나지 않아 출판을 못하고 있다는 얘기도 들었다. 바로 주도권을 가진 학자들이 출판을 위한 심사권을 가지고 있기 때문이다.

【 둘 】
동북공정 - 남북한 고구려사 연구에 대한 비판

이 책의 머리말을 대신해서 쓴 "고구려 역사 연구 문제에 대하여 다시 논한다(마다정)"는 16쪽밖에 안 되는 분량이지만 동북공정을 진행시키는 당사자들의 비판과 제언이라는 측면에서 눈여겨 볼 필요가 있어 그 내용을 간추려 본다.

1. 중국은 남북한 고구려사 연구가 비학술화 경향을 보인다며 강하게 비판하고 나왔다

1) 일본 군국주의의 영향이 크다

고구려 연구가 비학술적으로 흐른 것은 일본 군국주의가 일찍이 한반도 및 중국을 침략하기 위한 악의적인 속셈으로 고구려사를 의식적으로 왜곡, 곡해하였고, 남북한이 그 영향을 받았기 때문이라고 보고 있다.

2) 1970년대, 1980년대의 비학술적 요소와 표현

재야사학자들의 연구가 고구려사를 왜곡했다고 비판하고 육군의 정신교육 책자 분석을 통해 신군부의 '대륙수복 의지'로까지 연관시키고 있다.

3) 최근 한반도 남북에서 일고 있는 소위 '고구려 붐(高句麗熱)'에 나타난 비학술적 의도와 경향

1992년 한중수교 이후 일어난 한국인의 고구려 유적 탐방과 연구 붐을 '대고구려민족'에 공감하는 열기라고 보고 있으며, 그런 열기는 북한보다 남한에서 더 두드러지게 나타난다고 보았다. '대고려민족주의'를 통해서 남북한이 통일하려 한다는 점을 강조하는 것으로 보아 중국의 동북공정은 한반도의 통일에 대한 대비라는 것을 알 수 있다.

2. 중국이 본 한반도 남북 학계의 고구려사 연구와 그 특징

1) 북한 학계의 고구려사 연구 특징

북한의 고구려 연구는 고구려가 역사상 가장 강한 국가였고 자주적인 국가였다는 것을 강조하고 있는데, 이는 학술적 동기에서 출발한 것이 아니고, 한반도 남부였던 신라와 백제의 지위를 낮추거나 부정하고 상대적으로 고구려를 부각시켜 북한의 정통성을 강조하려는 정치적 의도라고 보았다. 주로 1979년 주체사상에 의해 발행된『조선전사』의 내용을 비판하는 것이다.

한 가지 놀라운 것은 북한 고구려 유적의 세계유산 등록을 정치적이라고 비판하는 것이다. 중국이 북한의 세계유산 등록을 정치적으로 본다는 것은 중국도 이 문제에 대해 정치적으로 대응했다는 것을 말해 주는 것이다.

최근의 북한 연구에 대해 과소평가하고 있는 것도 특징이다.

2) 한국 학계의 고구려 연구 특징

중국은 한국의 '고구려 붐'에 대해 상당히 주시하고 있다. 남한의 고구려 연구가 북한을 앞지르고 있다는 평가도 이채롭다.

사회 전 범위에서 '고구려 붐'을 일으키고 있는 국제적인 영향력을 놓고 말할 때, 한국 학계의 고구려사 연구는 조선 학계의 성과를 이미 초과 달성하였다. 그리고 정계를 포함하여 한국 사회 각계에서 고구려사 연구에 대해서 관심을 보이며 참여하고 있다. 비록 형식적으로 조선과는 다른 것 같지만 그 목적(고구려사의 한반도 역사성의 강조, 중국 역사성의 부정)과 작용(정치화, 사회화에 이어 국제화에 이르기까지)은 크게 다르지 않은 효과를 거두고 있으며 그 강도는 오히려 조선보다 강하다.

3) 고대사 문제에 관한 한 놀랍게도 남북한이 한 목소리

남북한이 분열과 대치 국면에 대해서는 근본적인 개선이 없으면서도 고구려 문제에 대해서 한목소리를 내는 것에 대해 놀라움을 표시하고 있다. 다민족 국가로서는 이해하기 어려운 일일 것이다. 고구려 문제가 남북간 교류를 증진시킬 것이며 한반도 통일을 위해 고구려 문제가 수단으로 사용될 것이라고 보는 것은 고구려사 연구에 대한 중국의 관점을 잘 보여주는 것이다.

3. '고구려사 연구의 학술화를 위한 제언(提言)' 분석

이 제언은 상당히 주목할 만한 것이 많다.

　1) 동북공정을 실시하는 초기에 비해 상당히 자신감에 찬 표현들이 많이

나오고 있다. 예를 들어 "한반도의 남북 학계가 고구려사가 중국 고대 역사의 일부분임을 부인하는 것에 대해 분명히 반대한다. 그러나 상대방이 우리의 관점을 받아들이도록 강요해서는 안 되며 학술적 규범과 국제 관례에 부합하는 정상적인 학술 교류와 논쟁을 전개해야 한다"며 학술 교류와 논쟁을 제안하고 있다. 지금까지 중국은 고구려사에 대한 중국의 연구 결과가 부족했기 때문에 자국 학자들이 해외에 나가 발표하는 것을 금지하였다. 그런데 이처럼 교류와 논쟁을 제안한 것은 고구려 연구에 대한 상당한 자신감을 표시한 것이다.

2) 폐쇄적인 연구 경향에서 벗어나 적극적으로 연구하고 대처할 것을 예고하고 있다. 사진이나 도판 공개를 극히 꺼려하던 중국이 스스로 도록을 발행하고 있으며 그것도 속도를 내고 있다. 이것도 자신감을 표시한 것이다. 한국 학계로서는 정말 환영할 만한 변화이다. 다만 남북한 출판물에 나오는 중국의 사진과 도판에 대한 지적소유권 주장도 거세질 것으로 보인다.

3) 사전과 교과서에 나오는 고구려에 관한 내용을 새롭게 고치겠다는 의지를 분명히 표시하였다. 이 문제는 매우 중요한 것이다. 일단 고쳐지고 나면 다시 되돌리기 힘들기 때문에 우리는 이 문제에 대해 미리 적극적으로 대처해야 한다.

4) 중국은 그들이 말하는 이른바 '한 역사를 두 나라가 사용한다(一史兩用)'는 것에 대한 정의를 명확히 했다. 우리는 여기에 대해 한 역사를 두 나라가 공유하는 것으로 오해하고 있다. 그러나 이는 한국의 고구려사 논의에 간섭하지 않겠다는 것이지 고구려사의 반은 한국사라고 인정하는 것이 아니다. 이것은 앞으로 역사학자나 외교관들도 정말 잘 이해하고 대처해야 한다. 예를 들어 우리나라에서 누가 '일사양용'을 주장한다고 해도 이는 중국에서 고구려사를 자기 역사라고 주장하는 것을 간섭하지 않고 놔두는 것이지, 고구려사가 중국사라는 것을 인정하는 것은 결코 아니라는 것이다.

5) 고구려 연구를 다음과 같은 사례처럼 연구하고 있다.

이것은 중국이 얼마나 강대한 패권을 주장하려고 하는지 내다보게 하는 대목이다.

① 흉노의 서천(西遷)과 헝가리 민족의 관계
② 돌궐 한국(汗國)의 몰락과 우리나라(중국을 말함-옮긴이)의 신강(新疆), 중앙아시아, 터키 등 상관 민족과의 관계
③ 몽골 유목 제국의 해체와 우리나라(중국을 말함-옮긴이) 내몽골과 몽골, 러시아의 상관 민족과의 관계

이처럼 국가적인 사업으로 전체 역사를 고대에서부터 현대의 헝가리, 터키, 중앙아시아, 몽골, 러시아와 연관지어 연구하는 중국의 중화사상을 극복하기 위해서는 우리도 정말 전(全) 시대와 아시아 전체를 아우르는 역사 연구가 필요하다는 것을 알 수 있다.

6) 본문에서 전반적으로 흐르는 학술화·비정치화의 주장은 중국 스스로는 비학술화되고 정치화되었으면서도 고도의 전략을 통해서 학술화와 비정치화를 주장하는 태도임을 바로 읽고, 우리는 정말 학술적이고 비정치적인 측면에서 접근하고 연구해야 할 것이다.

동북공정 2년 만에 나온 결과는 상당히 진전되었고 중국은 나름대로 자신감을 표시하고 있다. 2006년 동북공정이 끝날 때는 어떤 결과가 나올 것인가? 우리는 이에 대한 예측과 함께 깊이 있는 연구성과로 대처해야 할 것이다.

『동북공정 고구려사』를 통해서 본 중국의 역사 왜곡

먼저 『총론』에서 다룬 문제를 살펴보면 다음과 같다.

민족편 : 고구려가 예맥 계통이라는 것을 인정하면서도 고대 조선인, 한인, 선비인, 숙신인, 거란인, 백제인 같은 많은 주변 종족들이 융합되었다는 것을 강조하였다. 한편 고구려가 멸망한 뒤 고구려인들은 대부분 현재 중국으로 편입되었다는 점을 내세우고, 전체 내용의 절반 이상을 고구려는 후대 (왕씨)고려와 상관이 없다는 것을 논증하는 데 사용하였다.

정치편 : 고구려 705년 동안 수없이 바뀐 중원왕조와의 관계를 논하면서, 중원의 모든 왕조로부터 책봉을 받고 중원에 조공하였다는 것을 주된 내용으로 하여 결국 고구려는 중원왕조에 예속된 지방정권이라는 논리를 집중적으로 서술하고 있다.

연구편 : 중국, 남북한, 일본 학자 들의 고구려 연구를 종합했다.

위에서 언급한 『총론』에 이어 출간된 『속론』, 즉 이 책 『동북공정 고구려사』는 『총론』에서 논급하지 않았던 고구려사의 난점과 의문점을 논하거나, 『총론』에서 언급하기는 했으나 보론이 필요한 문제를 선정했다. 『동북공정 고구려사』의 내용을 차례대로 정리하면 다음과 같다.

1. 고대 중국의 번속(藩屬)이론

고구려사가 중국의 역사라는 것을 정당화하기 위한 이론이다. 소위 번속이론이란 이 세상 한 가운데는 한족(華夏)만 문명하게 살고(中華), 주변에는 모두 미개한 오랑캐들이 사는데, 이 오랑캐들은 중원의 한족에게 번속(藩屬)되어 있었다는 것이다. 그래서 한족은 중화민족이고, 그 4방에는 동쪽 오랑캐(東夷), 서쪽 오랑캐(西戎), 남쪽 오랑캐(南蠻), 북쪽 오랑캐(北狄)가 살고 있었다는 것이다. 이런 중화사상에서 4방의 오랑캐를 규정한 것은 중화민족과 주변 오랑캐는 전혀 다른 인간으로 절대 같을 수 없다는 철저한 차별화에서 나온 것이다. 다시 말해 오랑캐는 중화민족이 될 수 없다는 고도의 엘리트 정신에서 비롯된 것이다.

그런데 이 책에서는 전통적인 화이사상(華夷思想)과는 달리 오랑캐라는 말을 전혀 쓰지 않고 소수민족이라는 표현을 쓰고 있다. 옛날의 화이사상이 중앙과 주변을 차별하기 위해 존재하였다면, 이 책의 화이사상은 주변의 소수민족을 중화민족 안으로 끌어들여 하나로 만들어야 한다는 '통일적다민족국가'라는 기치 아래 이루어졌기 때문이다. 언뜻 보기에는 옛날에 비해 매우 민주화된 사상으로 보이지만 이런 사상을 바탕으로 주변국들의 역사를 마구잡이로 삼키고 있어 당하는 국가들의 입장에서 보면 그 무자비함이 오히려 교묘하고 옛날보다 더 위험하다고 하지 않을 수 없다. 1980년 이후 중국의 통일적다민족국가론은 "몇 백 년이라고 해도 좋고 몇 천 년이라고 해도 좋다. 이 범위 안(청나라 영토)에서 활동한 민족은 모두 중국 역사상의 정권"이라고 주장하고 있다. 다시 말해 소수민족들의 역사는 모두 중국의 역사이며, 소수민족과 연관된 주변 국가의 역사도 중국 역사가 되는 상황에 놓인 것이다.

중국이 아주 오랜 옛날부터 가졌던 이러한 중화주의사상은 힘의 논리이고 강자의 논리였다. 그렇기 때문에 주변 국가를 협박하여 침공하고, 나아가 전쟁을 통해 영토를 넓히는 데 중요한 무기가 되었다. 중국은 자신이 강할 때나 다른 민족의 지배를 받지 않을 때는 끊임없이 영토를 넓혔으며, 그 때마다 중화사상은 전쟁을 일으키는 아주 쉬운 구실이 되었다. 이러한 중화사상은 한족에게 유리한 것만은 아니다. 왜냐하면 주변 국가들이 강해지면 바로 이 중화사상을 적용하여 중국을 지배하였기 때문이다. 중국 역사에서 소위 진한(秦漢) 이후 300년 이상 간 나라가 북송(北宋) 한 나라밖에 없다. 그리고 5호 16국, 북위(149년), 요(210년), 금(120년), 원(109년), 청(297년) 등 중국사 전체의 거의 절반에 가까운 시기 동안 중국의 전 지역이나 또는 일부가 다른 민족의 지배 아래 놓이게 되었다. 중국이 통일적다민족국가를 부르짖는 것은 지금의 55개 소수민족 때문이 아니라 바로 이처럼 오랜 동안 이민족의 통치를 받는 과정에서 생긴 한족의 정체성 자체에 한계성이 있기 때문이다.

중국은 이러한 역사적 교훈을 잊어서는 안 된다. 힘의 논리나 자신만을 최고로 생각하는 중화주의는 자신을 위해서도 좋지 않다는 사실을 바탕으로 새로운 역사관과 세계관을 수립해야 한다. 이것은 중국만을 위해서가 아니라 아시아의 평화와 세계 평화를 위해서도 꼭 필요한 중국의 변화이다. 중국이 팽창주의적 중화사상을 계속 펴는 한 아시아의 평화는 없을 것이며, 아시아의 평화가 없으면 세계 평화도 없기 때문이다.

이 책에 나온 번속이론을 옮기면서 필자는 상당히 참담함을 느꼈다. 세상이 많이 변했음에도 불구하고 중국의 역사 인식은 2000년 전이나 지금이나 하나도 변한 것이 없기 때문이다. 21세기라는 시점에서 2000년 전의 번속이론이나 화이관(華夷觀)을 가지고 주변국의 역사를 자국의 역사로 만들려는 사고방식은 중국이 다시 전설적인 3황5제 시대로 되돌아가려는 것이 아닌가 하는 착각이 들 정도이다. 지난 1000년 동안 중국이 선조들이 가졌던 역사관마저 부정하면서 새로운 역사관을 창조하여 무장하려는 의도가 뚜렷이 보인다. 이는 근세에 나타난 제국주의나 절대주의 못지않게 경계해야 할 흐름이라고 보아야 하고 주변 국가들은 이에 대해 철저히 대비해야 할 것이다. 앞으로 주변 국가들이 공동 연구를 통해 그 위험성을 중국에 경고해야 할 것이며, 끝내는 이러한 객관적인 연구에 중국도 참여하여 아시아 평화 나아가 세계 평화를 위해 바람직한 민주적이고 상호존중이 가능한 역사관을 공동으로 창조하는 아시아 프로젝트가 준비되어야 할 것이다.

2. 고구려국의 귀속

먼저 중국 역대 왕조의 고구려 귀속에 대한 인식에서는 직접적이지는 않지만 고구려의 연원을 은인(殷人), 즉 상인(商人)으로 보려는 의도가 보이고, 고구려 705년 역사 동안 중원의 각 왕조들이 모두 고구려를 지방정권으로 보았다는 것을 강조하고 있다.

한편 고구려가 중국의 강역 형성에 공헌한 점을 적극 평가하였다는 논조가 눈길을 끈다. 이것은 지금까지 고구려가 한쪽에서 땅을 나누어 차지하였다(割據)고 부정적으로 평가해 왔기 때문에 오히려 중국 역사가 아닌 것처럼 보이는 어려움을 극복하기 위한 것이다. 중국 변경의 역사는 분열, 통일, 재분열, 통일의 역사이기 때문에 한때 분열되었다 통일된 것이지 할거(割據)가 아니라는 것이다. 우리는 우리 역사에서 고구려가 가장 넓은 영토를 넓혔다고 자랑할 때 중국은 고구려가 중국의 영토를 넓혀주었다고 평가하는 아이러니가 벌어지고 있는 것이다. 그 결과 고구려가 대동강으로, 한강으로 내려갈수록 중국의 영토가 넓어지는 것이다.

이런 새로운 관점의 개발은 바로 현재 중국 변경사를 연구하는 학자들의 중요한 임무로, 원나라를 세운 몽골족이 유럽까지 쳐들어간 역사를 자랑스럽게 중국의 역사로 편입하게 될 날도 머지않았다. 바로 이런 점에서 고구려와 중국의 관계 설정뿐 아니라 동아시아 역사를 새로운 시각으로 전면 개편해야 할 필요가 생기는 것이다. 원나라, 청나라 역사는 중국 역사인가 하는 문제들을 포함해서 말이다.

여기서 우리가 가장 눈여겨봐야 할 것은 중국이 고구려를 일방적으로 예속시킨 것이 아니라 고구려도 중국과 인식을 같이했다는 부분이다. 이 책에서는 그 예로 고구려인 스스로 한족의 선조 가운데 하나인 고양씨(高陽氏)의 후손이라고 했다는 황당한 설을 제기한다. 그 증거로 고구려 출신인 북연의 모용운(慕容雲)이 한 말을 인용하였는데, 그렇다면 고씨의 본 고장인 고구려에서는 왜 한 번도 그런 기록이 없는지에 대해 대답을 해야 한다.

한 가지 우리에게 생각해 볼 거리를 던져주는 말이 있다. 고구려가 멸망하고 많은 사람들이 당나라로 끌려간다. 이러한 고구려인들이 당나라에 협조하고 벼슬한 것을 가지고 고구려인도 당나라와 같은 인식을 가지고 있었다고 주장한다.

고구려인이 비록 고토를 떠나 옮겨왔지만 '국가가 망하고 가문이 망했다'는 감정은 거의 없었으며, 점점 한족으로 융합되었고 중국 통일의 대업을 완수하는 데 탁월한 공적을 남긴 인사들이 많이 나타났다는 점이다. 두 『당서』에 전하는 고구려인으로는 고선지(高仙芝), 왕모중(王毛仲), 왕사례(王思禮), 이정기(李正己) 같은 사람이 있다.

중국 역사 왜곡의 산실인 변강사지연구중심(邊疆史地研究中心) 홈페이지에는 더 쉽고 명확하게 되어 있다. "고구려는 중국을 배척하지 않았다. 때문에 멸망 후에도 많은 고구려 사람이 조국의 통일을 지키기 위해 큰 공을 세웠고 청사에 이름을 남겼다. 바로 천남생, 고선지, 왕모중, 왕사례, 이정기 같은 인물들이다."

이때 잡혀갔던 보장왕이 돌아와 국가 부흥운동을 벌였고 많은 고구려인들이 이국땅에서 한 많은 생을 마감했다는 내용은 일체 언급하지 않고, 몇몇 벼슬한 사람들을 예로 들어 고구려인들이 국가가 망했다고 생각하지 않고 통일되었다고 생각했다는 발상은 참으로 역사를 모르는 소견이다. 하지만 여기서 우리는 그러한 고선지나 이정기를 어떻게 평가해 왔는지 심각하게 반성해야 한다.

고선지와 이정기가 어떻게 고구려 장군인가. 고선지와 이정기는 조국 고구려를 쳐들어와 패망시킨 당나라에 가서 벼슬을 한 적군의 장수가 아닌가? 고선지는 고구려를 위해서 싸우지 않았고 고구려 군사를 지휘한 적도 없다. 만일 일제 시대 때 일본으로 건너간 사람이 일본의 장군이 되어 진주만을 폭격했다면 그를 위대한 우리나라 장군으로 추앙할 것인가? 우리는 왜 고구려 때 손자병법을 능가하는 지략으로 선비를 공략한 부분노(扶芬奴)나 당나라의 등주를 쳐들어갔던 발해의 장수를 빼놓고 당나라 장수를 그렇게 추앙하고 자랑스럽게 생각하고 있는가? 우리도 새로운 시각으로 역사를 보아야 할 때가 온 것이다.

Ⅱ. 역사편(상)

여기서 보려는 역사편은 물론 이 책의 모든 연구는 남북한과 일본 등 외국의 연구 성과를 전혀 참고하지 않고 있다. 중국인들이 서양의 학문을 연구할 때는 서양학자들의 연구를 많이 인용하고 있지만 아시아 역사를 연구할 때는 주변의 연구를 전혀 참고하지 않고 자기들의 일방적인 주장만 내세운다. 21세기 학문을 연구하는 데도 고대 화이사상이 그대로 남아 있는 것이다. 대부분의 다른 중국 학자들이 그런 것처럼 이 책의 필자들은 한국어나 일본어를 해독하지 못하고, 주변국의 연구 성과에 대한 공부가 전혀 되어 있지 않기 때문에 그런 결과가 나온 것이다. 어떤 측면에서 보면 앞뒤 주위를 보지 않고 자기 주장을 하는 데는 이런 연구 태도가 더 속 편할지도 모른다.

고구려 문제는 이미 남북한과 일본에서 중국보다 훨씬 수준 높은 연구 성과들이 나왔음에도 불구하고, 그런 연구 성과를 파악조차 하지 않고 중국의 일방적인 연구 성과만 가지고 밀어붙이는 연구 태도에서 학문적 객관성을 기대하기는 어렵다. 이 책을 기획할 단계부터 객관적이고 학문적인 저서를 내기보다는 역사 침탈에 적합한 논리를 만들어내는 것이 목적이었기 때문에 오랫동안 연구해 온 기존 연구자들을 빼놓고 국책 연구기관에서 서남공정이나 서북공정을 진행했던 학자들을 동원해 책을 집필하였다. 그렇기 때문에, 이 책의 내용을 자세히 보면 아주 기초적인 정리에 그친 것도 있고, 어떤 것은 기존 연구를 완전히 무시하고 극히 소수의 재야 의견 같은 것을 과감하게 채용한 것도 있다. 고구려가 상나라(商人)의 후예라는 논리 같은 것이 그 대표적인 예이다. 앞으로 연구가 진전되면 이런 문제들은 모두 밝혀지고 이 책의 의도와 진면목이 드러날 것으로 보인다.

1. 한사군 연구

한사군 연구는 고구려가 한사군 가운데 현도 땅에 세워졌다는 것을 강조해

결국은 '고구려는 중국의 한나라 땅에 세워졌기 때문에 중국의 역사다' 라는 논리의 일환이다. 더 나아가 현재 북한 지역도 한나라의 낙랑 땅이기 때문에 평양 지역 고구려도 바로 중국의 역사라는 주장이다. 이 연구는 이미 중국의 몇몇 학자들에 의해 이루어졌으며, 현지 박물관에서도 고구려가 중국 땅에서 일어났다는 중요한 이유로 실제 사용되고 있다.

중국 환인의 '오녀산산성사적진열관'에는 다음과 같은 내용의 안내가 있다.

"현도군은 한나라 무제 3년(서기전 108년) 설치되었다. (현도)군의 치소는 처음 옥저성에 두었다가 한나라 소제 시원 5년(서기전 82년) 고구려현(현재 신빈현 영릉진 영릉남성터)으로 옮겼다. 서한의 정치, 경제, 문화, 군사 같은 여러 가지 강렬한 영향 아래 주몽이 현도군 경내에다 고구려 나라를 세웠다. 고구려 왕은 (중국의) 중앙정권이 내린 조복(朝服)을 받았고 그 호적은 고구려 현령이 관장하였다. 이로써 고구려 민족정권과 중앙 왕조의 예속관계가 확립되었다."

— 玄菟郡與高句麗建國

玄菟郡設于漢武帝三年(公元前108年). 郡治初置于沃沮城 漢昭帝始元五年(公元前82年) 西遷至高句麗縣(今新賓縣永陵鎭永陵南城址). 在西漢政治, 經濟, 文化, 軍事等諸多因素的强烈影響下 朱蒙在玄菟郡境內建立了高句麗國. 高句麗王接受中央政權賜予的朝服 其戶籍由高句麗縣令掌管 由此確立了高句麗民族政權與中央王朝的隸屬關係.

이 내용에서 고구려와 중국 중앙왕조의 예속관계가 확립된 이유를 두 가지로 간추릴 수 있다. 첫째 서기전 108년 한나라 현도군에 고구려현이 설치되었는데, 서기전 82년 현도군의 치소가 옥저성에서 고구려현으로 옮겨졌다. 바로 이 고구려현에서 주몽이 고구려를 세웠다는 것이다. 이 논리가 바로 '고구려는 중국 땅에 건국되었기 때문에 중국의 역사'라는 근거가 되는 것이다. 이 논리는 아주 교묘하게 연결해 놓았기 때문에 아무 역사적 지식이 없는 중국인은 물론 역사를 깊이 알지 못하는 한국 관광객들도 그대로 믿게 될 것이다. 그러나 여기서 아주 중요한 부분이 왜곡되어 있다. 즉 '고구려는 부여 땅에 세웠다'는 것이다. 중국에서 주장하고 있는 이러한 논리의 바탕은 다음과 같은 기록에서 온 것이다.

(한나라) 무제가 조선을 멸망시키고 고구려를 현으로 만들어서 현도에 속하게 하고 북 치고 피리 부는 악공을 하사하였다. (『후한서』)
— 武帝 滅朝鮮 □高句麗爲縣 使屬玄菟賜鼓吹伎人

한나라 때 북 치고 피리 부는 악공을 하사하였고, (고구려는) 항상 현도군에 나아가 (한나라의) 조복(朝服)과 의책(衣幘)을 받아갔는데, 그에 따른 명단은 (현도군의) 고구려현 현령이 문서를 관장하였다. 그 뒤에 차츰 교만 방자해져서 다시는 (현도)군에 오지 않았다. 이에 동쪽 경계에 작은 성을 쌓고 조복과 의책을 그 안에 놔두면 해마다 와서 가져갔다. 지금도 오랑캐들은 이 성을 책구루(幘溝漊)라 부른다. 구루(溝漊)란 (고)구려 사람들이 성(城)을 일컫는 말이다. (『삼국지』)
— 漢時 賜鼓吹技人 常從玄菟郡 受朝服衣幘 高句麗令主其名籍(元本, 令主 作今王 誤). 後稍驕恣 不復詣郡(元本 詣 作諸 誤) 於東界築小城 置朝服衣幘其中 歲時 來取之. 今 胡猶名此城爲幘溝漊. 溝漊者 句麗名城也.

원문을 잘 살펴보면 중국측이 자의적인 해석이나 아전인수 격인 해석으로 역사를 왜곡하고 있다는 것을 알 수 있다.

첫째, 한 무제가 고조선을 멸망시키고 고구려를 현으로 편입시켰다는 것은 한나라가 침입해 점령하기 전에는 고조선의 땅이었고, 그 고조선 안에 이미 고구려가 있었다는 것을 뜻하기 때문에 한 무제의 고구려현 편입 사실이 고구려가 중국사라는 것을 증명하기보다는 오히려 고구려의 정체성을 더 강화시켜주는 내용이라고 할 수 있다.

둘째, 고구려는 한나라 현도 땅에 세워졌다는 문제이다. 추모(주몽)가 고구려를 세운 서기전 37년 홀본(졸본) 땅은 한나라 현도가 아니라 이미 부여의 땅이 되어 있었다. 『삼국사기』에 보면 '주몽이 졸본부여에 이르렀다. (그 졸본부여의) 왕에게 아들이 없었는데 주몽을 보고는 범상치 않은 사람인 것을 알고 그 딸을 아내로 삼게 하였다. 왕이 죽자 주몽은 왕위를 이었다'고 해서 추모가 고구려를 세운 것은 현도 땅이 아니라 졸본부여 땅이었다는 것을 알 수 있다. 부여에서 온 추모가 만일 현도 땅에 나라를 세웠다면 한나라가 그것을 그대로 두지 않았을 것이고, 기록에도 한나라 현도 땅이라고 했을 것이다. 여기서 현도군 아래 있던 고구려현과 새로 세운 고구려국과는 전혀 다른 나라라는 것을 알 수 있다. 다만 새로 세운 고구려국이 이전 현도군 고구려현에 속했던 고구려인들을 대거 받아들였을 가능성은 크다. 하지만 확실한 것은 고구려가 나라를 세운 지역은 이미 한나라의 지배를 벗어나 부여의 영역 안에 편입되어 있었다는 것이다.

서기전 108년 고조선이 멸망하고 현도가 들어섰을 때는 현도군의 치소가 동옥저에 있었는데 고구려인들이 고구려현 서쪽으로 몰아낸다. 『삼국지』「동옥저」에 보면 "뒤에 이·맥의 침략을 받아 군을 (고)구려의 서북쪽으로 옮기니 지금의 이른바 현도의 고부(古府)라는 곳이 바로 그곳이다(後爲夷貊所侵 徙郡句麗西北 今所謂玄菟古府是也)"라고 되어 있다. 여기서 이맥(夷貊)이란 고구려의 종족을 말하는 것으로 이때 이미 현도의 중심지는 고구려를 벗어난 것이다. 이 기사는 서기전 75년(원봉 6년)[6]의 것이므로 33년 뒤 현도는 사실상 크게 축소되었음을 알 수 있다. 그 뒤 고구려는 한나라의 명령을 잘 따르지 않은 것으로 나타난다.

앞에서 인용한 삼국지를 보면, "그 뒤에 차츰 교만 방자해져서 다시는 (현도)군에 오지 않았다"고 한 것을 보면 알 수 있고. 한나라는 할 수 없이 "동쪽 경계에 작은 성을 쌓고 조복과 의책을 그 안에 놔두면, 해마다 와서 가져갔다"고 했다. 이러한 점으로 미루어 보아 서기전 75년 이후에는 고구려현이 자치를 행사하고 있었다는 것을 알 수 있고, 이때는 한나라보다는 오히려 부여의 관할 하에 있었다고 할 수 있다. 바로 이런 지역에서 추모는 서기전 37년 정식으로 개국하게 된 것이다.

중국 학자들의 연구도 현도의 고구려현과 추모가 세운 고구려는 다르다는 것을 강조하고 있다.

과거 일반인들은 고구려는 모두 주몽이 세운 고구려를 가리킨다고 했다. 그러나 주몽의 고구려는 한 원제 소건 2년(서기전 37년)에 세운 것이다. 앞에서 보았듯이 한무제 원봉 4년(서기전 108년)에 이미 존재하였다. 그렇기 때문에 최초로 출현한 고구려는 주몽이 세운 고구려가 아니다.[7]

이처럼 대부분의 중국 학자들은 고구려가 부여에서 비롯되었다는 사실을 부인하지 않는다. 그런데 환인의 진열관에서는 고구려가 건국한 땅이 한나라 땅이었고 고구려는 바로 이 한나라 현도 땅에서 건국한 것처럼 왜곡하고 있는 것이다. 이 진열관에서 이 문제를 더욱 부각시키기 위해 현도군에서 출토된 유물들까지 전시하고 있어 그 심각성이 한층 더하다.

셋째, 호적을 고구려 현령이 관리하였다는 문제이다. 한나라의 현도군에

---

6) 『한서(漢書)』 권7, 「소제기(昭帝紀)」 제7, 원봉(元鳳) 6년 정월 참조.

7) 쑨진지(孫進己) · 왕몐허우(王綿厚), 『동북역사지리(東北歷史地理)』〔흑룡강인민출판사(黑龍江人民出版社)〕, 1988, 261쪽.

점령당하고 있던 고구려현은 당연히 한나라의 신하로서 예를 차렸다. 대표적으로 한나라의 음악을 받아들이고, 한나라의 조복과 의책(옷과 갓)을 하사받았다. 그러나 이러한 신하로서의 예는 얼마 가지 않고 중단되었다. 원문에 보면 "차츰 교만 방자해져서 다시는 (현도)군에 오지 않았다"고 되어 있다. 그러나 진열관에는 이 부분이 삭제되어 마치 그러한 활동이 계속된 것처럼 하였다. 더욱 중요한 것은 이 기사는 한나라 현도군에 속한 고구려현의 일이지 추모(주몽)가 세운 고구려국이 악공을 받고 조복을 받았다는 것은 아니다. 이 점은 이미 앞에서도 보았듯이 중국학자들도 인정하는 것인데 이 진열관에서는 교묘하게 묶어서 보는 사람들이 고구려가 한나라 땅에서 세워졌다고 인식하도록 유도한 것이다.

"호적을 고구려 현령이 관리하였다"는 문제는 정말 놀라운 발상이다. 이 문장을 잘못 보면 마치 중국이 고구려의 호적까지 관리하였다는 것처럼 오해하도록 하였다. 더구나 "여기서 고구려 민족정권과 중앙 왕조의 예속관계가 확립되었다"고 해서 이 기록이 고구려가 지방정권이라는 것을 증명하는 것처럼 왜곡하였다. 그러나 이 문구는 "한나라 때 북 치고 피리 부는 악공을 하사하였고, (고구려는) 항상 현도군에 나아가 (한나라의) 조복(朝服)과 의책(衣幘)을 받아갔는데, 그에 따른 명단(名籍)은 (현도군의) 고구려현 현령이 관장하였다"고 했듯이 호적이 아니라 하사품에 대한 목록이라는 것을 알 수 있다. 물론 '명적'이란 단어는 호적이라는 뜻으로 많이 쓰인다. 그러나 이 문장의 문맥을 따져 보면 '그 명단(其名籍)'이라고 해서 '하사품'이라는 앞의 문장을 받는 문장이라는 것을 쉽게 알 수 있다. 더구나 그것을 현도군에서 관리하는 것이 아니라 고구려 현령이 주관하는데 이것이 왜 고구려와 중국 중앙 왕조 사이의 예속관계를 나타내는 것인지 논리적으로 말이 안 되는 결론이다.

그러나 이 진열관은 고구려 역사가 중국 역사임을 국내외 관광객에게 주입하는 교육장으로 크게 활용하고 있다.

한편 이 책의 한사군 연구는 리다룽이라는 젊은 학자가 쓴 것으로 아주 기초적인 연구에 그쳐, 이러한 중국 학자들의 연구에 훨씬 못 미치기 때문에 더는 언급하지 않기로 한다.

2. 중국 정권과 고구려의 상호 정책 연구

이 장은 리다룽이 쓴 것인데, 한나라에서 당나라까지 중원왕조가 고구려에 대해 취한 정책을 3단계로 나누었다.

1) 양한(兩漢) 시기 - 직접 관할에서 속박통치 방식으로 변화: 서한 시대는 조공한 기록이 전혀 없다. 서한 말기 서한의 세력이 약해졌기 때문이다. 그러나 이 책에서는 한사군의 현도군이 고구려를 직접 관리했기 때문이라고 주장한다. 왕망 시절에도 계속 고구려를 군현으로 지배했으며, 왕을 후(候)로 삼고 고구려 군사를 징발하여 변경의 안정을 꾀하였다고 하였으며 엄격한 진압정책을 취했다고 했다.

2) 위진남북조(魏晋南北朝) 시기 - 속박상태에서 실시한 서로 다른 정책: 이 시기에는 각 왕조가 자신의 이익에 따라 고구려에 대해 서로 다른 정책을 썼으나 한 가지 공통된 특징은 고구려가 반드시 신하로서 공물을 바치고 신속관계를 유지했다는 것을 강조하고 있다.

3) 수당(隋唐) 시기 - 직접 관할을 다시 구축하기 위한 노력: 당 태종이 고구려를 멸망시킴으로써 비로소 중국 통일 대업을 완성하였다고 보았다.

한편 중원왕조에 대한 고구려의 정책은 다음과 같이 정리하고 있다.

1) 양한(兩漢) 시기 - 군현(郡縣) 관할 후국(侯國) 상태에서 발전 추구: 이 시기 고구려는 초기 국가 세력을 확장하는 시기이며, 자연히 한나라의 현도

군과 요동으로 쳐들어가는 기록이 많다. 이 책에서는 이러한 고구려의 성장을 궁극적으로는 한나라의 현도군 관할을 벗어나지 못한 것으로 보고 있다. 결국 한나라의 군현에 속했을 뿐이라는 것이다.

2) 위진남북조(魏晋南北朝) 시기―신속관계 아래서 성장을 구했다: 이 시기 고구려는 이미 광개토태왕과 장수왕 시대를 거치면서 동아시아의 강국으로 등장하게 된다. 이 책에서도 인정하고 있듯이 이 시기 중원은 강력한 중앙왕조가 없었고 중원과 고구려 사이에 모용 선비가 차지한 시기에는 사실상 직접적인 관계를 벗어나 있었다. 그러나 이 책에서는 중원왕조에 대해 신속관계를 계속 유지하였다고 주장한다.

3) 수당(隋唐) 시기―멸망을 피하기 위한 여러 가지 노력: 수나라가 중원을 통일하지만 결국 고구려를 치다가 멸망한다(이 점은 이 책의 지은이도 인정한다). 그 뒤 강력한 당나라가 들어서 계속 고구려를 공격하지만 고구려는 굽히지 않고 잘 막아 냈다. 그러나 끝내는 신라에 대한 외교적 실패와 국내 세력의 분열로 멸망하게 되는데, 이 책의 저자는 중원에 통일왕조가 들어서면서 '고구려에 대한 통일은 시간문제였다'고 주장한다.

이 장에서 지은이가 주장하고 있는 것은 고구려는 705년간 계속 중원왕조에 조공을 하고 책봉을 받아 신하로서 활동한 지방정권이지 독립된 국가가 아니라는 것이다. 사실 이러한 주장은 고구려 705년간 중원에서 일어난 이합집산의 역사를 자세히 드려다 보면 그 주장이 얼마나 허구인지 알 수 있다.

〈표 1〉을 보면 고구려는 한 나라가 705년 동안 안정적인 지속을 한 반면 소위 중국에서는 35개의 나라가 이합집산을 계속하는 혼란기였다. 그 가운데 70퍼센트 가까운 24개 국가가 50년도 못 가서 망했으며, 86퍼센트가 넘는 30개 국가는 100년도 못 가서 망했다. 200년 이상 간 나라는 단 두 나라뿐인데 한나라(221년)는 대부분 고구려 건국 이전에(고구려 건국 10년 후 망함)존재하였고, 당나라(290년)는 대부분 고구려 멸망(당나라 건국 후 50년)

이후에 존재하였다. 35개 나라 가운데 절반 정도는 중국의 한족이 아닌 북방민족이 지배한 나라였다.

중국의 주장대로라면 소수민족 지방정권은 705년이란 긴 세월동안 한 나라로서 태평성대를 누리고, 중앙 정부인 중원은 35개의 나라로 수없이 존망을 계속했다는 우스꽝스러운 논리가 형성되며, 고구려가 도대체 35개 나라 가운데 어느 나라의 지방정권인가 하는 의문에 봉착하게 된다.

〈표 1〉 고구려 시기 중국의 이합집산

고구려	중국(지속 연수)	
28대 705년 (BC 37~ AD 668년)	한(234년)	전한(215년), 신(15년), 갱시제, 후한(196년)
	삼국시대(60년)	촉(43년), 오(59년), 위(46년),
	진(153년)	진(52년), 동진 (103년)
	5호16국(137년) 북방민족(흉노, 갈, 선비, 저, 강) 지배	전월(22년), 북양(43년), 하(26년), 후월(34년), 전연(22년), 후연(25년), 서연(10년), 남연(13년), 서진(47년), 남양(18년), 성(46년), 전진(61년), 후양(7년), 후진(34년), 한(26년), 북연(28년), 전양(64년), 서양(22년)
	남북조시대(169년)	남조(한족) - 송(60년), 제(24년), 양(56년), 진(33년) 북조(북방민족) - 북위(149년), 서위(22년), 동위(17년), 북제(28년), 북주(26년)
	수(38년)	수(38년)
	당(50년)	당(290년)

자료: 서길수, 『대륙에 남은고구려』, 고구려연구회, 2003.

3. 고구려와 중원지역의 경제 문화 교류 연구

고구려가 존재하였던 7세기 동안 고구려와 중원지역은 밀접한 경제적, 문화적 관계를 맺어 그 영향력이 고구려에 깊숙이 자리하였다. 그 결과 고구려의 경제와 문화가 발전하였으며, 나아가 고구려와 중국의 기타 민족을 하나로 융합하는 역사과정을 가속화시켜 중화문명의 형성과 발전에 특별한 공헌을 하였다고 주장하였다.

결국 고구려의 경제와 문화는 중원의 영향을 받아 성장하였고, 그 결과 중화문명을 형성, 발전시키는 데 밑거름이 되었다고 주장하여 고구려의 독자적인 특성이나 발전을 전면 부정하는 논리전개이다.

4. 고구려 활동영역의 변천 연구

우선 고구려 건국 초기의 활동 영역은 한나라 현도군 관할 아래 있다는 것을 분명히 하고, 한나라 현도군과 추모(주몽)가 세운 나라가 다르다는 중국 학자의 주장이 틀렸다는 것을 증명하는 데 집중적인 노력을 하였다.

이 장의 궁극적인 목적은 고구려 멸망 뒤 고구려인의 이동과 영토 변화에 대한 것이다. 요약하면 다음과 같다.

1) 고구려인의 8분의 1만 신라로 들어가고 나머지 8분의 7은 모두 중화 민족에 융합되었다.

2) 고구려 · 백제 · 신라 세 정권 가운데 신라만이 유일하게 엄격한 번속 관계에 따라 당 왕조와 신속관계를 유지하였는데, 신라처럼 완전하게 중국 고대 번속관계의 요구를 준수한 정권은 없었다. 신라는 신속관계의 본보기라고 할 수 있었다. 당 왕조가 고구려와 백제의 통일을 완성한 데에는 조국 통일 대업을 완성하려는 열망도 있었지만 신라의 끊임없는 요구 역시 적극적인 추진 작용을 일으켰다.

3) 신라는 이 전쟁에서 고구려의 일부분을 차지하는 최대의 전승국이 되었다. 당 왕조가 백제와 고구려를 통일하기 이전 신라 강역의 북단은 지금

의 한국 경상북도 청하에서 서북으로는 충청북도 단양을 잇는 선의 남쪽지
역이었다. 그런데 735년 신라의 북쪽 경계는 패수 남안(지금의 대동강)을 잇
는 선까지 확대되어 당과는 강을 사이에 두고 통치를 하게 된다. 70년도 안
되는 시간 동안 신라는 위도선 셋을 뛰어 넘어 순조롭게 영토 확장을 실현
하였다.

4) 신라는 이처럼 어부지리로 영토를 얻고도 당 왕조의 통치에 반항하는
이해할 수 없는 일이 일어났다. 그래서 김인문, 유인궤를 보내 토벌하였는
데, 신라왕이 사죄하여 용서해 준다. 그런데 이런 과정에서 패수 이남의 땅
이 신라의 영토로 들어갔다.

5) 그 뒤 고려와 조선이 강역을 북쪽으로 확장하여 마침내 압록강까지
이른다. 고구려 정권이 수세기 동안 지켜온 지금의 압록강 이남의 넓은 국
토는 이렇게 한반도 남부에서 일어난 지금 조선의 고대 왕조가 조금씩 차지
하게 되었다.

중국의 지방정권인 고구려가 확장했던 한반도 북부의 땅을 어떻게 해서
빼앗겼는지를 쓰고 있다. 이러한 주장은 우리의 상상을 초월한 것으로 이미
몇몇 중국 학자들이 주장했던 것을 옮긴 것인데, 이런 정치적 시각이 현재의
국경문제와 연결하여 생길 문제를 생각하여 다음과 같은 토를 달고 있다.

마지막으로 한 가지 덧붙일 것은, 지금 조선의 고대 왕조가 우리 영토에 속해 있
었던 고구려의 관할 구역을 조금씩 점거하였다고 설명하는 것은 다만 역사의 진
상을 설명하고자 하는 데 있을 뿐이라는 점이다.

사실상 '북한도 중국의 역사'라는 주장에 대한 변명인 것이다.

5. 고구려 문화 연구

이 부분은 경태화가 썼다. 그 동안 자신이 썼던 논문을 바탕으로 한 것인데 "중원의 선진적인 경제와 문화의 영향을 받아 끊임없이 사회경제의 발전과 진보를 촉진함과 동시에 스스로 민족적 특색이 있는 문화를 창조하였다"는 것이 기본 관점이었다. 그동안 연구했던 고구려의 특징을 중원의 영향으로 연결시키려는 노력이 뚜렷하게 나타난다.

1) 태학은 우리나라(중국) 고대 경성에 설립된 학교였다. 고구려의 국자학과 태학 역시 중원 교육의 결과를 배운 것이다. 교재와 교학 방법도 똑같이 중원에서 들어온 것이다.

한학 전적, 사학, 문학 들이 고구려에 전파됨으로써 고구려 민족의 한화(漢化) 정도는 더욱 가속화되었다. 중원왕조의 요동지역에 대한 관리 강화는 중원과 고구려의 정치, 경제, 문화의 관계에 매우 중요한 작용을 하였다.

2) "나라의 큰 일은 제사와 전쟁이다." 상(商)에서 명(明)·청(淸)에 이르기까지 예외가 없었다. 주변의 소수민족 정권도 역시 중원왕조의 영향을 받아 제사 활동을 중요시하였는데 북방 고구려인의 제사 활동은 그 가운데서도 가장 대표적이다.

3) 해신은 세발까마귀이고 달신은 두꺼비와 옥토끼가 약을 찧고 있는 형상이다. 이 점은 중화민족의 세발까마귀, 두꺼비, 옥토끼 전설과 같은 것으로 그것을 숭배하고 경외시하는 마음 역시 똑같은 것이다.

4) 복희여왜에 대한 제사. 복희여왜는 중화민족 인문의 시조이다.

5) 고구려는 죽은 자가 다른 세상에서 편안하고 즐겁게 보낼 수 있도록 해 주었다. 이런 제사와 숭배는 한진(漢晉) 이후 중원 사람들의 사상과 일치하는 것이다. 가한신(可汗神)에 대한 제사는 소수민족 왕에 대한 제사이며, 기자신(箕子神)에 대한 제사는 고구려인이 상나라 사람으로부터 나왔다는

것과 관련이 있다.

6) 고구려의 상층 왕공 귀족의 통치사상이 중원의 여러 나라와 마찬가지로 유, 불, 도 삼위일체 사상이었다는 것을 잘 보여주고 있다.

7) 고구려의 '긴소매 춤'은 이백이 시에서 말하는 '해동의 춤'이라는 것을 인정하면서도, 결국은 한나라의 영향을 받았다는 주장으로 흘러간다. 지은이는 한대 화상석의 긴소매 춤을 장황하게 언급한 뒤 결국은 "한대의 긴소매 춤은 아주 아름답고 변화가 다양하여 광범위하게 전파되어 주변의 각 소수민족 춤에 커다란 영향을 미쳤다"고 전제하고 "서기전 108년 한 무제가 압록강 양안에 사군을 설치하여 관리를 강화하고 고구려인이 모여 사는 지역을 현도군 고구려현에 속하게 하였다. 한 문화의 변경 먼 지역에 대한 영향도 커졌는데 한 왕조의 황제가 '북 치고 피리 부는 악공'을 고구려에게 준 일도 있다. 중원왕조로부터의 긴 소매 춤의 유입은 고구려 민간 춤과 결합하여 고구려 민족의 긴소매 춤이 형성되고 발전하는 데 아주 중요한 촉진 작용을 일으켰다"고 주장한다.

고구려 문화와 중원 문화의 상호 교류가 있었기 때문에 중원의 영향을 받은 문화가 있다는 것은 아주 자연스러운 것이다. 그런데 "기자신(箕子神)에 대한 제사는 고구려인이 상나라 사람으로부터 나왔다는 것과 관련이 있다"고 한 주장 같은 것은 중국 학자들에게도 인정을 받지 못하는 아주 독단적인 주장으로 학자적인 양심을 의심하게 한다.

1. 구려고(句麗考)

고구려, 구려, 고려가 같은 나라를 부르는 다른 이름이라는 것을 증명하는
내용이다. 이것은 다분히 고구려 이전 이미 구려라는 옛 고구려가 있어 고
구려 건국을 200년 이상 끌어올린 북한의 학설에 대한 반박으로 보인다.

2. 고구려 건국시기 고찰(高句麗建國時間考)

이 장을 쓴 목적은 마지막 절인 '건국 전설에 나타난 한문화(漢文化)의 본
체'에서 드러난다. 즉 "고구려의 건국 전설은 그 본원이 염황(炎黃) 씨족의
한(漢) 문화 계통에서 유래하였다"는 것이다. 지은이는 일부 학자들이 광개
토태왕비를 인용하여 고구려족이 부여에서 기원한 것으로 보고 있는데 그
것은 잘못된 것이며, 추모(주몽)를 비롯한 왕족들만 부여에서 왔지 고구려
족은 중국의 상나라 때부터 현지에 살고 있었다고 주장한다.

> "하상주단대공정(夏商周斷代工程)에서 공포한 하상주연표(夏商周年表)에 따
> 르면 고구려인이 은상(殷商) 씨족에서 분리되어 나온 시기는 탕(湯)에서 반경
> (盤庚) 이전인 서기전 1600~1300년으로 지금부터 3600~3300년 전이다."

지은이는 한 걸음 더 나아가 부여도 고구려와 마찬가지로 은상 씨족에서
나온 민족이라고 주장하고 있다. 그 이유로 "북방 홍산문화는 상나라 이전

의 문화로서 중국 고대 문명의 원류 가운데 하나이다. 북방민족의 형성과 발전에 중대한 영향을 미친 것은 두말할 필요가 없는 것이다"고 주장하였다.

사실 고구려의 근원에 대한 이런 관점은 중국에서도 주류를 이루지 못한 황당한 내용이다. 지금까지 리젠차이(李健才), 장보촨(張博泉), 쑨진지(孫進己), 퉁둥(佟冬) 같은 주요 학자들은 대부분 고구려의 기원을 예맥(濊貊)에 두고 있었다. 그러다 1990년대 초 리더산(李德山)이란 젊은 학자가 "고구려는 염제족(炎帝族) 계통이고 산동반도에서 옮겨왔다"고 했을 때 중국의 학자들은 마치 재야사학자의 주장처럼 가볍게 생각하였고, 뒤를 이어 경톄화(耿鐵華)가 몇 가지 고고학적 사례를 붙여 구체화하였을 때도 극히 소수의 의견으로 받아들여졌으며, 아직도 학술적으로는 극소수의 의견에 불과하다.

한편 이러한 주장은 이미 한국의 재야사학자들에 의해서 먼저 주장되었다. 은나라는 동이족이 세웠다는 것이다. 다시 말해 중국의 역사는 은나라 이후 동이의 역사라는 것이다. 사실 홍산문화가 출토된 요서지방은 당시 중국으로서는 오랑캐의 문화이지 한족의 문화가 아니었다. 그런데 최근 발견된 홍산문화가 중국의 중원문화에 견줄 수 있는 수준 높은 것이기 때문에 중국으로서는 이 문화를 중화문화로 끌어들이지 않을 수 없게 된 것이다. 그러나 홍산문화는 분명히 중원문화와는 다른 동이의 문화였다. 그렇기 때문에 경톄화의 이런 주장은 중국의 문화와 민족의 근원이 동이족이라는 것을 확인해 주는 것이고, 중국 한족의 정체성을 다시 한 번 재고하게 하는 것이다. 사실 고구려의 기원을 홍산문화까지 올라가 끝내는 전설인 3황5제 까지 결부시킨다면 "시베리아와 동아시아는 물론 아메리카 인디언도 모두 고아시아인이다"는 논리가 훨씬 더 설득력이 있다. 그렇기 때문에 고구려의 근원을 이처럼 전설과 같은 설에 연결하는 것은 학문하는 태도라고 할 수 없다.

중국 학계의 이런 소수의견이 고구려 유적이 있는 현장에서 당당하게 소개되고 있다. 길림시에 있는 고구려 용담산성 앞에 서 있는 표지판에 "고구려인은 결코 조선인이 아니다(高句麗人幷非朝鮮人)"라는 제목과 함께 "고대 동북에는 상(商), 동호(東胡), 숙신(肅愼), 맥예(貊穢) 같은 4개의 큰 종족이 있었다. 고구려는 과연 어떤 종족에서 비롯되었는가? 많은 연구자들의 관점이 일치하지 못하고 있지만 최신 연구에서 고구려는 은〔殷(商)〕 계통의 사람이라고 확정하였다"고 설명하고 있다. 이 책에서 주장하는 논리와 같은 것이다.

그렇다면 왜 이런 소수의견이 당당하게 현지의 표지판에 등장할 수 있는가? 이것은 중국이라는 특성과 중국 국가 연구기관의 태도와 밀접한 관계가 있다. 앞에서 보았지만 국가기관인 중국사회과학원이 펴낸 공식적인 책의 저술에 앞서 언급한 고구려사 전문가들은 전혀 참가하지 못했고 단 한 사람 경톄화가 이 책의 저자로 등장한다. 국가연구기관이 바로 '고구려 상인 후예설과 염황문화설'을 선택한 것이다. 경톄화는 2002년 『중국고구려사』라는 저서를 냈는데 '고구려 상인 후예설과 염황문화설'을 강력하게 주장하였고, 이 설은 국가기관의 목적과 부합하는 것이었기 때문이다.

3. 고구려 왕들의 재위시기 고찰

이 장은 북한에서 고구려 건국을 서기전 277년으로 설정하고 광개토태왕 이전에 다섯 왕을 더 추가한 것을 비판한 것이다.

4. 고구려의 국가부흥 활동 고찰

고구려가 멸망한 뒤 많은 국가부흥 활동이 있었고 결국은 발해의 건국으로 이어진다는 남북한의 연구에 대한 반론이다. 지은이의 주장은 "북부 거주민들은 돌궐과 말갈로 들어가 고구려 민족은 각지로 뿔뿔이 흩어져 기타 민족과 융합되었다. 그러나 대부분은 당 왕조의 백성이 되어 중화민족의 대가정 속에 융합되어 들어갔다"는 것이다. 이 문제는 앞으로 발해 문제와 관련하여 많은 논의가 될 것으로 보인다.

5. 고구려 5부(五部)에 대한 고찰

지은이는 고구려 5부의 형성을 "고구려 건국 이전인 서기전 2세기말쯤, 즉 한 무제가 현도군에 고구려현을 설치한 시기다"라고 보았으며, "한 무제가 한사군을 설치하여 고구려인이 모여 살던 지역을 관리한 뒤 한대의 정치, 경제, 군사제도가 점차 보급되었는데 특히 고구려 5부의 정치, 경제, 문화의 발전과 사회 진척에 커다란 영향과 촉진작용을 하여 고구려가 지방정권을 건립하는 데 견실한 기초를 닦아주었다"고 해 결국은 한나라의 영향 덕분에 고구려가 성립되었다고 주장하였다.

그러나 지은이의 논리는 명쾌하지 않다. 한나라가 한사군을 설치하기 이전부터 이미 중원의 영향을 받았다는 것을 강조하다 보니 "고구려 5부는 분명 상주(商周) 이래의 음양오행설의 영향을 받았다"거나 "은상 사람들의 5토(五土) 관리방식을 받아들여 가족, 부락을 결합하고 지역 방위에 따라 다섯 부분으로 나누었다"고 하여 한사군 설치 이전부터 5부가 존재하였다고 주장해 논리에 일관성이 없다. 고구려 5부제도를 설명하면서 고구려 이전의 씨족사회 형성부터 철기 시대까지를 설명하다보니 논리적인 비약이 생기고 무리한 표현들이 나타난 것이다.

"상주 시기 고구려 이전의 백성들 사이에는 이미 씨족공동체 사회제도가 출현하였다. 족외혼이 실행되기 시작하고 중원과 북방 민족과의 관계도 강화되었다. 성주(成周) 대회에 참석하여 서주의 선진 경제 문화를 배우면서 씨족제도는 점차 발전해 갔다."

"만발발자 유적의 3, 4기 문화 유적과 유물은 춘추전국 시기, 고구려의 선민이 중원문화의 영향 아래 청동과 돌을 함께 사용하던 시기에서 점차 짧은 시기의 철기 시대로 진입하였다는 것을 알 수 있게 해준다. 한대 철제 공구와 철기 생산 공예가 들어옴에 따라 고구려인의 철기 시대가 시작되었고, 사회조직은 더욱 엄밀해지고 사회생활은 더욱 진보하게 되었다.

특히 만발발자를 비롯하여 최근 몇 년간 있었던 고고학적 성과를 활용하여 과학성을 보여주려는 노력이 지나쳐 앞뒤가 맞지 않게 된 것이다.

IV. 연구편

1. 고구려 고고 연구 평론

한·중·일 3국의 고고학적 연구 결과를 종합한 내용이다.

2. 중국학자들의 고구려 귀속연구 분석

1) 고구려 귀속연구는 이미 고구려 역사연구 논쟁점의 하나

2000년까지의 귀속문제에 대한 종합은 이미 『총론』에서 언급하였다. 여기서는 2000년 이후의 연구성과를 종합한 것이다.

2) 고구려 귀속 연구는 여전히 심화가 필요

이 장에서 핵심을 이루는 것은 고조선에 관한 문제이다. 결론부터 얘기하면 고조선도 중국의 역사라는 것이다.

"고조선이 처한 위치를 볼 때 중국의 제후와 같은 지위였다. 흔히 기자조선을 동이라고 보고, 그 이후를 왕씨고려, 이씨조선과 같이 보고 있는데 이것은 큰 실수이다."

"소위 단군은 존재하지 않았으며 고조선족은 우리나라(중국) 고대 역사에서 이 지역 하나의 민족 및 지방 민족정권이었으며, 기자는 고조선에 들어가 고조선의 주류가 되었다. 한 무제가 고조선을 멸망시킨 것은 하나의 봉건국가 안에서 중앙정권과 지방정권의 모순이 격화된 산물이며 진나라를 이어서 통일된 중국이 계속된 것이라고 하였다."

"대부분 고조선족은 우리나라(중국) 상고 동이족계의 일원으로 그 족칭과 풍습, 습관과 문화는 한어(漢語)와 한문화(漢文化)의 특징과 완전히 부합한다고 여기고 있다."

"한반도 초기 역사 문제를 어떻게 처리하느냐에 대해서 우리는 아래와 같은 분명한 두 가지 기본 관점을 가지고 있다. ① 기자조선은 선진 시기 분봉제라는 지방 행정 관리체제 아래 있었던 지방 제후국이며, 위씨조선은 서한 초기의 지방왕국이었다. 고구려는 서한에서 당 왕조까지의 소수민족 지방왕국이었으며, 이들의 당시 강역은 모두 고대 중국의 영토로 이것이 역사의 원래 모습이다. ② 기자조선, 위씨조선의 기본 강역과 고구려의 일부 옛터는 신라, 고려 및 이씨조선의 발전으로 점차 한반도의 국가 판도에 들어가게 되는데 이것이 역사의 계승이다."

결국 여기서 기자조선이나 위만조선(위씨조선)을 비롯한 고조선을 완전히 중국사로 편입하려는 논리로 끌고 가는 것이다. 여기서 우리는 동북공정을 비롯한 중국의 역사 침탈이 고구려나 발해 뿐 아니라 그 이전 고조선까지 송두리째 포함되어 있다는 것을 알 수 있다. 그렇게 될 경우 우리나라는 고구려 이전을 포함한 수 천년의 역사를 한꺼번에 잃어버리게 되는 것이다. 우리가 중국의 역사침탈에 대응하기 위해서는 고구려사뿐 아니라 고조선, 부여 같은 고구려 이전의 연구에도 집중적인 연구가 필요하다는 당위성이 바로 여기에 있는 것이다. 다시 말해 고구려사만 연구해서는 고구려사를 찾을 수 없다는 것이다.

아울러 한반도 북부도 중국의 영토였다고 주장하고 있다.

"두루 알다시피 유구한 역사 시기 동안 한반도 대부분, 특히 현재의 한강 이북지역은 줄곧 고대 중국의 영토였다."

3) 강역 이론 연구를 강화하는 것이 급선무이다

강역이론이란 소위 '통일적다민족국가론'이 핵심이다. 이 책에서는 이 '통일적다민족국가론'을 3단계로 정리하였다.

첫째, 1980년 이전에 중국의 강역이론을 대표한 "중화인민공화국의 국토 범위에서 역사 속의 국토문제를 처리하는 것이 정확한 방법이다"는 주장이다. 바이서우이(白壽彝)가 대표적이다.

둘째, "중화인민공화국 국토 범위는 물론, 이 범위 내에서 활동한 민족은 모두 중국사의 민족이며 이 범위 내에서 건립된 정권은 모두 중국 역사상의 정권으로 여겨야한다"는 것으로 『중국역사지도』를 편집한 탄치샹(潭其驤)이 대표적이다. 1980년대 이후 힘을 얻은 이 주장은 결국 소수민족의 역사도 중국사가 되고, 따라서 소수민족과 연관이 있는 주변국의 역사도 중국사로 모두 편입시키는 이론적 근거가 되는 것이다. 고구려사에 대한 침탈도 바로 이런 논리를 바탕으로 진행되었다.

세 번째 강역이론은 바로 '일사양용(一史兩用)'에 관한 논의이다. 여기서 말하는 '일사양용(一史兩用)'이란 한 역사(고구려사)를 두 나라(한국과 중국)가 함께 쓰는 것을 말하는 것인데, 주로 연변대학의 쟝멍산과 류쯔민(劉子敏) 같은 학자들이 주장하였다. 이 논리는 현재 중국의 학자들 사이에 논란이 되고 있다. 우선 장비보(張碧波)는 이 논리를 강하게 비판하고 나선다.

> "'일사양용(一史兩用)'을 제기하는 것은 우리나라 사학계 연구가 잘못되고 있는 부분으로, 그 근본 원인은 민족 귀속과 강역의 경계를 정할 때 저지른 실수에 있다. 그들은 먼저 중화 강역을 '1840년 이전'의 강역 또는 '지금의 국경을 표준'으로 고정하여 복잡한 강역 문제를 단 칼에 잘라 고구려를 '이웃나라'로 귀속시켰으나 이는 고구려 귀속문제를 철저하게 해결하지 못한 것이다. 이러한 '일사양용(一史兩用)' 사관 또는 사학 '원칙'은 사학 영역의 절충주의다."
>
> "고구려는 '먼저 중국사'일 뿐만 아니라 427년에 천도한 평양[한(漢)의 낙랑군 강역 안으로 한왕(漢王)의 '외신(外臣)'이었다]은 속국인 위씨조선 강역 안이었으며 주(周), 진(秦)에 신복한 기자조선 강역 안이기도 하였으므로 중화 역사의 강역 안이라고 말할 수 있다. 고구려의 평양 천도는 중화 역사 강역 안의 정치 문화의 중심이 동쪽으로 이동한 것이며 그 민족 속성과 정치 성질은 변하지 않았다. 최종적으로 여전히 중화민족의 지방 구역의 정권에 속하였다."

고구려가 평양으로 수도를 옮길 당시 평양도 한나라의 영토이기 때문에 중국역사라는 것이다. 한편 한반도 북부로 수도를 옮긴 뒤의 고구려사도 중국사라고 주장하던 쑨진지(孫進己)가 최근 '일사양용'을 주장하고 있다.

"지금의 중국, 조선 양국의 국토에 가로 걸쳐 있는 역사상의 정권과 민족에 대해서 중국, 조선 양국의 역사를 나누어 연구하는 것은 합리적인 것이다. 이러한 '일사양용(一史兩用)'은 피할 수 없는 것이며 세계 통용이다."

그러나 구체적으로 고구려 역사의 "일사양용(一史兩用)"에 대한 그의 의견을 자세하게 들여다 보면 쟝멍산 등이 처음 제안했던 일사양용과 상당한 차이가 있다는 것이다.

"먼저 정확한 판별이 필요하다. 하나의 정권과 하나의 민족이 역사상에서 어느 국가에 예속되느냐 하는 것과 이 정권, 민족이 어느 국가 역사 연구 범위에 속하느냐 하는 것은 서로 다른 성질의 문제이다. 건국 초기, 여러 학자들이 이 두 가지 문제를 서로 혼동하였는데 현재의 국경선을 이용하여 역사의 귀속을 나누어 정하는 것은 잘못된 것이다. 그러나 지금의 국경선을 이용하여 한 국가 역사의 연구범위를 획정하는 것은 가능한 것이다. 현재 중국 국경선 안의 역사상 정권과 민족은 모두 중국 역사의 연구 범위에 속한다."

고구려 옛 땅이 지금의 한국 영토에 들어 있기 때문에 한국이 그 영토의 역사를 연구하는 것은 가능하다. 그러나 고구려사는 중국사라는 것을 분명히 하고 있다.

"지금의 조선사 역시 이 민족과 정권을 연구할 수 있으며 조선사에 넣어 쓸 수 있다. 그러나 이처럼 정권과 민족을 조선사 연구 범위에 넣을 수 있기 때문에 그들의 역사에서 조선에 예속되어 있었다고 할 수는 없다. 이것이 두 가지 서로 다른 문제이다. 조선사에서 이 민족과 정권을 연구할 수는 있지만 당시 그들은 조선 민족이 아니었으며 조선 국가가 아니었다는 것을 구체적으로 설명해야 한다.

또한 그들은 중국에 속해 있었으며 그 땅과 백성이 이후에 점차 조선 국가, 민족의 일부분이 되었다는 것을 설명해야 한다."

이런 이론은 중국과 몽골과의 관계에서도 논의되고 있는 문제이다. 여기서 주의할 것은 중국 학자들의 '일사양용'은 '고구려사가 두 나라의 역사'가 아니라는 것이다. 현재 국경이 잘못되어 고구려의 땅이 한반도에 걸쳐 있기 때문에 한국에서도 고구려사를 쓸 수는 있지만 '그러나 고구려사는 중국사'라는 것을 분명하게 하고 있고, 일사양용 자체를 부정하는 연구자도 상당히 많다.

3. 고구려와 조선반도 (왕씨)고려는 다른 나라이다 – 중국의 정사도 잘못 기록하였다

이 장에서는 고구려와 고려를 차별화하여 고구려는 중국사이고 고려는 한국사라는 것을 강조하기 위해 5대(五代)에서 명나라까지의 중국 정사를 비판하고 나섰다.

그렇다면 중국에서는 왜 고구려와 고려의 차이를 분명히 하려고 하는가? 우선 독자 여러분은 고구려 당시, 특히 고구려 후기에는 나라 이름을 '고려'로 불렀다는 것을 이해해 주기 바란다. 다시 말해 '고려'는 '고구려'에서 '구'자를 생략하고 '고려'라고 이름을 지은 것이 아니라 고구려의 이름을 그대로 본 딴 것이 '고려'였다는 것이다. 그런데 이 '고려'(만주 지역에는 왕씨 고려는 없었기 때문에 고려는 바로 고구려를 뜻했다)는 바로 조선을 뜻하는 말로 쓰였다는 것이 역사를 침탈하려는 중국으로서는 매우 난처한 문제로 드러난 것이다. 중국 한족이 조선족을 욕할 때 '가오리 방쯔(高麗棒子)'라고 했다. 이 말은 일본에서 우리를 욕할 때 '조센징(朝鮮人)'이라고 했던 것과 마찬가지로, 중국인이 조선족에게 한 가장 모욕적인 말이고, 조선족은 이 말만 들으면 참을 수 없어 패싸움을 할 정도였다고 한다. 여기서 '가오리(高麗)'란 고구려를 말하는 것이고, '방쯔(棒子)'란 사람을 욕할 때 쓰이는 말이다. "가오리 방쯔"를 우리말로 정확하게 옮기면 '고구려놈', 또는 '고구려 새끼' 같은 말이 되는 것이다. 이처럼 대중에게 일반화된 고구려=조선이란 인식을 바꾸는 것이 중국으로서는 아주 중요한 선결문제가 되는 것이다.

'고구려=조선'이란 증거는 이밖에도 압록강 북녘에 수없이 많은 지명에서도 나타나 있다.

집안 유적은 고구려 시대의 고분과 연관이 있어 고려묘자(高麗墓子)라 부르는 지명이 한두 개가 아니다. 장백산지구에는 "고려"라는 두 자로 이름을 붙인 지방이 대단히 많은데, 고려둔(高麗屯), 고려묘(高麗廟), 고려성자(高麗城子), 고려방(高麗房), 고려관자(高麗館子), 고려도(高麗道), 고려보자(高麗堡子), 고려가(高麗街) 같은 것들이다. 고려구(高麗溝)만 보더라도 9개가 될 정도로 많고, 모두 헤아리면 100개에 이른다. 그 원인을 찾아보면 이런 지방은 그 이전이나 현재 조선인이 살던 곳이 많다. 그렇기 때문에 일반인들은 오늘날의 조선족 사람들이 당시의 고구려인이나 고려인인 것으로 이해하게 되었다. (『통화관광』,「'고려'라는 이름을 쓰는 지방」, 99쪽)

중국이 고구려사를 자기 역사로 하는 데는 주변국보다는 자기 나라 사람들의 인식을 바꾸는 것이 먼저 해결해야 할 일이다. 그렇기 때문에 고구려와 (왕씨)고구려는 다르다는 것을 적극적으로 일반화해야 하는 당위성이 발생하였다. 지금까지 고구려는 당연히 한국의 역사였고 조선족의 역사였기 때문이다.

중국 학자들의 최대 고민은 바로 중국의 정사인 25사에 '고구려=고려'라고 기록되어 있다는 것이다.

"『구오대사』, 『신오대사』, 『송사』, 『요사』, 『금사』, 『원사』, 『명사』에서는 모두 「고려전」 또는 「조선전」이 있다. 모두 고씨 고려의 역사를 앞에서 약술함으로서 왕씨 고려가 고씨 고려의 계승자라는 잘못된 인식이 형성되었다. 종합해보면 이러한 사서에 쓰여진 기록은 『구오대사』와 『신오대사』에서 가장 먼저 고씨 고려를 왕씨 고려전에 넣어 기록한 것으로 『송사』에서 "왕건이 고씨의 지위를 계승하였다(王建承高氏之位)"라고까지 한 시작점이 되었다."

특히 『송사』에서 "장흥(930~933) 연간에 권지국사 왕건이 고씨 왕을 이어 왕위에 올랐다(長興中, 權知國事王建承高氏之位)"는 한 구절은 중국 학자들을 가장 곤혹스럽게 하는 부분이다. 중국의 정사를 그대로 인정하면 고구려사가 한국사가 되어버리기 때문이다. 결국 중국 학자들은 자기 나라 정사를 부정하고 나선다.

중국 학자들의 새로운 해석은 이러한 『송사』의 착오를 그 뒤 사서들이 계속 따랐기 때문에 마치 '고구려=고려'라고 잘못 인식하게 되었고, 이어서 한국사에서 조선이 들어서면서 중국사였던 고조선(기자조선, 위만조선)도 마치 조선의 선대인 것처럼 '자기 머리에 씌워 놓았다.'는 것이다. 그 결과 현재를 사는 사람들에게 중국 고대 동북지역 지방정권의 연혁에 대한 인식에 여러 가지 잘못된 견해를 가져다주었다는 것이다.

중국 학자들은 자신의 정사를 비판하면서 그런 행동이 스스로 마음에 걸리기 때문에 "마지막으로 설명해야 할 점이 하나 있는데 우리가 옛날 사람들의 부족함을 이처럼 지적하는 것은 그 사람들을 비난하고자 하는 것이 아니라 가장 중요한 목적인 역사 사실을 제대로 해명하여 역사를 본래 모습대로 찾는 데 있는 것이다"고 변명까지 덧붙였다.

성종 12년(서기 993년) 요나라(거란) 소손녕이 수십만 군대를 이끌고 고려를 쳐들어 왔을 때도 그 침략의 이유가 지금과 같았다. 소손녕이 서희에게 "당신 나라는 신라의 땅에서 일어났고 고구려 땅은 우리가 차지했는데 당신네가 이를 조금씩 먹어들어 왔다"는 것이 군사를 일으킨 이유였으며, 이에 대해 서희는 "그렇지 않다. 우리나라가 바로 고구려의 옛 땅이다. 그렇기 때문에 나라 이름을 고려라고 하였고, 평양에 도읍하였다. 만약 국경을 따진다면 귀국의 동경도 모두 우리 국경 안에 있던 것인데 어찌 조금씩 먹어들었다고 할 수 있는가?(『고려사』 권93, 열전 권6, 서희전)"라는 것이 반박논리였다. 이 당시 양국의 논리는 '어느 나라가 고구려를 이어받았느냐'하는 역사적 계승성이 문제였던 것이다. 결국 이런 논리적 대결의 결과 요나라는 싸움 한 번 하지 않고 물러났다. 이 당시 요나라는 현재의 북경까지 차지한 대국이었고 소위 한족의 정권인 북송은 개봉부 이하의 지역만 장악하고 있었다. 이때 한족의 정사인 『송사』는 당연히 고려가 고구려를 이어받았다는 것을 인정할 수밖에 없다. 한때 고구려에 속해 있던 거란과 고구려는 서로 적통을 주장할 수 있었겠지만 송나라는 이런 사이에 도저히 끼어들 수 없는 제3자였다는 것을 잊어서는 안 된다.

정사까지 부정하면서 세운 '고려는 고구려를 계승하지 않았다'는 논리를 중국 동북지방의 현장에 일반화하기 위해 중국은 많은 힘을 쏟고 있다. '고구려(고려)=조선'이란 현지의 인식을 빨리 해소해야 한다는 절실한 요구 때문이다. 앞에서 본 『통화관광』이란 안내서에서 보면 분명하게 드러난다.

고구려는 우리나라 고대 동북지구의 한 개 소수민족이고 고구려국은 우리나라 고대 동북지구의 한 개 소수민족 지방정권이다. 현재 우리나라 안에 사는 조선족 동포는 모두 일본이 무력으로 조선반도를 침탈한 뒤 그 압박을 견디지 못해 강을 건너 우리나라 경내에서 사사로이 개간한 조선의 빈곤한 유민이지 결코 고대 "고구려" 또는 "고려"의 후손이 아니다. 918년 왕건이 조선반도에서 세운 고려왕조와 고구려는 같은 것이 아니다.

이러한 중국의 노력은 다른 곳에서도 보인다. 중국의 관광지에 대한 가상현실 영상을 제공하는 인터넷 사이트(www.chinavr.net/jilin/jian)[8]에는 집안의 고구려 세계유산을 소개하는 곳이 있다. 이 사이트에서 고구려를 소개하면서 "고구려 정권은 서기전 37년 시작하여 서기 668년에 망했는데, 중국 동북지구에 영향이 꽤 큰 소수민족 정권 가운데 하나이다"라고 소개하고 있다. 이런 정도의 소개는 이미 작년에 수없이 진행되어 거의 기정사실화하는 데 성공하였다. 그런데 화면 맨 아래 특별히 추가한 '관련 글'이 눈을 끈다. 「'고구려'와 '고려'는 관계가 없다」는 제목을 클릭해 보면 다음과 같은 내용이 뜬다.

고구려 민족과 중원 민족의 왕래는 아주 잦았다. 중국사회과학원 중국변강사지연구중심의 리다룽(李大龍) 연구원은 이것을 "전방위" 교류라고 불렀다. 고구려와 중앙왕조의 사신들이 긴밀하게 왕래함에 따라, 예의제도, 종교, 역법 같은 분야에서 모두 광범위한 교류가 이루어졌고, 고구려 민족은 자기의 고유한 말이 있었지만 한자를 사용하여 글을 썼으며, 적지 않은 고구려인들이 당 왕조 요직에서 벼슬을 하였다. 예를 들면 안서절도사인 명장 고선지를 들 수 있다. 여기서 고구려와 그 후예들이 중앙왕조와 같은 감정과 인식을 가졌다는 것을 알 수 있다.

"오랫동안 우리는 고구려 역사를 외국사로 취급해 왔는데 사실상 잘못 알고 있

---

8) 「문화일보」 2005년 7월 29일자 참조.

었던 것이다." 푸쟈신(傅佳欣)은 말했다. 고구려가 멸망하고 250년 뒤 조선반도에 '고려'라는 정권이 나타나는데 통치자의 성이 왕씨이기 때문에 학계에서는 '왕씨고려'라고 부른다. 비록 한자를 그대로 눌러쓰고 있지만 왕씨고려와 고구려는 결코 계승관계가 없었다.

중국의 저명한 고구려 전문가 길림대학 역사학과 교수 웨이춘청(魏存成)은 말한다 : "고구려 정권은 중국 고대 동북 변경에서 가장 오래 존재한 소수민족 정권이다. 고구려 문화는 중화문화의 중요한 구성 부분 가운데 하나이다."

푸쟈신(傅佳欣)은 세계문화유산 등재에 성공한 뒤 대대적인 선전교육의 역량을 급속하게 늘였기 때문에 민중들이 고구려가 자기 역사이지 "다른 사람의 역사"가 아니라는 것을 알게 되었다.

24시간 누구나 들어가서 볼 수 있는 이 사이트에 나온 글은 고구려가 중국 역사라는 일반적인 논의도 담고 있지만 제목에서 보듯이 '고구려≠고려'를 특히 강조하고 있다는 것이 특징이다. 아울러 세계유산 등록을 계기로 중국이 얼마나 용의주도하게 고구려사를 왜곡하였는지를 잘 알 수 있는 좋은 예이다.

4. 남북한 학계의 고구려사 연구 분석 – 한국의 고구려사 연구는 북한을 앞섰다

남북한 학계의 연구에 대한 분석은 이미 『총론』에서 다루었기 때문에 이 책에서는 북한은 손영종의 『고구려사』, 남한은 백산학회와 고구려연구회를 집중적으로 다루고 있다.

옮기고 나서

옮긴이는 『고대 중국 고구려 역사 총론』, 『고구려 귀속문제 연구』처럼 중국의 역사 침탈에 관한 책을 읽어가면서 시간 나는 대로 조금씩 번역을 하고 있었으나 2003년 후반기부터 불어 닥친 '동북공정' 바람 때문에 그것을 마칠 틈이 없었다. 그런 와중에 2003년 10월 이 책의 원저작인 『고대 중국 고구려 역사 속론(續論)』이 나왔다. 내용으로 보니 『총론』보다 『속론』을 먼저 번역해야 한다는 생각이 들었다. 동북공정의 1차 결과물이고, 동북공정을 진행하는 당사자들의 진의가 담겨져 있기 때문이다. 그래서 『속론』을 『동북공정 고구려사』라는 제목으로 먼저 번역 출간하게 되었다.

이렇게 시작한 작업이 2년이 지난 오늘에야 간신히 책으로 나오게 되었다. 시간 문제도 있지만 옮긴이에게는 너무 벅찬 일이었다는 것을 나중에야 알게 되었다. 다행히 주변의 많은 동학들이 힘껏 도와주어 무사히 작업을 마칠 수 있었다.

중국어는 송용호 박사와 정원철 군이, 원사료는 김용만 선생과 박찬규 박사가, 일본인 이름은 다나카 도시아키 교수와 박성봉 교수가 꼼꼼히 읽어 주었고, 이은금 실장이 교정을 봐 주었다. 모든 분들에게 깊은 감사를 드리며 아울러 옮긴이의 바람을 꼼꼼히 챙겨서 책으로 내 준 사계절출판사의 류형식, 강변구 두 분께도 감사드린다.

이 책은 한 번 읽고 놔두는 책이 아니라, 깊이 읽고 적극적으로 연구해야 할 책이다. 그렇기 때문에 옮긴이는 앞으로 한국 고대사를 깊이 연구하는 학자들을 위하는 마음으로 작업을 진행하였다. 그 첫 번째가 이 책에서 인용한 모든 원 사료를 번역문에 덧붙여 놓은 일이었다. 이 책에는 지루하다고 할 만큼 관련 사료를 모두 인용하고 있다. 이러한 자료들은 중국 학자들이 어떤 사료를 바탕으로 자신들의 주장을 펴고 있는지를 알 수 있는 좋은 자료들이다. 앞으로 이 책을 보고 논문을 쓰는 사람들은 원전을 하나하나 찾아보지 않고도 쉽게 내용을 파악할 수 있을 것이다. 한편 중국의 어려운 고서들이 너무 많이 인용되었는데 옮긴이의 한문 실력이 미치지 못하여 완전한 번역을 하지 못한 것들이 많다. 그렇기 때문에 이 방면을 연구한 전문가들에게 바로 원문을 음미해 볼 수 있는 기회를 주기 위한 것도 한 가지 이유이다.

간체자를 번체자로 옮기고 하나하나 원문과 대조하는 작업을 하였지만 원문의 오류도 적지 않을 것이라고 본다. 앞으로 계속 고쳐나갈 생각이다.

중국과 일본 학자들의 이름은 모두 자기 나라에서 부르는 발음대로 표기했고 ( )안에 한자를 병기했다. 확인하느라고 애를 썼지만 혹시라도 잘못된 것이 있으면 지적해주기 바란다. 책을 다시 찍어낼 때 고칠 것이다.

끝으로 중국의 이러한 고구려사 침탈에 대한 우리 학계의 현황을 간단히 설명하고자 한다. 많은 사람들이 중국은 고구려사 연구를 아주 많이 했는데 한국은 아직 연구가 미진하다고 생각하고 있기 때문이다. 이것은 사실이 아니라는 것은 바로 이 책에 나온 중국 학자들의 평가를 보면 바로 알 수 있다.

"사회 전체적으로 '고구려 붐'을 일으키고 있어, 국제적인 영향력을 볼 때, 한국 학계의 고구려사 연구는 조선(북한) 학계의 성과를 이미 초과 달성하였다."

이런 중국 학자들의 평가가 사실이라는 것은 다음 몇 가지 통계를 보면 바로 알 수 있다.

<表 1> 한중 고구려 전공 학위취득 현황

	박사학위	석사학위	합계
한국	32명	198명	230명
중국	2명	11명	13명

한국은 고구려를 전공하는 연구 인력이 많다. 지금도 중국의 교과서에는 고구려사가 한국사이며, 고구려를 중국사로 가르치지 않는다. 그렇기 때문에 고구려만 전공하여 생계를 유지할 수가 없고, 따라서 고구려만 전공으로 하는 학자들이 드물다. 중국에서 고구려사를 전공으로 하는 박사학위 취득자가 단 2명(모두 조선족)이고 석사학위 취득자도 11명에 불과하다. 한국의 박사 32명과 석사 198명에 비교하면 비교도 안 되는 숫자이다. 논문 6편 이상을 쓴 고구려 연구자는 26명 정도인데, 절반 정도는 이미 일선에서 물러난 학자들인 반면 한국의 고구려 연구자는 젊고 다방면에 걸쳐 있어 그동안 괄목할 만한 성장을 이루었다. 지난 10년 동안 국제학술대회에서만 208편의 논문이 발표되었고 430명의 학자들이 발표와 토론에 참여하였다.

<표 2> 고구려 국제학술대회의 성과

주최단체	논문편수	발표자수	토론자수 (토론 사회자 포함)	총 참여 연인원 (발표 및 토론자)
고구려연구회	183	188	195 (공동 4편)	383
백산학회	8	8	11	19
한국고대사학회	17	17	11	28
계	208	213	217	430

자료: 박찬규, 「高句麗 國際學術大會 成果와 高句麗研究會 - 최근 10년간 國內에서의 대회를 중심으로」, 32차 고구려 연구회 정기학술대회 논문집.

한편 한국에는 고구려 연구 성과만을 전문으로 다루는 학술지『고구려연구』를 비롯한 논문집에서 중국에 비해서 완성도가 아주 높은 논문들이 발표되었다.

<표3> 연도별 학술지 발표 '고구려' 관련 논문

	고구려연구회	한국고대사학회	백산학회
1995	6	4	1
1996	20	1	4
1997	19	2	2
1998	6	2	0
1999	19	1	1
2000	19	5	7
2001	25	4	2
2002	19	5	0
2003	28	8	20
2004	13	9	2
합계	174	41	39

자료 : 김용은, 「최근 10년 고구려 국내학술대회 성과와 고구려연구회」, 32차 고구려연구회 정기학술대회 논문집.

이처럼 한국에는 고구려 연구자가 많고 연구 결과도 탄탄하다. 다만 중국은 고구려사가 중국 것이라는 것을 주장하기 위해 '귀속문제'에 중점을 둔 논문이 많은 반면, 한국은 순수 학술적인 연구가 중국의 몇 배 이상 많다. 한국의 학자들은 고구려사가 당연히 한국사이기 때문에 고구려사가 우리 것이라는 연구를 하지 않았을 뿐이다. 지금까지의 연구역량과 기초연구를 바탕으로 고구려의 정체성을 연구한다면 중국이 20년 이상 연구한 결과를 몇 년만 지나면 쉽게 극복할 수 있다. 다시 말해 학술적인 면에서는 질적으로나 수적으로 자신이 있다는 것이다.

다만 중국이 한국의 고구려사 연구를 비학술적이라고 비판하지만 중국이야말로 비학술적이라는 것이 문제다. 앞에서 보았지만 동북공정은 중국의 동북 3성이 함께 참여하여 정치적 목적이 뚜렷하다. 한중간의 역사전쟁이라고 불렸던 지난 2년간의 사태도 결국은 학술이 아니라 두 나라의 외교적 합의를 통해 일단 불을 끈 상태이다. 그렇기 때문에 우선 학술단체들은 온 힘을 다해 학술적 논리 개발에 힘써야 할 것이지만, 국가에서도 국가 안보와 국경문제라는 측면에서 중국과 외교적인 노력을 적극적으로 펼치는 것이 중요하다고 할 것이다.

'동북변강연구총서' 에 대하여

'동북 변경 역사와 현황에 대한 체계적인 연구 프로젝트(東北邊疆歷史與現狀系列研究工程: 줄여서 '동북공정(東北工程)' 이라 부르며, 한국에서는 주로 '동북공정' 으로 알려져 있다-옮긴이)' 는 중국사회과학원에서 조직하고 동북 3성(三省)의 성 위원회가 참여·지원하는 학술 연구 프로젝트로 기초 연구와 응용 연구 두 가지 연구 방향으로 나뉜다. 그 가운데 기초 연구 분야의 연구 성과를 모아서 펴낸 것이 '동북변강연구총서(東北邊疆研究叢書)' 이다.

동북 변경 역사에 관한 연구 과제는 그 범위가 매우 넓어, 그 가운데는 동북 지역의 지방사와 민족사가 포함되고, 동북 지역과 내지(內地) 그리고 국경 바깥 지역의 정치, 경제 관계사에 대한 연구도 포함되며, 고대 중국의 강역 이론 연구 같은 영역도 관련이 된다. 이러한 연구 과제들은 앞으로도 몇 년간 지속적으로 완성되어 나갈 것이다.

'동북변강연구총서' 의 중요한 목적은 수준 높은 최신 연구 성과를 학계에 제때 추천하고 소개하는 것이다. 선정된 글들은 반드시 학술 연구 성격이 짙은 전문 저작이거나 학술성이 상대적으로 높은 종합 서술, 평론, 통사 같은 저작들로서 독창성과 학술 가치를 집중적으로 고찰해낸 것들이다. 학술적 관점과 연구 방법은 저작자들이 대담하게 창조력을 발휘하도록 하였다. 특별히 덧붙이고 싶은 것은 변경 지역의 역사 연구는 필연적으로 민감한 문제와 관련이 있다는 점인데, 이에 관해 학술 연구자들이 연구하는 데 장애를 주거나 금지 구역을 설정해서는 안 되는 동시에 "저작의 책임은 저자 스스로 져야 한다(文責自負)"는 것을 강조할 필요성이 있다. '동북변강연구총서'의 모든 글들은 저작자 본인의 학술적 관점을 나타낼 뿐이며 이러한 관점에 대한 동의나 반대는 모두 정상적인 학술 연구의 범위 안에서 받아들여져야 한다. 학자들이 연구 과정에서 발표한 학술적 논점을 어떤 정치적 견해라고 하여 과도하게 높이 평가하거나 지나친 비난을 해서는 절대로 안 될 것이다. 각계 인사들은 학자들의 논점에 대해서 권위자의 체계적인 학설이나 저술로 생각하고 관대하게 대해야만 학자들은 비로소 변경의 역사지리라고 하는 매우 민감한 연구 영역을 마음 놓고 연구할 수 있을 것이다. 이렇게 되었을 때 학술 연구는 더욱 심화될 수 있고 학술 연구의 과학성과 공정성, 객관성이 보장될 수 있을 것이다.

'동북변강연구총서'는 중국사회과학출판사에서 펴냈다. 중국사회과학출판사의 관계자들이 사회과학 연구 사업에 대해 전폭적인 지지를 아끼지 않고, 편집 담당자들이 엄정하게 사실을 추구하는 작업 풍토를 가졌다는 것은 이미 학계에서도 인정하고 있다. 이 자리를 빌어 감사드리는 바이다.

동북변강연구총서편집위원회
2003년 3월

차례

【 이론편 】

【 역사편 · 상 】

【 연구편 】

1장. 고구려 고고 연구 평론

2장. 중국 학자들의 고구려 귀속 연구에 대한 평가와 분석

고구려사 연구 문제에 대하여
다시 논한다

【 1. 고구려사 연구 심화를 위한 시험 】

중국 변경의 역사와 지리에 대한 연구가 크게 발전한 배경을 바탕으로 1980
년대부터 동북 변경 지역의 역사 연구도 더욱 촉진되었고, 고구려사 연구
역시 커다란 발전기에 들어섰으며, 그에 따라 고구려 고고(考古), 역사, 자
료 정리에 관한 저작들도 속속 세상에 나왔다. 이에 대해서는 이미 마다정
(馬大正)이「중국 학자들의 고구려사 연구 100년 역정(中國學者高句麗歷史
硏究百年歷程)」을 통해서 간단하게 종합하여 논술하였다.[1] 2000년 이후에
도 일련의 전문 저작들이 출판되었다. 그 목록을 살펴보면, 역사 연구 분야
라는 전문 저작에 속하는 것으로 차오더취안(曹德全)의『고구려사 탐미(高
句麗史探微)』(홍콩: 중화국제출판사, 2001, 12월)와 쟝웨이동(姜維東)의『당 ·
려 전쟁사(唐麗戰爭史)』(길림: 문사출판사, 2001, 5월)가 있고, 고고학 연구 분
야의 전문 저작으로는 웨이춘청(魏存成)의『고구려 유적(高句麗遺跡)』(문물
출판사, 2002, 6월), 왕몐허우(王綿厚)의『고구려 산성 연구(高句麗山城硏究)』

---

1)『중국 변강사지 연구(中國邊疆史地硏究)』, 2000, 1기.

(문물출판사, 2002, 12월), 경톄화(耿鐵華)·인거우유(尹國有)의『고구려 막새 연구(高句麗瓦當硏究)』(길림: 인민출판사, 2001, 12월)가 있다. 자료 연구 분야의 전문 저술로는 박찬규(朴燦奎)의『삼국지·고구려전 연구(三國志·高句麗傳硏究)』(길림: 인민출판사, 2000, 11월)가 있다. 이 기간 동안 마다정, 양바오롱(楊保隆), 리다롱(李大龍), 권혁수(權赫秀), 화리(華立)가 공동으로 저술한『고대 중국 고구려 역사 총론(古代中國高句麗歷史叢論)』(흑룡강 교육 출판사, 2001, 2월)도 여기에 포함된다.

우리는『고대 중국 고구려 역사 총론』에서 어떻게 하면 고구려사 연구를 더욱 심화시킬 수 있을지에 대해 몇 가지 제언을 한 적이 있다. "생각의 방향을 개척해 나가고 중점을 잡아 선택된 주제를 우선시해야 한다(開拓思路, 抓住重點, 優化選題.)"는 것이 두 번째 건의였다. 최근에 관련 기관에서 고구려사 연구를 시작하였는데 모두가 고구려 간사, 고구려 통사와 같이 여러 권에 이르는 고구려사 저술에만 힘쓰고 있어 서로 호흡이 잘 맞지 않는다. 그렇기 때문에 서로의 노력이 중복되고 인력 자원도 낭비가 되고 있다. 특히 간사, 통사 체제로는 여러 가지 난점과 논쟁점에 대한 심화된 연구를 전개해 나가기 어렵다. 따라서 우리는 다음과 같은 연구 주제들을 제대로 파악해야 한다.

첫째, 고구려 민족의 기원과 이동에 관한 연구이다.

둘째, 고구려 민족, 지방 정권의 귀속 연구이다. 이것부터 중국 고대 지방 민족 정권의 귀속 이론 연구를 심화시켜 나가야 한다.

셋째, 중국 고서, 특히 24사에 있는 고구려 기사에 대한 고증과 분석, 연구이다.

넷째, 고구려 고고학 성과의 정리와 연구이다.

다섯째, 중국 학자들의 고구려사 연구에 대한 종합이다.

여섯째, 조선(북한), 한국 및 일본 학자들의 고구려사 연구에 대한 종합이다.

일곱째, 조선과 한국의 고구려사 연구에 대한 비학술화 추세에 대한 연구이다.[2]

『고대 중국 고구려 역사 총론』(이하『총론』)의 속편인『동북공정 고구려사』(원제는『고대 중국 고구려 역사 속론(古代中國高句麗歷史續論)』)는 이러한 중점 연구의 심화를 위한 일차적인 시도인 동시에 일차적인 실천이기도 하다.

이 책은 이론, 역사, 연구 주제를 독립적으로 나누었다. 그 가운데서 역사편은 내용이 많고 논고의 차이가 있기 때문에 상, 하 두 편으로 나누었으므로 이 책은 총 네 편, 열여덟 개 주제로 되어 있다.

이 책에서 주제를 선정한 원칙은 이렇다. 첫째,『총론』에서 논급하지 않았던 고구려사의 난점과 의문점들을 논한다. 둘째,『총론』에서 언급하기는 하였으나 보론이 필요한 문제를 선정한다.

이론편은 모두 두 가지 주제로 나누었는데, 고구려사 연구 가운데서 고대 중국 강역 이론에 관한 문제는 가능한 한 완전하고 다각적이며 양방향적인 탐색을 시도하였다.

역사편(상)은 모두 다섯 가지 주제로서 그 가운데 '한사군 연구', '고구려와 중원 지역의 경제 문화 교류 연구', '고구려 문화 연구'는 모두『총론』에서 다루지 않았던 주제들이다. 그리고 '고대 중국 정권과 고구려의 상호 정책 연구'와 '고구려 활동 지역 변천 연구'는『총론』에서 한 연구를 기초로 하여 한 단계 더 탐색, 토론한 것이다.

역사편(하)의 다섯 가지 주제인 '고구려 고찰', '고구려 건국 시기 고찰', '고구려 왕들의 재위 시기 고찰', '고구려 국가 부흥 활동 고찰', '고구려 5부 고찰'은 모두『총론』에서 논술하지 않았던 것으로 고구려사 연구 분야에서 더욱 심화시켜 연구해야 할 문제들이다.

---

2) 마다정(馬大正) 등,『고대 중국 고구려 역사 총론(古代中國高句麗歷史叢論)』, 418~419쪽.

연구편의 주제는 모두 여섯 가지인데 크게는 세 종류로 나눌 수 있다.

첫째, 연구 평가이다. 고구려 고고학은 고구려사 연구의 기초이고 고구려 연구 성과 가운데서 가장 탁월한 영역으로 중점적인 전문 평가가 필요한 부분이다. 그리고 고구려 귀속 문제에 대한 연구는 비록 『총론』에서 똑같은 주제로 다루었지만 『속론』에서는 이 문제에 대해 최근 진행된 연구 과정 및 앞으로의 연구 추세에 관해 자신 있는 분석을 시도하였다.

둘째, 고구려사 연구의 중요한 사료인 중국의 정사와 『삼국사기(三國史記)』에 대한 분석과 평가를 진행하였다.

셋째, 조선 학자인 손영종(孫永鍾) 및 한국의 백산학회와 고구려연구회의 고구려사 연구에 대한 연구 활동을 기술하고 그 평가를 시도하였다. 이것은 『총론』에서 본 한반도 학자들의 고구려사 연구에 대한 평가를 보충하고 더욱 깊이 있게 한 것이라고 할 수 있다.

이 책에서 논술한 것이 당초 예상했던 목표에 도달했는지 여부는 아직 여러 학자들의 평가를 기다려야 한다. 여기에서 이 책의 주요 목적을 논급한 것은 여러 사람들이 이 책에서 한 시험과 실천에 대한 바른 가르침을 받는 데 편리하게 하기 위한 것이다.

【 2. 한반도 학자들의 고구려사 연구에 대해 태연하게 대해야 한다 】

한반도 학자들이 고구려사 연구를 하나의 학술 전문 영역으로 삼아 연구를 진행하는 노력을 우리는 중요하게 여겨야 한다. 그리고 우리는 그들의 노력을 유익한 거울로 삼아야 할 뿐 아니라 학술적 도전으로 받아들여 연구를 발전시켜 나가야 한다. 한반도 학자들의 연구 가운데는 역사적 사실에 부합하지 않거나 심지어 비학술화된 경향과 결론도 나타나고 있다. 우리는 비록 이를 인정할 수는 없지만, 정상적인 학술적 궤도 위에서 토론과 논쟁을 진행하고 서로의 관점의 차이를 통해 취할 점은 취하고 그렇지 못한 점은 남겨 놓을 수 있어야 한다. 우리가 사실을 추구하는 과학적 태도와 엄숙하고 진지한 학술적 입장을 견지한다면, 한반도 학자들이 보편적으로 가지고 있는 이러한 '감정적인 대응'에 대해 분명 평상심을 가지고 대할 수 있을 것이다. 고구려를 고대 한반도 역사의 범주에 넣는 역사 인식과 기술은 이미 1000년에 가까운 역사를 가지고 있고, 한반도 역사와 문화 전통에서 하나의 중요한 구성 부분이 되었다.

고구려 왕조는 700년 남짓한 역사 가운데 3분의 1쯤 되는 기간 동안 지금의 북한 평양 지역에 도읍을 정하였고, 지금의 한반도 북부 지역을 포함하여 중부 지역까지 그 세력을 떨쳤다. 그리고 같은 시기 한반도에 있던 백제, 신라 두 왕조와 끊임없는 전쟁을 벌였으나 결국 당과 신라의 연합군에 의해 멸망하였다. 그렇기 때문에 조선 경내에는 지금까지도 많은 고구려 시기의 벽화 무덤과 도성, 산성 같은 문화 유적들이 남아 있다. 조사 통계에 따르면, 지금까지 발견된 고구려 시기의 벽화 무덤은 98기에 이르며 그 가운데 조선 경내에 68기가 분포한다. 조선 경내에서는 현재까지 25기가 보존되고 있는데 그 가운데 9기는 보존 상태가 좋다. 그 밖에도 조선 경내에는 고구려 산성, 도성, 사원 유적 같은 37곳의 고구려 유적이 더 남아 있다. 한국 경내에도 상당 부분의 고구려 문화 유적들이 남아 있는데 이러한 문화 유적들은 조선과 한국 학자들이 고구려가 한반도의 역사 범위에 포함된다고 주장하는 일종의 '물질적 기초'가 된다고 할 수 있다.

고구려가 멸망한 뒤, 한반도에서는 한반도 동남부에서 일어난 신라 왕조(서기전 57~935)가 주도하여 통일을 이룩하였다. 신라는 한반도 중남부 지역 역사에서 최초의 통일 정권이다. 서기 10세기 초에 이르러 신라 왕조는 다시 후백제, 태봉, 신라 같은 삼국으로 분열되는데 역사에서는 이를 후삼국시대라고 부른다. 그 가운데 태봉국은 처음 고려 또는 후고구려라고 불렀는데 여기에는 고구려 왕조를 계승한다는 의미가 있으며 이후에 다시 마진, 태봉 같은 국호로 고쳐 부르게 된다. 서기 918년에는 태봉국의 장군이자 지방 호족인 왕건이 자리를 빼앗고 왕위에 올라 국호를 고쳐 고려라고 부르고, 송도(지금의 조선 개성)에 도읍을 정하여 다시 한반도를 통일함으로써 한반도 역사상 두 번째 통일 정권인 고려 왕조(918~1392)가 성립되었다. 소위 '고려'라고 하는 명칭은 고려 왕조 창업 세력의 소위 '고구려 계승 의식'을 표현한 것이다.

그러나 실제로 고구려가 멸망한 지 250년 뒤 나타난 고려 왕조(그전에 짧은 기간 출현하였던 고려나 후고구려를 포함하여)는 혈연, 영토 심지어 정통 의식에 이르기까지 고구려 왕조를 직접 계승한 것이 아니었다. 고려 왕조에서 편찬한 한반도 역사상 최초의 정사인 『삼국사기』에는 신라를 맨 처음에 두고, 본기 부분 역시 신라, 고구려, 백제 순으로 배열함으로써 신라 왕조가 신흥 고려에 귀속한 것으로 여기고 있다. 바꿔 말하면 10세기 초 한반도에서 신라에서 고려로 왕조가 바뀌는 과정에 잠시 나타났던 것이 소위 '고구려 계승 의식'이었다. 이것은 당시 고려 왕조를 창건했던 세력이 신라 왕조 말기의 지방 호족들과 민간에서 유행했던 사회 심리(고대에 강성했던 왕조를 그리워하는)를 이용하여 일종의 정치적 시책으로 이용했던 것이다. 그리고 이를 빌려 지금의 우리나라 동북 지역에서 출현하였던 발해국(698~926)의 잔여 세력을 끌어들이려는 의도도 있었던 것이다. 발해국의 통치 세력 가운데는 부분적으로 고구려 후예가 포함되어 있었고 이로 인해 고구려 계승자라는 자부심도 있었다. 영문으로 KOREA(초기에는 COREA라고 칭함)라는 이름은 '고려'에서 유래한 것이며 고구려와는 아무 상관이 없다. 왕조가 쇠퇴할 무렵, 통치 의식과 문화가 함께 쇠퇴해감에 따라 일어나는 옛 영광을 그리워하는 보편적인 사회 심리들을 신흥 왕조를 창건한 집단에서 이용했던 것이다. 이것이 고려 왕조가 정사인『삼국사기』를 편찬하면서 고구려 역사를 정식으로 한반도의 고대 역사 범위에 집어넣은 중요한 원인이다.

조선의 고대 역사 문헌 기록에 따르면, 고구려는 건국 초기『유기(留記)』라는 사서를 편찬하였는데 그 수가 100권에 이르렀다. 뒤에 이것을 기본으로 하여 5권(또는 6권)의『신집(新集)』으로 정리·편찬하였다. 그러나 고구려 왕조가 직접 편찬한 이 두 가지 고구려 역사 문헌은 이미 소실되어 지금은 전하지 않는다. 왕씨 고려 왕조의 중기인 1145년, 고려의 관리이자 학자인 김부식(金富軾)이 주관하여『삼국사기』50권을 편찬하였다. 이 책에서 편찬자는 신라 왕조의 정통 지위를 주장하였다. 즉 왕씨 고려 왕조에 귀속했다고 여긴 것은 신라이지 고구려가 아니었다. 그러나『삼국사기』는 고구려를 정식으로 한반도의 고대사 범주에 넣은 최초의 정사이다. 왕씨 고려 왕조 후기의 충렬왕(1274~1308) 시기, 승려 일연(一然)은『삼국유사(三國遺事)』5권을 편찬하였다.『삼국유사』는 조선의 고대 역사와 문화를 기술하면서 조선 민족의 시조 신화(단군신화)를 포함하여 신라, 고구려, 백제의 연표 및 고대 삼국과 관련되어 남아 있던 많은 이야기들을 실어『삼국사기』이후 고대 삼국의 역사 문화를 기록한 또 하나의 중요한 문헌이 되었다. 이때부터 고구려를 포함한 삼국시대의 편성이 한반도의 고대 역사에 관한 인식 체계에서 중요한 구성 부분이 되었고, 왕씨 고려 왕조 및 조선 왕조(또는 이씨 왕조라고도 부른다. 1392~1910)를 거쳐 현재에까지 이르렀다. 현재 한반도의 남북 학계가 고구려를 한반도 역사에 속한다고 함께 주장하는 것에는 실제로는 이러한 역사 배경이 있는 것이다.

이 때문에 고구려를 고대 한반도 역사의 범주에 넣는 역사 인식과 기술이 생겨났던 것이다. 이는 한반도에서 1000년의 역사를 가진 것으로 이미 한반도(조선과 한국을 포함한)의 역사와 문화 전통에서 하나의 중요한 구성 부분이 된 것이나, 이에 대해서는 충분한 인식이 있어야만 한다. 의심할 나위 없이 역사 인식과 역사 사실은 같지 않다. 어떤 역사를 자기 국가의 역사 범주에 넣는다고 해서 그 나라의 역사에 분명히 속하게 되는 것은 아니다. 그러나 이와 같은 인식은 근대부터 지금까지 한반도 학계에서 나타나 고구려를 그 나라 역사 범주에 넣고자 하는 관점이 시작되었다. 또 1949년 이후 일정기간 동안 우리 학계의 실수로 고구려사를 중국사의 영역에서 떨어뜨려 세계사, 외국사의 영역이라는 관점을 보였던 적이 있다. 이는 분명 위에서 본 역사 배경을 이해하지 못했던 것과 매우 큰 관계가 있다.

또 지적하고 싶은 것은 일본 군국주의의 영향이다. 19세기 말 이래 일본 군국주의는 한반도와 중국 동북 지방을 침략하려는 악의적인 목적으로 많은 인력과 물력을 동원하여 고구려사 연구 영역에 개입하여 많은 연구 성과를 남겨 놓았다. 그러나 대부분은 침략적 이익을 위한 반동 학설과 주장들이었다. 물론 개별적으로 진지한 고고 발굴과 조사도 있었고 그에 따른 연구 성과도 있었다. 한반도는 19세기 말 이래 오랫동안 일본 제국주의의 침략과 식민 통치(1910~1945)를 받았기 때문에, 한반도 남북 학계의 고구려사 연구는 위에서 본 일본의 연구로부터 일정한 영향을 받았다고 할 수 있다. 그러나 이러한 영향에 대한 인식과 평가는 분명 과학적이고 객관적인 태도를 유지해야 한다. 실제로 19세기 말 이후 적극적으로 자주적인 고구려사 연구를 추진하고 상당한 수준의 성과를 거둔 조선 학자 대부분은 적극적으로 반일 민족 운동에 참여한 애국 지식인들이었다. 한반도 학계에서는 이들을 민족주의 사학자라고 부른다. 그러나 일본식 교육을 받고 일본 침략 기구의 작업에 참여했던 조선 학자들은 고구려 연구 영역에서는 커다란 성과가 없었다.

1940년대 중반 남북이 분열된 뒤, 상당 기간 동안 한반도 안에서 고구려사 연구를 추진했던 주체들은 조선의 학자들이었지 미국, 일본과 밀접한 관계를 유지했던 한국 학자들이 아니었다. 이 때문에 지금의 한반도 남북 학계에서는 관련된 고구려사의 연구 결론에서 20세기 중반 이전의 일본 제국주의 어용학자의 반동적인 주장과 비슷한 점들이 나타난다. 분명 객관적이고 진지한 과학적 분석과 고찰이 진행되어야 할 역사 연구에서 저들처럼 '세속에 야합하는(同流合汚)' 주장을 들고 나오는 것을 간단하게 보아 넘겨서는 안 될 것이다. 대체로 조선과 한국 학계는 19세기 말 이래 고구려사 귀속 문제를 대하는 시각이 일본 군국주의 어용학자의 관점과 상당히 비슷하며(즉 고구려 역사가 중국 역사에 속한다는 것을 적극 부정), 고구려와 고대 일본과의 관계 같은 문제는 일본 학계(19세기 말 이후의 군국주의 어용학자들의 주장에서 현재의 일본 학자에 이르기까지)의 관점과 첨예한 대립을 보이고 있다.

【 3. 한반도 남북 학계의 비학술적 연구 경향을 주목해야 한다 】

고구려 역사 자체가 중국 및 주변 각 나라의 역사와 직접 관련이 되는 복합성 때문에 고구려사 연구에서는 여러 가지 비학술적인 경향들이 자주 나타났다. 일본 군국주의는 일찍이 한반도와 중국을 침략하기 위한 악의적인 속셈으로 고구려사를 의식적으로 왜곡하여 비뚤어지게 해석하였다. 현실적으로 한반도 남북 학계의 고구려사 연구 역시 비학술적인 요소와 표현들이 적지 않다. 최근 한반도의 남북에서 일고 있는 소위 '고구려 붐(高句麗熱)'에는 더 많은 비학술적인 의도와 경향이 섞여 있다. 1970년대 한국의 재야 사학계에서는 소위 '고대사 파동'을 불러일으킨 적이 있다. 그들은 그 가운데 고구려사도 포함하여 고구려 역사를 임의적으로 해석하거나 심지어 왜곡하기도 하였다. 1983년 한국 육군 본부에서는 『통일과 웅비하는 민족 역사를 향하여』라는 소위 '정신교육용 역사책'을 편집 · 출판하였다. 그리고 '분열된 민족의 통일과 번영하는 민족의 웅비를 향하여'라는 기치를 올려 지속적으로 그 과제의 실현을 고취하였다. 즉 "잃어버린 만주 대륙, 우리 조상들의 용맹한 기상들이 숨 쉬던 광활한 만주 벌판을 되찾자"고 주장한 것이다.[3] 이렇게 한국 재야 사학의 비학술화된 '국수주의' 역사 인식은 당시 한국의 정권을 장악하고 있던 전두환 같은 신군부 세력의 소위 '대륙 수복 의지'를 불러 일으켰다. 분명 이와 같은 일종의 아주 비정상적인 인과관계는 고구려사 연구에만 그치지 않고 학술 영역 자체에까지 해를 끼쳤다. 1990년대 이후는 세계 민족주의의 물결이 범람함에 따라 한반도에서도 고구려사를 이용한 '대고려 민족'에 공감하는 민족주의 열기가 나타났다. 한국은 이 방면에서 더욱 두드러졌다. 그들은 수많은 책들을 출판하여 사회화시키고 무수한 민중적 선전 활동을 행하였다. 이렇게 학술 연구의 영역을 벗어난 '고려 붐' 속에 각종 비학술 경향들이 나타났고, 더 나아가 한국 민족이 유구한 역사 속의 광활한 영토를 가진 국가였음을 강조하는 상황으로까지 발전했다. 조선, 한국 양국의 민중들은 모두 역사 민족이라는 우월감을 맛보면서, 현실적으로는 민족의 응집력을 결집하고 강화시켜 나갔던 것이다. 여기엔 근대 한반도에서 중국으로 간 이민을 '고토(故土) 회복'으로 보는 의도가 숨어 있었을 뿐 아니라, 심지어는 소위 '고려 민족 대통일'의 실현을 위한 여론이 조장되기도 하였다.

조선, 한국 양국은 현재까지 세계에서 민족 동질성이 가장 강한 국가에 속한다. 역사적으로는 오랜 기간 중국에 번속(藩屬)해 있었고, 근대에는 일본 제국주의의 식민 지배를 받았다. 그래서 그들의 민족 의식은 투철하고 민족성 또한 강건하다. 냉전 시기에 조성된 조선 전쟁과 반세기가 넘는 국

---

3) 육군본부, 『통일과 웅비하는 민족 역사를 향하여』(서울: 육군본부, 1983), 33쪽.

가와 민족 분열, 즉 서로 다른 의식 형태와 사회제도의 영향 아래서 비록 조선과 한국 양국은 동일 민족으로서 간격이 많이 벌어지기는 하였으나, 여전히 민중층에서는 '피는 물보다 진하다'는 민족 동질성이 시종 존재하고 있다. 그래서 냉전이 종식된 뒤 한반도를 통일하는 과정에서 '대고려 민족주의' 사조가 나타났고 조선, 한국 쌍방에서 고구려를 '민족의 표상'으로 들고 나온 현상은 결코 이상한 것이 아니다. 이처럼 한반도의 남북한 민중이 연합한 민족주의 정서의 교차점에서 남북 쌍방이 공통적으로 인정하는 찬란한 역사가 '고구려 붐'으로 체현되어 나타났던 것이다.

학술 연구 영역을 벗어난 '고려 붐'에 나타나는 여러 가지 비학술적인 경향들은 한반도 학자의 고구려사 연구에도 일찍부터 그리고 장기간 동안 강한 영향을 미쳤다. 우리는 이에 대한 분명한 인식이 있어야 한다.

지금의 한반도 남북 양국 학계의 고구려사 연구 영역은 각각 그 특징을 가지고 있다.

조선 학계에서는 한반도 고대사의 주류가 고조선 – 고구려 – 발해(통일신라와 남북국시대 형성) – 고려로 이어졌다고 인식하고 있다. 그리고 그 가운데서 고구려는 조선 고대 역사상 가장 강했고 가장 자주적인 국가였다고 여기고 있다. 이에 대해 꼭 지적해야 할 점은 조선 학계의 관점이 학술 연구의 결론과 동기에서 출발한 것이 아니라는 점이다. 여기에는 주로 한반도의 북부, 즉 지금의 조선 경내에서 건립되고 활동한 고대 국가인 고구려의 정통성을 강조하고, 특히 신라와 백제 같은, 주로 한반도 남부인 지금의 한국 경내에서 생성, 발전하였던 고대 국가의 역사적 지위를 낮추거나 부정하기 위한 의도가 있는 것이다. 남북 분열과 대립 국면 아래서 조선 국가 정권의 역사적 정통성을 강조하려는 정치적인 목적과 아주 긴밀한 연관이 있는 것이다. 조선의 신구 양대 지도자들은 끊임없이 고구려사의 위치를 강조하는 연설을 발표하였다. 조선 정부는 1990년대 이후 '고구려 시조 동명왕릉' 복원에 크게 힘을 쏟았고, 1998년에는 유네스코에 가입하여 조선 경내의 고구려 벽화 고분을 세계 문화 유산으로 신청하는 것 같은 적극적인 노력을 벌여왔다. 이는 분명 정치와 외교 이익을 고려한 것으로 학술과 문화의 목적에서 나온 것이 아니라고 할 수 있다. 조선 학계의 현황과 조선 국내외 현실적인 여건들을 통해 볼 때, 이후 조선 학계의 고구려사에 대한 학술적 연구 수준은 1960년대 이후 장족의 발전을 했던 것과 비교했을 때 더 이상 커다란 진전을 가져오기 힘들 것으로 보인다. 최근 조선 학계의 고구려사 연구 성과는 대부분 이전의 관점들을 보충하거나 설명하는 수준에 그치고 있으며 학술적 발전과 성장 추세는 이미 현격하게 줄어들었다.

한국 학계의 고구려 연구는 다소 늦은 1980년대부터 일어나기 시작했으며 1990년대에 더욱 고조되어 차츰 사회, 정치, 문화 각 방면에 이르기까지 그 영향력이 확대되었다. 지금까지 한국 학계의 연구 조건과 환경(조선과 중국 학계의 연구 성과를 자유롭게 이용할 수 있고, 조선 중국 학계와 직접 교류하고, 심지어 직접 조선을 방문하는 것 등을 포함하여)에 커다란 개선이 있었고 한국 사회 내에 '고구려 붐'이 한창이다. 한국 학계의 고구려 연구는 이미 꾸준히 발전해왔고, 앞으로도 더 세찬 발전 추세를 보일 것이다. 일찍이 한국 사회에서 '재야 사학' 풍파를 일으켰던 국수주의 사학 세력들도 한국 사회의 '고구려 붐'을 더욱 고조시킬 수 있는 역량을 가지고 있다. 사회 전 범위에서 '고구려 붐'을 일으키고 있고 국제적인 영향력을 놓고 말할 때, 한국 학계의 고구려사 연구는 조선 학계의 성과를 이미 초과 달성하였다. 그리고 정계를 포함하여 한국 사회 각계에서 고구려사 연구에 대해서 관심을 보이며 참여하고 있다. 비록 형식적으로 조선과는 다른 것 같지만 그 목적(고구려사의 한반도 역사성 강조, 중국 역사성의 부정)과 작용(정치화, 사회화에 이어 국제화에 이르기까지)들은 크게 다르지 않은 효과를 거두고 있으며, 그 강도는 오히려 조선보다 강하다.

지금까지 한반도 남북 사이의 분열과 대치 국면은 근본적인 개선이 없었다. 그러나 고구려를 한반도의 고대 역사로 지위를 높이고 평가하는 문제에서는 양국이 거의 의견 충돌이 없었으며, 기타 국가의 학계(주로 중국 학계)와 고구려사의 귀속 문제에 관해 논쟁을 벌일 때에는 놀랍게도 공통적인 입장과 태도를 유지하였다. 최근 조선, 한국 양국 학계는 고구려사 연구 방면에서 이미 각종 형식의 교류와 협력(학술회의, 공동 출판 같은 것을 포함)을 시작하였다. 이를 통해 고구려 역사의 귀속 문제에서 고구려가 한반도의 고대 역사, 나아가 동아시아 역사에서의 그 지위를 평가하는데 끊임없는 노력을 제고해 나가고 있다. 조선과 한국 학계는 분명 정치적 입장과 대체적인 현실의 이익 면에서 기본적으로 접근해 있으며 한반도에서 남북의 관계 완화와 남북 학계의 교류와 협력은 한층 강화되고 있다. 또한 냉전이 끝난 이후 민족주의 사조와 세력들이 다시 고조되고, 국제 환경, 특히 한반도 통일을 진행시키는 과정에 있는 남북 학계와 정계는 고구려 문제를 민족 문화 전통과 이익에 관계되는 매우 중요한 것으로 여기고 있다. 한반도의 남북 학계와 사회, 정치, 문화를 포함한 각계는 고구려사 문제의 상호 교류와 협력을 통해 분명 전에 없던 발전 추세로 접어들게 될 것이다.

【 4. 고구려사 연구의 학술화 건설을 위한 제언 】

우리는 고구려를 연구하면서 역사 문제를 현실화하고, 학술 문제를 정치화하는 경향과 방법에 반대한다. 우리는 고구려사 연구를 학술 본연의 위치로 돌아오도록 노력해야 한다. 이를 위해서 아래와 같은 생각들을 제기하고 건의하는 바이다.

1. 고구려 문제에 관한 연구들을 역사화, 학술화된 정상적인 과학 연구 궤도 위에 확실하게 올려놓아야 한다. 고구려 민족 및 그 정권은 중국 역사의 고대 민족과 지방 정권인 동시에 중국 역사에서 흥망성쇠를 거듭했던 기타 고대 민족 및 그 정권과 동일하다. 북방의 흉노, 유연, 선비 같은 민족 및 그 정권을 예로 들 수 있다. 그러므로 고구려 문제 역시 이러한 역사 문제처럼 정상적인 학술 연구로 진행할 수 있고, 이 방면에서 우리 민족 사학계는 이미 비교적 성숙된 연구 방식이 형성되어 있다.

2. 고구려의 민족 원류와 고구려 정권의 흥망성쇠에 관한 연구를 강화하고 학술적으로 성숙된 정론을 형성해야 한다. 우리나라의 변경사, 민족사 연구에서 민족 원류와 지방 정권 연구는 주변 국가 역사의 영토 확대와 축소, 민족의 천도와 이동 변화 부분과 관련될 수 있다. 예를 들면 흉노의 서천(西遷)과 헝가리 민족과의 관계, 돌궐 한국(汗國)의 몰락과 우리나라의 신강(新疆), 중앙아시아, 터키 같은 상관 민족과의 관계, 몽골 유목 제국의 해체와 우리나라 내몽골과 몽골, 러시아의 상관 민족과의 관계 같은 것이 있다. 이 방면의 연구는 비록 국내외에서 서로 다른 관점이 존재하지만 우리는 이 연구에서 이미 비교적 성숙된 학계의 공통 인식과 그에 상응하는 성과들을 이루었다. 고구려 문제 역시 이와 같은 유형의 역사 현상에 속하는 것으로 연구의 본보기로 삼아야 할 것이다.

3. 고구려사 연구에서 우리나라의 더 많은 조선족 역사학자들이 그 역량을 발휘해야 한다. 고구려 역사는 중국과 한반도 고대 역사와 관계된 문제이다. 중국과 한반도 관계사 연구 인력 가운데는 조선어, 한국어에 능하고 조선, 한국 학계의 상황을 이해하고 있는 전문가가 몹시 부족하다. 그러므로 조선어, 한국어에 능숙하고 조선, 한국 학계와 상당한 교류가 있는 중국

조선족 역사학자들은 이 연구 작업에서 무엇과도 대체할 수 없는 지위와 능력을 가지고 있다. 우리가 그들을 이해하고 지원을 아끼지 않아야 그들은 더 큰 능력을 발휘할 수 있다.

4. 고구려 연구의 기초 자료와 연구 정보를 적극적으로 수집하는 작업을 강화해야 한다. 학계를 조직하여 중국 역사의 문헌 기록과 고고학 자료 등 고구려사에 대한 전면적이고 체계적인 편년 체제를 만들고, 전문적으로 아주 자세하게 자료를 모으고 주석을 달아 교정해야 한다. 이것은 하나의 기초적인 작업이다. 동시에 우리와 조선, 한국 및 기타 국가의 고구려 문제와 관련된 연구와 저술에 대해 목록과 색인을 완벽하게 만들어 정보 자료 창고를 만들어야만 한다. 또 학술 교류 같은 여러 방면의 경로를 통하여 그 연구 성과와 연구 동태를 광범위하게 수집하고 역량을 모아서 대표적인 저술, 자료와 관점들을 번역하고 소개하여 우리가 정곡을 찌를 수 있는 연구를 전개하는 데 이용해야 한다.

5. 고구려, 발해와 관련된 유물과 유적을 보호, 개발하고 이용을 강화해야 한다. 그리하여 국내에서는 조직적인 연구의 편리를 제공하도록 하고, 도록집을 간행, 배포하는 것 같은 걸음걸이를 더욱 빨리 해야 한다. 동시에 조선, 한국 등에서 나온 출판물이나 전람회에 수록되거나 전시되는 우리의 고구려 유물과 유적의 사진, 실물에 대해서도 관련 출판 부문 또는 문화 부문에서 지적 소유권의 원칙에 따라 교섭하고 배상을 요구해야 한다. 동시에 도굴, 절도 같은 고구려 유적과 유물에 대한 범죄 활동에 대해서도 엄중한 제재를 가해야 한다.

6. 고구려 역사 지식의 사회화, 과학적인 보급을 강화하고 현재 사용하

거나 새로 편찬되는 관련 사전류에 고구려에 관한 조목을 수정해야 한다. 교과서와 역사 관련 도서의 상관 내용과 표현들도 규범화해야 한다.

7. 한반도 남북 양국의 역사 문화 전통과 민족 감정을 존중하고, 한반도 학계의 고구려사 연구가 우리나라 학계와는 다른 입장과 다른 관점이 있다는 사실을 인정해야 한다. 우리는 한반도의 남북 학계에서 고구려사가 중국 고대 역사의 일부분임을 부인하는 것에 대해 분명히 반대한다. 그러나 상대방이 우리의 관점을 받아들이도록 강요해서는 안 되며 학술적 규범과 국제 관례에 부합하는 정상적인 학술 교류와 논쟁을 전개해야 한다. 고구려사 문제에서 우리 학계와 한반도 남북 학계의 엇갈린 주장과 논쟁은 학술과 역사의 문제로 보아야 하며 정치화는 피해야만 한다. 우리는 냉정하고 객관적인 태도를 유지해야 하며 학술 연구와 정치 문제 그리고 역사 연구와 현실 관계를 분리하는 원칙을 견지해야 한다. 차분하게 연구하고 과학적인 연구 결론들을 국제 학계에 제공함으로써 고구려사 연구를 추진하고 심화시켜야 할 학자의 책임을 다해야 한다.

이론편

고구려는 한(漢)에서 당대(唐代)까지 우리나라 동북 변경 지역에 있었던 하나의
지방 민족 정권인 동시에 이 정권의 주체가 되는 민족의 칭호이기도 하였다.
고구려 정권의 귀속 문제에 대해서 학계에서는 이미 여러 차례 우리나라 고대의
변경지방 정권의 하나라는 관점에 찬동하였으나 어떤 사람들은
아직도 다른 관점을 견지하고 있다. 이 문제를 좀 더 자세하고 깊이 있게 연구,
토론하기 위해서는 중국 강역 형성에서 중요한 작용을 했던 번속(藩屬) 관계
이론을 이해하고, 중국 강역 형성 과정에서 고구려가 어떤 지위를 차지했는지
보다 분명하게 인식할 필요가 있다.

東北工程 高句麗史

1장

고대 중국의 번속(藩屬)

중국 강역의 형성 과정에서 한족(華夏)은 중원 지역에 모여 살고 있었고 그 주변에는 소수민족들이 있었다. 이 골격은 중국 강역이 형성된 지금과 근본적인 변화가 없는 것이다. 이러한 분포 구조의 기초 위에서 역사상 여러 정권들은 중원 지역의 통치권과 정통 지위를 얻고자 하였다. 그리고 주변 지역에 분포하였던 정권들은 흔히 중원 왕조의 번속이 되거나 번속으로 여겨지게 되었다. 나아가 이러한 쌍방 관계를 조정하는 이론이 생겨났는데 우리는 이것을 번속 이론(藩屬理論)이라고 부른다.

번속 이론은 대체로 두 가지의 주요 내용을 포함하고 있는데 하나는 천하 구조에 관한 이론이고 다른 하나는 민족 관계에 관한 이론이다.

【 1. 번(藩), 속(屬)의 개념에 대하여 】

번(藩)은 "번(蕃)" 또는 "번(番)"으로 쓰기도 하는데 이는 아주 오래 전부터 나타난 개념으로 그 뜻은 대략 여덟 가지가 있다.

첫째, 울타리(籬笆)를 가리킨다. 두보(杜甫)의 시 『객지(客至)』에는 "담(藩)

너머로 불러와 남은 잔 다 비우리(隔籬[1]呼取盡餘杯.)"라는 구절이 있다.

둘째, 영역(領域)을 가리킨다. 『장자(莊子)』 「대종사(大宗師)」에는 "나는 그 틈바구니(籬)에서라도 노닐고 싶다(吾願遊於其籬.)"라는 구절이 있다.

셋째, 보호벽(屛障), 호위(護衛)를 가리킨다. 『진서(晉書)』 「민왕승전(閔王承傳)」에는 "종실은 (왕의) 보호벽이다(宗室藩屛.)"라는 구절이 있다.

넷째, 포위(包圍)를 가리킨다. 『좌전(左傳)』 「애공(哀公) 12년」에는 "오나라 사람이 (위나라) 제후가 머무는 객사에 울타리를 치다(吳人藩衛侯之舍.)"라는 구절이 있다.

다섯째, 은폐[遮掩]를 가리킨다. 『순자(荀子)』 「영욕(榮辱)」에는 "지금 옛 임금들의 도와 인의의 법도를 따라 서로가 어울려 살고, 서로가 돕고 아껴주며, 서로가 감싸주고 꾸며줌으로써 서로가 안락하게 산다(今以夫先王之道, 仁義之統, 以相群居, 以相持養, 以相藩飾, 以相安固邪.)"라는 구절이 있다.

여섯째, 수레 장막[車帷]을 가리킨다. 『국어(國語)』 「진어(晉語)」에는 "강(絳) 땅의 부유한 상인은 가죽 수레 장막과 나무 빗장을 하고서 관아를 지나간다(夫絳之富商, 韋藩木楗以過於朝.)"는 구절이 있다.

일곱째, 왕조가 여러 제후·왕에게 분봉한 토지, 또는 스스로 '신하라고 일컫는[稱臣]' 기타 정권을 가리킨다. 『후한서(後漢書)』 「명제기(明帝紀)」의 "동평왕 창이 자신에게 분봉된 토지를 없애버렸다(東平王蒼罷歸藩.)", 『삼국지』 「오주전(吳主傳)」의 "위나라 문제 때부터 손권이 사신을 보내 스스로 신하(藩)라고 칭하였다(自魏文帝踐祚, 權使命稱藩.)"는 구절을 예로 들 수 있다.

여덟째, 신하가 되어 복종한 변경 민족 또는 정권을 가리킨다. 예를 들면 『한서(漢書)』 「식화지(食貨誌)」에 "왕망은 한나라가 오랜 태평 세상을 만든

---

1) 【옮긴이】『속론』에는 藩자로 되어 있으나 원전과 대조하여 籬자로 바로잡는다.

업적을 이어받아 흉노를 번(藩)이라 칭하고, 모든 오랑캐들을 복종시켜 조공하게 하고, 배와 수레가 통하는 곳은 모두 신하로 삼았다(王莽因漢承平之業, 匈奴稱藩, 百蠻賓服, 舟車所通盡爲臣妾.)"는 구절이 있다.

만약 번(藩)을 정치적 측면에서만 본다면 대체로 세 가지 뜻으로 정리해 볼 수 있다. 첫째, 하나의 정권 내부에 속하는, 특히 중원 왕조의 분봉으로 인하여 형성된 여러 제후와 왕. 둘째, 분립된 정권 사이에서 약자가 강자에 대해 스스로를 부르는 칭호. 셋째, 신하로서 복종한 변경 민족 또는 정권이다.

번(藩)은 보통 상대적으로 강한 왕조, 특히 중원 왕조와 거기서 분봉된 제후왕, 기타 약소 정권, 변경 민족 정권 심지어는 변경 민족 정권 밖에서 '신하라 일컫고 조공하는[稱臣納貢]' 이웃 정권 사이의 관계를 나타낼 때 사용되었다. 또 "번(藩)"이라는 명칭은 보호벽, 보위(保衛)의 뜻을 취한 것이다. 즉 중원 왕조의 통치자는 분봉한 여러 제후왕, 기타 약소 정권, 변경 민족 정권, 나아가 이웃한 기타 정권이 자기의 보호벽과 보위자가 되기를 희망하였기 때문에 "번위(藩衛)", "번병(藩屛)" 같은 용법이 있는 것이다. 그리고 변경 민족 정권, 이웃한 정권이 중원 왕조에게 신하로 복종하는 것 역시 "번부(藩附)", "번신(藩臣)", "외신(外臣)" 같은 이름으로 불렸다.

속(屬) 역시 꽤 오래 전부터 나타난 단어로 그 용법은 번(藩)에 비해서 광범위하다. 류(類), 배(輩), 등(等), 부속(部屬), 친속(親屬), 예속(隷屬), 통치(統治), 속상(屬相), 관련(關聯), 연접(連接), 연속(連續) 같은 여러 뜻이 있다. 그러나 정치적 측면에서 본 용법은 주로 부속, 예속, 통치 세 방면으로 표현된다. 속(屬)에 대한 이 세 용법은 우리나라 사서에서 자주 볼 수 있는 것이다. 예를 들어 『좌전』 권17 문공(文公) 2년 조에는 "팽아에 이르러 이미 진을 치니, [낭심(狼瞫)이] 그 소속 부대를 거느리고 진나라 군대를 향하여 돌진해서 죽었다(及彭衙旣陳, 以其屬馳秦師, 死焉.)"는 구절이 있고, 같은 책 환공(桓公) 5년 조에는 "주공 흑견이 진나라 사람이 예속된 좌군을 지휘했다(周公黑肩將左軍, 陳人屬焉.)", 『순자』「유효(儒效)」에는 "주공이 성왕을 뒤로 물리고, 무왕을 계승하여 천하를 물려받았다(周公屛成王而及武王以屬天下.)" 같은 내용에서 볼 수 있다.

속(屬)이 변경 민족 정권을 가리키는 의미로 사용된 것은 한대에 처음 시작된 것으로 그 용법은 사서에 기록된 "속국(屬國)"에서 찾아볼 수 있다. 속국이란 뜻에 대해서 현대인들은 보통 "봉건시대 종주국이 번속으로 삼은 국가"[2]를 가리키는 것으로 인식하고 있다. 그러나 실제로 이것은 후대의 용법으로, 최초의 뜻은 이러한 "번속국(藩屬國)"을 가리키는 것이 아니라 특수한 용법을 가진 것이었다. 『한서』「무제본기(武帝本紀)」에 원수(元狩) 2년(서기전 121) 흉노 혼야왕(昆邪王)이 항복하여 "다섯 속국을 그곳에 설치하였다"고 기록되어 있고, 안사고(顔師古)가 주에서 "무릇 속국이라고 말하는 것은 그 나라 이름은 존재하지만, 한나라 조정에 속하기 때문에 속국이라고 한다(凡言屬國者, 存其國號而屬漢朝, 故曰屬國.)"고 한 것처럼 속국은 처음에는 이처럼 변경 민족을 중원 왕조 경내로 옮기기 위해 설치한 지방 행정 제도인 속국(屬國)을 가리키는 데 이용되었다. 그 관할 경내에 있는 변경 민족은 본래 민족 주체에서 떨어져 나와 중원 왕조의 정식 행정 제도 안으로 옮겨졌다. 그 명칭은 보통 속국의 원래 민족이 가지고 있었던 명칭이 덧붙여졌다. 예를 들면 흉노 속국(匈奴屬國) 같은 것이다. 이러한 속국은 사서의 기록을 보면 이미 독립적인 정권이 아니었다. 내부적으로 원래의 관할 체제를 유지하고 있었다고 하더라도 중앙 왕조는 "속국 도위(屬國都尉)"라고 부르는 관원을 직접 파견하여 그 내부 관리에 참여시킴으로써 중앙 왕조가 실시한 지방 체제의 한 구성 부분이 되었다.

번속(藩屬) 두 자를 이어서 사용한 것은 청대에 들어와 비로소 그 용법이

---

2) 『현대 한어사전(現代漢語辭典)』〔상무인서관(商務印書館), 1992년 판〕, 1068쪽.

나타난다. 그 뜻은 "천자국의 역법을 같이 시행하고 공물을 바치는 나라(奉朔朝貢之國)"[3]를 가리키는데 기본적으로 번(藩), 속(屬) 두 자의 뜻을 종합한 것이다. 그러나 분명한 변화도 있었다. 그 가운데 하나는 이때의 "번(藩)"이 어떤 때는 "부(部)"와 함께 사용되어 "번부(藩部)"라고도 불렸는데, 이번원(理藩院) 아래 속해 있던 몽고(蒙古), 신강(新疆), 서장(西藏)을 전문적으로 가리키는 데 사용되었다. 두 번째는 "속(屬)", 즉 "속국(屬國)"이 가리키는 것은 이미 한대와는 달라져서 "번부(藩部)" 외의 "부속국(附屬國)", 예를 들어 조선(朝鮮), 유구(琉球: 오키나와), 안남(安南: 베트남), 면전(緬甸: 미얀마) 같은 곳을 가리키는 데 사용하게 되었다. 다시 말하면 청대에는 "번(藩)", "속(屬)"에 새로운 뜻이 부여되었던 것이다. 그러나 종합적으로 보자면 이러한 뜻과 전대의 "번(藩)", "속(屬)"의 용법은 완전히 갈라지지 않고 전대의 용법이 계승, 발전되었다고 볼 수 있다. 한편 청 왕조에 "칭신납공(稱臣納貢)"하는 정권에 대한 총칭이며 또 다른 한편으로는 변경 민족이란 뜻을 가리키는 데 사용하였다는 점은 변화가 없는 것이다. 이러한 뜻에서 청대의 "번속(藩屬)"이 선진 시기의 "藩"과 "屬"의 개념에서 기원하였다는 것은 역사 사실에 부합하는 것이라고 말할 수 있다.

여기에서 이야기하고자 하는 것은 한(漢)과 당(唐) 중앙 왕조와 변경 민족의 관계이므로 여기의 "번속(藩屬)"은 청대 이전에 취한 뜻, 즉 변경 민족 또는 그 정권을 가리킨다.

---

3) 『흠정사고전서총목(欽定四庫全書總目)』 권68.

【 2. 선진(先秦) 시기의 5복제(五服制) 이론 】

선진 시기의 5복제 이론은 천하관이란 기초 위에 형성된 것으로 변경 민족 정권 관계를 포함한 중앙 왕조와 지방의 관계를 처리하는 데 사용된 지도 사상을 말한다. 진한(秦漢) 왕조가 통일된 중앙집권을 세운 뒤 중원 지역의 통일이 실현되면서 5복제 이론의 기본적인 내용이 계승되고 발전되었다. 그리고 중앙 왕조가 변경 민족과의 관계를 조정하고 처리하는 데 이 이론을 이용하면서 번속 이론으로 발전하게 되었다. 번속 이론이 형성된 이후 후세 에 커다란 영향을 미쳐 청 왕조 때까지 우리나라 역대 왕조가 변경 민족과 의 관계를 처리하는 데 주요 지도 사상이 되었다. 그리고 우리나라 변경 지 역을 형성하고 역사상 우리나라 각 민족 사이의 관계를 발전시키고 나아가 중화 민족을 형성하는 데에도 매우 중요한 촉진 작용을 하였다.

고대 중국의 천하관은 한당(漢唐) 왕조가 건립된 뒤 번속 관계를 유지하 는 데 주요 이론 가운데 하나였기 때문에 고대 중국의 천하관을 연구하는 것은 한당의 번속 관계를 더욱 분명하게 인식하는 데 도움이 된다.

"하늘(天)"이란 개념이 우리나라에서 나타난 시기는 아주 오래되었는데, 상고(上古)시대의 일을 기록한 여러 문헌에 "하늘(天)"은 자주 나타난다. 예 를 들어 『상서(尚書)』「요전(堯典)」에 나오는 "이에 희씨와 화씨에게 명하여 드넓은 하늘을 공경하고 따르하라(乃命羲和, 欽若昊天.)" 같은 것이다. "하 늘(天)"은 고대 중국인에게 완전히 추상적인 개념이 아니었다. "하늘은 화 살처럼 굽은 천막집과 같다(天似穹廬)"고 "하늘(天)"을 구체적으로 묘사했 고, "하늘(天)"에 덮여 있는 아래 "땅(地)"은 네모난 것으로 묘사되었다. 이 것이 소위 말하는 "하늘은 둥글고 땅은 네모지다(天圓地方)"는 것이다. 사람 은 "하늘(天)"과 "땅(地)" 사이에 살기 때문에 "천하(天下)"라는 관념이 생겨 나게 되었고 "하늘(天)"과 하늘이 덮고 있는 아래의 대지, 인류 사회와 세상

만물을 가리키는 데 사용하게 되었다. 아무리 늦어도 상나라 때 "하늘(天)"은 이미 인류 사회를 주재(主宰)하는 "천제(天帝)"로 불렸고 사람들이 점을 쳐서 물어보는 대상이 되었다. 그리고 "왕"은 "하늘(天)"의 명을 받아 "천하"를 다스리는 통치자가 되는데 후에는 "천자(天子)"로 변하게 된다.

"왕"이 "하늘(天)"로부터 "천하"를 관리하는 절대 권력을 부여받고 "천하"의 통치를 어떻게 하느냐 하는 것은 자연스럽게 고대 천하관의 주요 내용이 되었다. 늦어도 주나라 때는 하나의 완전한 이론 체계가 형성되었는데 이것이 바로 "왕"을 중심으로 구축된 "대일통(大一統)" 이론 체계이다.

"넓은 하늘 아래 임금의 땅이 아닌 곳이 없고, 온 누리 땅에는 임금의 백성이 아닌 것이 없다."(溥天之下, 莫非王土, 率土之濱, 莫非王臣.) 이것은 『시경(詩經)』 「소아(小雅)」에 있는 말인데, 선진 시기 천하 통치 질서에 대한 가장 간결한 설명으로 그 뒤 역대 왕조 각 대에서 이를 인용하였고, 또한 중국인 개개인의 마음속 깊숙이 뿌리박고 있는 것이기도 하다. "왕"을 중심으로 구축된 천하 체계는 제일 먼저 『춘추(春秋)』 「공양전(公羊傳)」에 나타나는데 그것은 "대일통(大一統)"이라고 불렸다.

어찌하여 왕정월(王正月)이라 말하였는가? ……대일통(大一統)이다. 주(注): 통(統)이라는 것은 시작이니 계통을 총괄한다는 말이다. 무릇 왕은 처음 하늘의 명(命)을 받아 제도를 바로잡을 때 천하에 정령을 펴고 교화를 베풀어, 공후(公侯)에서 서인에 이르기까지, 산천에서 초목과 곤충에 이르기까지 어느 하나라도 정월(正月)에 연계되지 않은 것이 없기 때문에 정치와 교화의 시작이라고 말한 것이다.

— 何言乎王正月 ……大一統也. 注: 統者, 始也, 總系之辭. 夫王者始受命改制, 布政施教於天下, 自公侯至於庶人, 自山川至於草木昆蟲, 莫不一一系於正月, 故云政教之始.[4]

여기에서 강조하는 것은 "왕"의 절대 권위와 천하 정령(政令)의 통일인데 정령을 통일한다는 표현은 역법을 통일한다는 것으로 표현되며 "조정삭(朝正朔)"은 그 지표(標志) 가운데 하나이다.

『춘추』「공양전」에서 말한 "대일통"에 대해서 후대 사람들이 여러 번 자세한 해석과 고증을 하였는데 그 예로『춘추고(春秋考)』[5] 권4가 있다.

공양전에서 먼저 왕(王)을 말한 뒤에 정월이라고 하여 대일통을 삼는다고 한 것은, 대략 그 의미는 얻었으나 완전하지는 못하다. 한(漢)나라에서 공양학(公羊學)이 일어나 처음으로 동중서(董仲舒)에게 전해지니 그를 으뜸으로 삼는다. 그가 말하기를, 일(一)은 만물이 시작되는 바이고, 원(元)은 크다는 말이다. 곧 일(一)이 원(元)이 되는 것은 큰 시초에 비추어서 근본을 바로 하고자 하는 것이다. 또 말하기를 춘(春)은 하늘이 행하는 바이고, 정(正)은 왕(王)이 행하는 바이니, 그 뜻은 위로 하늘이 행하는 바를 받들고 아래로 자기가 행하는 바를 바로잡는 것이니, 왕도(王道)의 단초를 바로잡는다는 것이다. 원(元)을 크다고 하였으니 근본을 바르게 한다는 것은 어디에 있으며, 정(正)은 하늘을 받드는 것이라 하였으니 왕이라 쓴 까닭은 어디에 있는가? 하휴(何休)[6]에 이르러서 마침내 '공즉위(公卽位)'로 춘추를 삼아서 원(元)의 기운으로 하늘의 단초를 바르게 하고, 하늘의 단초로 왕의 정사를 바르게 하고, 왕의 정사로 제후의 즉위를 바르게 하고, 제후의 즉위로 경내의 다스림을 바르게 하니 다섯 가지는 시일을 같이하여 아울러 나타나는 것으로, 서로 필요로 하여 체(體)를 이루게 되는 것이다. 이에 오시(五始)[7]의 논리가 되는 것이다.

— 惟公羊以先言王而後言正月爲大一統, 略得其意而未盡, 漢興公羊學, 首傳董仲舒

---

4)『춘추공양전주소(春秋公羊傳注疏)』권1.
5)【옮긴이】송나라 섭몽득(葉夢得)이 지은 책.
6)【옮긴이】후한(後漢) 사람(129~182).

爲之冠. 其曰 : 一者, 萬物之所從始也, 元者辭之, 所謂大也, 謂一爲元者, 視大始而
欲正本也. 又曰 : 春者, 天之所爲也, 正者王之所爲也, 其意曰上承天之所爲, 而下以
正其所爲, 正王道之端云爾. 以元爲大鳥, 在其爲正本也. 謂正爲承天鳥, 在其爲書
王也. 至何休遂以公卽位爲春秋, 以元之氣正天之端, 以天之端正王之政, 以王之
政正諸侯之卽位, 以諸侯之卽位正竟內之治, 五者同日并見, 相須成體, 于是爲五
始之論.

소위 "왕의 정사로 제후의 즉위를 바르게 한다(以王之政正諸侯之卽位.)"
에서 표현된 것은 여러 제후의 세습권이 "왕"의 손에 장악되어 "왕"의 책봉
을 받아야만 여러 제후의 세습이 비로소 이치에 맞게 되고 쌍방 사이의 영
속(領屬) 관계가 분명하게 나타나게 된다는 것이다. 그리고 "제후의 즉위로
경내의 다스림을 바르게 한다(以諸侯之卽位正竟內之治.)"는 것은 여러 제후
가 관할 지역의 통치에 대한 전체적인 책임을 지고 있었다는 것을 보여주는
것이다.

『여씨춘추집해(呂氏春秋集解)』 권1에는 다음과 같이 기록되어 있다.

정월(正月)을 왕정(王正)이라 한 것은 천하가 하나로 정해진 것을 아는 것이다.
하늘에는 두 태양이 없고, 땅에는 두 왕이 없으며, 집에는 두 주인이 없고, 존귀
한 지위는 둘이 있을 수 없으며, 도에는 두 가지 길이 없으며, 정사에는 두 가지
문이 없다. 그러므로 떳떳한 도를 의논하는 자가 백가(百家)를 내치며 공(孔)씨
를 숭상하여 육예(六藝)의 과목에 들지 않은 무리들은 진출하지 못하게 하는 것
은 이 도술을 하나로 귀결시키기 위한 것이다. 정사(政事)의 방법을 말하는 자가

---

7) 【옮긴이】『춘추(春秋)』에서 시작을 나타내는 다섯 가지 기술 방식. 원년(元年)·춘(春)·왕
(王)·정월(正月)·공즉위(公卽位)로 기술한 방식이다. 원은 기(氣)의 시작, 춘은 사시(四時)
의 시작, 왕은 수명(受命)의 시작, 즉위는 한 임금의 시작을 뜻하는 공양가(公羊家)의 설이다.

정사를 모두 중서(中書)를 벗어나 예악을 바꾸고 제도를 개혁하고자 한다면 유방찬극(流放竄殛)[8]의 형벌이 그의 뒤를 따를 것이니, 이는 국정을 하나로 귀결시키게 되는 것이다. 만약 사문(私門)을 열고 공도(公道)를 폐하고 각기 편의대로 일을 하는 것은 개인이 스스로 정사를 하게 되는 것이니 춘추 대일통(大一統)의 뜻에서 벗어나는 것이다.

— 正月爲王正, 則知天下定於一也. 天無二日, 土無二王, 家無二主, 尊無二上, 道無二致, 政無二門, 故議常經者黜百家尊孔氏, 諸不在六藝之科者勿使幷進, 此道術之歸於一也. 言致理者欲令政事皆出中書, 而變禮樂, 革制度, 則流放竄殛之刑隨其後, 此國政之歸於一也. 若乃闢私門, 廢公道, 各以便宜行事, 是人自爲政, 謬於春秋大一統之義矣.

"대일통(大一統)"이 강조한 것은 "왕"의 절대 권위뿐 아니라 천하의 정치, 경제, 문화 같은 것을 포함한 여러 방면의 통일이다. 『한서』「왕길전(王吉傳)」에는 "춘추에서 대일통이라고 하는 것은 육합에 같은 바람이 불고 구주가 함께 관통하는 것이다(春秋所以大一統者, 六合同風, 九州共貫也.)"라는 말이 있다. 여기에서도 "대일통"이 강조하는 것은 천하 정령의 통일이다. 『춘추집전상설(春秋集傳詳說)』「강령(綱領)」에서는 "춘추에서 대일통이란 뜻은 안으로 경사(京師)와 밖으로 제후국, 안으로 중국과 밖으로 오와 초가 왕을 존중하고 패자를 억압하고, 적을 토벌하고 선한 자를 도와서 하늘의 이치를 존속시키고, 어지럽게 하는 근원을 막는 것이다(春秋大一統之義, 內京師而外諸夏, 內中國而外吳楚, 尊王抑覇, 討賊扶善, 以存天理而遏亂源.)"고 하였다. 이것은 천하의 정치 구역에 대한 분포 구조를 가지고 "대일통" 이론을 설명한 것으로 경사(京師)는 천하의 핵심으로 가장 안쪽에 위치한다. 그

___

8) 【옮긴이】 죄인을 변방 지대로 추방하거나 죽이는 형벌.

밖으로는 "제하(諸夏)", 즉 같은 성을 가진 제후국이 있고, 다시 그 밖으로는 성이 다른 제후 또는 "만이(蠻夷)"로 불리는 제후들이 있다.

이러한 해석으로부터 우리는 "넓은 하늘 아래 임금의 땅이 아닌 곳이 없고, 온 누리의 땅에는 임금의 백성이 아닌 것이 없다(溥天之下, 莫非王土, 率土之濱, 莫非王臣.)"는 소위 "대일통"도 실제로는 천하통일 질서를 구축하는 일종의 이념이었다는 것을 어렵지 않게 볼 수 있다. 이러한 이념은 통치 체계라는 구조에서 크게 두 가지 측면으로 나타난다.

첫째, "왕"을 중심으로 구축된 통치 체계이다. 여기에서는 왕이 중심이며 가장 높은 층에 자리한다. 그 아래 여러 제후들이 있는데 이들이 두 번째 층을 구성하며, 가장 아래층이 일반 백성으로 소위 "서인(庶人)"이 세 번째 층을 구성한다.

둘째, 경사를 중심으로 구축된 행정 통치 체계이다. 왕기(王畿)가 통치 구역의 중심으로 첫 번째 층을 이루는데 이곳은 왕이 직접 통치를 실시하는 구역이다. 여러 제후들이 다스리는 구역이 두 번째 층에 속하는데 제후들이 직접 통치를 실시하는 구역이기는 하지만 제후들은 왕의 직접 통제를 받는다. 여러 제후와 왕의 관계는 가깝고 먼 차이가 있기 때문에 그 제후의 통치 구역 역시 더 작은 두 층으로 나눌 수 있다. 소위 "제하(諸夏)"에 속하는 제후 통치 구역이 제후 통치 구역의 안쪽을 구성하는데, 성이 같은 제후와 왕의 관계가 가장 밀접하기 때문에 이곳이 가장 안쪽에 자리 잡고 직접 왕기를 보호하고 기타 제후의 반란을 막는 중임을 맡는다. 제후 통치 구역 밖은 "만이"의 구역에 속하는데, 다만 만이와 같은 풍격(風格)을 가진 제후들과 오(吳), 초(楚)와 같은 제후들의 통치 구역으로 나뉘어 세 번째 통치층이 만들어진다. 이러한 통치 체계의 구조를 그림으로 나타내면 아래와 같다.

이(夷)에는 이(夷)의 풍격을 가진
여러 만(蠻)과 만(蠻)의 풍격을 가진
후(候)가 있다.

어떻게 이 체계의 정상적인 운행이 유지되었는가 하는 점 역시 해결해야할 커다란 문제다. 대일통 이론이 강조하는 것은 예의 통일, 정령의 통일, 제도의 통일을 통하여 이 천하 통치 구조의 운행을 유지하는 것인데, 앞의 사서에서 인용한 소위 "하늘에는 두 태양이 없고, 땅에는 두 왕이 없으며, 집에는 두 주인이 없고, 존귀한 지위는 둘이 있을 수 없으며, 도에는 두 가지 길이 없으며, 정사에는 두 가지 문이 없다(天無二日, 土無二王, 家無二主尊無二上, 道無二致, 政無二門.)"는 것을 말한다.

"예(禮)"라는 것은 의례(儀禮)를 가리킨다. 『예기(禮記)』「곡례 상(曲禮上)」에는 "예란 가깝고 먼 것을 구별하고, 꺼리고 싫어하는 것을 명확히 하며, 같은 것과 다른 것을 구별하고, 옳고 그른 것을 밝히는 것이다(夫禮者, 所以定親疎, 決嫌疑, 別異同, 明是非也.)"라는 구절이 있는데 "예"를 이용하여 가깝고 먼 등급을 구분하고 각종 행위를 규범화하여 화하(華夏)와 만이를 구분하고 각 등급 사이의 옳고 그른 것을 판별하고 처리하였다. "예"는 여러 종류가 있는데 후대 사람들이 보는 선진 시기의 "예"로는 "5례", "6례", "9례" 같은 서로 다른 설이 있다. 그러나 구체적인 번속 관계는 "빈례(賓

禮)" 또는 "번신(藩臣)의 예"를 가리킨다. 한편 천하의 공주(共主)인 왕은 "손님을 맞이하는 예로서 여러 나라들과 친하게 지낸다(以賓禮親邦國.)"[9]고 하고, 만이의 제후와 왕을 포함하여 자신이 통치하고 있는 각 제후에게 서로 다른 권력을 부여하고 대우를 해주게 되는데 이를테면 봉역 안의 "토지, 인민, 정사(政事)"를 관리하도록 하는 것이다.[10] 다른 한편 만이의 제후와 왕을 포함한 각 제후에게 각종의 의무를 규정해주는데 이를테면 존왕(尊王), 납질(納質), 납공(納貢), 정기적인 조현 같은 것이다.

소위 "정령(政令)"은 "왕"으로부터 나오는 정책과 법령을 가리키는데 왕기 밖의 제후 또는 만이 지역에 대한 집행은 주로 제후나 왕의 책봉을 통하여 실현되었다.

제도의 통일은 천하의 공주인 "왕"과 제후가 각자 그 권리와 의무를 준수하는 것을 가리키는데 소위 "법도가 정해지자 천하가 스스로 평온해졌다 (制定則天下自平.)"[11]는 것은 이를 나타내는 말이다.

어떤 학자는 앞에서 말한 대일통 이론이 춘추전국 시기의 저작에서 처음 나타난다고 하는데, 여기서 본 것처럼 이 이론은 공상(空想)에 의거해서 나온 것이 아니라 선진 시기 각 왕조가 실천하였던 기초 위에서 종합되어 나온 이론이다. 사람들은 "왕"을 중심으로 구축된 통치 체계의 이념이 선진 시기인 하, 상, 주 3대에 이미 자기의 통치 체제를 건립하는 데 주요 원인으로 작용하기 시작했다고 보고 있다.

하, 상, 주 3대의 강역 통치 체계 구조는 일반적으로 모두 "왕기"를 중심으로 건립된 "복사제(服事制)"로 보고 있으며, 또한 "9복(九服)", "5복(五服)" 설도 있는데 여기에는 같은 성을 가진 제후와 다른 성을 가진 제후뿐

---

9) 『주례상해(周禮詳解)』 권17 「춘관종백(春官宗伯)」.
10) 『상서상해(尙書詳解)』 권10 「탕서(湯誓)」.
11) 『한서(漢書)』 권99 중 「왕망전 중(王莽傳中)」.

아니라 "사이(四夷)"로 불리는 변경 민족 또는 정권까지 포함하고 있다.

우(禹)와 그 후대에 건립되었던 하(夏) 왕조가 제일 먼저 "복사제"를 이용하여 천하 통치 질서를 구축했던 왕조로 여겨지고 있다. 『상서주소(尙書注疏)』 권4에는 "(우임금이) 물길을 헤아려 크게 다스려 땅에 공을 세웠기 때문에 오복이 이루어지는 것을 도왔다(禹…… 以大治度水土之功, 故弼成五服.)"고 했고, 『상서상해(尙書詳解)』 권8에는 하 왕조 5복의 내용을 다음과 같이 기록하고 있다.

500리 안은 전복(甸服)이니, 100리 안은 벼 뿌리까지 모두 바치고, 200리 안은 벼를 베어 반 짚만 바치고, 300리 안은 거친 거죽을 제거한 짚을 바치고, 400리 안은 이삭을 버리고 곡식만 바치고, 500리 안은 왕겨를 버리고 쌀만 바친다. 다음 500리 안은 후복(侯服)이니, 100리는 경대부의 채읍(采邑)이고, 200리는 남작의 남방(男邦)이고, 300리는 제후의 식읍이다. 다음 500리는 수복(綏服)이니, 300리는 교육과 문화로 다스리고, 200리는 무력의 위세로 떨쳐 다스린다. 다음 500리는 요복(要服)이니, 300리는 문명화된 이민족의 거주지요, 200리는 유배지다. 다음 500리는 황복(荒服)이니, 300리는 야만스런 이민족의 거주지요, 200리는 유배지다.

— 五百里甸服, 百里賦納總, 二百里納銍, 三百里納秸服, 四百里粟, 五百里米. 五百里侯服, 百里采, 二百里男邦, 三百里諸侯. 五百里綏服, 三百里揆文敎, 二百里奮武衛. 五百里要服, 三百里夷, 二百里蔡. 五百里荒服, 三百里蠻, 二百里流.

소위 "전복"은 하 왕조가 직접 관할하는 구역으로 왕기의 범위에 속하며 통치 체계의 핵심 구역이다. "후복"과 "수복"은 두 번째 층에 속하는데 제후들이 통치하는 구역이었다. "후복"과 "수복"의 차이가 나타난 것은 이러한 제후와 하 왕조의 관계에서 멀고 가까운 차이가 있었기 때문이었다. "요복", "황복"은 가장 바깥층의 통치 구역으로 하 왕조와의 친소에 따라 다시 두 층으로 구분되어 다섯 개의 서로 다른 통치 구역으로 구성되었다. 비록 현실에서 우와 그 후대에 건립된 하 왕조가 500리를 간격으로 그 통치 구역을 "전복", "후복", "수복", "요복", "황복" 다섯 층으로 정확하게 나눌 수는 없었지만, 이론상으로는 제후, 제후 구역 밖의 "만이"를 포함하여 하 왕조와 멀고 가까운 정도에 따라 서로 다른 구역으로 구분하고, 구역에 따라 서로 다른 관리 방식과 정책을 실시하는 것이 가능하게 되었다.

사서의 기록이 부족하기 때문에 하 왕조가 세운 5복제는 적지 않은 의문이 존재하지만 5복제가 상 왕조 때의 발전을 거쳐 주 왕조에 이르러서는 이미 완전한 단계에 도달하게 된다. 주의 강역 범위는 사서의 기록에 "우리 주나라는 하나라 후직이 공이 있은 이래로 위·태·예·기·필은 서쪽 땅이다. 무왕이 상나라를 멸망시킨 이후에는 포고, 상엄이 동쪽 땅이 되었다. 파·복·초 등은 남쪽 땅이며, 숙신·연·박은 북쪽 땅이다(我自夏以后稷, 魏·駘·芮·岐·畢, 吾西土也. 及武王克商, 蒲姑·商奄, 吾東土也. 巴·濮·楚·鄧, 吾南土也. 肅愼·燕·亳, 吾北土也.)"[12]라고 기록되어 있다. 주 왕조가 이와 같이 넓은 구역을 어떻게 통치하였는가 하는 점은 『국어』 「주어 상(周語上)』에서 아래와 같이 설명하고 있다.

선왕 때의 제도는 나라 안(邦內)을 전복(甸服)이라 하고, 나라 밖(邦外)을 후복(侯服)이라 하였다. 후(侯)의 바깥을 빈복(賓服)이라고 하였고, 만(蠻)과 이(夷)가 거주하는 곳은 요복(要服)이라 했으며, 융(戎)과 적(狄)이 거주하는 곳을 황복(荒服)이라고 했다. 전복에서는 천자가 매일 올리는 제사에 필요한 물품을 바치고(祭), 후복에서는 천자가 매월 올리는 제사에 필요한 물품을 바치며

---

12) 『춘추좌전속사(春秋左傳屬事)』 권1.

(祀), 빈복에서는 계절마다 특산품을 바치고(享), 요복에서는 1년에 한 번 공납을 바치며(貢), 황복에서는 천자를 왕으로 섬겨 와서 뵙도록 하였다. 날마다 제를 올리고, 달마다 사를 올리며, 철마다 향을 올리고, 해마다 공을 올리며, 자국의 왕이 바뀔 때마다 알현하도록 하였으니, 이것이 선왕의 제도였다. 만약 제를 바쳐오지 않으면 천자는 자신의 뜻을 수양하였고, 사를 바쳐오지 않으면 천자는 자신의 교시를 반성하였고, 향을 바쳐오지 않으면 천자는 예법을 돌이켜 정비하셨고, 공을 바쳐오지 않으면 천자는 존비의 칭호를 돌이켜 바로잡았고, 왕으로 섬겨오지 않으면 스스로 덕을 돌이켜 닦았다. 이렇게 천자가 수양을 다한 뒤에도 바쳐오지 않는 자들이 있으면, 그때 비로소 형벌로 다스렸다. 제를 바쳐오지 않는 자에게는 형벌을 내리고, 사를 바쳐오지 않는 자는 벌하였고, 향을 바쳐오지 않는 자는 정벌을 하였고, 공을 바쳐오지 않는 자는 견책하였고, 왕으로 섬기지 않는 자는 경고하였다. 이리하여 징벌할 수 있는 제도인 형벌이 있게 되었고, 토벌할 수 있는 군사가 있게 되었고, 정벌할 수 있는 무기가 준비되었고, 위엄을 떨칠 호령이 있게 되었으며, 경고할 수 있는 문장이 있게 되었다. 만약 호령을 내리고 글월로 경고하였는데도 바쳐오지 않는 자가 있으면, 더욱 덕을 수련하고, 백성을 먼 곳에 보내는 고생을 시키지는 않았다. 그러므로 가까이 있는 자는 그 명을 듣지 않는 자가 없었고, 멀리 있는 자도 복종하지 않는 자가 없었다.

— 夫先王之制, 邦內甸服, 邦外侯服, 侯衛賓服, 蠻夷要服, 戎翟荒服. 甸服者祭, 侯服者祀, 賓服者享, 要服者貢, 荒服者王. 日祭·月祀·時享·歲貢·終王, 先王之訓也. 有不祭則修意, 有不祀則修言, 有不享則修文, 有不貢則修名, 有不王則修德, 序成而有不至則修刑. 于是乎有刑不祭, 伐不祀, 征不享, 讓不貢, 告不王; 于是乎有刑罰之辟, 有攻伐之兵, 有征討之備, 有威讓之令, 有文告之辭. 布令陳辭而又不至, 則增修于德而無勤民于遠, 是以近無不聽, 遠無不服.

소위 "나라 안"은 주나라 천자의 "왕기"를 가리키는 데, "전(甸)"은 두 가지 뜻을 가지고 있다. 하나는 "왕의 토지"로 "왕성" 밖 500리의 구역이며, 다른 하나는 통치하는 것을 가리킨다. 이곳은 주 천자가 직접 통할하던 구역이라고 할 수 있다. 주나라 사람들은 이미 "중국(中國)"이란 개념을 가지고 있었기 때문에 이 구역 역시 "중국(中國)"이라고 불렸다. "중심이 되는 나라[中國]는 경사(京師)이고, 그 사방에 여러 하(夏)들이 있다."(中國, 京師也, 四方諸夏也.)[13] 주 왕조 통치의 중심은 풍(豊), 호(鎬) 및 낙읍(洛邑)으로, 소위 "나라 안"이란 풍, 호 또는 낙읍 및 그 부근 지역을 가리킨다.

주 왕조의 왕기 밖에는 여러 제후국과 만이국들이 존재하였다.

『국어』「정어(鄭語)」에는 다음과 같이 기록되어 있다.

성주(成周) 땅의 남쪽에는 형만(荊蠻)·신(申)·여(呂)·응(應)·등(鄧)·진(陳)·채(蔡)·수(隨)·당(唐)이 있고; 북쪽에는 위(衛)·연(燕)·적(翟)·선우(鮮虞)·로(潞)·낙(洛)·천(泉)·서(徐)·포(蒲)가 있고; 서쪽에는 우(虞)·괵(虢)·진(晉)·외(隗)·곽(霍)·양(楊)·위(魏)·예(芮)가 있고; 동쪽에는 제(齊)·노(魯)·조(曹)·송(宋)·등(滕)·벽(薛)·추(鄒)·거(莒) 같은 제후가 있다. 이들은 모두 (주)왕의 여러 아들, 한 배에서 난 아우, 자매의 아들과 외삼촌들이 아니니, 모두 만(蠻)·형(荊)·융(戎)·적(翟) 같은 제후들이다. 오(吳)나라 사람 위소(韋昭)가 단 주(注)에는, "형만(荊蠻)은 미(羋)라는 성(姓)을 가진 오랑캐(蠻)이고, 죽웅(鬻熊)의 후예다. 신(申)·여(呂)는 강(姜)씨 성이고, 응(應)·채(蔡)·수(隨)·당(唐)은 모두 희(姬)씨 성이다. 응(應)은 무왕의 아들이 봉해진 것이며, 등(鄧)은 만(曼)씨 성이고, 진(陳)은 규(媯)씨 성이다. 위(衛)는 강숙(康叔)이 봉해진 것이고, 연(燕)은 소공(邵公)이 봉해진 것인데 모두

13) 『모시주소(毛詩注疏)』 권24.

희(姬)씨 성이다. 적은 북적(北翟)이다. 선우(鮮虞)는 희(姬)씨 성이고 적(翟)이 사는 곳이다. 로(潞), 락(洛), 천(泉), 서(徐), 포(蒲)는 모두 적적(赤翟)의 외(隗)씨 성이다. 8국[지은이 주: 우(虞)·곽(虢)·진(晉)·외(隗)·곽(霍)·양(楊)·위(魏)·예(芮)를 가리킨다]은 희(姬)씨 성이다. 우(虞)는 우중(虞仲)의 후예이고, 곽(虢)은 곽숙(虢叔)의 후예로 서곽(西虢)이다. 제(齊)는 강(姜)씨 성이며, 노(魯)·조(曹)·등(滕)은 모두 희(姬)씨 성이다. 송(宋)은 자(子)씨 성이며, 설(薛)은 임(任)씨 성이다. 추(鄒)는 조(曹)씨 성이고, 거(莒)는 기(己)씨 성인데 동이(東夷)의 나라이다. 왕의 여러 아들과 한 어머니 배에서 난 아우는 희(姬)씨 성이다. 생구(甥舅)는 다른 성씨이다. 만형(蠻荊)은 초(楚)다. 융적(戎翟)은 북적(北翟)으로 로(潞)·낙(洛)·천(泉)·서(徐)·포(蒲)가 이것이다. 융(戎)은 혹은 이(夷)가 된다.

― 當成周者, 南有荊蠻·申·呂·應·鄧·陳·蔡·隨·唐, 北有衛·燕·翟·鮮虞·潞·洛·泉·徐·蒲, 西有虞·虢·晉·隗·霍·楊·魏·芮, 東有齊·魯·曹·宋·滕·薛·鄒·莒. 是非王之支子母弟·甥舅也, 則皆蠻荊戎翟之人也. 吳人韋昭注曰："荊蠻, 半姓之蠻, 鬻熊之后也. 申·呂, 姜姓. 應·蔡·隨·唐, 皆姬姓也. 應, 武王子所封. 鄧曼姓, 陳嬀姓也. 衛, 康叔之封；燕, 邵公之封, 皆姬姓也. 翟, 北翟也. 鮮虞, 姬姓在翟者. 潞·洛·泉·徐·蒲, 皆赤翟隗姓也. 八國(指虞·虢·晉·隗·霍·楊·魏·芮－引者), 姬姓也. 虞, 虞仲之後. 虢, 虢叔之後, 西虢也. 齊, 姜姓. 魯·曹·滕, 皆姬姓. 宋, 子姓. 薛, 任姓. 鄒, 曹姓. 莒, 己姓, 東夷之國也. 王支子母弟, 姬姓是也. 甥舅, 異姓是也. 蠻荊, 楚也. 戎翟, 北翟·潞·洛·泉·徐·蒲是也. 戎或爲夷.

위소(韋昭) 주석에서 말한 "희(姬)씨 성"을 가진 응(應), 채(蔡), 수(隨), 당(唐), 위(衛), 연(燕), 우(虞), 곽(虢), 진(晉), 외(隗), 곽(霍), 양(楊), 위(魏), 예(芮), 노(魯), 조(曹), 등(滕)과 이러한 "만·형·융·적(蠻·荊·

戎·翟)"에 속하지 않는 성이 다른 제후국인 "왕의 여러 아들과 한 어머니 배에서 난 아우, 외삼촌과 생질(王之支子母弟, 甥舅)"은 자연히 "나라 밖(邦外)" 제후국에 속한다. 이러한 "나라 밖"의 제후국 역시 "후복, 위복, 빈복(侯衛賓服)에 속하는 제후국에 포함된다. 이것이 주 왕조 왕기의 밖에 있던 두 번째 통치 구역이다. 이러한 제후국과 주 왕조의 "왕(또는 주 천자)"은 일정한 혈연관계가 있거나 없는 경우도 있었기 때문에 "왕의 여러 아들과 한 어머니 배에서 난 아우(王之支子母弟)"에 속하는 "희(姬) 성"을 가진 제후국은 "왕"과 성이 같고 혈연관계가 더욱 가깝기 때문에 두 번째 층의 가장 안쪽 층에 위치하였다. "자매의 아들과 외삼촌(甥舅)"에 속하는 제후국이 그 다음이며 그 나머지 성이 다른 제후가 바깥층에 속하였다. 그렇기 때문에 이러한 내외 층의 구분은 후대 사람들이 이해하는 것처럼 일정한 거리 수에 따라 구분한 것이 아니라 "왕"과의 혈연관계가 멀거나 가까운가에 따라 나눈 것이었다.

위에서 말한 성이 같거나 다른 제후국 밖의 구역이 세 번째 층에 속한다. 이 층은 앞에서 말한 "요복"과 "황복" 범위에 있는 만이(蠻夷)에 속하는 변경의 민족 또는 정권이다. 왜냐하면 앞에서 인용한 사서에서 기록된 "위(魏), 태(駘), 예(芮), 기(岐), 필(畢)은 우리나라 서쪽 땅이다. 무왕 때에 이르러 상(商)나라를 물리치고 포고(蒲姑), 상엄(商奄)이 우리나라 동쪽이 되었다. 파(巴), 복(濮), 초(楚), 등(鄧)은 우리나라 남쪽 땅이다. 숙신(肅愼), 연(燕), 박(亳)은 우리나라 북쪽 땅이다(魏·駘·芮·岐··畢, 吾西土也. 及武王克商, 蒲姑·商奄, 吾東土也. 巴·濮·楚·鄧, 吾南土也. 肅愼·燕·亳, 吾北土也.)"라고 한 범위 안에 든 오랑캐로 숙신(肅愼), 파(巴), 복(濮) 같은 민족이나 정권이 있기 때문이다.

주 왕조의 통치 체계를 마무리하려면 다음 세 가지 점에 대한 해석이 더 필요하다.

첫째, 앞에서 구분한 것은 우리가 의식적으로 귀납한 것이 아니다. 이를 테면 앞에서 세 층으로 귀납한 것은 선진 시기 사람들이 주 왕조의 통치 체계를 5복으로 나눈 동시에 "9주(九州)"의 안팎으로 구분하였기 때문이다. 즉 천하를 민족의 차이(더 크게 보면 문화의 차이)에 따라 크게 두 개의 서로 다른 구역으로 나누어 하나는 "9주"의 안, 다른 하나는 "9주"의 바깥으로 나누었는데 소위 "대개 전복에서 수복까지는 너비가 3000리니, 이것이 9주의 안이다. 요복과 황복은 각 1000리로 9주의 바깥이다(蓋自甸服至綏服, 方三千里, 是九州之內也. 要服・荒服, 各一千里, 是九州之外也.)"[14]라고 한 말이 바로 그것이다. 하 왕조의 전복, 후복, 수복과 주 왕조의 전복, 후복, 빈복은 서로 대응하며 나머지 두 복은 동일하다. 그래서 우리는 주 왕조의 통치 체계를 앞에서와 같이 크게 세 층으로 나누었던 것이다.

둘째, 앞에서 인용했던 하 왕조 5복제의 해석과 같이 후대 사람들 역시 자주 지역의 멀고 가까움에 따라 주 왕조의 5복제를 해석해왔다. 예를 들어 『통감지리통석(通鑑地理通釋)』 권1에는 다음과 같은 기록이 있다.

역씨가 말한다: 우 임금의 5복에 대한 계산은 한쪽의 거리만을 가리키는 것이고, 주나라 9복의 거리는 양쪽의 거리를 계산한 것이다. 우 임금의 전복은 1000리에 이르는 것인데, 500리라고 말하는 것은 한쪽 방향으로만 계산했기 때문이다. 주나라의 왕기와 우 임금의 전복이 같음에도 500리라고 말하지 않고 1000리라고 아울러 말하는 것은 이 계산이 양쪽으로 서로 떨어진 것을 계산했기 때문이다. 대개 우 임금의 5복은 왕기 안에 있는 것이다. 왕기는 1000리요, 양쪽으로 각 500리이니, 그 숫자는 한 쪽만을 가리킨다. 그러므로 500리를 전복이라고 한다. 전복에서 황복까지 모두 한 쪽만을 말하는데, 각각 한쪽이 500리니, 다 합치

---

14) 『상서전해(尙書全解)』 권6 「우서(虞書)」.

면 2500리요, 양쪽의 거리는 바로 5000리가 되는 것이다.

— 易氏曰: 禹之五服則計其一面之數, 周之九服則計其兩面之數, 禹之甸服千里而止, 言五百里是計其一面者也. 周之王畿與禹之甸服, 同不言五百里, 而兼言千里, 是計其兩面之相距者也. 蓋禹之五服, 王畿在內. 王畿千里, 而兩面各五百里, 數其一面, 故曰五百里甸服. 自甸服至荒服, 皆數其一面, 每面各五百里, 總爲二千五百里, 兩面相距則凡五千里.

오늘날 연구도 이 점에 대해 많은 관심을 가지고 있다. 그러나 실제로 이러한 관심은 지금까지 연구가 잘못된 곳으로 나아가게 된 주요 원인이었다. 왜냐하면 거리가 같은 네모꼴이나 둥근꼴을 이룬 통치 구역이란 존재할 수 없기 때문이다. 5복제를 구분하는 기초는 주나라 천자와 멀고 가까운 것에 따를 수밖에 없었기 때문에 이것이 가장 합당한 해석이다.

셋째, 주 왕조의 통치 체계는 봉건과 종법(宗法) 제도라는 기초 위에서 건립된 것으로 그 운용을 유지하는 것은 유가 사상이 숭상하는 "예(禮)"이며, "예" 역시 멀고 가까움을 강조하였다. 한편 "천하의 공주(共主)"인 주나라 천자와 여러 희(姬)씨 성을 가진 제후 사이에는 멀고 가까운 관계가 존재하였는데 이는 성이 다른 제후의 관계에서도 마찬가지였다. 그러므로 멀고 가까운 관계에 따라 여러 제후를 서로 다른 층으로 구분하여 확립한 것도 그 통치 체계의 지위와 분포에서 "예"의 요구에 부합하는 것이었다. 다른 한편 "예" 역시 안팎의 구분을 강조하는데 "천하"를 제하와 만이라는 커다란 두 층으로 나눈 것 역시 그 요구에 부합하는 것이다.

간단한 그림으로 주 왕조의 통치 체계를 설명하자면 아래와 같다.

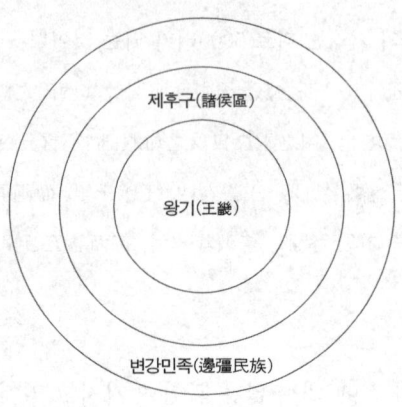

제후구(諸侯區)

왕기(王畿)

변강민족(邊疆民族)

　주 왕조의 통치 구역 안에서는 왕기가 중심 구역이며 첫 번째 층을 차지한다. 그 바깥이 제후의 통치 구역으로 두 번째 층인데 좀 더 세분해보면 (왕과) 같은 성을 가진 제후와 성이 다른 제후 두 가지 서로 다른 층으로 구분할 수 있다. 가장 바깥층이 변경 민족의 활동 구역으로 세 번째 층이다. 이를 세분하면 "만이", "융적" 두 층으로 나눌 수 있다. 이러한 층은 간단한 행정 구역의 구분이 아니었으며, 그 가운데 중요한 잣대는 여러 제후와 변경 민족 통치자, 그리고 주나라 천자 사이의 멀고 가까운 관계에서 온 차이였다. 천자의 절대 권위를 확립하는 것이 이 제도의 핵심이었으며, 제도를 실시한 최종 목적이었다.

　천하 통치 질서를 구축하는 것은 5복제 밖으로 드러난 상징적인 내용뿐 아니라 더 심층적인 내용, 즉 5복제 운용을 위한 각종 제도와 시책을 유지하는 것인데, 그 가운데서 책봉 · 조공 제도와 예의 제도가 가장 특별하면서도 중요한 두 가지 내용이었다.

　제후를 책봉하는 것은 지방 관리권을 제후에게 위탁하는 것이며, 주 왕조의 "번병(藩屏)"이 되도록 하는 것이었다. 이것이 책봉 조공 체제를 확립하고 실시하는 근본 목적이었다.

『좌전』권14 희공(僖公) 24년 조에는 다음과 같은 기록이 있다.

> 옛날 주공은 하(夏), 은(殷) 말년의 좋치 않은 정치를 슬퍼하였다. 그래서 친척
> 을 제후로 봉하여 주나라의 울타리로 삼았으니, 관(管) · 채(蔡) · 성(郕) · 곽
> (霍) · 논(魯) · 위(衛) · 모(毛) · 담(聃) · 고(郜) · 옹(雍) · 조(曹) · 등(滕) · 필
> (畢) · 원(原) · 풍(酆) · 순(郇)은 문왕의 아들을 봉한 것이고, 우(邘) · 진(晉) ·
> 응(應) · 한(韓)은 무왕의 아들을 봉한 것이며, 범(凡) · 장(蔣) · 형(邢) · 모
> (茅) · 조(胙) · 제(祭)는 주공의 아들을 봉한 것이다.
> ─ 昔周公弔二叔之不咸, 故封建親戚以蕃屏周. 管 · 蔡 · 郕 · 霍 · 魯 · 衛 · 毛 · 聃 ·
> 郜 · 雍 · 曹 · 滕 · 畢 · 原 · 酆 · 郇, 文之昭也. 邘 · 晉 · 應 · 韓, 武之穆也. 凡 · 蔣 ·
> 邢 · 茅 · 胙 · 祭, 周公之胤也.

제후들이 "울타리(藩屏)"가 되도록 하기 위해서는 책봉받는 자들을 믿을 수 있느냐 없느냐가 가장 먼저 고려되어야 할 문제였다. 『좌전』 희공 24년 에는 "천하를 사랑으로 포용하면서도 오히려 외적이 무시할까를 두려워하 였으니, 외적이 얕보지 못하도록 철저히 방비하는 데는 친척을 가까이 하는 것보다 나은 것이 없다. 그러므로 친척으로 주나라의 울타리로 삼았다(其懷 柔天下也. 猶懼有外侮. 扞御侮者, 莫如親親, 故以親屏周.)"고 기록되어 있는데, 이는 주 왕조의 분봉에서 책봉을 받는 자를 선택하는 데 주 왕조와의 관계 가 하나의 중요한 원칙이었다는 것을 보여준다. 그리고 이것이 주 왕조가 책봉한 여러 제후 가운데서 같은 성을 가진 제후가 많은 수를 차지했던 중 요한 원인의 하나였다. 『좌전』 소공(昭公) 28년 조에는 "옛날 무왕이 상나 라를 이기고, 천하를 밝게 경영하였는데, 그 형제의 나라가 15명이요, 희 (姬)씨 성을 가진 나라가 40명이었으니, 모두 친척 가운데서 등용한 것이다

(昔武王克商, 光有天下, 其兄弟之國者十有五人, 姬姓之國者四十人, 皆擧親也.)"
라고 했고, 『순자』「유효」에는 주공(周公)이 "천하를 다스리면서 71개 나라
를 세웠는데, (그 가운데 주공과 같은) 희(姬)자 성을 가진 나라가 53국이었
다. 그러나 천하가 편중되었다고 하지 않았다(兼制天下, 立七十一國, 姬姓獨
居五十三人而天下不稱偏焉.)"고 했는데 모두 이러한 상황을 반영한 것이다.
이를 통하여 주 왕조의 강역 통치 체계에서 "왕기" 밖의 첫 번째 층이 구성
되었다. 국토 범위가 넓어짐에 따라 자연히 책봉을 받은 자가 이러한 "형제
지국(兄弟之國)"이나 성이 같은 제후에만 제한될 수 없었고 일부 공이 있는
성이 다른 친척이나 항복한 나라 역시 책봉을 받는 행렬에 들어갈 수 있었
다. 『순자』「유효」에 기록된 71개 나라 가운데서 희(姬)씨 성을 가진 나라는
53국이며 나머지 18국이 여기에 속한다. 그들은 "왕기"의 안전을 수호하는
두 번째 층이었다. 그 바깥이 만·이·융·적의 관할 범위 안에 들었는데
주 왕조와의 관계는 상대적으로 느슨한 신속 관계였다.

책봉을 받은 자들은 천자의 책봉을 받아 자기 구역을 관리하였는데 그들
에겐 이행해야 할 일정한 의무가 있었다. 그 가운데 조공 체제가 뚜렷하게
나타난다. 지금까지 학자들은 『국어』「주어 상」에 나오는 "요복은 공을 바
친다"는 구절을 주목해 변경 민족 정권만이 조공 체제에 들어간다고 하였는
데 실제로는 같은 성을 가진 제후와 성이 다른 제후, 변경 민족 정권 할 것
없이 그들이 각각 부담하는 일제(日祭), 월사(月祀), 시향(時享), 세공(歲
貢), 종왕(終王) 같은 의무는 모두 조공 체제의 구성 부분이었다. 사서에는
"천자가 도읍을 정하는 곳은 반드시 수운(水運)이 닿는 곳이어야 한다. 제
후들로부터 조공을 하게 하고, 상인이 물건을 쉽게 교역하게 하고, 비록 땅
이 매우 멀더라도 수송을 아주 쉽게 하기 위해서다(天子之都必求其舟楫之所
可至, 使夫諸侯之朝貢, 商賈之貿易, 雖其地甚遠而其輸甚易.)"[15]라고 기록되어
있다. 제후에겐 모두 조공의 의무가 있었고 다만 멀고 가까운 차이에 따라

부담하는 의무가 일제(日祭), 월사(月祀), 시향(時享), 세공(歲貢), 종왕(終王) 같은 서로 다른 유형으로 나뉘어 있을 뿐이었다.

『주례전(周禮傳)』권5 하에는 다음과 같이 기록되어 있다.

> 나라 도읍은 거리가 1000리요, 그 바깥 500리를 후복(侯服)이라 하는데, 매년 한 번 뵙고 사직에 쓸 물건을 바친다. 또 그 바깥 500리를 전복(甸服)이라 하는데, 2년에 한 번 뵙고 빈(嬪) 제사에 쓸 물건을 바친다. 또 그 바깥 500리를 남복(男服)이라 하는데, 3년에 한 번 뵙고 기물을 바친다. 또 그 바깥 500리는 채복(采服)이라 하는데, 4년에 한 번 뵙고 의복을 바친다. 또 그 바깥 500리를 위복(衛服)이라 하는데, 5년에 한 번 뵙고 재물을 바친다. 또 그 바깥 500리를 요복(要服)이라 하는데, 6년에 한 번 뵙고, 화물을 바친다. 9주의 바깥을 일컬어 빈국이라고 하는데, 왕이 바뀔 때에 한 번 뵙고, 각기 드문 보물을 폐백 드릴 물건으로 삼는다.

> — 邦畿方千里, 其外方五百里謂之侯服, 歲一見, 其貢祀物. 又其外方五百里謂之甸服, 二歲一見, 其貢嬪物. 又其外方五百里謂之男服, 三歲一見, 其貢器物. 又其外方五百里謂之采服, 四歲一見, 其貢服物. 又其外方五百里謂之衛服, 五歲一見, 其貢材物. 又其外方五百里謂之要服, 六歲一見, 其貢貨物. 九州之外謂之蕃國, 世一見, 各以其所貴寶爲摯.

조공 체제는 대체로 조현과 조공 두 부분을 포함하고 있다는 것을 알 수 있다. 그리고 조현의 시기와 조공 물품의 종류는 멀고 가까움에 따라 그 차이가 존재한다.

권리와 의무가 명확하다고 해서 5복제의 정상 운용이 보장되는 것은 아

---

15) 『상서전해』권7.

니었기 때문에 변경 민족 정권을 포함하여 권리와 의무를 불이행하는 제후에 대해서는 징벌하는 것이 5제의 중요한 내용 가운데 하나였다. 소위 "만약 제(祭)를 바쳐오지 않으면 천자는 자신의 뜻을 수양하였고, 사(祀)를 바쳐오지 않으면 천자는 자신의 교시(言)를 반성하였고, 향(享)를 바쳐오지 않으면 천자는 예법(文)을 돌이켜 정비하셨고, 공(貢)을 바쳐오지 않으면 천자는 존비의 칭호(名)를 돌이켜 바로잡았고, 왕으로 섬겨오지 않으면 스스로 덕을 돌이켜 닦았다. 이렇게 천자가 수양을 다한 뒤에도 바쳐오지 않는 자들이 있으면, 그때 비로소 형벌로 다스렸다. 제를 바쳐오지 않는 자에게는 형벌을 내리고, 사를 바쳐오지 않는 자는 벌하였고, 향을 바쳐오지 않는 자는 정벌을 하였고, 공을 바쳐오지 않는 자는 견책하였고, 왕으로 섬기지 않는 자는 경고하였다. 이리하여 징벌할 수 있는 제도인 형벌이 있게 되었고, 토벌할 수 있는 군사가 있게 되었고, 정벌할 수 있는 무기가 준비되었고, 위엄을 떨칠 호령이 있게 되었으며, 경고할 수 있는 문장이 있게 되었다(有不祭則修意, 有不祀則修言, 有不享則修文, 有不貢則修名, 有不王則修德, 序成而有不至則修刑. 於是乎有刑不祭, 伐不祀, 征不享, 讓不貢, 告不王. 於是乎有刑罰之辟, 有攻伐之兵, 有征討之備, 有威讓之令, 有文告之辭.)"[16]고 한 것은 바로 이 말이다. 이처럼 상황에 따라 다른 징벌을 내리는 시책 가운데 수의(修意), 수언(修言), 수문(修文), 수명(修名), 수덕(修德) 같은 것은 온건한 편에 속하는 것으로 특히 변경 민족 정권에 대해 "수덕(修德)"으로 감화시켜 "덕으로 사방의 오랑캐를 복속시킨다(德服四夷.)"는 목적에 도달할 것을 주장하였다. 만약 이러한 시책이 효과가 나타나기 어렵다면 이를 대신해서 무력 토벌을 할 수밖에 없었다. 주 왕조가 "사이(四夷)"를 정벌한 것은 사서 및 갑골, 금문 같은 고고학 자료에서도 아주 쉽게 그 예를 찾아볼 수 있기 때문

---

16) 【옮긴이】 이 글의 출전은 『사기(史記)』, 권4 「주본기(周本紀)」이다.

에 여기에서는 더 자세하게 설명하지 않겠다.

요컨대, 천하 질서를 규범화한 5복제는 늦어도 주대에 이미 중앙과 변경 민족 정권을 포함하는 지방과의 관계를 처리하는 지도 사상으로 전해졌다. 한대 이후에 들어와서는 통치 체제의 구성 방식에 명확한 변화가 일어나 중앙 왕조와 변경 민족 정권을 포함하는 지방과의 관계에도 어느 정도 새로운 상황과 특징이 나타나게 되었다. 그러나 그 지도 작용에는 근본적인 변화가 발생하지 않았다.

【 3. 선진 시기의 "이하관(夷夏觀)" 】

5복제 이론이 형성되는 과정에서 선진 시기 사람들의 민족에 대한 인식 이론도 점차 성숙되어갔다. 이것이 우리나라의 고대 각 왕조가 민족 관계를 처리하는 데 중요한 지도 작용을 했던 "이하관(夷夏觀)"이다. 이것은 후대에 번속 관계를 처리하는 데 중요한 영향을 미친 지도 사상 가운데 하나였다.

앞에서 설명한 것과 같이 하상주(夏商周) 3대가 건립한 "천하" 통치 질서인 "5복제" 이론은 "천하"의 모든 민족들을 통치 구조 안으로 받아들였지만 이와 동시에 "9주"의 안팎에 대한 구분도 강조하였다. 소위 "9주"란 실제로는 "제하(諸夏)", "화하(華夏)"가 모여 살던 구역에 대한 대명사인데 이를 민족 구성으로 보자면 이 지역에 살던 민족 모두가 "제하", "화하"는 아니었다. 민족의 구분이 있는 이상 이러한 민족을 어떻게 인식하고 그들 사이의 관계를 어떻게 처리하고 편성하느냐가 선진 시기 "이하관"의 주요 내용이 되었다.

『예기(禮記)』「왕제(王制)」에는 다음과 같이 기록되어 있다.

중국과 융(戎), 이(夷) 같은 5방의 백성이 모두 성품이 있으니, 이것을 변하게 해서는 안 된다. 동방의 오랑캐는 이(夷)라고 한다. 머리를 풀어헤치고 몸에 그림을 새겼으며, 음식을 익혀서 먹지 않는 자가 있다. 남방의 오랑캐를 만(蠻)이라고 한다. 이마에 먹물을 넣어 새기고, 다리를 엇갈려 얹으며, 음식을 익혀 먹지 않는 자가 있다. 서방의 오랑캐를 융(戎)이라고 한다. 머리를 풀어헤치고 가죽옷을 입고, 곡식 알갱이를 먹지 않는 자가 있다. 북방의 오랑캐를 적(狄)이라고 하는데, 털 가죽옷을 입고, 동굴에 거주하며, 곡식 알갱이를 먹지 않는 자가 있다. 중국과 (동)이(夷)·(남)만(蠻)·(서)융(戎)·(북)적(狄)은 모두 편안히 거처할 곳, 맛이 조화된 음식, 기후에 마땅한 의복, 이용할 물품, 준비해 두는 기구가 있다. 5방의 백성은 서로 말이 통하지 않고, 서로의 바라는 바가 같지 않다. 그 뜻을 닫고, 그 바라는 바를 통(통역)하게 하기 위해 동방에 기(寄), 남방에 상(象), 서방에 적제(狄鞮), 북방에 역(譯)을 두었다.

— 中國·戎·夷五方之民, 皆有性也, 不可推移. 東方曰夷, 被發文身, 有不火食者矣. 南方曰蠻, 雕題交趾, 有不火食者矣. 西方曰戎, 被發衣皮, 有不粒食者矣. 北方曰狄, 衣羽毛穴居, 有不粒食者矣. 中國·夷·蠻·戎·狄, 皆有安居, 和味, 宜服, 利用, 備器, 五方之民, 言語不通, 嗜欲不同. 達其志, 通其欲, 東方曰寄, 南方曰象, 西方曰狄鞮, 北方曰譯.

이것은 선진 시기 사람들이 다른 민족을 구분하고 인식하는 전형적인 표현이다. 과학적인 방법과 이론을 이용하여 이 표현을 자세하게 분석해보면 실제로 선진 시기 사람들은 "천하"의 민족을 "5개 방향의 백성(五方之民)"으로 나누었는데 이것은 당시 사람들의 자연계인 "하늘은 둥글고 땅은 네모나다(天圓地方.)"는 인식에서 직접 기원한 것이다. 그러나 이러한 구별은 엄격한 의미에서 민족 구분은 아니며, 민족 집단 또는 다른 문화 구역에 대한 구분이라고 할 수 있다. 왜냐하면 그 착안점을 민족의 근본 특징인 혈연관계,

공동의 심리 본질 같은 것에 둔 것이 아니라 주로 거주 방위의 차이와 의식
주의 차이, 생산 방식과 언어의 차이 같은 문화의 차이에 두고 있었기 때문
이다. 그렇기 때문에 위의 기준으로 본다면 선진 시기 사람들이 한 민족 구
분은 엄격한 의미에서 본 민족 구분이 아니라고 할 수 있다. 그리고 이것은
당시 사람들이 각 민족 사이의 관계를 처리하는 데 영향을 주지 않았다.

선진 시기의 사람들은 문화의 차이를 가지고 민족을 구분하는 기준으로
삼았다. 그렇기 때문에 다른 문화 사이의 관계를 처리하는 것은 다른 민족 사
이의 관계를 처리하는 것보다 훨씬 간단하고 쉬울 수 있다. 이 때문에 민족
관계를 처리하는 두 가지 다른 이론과 방법이 생겨 나왔다. 그 가운데에 하나
가 "엄화이지변(嚴華夷之辯)"이고 다른 하나가 "용하변이(用夏變夷)"이다.

소위 "엄화이지변"에 대해 오늘날 많은 사람들이 "민족을 구분하는 시각
(民族岐視)"으로 논하며 이를 전형으로 하여 비판하고 있지만 사실 이것은
고대 사람들에 대한 일종의 오해이다. 이것은 선진 시기 민족 관계를 처리
하는 일종의 방법에 지나지 않으며, 그 목적은 다른 문화 특징을 가진 사람
들을 자기 구역 안에서 제한함으로써 "천하" 질서를 안정적으로 보장하고
문화를 발전시키기 위한 것이었다. "엄화이지변" 또는 "화이지변"이란 말은
유명한 『사고전서(四庫全書)』에서 모두 49번 나타나는데 사서에서 사용된
상황을 살펴보면 두 가지 상황으로 나눌 수 있다. 첫 번째는 선진 시기 "천
하" 질서를 설명하는 데 사용되었다.

예를 들어 『상서전해(尙書全解)』권8에는 다음과 같은 내용이 있다.

익직(益稷)이 말하기를 "5복(五服)[17] 제도를 도와 이루되 5000리에 이르게 하

---

17) 【옮긴이】왕기(王畿) 밖 500리마다 차례로 구역을 정해 5등으로 나누었던 지역. 상고시대에
  는 전복(甸服)·후복(侯服)·수복(綏服)·요복(要服)·황복(荒服)을 이르고, 주대(周代)에
  는 후복(侯服)·전복(甸服)·남복(男服)·채복(采服)·위복(衛服)을 이른다.

고, 밖으로 4해(四海)에 이르기까지 모두 5장(五長)을 세운다"고 하였으니, 이는 5000리의 땅을 5복으로 나눈다는 것이다. 전복(甸服)에서 수복(綏服)에 이르기까지 면적당 1500리이고 두 면적을 합치면 거리가 3000리가 된다. 이것이 9주(九州)의 안에 해당된다. 수복의 바같은 4방(四方) 1000리인데 이것이 요복(要服)·황복(荒服)으로 9주의 바같이 된다. 우(禹)의 5복 제도는 3000리 안팎으로 화이(華夷)를 구별한 것이다.

— 益稷曰弼成五服, 至於五千, 外薄四海, 咸建五長, 蓋以此五千里之地分爲五服也. 自甸服至於綏服, 每面一千五百里, 二面相距爲三千里. 此九州之內也. 綏服之外, 每方一千里, 以是要·荒之服在九州之外也. 蓋禹五服以三千里之內外爲華夷之辨也.

두 번째는 춘추전국 이래로 위진 시기까지 "5방의 백성(五方之民)"이 사는 지역에서 "천하"의 안정을 깨고 혼란스러운 상황을 가져오는 것을 조정하는 데 사용되었다.

예를 들어 『상서상해(尙書詳解)』 권8에는 다음과 같은 기록이 있다.

오랑캐(夷狄)가 감히 중국에 대해 침범하고 엿보는 뜻을 가질 수 없는 것이다. 오직 중국이 무력이라는 위엄[武威]으로 방비하는 것을 잃었을 때 비로소 곧 승냥이 같은 야심으로 그 탐욕스러운 마음을 부리는 것이다. 한(漢)나라와 위(魏)나라 때 들어와 산 오랑캐(夷狄)들을 중국의 변방에 살게 하였기 때문에 서진(西晉) 때에 이르러 원해(元解)·석륵(石勒)의 변란이 일어났고, 석진(石晉)[18]이 연변(沿邊) 16주의 땅을 거란에게 주었기 때문에 말제(末帝) 때에 야율덕광(耶律德光)[19]의 변란이 일어났다. 이 때문에 천하를 강하게 다스리는 데는 수복(綏

---

18) 【옮긴이】 오대(五代) 시대 진(晉)나라.
19) 【옮긴이】 요(遼) 태종(太宗).

服)[20] 200리를 무위를 떨칠 땅으로 삼아 화이(華夷)를 엄정하게 구분해야 한다는 것을 알았다. 이것은 실로 만세 동안 지켜야지 바꾸어서는 안 되는 법도이다. 이 설이 매우 타당하다.

— 夷狄之於中國, 本不敢有侵侮窺伺之意. 惟中國失其所以爲武備者, 則狼子野心始敢肆其貪婪之心. 如漢魏使夷狄內附者, 入居中國障塞之地, 故至西晉有元海·石勒之變, 石晉以沿邊十六州之地貽契丹, 故至末帝有耶律德光之變. 以是, 知强理天下以綏服二百里爲奮武衛之地, 以嚴華夷之辨, 此實萬世遵行不可移易之法. 此說極當.

『여씨춘추집해』 권15에는 "초자(楚子)가 오랑캐 육혼을 벌한다(楚子伐陸渾之戎.)"를 해석하면서 다음과 같이 말한다.

이적들이 서로 공격하는 것은 기록하지 않았는데, 여기서 기록한 것은 무슨 까닭인가? 육혼(陸渾)은 왕도(王都) 옆에 있어 융족(戎族)과 하족(夏族)이 뒤섞여 살았기 때문에 족류(族類)가 구분되지 않았다. 초(楚)나라가 또 락(雒)에 이르러 열병을 하고, 주(周)나라 영토에서 정(鼎)[21]의 크기와 무게에 대해서 물었다. 그러므로 특별히 책(策)에 기록해서 화이의 구분을 엄격히 해 하(夏)를 침범하는 기회와 조건을 막는 것이다.

— 夷狄相攻不志, 此其志何也? 爲陸渾在王都之側, 戎夏雜會, 族類之不分也. 楚又至雒觀兵, 於周疆問鼎之大小輕重焉. 故特書于策, 以謹華夷之辨, 禁猾夏之階.

이러한 해석을 통해 우리는 소위 "엄화이지변"이란 본래의 뜻이 "중국,

---

20)【옮긴이】왕기(王畿) 바깥 500리 지역.
21) 천하의 종주국임을 상징해준다는 9정(九鼎)을 말함.

융, 이 같은 5방의 백성"은 각각 자기 땅에서 살아야 하고, 이러한 질서를 혼란스럽게 하는 것은 "천하" 질서의 혼란을 가져올 뿐 아니라, 더 중요한 것은 "중국"의 안정에 영향을 줄 수 있고, "중국" 문화를 대표하는 "예(禮)"의 혼란을 가져올 수 있다는 것이었다. 그리고 "엄화이지변" 이론은 "이적(夷狄)"이 중원 지역에 들어와 중원 지역의 예의 제도를 어지럽히는 것을 반대하고 "5방의 백성"은 각각 자기 땅에서 거주할 것을 주장하며 "이하(夷夏)에 차이가 있다"는 것을 강조하고 있다. 이러한 이론은 나중에 중앙 왕조가 "4방의 오랑캐"를 직접 경영하는 것에 반대하는 것으로 발전한다. 즉 중앙 왕조는 "4방의 오랑캐"에 대해 "거느리되 다스리지 않는다(統而不治.)"는 방법을 실시할 것을 주장하였다. 당대에 이르기까지 우리는 여전히 그 영향을 볼 수 있다. 예를 들어 정관 4년(640) 돌궐한국(突厥汗國)이 멸망한 뒤 당 태종과 대신은 항복한 돌궐 백성들을 안치할 방법을 토론하는데 하주(夏州) 도독 두정(竇靜)이 다음과 같이 말하였다.

(돌궐을) 중국에 둔다면 손해만 있을 뿐 이익이 없습니다. 하루아침에 변란이 일어나 우리 왕을 범하여 노략질할까 두렵습니다. 그렇게 하기보다 패배한 돌궐 왕의 잔여 무리에게 감히 생각지도 않은 은혜를 베푼다면 저들이 왕후의 호칭을 빌릴 것이고, 종실의 여자를 처로 삼고자 할 것이고, 땅을 나누어 가질 것이며, 부락은 쪼개지고, 권력이 약화되어 세력이 분열되므로, 쉽게 그들의 고삐를 통제할 수 있고, 항상 번신이라 부르도록 할 수 있으니, 영원히 변방의 요새들을 지킬 수 있을 것입니다.

— 置之中國, 有損無益, 恐一旦變生, 犯我王略. 莫若因其破亡之余, 施以望外之恩, 假以王侯之號, 妻以宗室之女, 分其土地, 析其部落, 使其權弱勢分, 易爲羈制, 可使常爲藩臣, 永保邊塞.[22]

두정은 돌궐의 항복한 백성들이 내지로 들어와 안주하는 것을 반대하였는데, 그 관점에는 여전히 "5방의 백성"은 각각 자기 땅에서 거주해야 한다는 것과 "이하유별(夷夏有別)" 같은 관념 때문에 형성된 "통이불치(統而不治)"의 사상이 드러나고 있다.

만약 "엄화이지변"이 소극적으로 민족 관계를 처리한 이론이나 방법이라고 한다면 "용하변이(用夏變夷)"는 일종의 적극적인 이론이나 방법일 뿐 아니라 민족 분포 구조의 끊임없는 변화에 더욱 적합한 것이었다.

"하(夏)", "이(夷)"는 문화의 차이에 따라 다르게 나눈 것이다. 그러면 자연 문화의 전파를 통하여 "이(夷)"를 변화시켜 "하(夏)"가 되게 하는 목적을 이룰 수 있다. 이것이 "용하변이" 사상의 기초이다. 『순자』「유효」에서 말한 "월나라에 살게 되면 월나라 사람이 되고, 초나라에 살게 되면 초나라 사람이 되며, 하나라 땅에 살면 하나라 사람이 된다(居越而越, 居楚而楚, 居夏而夏.)"는 것이 바로 이 사상의 대표적인 표현이다. 월나라 땅에 살면 월나라 사람이 되고 초나라 땅에 살면 초나라 사람이 되며 하나라 땅에 살면 하나라 사람이 된다는 것으로, 이것은 단순히 거주지의 변천을 가리키는 것만이 아니라 다른 문화에 대한 동일한 인식(認同)을 가리킨다. 어떻게 하면 "용하변이"에 도달할 수 있는가 하는 것에 대해 『고씨춘추집주(高氏春秋集注)』권28 해석에서는 "봄에 담(나라)이 내조(來朝)하였다(春, 郯子來朝.)"고 하면서 다음과 같이 말하였다.

담나라는 소호씨의 후예다. 지난 시대에는 성현의 후손이었으나, 그 나라의 풍습이 모두 근처 4방의 오랑캐에 가까워지게 되었다. 앞선 왕들의 뜻은 변방의 왕실을 어떻게 특별하게 하려는 것이 아니고, 하(夏)를 이용하여 오랑캐(夷)를 변

22) 『자치통감(資治通鑑)』권193, 당(唐) 정관(貞觀) 4년 4월.

화시키려는 것이었다. 그런데 후세 자손들이 오랑캐로 변해가는 일이 많으니 성
현의 뜻과 반대로 그 습속이 차츰 그렇게 되는 것이다.
— 郯, 少昊氏之後也. 前世聖賢之後, 所封之國, 皆逼近四夷. 先王之意, 非特以蕃王
室, 盖用夏變夷也. 後世子孫往往多變于夷者, 反漸其習俗然也.

"지난 시대 성현의 후손(前世聖賢之後)"을 "4방의 오랑캐" 부근에 나라를
세우고 책봉해주었다고 해서 어떻게 "용하변이"의 목적에 도달할 수 있는
가? 자연스럽게 "지난 시대 성현의 후손"을 통하여 "4방의 오랑캐"에 영향
을 주고 "4방의 오랑캐"로 하여금 "중국" 문화와 같은 인식을 갖도록 하는
것이다. 그런데 "지난 시대 성현의 후세", "후대 자손이 오랑캐로 변하는 경
우가 자주 있다(世子孫往往多變于夷者.)"고 해서 "오랑캐"에 영향을 못 줄 뿐
아니라 오히려 "오랑캐"의 "습속"을 받아 "오랑캐"로 변하기도 한다는 것이
다. 비록 이처럼 성공하지 못한 예도 있지만 남아 있는 흔적들은 "용하변
이" 사상이 가지고 있는 적극적인 면을 후대 사람들이 적극적으로 숭상하
였다는 것을 알 수 있다. "용하변이"라는 말은 『사고전서』에서 모두 144번
나타나는데 이는 일정한 수준에서 "용하변이" 사상의 영향이 "엄화이지변"
이란 관념보다 훨씬 더 큰 영향을 끼쳤다는 것을 보여준다.
후세에 널리 인용된 "용하변이" 사상은 민족 관계의 문제를 처리하는
데 적극적인 주동 역할을 했는데, 이보다 더 중요한 것은 후세에 "4방의 오
랑캐" 지역을 직접 경영하는데 이론적인 기초를 제공해주었다는 점이다.
진 · 한 왕조에서는 군현을 관리하는 방식으로 변경하여 민족 지역을 다스
렸으며, 한 · 당 두 왕조에서는 더욱 넓어진 변경 민족 지역을 경영하면서
화친 정책과 변경 민족이 중원의 전통 전장(典章) 제도를 배우도록 고무하
는 정책 등을 취하였는데, 이는 모두 이러한 이론적 기초 위에서 나온 것이
다. 중국 역사에서 많은 변경 민족들이 중원으로 들어왔는데, 예를 들면 선

비의 북위, 거란의 요, 여진의 금, 몽고의 원, 만족의 청 따위이다. 이들이 "화하정통(華夏正統)"의 자리에 설 수 있었던 것은 그 관념상의 근본 원인으로 그들이 "중국" 문화를 인정하고 중원 지역의 전통인 "천하"를 관리하는 사상과 전장 제도를 계승·발전시켰기 때문이다. 이것을 유가 사상의 영향을 많이 받은 사관들이 볼 때는 그 경로가 어떻든 간에 그 결과는 자연 "용하변이"라는 목적이 실현된 것이기 때문에 이러한 정권 또는 왕조를 "화하정통"으로 승인하는 것은 유가 사상의 "이하관"에 위배되는 것이 아니었다.

【 4. 한당 시기 번속 관계의 건립과 유지 】

선진 시기 중국의 역사를 살펴보면 하상주 3대에는 "천하" 질서를 지도하는 5복제 이론과 "이하관"이 성립되어 있었지만 중앙 왕조와 변경 민족 정권과의 관계를 완전하게 조정할 수 있는 번속 체제는 건립되지 못하였다. 그 원인을 분석해보면 대체로 두 가지가 있는데, 첫째는 중원 지역 "제하(諸夏)"를 하나의 민족으로 응집시키는 과정이 완성되지 못해 번속 이론의 주체인 한족이 그때까지 최종적으로 형성되지 못한 점이고, 둘째는 "천하의 공주(共主)"인 3대 "왕"의 세력이 강하지 못하여 직접 관할하는 지역의 범위가 "왕기"와 그 부근 지역에 한정되어 그 바깥을 둘러싸고 많은 "화하(華夏)"의 제후왕이 분포되어 있는 까닭이었다.

서기전 221년 상앙변법(商鞅變法)에 의지하여 급속하게 강해진 진나라가 마침내 6국을 통일하는 중대한 소임을 완성하여 중국의 분열된 국면을 끝마쳤다. 그리고 선진 시기에 싹트기 시작한 "대일통" 사상이 이상에서 현실로 변화되어 중국 고대 전통의 천하관이 점점 완전해져 가는 역정(歷程)

으로 들어서게 되었다. 진시황이 "대일통" 사상을 발전시킨 것은 주로 세 가지 방면으로 나타났다. 첫째, 천하 통치 구조에서 황제의 절대 지위를 확립하였다.

진나라가 처음으로 천하를 병합하였다. ……정위(廷尉: 형법을 관장하는 관직) 이사(李斯) 등이 모두 말하기를 "옛날 5제(五帝) 시대에는 땅이 4방 1000리에 지나지 않았고, 후복(侯服), 이복(夷服) 같은 제후가 있었는데, 어떤 때에는 조회에 참석해 뵙고 어떤 때에는 그렇지 않았는데 천자가 이를 능히 제압하지 못했다. 이제 폐하가 의로운 병사를 일으켜, 잔학한 적들을 죽이고, 천하를 평정하여 전국에 군현을 설치하고 법령을 하나로 통일시켰으니, 이는 먼 옛날 이래로 일찍이 없었던 일이고, 5제(五帝)도 미치지 못했던 일입니다. 신(臣) 등이 삼가 박사들과 더불어 논의하기를 '고대에 천황(天皇), 지황(地皇), 태황(泰皇)이 있었는데, 그 가운데 태황이 가장 존귀했다'고 합니다. 신들이 황공하게도 존호를 올리나니, 왕을 '태황'이라고 하고, 명을 '제(制)'라고 하고, 영을 '조(詔)'라고 하며, 천자가 스스로를 부를 때는 '짐'이라고 하십시오."
그러자 진왕이 말하기를 "태(泰)자를 없애고 황(皇)자를 취하고, 상고시대의 제(帝)라는 호칭을 채택하여 황제(皇帝)라고 칭할 것이며, 다른 것은 논의한 것과 같이 하라"고 했다. ……또 이렇게 분부했다. "짐이 듣건대 아주 먼 옛날에는 호(號)는 있었으나 시호는 없었다. 옛날에는 호가 있었고 죽은 후에 생전의 행위에 따라 시호를 정했다고 한다. 그렇다면 자식이 아버지를 논의하고, 신하가 군주를 논의하는 것과 같으니 이는 의미가 없다. 짐은 이 제도를 취하지 않겠다. 지금부터는 시호법을 폐지한다. 짐을 시황제라고 칭하라. 후세에는 수를 세어서 이세, 삼세라고 하여 만세에 이르기까지 길이 전해지도록 하라.
— 秦初幷天下 ……廷尉斯等皆曰: "昔者五帝地方千里, 其外侯服夷服, 諸侯或朝或否, 天子不能制. 今陛下興義兵, 誅殘賊, 平定天下, 海內爲郡縣, 法令由一統, 自上

古以來未嘗有, 五帝所不及. 臣等謹與博士議曰: 古有天皇, 有地皇, 有泰皇, 泰皇
最貴. 臣等昧死上尊號, 王爲泰皇. 命爲制, 令爲詔, 天子自稱曰朕." 王曰: "去泰着
皇, 采上古帝位號, 號曰皇帝. 他如議." ……制曰: "朕聞太古有號毋謚, 中古有號,
死而以行爲謚. 如此, 則子議父, 臣議君也, 甚無謂, 朕弗取焉. 自今已來, 除謚法,
朕爲始皇帝. 後世以計數, 二世三世至于萬世, 傳之無窮."

"해와 달이 비추는 곳에 빈복(賓服) 아닌 것이 없다(日月所照, 莫不賓
服.)", "하늘땅과 4방〔六合〕 안은 모두 황제의 땅이다(六合之內, 皇帝之土.)"
라고 한 문구에서 황제는 천하 통치 질서의 중심 지위를 차지하고 절대 권
위의 지위가 확립되어 하상주 3대 "왕"의 지위를 훨씬 능가하였다.

둘째, "천하가 모두 힘들게 싸워 쉬는 날이 없다(天下共苦戰鬪不休.)"고
한 원인은 제후들이 분립되어 있었기 때문이다. 그래서 분봉 제도를 포기하
고 "천하를 36개 군(郡)으로 나누고, 군에는 수(守), 위(尉), 감(監)을 두었
다."(分天下以爲三十六郡, 郡置守 · 尉 · 監.) 중원 지구에 대한 직접 관리를
실시하고 그 뒤 다시 군을 40곳 남짓 늘려 중원 지구에서 제후의 분립 국면
은 끝나고 정령의 통일이 실현되었다.

셋째, "땅의 동쪽은 바다에 이르러 조선(朝鮮), 서쪽으로는 임조(臨洮) ·
강중(羌中), 남으로는 북향호(北嚮戶), 북은 강에 의지하여서 방책을 삼고,
음산에서 요동까지 아울렀다(地東至海曁朝鮮, 西至臨洮 · 羌中, 南至北嚮戶,
北據河爲塞, 倂陰山至遼東.)"고 하는 광활한 지역이 "각종 도량형을 하나의
법으로 통일하고, 수레바퀴 폭을 같게 하며, 문자의 서체를 통일하였다(一
法度衡石丈尺, 車同軌, 書同文字.)"[23]고 하여, 옛날 "9주가 교화를 같이 받는
다(九州同風.)"는 희망이 현실로 바뀌었다.

___

23) 『사기』 권6 「진시황본기(秦始皇本紀)」.

진 왕조가 실현한 "대일통"은 선진 시기의 천하관을 아주 풍부하게 발전시켰으며 황권을 확립하고 군현제로 분봉제를 대신하였으며 문화 제도를 통일하였다. 한편으로는 선진 시기 천하관과 현실의 거리를 대폭 단축시켰고, 다른 한편으로는 중원 지역의 정치, 문화, 교통 같은 여러 영역에서 분립된 상황을 끝내고 여러 방면에서 고도화된 통일을 실현하였다. 중원 지역 또는 "9주"는 차츰 하나의 견고한 울타리로 응집되었다. 천하는 진정한 의미에서 "하(夏)"와 "이(夷)" 두 행정 구역으로 구성된 이원적 구조가 이루어졌으며 번속 이론이 출현하고 그 실시를 위한 기초가 닦여졌다.

진 왕조는 명이 짧은 정권 가운데 하나였지만 "대일통" 이론에 대한 발전과 실시는 한(漢) 왕조에 그대로 계승되었고, 점점 더 완전해지기 시작하였다. 한대 사람들의 관념 가운데 천하는 이미 "9주(九州)", "해내(海內)", "해외(海外)" 같은 3중 구조로 변화하게 되었다. "9주"는 선진 시기의 기초 위에 형성된 군현 통치 구역을 가리키는데 『한서』「지리지(地理志)」에는 "13부(部) 자사(刺史)"의 관리 범위로 기록하고 있다.

한나라가 일어나자, 진나라의 제도를 바탕으로, 은혜와 덕을 숭상하고, 간편하고 쉬운 것을 행하여 천하를 위무했다. 무제에 이르러 북쪽과 남쪽 오랑캐를 물리쳐 내쫓고 땅을 넓히고 국경을 개척하니, 남쪽에는 교지(交趾)를 두고, 북쪽에는 삭방(朔方)의 주를 두었는데 서(徐)·양(梁)·유(幽) 지역을 함께 다스리게 하였다. 하(夏)나라와 주(周)나라 제도를 따라 옹(雍)을 고쳐 량(涼)이라고 하고, 양(梁)을 고쳐 익(益)이라고 하니, 무릇 13부가 되었고 자사(刺史)를 두었다.

— 漢興, 因秦制度, 崇恩德, 行簡易, 以撫海內. 至武帝攘却胡越, 開地斥境, 南置交趾, 北置朔方之州, 兼徐·梁·幽, 幷夏, 周之制, 改雍曰涼, 改梁曰益, 凡十三部, 置刺史.

이 구역은 한 왕조 황제가 직접 관할하던 구역인데, 선진 시기 "왕"이 왕기를 직접 통치하던 것과 같은 것으로, 직접 통치 구역을 가리키던 전대의 "중국"을 그대로 이용하여 역시 "중국"이라고 불렀다. "9주"라는 기초 위에 "해내(海內)" 또는 "4해(四海)"로 불리는 구역도 존재하였는데, 이것은 "9주" 안에 더 커다란 하나의 구역을 포함하며 황제(천자)가 주재하는 천하를 가리키는 데 사용되었다. 소위 "폐하가 4해로 경계를 만들고, 9주가 한 가족이 되었다(陛下以四海爲境, 九州爲家.)"[24]는 문장에서 "9주"와 "4해", "해내"의 관계를 분명하게 말해준다. "해내"의 개념이 존재한다면 자연 이에 대응되는 "해외"의 개념이 있을 수 있다. 예를 들어『한서』「사마천전(司馬遷傳)」에는 "한나라가 일어나 지금의 황제에 이르기까지 상서로운 징조를 얻어 봉선(封禪) 의식을 거행하고, 역법을 개정하고 복색을 바꾸었으니, 한나라는 맑고도 아름다운 천명을 받은 것이다. 그 덕택은 한없이 흘러서 해외의 풍속을 달리하는 나라들도 통역을 갈아가며 변경 요새의 문을 두들겨서 찾아뵙기를 청원하는 자가 이루 헤아릴 수 없이 많다(漢興已來, 至明天子, 獲符瑞, 封禪, 改正朔, 易服色, 受命于穆淸, 澤流罔極, 海外殊俗重譯款塞, 請來獻見者, 不可勝道.)"는 기록이 있다. 여기서 소위 "해내", "해외"는 이름 그대로 "4해"를 기준으로 나누었음을 말하는 것이다.

3중의 천하 구조에 대해 한대 사람들은 전대의 기초 위에 기본적으로 완전한 상태의 "대일통" 이론을 구축하였다. 서한 초기, 통치 계층은 장기간의 전란으로 심하게 피폐된 민생을 회복하기 위하여 "아무것도 하지 않으나 천하가 잘 다스려진다(無爲而治.)"는 황노(黃老) 학설을 숭상, 주장하였다. 한 무제 시기에 이르러 국력이 강력해짐에 따라 "모든 학파를 물리치고 오직 유술(儒術)만을 존중한다(罷黜百家, 獨尊儒術.)"는 정책을 취하게 됨으로써 유가 학설의 발전은 전에 없는 유리한 공간을 차지하게 되었다. 한대 유학

---

24)『한서』 권64 상「엄조전(嚴助傳)」.

발전에 가장 큰 영향을 미친 책은 『춘추(春秋)』로, 『사기(史記)』, 『한서』, 『후한서』 같은 한대의 역사를 기록한 사서에서 한 왕조의 군신들이 『춘추』의 언론(言論)을 인용하여 자기 견해를 설명하는 기록을 자주 볼 수 있다. 심지어 황제의 조서(詔書) 머리말에서도 『춘추』를 인용하는 현상이 나타나기도 하였다. 예를 들면 『한서』 「애제기(哀帝紀)」에는 "조서에 『춘추』에 '어머니는 자식이 귀해져야 존대를 받는다'고 했다……(詔曰, 『春秋』 母以子貴尊…….)" 같은 표현들이 있다. 『춘추』가 갖는 광범위한 영향력으로 말미암아 한대에는 『춘추』를 연구하는 대가들이 나타나게 된다. 그 가운데서 유가 학설로 한대에서 커다란 발전의 기초를 닦은 동중서(董仲舒)가 대표적인 인물 가운데 한 사람이었다. 『한서』 「동중서전(董仲舒傳)」에는 "동중서는 광천 사람이다. 젊어서 춘추를 배웠고, 효경제(서기전 164~141) 때는 박사가 되었다(董仲舒, 廣川人也. 少治春秋, 孝景時爲博士.)"고 기록되어 있다. 동중서가 유학 발전에 기여한 것은 "대일통"을 주장하는 공양(公羊) 학설 방면에서 주로 나타났다. 『춘추고』 권4에는 "공양전(公羊傳)에서 먼저 왕을 말하고 뒤에 정월(正月)을 말하여 대일통이 된 것은 그 뜻은 얻었다고 할 수 있으나 완전하지는 못하였는데, 한(漢)나라에서 공양학이 일어나 동중서에게 처음으로 전해졌기 때문에 그를 으뜸으로 삼는다(惟公羊以先言王而後言正月爲大一統, 略得其意而未盡, 漢興公羊學首傳董仲舒爲之冠.)"는 기록이 있다. 동중서는 "대일통"의 "일(一)"에서 출발하여 자신의 "춘추"에 대한 "대일통" 이론을 상세하게 설명하였다. "춘추에서 대일통이라고 하는 것은 천지의 변하지 않는 법이요, 고금에 통하는 떳떳함이다(春秋大一統者, 天地之常經, 古今之通誼也.)"라고 하고 "춘추에서 일원(一元)이라고 한 뜻은, 일(一)은 만물이 시작되는 것이고, 원(元)은 크다는 말이다. 일이 원이 된다는 것은 큰 시작에 비추어 근본을 바로잡고자 한 것이다. 춘추는 기본을 깊이 탐구하여 돌이켜 스스로를 귀하게 하는 것으로 시작한다. 그러므로 임금〔人君〕이 된 자는 마음을 바르게 하여 조정을 바르게 하고, 조정을 바르게 하여 백관(百官)을 바르게 하고, 백관을 바르게 하여 만민(萬民)을 바르게 하며, 만민을 바르게 하여 사방을 바르게 한다. 사방이 바르게 되면 멀거나 가깝거나 모두 바르게 통일되어 요사스럽고 간특한 기운을 가지고 그 사이에서 간사한 짓을 하는 자가 없어질 것이다. 이 때문에 음양(陰陽)이 조화되고 비바람이 때에 맞아, 뭇 생명체가 화합하고 만민이 번창하며, 오곡이 익고 초목이 무성하여 천지 사이가 기름지고 촉촉하게 되어 크게 풍성하고 아름답게 될 것이니, 온 세상에서 성덕을 듣고 와서 신하가 되며, 여러 가지 복된 물건과 길한 조짐들이 모두 이를 것이니, 바로 왕도(王道)가 완성되는 것이다."(春秋謂一元之意, 一者萬物之所從始也. 元者辭之所謂大也. 謂一爲元者, 視大始而欲正本也. 春秋深探其本, 而反自貴者始. 故爲人君者, 正心以正朝廷, 正朝廷以正百官, 正百官以正萬民, 正萬民以正四方. 四方正, 遠近莫敢不壹于正, 而亡有邪氣奸其間者. 是以陰陽調而風雨時, 群生和而萬民殖, 五穀孰而草木茂, 天地之間被潤澤而大豊美, 四海之內聞盛德而皆徠臣, 諸福之物, 可致之祥, 莫不畢至, 而王道終矣.) 그리고 소위 "도(道)라는 것은 다스리는 과정을 따라 가는 것이니, 인(仁)·의(義)·예(禮)·악(樂)이 모두 그 도구인 것이다(道者, 所道者所繇適于治之路也, 仁義禮樂皆其具也.)"라고 하였다. 사고(師古)는 주에서 "유(繇)는 유(由)와 같이 읽는다. 유(由)는 따르는 것이다. 적(適)은 가는 것이다(繇讀與由同. 由, 從也. 適, 往也.)"라고 하였는데 이것은 동중서가 "대일통"을 천하대치(天下大治)를 실현하는 이론으로 여겼음을 말해주는 것이다.

동중서가 설명한 "대일통" 이론 가운데 "임금〔人君〕"은 천하의 통치에 대해 하늘의 명을 받은 것으로 소위 "천지(天地)의 큰 사명을 받드는 왕(王)은 사람의 힘으로 이룰 수 있는 것이 아니고 저절로 이루어지는 것이니, 이것이 명(命)을 받는 증표이다. 천하의 사람들이 한 마음으로 따르는 것이 마치 부모를 따르는 것과 같기 때문에 하늘의 상서로움이 진실로 이르게 되는 것이다."(天地所大奉使之王者, 必有非人力所能致而自至者, 此受命之符也. 天下之人同心歸之, 若歸父母, 故天瑞應誠而至.) "임금"이 하늘의 명을 받으면 하늘은 그를 돕고자 하므로 이러한 자연현상의 출현을 통해서 "경구(警懼)"가 더해졌다.

삼가 생각하건대 『춘추』 가운데 전대에 행해진 일을 보고, 그것으로써 사람과의 상관관계를 살펴보오니 극히 두려워해야 할 일이 있다. 나라에 바야흐로 길을 벗어난 실패가 일어나려 하면, 하늘은 우선 재해를 내려 경고를 준다. 그래도 반성하지 않을 때는 다시금 이상한 변고로써 위협한다. 그래도 고쳐지지 않을 때는 비로소 참혹한 파괴를 부여한다. 이로써 알 수 있는 것은 하늘의 마음은 정이 깊고 임금을 사랑하여 그 어지러운 일을 그치게 하려는 것이다. 도가 없는 세상이 아닌 한, 하늘은 모든 세상을 도와 보존하기를 바라고 있다. 배워 학문을 닦을 뿐이다.

― 案春秋之中, 視前世已行之事, 以觀天人相與之際, 甚可畏也. 國家將有失道之敗, 而天乃先出災害以譴告之, 不知自省, 又出怪異以警懼之, 尙不知變, 而傷敗乃至. 以此見天心之仁愛人君而欲止其亂也. 自非大亡道之世者, 天盡欲扶持而全安之, 事在强勉而已矣.[25]

천하를 크게 다스리는 것(天下大治)과 세상 만물을 같은 것이라고 논하고 자연계의 구성 부분이라고 여기게 되었는데 이것은 전형적인 "천인합일(天人合一)"의 관념이다. 그리고 "임금〔人君〕"의 "정심(正心)"인 "성덕(盛德)"이 "대치(大治)"의 근본이라고 여겨지게 되었다. 먼저 조정, 백관이 "바르고(正)", 뒤에 "만민"이 "바르며(正)", 최종적으로 "4방이 바르게(四方正)" 되

25) 『한서』 권56 「동중서전(董仲舒傳)」.

어 "4해에서 성덕을 듣고 모두 와 신하가 되어 섬긴다(四海之內聞盛德而皆徠臣.)"는 것이다. 이러한 한대 사람들의 천하관에는 진대에 확립된 황제 또는 천자로 불리는 천하를 주재(主宰)하는 지위가 계승되었을 뿐 아니라 끊임없이 강화되어 황권은 중국 역사에서 장장 2000년 남짓 통치 지위를 유지해왔다. 황제가 천하의 주인이라는 관념에 대해 우리는 한대 역사를 기록한 『사기』, 『한서』, 『후한서』 같은 사서에서 여러 가지 예를 찾아볼 수 있다. 앞에서 인용한 "폐하가 4해로써 경계를 만들고 9주가 한 가족이 되었다(陛下以四海爲境, 九州爲家.)"고 한 문장에서 "9주"를 집으로 설명하였는데 황제는 당연히 한 집의 주인이며 "귀하기로는 천자가 되셨고, 부유하기로는 4해를 차지하고 있다(貴爲天子, 富有四海.)",[26] "천자는 존귀함은 사해 안에서 신하가 되지 아니한 자가 없다(天子之尊, 四海之內, 其義莫不爲臣.)"[27] 는 것같이 황제의 천하 통치 질서에서 절대 권위가 나타나지 않은 곳이 없었다. 황제의 권위가 점점 확립되어가는 동시에 황제 본인 역시 끊임없이 신격화하여 꿈과 같은 강생 신화를 만들어내어 세간 만물을 주재하는 '하늘'의 아들로 불리게 되었다. 한 왕조를 창건한 유방은 본래 "집의 가족을 위해 생산하는 일을 하지 않았다(不事家人生産作業.)", 그리고 "술과 여자를 좋아했던(好酒及色)" 시정의 무뢰한이었으나 그 강생(降生)의 과정은 "(유방의) 어머니 (유)온(媼)이 일찍이 큰 연못 비탈에서 잠자고 있을 때 꿈에 신을 만났다. 이때 곧 천둥과 번개가 치고 하늘이 깜깜해졌다. 유방의 아버지 태공왕이 보았더니 용이 온의 몸 위에서 꿈틀거렸다. 그 뒤 임신하게 되니 드디어 고조를 낳게 되었다(母媼, 嘗息大澤之陂, 夢與神遇. 是時雷電晦冥, 父太公往視, 則見交龍于上, 已而有娠, 遂産高祖.)"[28]로 신격화되어 유방은 하

---

26) 『한서』 권56 「동중서전」.
27) 『한서』 권51 「가산전(賈山傳)」.
28) 『한서』 권1 상 「고제기 상(高帝紀上)」.

늘의 상징인 용의 아들이 되고, 후대 동한 왕조를 창건한 여러 황제들 역시 "천손"이 되어 순조롭게 천하의 주재자가 되고 권력의 중심이 되었다.

한대 사람들의 천하관 가운데서 또 한 가지 주목할 만한 문제가 "덕(德)"이다. 천하를 크게 다스리는 주요 방법으로 "형(刑)"과 "덕(德)" 두 가지 경로가 있는데 동중서는 아래와 같이 여겼다.

하늘의 도에서 가장 중요한 것은 음양이다. 양은 덕을 만들고, 음은 형벌을 만든다. 형벌은 살상하는 일을 주관하고, 덕은 생장하는 일을 주관한다. 이러한 까닭에 양은 항상 위대한 여름에 머무르며 만물의 생장과 양육을 임무로 삼고, 음은 항상 위대한 겨울에 머무르며 빈 곳에 쌓을 뿐 쓰지 않는다. 이런 것을 볼 때 하늘의 덕을 임무로 할 뿐, 형벌의 임무로 하지 않는다는 것을 알 수 있다.

― 天道之大者在陰陽. 陽爲德, 陰爲刑; 刑主殺而德主生. 是故陽常居大夏, 而以生育養長爲事; 陰常居大冬, 而積於空虛不用之處. 以此見天之任德不任刑也.[29]

동중서의 "대일통" 이론에서는 주로 "천자"의 "성덕"을 통하여 천하대치를 실현하라고 주장하고 있다. 이러한 관념은 분명 선진 시기의 천하관을 직접 이어받은 것으로 한대 사회에 커다란 영향을 미쳤을 뿐 아니라 천하 통치 질서의 구축에도 깊은 영향을 미쳤다. "(황제의) 덕이 사해를 덮는다(德化被四海.)"[30]는 한대 어느 황제를 막론하고 추구하던 보편적인 목표로 무공으로 유명했던 한 무제 역시 "덕"을 매우 숭상해 천하 통치를 공고히 하였다. 한 무제는 서역에 사신으로 갔다가 돌아온 장건(張騫)의 보고를 받은 뒤 "대완(大宛)과 대하(大夏), 안식(安息) 같은 나라들은 모두 큰 나라이

---

29) 『한서』 권56 「동중서전」.
30) 『한서』 권22 「예악지(禮樂志)」.

면서 기이한 물건이 많고 토착민들이어서 거의 중국과 풍습이 비슷하지만, 군사력은 약하고, 한나라의 재물을 귀하게 여기며, 그 북쪽의 대월씨(大月氏)와 강거(康居) 같은 나라들은 군사력은 강하지만, 뇌물을 주고 이로운 조건을 내세워 입조할 수 있다는 소식을 들은 바 있다. 진실로 의를 가지고 그들을 귀속시킬 수만 있다면 땅을 1만 리나 더 넓히게 될 것이다. 그리 된다면 아홉 번 통역해야 의사소통이 되고 풍속도 다르지만 한 왕조의 위엄과 은덕이 4해에 두루 퍼지게 될 것이다. 황제는 기뻐하면서 장건의 말을 듣고 그러할 것이라고 생각하였다(旣聞大宛及大夏·安息之屬皆大國, 多奇物, 土著, 頗與中國同俗, 而兵弱, 貴漢財物, 其北則大月氏·康居之屬, 兵强, 可以賂遺設利朝也. 誠得而以義屬之, 則廣地萬里, 重九譯, 致殊俗, 威德遍於四海. 天子欣欣以騫言爲然.)"[31]고 하였다.

"덕이 사해를 덮는다(德化被四海.)"는 한대 여러 황제들이 꿈에서도 추구하던 것이었지만 이것은 너무 추상적이어서 현실에서 완전히 실현하는 것은 어려웠다. 그리고 "집[家, 九州]"의 안전을 도모하는 것이 현실적인 문제였으므로, 이 시기에 번속에 대한 관념이 형성된 것은 바로 이러한 필요에 따른 것이었다.

앞에서 소개한 것과 같이 선진 시기 천하관의 기초 위에 세운 한대 사람들의 천하관에는 이미 일정한 변화가 발생하였고, 그 가운데서 "9주"나 군현으로 불린 지역은 정령의 통일이 실현되었을 뿐 아니라 경제, 문화 같은 여러 방면에서 통일되는 추세가 나타났고 점차 확고한 총체를 형성하게 되었다는 것을 어렵지 않게 볼 수 있다. 이러한 현실은 한대 사람들의 천하관 가운데서 "9주"가 천자의 집으로 여겨지는 데서 생긴 것이다.

"9주가 집(九州爲家)"이라는 관념이 출현함에 따라 자연히 군현 지역에서

---

31) 『한서』 권61 「장건전(張騫傳)」.

는 고도의 집권을 실시할 필요가 있었지만 어떻게 "집"의 안전을 보장할 것인가 하는 것 역시 해결해야 할 문제였다. 그래서 천하관의 지도 아래 한대의 천하 통치 체계 가운데서 "9주"의 밖으로 두 층의 서로 다른 번위 체계(藩衛體係)가 나타나게 되었다. 하나는 "9주"의 밖인 "4해" 안에 분포하면서 한나라 왕조와 "신속" 관계를 유지하는 여러 변경 민족으로 "외신(外臣)" 또는 "번신(藩臣)", "번부(藩附)"라고 불렀다. 다른 하나는 한나라 왕조와 신속 관계가 없거나 그 관계가 밀접하지 않은 민족 정권이었다. 전자는 "9주"의 밖을 둘러싸고 군현 구역과 직접 인접하고 있었기 때문에 한편으로 한 왕조의 중요한 방비 대상이기도 하였으나 다른 한편으로 한 왕조는 그들이 군현 구역 바깥층의 방어선이 되어 군현 구역이 외침을 받지 않도록 보호해주는 중임을 맡아주기를 희망하기도 하였다. "9주"가 "집"으로 설명되었기 때문에 이 민족 정권이 위치한 구역은 마치 집을 보호해주는 울타리의 모습과 같아 자연히 "번(藩)" 또는 "번신", "번부"라고 불리게 되었던 것이다. 그리고 후자는 "해외"에 위치하고 있었기 때문에 방어의 대상이었다. 한 왕조는 한편으로는 "번" 또는 "번신", "번부"로 불리는 변경 민족 정권이 그들을 견제해주고 동시에 "덕"이 "해외"까지 미쳐 "해외의 딴 민족들조차 통역을 데리고 관문을 두드린다(海外殊俗, 重譯款塞.)"[32]는 천하태평의 목적에 도달하기를 바랐다. 이렇게 해서 한 왕조의 중앙과 변경 민족 정권과의 관계를 지도하고 조절하는 이론인 번속 이론이 나타나게 되었던 것이다.

번속 체제는 한대 "천하" 통치 체제의 중요한 구성 부분으로 한대 번속 관계의 구조를 더욱 정확하게 이해하기 위해서는 한 왕조의 "천하" 통치 체제에 대해서 분석해보아야 한다.

한대의 "천하" 통치 체제는 큰 범위부터 말하자면 세 층으로 나눌 수 있

---

32) 『한서』 권62 「사마천전(司馬遷傳)」.

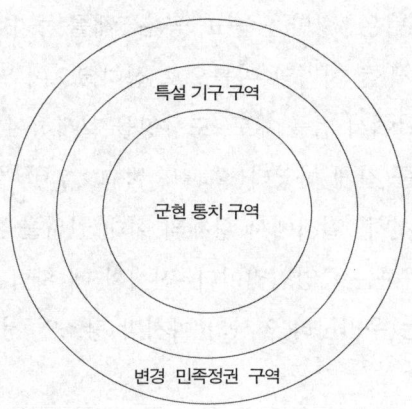

특설 기구 구역

군현 통치 구역

변경 민족정권 구역

다. 황제 직할인 군현 구역, 특설 기구 관할 구역, 변경 민족 정권 구역으로
아래와 같이 그림으로 나타낼 수 있다.

이 통치 구조에서 "왕"에서 변화된 "황제"는 "천하"의 핵심이며 "천자"의
지위는 더욱더 강화되었다. 『예기』 「곡례(曲禮)」의 해석에 따르면 "천하의
임금 된 자를 천자라고 일컫는다. 천자는 제후들의 조회를 받고 직책을 나
누고, 정치의 방침을 주며 공사를 위임한다. 그리고 말하기를 나도 사람들
가운데 하나다(君天下曰天子, 朝諸侯, 分職授政任功, 曰予一人.)"라고 했다.
같은 책 「옥조(玉藻)」에는 "천자가 나도 사람들 가운데 한 명이라고 말했다
(天子曰予一人.)"고 하였다. 선진 시기 이론상으로는 "왕"이나 "천자"라고 불
리는 "천하"의 지위에 대한 명확한 규정이 있었지만 앞에서 이야기한 것과
같이 실제로는 선진 시기의 최후의 왕조인 주 왕조의 주 천자가 직접 관할
하던 범위는 "왕기"와 그 부근 지역에 한정되어 있었고 기타 넓은 지역을
관할하던 여러 제후들에 대한 통제는 매우 느슨했다. 이것이 동주(東周) 시
기 주 천자가 "명의상"의 "천하 공주(共主)"가 된 중요 원인이었다. 진한 시
기에 들어온 뒤 천자(황제)의 지위는 전례 없이 강화되어 진시황은 6국을

통일한 뒤 스스로 "덕은 3황만큼 높고, 공은 5제를 능가한다(德高三皇, 功過五帝.)"고 하고 "황제"를 자기의 이름으로 정하였으며 일련의 제도를 새로 만들고 군현 구역 안에서 법률 제도, 도량형을 실시하여 "수레바퀴 폭을 통일하고, 글자 서체를 같게 하였다(車同軌, 書同文字.)"[33]는 것과 같은 통일 정책을 실시하여 "천하" 질서에서 황제의 절대 권위를 확립하였다. 이것이 우리가 흔히 이야기하는 중앙집권이다. 진시황 때 확립된 "천하" 질서에서 황제의 절대 권위는 우리나라 역사의 마지막 왕조인 청 왕조 때까지 줄곧 유지되었다.

군현 통치 구역은 선진 시기 "왕"의 직할 구역과 제후 통치 구역이라는 기초 위에서 발전하여 이루어진 것으로 황제가 직접 관할한 구역이 되었으며 모든 통치 체제의 핵심 구역이 되었다. 이것이 사서에서 말하는 "9주" 또는 "중국"의 범위이다.

"9주"에 대해 『상서』, 『주례(周禮)』 같은 사서에서는 그 차이가 존재하긴 하지만 "천하"를 "9주" 안팎으로 나눈 것으로 보아 그 뜻은 분명 "화하(華夏)"라고 부른 거주 지역을 위주로 한 구역이었을 것이다. 선진 시기 "9주"의 범위는 대체로 왕기와 제후의 통치 구역을 포함한 것이었는데, 진한 시기에는 군현을 실시하는 모든 구역이 포함되었다. 이 점에 관하여 우리는 『한서』「지리지」의 기록에서 분명하게 찾아볼 수 있다. 이 책의 기록에는 "주나라가 은나라를 이긴 2대의 손익을 살피고, 관직을 정하고 직책을 나누었는데, 우 임금의 것을 고쳐 서(徐)와 양(梁) 2주를 합하여 옹주(雍州)로 만들고, 청주(靑州)와 기주(冀州)의 땅을 나누어 유주(幽州)와 병주(幷州)로 만들었다. 그러므로 『주관(周官)』에 직방씨(職方氏)가 있다. 천하의 땅을 관장하여, 9주의 나라로 나누었다(周既克殷, 監于二代而損益之, 定官分職, 改禹

---

33) 『사기』 권6 「진시황본기」.

徐·梁二州合之于雍·青, 分冀州之地以爲幽·幷. 故周官有職方氏, 掌天下之地, 辨九州之國.)"고 되어 있다. 그 아래 9주는 양주(揚州), 형주(荊州), 예주(豫州), 청주(靑州), 연주(兗州), 옹주(雍州), 유주(幽州), 기주(冀州), 병주(幷州)를 가리킨다. 또 "한나라가 일어나, 주나라의 제도를 바탕으로 은혜와 덕을 숭상하고, 정치를 행함에 간결하고 쉽게 하고, 해내의 백성을 위로해 주었다. 무제 때에 이르러, 호(胡)와 월(越)을 물리쳐 쫓아버리고 땅을 개척하여 영토를 넓혔다. 남쪽에는 교지(交趾)를 두고, 북쪽에는 삭방주(朔方州)를 두었는데, 서주(徐州)와 양주(梁州), 유주(幽州)를 함께 다스리게 하였다. 하나라와 주나라의 제도를 아울렀는데, 옹주(雍州)를 고쳐 양주(涼州)라 하고, 양주(梁州)를 고쳐 익주(益州)라고 하니 무릇 13부가 되었고, 자사(刺史)를 두었다(漢興, 因秦制度, 崇恩德, 行簡易, 以撫海內, 至武帝攘却胡, 越, 開地斥境, 南置交趾, 北置朔方之州, 兼徐·梁·幽, 幷夏周之制, 改雍曰涼, 改梁曰益, 凡十三部, 置刺史.)"고 기록되어 있다. 그 아래 경조윤(京兆尹), 좌풍익(左馮翊), 우부풍(右扶風), 홍농군(弘農郡), 하동군(河東郡), 요동군(遼東郡), 요서군(遼西郡), 현도군(玄菟郡), 낙랑군(樂浪郡), 남해군(南海郡), 욱림군(郁林郡), 창오군(蒼梧郡), 교지군(交趾郡), 합포군(合浦郡), 구진군(九眞郡), 일남군(日南郡) 같은 78군과 조국(趙國), 광평국(廣平國) 같은 19군국(郡國)이 있다. 이를 근거로 볼 때 한대 "9주" 또는 "중국"의 범위에 모든 군현이 포함된다는 것은 말할 필요 없이 자명한 것이다.

군현 밖으로는 특설 기구 통치 구역이 존재하는데 일반적으로 군현 통치 구역을 둘러싸고 있기 때문에 군현 통치 구역의 외위 방어구(外圍防禦區)로 불렸다. 이 구역 안에서 한 왕조는 서역도호(西域都護), 호오환 교위(護烏桓校尉), 사흉노 중랑장(使匈奴中郎將), 호강 교위(護羌校尉), 속국도위(屬國都尉), 부도위(部都尉) 같은 기구를 설치하고 군현 체제와는 다른 통치 방식을 실시하였다. 서역도위는 신작(神爵) 3년(서기전 59)[34]에 처음 설치한 것으로 관할 구역은 옥문관(玉門關), 양관(陽關)의 서쪽, 총령(蔥嶺)의 동쪽, 천산(天山) 남북에 분포하던 여러 성방녹주(城邦綠洲)의 나라와 유목 민족 정권 지역이었다. 호오환 교위는 원수(元狩) 4년(서기전 119)에 설치한 것으로 관할 구역 안에는 상곡(上谷), 어양(漁陽), 우북평(右北平), 요서(遼西), 요동(遼東) 5군과 새외(塞外)의 오환(五桓), 선비(鮮卑) 등 민족이 포함되었다. 호강 교위는 원정(元鼎) 6년(서기전 111)에 설치하였으며 여러 서강(西羌) 부락을 관할하였다. 속국도위는 원수 3년(서기전 120)에 설치하였으며 변경 민족 속국의 관원을 관리하는 것으로 서한은 안정(安定), 금성(金城), 서하(西河), 상군(上郡), 오원(五原), 천수(天水) 같은 군내에 흉노(匈奴), 서강(西羌), 구자(龜玆) 같은 항복한 속국을 안치하였다. 사흉노 중랑장은 동한 건무(建武) 26년(50)에 설치하였으며 남흉노를 관할하는 기구였다. 서한 왕조는 이따금 변군에 부도위를 설치하였는데 그 가운데 어떤 부도위는 변경 민족의 관리에 종사하였다. 예를 들어 서한 왕조가 낙랑군에 설치한 동부도위(東部都尉)에 대해『후한서』「동이 · 옥저전(東夷 · 沃沮傳)」에는 "무제가 조선을 멸망시키고 옥저 땅을 현도군으로 삼았다. 뒤에 이맥(夷貊)의 침략을 받아 군을 고구려의 서북쪽으로 옮기고 옥저를 현으로 고쳐 낙랑군의 동부도위에 속하게 하였다"고 기록되어 있다. 이러한 기구는 변경 민족을 관할하는 전문 기구로 군사를 관리하고 민정을 처리하기도 하였는데 군사적인 특징이 비교적 뚜렷하였다. 그러나 관할 경내의 변경 민족 내부의 구체적인 사무를 관리하지는 않았으며 구체적인 사무는 책봉을 받은 변경 민족 수령의 책임이었다. 통치 방식을 이야기하자면 한 왕조의 이 구역에 대한 통치

---

34) 서역도호를 언제 처음 설치하였는가 하는 것에 관하여 사서에는 서로 다르게 기록되어 있으며 학계의 인식 또한 같지 않다. 일반적인 인식은 신작(神爵) 2년(서기전 60)으로 보고 있으나 우리는 신작 3년(서기전 59)으로 보고 있다. 상세한 것은 리다룽(李大龍), 「서한서역 도호 약론(西漢西域都護略論)」,『중국 변강사지 연구』, 1991년 제2기를 보기 바란다.

방식은 군현과 기미(羈縻) 통치 방식 사이의 일종이었다.

특설 기구 통치 구역 밖으로는 기미 통치 구역도 있었는데 서한 원봉 3년(서기전 108) 낙랑 같은 4군 설치 이전의 위씨조선과 감로(甘露) 2년(서기전 52) 이후의 흉노, 서한 시기의 오손(烏孫) 같은 나라들이 모두 기미 통치 구역 범위에 속하는 것들이다. 한 왕조는 이러한 지역의 관리에 대해 주로 변경 민족의 수령을 왕으로 책봉하는 것을 통하여 그 목적을 실현하였으며 전문적인 관리 기구를 설치하지는 않았다.

설명이 더 필요한 부분은 한 왕조의 이러한 통치 구조는 고정 불변의 것이 아니라 국력의 강약에 따라 각 층의 범위 역시 확대와 축소가 나타났다는 점이다. 예를 들어 서한 초기 흉노는 서한 왕조의 통치 체계 안에 있지 않았다. 감로 2년(서기전 52) 이후에야 한 왕조의 책봉을 받아들여 변경 민족 정권이 되어 한 왕조 통치 체계의 하나의 구성 부분이 되었다. 그리고 남월, 위씨조선, 민월(閩越) 같은 나라들은 처음에는 한 왕조의 "외신(外臣)" 이었다가 뒤에 군현의 통치 구역이 되었다. 이러한 정권이 위치한 구역이 통치 구조의 외층에서 내층으로 변화하는 것은 변경의 끊임없는 내지화(內地化) 과정을 반영한 것이다. 변경의 끊임없는 내지화와 동시에 내지의 변경화 추세 역시 존재했는데 대표적인 것이 중앙 왕조 세력이 쇠약해지는 상황 아래에서 변경 지역에 출현했던 할거(割据) 정권들이었다. 이들은 흔히 중앙 왕조가 직접 관할하던 구역을 다시 변경으로 회복하여 받아들였는데, 고구려 정권의 상황이 이러한 예에 속한다. 고구려는 서한 시기 군현에 속하여 직접 관할을 받던 변경 민족으로 통치 방식에서 분명한 내지화 경향이 나타났다. 그러나 양한의 교체 시기 중앙 왕조의 세력이 약화되면서 고구려는 발전의 기회를 잡았고, 동한 시기에는 명목상 군현의 관할을 받는 변경 민족 정권이었으나 후에 고구려 세력이 끊임없이 확대되어가는 과정에 서한 왕조가 동북 지역에 설치하였던 4군 대부분 지역이 고구려의 통치 구역이 됨으로써 직접 관할에서 기미 통치로 전환하게 되었다. 그러나 중국 강역 형성의 역사 과정에서 볼 때 이러한 내지의 변경화 추세는 일시적인 현상으로 강력해진 중앙 왕조가 다시 출현하면 다시 내지화의 궤도로 들어가게 되어 있었다. 중국의 강역은 이렇게 변경의 끊임없는 내지화의 과정 가운데 형성된 것이었다.

한대에는 앞에서 설명한 세 층의 통치 구조 가운데서 "번신", "외신"으로 불렸던 변경 민족 정권이 주로 군현 통치 구역의 밖을 둘러싸고 분포하였으며 "속국"으로 불린 변경 민족 정권도 군현 구역의 바깥층에 분포하였다. 이것은 한 왕조의 3층 구조 통치 구역 안에 모든 변경 민족 정권이 존재하였다는 것을 이야기하는 것이다. "번신", "외신", "속국", 기타 변경 민족과 한 왕조가 맺은 관계의 멀고 가까운 차이에 따라 분포 지역, 문화적 특징도 차이가 났다. 그러므로 한 왕조가 이들에 대해 갖는 인식 및 정책과 요구들역시 각각 특징을 가지고 있었던 것이다.

바깥층에 위치하였던 "번신", "외신"에 속한 변경 민족 정권은 한 왕조의 "화이지변" 관념의 영향을 받아 처음에는 직접 관할 구역 안으로 들어가는 것을 원하지 않았다. 후에 그들의 국력이 강해짐에 따라 일부 "외신"이 한 왕조의 요구를 위반하였으므로 한 왕조는 부득이 무력 통일 정책을 취하여 그 "외신" 구역에 대한 통치 방식을 군현 통치로 바꾸기도 하였다.

사서에 기록되어 있는 한 왕조의 "번신" 또는 "외신"으로 불렸던 변경 민족 정권으로는 남월(南越), 민월(閩越), 동구(東甌), 위씨조선, 흉노 같은 것이 있었는데 몇몇 소수의 세력은 꽤 강한 변경 민족 정권이었다.

민월, 동구와 남월은 가장 먼저 한 왕조의 번신이 되었던 정권이었다. 백월(百越)의 여러 민족은 일찍이 진 왕조 시기 군현 관리 체제 아래로 들어와 있었는데, 진은 민중(閩中), 남해(南海), 계림(桂林), 상(象) 같은 군을 설치하여 백월 지역을 관리하였다. 서한 초기 백월은 장기간에 걸친 겸병으로 세 개의 커다란 집단인 민월, 동구, 남월이 형성되었다. 민월, 동구는 일찍이 초한 전쟁 때 유방과 밀접한 관계를 맺고 군대를 파견하여 서한이 항우를 공격하는 데 도움을 주었기 때문에 한 고조 유방은 5년(서기전 202)에 무제(無諸)를 민월왕으로 책립하고 요(搖)를 동해왕(東海王)으로 책립하여 동구왕(東甌王)이라고 불렀다. 민월과 동구는 이때부터 한 왕조의 번신이 되었고 번신 관계 역시 이때 형성되기 시작하였다. 남월은 진 왕조의 옛 관리였던 조타(趙佗)가 세운 월나라 사람들을 주체 민족으로 하여 세운 정권으로 고제(高帝) 11년(서기전 196) 한나라는 "육가(陸賈)를 보내 (조)타(佗)를 세워 남월왕(南粵王)이 되게 하였다. 부절(剖符)을 지닌 관리들이 왕래하였고, 많은 월족을 모아서 화목하게 하니, 남쪽 변경에 해로움이 없게 되었고, 장사(長沙) 지역이 경계가 되었다(遺陸賈立佗爲南粵王, 與剖符通使, 使和輯百粵, 毋爲南邊害, 與長沙接境.)"고 되어 있다. 쌍방 역시 번속 관계가 건립되었고 사서에는 "육가가 이르자, 남월 왕이 두려워하여, 머리를 조아리며 사죄하고, 공손히 조서를 받들었고, 길이 번신이 되며, 조공을 바치기로 했다(陸賈至, 南粵王恐, 乃頓首謝, 願奉明詔, 長爲藩臣, 奉貢職.)"[35]고 기록되어 있다. "양월(兩粵)이 모두 번신이 된(兩粵俱爲藩臣)"[36] 상황은 원정 6년(서기전 196) 서한이 남월을 통일하여 그 땅을 갈라서 군현으로 삼을 때까지 줄곧 유지되었다.

위씨조선은 한나라 혜제(惠帝) 때 서한의 번신(또는 외신)이 되었다. 위씨조선은 고조 때 나라를 세웠는데『한서』「조선전(朝鮮傳)」에 아래와 같이 기록되어 있다.

처음 연나라 때부터 일찍이 진번과 조선을 침략하여 복속시키고 관리를 두어 국경에 성을 쌓았다. 진나라가 연을 멸한 뒤에는 요동의 바깥 변방에 소속시켰는

---

35)『한서』권95「양월전(兩粵傳)」.
36)『서한연기(西漢年紀)』권10「무제기(武帝紀)」.

데 한이 일어나서는 멀어 지키기 어려우므로 다시 요동의 옛 요새를 수리하고 패수에 이르는 곳을 경계로 하여 연에 속하게 하였다.

연왕 노관이 반하여 흉노로 들어가자, (위)만도 망명하였다. 1000명 남짓한 무리를 모아 북상투에 오랑캐의 복장을 하고는 동쪽으로 도망하여 요새를 나와 패수를 건너 진의 옛 빈 땅인 상하장(上下障)에서 살았다. 점차 진번, 조선 같은 만이와 옛 연(燕), 제(齊)의 망명자를 복속시켜 거느리고 왕이 되었으며 왕험(王險)에 도읍을 정하였다.

이때는 마침 효혜(孝惠), 고후(高后)의 시대로 천하가 처음으로 안정되니 요동 태수는 곧 (위)만을 외신으로 삼을 것을 약속하여 국경 밖의 만이(蠻夷)를 지켜 변경을 노략질하지 못하게 하는 한편, 만이의 군장들이 들어와 천자를 알현하는 것을 막지 못하도록 하였다. 천자도 이를 듣고 허락하였다.

— 自始燕時, 嘗略屬眞番·朝鮮, 爲置吏築障. 秦滅燕, 屬遼東外徼. 漢興, 爲遠難守, 復修遼東故塞, 至浿水爲界, 屬燕. 燕王盧綰反, 入匈奴, 滿亡命, 聚黨千餘人, 椎結 蠻夷服而東走出塞, 度浿水, 居秦故空地上下障, 稍役屬眞番·朝鮮蠻夷及故燕·齊 亡在者王之, 都王險. 會孝惠·高后天下初定, 遼東太守卽約滿爲外臣, 保塞外蠻 夷, 毋使盜邊; 蠻夷君長欲入見天子, 勿得禁止. 以聞, 上許之.

위씨조선이 번신이 된 것은 정벌 전쟁을 통한 것이 아니라 요동 태수의 권고로 실현된 것이라고 할 수 있다. 이러한 관계는 원봉 3년(서기전 108) 한이 조선을 멸망시키고 낙랑 같은 4군을 설치할 때까지 줄곧 유지된다.

흉노와 서한 왕조가 번속 관계를 건립한 시기는 조금 늦어서 감로 원년 (서기전 53) 호한야(呼韓邪) 선우[單于]가 우현왕(右賢王)을 파견하여 한에 항복해왔지만 정식으로 서한에 "번신"을 칭한 것은 감로 2년(서기전 52)이었다. 흉노는 서한 건립 초기에 이미 강력한 북쪽 변경의 유목 민족 정권이었으며 유방 때부터 끊임없이 남하하여 서한 변군을 침략하여 서한과는 적국 관계에 있었다.[37] 고제 7년(서기전 200) 한 고조 유방은 대군을 이끌고 북정을 갔지만 평성(平城) 백등(白登)에서 7일간 포위당한 뒤 쌍방은 화친 관계를 맺고 이 관계는 한 무제 때까지 줄곧 유지되었다. 원광(元光) 2년(서기전 133) 한 무제는 안문(雁門) 마읍(馬邑)의 고을 호족인 섭일(聶壹)의 건의를 받아들여 마읍에 매복하여 흉노 선우를 유인하고자 하였으나 뜻대로 되지 않았다. 이때부터 감로 2년까지 쌍방의 전투는 끊임없이 지속되었다. 선제(宣帝) 때 흉노는 내란이 발생하여 다섯 선우가 병립하고 감로 2년에는 흉노 호한사 선우가 남쪽으로 내려와 한에 항복하고 "번신을 칭하게 되었는데"[38] 바로 이때부터 서한과의 번속 관계가 건립되었다.

기타 여러 변경 민족들이 "번신"으로 자칭하였는지의 여부는 사서에서 명확한 기록을 발견할 수 없는데 이러한 정권은 거의 "번신" 또는 "외신"의 칭호를 받을 수 없었다. 우리는 『후한서』 「두독전(杜篤傳)」에서 두독이 「논도부(論都賦)」에서 "동남은 풍속이 달라 잡아맬 수 있는 나라가 아니며, 서북은 지역이 고립되어, 이웃으로써 제어하기 어려우나, 통역을 데리고 공물을 바치고 번신이 되기를 요청하는 나라가 없어지지 않는다(東南殊俗不羈之國, 西北絶域難制之隣, 靡不重譯納貢, 請爲藩臣.)"고 한 말을 발견할 수 있다. 이것을 반영하는 것이 비록 동한 초기의 상황이긴 하지만 서한 때 납공하는 변경 민족 정권만이 "번신"이 될 수 있었다는 증거가 될 수 있다. 서한이 흉노 선우를 접대하였던 예의 제도를 보면 "번신" 또는 "외신" 역시 대우상의 규정이 있었는데 여러 약소 변경 민족의 수령은 이와 같은 대우를 받기 어려웠다.

서한 왕조가 이러한 변경 민족 정권 사이에서 어떻게 번속 관계를 유지하였는가 하는 점은 우리가 자세하게 연구해야 할 문제이다. 사서에서는 한

---

37) 소위 "적국(敵國)"은 사서에서 분명한 기록을 볼 수 있는데, 사서의 기록을 통해 보자면 중앙 왕조와 신속 관계를 건립하지 않은 변경 정권을 가리키는 것을 흔히 볼 수 있다.
38) 『한서』 권8 「선제기(宣帝紀)」.

왕조가 "번신" 또는 "외신"과의 관계를 처리한 것에 대한 완전한 기록을 찾을 수는 없지만, 보잘 것 없는 기록에서도 한 왕조의 이론과 원칙을 여전히 엿볼 수 있다.

칭신납공(稱臣納貢)은 변경 민족 정권이 한나라에 "번신" 또는 "외신"이 되었음을 보여주는 중요 지표 가운데 하나이다. 남월 정권은 진 왕조의 옛 관리였던 조타(趙佗)가 세웠는데 서한 왕조 건립 초기부터 줄곧 한나라와 대치하면서 신하로서 복종하지 않았다. 『사기』「육가열전(陸賈列傳)」에는 고제 11년(서기전 196) 서한 왕조가 대신 육가(陸賈)를 지절사(持節使)로 파견하는데 육가는 위협, 매수책을 이용하여 남월의 항복을 받아냈다. "조타를 남월 왕으로 임명하고, 명하여 신하라 칭하게 하고 한나라와의 약조를 받들게 했다(拜趙佗爲南越王, 令稱臣奉漢約.)"고 기록되어 있다. 『한서』「고제기(高帝紀)」에는 조타가 "머리를 조아리며 신하라고 하였다(稽首稱臣.)"고 하였고, 『한서』「혜제기(惠帝紀)」에는 "남월 왕 조타가 신하라고 칭하며 예물을 바쳤다(南越王趙佗稱臣奉獻.)"고 기록되어 있다. 칭신납공은 한대 사람에게 남월이 한 왕조와 번속 관계를 건립한 여부를 알게 해주는 주요 지표 가운데 하나로 여겨졌음을 알 수 있다. 남월뿐 아니라 기타 변경 민족 정권 역시 마찬가지였다. 흉노는 진한 교체 시기 북부 변경의 웅(雄)이라 칭하면서 초기 한 왕조와는 "적국" 관계였다. 서한 황제는 흉노 선우에 대한 칭호를 "황제가 묻노니 흉노 대선우는 근심이 없으신가(皇帝敬問匈奴大單于無恙.)"[39]라고 하였다. 쌍방 통치자는 평등의 관계였으나 감로 2년(서기전 52) 이후 『한서』「선제기(宣帝紀)」에는 다음과 같이 기록되어 있다.

조령을 내려 유사(有司)에게 의논하도록 하였다. 모두 말하기를, "성왕의 제도

---

39) 『한서』 권94 상 「흉노전(匈奴傳)」.

는 덕을 베풀고 예를 시행하되, 경사(京師)를 우선으로 하고 제하(諸夏)⁴⁰⁾를 뒤로 하며, 제하를 우선으로 하고 이적(夷狄)을 뒤로 합니다. 시경(詩經)에 '예를 따라 지나치지 아니하시니 마침내 백성들을 보자 이미 호응하도다. 상토(相土)⁴¹⁾가 열렬(烈烈)하시니 해외(海外)가 절연(截然)하게 정제(整齊)되도다'라고 하였듯이 폐하의 성덕이 천지를 가득 채우고 광영이 4해를 덮으니, 흉노인 선우가 교화를 향하고 의를 사모하여 온 나라가 한 마음으로 보배를 받들어 조회를 하였습니다. 이는 일찍이 없었던 일입니다. 선우〔單于〕는 정삭(正朔)을 베풀거나 왕자가 빈객으로 대하는 상대가 아니니, 예의상 당연히 제후왕(諸侯王)과 같이하여, 신하라고 칭하고 죽음을 무릅쓰고 두 번 절해야 하고, 지위의 차례는 제후왕의 아래에 해당합니다'라고 하였다. 조령을 내려 말하기를, "들으니 5제(五帝) 3왕(三王)은 예의가 베풀어지지 않는 곳에는 정사가 미치지 않는다고 하였다. 지금 흉노인 선우가 북번신(北藩臣)이라 칭하며 정월에 조례를 하는데, 짐의 덕이 못 미쳐 덕으로 널리 덮어주지 못하였다. 객(客)의 예로 대우하되 지위는 제후왕의 위에 두어야 할 것이다"라고 하였다. 3년 춘정월에 감천(甘泉)에 행차하고 태치(泰畤)에서 교(郊)제사를 지내는데, 흉노 호한야(呼韓邪) 선우 계후산(稽侯狦)이 와서 조회하였다. 이에 알현를 칭찬하며 번신(藩臣)이라고 칭하고 이름을 부르지 않았다. 그리고 새수(璽綬)·관대(冠帶)·의상(衣裳)·안거(安車)·사마(駟馬)·황금(黃金)·금수(錦繡)·증서(繒絮)⁴²⁾ 같은 것들을 하사하였다. 유사(有司)를 시켜서 선우를 인도하여 먼저 장안(長安)으로 가서 머물 집을 살피게 하고 장평(長平)에서 묵었다. 상(上)이 감천을 지나서 지양궁(池陽宮)에 묵었다. 상이 장평판(長平阪)에 올라 선우에게 배알하지 말도록 명하였다. 좌우 당호(當戶)⁴³⁾의 무리가 모두 열을 지어 참관하였고, 영접하는 만이(蠻

---

40) 【옮긴이】 분봉된 중원의 각 제후국. 또는 널리 중원 지역.
41) 【옮긴이】 은대(殷代)의 사람 이름. 설(契)의 손자.
42) 【옮긴이】 비단과 풀솜. 또는 그것으로 만든 옷.

夷)의 군장 왕후 수만 명이 길에 가득이 벌려 서 있었다. 상(上)이 위교(渭橋)[44]에 오르자 모두 만세를 불렀다. 선우가 거처에 들었다. 건장궁(建章宮)에 술자리를 마련하고 선우에게 향음을 내리고 진귀한 보물을 보여주었다. 2월에 선우가 조회를 마치고 돌아갔다. 장락위위(長樂衛尉) 고창후(高昌侯) 충(忠), 거기도위(車騎都尉) 창(昌), 기도위(騎都尉) 호(虎)에게 1만 6000의 기병을 거느리고 선우를 전송하게 하였다. 선우는 막남(幕南)[45]에 있으면서 광록성(光祿城)[46]을 지켰다. 조령을 내려 북변에 곡식을 진휼하게 하였다.

― 詔有司議. 咸曰: "聖王之制, 施德行禮, 先京師而後諸夏, 先諸夏而後夷狄. 詩云: 率禮不越, 遂視旣發. 相土烈烈, 海外有截. 陛下聖德, 充塞天地, 光被四表. 匈奴單于鄕風慕義, 擧國同心, 奉珍朝賀, 自古未之有也. 單于非正朔所加, 王者所客也, 禮儀宜如諸侯王, 稱臣昧死再拜, 位次諸侯王下." 詔曰: "蓋聞五帝三王, 禮所不施, 不及以政. 今匈奴單于稱北藩臣, 朝正月, 朕之不逮, 德不能弘覆. 其以客禮待之, 位在諸侯王上." 又載: 三年春正月, "行幸甘泉, 郊泰時. 匈奴呼韓邪單于稽侯狦來朝, 贊謁稱藩臣而不名. 賜以璽綬 · 冠帶 · 衣裳 · 安車 · 駟馬 · 黃金 · 錦繡 · 繒絮. 使有司道單于先行就邸長安, 宿長平. 上自甘泉宿池陽宮. 上登長平阪, 詔單于毋謁. 其左右當戶之群皆列觀, 蠻夷君長王侯迎者數萬人, 夾道陳. 上登渭橋, 咸稱萬歲. 單于就邸. 置酒建章宮, 饗賜單于, 觀以珍寶. 二月, 單于罷歸. 遣長樂衛尉高昌侯忠 · 車騎都尉昌 · 騎都尉虎將萬六千騎送單于. 單于居幕南, 保光祿城. 詔北邊振穀食.

동한 왕조와 남흉노의 번속 관계 건립 역시 이와 같다. 예를 들어 『후한서』「광무제기 하(光武帝紀下)」에는 건무 29년(49) "남선우가 사신을 보내

---

43) 【옮긴이】 흉노(匈奴)의 벼슬 이름.
44) 【옮긴이】 장안(長安) 부근 위수(渭水) 가의 다리.
45) 【옮긴이】 고대에 몽골 사막 남쪽 지역을 널리 이르던 말.
46) 【옮긴이】 내몽골 자치구 포두시(包頭市) 북서쪽에 있는 성. 한 무제 때 쌓았다.

궁궐에 나아가 예물을 헌상하였고, 번신의 예를 받들며 신하라고 말했다(南單于遣使詣闕貢獻, 奉蕃稱臣.)"고 되어 있는데 동한 시기에도 이러한 관념에는 커다란 변화가 없었다는 것을 알 수 있다.

칭신과 함께 수반되는 것이 한 왕조에 대한 납공이었다. 소위 "공(貢)"은 변경 민족 정권이 현지의 대표적인 생산 물품을 한 왕조 황제에게 바치는 것을 가리키는 데 "방물(方物)"이라고도 한다. 변경 민족 정권이 한 왕조에 납공한 사실은 사서에서 쉽게 그 기록을 찾아볼 수 있다. 따라서 더 많은 설명은 불필요하며 다만 일부 학자가 갖는 다른 관점에 대한 우리의 인식을 설명하고자 한다. 최근 적지 않은 학자들이 공납의 정치적 뜻을 홀시하고 경제 교류로만 받아들여 그것을 "조공 무역"이라고 부르고 있다. 공납과 그에 따르는 상사(賞賜) 실시의 결과를 놓고 본다면 확실히 변경 민족과 중원 지역의 유무 상통의 작용에 도달하지만 한 가지 강조해야 할 점은 납공과 상사에서 나오는 이러한 경제 작용은 납공 체제 확립의 주요 목적이 아니라는 데 있다. 납공 체제에서는 그 정치적 뜻이 첫 번째의 위치를 차지한다. 왜냐하면 당시 자급자족 농업 문명이 매우 발달했던 중원 지역은 외부 세계에 대한 의존도가 높지 않았으며, 한 걸음 물러서서 말하더라도 변경 민족 공납의 이러한 "방물"로서 문제를 해결할 수 있는 것이 아니었기 때문이다. 공납이 가지고 있는 정치적 뜻은 자연 한 왕조와 변경 민족 정권 쌍방의 인식과 바람을 일치시키는 데 실제적인 의의가 있었다. 사서의 기록을 보면 한 왕조에 납공한 많은 변경 민족 정권들이 한 왕조와 번속 관계를 맺고자 했음을 알 수 있다. 하지만 소수 변경 민족 정권이 납공하는 목적이 한 왕조와 번속 관계를 맺는 것이 아니고 납공을 위해 들어온 사신 역시 정권의 관원이 아니라 상인이었을 때도 있었는데, 그 목적은 상사를 취하여 더 높은 이익을 얻고자 한 것으로 실제로 한 왕조도 이미 이러한 문제에 대해 주의하고 있었다. 우리는 『한서』 「서역전(西域傳)」에서 아래와 같은 기록을 볼 수 있다.

성제(成帝) 때 계빈(罽賓)이 다시 사절을 파견해 사죄하였고, 한나라는 관리를 파견하여 그 나라의 사신을 호송하려 하였다. 두흠(杜欽)이 대장군 왕봉(王鳳)에게 말하기를, "이전 계빈왕 음말부(陰末赴)는 본래 한나라에서 세웠는데 뒤에 와서 반역하였다. 무릇 은덕을 베푸는 것으로는 나라와 자식과 백성을 갖게 하는 것보다 더 큰 것이 없고, 죄 가운데는 사절을 죽이는 것보다 더 큰 것이 없다. 그런데 그들이 은덕에 보답하지 않고, 주살될 것을 두려워하지도 않았던 것은 자기들이 우리 한나라와 멀리 떨어져 있어 우리의 군사가 그곳에 도착하지 못할 것을 알았기 때문이다. 그들은 구할 것이 있으면 몸을 낮추고 겸손한 말을 하며, 바랄 것이 없으면 교만해져 끝내 품어 복종시킬 수가 없을 것이다. 중국이 만이들과 왕래하면서 그들을 후하게 대우해주고 그들이 구하는 것을 만족시켜주는 것은 우리 영토가 그들 가까이에 있어서 침략당할 수 있기 때문이다. 지금 그곳에서 현도(縣度)에 오는 길은 험하여 계빈의 군사들도 넘지 못할 것이다. 그들이 우리나라를 흠모한다고 해도 서역을 안정시키기에는 부족하다. 비록 우리에게 귀부하지 않는다 하더라도, 성곽을 쌓아놓은 우리 지역을 위험하게 할 수는 없다. 전에 계빈국 왕이 친히 우리 사절을 거역하고 서역 지방에서 포악한 짓을 하였기에 그들과의 관계를 끊고 왕래하지 않은 것이다. 지금 후회한다고 하면서 사절을 보내왔지만, 그 사절 속에는 계빈왕의 친속이나 귀인(貴人)이 없고 물건을 받들어 바치는 사람도 모두 장사하는 천한 사람들이어서 시장에서 물건을 교환하거나 팔고자 하며 바친다는 것은 이름뿐이다. 그런데도 번거롭게 사절들을 현도까지 호송해야 하니, 우리가 실속을 잃고 속임을 당할까 걱정이다. 무릇 사절을 파견하여 손님을 호송하는 것은 그들이 도적의 피해를 입는 것을 방지하고 보호하려는 것이다. 피산(皮山)에서 시작하여 남쪽으로 가면 우리 한나라에 복속되어 있지 않은 나라가 4~5개 국이 있는데, 우리의 척후 병사 100여 명이 밤이 되면 5개 조로 나뉘어 조두(刁斗: 취사도구와 징을 겸한 군용 도구-옮긴이)를 두드리며 지키고 있지만 그런데도 대대로 침입하여 도둑질을 하고 있다. 이곳을 지나가려면 나귀에 식량을 싣고 가면서도 또 여러 나라에서 먹을 것을 공급받아야 스스로 부지할 수 있다. 그런데 어떤 나라는 가난하고 작아서 먹을 것을 공급할 수가 없고, 혹 어떤 나라는 사나워서 공급하려고 하지 않는다. 그리하여 강력한 한나라의 부절을 갖고서도 산골짜기에서 배를 주리다가 구걸을 하게 되는데, 구걸을 해도 얻어먹을 것이 없으니, 이곳을 떠난 지 10~20일 만에 사람과 가축이 황야에서 죽어 돌아오지 못한다. 또한 대두통(大頭痛)과 소두통(小頭痛) 산을 지나고 적토(赤土)와 신열(身熱)의 비탈길을 지나면 사람들은 몸에 열이 나고 얼굴색도 변하며 두통과 구토를 하는데, 나귀들도 모두 그러하다. 게다가 삼지(三池)와 반석판(盤石阪)이 있는데 길이 좁은 곳은 6~7촌인데 긴 곳은 길이가 30리나 된다. 그 산길 옆은 깊고 험할 뿐 아니라 그 깊이를 헤아리기가 어려워 가는 사람은 말과 걸어가는 사람이 서로 의지하여야 하고, 끈을 가지고 앞뒤를 연결하면서 2000리 남짓 가야 현도(縣度)에 도착하게 된다. 그래서 짐승이 떨어지면 골짜기의 반도 못 가 몸이 다 부서지고, 사람이 떨어지면 그 모습을 찾아볼 수도 없게 된다. 이렇듯 험하고 막혀서 위험하기가 말로 다할 수 없다. 이전에 성왕께서 전국을 9주로 나누고 5복을 만들어 국내를 번성하게 하는 데 힘쓰고 밖의 것을 구하려 하지 않았다. 지금 황제의 명령을 받들어 만이들의 상인을 호송하는 데 사절을 파견하여 많은 관리와 병사들이 수고를 하며, 위험하고 어려운 곳을 건너서 믿을 만한 사람들을 피폐하게 하면서 쓸데없는 사람들을 섬기는 것은 오래 쓸 계책은 아니다. 그러나 사절이 이미 부절을 받아서 가기로 결정되었으니, 피산국까지만 갔다가 돌아오면 좋을 것이다"라고 하였다.

왕봉은 두흠의 말을 좇겠다고 말하였다. 계빈국에서는 상을 내려주는 것과 시장에서 장사하는 것이 이롭다고 생각하여 몇 년에 한 번씩 사절을 보내왔다.

— (罽賓)成帝時, 復遣使獻, 謝罪, 漢欲遣使者報送其使, 杜欽說大將軍王鳳曰: "前罽賓王陰末赴本漢所立, 後卒畔逆. 夫德莫大於有國子民, 罪莫大於執殺使者, 所以不報恩, 不懼誅者, 自知絶遠, 兵不至也. 有求則卑辭, 無欲則驕嫚, 終不可懷服. 凡中國所以爲通厚蠻夷, 愜快其求者, 爲壞比而爲寇也. 今縣度之阨, 非罽賓所能越也. 其鄉慕, 不足以安西域; 雖不附, 不能危城郭. 前親逆節, 惡暴西域, 故絶而不通; 今悔過來, 而無親屬貴人, 奉獻者皆行賈賤人, 欲通貨市買, 以獻爲名, 故煩使者送至縣度, 恐失實見欺. 凡遣使送客者, 欲爲防護寇害也. 起皮山南, 更不屬漢之國四五, 斥候士百餘人, 五分夜擊刁斗自守, 尙時爲所侵盜. 驢畜負糧, 須諸國稟食, 得以自贍. 國或貧小不能食, 或桀黠不肯給, 擁彊漢之節, 餒山谷之間, 乞匃無所得, 離一二旬則人畜棄捐曠野而不反. 又歷大頭痛·小頭痛之山, 赤土·身熱之阪, 令人身熱無色, 頭痛嘔吐, 驢畜盡然. 又有三池, 盤石阪, 道陜者尺六七寸, 長者徑三十里. 臨崢嶸不測之深, 行者騎步相持, 繩索相引, 二千餘里乃到縣度. 畜隊, 未半阬谷盡靡碎; 人墜, 勢不得相收視. 險阻危害, 不可勝言. 聖王分九州, 制五服, 務盛內, 不求外. 今遣使者承至尊之命, 送蠻夷之賈, 勞吏士之衆, 涉危難之路, 罷弊所恃以事無用, 非久長計也. 使者業已受節, 可至皮山而還." 於是鳳白從欽言. 罽賓實利賞賜賈市, 其使數年而壹至云.

이 기록에서 우리는 두 가지 문제에 주의해야 한다. 첫째, 납공은 한 왕조와 번속 관계를 건립하기 위한 것과 함께 상업적 이익을 추구하기 위한 것이 있었다. 한대 사람들도 이미 이러한 문제에 주의하고 있었는데 계빈(罽賓)의 상황을 통해 보면 한 왕조는 서로 다른 정책을 취하여 번속 체제 안으로 받아들이지 않았다. 『한서』 「서역전」의 저자도 이를 서역도호의 관할 범위에 집어넣지 않았는데, 이는 한 왕조의 이러한 인식을 대표하는 것이다. 둘째, 납공은 번속 관계의 요구인데 많은 회사품(回賜品)들은 변경 민족 정권을 회유하기 위한 것으로 소위 "중국이 만이들과 왕래하면서 그들을 후하게 대우해주고 그들이 구하는 것을 만족시켜주는 것은 우리 영토가 그들 가까이에 있어서 침략당할 수 있기 때문이다(中國所以爲通厚蠻夷, 愜快其求者, 爲壞比而爲寇也.)"라고 한 것이다. 사고(師古) 주에는 "비(比)는 가깝다는 말이다. 그 땅이 가까이 접해 있어, 능히 침략을 당할 수가 있다(比, 近也, 爲其土壤接近, 能爲寇也.)"고 되어 있다. 이 역시 대량으로 회사(回賜)하는 것은 변경 민족에게 중원 산물에 대한 수요를 충족시켜주어 그들이 변경군을 침략하는 것을 막기 위한 것이었음을 알 수 있다.

벼슬을 내리고(冊封), 정기적으로 찾아와 인사를 올리고(朝見), 인질을 바치도록(納質) 요구하는 것은 번속 관계가 건립된 뒤 한 왕조가 변경 민족 정권에 취한 가장 기본적인 요구 가운데 하나였다. 변경 민족 정권이 신하로 칭하도록 하는 요구를 받아들였다는 것은 변경 민족 정권과 한 왕조의 관계가 자연 정치상 영속(領屬) 관계를 가지며 변경 민족 정권의 통치자 역시 한 왕조의 "신하"가 되어 한 왕조를 대표하여 변경 민족을 통치하는 지방 관원이 되었던 것을 이야기한다. 그리고 변경 민족 정권 통치자의 신분은 어떠한 증명이 필요하였고 이러한 증명은 한 왕조가 책봉한 관작을 통해 나왔다. 앞에서 이야기한 남월 왕, 민월 왕, 흉노 선우 모두 이러한 책봉의 결과였다. 건무 8년(32) "고구려가 사신을 보내와 조공하므로 광무제는 그 왕호를 회복시켜주었다"[47]란 기록 역시 동한 왕조가 책봉한 결과였다. 그리고 변경 민족 정권의 최고위 통치자만 한 왕조의 책봉을 받아들인 것이 아니라 그 아래층의 관원의 신분 역시 확인과 권한의 부여가 필요하였다. 『한서』「서역전 하」에는 "다 합쳐 50개 나라가 있는데, 역장(譯長), 성장(城長), 군(君), 감(監), 리(吏), 대록(大祿), 백장(百長), 천장(千長), 도위(都尉), 차거(且渠), 당호(當戶), 장(將), 상(相)에서 후(侯), 왕(王)에 이르기까지 모두 한나라에서 준 도장을 차고 있었으니, 다 합쳐 376명이었다(最凡國五十. 自譯長, 城長, 君, 監, 吏, 大祿, 百長, 千長, 都尉, 且渠, 當戶, 將, 相至侯, 王, 皆佩漢印綬, 凡三百七十六人.)"는 기록이 있는데 이것이 바로 그러한 상황을

---

47) 『후한서(後漢書)』 권85 「동이열전 · 고구려(東夷列傳 · 高句麗)」.

반영한 것이었다. 그리고 번속 관계가 성립되면서 변경 민족 정권 통치자 개개인의 권리에는 분명한 변화가 발생하지 않았으나, 신분만은 이중적인 신분을 가지게 되었다. 그들은 변경 민족으로서 원래 가지고 있었던 통치 체계의 왕(王), 차거(且渠), 후(侯), 당호(當戶), 장(將)인 동시에 한 왕조의 지방 관원이기도 하였던 것이다.

지방 통치 권력의 획득 역시 일종의 보증이 필요하였는데 그중 인질을 바치는 것(納質)과 정기적으로 찾아와 인사를 올리는 것(朝見)이 가장 기본적인 내용이었다. 납질은 권력을 받을 사람이 내려준 사람에게 제공하는 일종의 담보이며, 권력을 준 사람이 받은 사람을 통제하는 수단의 일종으로 흔히 볼 수 있는 방식이다. 『한서』「흉노전(匈奴傳)」에서 동중서는 "의(義)는 군자를 움직이고 이(利)는 탐하는 사람을 움직인다. 흉노와 같은 자들은 인의(仁義)로 설득할 대상이 아니다. 다만 이익을 두텁게 하는 것으로 설득하여 하늘에 맹세하게 할 수 있을 뿐이다. 그러므로 그들에게 이익을 두텁게 주어 그들의 뜻을 매몰되게 하고서 하늘에 맹세하여 맹약을 견고하게 하고 자식을 인질로 들여서 그들의 마음을 구속시키는 것이다(義動君子, 利動貪人. 如匈奴者, 非可以仁義說也. 獨可說以厚利, 結之於天耳. 故與之厚利以沒其意, 與盟於天以堅其約, 質其愛子以累其心.)."라고 하였다. 사서의 기록을 통해 보면 변경 민족 정권이 한 왕조에 인질을 바쳤던 대상은 일반적으로 왕위 계승자, 왕자, 왕실 성원 또는 권위 있는 귀족들로 "시자(侍子)" 또는 "질자(質子)"라고 불렸다. 『한서』「흉노전」의 기록에 따르면 흉노 호한야 선우와 질지(郅支) 선우는 한 왕조에 칭신(稱臣)하던 시기 모두 한 왕조에 인질을 바쳤다. 그리고 같은 책 「서역전」의 기록을 보면 서역 여러 나라가 한 왕조에 인질을 바쳤던 현상은 더욱 보편적이었다는 것을 알 수 있다. 동한 왕조 때 변경 민족의 납질 제도는 그대로 이어졌는데 이에 대해서는 『후한서』에 많은 기록이 있기 때문에 하나하나 열거할 필요는 없을 것이다.

한대 사람들은 납질만 가지고 변경 민족 통치자를 통제하기에 부족하다고 여겼기 때문에 선진 시기 여러 제후에게 행하였던 조현(朝見) 제도를 그대로 받아 썼고 변경 민족 통치자에게 정기적으로나 불규칙적으로 황제를 알현하도록 요구하였다. 『상서상해』권3에 선진 시기의 조현 제도에 대한 아래와 같은 해석이 있다.

국어에서 말하기를: 날마다 제(祭)를 지내고, 달마다 사(祀)를 올리며, 철마다 향(享)을 올리고, 해마다 공(貢)을 올리고, 왕이 바뀔 때마다 알현(見)하게 했으니, 그 뜻은 제후가 임금을 뵈올 때 매일 뵙는 자, 달마다 뵙는 자, 계절마다 뵙는 자, 해마다 뵙는 자, 왕이 바뀔 때 뵙는 자가 있게 함이다. 매일 뵙는 자는 매일 제를 지내고, 달마다 뵙는 자는 사를 올리며, 철마다 뵙는 자는 철마다 공물〔時貢〕을 올리며, 해마다 뵙는 자는 1년에 한 번 공물〔歲貢〕을 올리고, 멀리 오랑캐는 1세에 한 번 뵙는 자이니, 그러므로 임금을 마친다고 말하는 것이다. 사방 오랑캐가 임금을 뵈러 올 때 하는 말이니, 사방 오랑캐는 모두 임금을 뵙는 예를 익혀야 한다는 것을 말한다.

— 國語曰: 日祭·月祀·時享·歲貢·終王, 其意謂諸侯見君, 有日見者, 有月見者, 時見·歲見·世見者. 日見者爲日祭, 月見者爲月祀, 時見者爲時享, 歲見者爲歲貢, 遠夷一世見者, 謂之終王. 此言四夷來王, 謂四夷皆講朝見之禮也.

한 왕조는 이러한 제도를 발전시켜 변경 민족 정권과의 관계를 처리하는 데 응용하였다. 우리는 관련 사서의 기록에서 한 왕조가 제정한 조현 제도를 전면적으로 이해하기는 어렵겠지만 그 존재만은 확실히 알 수 있다. 『후한서』「오환열전(烏桓列傳)」에는 "무제가 표기 장군(驃騎將軍) 곽거병(霍去病)을 보내 흉노의 왼쪽 땅을 격파하였다. 그리하여 오환이 상곡(上谷), 어양(漁陽), 우북평(右平北), 요서(遼西), 요동(遼東) 5군의 변방 바깥으로 이사하였고, 한나라를 위하여 흉노의 동정을 몰래 살피기도 했다. 그 대인(大人)은 1년에 한 번 한나라를 찾아와 뵈었고, 이때에 호오환 교위를 설치하게 되었다. 녹봉은 2000석이고, 절감(節監)의 명령을 받게 하였으며, 흉노와 더불어 서로 왕래하지 못하게 하였다(武帝遣驃騎將軍霍去病擊破匈奴左地, 因徙烏桓於上谷·漁陽·右平北·遼西·遼東五郡塞外, 爲漢偵察匈奴動靜. 其大人歲一朝見, 於是始置護烏桓校尉, 秩二千石, 擁節監領之, 使不得與匈奴交通.)"라고 기록되어 있다. 어떻게 조현하였는가 하는 것은 호한야 선우의 조현이 하나의 구체적인 예가 될 수 있겠다. 『한서』 「선제기」에는 감로 2년(서기전 52) "흉노 호한야 선우가 오원(五原)의 변방 기지를 두드리며, 원하건대 3년 정월에 국가의 진귀한 물건을 받들기를 원합니다(匈奴呼韓邪單于款五原塞, 願奉國珍朝三年正月.)"라고 기록되어 있다. 흉노 선우가 조현하는 예의 제도를 어떻게 확정하였는가 하는 것에 대해 선제(宣帝)는 이렇게 조처하였다.

조령을 내려 유사(有司)에게 의논하도록 하였다. 모두 말하기를, "성왕의 제도는 덕을 베풀고 예를 시행하되, 경사(京師)를 우선으로 하고 제하(諸夏)를 뒤로 하며, 제하를 우선으로 하고 이적(夷狄)을 뒤로 합니다. 시경(詩經)에 '예를 따라 지나치지 아니하시니 마침내 백성들은 봄에 이미 호응하도다. 상토(相土)가 열렬(烈烈)하시니 해외(海外)가 절연(截然)히 정제(整齊)되도다'라고 하였듯이 폐하의 성덕이 천지를 가득 채우고 광영이 4해를 덮으니, 흉노의 선우가 교화를 향하고 의를 사모하여 온 나라가 한 마음으로 보배를 받들어 조회를 하였습니다. 이는 일찍이 없었던 일입니다. 선우는 정삭(正朔)을 베풀거나 왕자가 빈객으로 대하는 상대가 아니니, 예의상 당연히 제후왕과 같이하여, 신하를 칭하고 죽음을 무릅쓰고 재배(再拜)해야 하고, 지위의 차례는 제후왕의 아래에 해당합니다"라고 하였다. 조령을 내려 말하기를, "들으니 5제(五帝) 3왕(三王)은 예의가 베풀어지지 않는 곳에는 정사가 미치지 않는다고 하였다. 지금 흉노의 선우가 북번신(北藩臣)이라 칭하며 정월에 조례를 하니, 짐의 덕이 못 미쳐 덕으로 널리 덮어주지 못한 것이다. 객(客)의 예로 대우하되 지위는 제후왕의 위에 두어야 할 것이다."

— 詔有司議. 咸曰: "聖王之制, 施德行禮, 先京師而后諸夏, 先諸夏而后夷狄. 詩云: 率禮不越, 遂視旣發. 相土烈烈, 海外有截. 陛下聖德, 充塞天地, 光被四表. 匈奴單于鄉風慕義, 擧國同心, 奉珍朝賀, 自古未之有也. 單于非正朔所加, 王者所客也, 禮儀宜如諸侯王, 稱臣昧死再拜, 位次諸侯王下." 詔曰: "蓋聞五帝三王, 禮所不施, 不及以政. 今匈奴單于稱北藩臣, 朝正月, 朕之不逮, 德不能弘覆. 其以客禮待之, 位在諸侯王上."

또 기록하기를

(3년 춘정월에) 감천(甘泉)에 행차하고 태치(泰畤)에서 교(郊)제사를 지냄에, 흉노 호한야(呼韓邪) 선우 계후산(稽侯狦)이 와서 조회하였다. 이에 알현을 칭찬하며 번신(藩臣)이라고 칭하고 이름을 부르지 않았다. 그리고 새수(璽綬)·관대(冠帶)·의상(衣裳)·안거(安車)·사마(駟馬)·황금(黃金)·금수(錦繡)·증서(繒絮) 등을 하사하였다. 유사(有司)를 시켜서 선우를 인도하여 먼저 장안(長安)으로 가서 머물 집을 살피게 하고 장평(長平)에서 묵었다. 상(上)이 감천을 지나서 지양궁(池陽宮)에 묵었다. 상이 장평판(長平阪)에 올라 선우에게 배알하지 말도록 명하였다. 좌우 당호(當戶)의 무리가 모두 열을 지어 참관하였고, 만이(蠻夷)의 군장 왕후로서 영접하는 자 수만 명이 길 가득 벌려 서 있었다. 상(上)이 위교(渭橋)에 오르자 모두 만세를 불렀다. 선우가 거처에 들었다. 건장궁(建章宮)에 술자리를 마련하고 선우에게 향음을 내리고 진귀한 보물을 보여주었다. 2월에 선우가 조회를 마치고 돌아갔다. 장락위위(長樂衛尉) 고창후(高昌侯) 충(忠), 거기도위(車騎都尉) 창(昌), 기도위(騎都尉) 호(虎)에게 1만 6000의 기

병을 거느리고 선우를 전송하게 하였다. 선우는 막남(幕南)에 있으면서 광록성(光祿城)을 지키었다. 조령을 내려 북변에 곡식을 보내 백성을 진휼하게 하였다.

— (三年春正月)行幸甘泉, 郊泰時. 匈奴呼韓邪單于稽侯狦來朝, 贊謁稱藩臣而不名. 賜以璽綬·冠帶·衣裳·安車·駟馬·黃金·錦繡·繒絮. 使有司道單于先行就邸長安, 宿長平. 上自甘泉宿池陽宮. 上登長平阪, 詔單于毋謁. 其左右當戶之群皆列觀, 蠻夷君長王侯迎者數萬人, 夾道陳. 上登渭橋, 咸稱萬歲. 單于就邸. 置酒建章宮, 饗賜單于, 觀以珍寶. 二月, 單于罷歸, 遣長樂衛尉高昌侯忠·車騎都尉昌·騎都尉虎將萬六千騎送單于. 單于居幕南, 保光祿城. 詔北邊振穀食.

서한 선제는 흉노 선우에게 특별한 대우를 해주었는데 그가 조현 왔을 때 "지위는 제후왕의 위에 두었다(位在諸侯王上.)", "이에 알현을 칭찬하며 번신(藩臣)이라고 칭하고 이름을 부르지 않았다(贊謁稱藩臣而不名.)"라고 하여 선진 시기 변경 민족 수령이 조현하러 왔을 때의 규정을 넘어서는 것이었지만 그 본질이 변화한 것은 아니었다. 흉노의 상황은 하나의 특수한 예로 기타 변경 민족 정권의 통치자가 조현하러 왔을 때는 호한사 선우의 예와 같은 예우를 받기는 어려웠다.

번속 관계를 건립한 뒤 한 왕조가 변경 민족 정권에 취한 가장 기본적인 두 번째 요구는 한 왕조 황제의 조령(詔令)을 준수하여 진정한 의미에서 한 왕조 통치 구역의 안정을 보호해주는 울타리가 되어달라는 것이었다. 번속 관계는 기미(羈縻) 통치라는 기초 위에 건립된 것으로 한 왕조가 "번신" 또는 "외신"이라고 부를 수 있는 변경 민족 정권에 대해 직접 통치를 한 것은 아니었다고 할 수 있다. 기미에 대한 해석에 대해 『한서』「교사지 하(郊祀志下)」에서는 사고(師古)의 주석을 인용하여 "기미란 매달고 연결한다는 뜻이니, 말의 재갈을 기(羈)라고 하고, 소의 멍에를 미(縻)라고 한다(羈縻, 繫聯之意, 馬絡頭曰羈也, 牛靷曰縻.)"라고 하였는데 후대 사람들과 지금의 일부 학자 역시 이러한 통치 방식에 많이 주목하였다. 변경 민족 정권에게 "자주권"을 주고 한 왕조는 칭신납공, 납질, 조현을 빼놓고는 다른 요구를 하지 않았던 것으로 보이지만, 실제로 한 왕조의 "번신"이나 "외신"에 대한 통제는 이처럼 간단하지 않고 가능한 여러 방식을 통하여 변경 민족 정권의 내정이나 "외교"에 간섭하였다. 그 최종 목적은 이러한 변경 민족 정권이 한 왕조 황제의 조령을 준수하게 하고 한 왕조 통치 구역을 안정적으로 보호하는 진정한 번방을 만드는 데 있었다. 한 왕조가 어떻게 변경 민족 정권의 내정이나 "외교"에 간섭하였는지에 대해서는 사서에서 그 전모를 다 보기는 힘들지만 최소한 아래의 두 가지 방식을 포함하고 있다는 것을 알 수 있다.

첫째, 일부 "번신"이나 "외신"으로 부르는 변경 민족 정권과 통치 구역, 의무 같은 내용에 대한 "약정"을 맺었다. 흉노를 예로 들면 흉노와 한 왕조 사이에 번속 관계가 건립된 뒤 두 번의 "약정"을 맺었는데 『한서』 「흉노전」에서 모두 볼 수 있다. 첫째, "지금부터 한(漢)과 흉노(匈奴)는 합하여 한 집안이 되었으니, 세세로 서로 속이거나 공격하지 말지어다. 도적질하는 자가 있다면 서로 알려서 토벌하고 그 물자를 보상할 것이며, 침범하는 자가 있다면 군대를 내어 서로 도와야 할 것이다. 한과 흉노 가운데서 감히 먼저 맹약을 어기는 자는 하늘로부터 재앙을 받을 것이다. 이는 세세로 자손들에게 맹약과 같이 극진히 하도록 하게 하라."(自今以來, 漢與匈奴合爲一家, 世世毋得相詐相攻. 有竊盜者, 相報, 行其誅, 償其物, 有寇, 發兵相助. 漢與匈奴敢先背約者, 受天不祥. 令其世世子孫盡如盟.) 둘째, 소위 "4조(四條)"는 "중국인으로서 도망하여 흉노에 들어가는 자, 오손(烏孫)으로서 도망하여 흉노에 항복하는 자, 서역 여러 나라에서 중국의 인끈[印綬]를 달고 흉노에 항복하는 자, 오환(烏桓)으로서 흉노에 항복하는 자는 모두 받아들여서는 안 된다."(中國人亡入匈奴者, 烏孫亡降匈奴者, 西域諸國佩中國印綬降匈奴者, 烏桓降匈

奴者. 皆不得受.) 전자에서 우리는 흉노와 한 왕조의 번속 관계를 유지하기 위하여 "약정"을 맺었다는 것을 알 수 있다. 그리고『한서』「흉노전」에는 "북변은 선제(宣帝) 이래로 여러 세대 동안 봉화불을 올리는 경계가 없어서 백성들이 풍성하고 소나 말도 들에 가득하다(北邊自宣帝以來, 數世不見煙火 之警, 人民熾盛, 牛馬布野.)"라는 기록을 볼 수 있는데 이 '약정'은 분명한 효과를 나타냈음을 볼 수 있다. 같은 흉노전에 "한(漢)이 4조목을 반포한 뒤에, 오환의 사신을 보호하면서 오환의 백성에게 고하여 흉노에게 피포세(皮布税)를 주지 말라고 하였다. 흉노가 옛 일로 사자를 보내어 오환의 세금에 대하여 따졌다. 흉노의 인민과 부녀자 가운데 장사를 하려는 자가 모두 따라왔다. 오환이 거부하여 말하기를 '천자의 조서에 있는 조목을 받들어 흉노에게 세금을 줄 수 없다'고 하였다. 흉노의 사신이 노하여 오환의 추호(酋豪)[48]를 잡아 묶어 매달았다. 추호의 형제가 노하여 함께 흉노의 사신 및 관속들을 죽이고 부녀자와 마소를 약탈해버렸다(漢既班四條, 後護烏桓使者告烏桓民, 毋得復與匈奴皮布税. 匈奴以故事遣使者責烏桓税, 匈奴人民婦女欲賈販者皆隨往焉. 烏桓距曰, '奉天子詔條, 不當予匈奴税.' 匈奴使怒, 收烏桓酋豪, 縛到懸之. 酋豪昆弟怒, 共殺匈奴使及其官屬, 收略婦女馬牛.)"고 기록되어 있다. 뒤의 "약정" 가운데 "4조"는 하나의 표면적인 내용으로 오환이 흉노에게 "피포세" 같은 것을 납부하는 것을 금지하는 내용이 포함되어 있지는 않지만 "4조"와 함께 시행되었던 정책이었다. 이를 통해 우리는 소위 "4조"가 실제로는 흉노에 대한 "외교" 간섭이며, 그 목적은 바로 흉노를 약화시켜 변경 민족에 대한 그들의 영향을 제한하는 데에 있음을 알 수 있다. 위씨조선이 한 왕조의 "외신"이었을 때 우리는 쌍방 사이에 하나의 "약정"이 있었다는 것을 볼 수 있다.

---

48) 【옮긴이】부락의 수령.

『한서』「조선전(朝鮮傳)」에는 아래와 같이 기록되어 있다.

효혜(孝惠), 고후(高后) 시대를 맞아 천하가 처음으로 안정되니 요동 태수는 곧 (위)만을 외신으로 삼겠다고 약속하여, 국경 밖 오랑캐를 지켜 변경을 노략질하지 못하게 하는 한편, 오랑캐의 군장들이 들어와 천자를 알현코자 하면 막지 않도록 하였다. 천자도 이를 듣고 허락하였다. 이로써 (위)만은 군사의 위세와 재물을 얻게 되어 그 주변의 소읍을 침략하여 항복 받았으며 진번, 임둔도 모두 와서 복속하니 사방 천 리가 되었다.

— 會孝惠 · 高后天下初定, 遼東太守卽約滿爲外臣, 保塞外蠻夷, 毋使盜邊 ; 蠻夷君長欲入見天子, 勿得禁止. 以聞. 上許之, 以故滿得以兵威財物 侵降其旁小邑, 眞番 · 臨屯皆來服屬, 方數千里.

이 "약정"에서 세 항목의 내용을 보면 한 왕조에 대한 "칭신(稱臣)"의 전제조건이 "국경 밖의 오랑캐를 지켜 변방에서 노략질하지 못하게 하는 것(保塞外蠻夷, 毋使盜邊)"으로 되어 있는데 위씨조선에 대해 "변방에서 노략질을 못하게 하는(毋使盜邊)" 의무를 다하고 동시에 국경 밖의 오랑캐를 지키는(保塞外蠻夷) 권리를 부여하였다. "오랑캐 군장들이 들어와 천자를 알현코자 하면 막지 않는다(蠻夷君長慾入見天子, 勿得禁止.)"는 것은 위씨조선에 대한 하나의 제한 규정이었다. 세 항의 내용이 각각 주안점이 있지만 최종적인 목적은 오직 하나로 위씨조선이 한 왕조 변경 안정의 보호자가 되어주기를 희망하였던 것이다.

둘째, 끊임없이 변경 민족 지역에 사신을 파견하거나 한 왕조 황제의 뜻을 전달하고, 변경 민족 정권 내부의 사무 처리를 돕거나 각 변경 민족 정권 사이의 관계를 조정하였다. 기미 통치 방식 아래 한 왕조는 칭신한 변경 민족 정권에 대해 적극적인 노력을 하지 않았던 것이 아니었다. 그러나 한 왕조가 어떻게 행하였는가에 대해서 지금까지 많은 학자들은 주로 화친, 토벌 같은 정책에만 집중해왔다고 보고 있다. 그러나 실제로 쌍방의 신속 관계가 건립된 뒤 한 왕조는 줄곧 "번신"이나 "외신"을 통제하는 데 마음을 놓은 적이 없었는데, 그 가운데 직접 한 왕조 황제의 명을 받은 사신이 아주 중요한 작용을 하였다. 흉노를 예로 들면 흉노가 한 왕조의 "번신"이 된 뒤 서한 왕조는 끊임없이 흉노에 사신을 파견하였다. 예를 들어 감로(甘露) 3년(서기전 51) 한 왕조는 견위위(遣衛尉) 동충(董忠) 같은 사람들을 호한야 선우에 보내어 "충(忠) 등에게 조칙을 내려 남아서 선우를 호위하게 하였는데 (충 등을) 죽이고 복종하지 않았다."(詔忠等留衛單于, 助誅不服.)[49] 초원(初元) 5년(서기전 44)에 "질지 선우가 스스로 길이 멀다고 하고, 또 한(漢)이 호한야를 옹호하는 것을 원망하며 사신을 보내어 글을 올려 시자(侍子)[50]를 요구하였다. 한(漢)이 곡길(谷吉)을 보내어 전송하게 하였는데, 질지가 곡길을 죽였다. 한(漢)은 (곡)길의 소식을 모르고 있었는데, 항복해온 흉노인들이 변경 사람들이 모두 그들을 죽였다고 하는 것을 들었다고 말했다. 호한야 선우의 사신이 오자 한(漢)은 곧장 문서를 통해 매우 심하게 질책하였다. 이듬해 한(漢)이 거기도위 한창(韓昌), 광록대부(光祿大夫) 장맹(張猛)을 보내어 호한야 선우의 시자를 전송하면서 길(吉) 등의 소식을 묻게 하고, 그들의 죄를 용서하고는 스스로 의심하지 말도록 하였다."(郅支單于自以道遠, 又怨漢擁護呼韓邪, 遣使上書求侍子. 漢遣谷吉送之, 郅支殺吉. 漢不知吉音問, 而匈奴降者言聞甌脫皆殺之. 呼韓邪單于使來, 漢輒簿責之甚急. 明年, 漢遣車騎都尉韓昌, 光祿大夫張猛送呼韓邪單于侍子, 求問吉等, 因赦其罪, 勿令自疑.)[51] 중랑장(中郎將) 소육(蕭育), 소함(蕭咸), 알자(謁者) 소유(蕭

---

49) 『한서』 권94 하 「흉노전」.
50) 속국의 왕이나 제후가 천자를 곁에서 모시게 하기 위해 보낸 아들.
51) 【옮긴이】 한(漢)이 토벌할 것이라는 의심을 하지 않도록 한다는 말이다.

由), 장사(長史) 요윤(姚尹) 같은 이들 역시 모두 흉노에 사신으로 간 적이 있었다.[52] 사서의 이러한 기록들을 볼 때 사신의 임무는 서한 황제의 관련 뜻을 전달하고 선우를 도와 흉노를 관리하고 흉노의 상황을 장악하는 것 같은 여러 방면에 걸친 임무라는 것을 알 수 있다. 그리고 한 왕조가 흉노를 관리하는 과정에서 사신이 중요한 작용을 하였기 때문에 동한 때 사신은 임시 파견에서 남 흉노를 관리하는 상설 기구로 바뀌게 되는데, 중랑장이 자주 사신을 담당하였기 때문에 이 기구의 이름을 "사흉노 중랑장(使凶奴中郎將)"이라 부르게 된다.[53]

앞에서 말한 이러한 분명한 규정 외에도 한 왕조는 규정을 위반한 변경 민족 정권을 징벌하는 시책을 취하기도 하였다. 사서의 기록을 보면 규정을 위반한 변경 민족에 대한 징벌은 무력 토벌이 첫 번째이거나 유일한 선택은 아니었다. 사신을 먼저 파견하여 경고를 하고 평화적인 방식을 통하여 문제를 해결하고자 하였는데 이러한 평화적인 방식으로 해결이 힘든 상황이 되면 부득이 무력 토벌을 선택하였던 것이다. 이 방면에 대해서는 위씨조선의 문제가 전형적인 예가 될 수 있다.

『한서』「조선전」의 기록에 한 무제가 조선을 통일한 원인이 나타나 있다.

(위만의) 아들을 거쳐 손자 우거(右渠) 때에 이르러 유인해낸 한나라의 망명자 수가 대단히 많았고 천자에게 들어와 조현하지 않을 뿐 아니라 진번(眞番) · 진국(辰國)이 글을 올려 천자를 알현하고자 하는 것도 가로막고 통하지 못하게 한다고 하였다.

---

52) 리다룽, 「양한 시기 중앙 왕조가 파견한 흉노의 사자에 대한 고찰(兩漢時期中央王朝派往匈奴的使者述論)」, 『중국 민족사학회 제4차 학술토론회 논문』, 중앙민족학원출판사(中央民族學院出版社), 1993년 판.
53) 『후한서』 권89 「남흉노열전(南匈奴列傳)」.

원봉 2년 한나라는 사신 섭하(涉何)를 보내어 우거를 꾸짖고 회유하였으나 끝내 천자의 조서를 받들려 하지 않았다. 섭하가 돌아가는 길에 국경인 패수에 이르러 마부를 시켜 전송하는 조선의 비왕장(裨王長)을 찔러 죽이고 곧바로 패수를 건너 국경 안으로 달려 들어간 뒤 드디어 천자에게 "조선 장수를 죽였다"고 보고하였다. 천자가 그 공을 기려 꾸짖지 않고 섭하에게 요동 동부도위라는 벼슬을 내렸다. 이에 조선은 (섭)하에게 원한을 품고 군사를 내 기습공격으로 (섭)하를 죽이니 천자는 죄인을 모집하여 조선을 공격하였다.

— (衛滿) 傳子至孫右渠, 所誘漢亡人滋多, 又未嘗入見, 眞番 · 辰國欲上書見天子, 又雍閼弗通. 元封二年, 漢使涉何譙諭右渠, 終不肯奉詔. 何去至界, 臨浿水, 使馭刺殺送何者朝鮮裨王長, 卽渡水, 馳入塞, 遂歸報天子曰 "殺朝鮮將." 上爲其名美, 弗詰, 拜何爲遼東東部都尉. 朝鮮怨何, 發兵攻襲, 殺何. 天子募罪人擊朝鮮.

그 아래 사고(師古)의 주석을 인용하여 "'초(譙)'란 꾸짖는 것을 말한다 (責讓也.)"고 하였다. 조선 왕은 황제를 조현하러 들어오지 않았고 서한의 망명자들을 받아들이고 기타 변경 민족의 입조와 입공을 방해하였다. 이것은 분명히 "번신"의 관련 규정을 위반하는 행위였기 때문에 서한은 "책양 (責讓)"하는 사신을 파견하였던 것이다. 그러나 조선은 "조서받는 것(奉詔)"을 거절했을 뿐 아니라 오히려 서한의 동부도위를 죽였기 때문에 한 무제가 무력으로 통일한 것은 필연적인 결과로 나타나게 되었던 것이다. 왜냐하면 "앞서 행한 이후에도 이르지 못하면 그제야 형벌을 사용한다. 제(祭)에 참석하지 않으면 형벌을 가하고, 사(祀)를 하지 않으면 토벌하고, 향(享)을 하지 않는 자는 정벌하고, 공물을 바치지 않는 자는 꾸짖으며, 왕으로 모시지 않으면 타일렀다. 이리하여 형벌이란 법이 있고, 공격하고 토벌하는 군대가 있고, 토벌하는 조치가 있고, 위엄 있게 나무라는 명령이 있으며, 권고하는 글이 있게 되었다(序成而有不至則修刑. 於是乎有刑不祭, 伐不祀, 征不享, 讓不

貢, 告不王. 於是乎有刑罰之辟, 有攻伐之兵, 有征討之備, 有威讓之令, 有文告之辭.)"[54]는 선진 시기 규정이 있었는데, 서한 왕조가 먼저 사신을 파견하여 "초유(譙諭)"하고 후에 병사를 일으켜 토벌한 것은 이 규정에 완전히 부합하는 것이었기 때문이다.

한 왕조가 비록 선진 시기 번속 이론의 지도 아래에서 번속 제도를 건립하기 시작하였지만, 사서의 기록을 보면 그 번속 제도는 규범화되지 않았고 당 왕조 시기에 이르러서야 관련 번속 제도와 예의 규정이 비로소 완전한 형태로 나타나게 된다.

당 왕조는 618년 나라를 건립하는데 그 강역은 『신당서(新唐書)』「지리지」의 기록을 보면 "당나라의 전성기는 개원(開元, 713~741), 천보(天寶, 742~755) 때인데, 동으로는 안동(安東)에 이르고, 서로는 안서(安西)에 이르렀으며, 남쪽으로는 일남(日南)에, 북으로는 선우부(單于府)에 이르렀으니, 대개 남북으로는 한나라의 전성기와 같았고, 동으로는 미치지 못하였으며, 서쪽으로는 좀 더 커졌다(唐之盛時, 開元·天寶之際, 東至安東, 西至安西, 南至日南, 北至單于府, 蓋南北如漢之盛, 東不及而西過之.)"고 기록되어 있다. 그러나 이것은 당 왕조가 설치한 기구가 직접 관리한 구역일 뿐이며 밖을 둘러싸고 있는 번속국이었던 설연타(薛延陀), 돌궐(突厥), 회흘(回紇), 신라(新羅) 같은 나라들은 포함되지 않은 것이다. 만약 우리가 당대 "천하"에 대한 층을 구분해본다면 이 점을 분명하게 볼 수 있으며 당 왕조의 통치 체계의 구조도 분명하게 인식할 수 있다.

당 왕조의 "천하" 통치 체계는 대체로 아래와 같이 간략한 그림으로 나타낼 수 있다.

---

54) 『사기』 권4 「주본기」.

도호부(都護府) 구역

부주(府州) 통치 구역

번국(蕃國) 구역

부주(府州) 통치 구역은 부주(府州)가 정식으로 설치된 지역을 가리키는데, 한대 군현 구역을 기초로 하여 발전한 것이며 당 왕조 통치 체계의 핵심 구역이었다. 이 구역은 당 왕조가 직접 통치한 구역으로 엄격한 관리 체계를 가지고 있었다. 『대당육전(大唐六典)』「호부상서(戶部尚書)」에 "무릇 천하의 주와 부는 315개이고, 기미주(羈縻州)는 800개쯤 된다(凡天下之州府三百一十有五, 而羈縻之州蓋八百焉.)"고 기록되어 있는데, 여기서 말하는 "315" 주부는 이 구역을 가리킨다.

부주 통치 구역 밖에는 도호부(都護部)나 도독부(都督府)가 관할하는 기미 부주 통치 구역이 있는데, 이는 앞에서 인용한 사서에 기록된 "800" 기미주(羈縻州)이다. 그러나 "800"이란 숫자는 대략적인 것인데, 『신당서』「지리 7 하(地理七下)」에 꽤 상세하게 기록되어 있다.

당나라가 일어났을 때, 처음에는 오랑캐(四夷)를 돌아볼 여유가 없었다. 태종이 돌궐을 평정한 뒤부터 서북쪽의 여러 번국과 만이들이 점차로 당나라에 복속하기 시작하였다. 큰 곳은 도독부를 삼고, 그 수령을 도독, 자사로 임명하고 모두

대대로 이어받도록 하였다. 비록 공부(貢賦)를 바치는 기록은 있으나, 호부(戶
部)에 올리는 것은 많지 않았다. 그러나 당나라의 가르침이 닿으면 모두 변주도
독(邊州都督)과 도호(都護)의 명을 받았고, 법령에 따랐다. 지금 항복하여 개척
한 목록을 기록하는 바, 그 번창함을 볼 수 있을 것이다. 뒤에 혹 신하 노릇을 하
고, 또는 반란을 일으키는 자도 있으니, 제어하는 것이 하나같지는 않으며, 상세
히 볼 수는 없다. 돌궐(突厥), 회흘(回紇), 당항(黨項), 토곡혼(吐谷渾) 들은 관
내도에 예속된 자이니, 부(府)가 29개이며, 주(州)가 90이다. 돌궐의 별부(別府)
와 해(奚), 거란(契丹), 말갈(靺鞨), 항호(降胡), 고려(高麗)는 하북에 예속된 자
이니, 부가 14개이며, 주가 46개이다. 돌궐, 회흘, 당항, 토곡혼의 별부와 구자
(龜茲), 우전(于闐), 언기(焉嗜), 소륵(疏勒)은 하서에 예속된 여러 오랑캐이며,
서역 16국은 롱우(隴右)에 예속된 자이니, 부가 51개이며, 주가 198개이다. 강
(羌), 만(蠻)은 검남(劍南)에 예속된 자이니, 주가 261개이다. 만은 강남에 예속
된 자이니, 주가 51개이며, 영남에 예속된 자는 주가 92개다. 또 당항주가 24개
가 있는데, 어디에 예속된지는 모르겠다. 대개 부주가 856개이니, 이름하여 기미
부(羈縻府), 주(州)라 한다.

─ 唐興, 初未暇于四夷, 自太宗平突厥, 西北諸番及蠻夷稍稍內屬, 卽其部落列置州
縣. 其大者爲都督府, 以其首領爲都督·刺史, 皆得世襲. 雖貢賦版籍, 多不上戶部,
然聲敎所曁, 皆邊州都督·都護所領, 著于令式, 今錄招降開置之目, 以見其盛. 其
後或臣或叛, 經制不一, 不能詳見. 突厥·回紇·黨項·吐谷渾隷關內道者, 爲府二
十九, 州九十. 突厥之別部及奚·契丹·靺鞨·降胡·高麗隷河北者, 爲府十四, 州
四十六. 突厥·回紇·黨項·吐谷渾之別部及龜茲·于闐·焉嗜·疏勒·河西內屬
諸胡, 西域十六國隷隴右者, 爲府五十一, 州百九十八, 羌·蠻隷劍南者, 爲州二百
六十一. 蠻隷江南者, 爲州五十一. 隷嶺南者, 爲州九十二. 又有黨項州二十四, 不
知其隷屬, 大凡府州八百五十六, 號爲羈縻云.

당 왕조는 변주도독부(邊州都督部)[55]와 도호부(都護部)의 설치를 통하여 이 구역의 통치를 실현하였는데, 도독부는 일반적으로 이 구역의 안층에 위치한다. 그리고 도호부는 그 바깥층에 위치하는데, 관할 아래 있는 기미 부주도 변주도독부보다 훨씬 많다. 안서도호부는 당 왕조가 설치하였던 최초의 완전한 형태의 도호부였다.

『구당서』「지리지」에는 아래와 같이 기록되어 있다.

안서대도호부. 정관(貞觀) 14년(640) 후군집(侯君集)이 고창(高昌)을 평정하고, 서주(안서)도호부에 이르렀다. 치소는 서주에 있다. 현경(顯慶) 2년(657) 11월 소정방이 하로(賀魯)를 평정하고, 그 땅을 나누어 몽지(濛池)와 곤릉(昆陵) 2도호부를 두었다. 그 무리들이 나누어져, 주와 현이 나란히 설치되었다. 이때 서쪽으로는 파사국(波斯國)에 닿았으니, 모두 안서도호부에 예속되었다.

— 安西大都護府. 貞觀十四年, 侯君集平高昌, 置西州(安西)都護府, 治在西州. 顯慶二年十一月, 蘇定方平賀魯, 分其地置濛池·昆陵二都護府. 分其種落, 列置州縣. 於是, 西盡波斯國, 皆隸安西都護府.

북부 변경에서는 정관(貞觀) 21년(647) 연연도호부〔燕然都護部. 치소는 지금의 내몽골 자치구 오랍특중후연합기(烏拉特中後聯合旗)〕를 설치하여 "한해(瀚海) 같은 6도독부와 고란(皐蘭) 같은 7주를 통솔하였다(統瀚海等六都督, 皐蘭等七州.)."고 하였다.[56] 영휘(永徽) 원년(650) 당 왕조는 돌궐 차비가한(車鼻可汗)을 멸망시키고 "이때 돌궐이 모두 당나라 안의 신하가 되었으며,

---

55) 이 도독부(都督部)는 당 왕조가 연변(沿邊) 정주(正州)에 설치한 통병(統兵) 위주의 기구로서 변경 민족 부락의 기초 위에 설치한 기미 도독부와는 다른 성격을 가지고 있다. 양자를 혼동해서는 안 된다.

56) 『자치통감』 권198, 당 정관 21년 4월.

선우와 한해 2도호부를 나누어 배치하였다. 선우도호부는 랑산(狼山), 운중(雲中), 상간(桑干) 3도독과 소농(蘇農) 같은 14주를 거느렸고, 한해도호부는 한해(瀚海), 금휘(金徽), 신려(新黎) 같은 7도독과 선악(仙萼) 같은 8주를 거느렸으니, 각자 추장들을 자사와 도독으로 삼았다(于是突厥盡爲封內之臣, 分置單于·瀚海二都護府. 單于領狼山·雲中·桑干三都督, 蘇農等一十四州, 瀚海領瀚海·金徽·新黎等七都督, 仙萼等八州, 各以其酋長爲刺史·都督.)"고 하였다.[57] 용삭(龍朔) 3년(663)에는 "2월, 연연도호부를 회흘(回紇) 땅으로 옮기고, 이름을 한해도호(瀚海都護)로 바꾸었다. 운중고성(雲中古城)에서 옛 한해도호가 옮겨가자, 그곳을 다시 운중도호로 이름을 바꾸고, 적(磧)을 경계로 삼았다. 적(磧) 북쪽의 주와 부는 모두 한해도호에 예속시키고, 적의 남쪽은 운중도호에 예속시켰다."(二月, 徙燕然都護府于回紇, 更名瀚海都護, 徙故瀚海都護于雲中古城, 更名雲中都護. 以磧爲境, 磧北州府皆隷瀚海, 磧南隷雲中.)[58] 인덕(麟德) 원년(664) 운중도호를 선우도호로 이름을 바꾸고 총장 2년(669)에는 한해도호를 안북도호로 이름을 바꾸는데, 두 도호부는 북쪽 변경을 관리하는 주요 기구가 되었다.

동북 변경에서는 총장(總章) 원년(668) 고구려를 멸망시킨 뒤 안동도호부를 설치하여 관리하였고 남부 변경에서는 조로(調露) 원년(679) 교주도독부(交州都督部)를 안남도호부(安南都護部)로 이름을 고쳐 지금의 운남(雲南), 광동(廣東), 광서(廣西), 해남(海南) 및 월남(越南)의 북부와 중부의 넓은 남쪽 변경 지역을 포괄하여 관할하였다. 장안(長安) 2년(702) 당 왕조는 서역에 북정도호부(北庭都護部)를 설치하여 서돌궐의 백성들을 관리하였다. 이렇게 당 왕조의 변경 지역에 대한 통치가 끊임없이 공고해짐에 따라

---

57) 『자치통감』 권199, 당 영휘(永徽) 원년 9월.
58) 『자치통감』 권201, 당 용삭(龍朔) 3년 2월.

최종적으로는 안서, 안북, 안남, 안동, 선우, 북정의 여섯 도호를 위주로 한 통치 체계가 구축되었다.

이상의 두 통치 구역은 『신당서』 「지리 1(地理一)」에 있는 "당나라의 전성기는 개원(713~741), 천보(742~755) 때로, 동으로는 안동에 이르고, 서로는 안서에 이르렀으며, 남쪽으로는 일남에, 북으로는 선우부에 이르렀으니, 대개 남북으로는 한나라의 전성기와 같았고, 동으로는 미치지 못하였으며, 서쪽으로는 좀 더 커졌다(唐之盛時, 開元 · 天寶之際, 東至安東, 西至安西, 南至日南, 北至單于府, 蓋南北如漢之盛, 東不及而西過之.)"는 기록을 통해 보면 당 왕조가 효과적으로 통치를 실시한 구역이었음을 알 수 있다.

도호부 통치 구역 밖에는 번국 구역이 존재하였다. 이 구역 안에는 세력이 비교적 강한 여러 변경 민족 정권이 있었는데 예를 들면 돌궐, 설연타, 회흘, 토번(吐蕃), 남조(南詔), 백제, 고구려, 신라 같은 것을 들 수 있다. 이러한 정권과 당 왕조의 관계는 대체로 세 종류로 나누어볼 수 있다. 첫 번째 종류는 당 왕조에 칭신(稱臣)한 정권으로 설연타, 회흘, 남조, 백제, 고구려, 신라 등이 이 종류에 속한다. 두 번째는 당 왕조와 "외삼촌과 생질〔舅甥〕" 관계를 유지하였던 정권으로 토번이 여기에 속한다. 세 번째는 "적국" 관계를 유지한 정권으로 당 왕조 초기의 돌궐한국이 이 종류에 속한다.

한대의 3층 통치 구조와 같이 당 왕조 통치 체계의 3층 구조 역시 변화를 겪게 된다. 예를 들어 번국 구역에 속했던 돌궐은 당 왕조 초기에는 당 왕조와 "적국" 관계에 있었으나 정관 4년(630) 한국(汗國)이 멸망한 뒤 도호부 관할 아래 있는 기미 통치 구역 안으로 들어오게 된다. 회흘은 처음에는 당 왕조 도호부 관할 안에 있던 정권이었으나 안사의 난 이후 점점 세력이 커져 당 왕조와 번속 관계를 유지하는 정권이 되었다. 그러나 고구려는 초기에는 칭신(稱臣)하는 번국이었으나 총장 원년(668)에 도호부의 통치 아래로 들어가게 된다.

당 왕조의 통치 구조는 3층으로 나눌 수 있지만 그 구조는 한 왕조에 비해 훨씬 더 복잡하였기 때문에, 그 구조를 유지하는 데 필요한 노력은 더 증가하게 되었다. 그래서 당 왕조는 이러한 체제를 유지하기 위해서 운용하였던 번속 제도와 예의(禮儀) 규정 역시 더욱 완전하게 다듬었다.

먼저 여러 변경 민족 정권의 분포 지구, 세력의 강약, 경제 형태, 한화(漢化)의 정도 같은 서로 다른 특징에 따라 다른 통치층에 편입시킨 것은 당 왕조가 번속 통치 체계를 유지하고 운용하는 데 기초가 되었다.

당 왕조의 3층의 통치 구조 안에는 모두 변경 민족이 분포되어 있었는데 가장 핵심에 위치하였던 정식 부주(府州) 통치 구역 역시 이와 마찬가지였다. 이러한 상황이 조성된 원인은 여러 가지가 있었는데 어떤 민족이 예전부터 이 구역 안에 분포하고 있었던 것도 있지만 당 왕조 통치자가 의도적으로 배치한 원인도 있었다. 돌궐을 예로 들어보면 당 왕조가 돌궐한국을 멸망시킨 뒤 그 백성을 배치한 것을 보면 이 점이 나타난다. 정관 4년(630) 돌궐 힐리가한(頡利可汗)을 붙잡으므로 해서 당 왕조가 돌궐에 대한 통일을 완성하자 원래 돌궐의 초원 각 부락도 모두 당 왕조의 신민으로 귀속되었다. 그러나 돌궐에서 항복한 무리들을 어떻게 배치하느냐 하는 것이 이세민을 비롯한 당 왕조 통치자들에게 중요한 문제로 떠오르게 되었다. 당시 당 태종은 이 문제에 대해 신하들로부터 광범위한 의견을 구하였다.

『자치통감(資治通鑑)』권193, 당 정관 4년 3월 조에는 아래와 같이 기록되어 있다.

돌궐이 망하자, 그 부락은 북쪽의 설연타(薛延陀)에 붙거나, 서쪽의 서역으로 달아났고, 당나라에게 항복한 자가 10만 명이 넘는다. 조서를 내려 군신들에게 이들을 어디에 배치해야 마땅한지 논의하게 했다.

조신들 대부분이 말하기를 "북쪽 오랑캐는 예로부터 중국의 우환이었으나, 지금

다행히 파괴되어 멸망했습니다. 마땅히 모두 하남, 연(兖), 예(豫) 지역으로 옮겨, 그들의 종족을 나누고 주와 현에 분산해 살도록 하는 것이 마땅합니다. 농사 짓고 길쌈하는 것을 가르쳐서, 오랑캐 적들을 모두 농민으로 변화시키는 것이 마땅하니, 국경 북쪽의 땅은 영원히 비워놓아야 합니다"라고 하였고, 중서시랑(中書侍郎) 안사고(顔師古)는 "돌궐, 철륵은 모두 오래 전부터 신하로 삼지 못하였으나, 폐하가 이미 신하로서 삼게 되었으니 청하건대 이들을 모두 하북에 배치하십시오. 그들의 추장을 나누어, 각기 자기 부락을 인솔하게 하면 곧 영원히 근심이 없을 것입니다"라고 하였으며, 예부시랑(禮書侍郎) 이백략(李百藥)은 "돌궐은 비록 한 나라라고 말하지만, 종족이 구분이 되어 있고, 각기 우두머리가 있습니다. 이제 그들을 나누어 흩어지게 하고, 원래의 부마다 군장을 두어 서로 신하로 삼지 못하게 하고, 멋대로 아사나씨(阿史那氏)를 존립시키려 하더라도 그 본래 종족만 남아 있게 해야 합니다. 나라가 분열되면 약하고 통제하기 쉬운 법이며, 강한 적은 서로 병합하기 어려워 각자 자신을 보존할 것이니 반드시 중국에 맞서 저항할 수가 없습니다. 이에 간청하오니, 정양(定襄)에 도호부를 설치하고, 절도사로 삼아서, 이것으로써 변방을 안정시키는 것이 장구한 대책이 될 것입니다"라고 하였다. ……온언박(溫彦博)은 "그들을 연주와 예주 사이로 옮기면 그들의 물성(物性)을 위반하는 괴리가 있으니, 그들을 존속시키고 기르는 바가 아닐 것입니다. 청하건대 오직 한(漢)나라 건무(建武)의 고사처럼, 항복한 흉노를 국경 아래 두고, 그들의 부락을 온전하게 하고 풍속을 순화시켜, 빈 공지를 충실하게 함으로써 중국을 방어하고 보전하는 것이 좋은 정책입니다"라고 하였다.
……태종이 마침내 온언박의 대책을 사용하기로 하고, 항복한 돌궐인 거처를 동쪽으로 유주(幽州)에서 서쪽으로 영주(靈州)까지, 옛날 돌리가한(突利可汗)이 통치하던 땅을 나누어 순주(順州), 우주(祐州), 화주(化州), 장주(長州) 같은 4개 주 도독부를 설치하였다. 또 힐리가한의 땅을 6주로 나누어 왼쪽에 정양도독부(定襄都督府)를, 오른쪽에 운중도독부(雲中都督府)를 두고, 그 무리를 통제하였다.

— 突厥既亡, 其部落或北附薛延陀, 或西奔西域, 其降唐者尙十萬口, 詔群臣議區處之
宜. 朝士多言, "北狄自古爲中國患, 今幸而破亡, 宜悉徒之河南兗, 豫之間, 分其種
落, 散居州縣, 敎之耕織, 可以化胡虜爲農民, 永空塞北之地." 中書侍郎顏師古以
爲, "突厥 · 鐵勒皆上古所不能臣, 陛下旣得而臣之, 請皆置之河北, 分立酋長, 領其
部落, 則永永無患矣." 禮部侍郎李百藥以爲, "突厥雖云一國, 然其種類區分, 各有
酋帥. 今宜因其離散, 各卽本部署爲君長, 不相臣屬, 縱欲存立阿史那氏, 唯可使存
其本族而已. 國分則弱而易制, 勢敵則難相呑幷, 各自保全, 必不能抗衡中國. 仍請
于定襄置都護府, 爲其節度, 此安邊之長策也."……溫彥博以爲, "徒于兗 · 豫之間,
則乖違物性, 非所以存養之也. 請准漢建武故事, 置降匈奴于塞下, 全其部落, 順其
土俗, 以實空虛之地, 使爲中國扞蔽, 策之善者也."……上卒用彥博策, 處突厥降衆,
東自幽州, 西至靈州, 分突利故所統之地, 置順 · 祐 · 化 · 長四州都督府, 又分頡利
之地爲六州, 左置定襄都督府, 右置雲中都督府, 以統其衆.

만약 돌궐이 유목 민족이었기 때문에 그 무리들을 "연(兗)과 예(豫)의 중
간"으로 옮기는 것이 적당하지 않았다면, 고구려를 멸망시킨 뒤 고구려 백
성들을 내지로 옮긴 것은 고구려인들이 한대의 군현 관할 구역 범위 안에
있었던 민족이었으며, 더욱 중요하게는 농업 생산에 종사하는 민족이었기
때문이라고 볼 수 있다.

다음으로 서로 다른 민족 정권에 대해 다른 예의 제도를 제정한 것은 번
속 체제 운용을 유지하기 위한 요건 가운데 하나였다.

한 왕조가 설치한 변경 민족에 대한 예의 제도가 불완전한 것이었다면,
당대의 번속 관계를 조정했던 예의 제도는 이미 일정한 틀을 가지고 있었
다. 사서의 기록을 통해 보면 당 왕조의 번속 관계를 조정했던 예의 제도는
세 가지 서로 다른 표준으로 나눌 수 있는데 '번신의 예(藩臣之禮)', '외삼촌
과 생질의 예(舅甥之禮)', '적국의 예(敵國禮)'가 그것이다.

소위 "번신의 예'란 당 왕조가 선진 시기에 이미 존재하였던 제후를 대우하는 일부 예의 제도를 바탕으로 하여 설치한 것이다. 이러한 예의 제도는 내용 면에서 두 가지 규정을 포함하고 있다. 첫째, 번신인 변경 민족 정권은 필수적으로 칭신, 책봉 접수, 납질, 납공, 조현 및 당 왕조 황제의 조령을 따라야 했다. 둘째, 일부 구체적인 예의 규정으로는 여러 변경 민족 수령 또는 사신이 조공, 조현을 왔을 때 접대하는 예의, 당 왕조 황제와 변경 민족 정권 사이에 왕래하는 서신의 격식, 변경 민족 정권이 당 왕조 사신을 접대하는 예의 같은 것들이다.

첫 번째 항의 내용 가운데 칭신, 책봉 접수, 납질 같은 것에 관해서는 사서의 기록이 제법 많기 때문에 자세하게 해석할 필요는 없을 것으로 보인다. 그러나 납공, 조현 및 당 왕조 황제의 조령을 따르는 것에 대해서는 몇 가지 설명할 부분이 있다.

첫째, 납공, 조현은 선진 시기 중앙 왕조가 번신에 대하여 취한 규정이었지만 모든 변경 민족 정권이 납공, 조현할 수 있는 자격을 가진 것은 아니었다.

『구당서』「서남만(西南蠻)·동사만(東謝蠻)」에는 다음과 같이 기록되어 있다.

정원(貞元) 13년 정월에 서남번 대추장(西南番大酋長)·정의대부(正義大夫)·검교만주 장사(檢校蠻州長史)·계습만주 자사(繼襲蠻州刺史)·자양군 개국공(資陽郡開國公)·사자금 어대(賜紫金魚袋) 송정(宋鼎)이…… 검중경략 초토관찰사(黔中經略招討觀察使) 왕초(王礎)가 상주하기를, "지난번의 일로 자사(刺史)가 건중(建中) 3년에 한 차례 조공하고, 그 뒤로는 다시 관례에 따라 입조하는 것을 불허하였습니다. 금년에 간절히 하소연하여 말하기를 주(州)가 양주(牂州)와 가주(柯州)에 접하고 있어서 함께 성교(聲敎)를 입었는데 유독 (우리만) 이렇게 배척하니 스스로 부끄럽습니다. 삼가 양주와 가주 등을 따라 조하(朝賀)하게 해달라고 하였습니다. 바라건대 특별히 너그러운 가르침을 내리고 겸하여 양주와 가주의 자사와 같이 관직을 제수하십시오. 양주와 가주 두 주는 호구(戶口)가 매우 성하고 인력이 강대하여 인근의 여러 번(諸蕃)들이 모두 경탄하는 바입니다. 청컨대 두 주를 나란히 3년마다 한 번씩 조공하게 하되 양주와 가주를 순번에 따라 등급을 정하게 하고, 아울러 재간과 명망으로 많은 사람에게 추대되는 자로 충원하십시오"라고 하였다. 칙령을 내려 말하기를, "송정 등은 이미 관직 개정을 마쳤고, 나머지는 옛 제도에 따르라"고 하였다.

— 貞元十三年正月, 西南蕃大酋長 · 正議大夫 · 檢校蠻州長史 · 繼襲蠻州刺史 · 資陽郡開國公 · 賜紫金魚袋宋鼎…… 黔中經略招討觀察使王礎奏, "前件刺史, 建中三年一度朝貢, 自後更不許隨例入朝. 今年懇訴稱州接牂柯, 同被聲敎, 獨此排擯, 竊自慚恥, 謹遣隨牂柯等朝賀. 伏乞特賜優諭, 兼同牂柯刺史授官. 其牂柯兩州, 戶口殷盛, 人力强大, 鄰側諸蕃, 悉皆敬憚. 請比兩州每三年一度朝貢, 仍依牂柯輪環差定, 并以才幹位望爲衆推者充." 敕旨曰, "宋鼎等已改官訖, 餘依舊."

이를 통해 우리는 당 왕조가 변경 민족 정권이 조공하는 횟수에 대한 분명한 규정을 두었으며 동사만과 같이 약소한 변경 민족 정권은 납공할 자격이 없었기 때문에 검중경략 초토 관찰사 왕초가 대신하여 주청해야지 비로소 허락을 받았다는 것을 쉽게 볼 수 있다.

둘째, 비록 어떤 변경 민족 정권의 "납공"은 엄격한 의미에서 당 왕조에 칭신한 것은 아니었지만, "조공을 거르는 것(缺貢)"은 당 왕조가 변경 민족 정권이 "번신의 예"를 따르는지 아닌지 그 여부를 판정하는 데 중요한 지표 가운데 하나였다. 이에 대하여 우리는 『구당서』「서융전(西戎傳) · 고창(高昌)」에 기록된 "당 왕조가 무력으로 고창을 통일하기 전 당 태종이 고창에 사신을 보내 토벌의 이유를 말한 사실"에서 이 점을 분명하게 볼 수 있다.

(태종이 그 사신에게 이르기를) "고창에서 수년 동안 조공을 빠뜨리고 하지 않아 번신의 예를 무시하며, 나라 안에 관서를 두고 관명을 지어 부르기를 우리 조정에서 백료(百僚)를 두는 것과 같이 하면서 사람에게 신하라 칭하니 어떻게 이와 같을 수 있겠는가! 이번 설(歲首)에 만국이 와서 조회하는데 문태(文泰)는 오지 않고, 성(城)을 높이 쌓고 참호를 깊게 파서 토벌에 미리 대비하고 있다. 요며칠 사이 우리가 사신을 저들에게 보냈는데, 문태가 말하기를, '매는 하늘을 날고, 꿩은 쑥대에 숨으며, 고양이는 당(堂)에서 노닐고, 쥐는 구멍에서 편안하니, 각기 자기 자리를 차지하였거늘 어찌 잘 살지 않겠는가' 하였다. 또 서역에서 사신으로 오려는 자를 문태가 다 구류하였고, 또 사신을 보내 설연타에게 이르기를, '곧 스스로 가한(可汗)이 되면 한(漢)나라 천자와 대등할 것이다. 어찌 사신에게 배알할 필요가 있으랴'라고 하였다. 사람을 섬김에 예를 빠뜨리고 이웃의 우호를 이간하니, 이런 못된 짓을 하는데도 토벌하지 않는다면 어떻게 선을 권할 수 있겠는가. 내년에 마땅히 군대를 내어 그들을 공격할 것이다"라고 하였다.

— 高昌數年來朝貢脫略, 無藩臣禮, 國中署置官號, 準我百僚, 稱臣于人, 豈得如此! 今玆歲首, 萬國來朝, 而文泰不至. 增城深塹, 預備討伐. 日者我行人至彼, 文泰云, "鷹飛于天, 雉竄于蒿, 貓遊于堂, 鼠安于穴, 各得其所, 豈不活耶!" 又西域使者欲來者, 文泰悉拘留之. 又遣使謂薛延陀云, "卽自爲可汗, 與漢天子敵也, 何須拜謁其使." 事人闕禮, 離間鄰好, 惡而不誅, 善者何勸? 明年, 當發兵馬以擊爾.

그 가운데 "조공하지 않는 것(朝貢脫略)"이 첫 번째였고, "번신의 예를 올리지 않는 것(無藩臣禮)"과 함께 직접 연결이 되므로, 조공의 실시 여부는 하나의 민족 또는 정권이 당 왕조와 "번속 관계"를 유지할 수 있는지 없는지를 알 수 있는 기본 지표였다.

셋째, 변경 민족 정권의 수령, 그 자제, 권신이 정기적으로 황제를 조현하는 것 역시 "번신의 예" 규정 가운데 하나였다. 그러나 조현을 하면서 동시에 공물을 가져오는 것이 보통이기 때문에 사람들은 이것을 조공 사신과 자주 혼동하곤 한다. 변경 민족 정권·수령들의 정기 조현에 대해서는 아래와 같은 사서의 기록을 볼 수 있다. 『책부원구(冊府元龜)』「외신부(外臣部)·입근(入覲)」에는 "정관 23년(649) 정월에 여러 번왕(藩王)들을 세 번으로 나누어 차례대로 조회에 모이게 했다(貞觀二十三年正月, 諸蕃王分爲三番, 以次朝集.)"는 기록이 있고 『신당서』「백관 1(百官一)」에 주객랑중(主客郎中), 원외랑(員外郎)이 맡은 일은 "두 왕 위, 여러 번주(藩主)가 조회에 참석하는 일을 맡는다. ……번주의 도독, 자사가 조회에 모이는 날 그들의 의관과 바지를 보고 등급을 평가하고 관찰한다(掌二王後·諸蕃朝見之事. ……蕃州都督·刺史朝集日, 視品給以衣冠·褲褶.)"고 기록되어 있다. 또 『신당서』「백관 1」에 문하시중은 "사방 오랑캐가 조회에 참석하면 황제의 명을 받들어 노고를 묻는 것(四夷朝見, 則承詔勞問)"이 임무였다고 했고, 전객서(典客署)가 관장한 것은 "조회에 참석한 추장이나 거수, 수령에서 음식을 나누어 주는 일(酋渠首領朝見者, 給稟食)"이라고 했다. 『구당서』「백관 3(百官三)」에는 홍려시(鴻臚寺)가 "조회에 참석하는 사방의 오랑캐 군장들의 높고 낮음을 판별하여, 손님에 맞는 예로서 대우하는(凡四方夷狄君長朝見者, 辨其等位, 以賓禮待之)" 일을 맡았다고 기록되어 있다.

넷째, 당 왕조의 번신은 당 왕조 황제의 조령을 따라야 하는데, 일부 세력이 제법 강한 변경 민족도 마찬가지였다. 고창, 설연타, 백제, 고구려 같은 나라들은 모두 당 왕조의 조령을 따르지 않아 당 왕조에 의해 무력으로 통일되었던 것이다.

"번신의 예"에 대한 구체적인 예의 규정은 『신당서』「예악 6(禮樂六)」에 기록된 "빈예(賓禮)"가 있고, 『통전(通典)』「가례 9(嘉禮九)」에 "번왕(藩王)"들을 접대하는 예의 규정이 "번신의 예"라는 구체적인 내용에 들어 있는데, 그 주요 특징은 "번주(藩主)"의 끊임없는 "재배(再拜)"에 있다. 변경 민족 정권의 수령이 당 왕조의 사신을 접대할 때 따라야 하는 예의 규정 역시 같은 특징을 가지고 있었다. 사서의 기록이 상세하고 학자들이 이미 꽤 자세하게 연구하였기 때문에 여기에서 하나하나 열거할 필요는 없을 것이다.[59]

소위 "외삼촌과 생질의 예"는 당 왕조가 개별적으로 화친 관계를 맺고 있던 변경 민족 정권 가운데 "외삼촌과 생질의 관계"에 알맞은 예의 제도였다. 당 왕조가 변경 민족과 "외삼촌과 생질의 예"를 갖는 것을 사서에서 찾아보면 주로 토번에 대한 것이다. 그리고 "외삼촌과 생질의 예"는 당 왕조 통치자와 토번과의 화친에서 시작된 것이기도 하다. 당 왕조와 토번 사신의 왕래를 언급한 일부 불충분한 기록을 통해 추정해보면 소위 "외삼촌과 생질의 예"는 일종의 "번신의 예"와 "적국의 예" 사이에 존재하는 것인데, 그 자체가 끊임없이 변화하는 예의 제도이기도 하다. "외삼촌과 생질의 예"는 건중(建中) 2년(781) 이전에는 그 성질이 "번신의 예"와 대체로 비슷하였다. 토번의 찬보(贊普)는 당 왕조 황제에게 보낸 편지에서 자신을 여전히 "신하"라고 부르고, 당 왕조 황제에게 "방물"을 보내면서 이것을 "공헌(貢獻)"이라고 불렀다. 그리고 당 왕조 황제의 조칙을 "칙서(勅書)"라고 부르고 토번 찬보에게 보내는 물품을 "사여(賜予)"라고 불렀다. 그 성질이 "번신의 예"와 기본적으로 같은 것이었다. 우리는 토번의 이러한 예의가 "신하"와 차이가 없는 것이라고 여기고 있다. 그러므로 건중 2년(781) 최한형(崔漢衡)이 토번에 사신으로 갔을 때 토번 찬보가 한형에게 "칙서에 공헌(貢獻)과 하사(賜)라는 말을 사용하고, 만날 때에는 신하로서 예를 다했다(勅書稱貢獻及賜, 全以臣禮見處.)"고 하였던 것이다.[60] 건중 2년 이후 소위 "외삼촌과 생질의 예"는 변화가 나타났다. 당 왕조 통치자는 이전의 일부 예의 규정을

---

59) 리다롱, 『당조와 변강민족 사자 왕래 연구(唐朝和邊疆民族使者往來研究)』 (흑룡강교육출판사, 2001), 174~208쪽.
60) 『자치통감』 권227, 당 건중 2년 12월.

수정하는 데 동의하여 "'바치는 것'을 '나아가 주는 것으로', '내려주는 것'을 '기부하는 것으로', '받아들이는 것'을 '받는 것으로'(以 '獻'爲 '進', '賜'爲 '寄', '領取'爲 '領之')" 바꾸었다고 하였다.[61] 당 왕조가 이처럼 "외삼촌과 생질의 예"에서 일부 예의 내용을 수정하기는 하였지만 수정한 뒤의 "외삼촌과 생질의 예"와 우리가 아래 소개하고자 하는 "적국의 예"는 여전히 분명한 차이가 있었다. 이 차이는 서로 다른 변경 민족 정권에 대하여 취한 예의 제도였다는 점이다. 『신당서』「토번전(吐蕃傳)」에는 개원(開元) 4년(717) 7월 토번이 사신 종아인모(宗俄因矛)를 파견하여 조수(洮水)에 이르러 전사한 병사를 제사지내고 또 화친을 청하였다는 이야기가 나온다. "그러나, 강성하다는 것을 믿고 천자와 적국이 되고자 했고, 그 말이 도리에 어긋나고 오만하였으므로, 조수에 사신을 보내 당나라 안으로 들어올 수 없다고 하였다."(然恃盛强, 求與天子敵國, 語悖傲. 使者至臨洮詔不內.) 『자치통감』 권209의 당 개원 2년 10월 조에는 "토번이 대신 종아인모를 보내 조수에서 화친을 청하며, 적국의 예를 사용하였으나, 황제가 이를 허락하지 않았다(吐蕃遣其大臣宗俄因矛至洮水請和, 用敵國禮, 上不許.)"는 이야기가 나온다. 여기서 "강성하다는 것을 믿고 천자와 적국이 되고자 했다(恃盛强, 求與天子敵國.)", "적국의 예를 썼다(用敵國禮.)"고 한 것은 토번이 자기의 강성함을 믿고 당 왕조와의 관계를 바꾸고자 하였다는 것인데, 당 왕조의 예의 제도는 쌍방 관계에 서로 부합하는 것이기 때문에 당나라 측에서 볼 때는 역시 외삼촌과 생질의 예와 적국의 예의 사이에 차이가 있음을 보여주는 것이다.

"적국의 예"는 당 왕조가 세력이 강한 일부 변경 민족에 대해 취하였던 일종의 특수한 형식의 예였다. 그러나 "적국의 예"란 것에 관한 것은 사서에는 명확한 기록을 볼 수 없다. 어쩌면 당 왕조의 사관(史官)과 후대 사서

---

61) 『신당서(新唐書)』 권216 상 「토번전(吐蕃傳)」.

의 저자들이 중앙 왕조의 전통 형상(形象)에 해가 있다고 여겨 일부러 기록하지 않았을 수 있다. 때문에 우리는 당 왕조와 변경 민족을 오고간 사신에 대한 구체적인 사실에서 그 답안을 찾을 수밖에 없다. 사서의 기록을 보면 당 왕조와 여러 변경 민족의 사신 왕래에서 채용된 "적국의 예"는 돌궐에서만 볼 수 있으며, 이 외에 토번이 당 왕조 후기에 역시 "적국의 예"를 요구하였지만 실현되지 못하였다. 『신당서』「돌궐전(突厥傳)」에 보면 무덕 8년 (625) 돌궐이 영(靈), 삭(朔) 2주를 공격하였다. "처음 황제가 돌궐을 적국의 예로 대우하였으나 이제 와서 노하여 말하기를 '과거에는 천하가 아직 안정되지 않았기 때문에 돌궐을 후대하여 우리의 변경을 느슨하게 하였으나, 지금 돌연히 약속을 깨뜨리니, 짐이 장차 공격하여 멸망시키고자 하니 집안에서 쉬는 사람이 없게 하라. 여러 관리들에게 명하여 다시 필요한 글들을 황제의 명령문서로 만들라'고 하였다."(初, 帝待突厥用敵國禮, 及是, 怒曰, '王吾以天下未定, 厚于虜以紓吾邊. 今卒敗約, 朕將擊滅之, 勿須姑息.' 命有司更所與書爲詔若勅.)

『신당서』「종실(宗室)」에는 한양(漢陽) 군왕 괴(瓌)를 보면 "고조(高祖)가 '괴(瓌)에게' 폐백을 들려 돌궐 힐리극한(頡利可汗)에게 보내 화친을 하는 일을 알리도록 하였다. 힐리가 처음 괴를 보고는 매우 거만하였다. 괴가 말을 시작하면서 후한 폐백을 보여주자 크게 기뻐하고 태도를 바꾸어 예를 갖추고, 이어 사신에 따라 붙여 명마(名馬)를 보내왔다. 뒤에 다시 빙문(聘問)하자, 힐리가 수하에게 말하기를 '전에 괴가 왔을 때 조금도 굴복시키지 못한 점이 후회되었다. 마땅히 나에게 절하게 하도록 하라'고 하였다. 괴가 그것을 눈치 채고 힐리를 보고서 길게 읍(揖)[62]하였다. 힐리가 노하여 억류시키고 돌려보내지 않았다. 괴의 모습이 태연자약하여 굴복하지 않자, 오랑캐

---

62) 【옮긴이】 두 손을 가슴께에서 맞잡고 예를 표하는 것.

는 을러서 잡아 묶을 수 없다는 것을 알고 결국 예를 차려 돌려보냈다(高祖使持幣遣突厥頡利可汗言和親事. 頡利始見瑰, 倨甚. 瑰開說, 示以厚幣, 乃大喜, 改容加禮, 因遣使隨入獻名馬. 後復聘, 頡利謂其下曰, '前瑰來, 悔不少屈之, 當使拜我.' 瑰伺知之, 旣見頡利, 卽長揖. 頡利怒, 留不遣. 瑰意象自若, 不爲屈. 虜知不可劫, 卒以禮遣.)"라고 기록되어 있다.

이처럼 간략한 기록을 통해 추정해보면 소위 "적국의 예"는 서로 신속되지 않은 두 정권 사이에 왕래한 사신에게 적용된 것으로, 그 내용은 주로 아래와 같은 몇 가지가 있다.

첫째, 당 왕조의 사신은 황제의 성지(聖旨)를 받들어 "조칙(詔勅)"이라고 부르지 않고 "서(書)"라고 불렀는데 이것은 두 정권이 서로 평등한 지위에 있음을 나타내는 것이다. "조칙"은 당 왕조 통치자가 신하에게 명령을 내릴 때 쓰는 용어로 일종의 불평등 관계를 나타내지만 "서"는 그런 뜻이 없다. 둘째, 사신은 자기 통치자를 대하는 예의에 따라 상대방 통치자를 대해야 하기 때문에 꿇어앉아 절(跪拜)을 해야 한다. 사서의 기록에 당 왕조가 변경 민족 수령 사신에게 "궤배"를 허락하였던 실례를 찾을 수 없다. 그러나 개별적으로 세력이 강한 민족이 당 왕조 사신에게 "궤배"를 요구하였던 수령의 예는 자주 볼 수 있는데, 한양 군왕 괴가 돌궐에 사신으로 갔을 때 이러한 경험을 한 적이 있다. 세 번째, 쌍방 통치자는 형제 관계이다.

다음으로 하(夏)를 이용하여 오랑캐(夷)를 바꾼다는 "용하변이(用夏變夷)" 사상의 지도 아래 각종 정책을 실시하는 것도 번속 체제 운용 요건 가운데 하나였다.

통치 질서의 건립과 예의 제도의 제정은 번속 체제 운용을 유지하는 첫 걸음으로 여러 변경 민족 정권이 이러한 예의 제도를 준수하도록 하기 위해서는 강력한 국력 이외에도 변경 민족 정권이 이러한 예의 제도를 이해하고 인정하도록 해야 했기 때문에 "용하변이"를 목적으로 하는 각종 정책의 제정과 실시가 필요했던 것이다.

당 왕조가 변경 민족에 취한 정책을 종합해 보면, 회유와 속박이 가장 분명한 특색이지만 화친 및 내지와 변경 사이의 문화 교류를 적극적으로 촉진한 것도 중요한 내용이었다. 화친할 때 공주가 멀리 변경 민족 지역까지 시집을 감에 따라 관련 전장(典章) 제도, 중원 전통의 서적 같은 것들도 변경 민족에게 전해지게 되었는데, 이것은 내지와 변경 문화 사이에 일어난 교류 가운데 일부분에 지나지 않았다. 보다 큰 부분을 차지한 것은 당 왕조가 계획적으로 여러 변경 민족 정권 수령의 자제들을 조직하여 국자감에서 공부하도록 한 것과 사신을 변경 지역에 보내고 변경 민족 정권에게 많은 중원 전통의 서적을 하사하여 한 문화를 전파한 데 있었다.[63]

『자치통감』 권195 당 정관 14년 2월 조에는 다음과 같이 기록되어 있다.

학사(學舍) 1200칸을 증축하였고, 학생을 늘려 2260명을 가득 채웠으니, 둔영(屯營)의 기마병으로부터 박사에 이르기까지 경전 수업을 받게 해, 경전에 능통한 자가 있으면 관리로 등용시켰다. 이때에 사방에서 배우려는 자들이 수도에 모여들었는데, 고구려, 백제, 신라, 고창, 토번의 여러 추장들도 자식들을 보내 국학에 입학시켜줄 것을 청하였다. 강연장에 올라가 듣는 자가 8000여 명에 이르렀다.

― 增築學舍千二百間, 增學生滿二千二百六十員, 自屯營飛騎亦給博士, 使授以經. 有能通經者, 聽得貢擧. 於是四方學者雲集京師, 乃至高麗·百濟·新羅·高昌·吐蕃諸酋長亦遣子弟請入國學, 升講筵者至八千餘人.

변경 민족 정권이 자제, 관원을 파견하여 공부하는 것과 서적 등을 하사

---

63) 변경과 내지의 문화 교류에서 나타난 사신의 작용에 대해서는 리다룽의 앞의 책, 249~255쪽을 보기 바란다.

해달라고 하는 요구에 당 왕조는 반드시 응해주었다. 발해 정권이 "해동성국"으로 불리고 신라가 "작은 중화(小中華)"로 불렸던 것은 모두 이러한 문화 교류의 결과였다. 이는 사서의 기록에서 쉽게 볼 수 있고, 논저들 역시 여러 번 언급하였기 때문에 더 상세히 설명할 필요는 없을 것이다.

내지와 변경의 문화 교류는 변경 민족과 내지 사이에 상호 이해를 증진시키는 데 도움을 주었을 뿐 아니라 변경의 내지화를 더욱 촉진시켰다. 더욱 중요한 것은 변경 민족 정권 역시 앞에서 말한 예의 제도가 가지고 있는 정치적 의도를 분명하게 이해하고 인정하게 되었으며, 번속 관계 역시 중앙 왕조에서 일방적으로 적극 유지시킴으로 해서 중앙 왕조와 변경 민족 정권의 공동 행위로 변화하게 되었다는 데 있다. 『신당서』「남만(南蠻)·남조(南詔)」에 정원(貞元) 10년(794) 남조가 당 왕조의 책봉 사신을 접대하는 상황이 기록되어 있는데, 그 접대 예의는 엄격한 "번신의 예"에 따라 행해진 것이기 때문에 이에 대한 하나의 예로 볼 수 있다.

마지막으로 사신을 보내 책임을 따져 꾸짖는 것(遣使責讓)과 무력 토벌 역시 번속 체제 운용을 유지하는 중요한 수단이었다.

당 왕조의 번속 체제는 전대의 기초 위에서 구축된 것으로 선진 시기 5복제 운용의 관념을 유지하였기 때문에 한대 번속 체제에서 규정을 위반한 것에 대한 처리 수단 역시 당 왕조에 깊은 영향을 미쳤다. 그 가운데서 먼저 견사책양한 뒤 군사를 내어 토벌하는 원칙은 선진 시기 5복제 이론에서 직접적인 영향을 받은 것이었다. 당 왕조 시기의 소위 "책임을 따져 꾸짖는 것"은 선진 시기의 5복제 가운데 "공물을 바치지 않는 자는 꾸짖고, 왕으로 모시지 않으면 타일렀다(讓不貢, 告不王.)"고 한 제도에 직접적인 근원을 둔 것이다. 그리고 무력 토벌은 선진 시기 "이렇게 했는데도 안 되면 비로소 형벌을 사용한다(序成而有不至則修刑.)"는 범위에 속하는 것이다. 그런데 지금까지 대부분의 사람들은 당 왕조가 변경 민족에 취한 무력 통일에만 집중해왔고, 또 이런 무력 통일을 더 높이 평가하면서 당 왕조가 강역을 개척하여 중국 고대 강역 형성에 특별한 공헌을 한 것으로 인식해왔다. 그러나 여기에서 지적해야 할 점이 있는데 무력 통일은 당 왕조가 처음부터 선택한 수단이 아니라 먼저 사신을 파견하여 "책임을 묻고 꾸짖고" 그것이 여의치 않을 경우 마지막에 취하였던 최후의 선택이었다는 점이다. 먼저 사신을 보내 "책임을 묻고 꾸짖고" 그 뒤 군사를 내어 토벌하는 수단은 당 왕조가 변경 민족 정권과의 관계를 처리하는 과정 가운데서 쉽게 실례를 찾아볼 수 있다. 이 수단은 고구려와의 관계를 처리하는 데 응용되었을 뿐 아니라 토번, 토곡혼, 고창 같은 변경 민족과의 관계를 처리하는 과정에서도 역시 운용되었다. 토곡혼을 예로 들면 당 왕조는 토곡혼과의 관계를 조절하기 위해 자주 사신을 파견하여 "책임을 묻고 꾸짖었다." 『구당서』「서융 · 토곡혼전(西戎 · 吐谷渾傳)」에는 정관 원년(627) "태종이 왕위에 오르자, 토곡혼의 왕 복윤(伏允)이 낙양공(洛陽公)을 보내 조회에 참석하였다. 사신이 아직 돌아가지 않은 상태에서 (토곡혼이) 선주(鄯州)를 크게 약탈하고 돌아갔다. 태종이 사신을 보내어 책임을 묻고 꾸짖었다. 복윤을 입조하도록 하였으나, 병을 핑계로 오지 않았다. 거듭 그 아들 존왕(尊王)의 혼인을 요구하였다. 이때에 존왕을 처가(당나라)에 오도록 하여 굴레를 씌우려고 하였으나, 존왕이 또 병을 핑계로 당나라에 오려고 하지 않자 명을 내려 혼사 문제를 정지시켰다. 중랑장 강처직(康處直)을 보내 화복(禍福) 논리를 가지고 설득하였다[太宗卽位, 伏允(吐谷渾王)遣其洛陽公來朝, 使未返, 大掠鄯州而去. 太宗遣使責讓之, 征伏允入朝, 稱疾不至. 仍爲其子尊王求婚, 于是責其親迎以羈縻之. 尊王又稱疾不肯入朝, 有詔停婚. 遣中郞將康處直諭以禍福.]"고 기록되어 있다. 이처럼 토곡혼에 파견된 사신은 모두 "책임을 묻고 꾸짖는" 임무를 집행하였는데 그 목적은 토곡혼이 "번신의 예"를 위반한 행위를 꾸짖고 이 기회를 빌려 토곡혼의 관계를 규범화하고자 하는 데 있었다. "책임을 묻고 꾸짖는"

사례를 사서의 기록을 통해 보자면 당 왕조와 변경 민족 정권의 관계를 처리하는 데만 국한되지 않고 변경 민족 정권 사이의 관계를 조절하는 데도 사용되었음을 알 수 있다. 『자치통감』 권200, 당 용삭(龍朔) 3년(663) 6월 고종 때 토곡혼이 내부(內附)하려고 하자 토번이 토곡혼을 공격하는데 이때 사신을 파견하여 화친을 요구하였으나 허락되지 않자 좌위랑장(左衛郎將) 유문상(劉文祥)을 토번에 사신으로 보내어 옥새가 찍힌 문서(璽書)를 가지고 그들의 책임을 묻고 꾸짖었다. "책임을 묻고 꾸짖는(責讓)"것은 당 왕조를 비롯한 중앙 왕조가 변경 민족 사이의 관계를 조절하기 위하여 취한 중요한 수단이었기 때문에 우리는 『책부원구』「외신부」에 독립적으로 "책임을 묻고 꾸짖는" 조목이 설치되어 있는 것을 볼 수 있는 것이다.

"책임을 묻고 꾸짖는" 효과가 나타나지 않아 최종적으로 군대를 일으켜 토벌하였던 예는 아주 많이 볼 수 있다. 고창은 여러 번 책임을 묻고 꾸짖었으며, 당 태종이 직접 "책임을 묻고 꾸짖는" 상황에서도 여전히 "번신의 예"를 준수하지 않아 처음으로 당 왕조는 무력으로 이들을 통일하였다. 백제, 고구려는 당 왕조가 여러 차례 사신을 파견하여 고구려, 백제, 신라 삼국 관계를 조절하려고 하였지만 그 의견을 받아들이지 않고 자기의 고집대로만 하였기 때문에 마지막에는 멸망의 화를 불러들였던 것이다. 이런 모든 것이 이 방면의 전형적인 예이다.

이 외에도 번속 관계의 멀고 가까움에 따라 서로 다른 정책이 실시되었는데, 빈번하게 사신을 파견하여 변경 민족 지역의 상황을 이해하고 황제의 뜻을 전달한 것도 번속 관계 운용의 요건이나 지면이 제한되어 있기 때문이었다. 여기서는 이에 대해서 더 상세하게 설명하지 않겠다.[64]

---

64) 당 왕조와 변경 민족 정권과의 관계에서 사신의 작용에 대해서는 리다룽의 『당조와 변강민족 사자 왕래 연구(唐朝和邊疆民族使者往來硏究)』(흑룡강교육출판사, 2001)를 참고하기 바란다.

2장

고구려국의 귀속

한당(漢唐) 번속 이론의 형성과 실천을 통해 보면 고구려는 우리나라 역사에서 변경 지방 민족 정권이었다. 이것은 원래 심각하게 토론해야 할 필요가 없는 문제였지만 일부 비학술적인 요소의 영향으로 국내 학계에서 일부 잘못된 인식이 생겨났고 외국의 일부 학자들은 이를 더욱 부풀림으로써 사람들의 인식에 더 큰 혼란을 가중시켰다. 이 때문에 고구려 귀속 문제에 대한 연구는 반드시 변화가 필요한 절박한 상황에 이르게 되었다.

우리가 고구려는 우리나라 역사의 변경 지방 민족 정권이었다고 말하는 것은 간단히 고구려가 우리나라의 현재 강역 안에서 활동하였다는 근거만 가지고 말하는 것이 아니라 고구려가 멸망한 뒤 대부분의 고구려인이 모두 한족 위주의 중화 민족에 융합되었기 때문이다. 그리고 이것은 우리나라 한에서 당에 이르기까지 각 정권 통치자들의 인식이며 고구려 정권의 통치자들 역시 이러한 중국과의 관계를 스스로 끊지 못하였다.

【 1. 역대 왕조의 고구려 귀속에 대한 인식 】

고구려는 서한 말기 나라를 세우고 당 왕조 초기까지 존재하였다. 송대 이후 왕씨 고려의 출현과 송(宋)·요(遼)·금(金) 시기 중국이 대분열 되는 상황에 처하여 송대 사람들은 고구려 역사에 대한 분명한 인식이 결핍되었기에, 그 후 우리나라 사서의 고구려에 대한 기록에선 일부 실수가 나타나게 되었다. 그러나 한당 왕조와 분열되었던 시기 각 정권 통치자들의 고구려 귀속 문제에 대한 인식은 매우 분명한 것이었다. 즉 고구려는 서한 왕조의 군현 내에서 일어난 변경 민족 정권으로 나중에 한때 세력이 강해지기는 하였으나 그 활동 지역은 여전히 중국의 전통 강역 안에서 이루어졌으며, 그 신속 관계를 그대로 유지하고 있었고, 나아가 고구려 통일의 완성은 이러한 왕조 또는 정권 통치자들의 필연적인 임무로 보고 있었다.

중원 왕조가 고구려 지역을 중국의 전통 강역으로 본 것은 선진 시기 상(商) 왕조 때에 이미 형성된 것이었다.

상인(商人)은 우리나라 동북 지역에서 기원하였는데 상인을 주체로 건립된 상 왕조는 하 왕조를 대신하였지만 동북 지역에 대한 통치를 포기하지 않았다. 지금의 요녕과 하북의 접경 지역에 위치하였던 고죽국(孤竹國)은 상 왕조가 책봉한 제후국이었다.[65] 또 지금의 요녕 객좌현(喀左縣) 북동촌(北洞村)에서는 "기후(箕侯)"라는 명문이 있는 상대의 청동솥(銅鼎)이 발견되었는데[66] 이는 주(周) 초 기자의 나라가 사실은 상대(商代)에 이미 존재했음을 보여주는 것이다. 이런 것들로 미루어 보아, 고구려가 일어난 지역이

---

65) 『사기』 「백이열전(伯夷列傳)」 색인에는 "고죽군(孤竹君)은 은탕(殷湯) 3월 병인일에 봉하여졌다"고 나와 있다.

66) 왕스민(王世民), 「객좌동기교장(喀左銅器窖藏)」, 『중국대백과전서 고고(中國大百科全書考古)』, 중국대백과전서출판사, 1986년 판.

일찍이 상대에는 바로 상 왕조의 관할 범위에 속했다는 것은 전혀 문제가 되지 않는 것이다. 상 왕조 말기에는 은상(殷商)의 유족(遺族)인 기자가 동쪽에 있던 조선으로 가서 주나라 초에 후(侯)로 책봉되었는데 그 통치 중심은 왕검성(王險城: 지금의 평양 부근)으로 사서에는 그 정권을 기자조선이라고 불렀다. 기자조선은 주나라 초부터 주 왕조와 예속 관계를 맺은 뒤 춘추 시기 주 왕실이 쇠약해질 때까지 줄곧 주 왕실 통치 체계의 한 구성 부분으로 있었다. 『문헌통고(文獻通考)』권324는 『위략(魏略)』의 기록을 인용하여 "옛날 기자의 후예인 조선 후(朝鮮侯)는 주나라가 쇠약해지고, 연나라가 스스로를 높여 왕이라 하고 동쪽으로 침략하려는 것을 보고, 조선 후도 스스로 왕이라고 부르고, 군사를 일으켜서 연나라를 공격하여 주 왕실을 받들려고 하였다(昔箕子之後朝鮮侯, 見周衰, 燕自尊爲王, 欲東略地, 朝鮮侯亦自稱爲王, 欲興兵逐擊燕, 以尊周室.)"고 기록하고 있다. 소위 "군사를 일으켜 연나라를 치고 주 왕실을 받들었다"는 기자조선은 줄곧 상나라와 주나라 두 왕조 기간 동안 3층의 통치 구조에서 두 번째 계층에 속하였는데, 이는 그들이 주와의 관계를 스스로 끊지 못했음을 보여준다.

춘추전국 시기 우리나라 북쪽 변경에서는 연나라와 기자조선이 이 지역의 패권을 다투었는데 결과적으로 "연나라 장군 진개(秦開)가 그 나라 서쪽을 공격하여, 2000여 리를 빼앗아 만번한(滿潘汗)에 이르는 지역을 경계로 삼았으니, 조선은 마침내 약화되었다(遣將秦開攻其(箕子朝鮮)西方, 取地二千餘里, 至滿潘汗爲界, 朝鮮遂弱.)"[67]고 기록되었다. 만번한은 지금의 한반도 청천강 하구에 위치하고 있었다. 그러나 『사기』「조선열전(朝鮮列傳)」에는 "처음 연나라 전성기 때부터 진번 · 조선을 침략하여 복속시키고 관리를 두어 국경에 성과 요새를 쌓았다"고 기록되어 있다. 이것은 진번, 조선을 포함

---

67) 『문헌통고(文獻通考)』권224 「사예고일(四裔考一)」.

한 지역이 모두 연나라의 통치 구역이 되어 효과적인 관리가 실시되고 있었음을 보여주는 것이다.

진 왕조는 6국을 통일하고 특히 연나라를 멸망시킨 후에도 진번, 조선 땅의 관할을 포기하지 않고 이 지역을 "요동외요(遼東外徼)"에 포함시킨다. 한 대에 들어온 이후 기자조선은 한 왕조의 연나라 사람이었던 위만에 의해 그 통치권이 찬탈당하지만 여전히 한 왕조의 "외신(外臣)"으로 남아 있었다.

조선 왕 만(滿)은 옛날 위나라 사람이다. ……한이 일어나서 그곳이 멀어 지키기 어려우므로 다시 요동의 옛 요새를 수리하고 패수에 이르는 곳을 경계로 하여 연에 부속시켰다.

연왕 노관(盧綰)이 배반하고 흉노로 들어가자 만도 망명하였다. 무리 1000여 명을 모아 북상투에 오랑캐의 복장을 하고서 동쪽으로 도망하여 요새를 나와 패수를 건너 진(秦)의 옛 빈터인 상하장(上下鄣)에 살았다. 점차 진번과 조선의 만이(蠻夷) 및 옛 연(燕)·제(齊)의 망명자를 복속시켜 거느리고 왕이 되었으며 왕검(王險)에 도읍을 정하였다. 이때는 마침 효혜(孝惠)·고후(高后)의 시대로서 천하가 처음으로 안정되니 요동 태수는 곧 만을 외신으로 삼을 것을 약속하여 국경 밖의 오랑캐를 지켜 노략질을 못 하게 하는 한편, 모든 오랑캐 군장들이 들어와 천자를 뵙도록 하면 막지 않도록 하였다. 천자가 이를 허락하였다.

— 朝鮮王滿者, 故燕人也 ……漢興, 爲其遠難守, 復修遼東故塞, 至浿水爲界, 屬燕. 燕王盧綰反, 入匈奴, 滿亡命, 聚黨千餘人, 魋結蠻夷服而東走出塞, 渡浿水居秦故空地上下鄣, 稍役屬眞番·朝鮮蠻夷及故燕·齊亡命者王之, 都王險. 會孝惠·高后時天下初定, 遼東太守卽約滿爲外臣, 保塞外蠻夷, 無使盜邊, 諸蠻夷君長欲入見天子, 勿得禁止. 以聞, 上許之.[68]

68) 『사기』 권115 「조선열전(朝鮮列傳)」.

원봉(元封) 3년(서기전 108) 한 무제가 조선을 통일한 뒤 진번, 임둔, 낙랑, 현도 4군을 설치하는데, 지금의 한반도 북부 지역은 서한 군현의 관할 범위 안으로 들어가 통치 방식이 중원 지역과 완전한 통일이 이루어졌다. 이 지역 역시 "9주"의 중요한 구성 부분이 되었던 것이다.

고구려는 한 왕조 4군의 하나였던 현도군의 속현인 고구려현의 관할 경내에서 일어났으며, 강성한 때의 강역은 기본적으로 한 왕조 4군의 영역을 포함하고 있었다. 고구려가 일어난 지역은 한 왕조가 직접 통치한 구역 안인 "9주(九州, 황제의 집)"에 속하였기 때문에 고구려 정권은 출현한 뒤 자연히 중앙 왕조의 통치자에 의해 변경 지역 정권의 서열 안으로 부속되어 들어왔다. 한에서 당에 이르는 각 왕조는 국력이 미치는 범위 안에서 고구려가 중국 밖에서 독립하는 것을 절대 허락하지 않았다.

서기전 37년 고구려 정권이 출현하자 서한 왕조는 고구려를 현도군과 소속 고구려현의 관할 아래 편입시켜 "항상 현도군에 나아가 조복과 의책(衣幘)을 받아가게 했고 고구려 현령(縣令)이 그에 따른 문서를 관장하였다."[69] 즉 이러한 예는 정치적 영속 관계를 이야기해주는 가장 좋은 증명이다. 그러나 그 세력이 약소하였기 때문에 한 왕조에서는 크게 중요시하지 않았고 고구려현 관할 아래 있는 변경 민족 정권에 속하였다. 양한이 교체되던 시기 왕망 신(新) 왕조 시기의 신 왕조는 고구려 왕의 칭호를 "후"로 마음대로 고쳤을 뿐 아니라 고구려 군대를 흉노 정권을 공격하는 데 참여시켰다. 비록 나중에 흉노 정벌에 참여한 고구려 군대가 도망가는 사건이 발생하기는 하였으나 고구려 후가 이로 인해 참수당한 사실은 신 왕조 역시 고구려를 여전히 효과적으로 통제하고 있었다는 것을 증명해준다.

건무(建武) 8년(32) 고구려가 동한 왕조에 조공을 바치자 광무제는 고구

---

69) 『삼국지(三國志)』 권30 「동이 · 고구려전(東夷 · 高句麗傳)」.

려 왕의 왕호를 회복시켜주었다. 고구려는 중앙 왕조의 번속 신분으로 정치 무대에 등장하기 시작하였다. 고구려 건국의 역사 궤적을 추적해가다 보면 양한이 교체되던 왕망 신조(新朝) 때 중원 지역의 내란 때문에 중앙 왕조의 변경 지역에 대한 통제 능력이 떨어지게 되는데, 이 시기는 고구려 정권이 일어나게 되는 최초의 호기(好機)를 제공해주었다. 그리고 동한 왕조가 건립된 이후 동부 변경 방어 체제가 축소됨으로써 단단대령(單單大嶺) 동쪽 지역에 대한 직접 경영을 포기하고 현지의 변경 민족에 대한 기미 통치를 실시하게 된다. 고구려에 대한 통치는 비록 군현 관리 방식을 유지하기는 하지만 그들의 끊임없는 확장에 대해 양보하는 정책을 취하게 되어 고구려는 강성의 길로 들어서기 시작한다. 동한 이후 중원 지역의 장기간에 걸친 내란은 고구려 정권이 점점 더 강해지게 되는 아주 좋은 외부 환경을 제공해주었다. 고구려 정권은 일시에 동북 변경 지역의 패자가 되는데 이러한 상황은 당 왕조 초기까지 줄곧 지속되었다.

동한 시기 이후부터 수 왕조가 출현할 때까지의 중국 역사는 하나의 대분열 시기였다. 먼저 위·촉·오 3국이 정립(220~280)하였고, 중간에 서진이 잠시 통일(265~317)하였다가 317년 진 왕실이 남쪽으로 천도한 이후 또다시 내란이 일어나 동진 시기의 "5호 16국"이 출현하게 된다. 이때 크고 작은 정권이 무려 20여 개에 이르렀는데 그 후에는 남북 양조(420~589)로 다시 대치하게 된다. 당시 중원 지역의 내란은 고구려가 강해지는 데 유리한 조건을 제공해주었고 분열되어 있던 정권은 "화하정통(華夏正統)"을 쟁탈하는 것이 싸움의 주요 목표였다. 그러나 이러한 정권들이 고구려의 존재를 홀시한 것은 아니었으며 한편으로는 고구려와의 영속 관계를 지속적으로 유지하고 다른 한편으로는 국력이 일단 허락되면 고구려를 통일의 대상에 집어넣고자 하였다.

조위(曹魏) 정권이 먼저 무력으로 고구려를 통일하려고 하였다.

『삼국지』「관구검전(冊丘儉傳)」에는 다음과 같이 기록되어 있다.

정시(正始, 240~248) 때 관구검은 고구려가 여러 차례 (위나라를) 침범했다는 것을 이유로 보병과 기병 1만여 명을 이끌고 현도로 나와 여러 갈래로 고구려를 공격하였다. 고구려 왕 궁(宮: 동천왕)은 보병과 기병 2만 명을 거느리고 비류수로 진군하여 양구에서 크게 싸웠는데 궁은 연이어 실패하여 달아났다. 관구검은 말을 멈추고, 수레를 이어 환도성에 올라 고구려 수도를 파괴했는데, 머리를 베거나 포로로 삼은 자가 1000여 명이 넘었다. ……정시 6년, 다시 정벌하였는데 궁은 매구(買溝)로 달아났다. 관구검은 현도 태수 왕기(王頎)를 파견하여 추격하게 하였는데 옥저를 1000여 리나 지나 숙신씨의 남쪽 경계까지 이르렀다. 돌을 새겨 공을 기념하고 환도산에 올라 불내성에 공적을 새겼다. 죽거나 항복한 자가 8000명이 넘었다. 공을 논하여 상을 받고, 제후가 된 자가 100명 남짓 되었다. 산을 뚫어 물을 대었는데, 백성들은 그것에 의지하여 큰 이익을 얻었다.

正始中, 儉以高句麗數侵叛, 督諸軍步騎萬人出玄菟, 從諸道討之. 句驪王宮將步騎二萬人, 進軍沸流水上, 大戰梁口, 宮連破走. 儉遂束馬縣車, 以登丸都, 屠句驪所都, 斬獲首虜以千數 …… 六年, 復征之, 宮遂奔買溝, 儉遣玄菟太守王頎追之, 過沃沮千有餘里, 至肅愼氏南界, 刻石紀功, 刊丸都之山, 銘不耐之城. 諸所誅納八千餘口, 論功受賞 侯者百餘人, 穿山漑灌, 民賴其利.

조위 정권이 주로 방비하고 통일하고자 했던 대상이 촉·오였기 때문에 고구려는 철저한 멸망을 피할 수 있었다.

조위 정권 후에 모용(慕容) 선비(鮮卑)가 건립한 연(燕)나라 역시 고구려를 통일의 대상으로 확정하였고 고구려를 통일하는 것을 중원으로 들어가 전국을 통일하는 첫걸음으로 보았다.

함강(咸康) 8년(342) 건위 장군(建威將軍) 모용한(慕容翰)은 모용황(慕容

皝)에게 무력으로 고구려를 통일하자고 건의한다. "고구려를 멸하고 선비족인 우문(宇文)을 공격하면 손쉽게 멸할 수 있습니다. 두 나라를 평정하면 이익이 동해까지 퍼져 나라가 부유하고 군사가 강하여 뒷근심을 덜 수 있으며 그러한 다음에야 중원을 도모할 수 있습니다."[70] 같은 해 11월 연나라 모용황은 친히 4만 대군을 이끌고 군사를 두 길로 나누어 고구려의 도성인 환도성으로 진군하여 순조롭게 환도성을 함락한다. 그 후 모용황은 고구려의 저항 병력에 대한 수비를 고심하였는데 고구려 왕 쇠(釗: 고국원왕)가 연에 신하라고 칭하고 공물을 바침으로써 고구려는 한 차례 멸망의 화를 피할 수 있었다.

남북조 시기에 들어온 뒤 각 왕조, 특히 북조에 속한 각 왕조는 모두 고구려가 반드시 칭신납공을 해야 한다는 인식을 견지하였는데, 이들은 모두 고구려와의 신속 관계를 유지하는 데 많은 노력을 기울였다. 『위서(魏書)』 「고구려전」에는 북위 왕조가 고구려에 칭신납공을 요구하였을 뿐 아니라 고구려 왕의 딸을 비로 맞아들이고 고구려 세자를 인질로 보내오기를 요구하였다고 기록되어 있다. 또 『북사(北史)』 「고구려전」에는 천보(天保) 3년 (552) 북제(北齊)가 "박릉(博陵) 최유(崔柳)를 고려(고구려)에 사신으로 보내 위나라 말에 흘러들어간 백성들의 송환을 요구하면서 최유에게 말하기를 '만약 순종하지 않으면 상황에 맞게 적절히 대응하라'고 하였다. 고구려에 이르러 허락을 받지 못하자 최유가 눈을 부릅뜨고 나무라면서 주먹으로 (고구려 왕인) 성(成)을 쳐 용상 밑으로 떨어뜨리자 성의 좌우 신하들이 숨을 죽이고 감히 꼼짝도 못한 채 사죄하고 복종하였다. 최유는 5000호를 돌려받아 복명하였다"고 나와 있다. 『남사(南史)』 「고구려전」에는 원가(元嘉) 16년 (439) 송 문제가 "위를 침략하고자 련(璉: 장수왕)에게 말을 보내라고 조서

---

70) 『자치통감』 권97, 진(晉) 함강(咸康) 8년 10월 조.

를 내렸더니 말 800필을 바쳤다"고 기록되어 있다. 이러한 기록들은 각 분열 정권의 고구려 귀속에 대한 인식을 분명하게 보여준다.

분열된 시기의 모든 정권은 고구려가 중국에서 이탈되는 것을 허락하지 않았고 통일된 왕조는 고구려가 "독립"을 유지하는 상황을 더더욱 허락하지 않았다. 왜냐하면 "9주〔家〕"의 통일은 천하의 주인인 황제가 꿈에도 그리던 것을 완성하는 것이기 때문이었다. 역사의 중임(重任)은 먼저 수(隋) 왕조에게 맡겨졌다. 수 왕조가 무력을 통하여 고구려를 통일하고자 했던 이유 가운데 "번국의 예가 어그러지고 없어졌기 때문"[71]이 하나의 매우 적절한 이유였는데, 처음 수 양제가 전국의 국력을 기울여가면서까지 고구려에 대한 통일을 재촉했던 것은 황문시랑(黃門侍郎) 배구(裵矩)의 말에서 잘 드러난다.

"(고구려는) 원래 기자가 봉했던 지역입니다. 한나라와 진나라 모두 이곳을 군현으로 다스렸는데, 지금은 복종하지 않고 스스로 독립국 행세를 하고 있습니다. 앞선 임금(수 문제)께서 이를 정벌하려고 욕심내신 지 오래였지만, 양량(楊諒: 598년 고-수 전쟁 때 수나라 사령관)이 무능하여 군대가 출정하였으나 성과가 없었습니다. 지금 폐하의 시대를 맞아 어찌 이를 취하지 않으십니까. 중국의 영토가 마침내 오랑캐의 땅이 되도록 하시겠습니까?"
〔(高句麗)本箕子所封之地, 漢晉皆爲郡縣, 今乃不臣, 別爲異域, 先帝欲征之久矣, 但楊諒不肖, 師出無功. 當陛下之時, 安可不取, 使冠帶之境遂爲蠻貊之鄕乎?〕[72]
배구의 말은 중앙 왕조 통치자의 고구려 귀속 문제에 대한 인식을 분명하게 보여주는 것이다. 즉 이 지역은 상주(商周) 때부터 중국의 영토로 한진(漢晉) 때 황제가 직접 관할하던 구역이었기 때문에 고구려의 "불신(不臣)"을

---

71) 『수서(隋書)』 권3 「양제기 상(煬帝紀上)」.
72) 『자치통감』 권181, 수(隋) 대업(大業) 6년 12월 조.

용인할 수 없었던 것이다. 만약 배구 한 사람의 말로 문제를 충분하게 설명할 수 없다면 수 왕조가 고구려를 정벌하면서 수와 고구려에 가져다준 참상을 직접 목격하고 직접 수 왕조를 전복시킨 신흥 당 왕조의 통치자 역시 같은 관점을 유지했다는 사실을 떠올리면 쉽게 이해할 수 있을 것이다. 이런 정황들은 고구려 귀속 문제에 대한 중앙 왕조 통치자의 인식이 우발적인 것이 아니라 뿌리가 깊은 것이었음을 잘 드러내준다.

즉위한 지 얼마 되지 않았던 당 고조 이연은 수 왕조가 고구려를 정벌할 때 일어난 참상에 대한 공포가 마음에 남아 있었던지 고구려가 신속 관계를 맺고자 하는 요구를 한동안 받아들이려 하지 않았다. 그러나 대신 온언박과 배구가 "요동 지역은 주나라 때 기자의 나라였고 한나라 때 현도군에 속하였습니다. 위진 이전에 이미 제봉(提封) 안에 있었기에 불신(不臣)을 허락해서는 안 됩니다"[73]라는 이유로 반대하자 다시는 고구려 지역을 쉽게 포기한다고 말할 수 없었다. 온언박과 배구가 당 고조의 고구려 포기를 반대한 사실은 『구당서』의 저자만 기록한 것이 아니었다. 『태평환우기(太平寰宇記)』, 『통전』, 『당회요(唐會要)』, 『문헌통고』, 『책부원구』, 『어정연감류함(御定淵鑑類函)』 같은 사서에서도 이 사실을 수록하고 있는데, 이는 온언박과 배구의 견해가 적지 않은 후대 사람의 동의를 받았음을 보여주는 것이다. 그리고 대신들만 이러한 주장을 한 것이 아니라 당대 명군(明君)이었던 당 태종 역시 같은 관점을 가지고 있었다. 고구려의 통일을 준비하는 과정에서 당 태종은 그 신하들에게 아래와 같은 말을 하였다.

요동은 옛날 중국의 것이다. 위나라부터 북주에 이르기까지 국경 바깥에 두었는데, 수나라가 네 번 군대를 일으켰으나 눈물을 머금고 돌아와야 했다. 선량한 중

---

73) 『구당서(舊唐書)』 권61 「온대아전(溫大雅傳)」.

국인들이 이루 헤아릴 수 없이 죽었다. 지금 고구려의 왕이 시해를 당했는데도, 험준한 것을 믿고 교만함이 가득하고 있다. 짐이 긴 밤을 새워 생각하며 잠이 들지 못했다. 장차 중국을 위해서는 전사자 자제의 원수를 갚고자 함이요, 고구려에 대해서는 임금을 살해한 적을 토벌하기 위함이다. 지금 사방이 대체로 평정되었는데 이 구석만 평정되지 못하였기에, 장수들과 군사의 남은 힘을 사용하여 요사스런 적들을 평정하려는 것이다. 후에 자손들이 군사가 강성해지면 반드시 고구려 토벌을 상의할 것이고, 요동 정벌을 권할 것인데, 군사를 일으켜 먼 원정을 나서면 난리가 시작될까 두렵고, 또 아직 내가 늙지 않았으니, (고구려를) 내가 취하여 후세에 근심이 없도록 하겠노라.

— 遼東舊中國之有, 自魏涉周, 置之度外. 隋氏出師者四, 喪律而還, 殺中國良善不可勝數. 今彼弑其主, 恃險驕盈, 朕長夜思之而輟寢. 將爲中國復子弟之仇, 爲高麗討弑君之賊. 今九瀛大定, 唯此一隅, 用將士之餘力, 平蕩妖寇耳. 然恐于後子孫或因士馬强盛必有奇決之士, 勸其伐遼, 興師遐征, 或起喪亂, 及朕未老, 欲自取之, 亦不遺後人也.[74]

소위 "옛날 중국의 것이다(舊中國之有)", "사방이 대체로 평정되었는데 이 구석만 평정되지 못하였다(九瀛大定, 唯此一隅)"는 것은 당 태종이 고구려 지역을 중국의 전통 강역으로 보고 고구려에 대한 통일의 실현이 "천하통일(九瀛大定)"의 마지막 사명을 완성하는 것임을 드러내는 대목이고, "후세에 근심이 없도록 하겠다(不遺後人)"는 것은 중국 통일의 대업을 실현하고자 하는 결심을 나타내는 것이다.

요컨대, 한에서 당에 이르는 시기 중국 역대 왕조와 분열된 시기 각 정권의 고구려 귀속 문제에 대한 인식은 매우 분명한 것이었다. 즉 고구려의 활

---

74) 『책부원구(冊府元龜)』 권117 「제왕부 · 친정이(帝王部 · 親征二)」.

동 구역은 주대에 이미 "불신(不臣)"할 수 없는 지역이었고 서한 왕조는 이 지역에 군현을 설치하여 중앙 왕조의 직접 관할 범위 내로 받아들임으로써 이 지역은 중국과 떼어놓을 수 없는 하나의 구성 부분이 되었다. 이러한 인식이 있었기 때문에 수 왕조가 고구려의 통일을 시도하면서 국내의 모순으로 인하여 마지막에 나라가 망하게 되는 전례가 있었음에도 당 왕조의 태종, 고종 두 황제는 많은 인력과 물자를 동원하여 여전히 고구려에 대한 통일을 목표로 삼았던 것이다. 통일 전쟁은 20여 년간 줄곧 지속되었고, 마침내는 고구려에 대한 통일이 실현되었다.

【 2. 중국에 대한 고구려의 동일 인식 】

만약 앞에서 이야기한 중앙 왕조 통치자의 인식이 일방적인 것이기 때문에 고구려 귀속 문제를 근본적으로 설명할 수 없다면, 고구려도 중국과 같은 인식, 즉 고구려 스스로가 중국 역사의 지방 정권이었다는 것을 인정하였다면 일방적이 아닌 쌍방이 동일한 인식을 가졌다는 것을 증명해준다고 할 수 있다.

고구려 통치자가 자신과 중앙 왕조 또는 중국 사이의 관계와 위치를 어떻게 규정하였는가 하는 점은 사서에는 명확한 기록이 남아 있지 않으며, 지금까지 이 문제에 대해 관심을 가진 학자들도 많지 않았다. 그러나 이 문제에 대한 자세한 토론은 우리가 고구려 귀속 문제를 인식하는 데 많은 도움을 줄 수 있다.

사서에는 고구려 통치자가 중앙 왕조나 중국과 같은 인식을 가지고 있었다는 명확한 기록이 없지만, 고구려 통치자들의 행동에서 그 입장이 충분히 드러난다. 사서에 나타난 여러 가지 기록에서 고구려와 중앙 왕조의 관계가 진행된 과정을 살펴보면 고구려 통치자는 줄곧 자기를 중앙 왕조의 변경 지방 정권의 위치에 두었다. 이것은 여러 방면에서 분명하게 드러난다.

먼저 고구려는 한에서 당에 이르는 시기 중국의 여러 정권과 주동적으로 신속 관계를 유지하였다.

고구려와 중앙 왕조와의 신속 관계 그리고 일부 변경 민족이 건립한 지방 정권의 신속 관계에 관하여 우리는 『고대 중국 고구려 역사 총론』에서 이미 상세하게 설명하였기 때문에 또 다시 많은 설명을 할 필요는 없을 것이다. 다만 여기서 설명이 필요한 것은 고구려와 이러한 왕조 또는 정권 사이의 신속 관계가 서한 왕조를 제외하고 모두가 고구려가 주동적으로 건립한 결과였다는 점이다.[75] 이 문제를 설명하기 위하여 우리는 고구려와 서한 이후 각 왕조 또는 정권의 신속 관계가 건립되는 과정을 간단하게 설명하고자 한다.

고구려와 동한 왕조의 신속 관계 건립에 대해 『후한서』 「동이전 · 고구려전(東夷傳 · 高句麗傳)」 건무 8년(36)에 "고구려가 사신을 보내어 조공하므로 광무제가 그 왕호를 회복해주었다", 『삼국사기』 「고구려본기(高句麗本記)」에는 "사신을 보내 한 왕조에 조공하니 광무제가 그 왕호를 회복해주었다"고 기록되어 있다. 그 뒤 쌍방의 관계는 일부의 충돌이 발생하기는 하지만 대부분 고구려가 주동적으로 항복하게 된다. 예를 들어 『삼국사기』 「고구려본기」에는 서기 47년 "잠지락부(蠶支落部) 대가(大家) 대승(戴升) 같은 1만 가(家) 남짓이 낙랑으로 가서 한나라에 투항하였다", 111년에는 "사신을 한으로 파견하여 토산물을 바치고 현도에 복속되기를 구하였다" 같은 기록이 있다.

---

75) 고구려와 서한 왕조의 신속 관계는 고구려가 서한 왕조 현도군 고구려현 경내에서 건국하였기 때문에 처음부터 고구려 현령의 직접 관할을 받았다. 따라서 서한 왕조와 고구려의 신속 관계의 건립 과정은 존재하지 않는다.

고구려와 조위 정권의 신속 관계 건립에 대해 『삼국지』「위서 · 명제기 (魏書 · 明帝紀)」청룡(靑龍) 4년(236)에 "가을 7월, 고구려의 왕 궁(宮)[76] 이 손권이 보낸 호위(胡衛) 비롯한 사신들 목을 베어 그 머리를 보냈는데 유주 에 도착하였다(秋七月, 高句麗王宮斬送孫權使胡衛等首, 詣幽州.)"고 기록되어 있다. 이는 고구려가 손오(孫吳) 왕조의 사신을 죽임으로써 조위 왕조의 환 심을 사고, 나아가 조위 왕조와의 신속 관계를 건립하고자 했음을 보여주는 것이다.

고구려와 진(晉) 왕조가 신속 관계를 건립한 과정은 사서에 기록이 없지 만 진 왕조가 동이 교위 겸 평주 자사를 두고 직접 관리하였다는 것은 사서 의 기록에 분명히 나타난다. 그리고 고구려 도성인 환도성(지금의 길림성 집 안시)에서 발견된 진대의 동인(銅印)인 군사마인(軍司馬印), 진고구려 솔선 읍장인(晉高句麗率善邑長印), 진고구려 솔선 백장인(晉高句麗率善佰長印)과 천장인(仟長印) 따위는 고구려와 진 왕조의 신속 관계가 우리가 상상하는 그 이상이었다는 것을 보여준다.[77] 뿐만 아니라 이 시기 모용 선비가 건립 한 전연, 후연, 북연 같은 나라에 대해서도 고구려는 주동적으로 밀접한 신 속 관계를 유지하였다.

북위 왕조가 건립된 이후 고구려와 북위 사이에는 북연 정권이 존재하고 있었기 때문에 고구려와 북위의 신속 관계는 서기 425년까지 늦추어진다. 『삼국사기』「고구려본기」에는 이 해 고구려가 북위에 사신을 파견하여 조 공하기 시작하였고, 434년[78]에는 사신을 파견하여 조공하였을 뿐 아니라 "또한 그 나라의 휘(諱)를 (알려줄 것을) 청하였다"고 나와 있다. 그 후에도

---

76) 【옮긴이】『삼국사기』에는 이 기사가 동천왕 10년 기사인데 동천왕의 이름은 우위거(憂位居) 이다. 궁(宮)은 태조대왕의 이름이다.
77) 마다정 등, 『고대 중국 고구려 역사 총론』, 207~211쪽.
78) 【옮긴이】『삼국사기』에는 장수왕 23년(435)으로 되어 있어 1년 착오가 있다.

조공이 끊이지 않았고, 심지어 어떤 때는 네 번에 걸쳐 사신을 보내 조공하기도 하였다. 이는 쌍방의 신속 관계 건립과 유지 과정에서 고구려가 적극적이고 주동적이었음을 보여주는 것이다.

수당 시기에 들어오면서 수당 왕조와 신속 관계를 건립한 것은 고구려가 적극적으로 취한 정책이었다. 개황(開皇) 원년(581) 수 왕조가 개국한 그 해 12월, 『삼국사기』「고구려본기」의 기록을 보면 고구려의 조공 사신이 들어온다. 이때 수 문제가 고구려 왕을 대장군, 요동군 개국공, 고구려 왕으로 책봉하여 쌍방은 신속 관계를 맺게 된다. 그 뒤 쌍방 관계에 커다란 문제가 발생하는데 수 왕조는 고구려에 대규모 군대를 동원하여 무력으로 고구려를 통일하려는 행동을 벌이게 된다. 그러나 고구려는 수 왕조와의 신속 관계를 단절하지 않고 고구려 왕은 오히려 사신을 파견하여 수 왕조에 사죄하면서 스스로 "요동의 더러운 땅 신하 원(元)[79]"이라고 낮추는 등 적극적인 태도를 보였다. 당 왕조가 건립된 이후에도 고구려는 적극적이고 주동적으로 신속 관계를 건립하고 정관(貞觀) 2년(628)에는 자기의 "봉역도(封域圖)"를[80] 당 왕조에 바치기도 하였다.

어떤 이는 사신을 보내 조공하는 것과 책봉을 받는 것만으로 정치상의 예속을 완전하게 대표할 수는 없다고 여기고 있다. 그러나 고구려가 위치한 동아시아 지역과 기타 지역의 상황은 분명한 차이를 가지고 있다. 고구려는 고도로 한화(漢化)된 지방 정권으로 그 통치자가 조공을 하고 봉역도를 바치며 책봉을 받아들였던 정치적 뜻은 매우 분명한 것이다. 그러므로 위에서 이야기한 고구려의 행동들은 그 역대 왕조가 중국과 같은 동일한 인식을 갖

---

79) 【옮긴이】 『삼국사기』에는 "요동분토신모(遼東糞土臣某)"라고 해서 마지막 자가 '모(某)'인데 이 책에는 원(元)자로 잘못 쓰고 있다.

80) 『구당서』 권199 상 「동이 · 고구려전」. 『삼국사기』를 비롯한 기타 사서에도 동일한 기록이 남아있다.

고 있다는 것을 표현한 것이라고밖에 할 수 없다. 고구려가 적극적이고 주동적으로 이러한 왕조 또는 정권과 신속 관계를 건립하였던 동기는 역시 자기의 생존 환경을 창조하려는 의도였으며 중앙 왕조에 대한 정책적 지도 사상이기도 하였다. 이에 대해서는 아래에서 다시 상세하게 설명하도록 하겠다. 그러나 『삼국사기』 「고구려본기」에 기록된 372년과 377년 고구려 소수림왕이 두 번에 걸쳐 "사신을 진에 파견하여 조공을 바친 것"은 당시 장안(지금의 서안)에 도읍을 정하였던 전진(前秦)과의 신속 관계를 건립한 것과는 다른 성질의 것이었다.

다음으로 고구려인은 자기가 한족 선조의 하나인 고양씨(高陽氏)의 후예라고 여겼다.

고구려의 민족 근원에 관하여 사서에는 모두 부여에서 기원한 것으로 기록되어 있다. 『삼국사기』 「고구려본기」와 『호태왕비(好太王碑)』 역시 이와 같이 기록되어 있다. 이러한 기록에 대해서 학자들 역시 여러 가지 다른 관점들을 가지고 있는데, 이러한 다른 관점들을 예·맥·예맥, 부여, 염제족계(炎帝族係), 고이(高夷), 상인(商人)처럼 다섯 종류로 종합한 학자가 있다.[81] 이러한 관점에 대한 사실 여부는 본 글에서 깊이 다루고자 하는 문제가 아니므로 여기에서는 다만 고구려인 스스로의 인식과 거기에 반영된 문제에 대해서만 자세하게 살펴보도록 하겠다.

사서의 기록에서 우리는 한 고구려인이 자기의 선조에 대해 이야기하는 것을 볼 수 있는데, 그가 바로 북연 시기의 모용운(慕容雲)이다. 『진서』 「모용운전(慕容雲傳)」에 "모용운의 자는 자우(子雨)이며 보(寶)의 양자이다. 조부는 고화(高和)인데 구려에서 갈린 족속이다. 운(雲) 스스로 고양씨의

---

81) 양춘지(楊春吉)·경톄화(耿鐵華), 『고구려 귀속 문제 연구(高句麗歸屬問題研究)』〔길림문사출판사(吉林文史出版社), 2000〕, 54~55쪽.

후예〔苗裔〕라고 하므로 고씨로 성씨를 삼았다"로 기록되어 있다. 이 기록은 『통지(通志)』, 『16국춘추(十六國春秋)』, 『별본16국춘추(別本十六國春秋)』, 『태평어람(太平御覽)』 같은 사서에서도 볼 수 있다. 이 기록에서 사서의 저자는 특별히 "운 스스로(自雲)"에 대해 주석을 달아 밝히고 있는데, 이것은 작자의 관점을 대표하는 것이 아니라 모용운 자신의 관점을 독자에게 표명하는 것이다.

고양씨(高陽氏)는 화하족(華夏族)의 선조로 전설상의 인물이다. 황제(黃帝)의 자손으로 화하족과 그 이후 한족의 선조 가운데 하나로 보인다. 모용운이 왜 자기를 고양씨의 후예로 불렀는지 사서에는 그 근거가 기록되어 있지 않지만 동북 지역에서 일어난 상 왕조를 건립한 상나라 사람 역시 그 호칭이 고양씨의 후예이다. 어떤 학자들은 고구려 때 동북 각 민족의 민족 기원을 연구하면서 "고구려국 주변의 각 민족 또는 부락 모두 염제족 계통으로 모두 산동 등지에서 옮겨와 살았다. 고구려와 어깨를 맞대고 살았는데 그 민족 기원은 그들 밖에서 스스로 독립하기는 절대 불가능하였다."[82] 실제로 만약 앞서 이야기한 고구려 민족 기원에 대한 설을 위로 추적해가다 보면 여러 번 고양씨까지 거슬러 올라갈 수 있다. 학자들의 이러한 연구 결론이나 모용운의 이야기는 일정한 근거가 있다는 것을 증명할 수 있다. 모용운이 말한 것이 믿을 만한 근거가 있는지의 여부를 떠나 사실은 고구려에서 태어난 모용운이 중화 민족의 선조에 대한 동일 인식 또는 중국에 대한 동일 인식을 가지고 있었음을 보여준다. 『삼국사기』「고구려본기」에는 광개토왕 17년(408) "북연에 사신을 보내 종족의 은의를 베풀어주었다"고 기록되어 있는데, 이는 모용운의 고구려 신분이 고구려 정권의 승인을 받았음

---

82) 리더산(李德山), 「고구려 족칭 및 그 기원에 관한 고찰(高句麗族稱及其族源考辨)」, 『사회과학전선(社會科學戰線)』, 1992년 제1기.

을 나타내준다. 모용운의 조부는 고구려에서 "갈려 나왔기" 때문에 모용운의 관점은 고구려인 전체의 인식을 대표할 수는 없지만, 최소한 그 조부가 소속된 부락의 여러 사람들의 인식을 대표할 수는 있다.

다음으로 고구려가 나라를 세운 구역은 중국의 전통 강역 범위로 이것 역시 고구려 통치자와 중앙 왕조와의 관계를 끊기 어려웠던 중요한 원인이었다.

앞에서 말한 바와 같이 늦어도 주나라 초에는 중앙 왕조가 한반도 북부를 포함하는 동북 지역에 대한 정치적 소속 관계를 확립하였고, 서한 때는 진번, 임둔, 낙랑, 현도 4군을 설치하여 이 지역은 중앙 왕조의 직접 관할 아래 들어오게 된다. 이 때문에 역대 왕조는 모두 이 지역을 포기하기 어려웠으며 서한 때의 직접 관할 방식을 회복하고자 하였다. 그래서 고구려 역시 중앙 왕조와의 관계를 끊을 방법이 없었던 것이다.

고구려가 서한 왕조 현도군의 경내에 나라를 세웠다는 것은 누구도 부인하기 힘든 역사적 사실이다. 나라를 세운 뒤 700여 년에 걸친 긴 역사 발전 과정에서 고구려의 강역은 시기마다 성쇠를 거듭하고 그 정치, 경제, 문화의 중심 역시 여러 차례 이동하는데 먼저 지금의 요녕성 환인에서, 뒤에는 지금의 길림 집안으로, 그리고 마지막에는 지금의 평양으로 수도를 옮기지만 이들 지역은 모두 한사군의 범위로 고구려가 나라를 세운 범위는 처음부터 끝까지 4군의 기초 위에 있었다고 말할 수 있다. 이것이 바로 당 태종이 고구려는 "그 땅이 4군뿐이다"[83]라고 말한 주요 원인이었다. 그리고 토지의 귀속에 대해서 고구려 통치자 역시 매우 분명하게 알고 있었다. 상리현장(相里玄獎)이 사신으로 고구려에 갔을 때 고구려의 권신이었던 천개소문(연개소문)과의 대화는 이 문제를 잘 반영해준다. 정관 17년(643) 당 태종은

---

83) 『신당서』 권220 「동이 · 고려전」.

"사농승(司農丞) 상리현장에게 조서[璽書]를 주어 고려(고구려)를 나무라고 (신라를) 공격하지 말라고 설득하려 하였는데 사신이 채 이르기도 전에 개소문이 벌써 신라의 두 성을 탈취하였다. 현장이 태종의 유지를 알리자 답변하기를 '지난날 우리가 수나라의 침략을 받았을 때 신라가 그 틈을 타서 우리 땅 500리를 빼앗아갔으므로 지금 그 땅을 다 돌려주지 않으면 싸움을 중지할 수 없다'고 하였다. 현장이 다시 '지나간 일을 논할 것이 있겠소. 요동은 본시 중국의 군현이지만 천자께서 그래도 취하지 않으시는데 고려가 조명을 어길 수 있겠소' 하였으나 듣지 않았다."[84] 천개소문은 현장의 질문에 반박하지 않았는데 이는 현장의 말과 동일한 인식을 가지고 있었음을 반영해주는 것이다. 그 다음으로 고구려 정권 내부에 많은 한인들이 있었는데 이것 역시 고구려 통치자가 중국과 동일한 인식을 가지는 데 영향을 주었고 역대 왕조를 중국 "정통"으로 받든 원인의 하나가 되었다.

고구려가 건국한 지역이 중국의 전통 강역이었다는 것뿐 아니라 고구려 관할 경내에서 생활한 많은 한인(漢人) 역시 고구려 통치자가 중원 왕조와의 관계를 단절하기 어려웠던 원인의 하나였던 것이다.

고구려가 나라를 세우기 이전의 기자조선, 위씨조선과 한사군 관할 아래 살던 한인들은 마지막에는 고구려의 통치 아래로 들어갔을 뿐 아니라 고구려 건국 이후에도 역시 많은 한인들이 그 안으로 들어가게 된다. 비록 사서의 기록을 근거로 고구려 정권에 들어가 있었던 한인의 숫자에 대해 정확한 통계를 추정해내기는 어렵지만 『삼국사기』 「고구려본기」에 나타난 아래 기록처럼 그 수가 상당히 많았음을 알 수 있다.

• 대무신왕 20년(37): 낙랑을 공격하여 점령하였다.

---

84) 앞의 책.

- 태조대왕 53년(105): 요동 6현을 약탈하고, 69년(121)에는 요동 등의 군을 공격하여 2000여 명을 죽이거나 잡아갔다.
- 고국천왕 19년(197): 중원에 대란이 일어나 한인 가운데 난을 피해 투항한 자가 아주 많았다.
- 미천왕 3년(311): 현도군을 침략하여 8000명을 포로로 잡아 평양으로 옮겼다.
- 미천왕 14년(313): 낙랑을 침략하여 2000명을 잡아갔다.
- 미천왕 16년(315): 현도성을 부수고 많은 사람들을 죽이고 잡아갔다.
- 고국양왕 2년(385): 요동, 현도를 함락하고 남녀 1만 명을 잡아갔다.
- 영양왕 23년(612): 수 왕조가 30만 군대로 고구려를 공격하는데 2700명만 살아남았다. 전사자를 제외하고 나머지는 모두 고구려의 포로가 되었다.
- 영류왕 5년(622): 1만 명 남짓한 화인(華人)을 당으로 돌려 보내왔다.
- 영류왕 24년(641): 당 왕조는 사신 진대덕(陳大德)을 고구려에 보냈는데 여전히 많은 한인을 볼 수 있었다.

고구려에 융합된 한인에 대하여 우리는 『고대 중국 고구려 역사 총론』에서 사서의 기록을 근거로 대략 15만 이상으로 추산하였고 고조선인 역시 10~15만이었다. 이것은 겨우 21만여 호에 불과하였던 고구려족과 비교했을 때 상당히 높은 비율이라고 할 수 있다. 『자치통감』 권196 정관 15년(641) 5월 조에는 진대덕이 고구려에 사신으로 갔을 때 "종종 중국 사람들을 만날 수 있었는데, 스스로 이르기를 집은 모군(某郡)에 있고 수나라 말기에 종군하였다가 고구려에 투항하여 고구려에서 유녀를 처로 삼았는데, 고구려 사람들과 서로 섞여 사는 것은 겨우 반 정도 된다(往往見中國人, 自云家在某郡, 隋末從軍, 沒于高麗, 高麗妻以遊女, 與高麗錯居, 殆將半矣.)"고 한다.

소위 "겨우 반 정도 된다(殆將半矣)"는 것은 수 왕조 때 떠돌다 고구려까지 들어간 한인을 가리키는 것으로 이를 통해 고구려 관할 아래 있던 한인의 숫자가 아주 많았다는 것을 미루어 짐작할 수 있다. 이와 같이 많은 수의 한인이 전부 고구려 원주민과 같은 정치적 지위를 가지고 있었다고 볼 수는 없지만, 이들은 홀시하기 힘든 정치 역량으로 고구려 정권의 정치적 귀속 인식에 중요한 영향력을 형성할 수 있었다.

고구려 멸망 뒤에는 많은 고구려 백성들이 중화 민족으로 융합되고 적지 않은 사람들이 중국의 통일 대업을 완수하는 데 특별한 공헌을 하였는데, 이것 역시 고구려인이 중국과 같은 인식을 가졌다는 표현의 하나였다.

멸망 이후 고구려인의 흐름에 관하여 우리는 『고대 중국 고구려 역사 총론』에서 대략적으로 거의 반 또는 3분의 1이 넘는 고구려인이 중원 지역으로 옮겨졌다고 하였다. 주목할 만한 것은 이러한 고구려인이 비록 고토를 떠나 옮겨왔지만 "국가가 망하고 가문이 망했다(國破家亡.)"는 감정은 거의 없었으며, 점점 한족으로 융합되었고, 중국 통일의 대업을 완수하는 데 탁월한 공적을 남긴 인사들이 많이 나타났다는 점이다. 두 『당서』에 전하는 고구려인으로는 고선지(高仙芝), 왕모중(王毛仲), 왕사례(王思禮), 이정기(李正己) 같은 사람들이 있다.

고선지는 『구당서』 권104에 "본래 고구려인이다. ……나이가 20여 세가 되자 장군에 임명되었는데, 아버지와 관등이 같게 되었다. ……개원(開元, 713~741) 말에 안서부도호(安西副都護), 사진도지 병마사(四鎭都知兵馬使)가 되었다(本高麗人也. ……年二十餘卽拜將軍, 與父同班秩. ……開元末, 爲 安西副都護·四鎭都知兵馬使.)"고 기록되어 있다. 고선지는 당 왕조가 서역의 통치를 유지하고 안사의 난을 평정하는 데 탁월한 공적을 세워 밀운군공(密雲郡公)으로 봉해졌다.

왕모중은 『구당서』 권106에 "본래 고려인이다"라고 기록되어 있는데 후에 당 현종을 따라 "동궁에 있는 낙타와 말, 매와 개 같은 것을 관리하는 기구의 일을 담당하더니, 몇 년이 지나지 않아 대장군이 되었는데, 품계는 3품이었다."(專知東宮駝馬鷹狗等坊, 未逾年已至大將軍階三品矣.) 오래지 않아 곽국공(霍國公)으로 봉해지고 현종의 두터운 신임을 받았다. "현종이 때때로 만나지 않으면 걱정이 되어 마치 무엇을 잃어버린 듯했다. 왕모중을 만나면 곧 기쁘고 흡족하여 밤늦도록 같이하여 해가 밝을 때까지 함께하기도 했다."(玄宗或時不見, 則悄然如有所失, 見之則歡洽連宵, 有至日晏.)

왕사례는『구당서』권110에 "영주성 주변 출신의 고구려인이다. …… 왕사례는 오랑캐의 전투 기술을 습득했다. 절도사 왕충사(王忠嗣)를 따라서 하서(河西)에 이르렀는데, 가서한(哥舒翰)과 더불어 호위군을 감독하게 되었다. 후에 가서한이 농우절도사(隴右節度使)가 되자, 왕사례는 중랑장 주필(周佖)과 함께 가서한의 호위군 감독이 되었다. 석보성(石堡城)을 빼앗는 공을 세워서 우금오위 장군(右金吾衛將軍)에 제수되었고, 관서 병마사 겸 하원 군사(河源軍使)가 되었다. 천보 11년(752) 운마 장군(雲麾將軍)이 더해졌다. ……14년 6월 금성 태수에 임명되었다. 안록산이 반란을 일으키고, 가서한이 반란군 토벌 원수가 되자, 왕사례를 청하여 개부의동 삼사(開府儀同三司) 겸 태상경동 정원(太常卿同正員)이란 벼슬을 주고, 그를 원수부(元帥府) 마군도장(馬軍都將)으로 임명하여 매사를 오직 왕사례와 더불어 결정하였다〔營州城傍高麗人也 ……思禮少習戎旅, 隨節度使王忠嗣至河西, 與哥舒翰對爲押衙. 及翰爲隴右節度使, 思禮與中郞周佖爲翰押衙, 以拔石堡城功, 除右金吾衛將軍充關西兵馬使兼河源軍使. (天宝) 十一載, 加雲麾將軍 ……十四載六月, 加金城太守. 祿山反, 哥舒翰爲元帥, 秦思禮加開府儀同三司, 兼太常卿同正員, 充元帥府馬軍都將, 每事獨與思禮決之.〕"고 기록되어 있다. 후에 공이 있어 곽국공(霍國公)으로 봉해진다.

이정기는『구당서』권124에 아래와 같은 기록이 전한다.

고려(고구려)인이다. ……군사들이 모여서 (후)희일(希逸)을 축출했다. (후)희일이 달아나자, 드디어 이정기가 사령관이 되었다. 조정에서는 그에게 평로치청 절도 관찰사(平盧淄靑節度觀察使), 해운압 신라 발해 양번사(海運押新羅渤海兩蕃使), 검교공부상서(檢校工部尙書) 겸 어사대부(御史大夫)와 청주자사(靑州刺史)를 임명했다. 그리고 지금의 이름도 내려주었다. 그 후에는 검교상서 우복야(檢校尙書右僕射)를 더하고, 요양 군왕(饒陽郡王)에 봉해주었다. 대력 11년(776) 10월, 검교사공(檢校司空), 동중서문하 평장사(同中書門下平章事). …… 검교사공, 좌복야 겸 어사대부를 역임하고 평장사, 태자태보(太子太保), 사도(司徒)를 더했다.

— 高麗人也. ……會軍人逐希逸, 希逸奔走, 遂立正己爲帥, 朝廷因授平盧淄靑節度觀察使 · 海運押新羅渤海兩蕃使 · 檢校工部尙書 · 兼御史大夫 · 靑州刺史 · 賜今名. 尋加檢校尙書右僕射, 封饒陽郡王. 大曆十一年十月, 檢校司空, 同中書門下平章事 ……曆檢校司空 · 左僕射 · 兼御史大夫, 加平章事 · 太子太保 · 司徒.

치(淄), 청(靑) 등 15주의 땅을 영유하고 후에는 그 자손 역시 그 직을 이어 세습하여 "3대가 국은을 받고 그 자리는 장상(將相)을 겸하였다"고 하였다.

이와 같은 예들은 모두 고구려 멸망 위에 발생한 일들이긴 하지만 이러한 측면은 고구려인의 중국에 대한 동질 의식을 반영해주고 있다. 만약 고선지 같은 선조가 중국에 대해 동질 의식을 가지고 있지 않았다면 상식적인 도리로 볼 때 그들은 자손들에게 당 왕조에 대한 커다란 원망을 심어주었을 것이며 그 자손에게 당 왕조에 협력하라고 허락하지 않았을 것이다.

요컨대, 고구려가 동북 변경에서 나라를 세운 700년이 넘는 긴 기간 동안 중앙 왕조는 고구려와 아주 밀접한 관계를 유지하면서 고구려인에게 아주 강한 영향을 미쳤다. 그 가운데 역대 왕조는 고구려 지역을 중국의 전통 강역으로 보았고 고구려인 역시 역대 왕조를 "정통"으로 승인하고 중국과 동일한 인식을 가지고 있었다. 이것은 고구려가 당대에 다시 중앙 왕조의 직접 통치 구역 안으로 회귀하는 데 사상적인 기초가 되었다.

【 3. 고구려가 중국 강역 형성에 끼친 작용 】

고구려 정권이 중국 강역 형성에 공헌한 문제는 그간 학계의 연구가 매우 부족한 부분이었다. 이 때문에 고구려가 우리나라 동북 지역에서 나라를 세우고 장장 700년 남짓 지속된 역사 현상에 미혹되거나 고구려가 동북의 한쪽에서 할거하였다고 여기고 있다. 대표적인 것이 분열의 추세인데, 중국 변경의 형성과는 반대되는 길만 달리며 어떻게 공헌이 있었겠는가 하는 의문을 가진다면 이것은 아주 잘못된 생각이다. 중국 변경 형성의 역사를 전체적으로 살펴보면 분열, 통일, 재분열, 재통일을 거치는데 분열과 통일은 매번 교차되어 이행되고, 또 한번 분열된 기초 위에서 실현된 통일은 역사의 간단한 중복이 아니며, 강역의 범위, 통치의 형성뿐 아니라 각 민족 사이의 관계, 각 지역 사이 관계의 응집 정도같이, 모두 이전의 통일과는 서로 비교하기가 어렵다. 중국의 강역은 이러한 분열과 통일이 교체되는 과정에서 점차 형성된 것이다. 그러므로 고구려는 우리나라 분열 시기의 기타 정권과 마찬가지로 중국 강역 형성에 특별한 공헌을 하였다.

그 공헌 가운데 하나가 중국의 대분열 시기 우리나라 동북 및 한반도 북부의 광활한 지역을 통일하고 유지하였다는 점이다. 고구려 정권이 출현한 때는 중국 역사에서는 두 번째 통일을 이룩한 중앙집권 왕조인 서한 왕조가 점차 쇠락의 길로 들어서기 시작한 때였다. 양한 교체 시기의 왕망 신조 때에는 변경에 위기가 나타났고 동한 왕조 때는 국력의 한계로 변방 체계가 축소되었다. 이러한 모든 것들이 고구려가 일어날 수 있었던 유리한 외부 환경으로 작용하였다. 동한 후기 제후들이 일어나면서 중국의 역사는 300여 년에 걸친 대분열의 시기로 접어든다. 중원 대지가 통일의 방향에서 분열의 역사 과정이란 길로 들어선 것과 반대로 고구려는 서한 현도군 고구려 현의 관할 아래에 있던 약소한 후국에서 점차 지금의 우리나라 동북 중남부에서 한반도 중북부 지역에 이르는 통일을 실현하여, 동한 왕조의 축소 정책과 중앙 왕조가 강력하게 통일하지 못한 서한의 4군 지역에 대한 정치적 공백을 메워주었다.

서한 건초 3년(서기전 36) 비류국을 항복시키고, 서한 건시 원년(서기전 32)에는 행인국을 성읍으로 삼았으며, 서한 하평(河平) 원년(서기전 28)에는 북옥저 땅을 성읍으로 삼았다. 서한 원정(元廷) 4년(서기전 9)에는 부근 지역의 선비를 공격하여 항복을 받고 왕망 원봉 원년(14)에는 양맥(梁貊)을 통일하였다. 그리고 왕망 지황(地皇) 4년(24)에는 부여를 정복하고 동한 건무 2년(26)에는 개마국을 통일하였으며 동한 중원(中元) 원년(56)에는 동옥저를 통일하였다. 또한 동한 영평(永平) 11년(68)에는 갈사국이 나라를 들어 항복하여 왔고, 동한 영평 15년(72)에 조나(藻那)를 통일하였으며, 동한 영평 17년(74)에는 주나(朱那)를 평정하였던 사실들을 들 수 있다. 고구려는 이렇게 시대가 부여한 기회와 책임을 충분히 이용하여 점차 부근의 각 민족이나 정권에 대한 통일을 완성해갔다. 남북조 시기에 이르러 고구려는 통치 구역을 한사군 및 그 주변 지역을 포함하여 요동, 요서 같은 군 지역까지 관할함으로써, 기본적으로 우리나라 동북 중남부에서 한반도 중북부에 이르는 광활한 지역에 대한 통일을 실현하였다.

고구려가 통치 구역을 형성해가는 과정은 뒤에서 상세하게 다룰 것이므로, 여기서는 다만 고구려가 이 지역을 통일하고자 했던 노력을 유지하였기 때문에 중국의 전통 강역이 한반도 남부에서 일어난 신라 같은 정권에 점유당하지 않았다는 사실만을 강조하고자 한다.

고구려가 일어나 한사군의 통일을 완성하는 과정과 더불어, 한반도 남부 지역도 여러 분열된 정권의 국부적인 통일 실현을 위한 역사 과정에 들어서게 됨으로써 현재 조선 국가 정권의 역사적인 기원이 형성되었다.

『삼국지』「동이전 · 한(韓)」에는 아래와 같이 기록되어 있다.

한(韓)은 대방의 남쪽에 있는데 동쪽과 서쪽은 바다로 한계를 삼고 남쪽은 왜와 접경하여 면적이 사방 4000리쯤 된다. 세 종족이 있는데 하나는 마한이며 둘째 는 진한, 셋째는 변한이다. ……마한은 서쪽에 자리 잡고 있다. ……각각 장수 (長帥)가 있어서 세력이 강한 사람은 스스로 신지(臣智)라 하고 그 다음은 읍차 (邑借)라 한다. 산과 바다 사이에 흩어져 살았으며 성곽은 없었다. 원양국(爰襄 國), 모수국(牟水國), 상외국(桑外國), 소석색국(小石索國), 대석색국(大石索 國), 우휴모탁국(優休牟涿國), 신분고국(臣濆沽國), 백제국(伯濟國), 속노불사 국(速盧不斯國), 일화국(日華國), 고탄자국(古誕者國), 고리국(古離國), 노감국 (怒藍國), 월지국(月支國), 자리모노국(咨離牟盧國), 소위건국(素謂乾國), 고원 국(古爰國), 모노국(莫盧國), 비리국(卑離國), 점리비국(占離卑國), 신흔국(臣 釁國), 지침국(支侵國), 구노국(狗盧國), 비미국(卑彌國), 감해비리국(監奚卑離 國), 고포국(古蒲國), 지리국국(致利鞠國), 염로국(冉路國), 아림국(兒林國), 사 로국(駟盧國), 내비리국(內卑離國), 감해국(感奚國), 만노국(萬盧國), 벽비리국 (辟卑離國), 구사오단국(臼斯烏旦國), 일리국(一離國), 불미국(不彌國), 지반국 (支半國), 구소국(狗素國), 첩로국(捷盧國), 모노비리국(牟盧卑離國), 신소도국 (臣蘇塗國), 막로국(莫盧國), 고랍국(古臘國), 임소반국(臨素半國), 신운신국 (臣雲新國), 여래비리국(如來卑離國), 초산도비리국(楚山塗卑離國), 일란국(一 難國), 구해국(狗奚國), 불운국(不雲國), 불사분사국(不斯濆邪國), 원지국(爰池 國), 건마국(乾馬國), 초리국(楚離國) 등 모두 50국 남짓이 있다. 큰 나라는 1만가(家) 남짓 되고 작은 나라는 수천 가(家)이다. ……진한은 마한의 동쪽에 위치하고 있다. ……노인들은 대대로 전하여 말하기를 "옛날의 망명인으로 진(秦)나라의 고역을 피하여 한국으로 왔는데 마한이 그들의 동쪽 땅을 분할하여 우리에게 주었다." ……지금도 진한(秦韓)이라고 부르는 사람이 있다. 처음에는 여섯 나라였던 것이 차츰 열두 나라로 나누어졌다. ……변진(弁辰) 역시 열두 나라이다.

一 韓在帶方之南, 東西以海爲限, 南與倭接, 方可四千里. 有三種, 一曰馬韓, 二曰辰韓, 三曰弁韓. ……馬韓在西. ……各有長帥, 大者自名爲臣智, 其次爲邑借, 散在山海間, 無城郭. 有爰襄國, 牟水國, 桑外國, 小石索國, 大石索國, 優休牟涿國, 臣濆沽國, 伯濟國, 速盧不斯國, 日華國, 古誕者國, 古離國, 怒藍國, 月支國, 咨離牟盧國, 素謂乾國, 古爰國, 莫盧國, 卑離國, 占離卑國, 臣釁國, 支侵國, 狗盧國, 卑彌國, 監奚卑離國, 古蒲國, 致利鞠國, 冉路國, 兒林國, 駟盧國, 內卑離國, 感奚國, 萬盧國, 辟卑離國, 臼斯烏旦國, 一離國, 不彌國, 支半國, 狗素國, 捷盧國, 牟盧卑離國, 臣蘇塗國, 莫盧國, 古臘國, 臨素半國, 臣雲新國, 如來卑離國, 楚山塗卑離國, 一難國, 狗奚國, 不雲國, 不斯濆邪國, 爰池國, 乾馬國, 楚離國, 凡五十餘國. 大國萬餘家, 小國數千家. ……辰韓在馬韓之東……其耆老傳世, 自言古之亡人避秦役來適韓國, 馬韓割其東界地與之. ……今有名之爲秦韓者. 始有六國, 稍分爲十二國. ……弁辰亦十二國.

이 기록을 이처럼 장황하게 인용한 것은 조선의 국가 형성사를 이야기하고자 하는 것이 아니고 한(韓)에서 삼국 시기에 이르는 동안 한반도 남부에는 통일된 정권이 형성되지 않았으며 싹이 트는 상태에 있었다는 것을 설명하기 위해서다. 남북조에 들어온 이후 이처럼 분산된 정권은 점차 신라와 백제로 합쳐지는데 이에 관한 기록은 진에서 남북조에 이르는 역사 사서에서 관련 기록이 나타날 뿐 아니라 중원 왕조와의 칭신납공의 관계도 성립되기 시작하였다. 우리나라의 『송서(宋書)』에서 먼저 백제전(百濟傳)이 나오며 신라전(新羅傳)은 이보다 조금 뒤인 『양서(梁書)』에 보인다. 신라, 백제가 출현한 이후 이들은 북쪽을 향해 발전해가기 시작하는데 이를 계기로 고구려와 중국 전통 강역을 쟁탈하기 위한 장기간의 전쟁이 시작되었다.

『삼국사기』「고구려본기」의 통계를 근거로 동진 함안(咸安) 원년(371)에서 시작하여 수 왕조가 건립할 때까지 백제는 열세 차례에 걸쳐 고구려를 공격하였고, 신라는 고구려가 백제를 반격할 때 백제 쪽에 협력한 것을 제외하고 세 차례 단독으로 고구려를 공격하였다. 수당 시기에 들어온 이후 백제, 신라가 북쪽으로 세력을 확장하려는 시도는 강력한 중앙 왕조인 수당이 나타났음에도 사라지지 않았는데, 고구려와 수당 왕조의 모순을 이용하여 결국에는 북쪽으로의 확장 의도를 실현하게 된다. 수당 당조는 고구려에 수십 년에 걸친 무력 통일 행동을 취하는데, 이는 두 왕조가 중국 통일의 실현을 위해 진행한 노력의 일부였다. 그러나 우리는 신라와 백제가 가운데서 이를 선동하는 작용을 했음을 쉽게 볼 수 있다.

지금까지 학자들은 신라, 백제가 수당이 고구려를 통일하는 과정에서 중요한 작용을 하였다는 것을 매우 중시하였는데 신라, 백제가 이러한 행동을 한 가장 중요한 목적은 수당 왕조의 통일 실현을 돕는 것이 아니었다. 그들이 주목한 것은 쌍방의 전쟁을 이용하여 북쪽으로 세력을 확장하려는 목적을 실현하는 데 있었다. 『구당서』「동이·고려전」에는 정관 17년(643) 당은 "사농승상 현장에게 조서를 주어 고려로 보내 신라를 치지 말도록 설득하였다. 개소문이 현장에게 말하기를, 고려와 신라는 원수를 맺은 지가 오래되었다. 지난날 수와 서로 싸울 때 신라가 그 틈을 타서 500리를 빼앗고 성읍을 모두 차지하였다. 스스로 그 땅과 성을 돌려주지 않는다면 싸움을 그만둘 수 없다(遣司農丞相里玄獎賚璽書往說諭高麗, 令勿攻新羅, 蓋蘇文謂玄獎曰：高麗·新羅 怨隙已久. 往者隋室相侵, 新羅乘釁奪高麗五百里之地,

城邑新羅皆據有之, 自非反地還城, 此兵恐未能已.)"고 되어 있는데, 이는 신라와 백제가 중원 왕조와 고구려 사이의 모순을 이용하여 북쪽으로 세력을 확장하려던 의도를 실현시켰음을 말해준다. 개소문의 말에서 이미 충분히 반영되어 있듯이 신라, 백제의 이러한 의도를 고구려의 통치자가 분명히 보고 있었다는 것을 말해주는 것이다. 고구려는 왜 여러 차례에 걸쳐 수당 왕조가 고구려와 신라, 백제가 화해하고 공존하라는 조령을 거절하고 수당 양 왕조의 무력 공격이라는 커다란 압력까지 무릅쓰면서 여전히 신라, 백제와의 싸움을 그치지 않았던가? 이 문제에 대하여 고구려 통치자들이 남쪽으로 확장하려는 야심을 강하게 품었기 때문이라고 답하는 것은 완전하고 과학적인 대답이 될 수 없을 것이다. 왜냐하면 개소문의 말에서 우리는 고구려의 이러한 행동이 잃어버린 땅을 회복하기 위한 의도였음을 어렵지 않게 목격할 수 있기 때문이다.

고구려 정권의 존재는 일정한 정도 신라, 백제, 특히 신라가 북쪽으로 영토를 확장하려는 욕망을 저지시키고, 우리나라 전통 강역을 완전하게 보전하는 데 일조했다고 말할 수 있다. 그러나 당 왕조가 고구려와 백제를 멸망시킨 뒤 신라는 당 왕조와의 밀접한 신속 관계를 이용하여 북쪽으로 확장하고자 하던 바람을 결국 실현하게 된다. 고구려 정권 남부의 일부 영토를 자신의 통치 아래 받아들여 북부 변경이 지금의 대동강에까지 이르렀던 것이다. 이러한 상황이 조성된 원인은 당 왕조가 고구려를 통일한 뒤 신라가 칭신납공하는 거짓에 미혹되어 중국으로 하여금 영원히 한사군의 일부 지역에 대한 직접 통치권을 잃어버리게 했기 때문이다. 이것이 바로 사서에서 당 왕조의 강역을 기록할 때 자주 "대개 남북은 한나라의 전성 시기와 같았으나, 동쪽은 미치지 못했고 서쪽은 더 커졌다(蓋南北如漢之盛, 東不及而西過之.)"[85]고 기록하게 된 주요 원인이라고 할 수 있다. 소위 "동쪽은 미치지 못했다(東不及.)"는 것은 한사군의 일부 영토가 이미 중국의 직접 통치 관할 구역이 아니었음을 가리키는 것이다. 여기에서 또 한 가지 언급할 것은 당 왕조가 신라의 칭신납공에 만족하여 잃어버린 영토에 대한 교훈을 후대에 남겨주지 않았기 때문에 명대의 조선이조(朝鮮李朝)의 강역은 북쪽으로 더 확대되어 지금의 압록강과 도문강(圖們江)까지 이르게 되었다는 점이다. 그러므로 당 왕조가 중국 강역 형성에 크게 공헌하였지만 구체적으로 동북 지방에서 얼마나 멀리 국경을 넓혔는가 하는 공헌을 따지자면, 고구려 정권의 공헌에 훨씬 미치지 못하였다고 할 수 있다. 어떤 관점에서 보면 만약 고구려 정권의 존재가 없었다면 한사군의 광활한 지역은 신라 같은 기타 정권의 소유로 전락했을지도 모를 일이었던 것이다.

두 번째 공헌은 이 지역과 중원이 밀접한 관계를 유지하면서 이 지역을 우리나라 기타 지역과 더욱 긴밀하게 융합할 수 있는 안정적인 기초를 닦아주었다는 점이다.

우리는『고대 중국 고구려 역사 총론』에서 고구려 건국 이후 역대 중앙 왕조와 고구려가 정치적으로 밀접한 관계를 가졌다는 것에 대해 상세하게 설명하였다. 700여 년에 이르는 역정 동안 줄곧 중앙 왕조와 유지된 이러한 정치적 예속 관계는 자연 고구려 정권의 귀속을 결정하는 중요한 근거가 되었다. 그러나 더 깊은 뜻은 고구려가 이 지역과 한진 이후 형성된 우리나라 기타 지역, 특히 중원 지역과의 긴밀한 관계를 유지시키고 그 관계를 더욱더 밀접하게 해주었다는 데 있다. 이에 대해서는 고구려와 중원 지역의 경제, 문화 교류 부분에서 더 상세하게 설명하도록 하겠다.

세 번째 공헌은 동북 지역의 많은 변경 민족을 융합시켰을 뿐 아니라 더 많은 민족을 한데 응집시켜 이러한 민족이 중화 민족으로 융합되는 안정적인 기초를 닦아주었다는 데 있다.

---

85)『신당서』권37「지리 1(地理一)」.

고구려 정권이 출현하기 이전 중앙 왕조는 동북 중남부에서 한반도 북부 지역에 이르기까지 내지(內地)와 같은 군현 관리의 방식을 실시하였다. 그러나 이 지역의 거주민들은 커다란 민족 집단을 형성한 적이 없었고 서로 다른 민족 계통의 여러 부락으로 나뉘어 있어 여전히 낙후된 상태에 놓여 있었다. 한족을 제외하고 일반적으로 이 지역의 여러 부락은 크게 세 민족 계통으로 나뉘어 있었다. 숙신과 읍루 등을 포함하는 숙신족 계열과 예, 맥, 고조선, 발인(發人), 백이(白夷), 고이(高夷), 부여(夫餘), 양맥(梁貊) 들을 포함하는 예맥족 계열, 그리고 주로 동북 지역의 서부에 분포하였던 동호, 선비, 오환이 속해 있는 동호족 계통이 그것이다. 고구려 정권이 출현한 이후 이러한 서로 다른 민족 계열의 부락들은 전부 또는 부분적으로 하나로 융합되어 고구려족이란 신분으로 중국 역사 무대에 나타나기 시작하였다.

고구려족의 주요 기원은 예맥족 계열의 갈래에 속해 있었는데 여기에는 고이, 부여, 옥저, 양맥, 동예 등이 포함된다. 이러한 예맥족 계열에 속한 부락이 고조선 유민, 한인, 선비인, 숙신인, 행인인(荇人人), 개마인, 구다인(句荼人), 거란인, 백제인과 서로 융합되어가는 과정에서 최종적으로 고구려족이 형성되었다. 이에 대해서는 『고대 중국 고구려 역사 총론』에서 이미 상세하게 설명하였는데 여기에서 더 자세한 설명이 필요한 부분은 이렇게 서로 다른 민족 계열로 나누어져 속해 있던 많은 부락들이 고구려족으로 융합될 수 있었던 전제 조건의 하나가 바로 고구려 정권의 출현이었다는 점이다.

먼저 고구려 정권이 출현하지 않았다면, 이렇게 서로 다른 민족 계열로 나뉘어 있던 부락이 고구려족으로 응집될 수 없었다. 물론 아직까지 학계에서는 고구려족에 대한 많은 논쟁이 있다. 예를 들어 고구려의 뜻, 고구려현이 먼저인가 아니면 고구려족이 먼저인가, 고구려의 민족 기원 같은 방면에서 학자들의 관점은 일치를 보지 못하고 있다. 그러나 사서에 기록된 고구려 정권의 출현 초기에는 5부로 구성되어 있었다고 하는 점에는 분명한 이견이 나타나 있지 않다. 『삼국지』「동이 · 고구려전」에는 "본래 다섯 부족이 있으니 연노부, 절노부, 순노부, 관노부, 계루부가 그것이다. 본래는 연노부에서 왕이 나왔으나 점점 미약해져서 지금은 계루부에서 왕위를 차지하고 있다"고 했고, 『후한서』「동이전 · 고구려전」에는 "모두 다섯 부족이 있으니 소노부, 절노부, 순노부, 관노부, 계루부이다. 본래는 소노부에서 왕이 나왔으나 점점 미약해져서 뒤에는 계루부에서 왕위를 차지하고 있다"고 기록되어 있다. 여기서 "연노부"와 "소노부"의 차이는 사서가 옮겨지는 과정에서 발생한 것일 테지만 그것이 어떤 원인이든 우리의 토론에 영향을 주는 것은 아니다. 우리가 주목하는 것은 소위 "5족"이다. 당나라 이현(李賢) 등은 『후한서』의 이 조목에 주석을 달아 말하기를 "지금의 고려 5부는 '첫 번째가 내부(內部)인데 황부(黃部)라고도 한다. 즉, 계루부이다. 두 번째는 북부(北部)로 후부(後部)라고도 한다. 즉, 절노부이다. 세 번째는 동부(東部)인데 좌부(左部)라고도 한다. 즉, 순노부이다. 네 번째가 남부(南部)로 전부(前部)라고도 한다. 즉, 관노부이다. 다섯 번째가 서부(西部)로 우부(右部)라고도 한다. 즉, 소노부이다'라고 하였다. 여기의 "족(族)"은 물론 우리가 토론할 고구려족의 "족"과는 다르지만 한 가지 상황을 반영해준다. 즉 "5족"이 혈연관계의 기초 위에 형성된 다섯 부족이었다는 점이다. "본래는 소노부에서 왕이 나왔으나 점점 미약해져서 뒤에는 계루부가 왕위를 차지하고 있다"는 기록은 분명한 부락 연맹제의 특징을 가지고 있다. 이것은 고구려 정권이 출현한 뒤에도 그 관할 아래 있던 백성들 사이에선 여전히 혈연관계가 다른 "5족" 또는 "5부"가 존재하고 있었고 완전하게 응집된 하나의 민족 공동체가 없었다는 것을 말해준다. 그리고 "5부"가 하나의 민족 공동체로 완전히 응축될 수 있었던 것은 고구려 정권의 존재 때문에 가능했다.

다음으로 고구려 정권은 내부(內部)인 "5부"를 융합할 수 있는 전제를 제공하였을 뿐 아니라 주위 기타 민족 계열의 부락도 고구려 민족 공동체 형성과 발전의 역사 과정에 끌어들였다. 고구려 정권은 "5부"의 기초 위에 건립되었지만 끊임없는 확대 과정에서 기타 민족 계열이 건립한 정권, 예를 들어 비류국, 행인국, 동옥저, 양맥, 부여, 개마국, 갈사국, 조나국, 주나국 그리고 나아가서는 중앙 왕조의 지방 건제(建制)인 낙랑, 요동, 요서 같은 군 역시 그 통치 범위 안으로 받아들였다. 관할 경내의 거주민들도 자연 고구려 정권의 속민이 되어 고구려 "5부"와 함께 융합되어 고구려족의 역사 과정으로 걸어 들어가게 되었다.

이러한 융합의 과정은 아래의 사건에서 그 일면을 엿볼 수 있을지도 모르겠다. 『삼국사기』 「고구려본기」에 유리명왕의 왕비가 죽자 "다시 두 여자를 취하여 후실을 삼았다. 하나는 화희(禾姬)로 홀천인의 딸이며 하나는 치희(雉姬)라는 한인의 딸이었다." 뒤에 두 여자가 서로 화합하지 못하여 치희가 돌아가자 유리명왕은 그녀를 뒤쫓아 가지만 치희를 되돌릴 수 없어 시를 한 편 남겼다. "훨훨 나는 저 꾀꼬리, 암수 서로 정다운데 외로운 이내 몸은 누구와 함께 돌아갈꼬."(翩翩黃鳥, 雌雄相依, 念我之獨, 誰其與歸.) 고구려 왕도에 한인 여자를 부인으로 맞았다는 것은 고구려 정권 내의 다른 민족 계열의 주민 사이에서도 상호 통혼이 이루어졌음을 의미한다. 수백 년에 이르는 시간 동안 이렇게 서로 다른 민족 계열에 속한 거주민들이 함께 섞여 살면서 서로 통혼하여 하나로 융합하는 것은 피할 수 없는 것이다.

이렇게 다른 민족 계열에 속한 거주민이 고구려족의 역사에 융합되는 것은 실제로는 중화 민족에 융합되는 역정의 첫걸음으로, 당 왕조는 고구려를 통일하면서 고구려인에 대한 내지(內地) 이동 정책을 실시하고 그에 따라 많은 고구려인을 한족 같은 기타 민족에 융합시킴으로써, 고구려족은 마침내 중화 민족을 형성하는 역사의 큰 강으로 포섭되어 사라지고 중화 민족의 견고한 구성 부분이 되었다.

네 번째 공헌은 고구려가 이 지역의 정치, 경제, 문화의 발전을 촉진시켰다는 점이다.

　　700여 년의 기간 동안 고구려 정권은 우리나라 동북의 중남부에서 한반도 북부에 이르는 넓은 지역에 대한 개발에 특별한 공헌을 하였고 찬란한 물질문화와 정신문화를 창조하였다. 이 지역에 두루 분포하고 있는 산성, 고분 같은 유적과 많은 유물들이 가장 좋은 증명 자료이다. 이에 대해서는 "고구려 문화 연구" 부분에서 상세하게 설명할 것이기에 여기에서는 더 이상 논하지 않겠다.

東北工程高句麗史

역사편

상

東北工程 高句麗史

1장

한사군 연구

앞에서 서술한 바와 같이 역대 왕조의 통치자 대부분은 고구려 정권이 나라를 세운 지역이 한사군의 범위 안에 있었다는 사실을 이유 가운데 하나로 들어 고구려 정권의 귀속을 확정하였기 때문에, 한사군은 자연 고구려 역사와 밀접한 관련이 있는 문제이며 한사군에 대한 연구 토론은 우리가 고구려 정권의 귀속 문제를 인식하는 데 커다란 도움을 줄 수 있다.

【 1. 4군 설치 이전의 동북 변경 】

한사군은 서한 무제가 위씨조선을 통일한 뒤 설치한 것으로 먼저 4군 설치 이전인 서한 초 동북 변경의 상황에 대한 대략적인 설명이 필요하다.

『사기』「조선열전」에는 4군 설치 이전 서한 동북 변경의 상황에 대한 꽤 상세한 기록이 있다.

조선 왕 만(滿)은 연나라 사람이다. 처음 연나라의 전성기 때부터 일찍이 진번, 조선을 침략하여 복속시키고 관리를 두어 국경에 성과 요새를 쌓았다. 진이 연을 멸한 뒤에는 요동의 바깥 변방까지 소속시켰는데 한이 일어나서는 그곳이 멀어 지키기 어려우므로 다시 요동의 옛 요새를 수리하고 패수에 이르는 곳을 경계로 하여 연에 부속시켰다.

연 왕 노관(盧綰)이 배반하고 흉노로 들어가자 만도 망명하였다. 1000명 남짓한 무리를 모아 북상투에 오랑캐의 복장을 하고 동쪽으로 도망하여 요새를 나와 패수를 건너 진의 옛 빈터인 상하장(上下鄣)에 살았다. 점차 진번과 조선의 만이(蠻夷) 및 연·제의 망명자를 복속시켜 거느리고 왕이 되었으며 왕검(王險)에 도읍을 정하였다.

이때는 마침 효혜(孝惠)·고후(高后)의 시대로서 천하가 처음으로 안정되니 요동 태수는 곧 만을 외신으로 삼을 것을 약속하여 국경 밖의 오랑캐를 지켜 변경을 노략질하지 못하게 하는 한편, 모든 오랑캐의 군장이 들어와 천자를 뵙고자 하면 막지 않도록 하였다. 천자도 이를 듣고 허락하였다. 이로써 만은 군사의 위세와 재물을 얻게 되어 그 주변의 소읍들을 침략하여 항복시키니 진번과 임둔도 모두 와서 복속하여 사방 수천 리나 되었다.

이들을 거쳐 손자 우거 때에 이르러서는 유인해낸 한나라 망명자 수가 대단히 많으므로 천자에게 알현치 않을 뿐 아니라 진번과 주변의 여러 나라들이 천자에게 알현하고자 하는데 (만이) 가로막고 통하지 못하게 하였다고 글을 올렸다.

— 朝鮮王滿者, 故燕人也. 自始全燕時嘗略屬眞番·朝鮮, 爲置吏, 築鄣塞. 秦滅燕, 屬遼東外徼. 漢興, 爲其遠難守, 復修遼東故塞, 至浿水爲界, 屬燕. 燕王盧綰反, 入匈奴, 滿亡命, 聚黨千餘人, 魋結蠻夷服而東走出塞, 渡浿水, 居秦故空地上下鄣, 稍役屬眞番·朝鮮蠻夷及故燕, 齊亡命者王之, 都王險. 會孝惠·高后時, 天下初定, 遼東太守卽約滿爲外臣, 保塞外蠻夷, 無使盜邊, 諸蠻夷君長欲入見天子, 勿得禁止. 以聞, 上許之. 以故滿得兵威財物侵降其旁小邑, 眞番·臨屯皆來服屬, 方數千里. 傳子至孫右渠, 所誘漢亡人滋多, 又未嘗入見, 眞番旁衆國欲上書見天子, 又擁閼不通.

이 기록은 『한서』「조선열전」에서도 볼 수 있는데 내용은 대체로 동일하다.

『문헌통고』 권324에는 『위략』을 인용한 기록이 있다.

옛날 기자의 후예인 조선 후(朝鮮侯)는 주나라가 쇠약해지자, 연나라가 스스로 높여 왕이라 하고 동쪽으로 침략하려는 것을 보고, 조선 후도 왕이라고 부르고, 군사를 일으켜 연나라를 공격하여 주 왕실을 받들려고 하였으나 대부(大夫) 례(禮)가 간청하여 그만두었다. 그리하여 례를 서쪽에 파견하여 연나라를 설득하게 하니, 연나라도 전쟁을 멈추고 공격하지 않았다. 그 뒤에 자손이 점점 교만하고 포악해지자, 연나라는 장군 진개를 파견하여 조선 서쪽 지방을 공격하여 2000리 남짓한 땅을 빼앗아 만반한(滿潘漢)까지 경계를 삼았으니 마침내 조선의 세력은 약해졌다. 진나라가 천하를 통일한 뒤, 몽염을 시켜서 장성을 쌓아 요동까지 이르렀다. 이때 조선에는 부(否)가 왕이 되었는데, 진나라의 공격이 두려워 전략상 진나라에 복속하였으나 조회에는 나가지 않았다. 부(否)가 죽고 그 아들 준이 즉위하였다. 그 뒤 20년 남짓한 세월이 지나 진승과 항우가 군대를 일으켰다. 천하가 어지러워지자 연(燕), 제(齊), 조(趙)의 백성들이 괴로움을 견디다 못해 차츰 준(准)에게 망명하므로, 준은 이들을 서부 지역에 살게 했다. 한나라 때에 이르러 노관(盧綰)을 연나라 왕으로 삼으니, 조선과 연은 패수를 경계로 하게 되었다. 노관이 한을 배반하고 흉노로 도망한 뒤, 연나라 사람 위만도 망명하여 오랑캐의 복장을 하고 동쪽으로 패수를 건너 준에게 항복하였다. 위만이 서쪽 변방에 거주하도록 해주자 중국의 망명자를 거두어 조선의 변방 울타리(藩屛)가 되겠다고 준을 설득하였다. 준은 그를 믿고 사랑하여 박사에 임명하고 규(圭)를 내려주며, 100리의 땅을 봉하여 서쪽 변경을 지키게 하였다. 위만이 망명자들을 유인하여 그 무리가 점점 많아지자, 사람을 준에게 파견하여 속여서 말하기를 "한나라의 군대가 열 군데로 나누어 쳐들어오니, 왕궁에 들어가 숙위하기를 청합니다" 하고, 드디어 되돌아서서 준을 공격하였다. 준은 만과 싸웠으나 상대가 되지 못하였다.

— 昔箕子之後朝鮮侯, 見周衰, 燕自尊爲王, 欲動略地, 朝鮮侯亦自稱爲王, 欲興兵逆擊燕, 以尊周室. 其大夫禮諫之乃止. 使禮西說燕, 燕止之不攻. 後子孫稍驕虐, 燕乃遣將秦開攻其西方, 取地二千餘里, 至滿潘汗爲界, 朝鮮遂弱. 乃秦幷天下, 使蒙恬築長城到遼東. 時朝鮮王否立, 畏秦襲之, 略服屬秦, 不肯朝會. 否死, 其子准立二十餘年而陳項起. 天下亂, 燕·齊·趙民愁苦, 稍稍亡往准, 准乃置之于西方. 及漢以盧綰爲燕王, 朝鮮與燕界于浿水. 及綰反, 入匈奴, 燕人衛滿亡命, 爲胡服東渡浿水, 詣准降, 說准求居西界, 故中國亡命爲朝鮮藩屛. 准信寵之, 拜爲博士, 賜以圭, 封之百里, 領守西邊. 滿誘亡黨, 衆稍多, 乃詐遣人告准, 言漢兵十道至, 求入宿衛, 遂還攻, 准與滿戰, 不敵也.

『문헌통고』 권324에는 또 다음과 같이 기록되어 있다.

점차 진번과 조선의 만이(蠻夷) 및 옛 연(燕)·제(齊)의 망명자를 복속시켜 거느리고 왕이 되었으며 왕검(王險)에 도읍을 정하였다. 이때는 마침 효혜(孝惠)·고후(高后)의 시대로 천하가 처음으로 안정되니, 요동 태수는 곧 만을 외신으로 삼을 것을 약속하여 국경 밖을 지키게 하였다. 이로써 위만은 군사의 위세와 재물을 얻게 되어 주변의 소읍을 침략하여 항복시키니, 진번, 임둔도 모두 와서 복속하여 사방 수천 리가 되었다. 아들을 거쳐 손자 우거 때에 이르러서는 유인해낸 한나라 망명자 수가 대단히 많게 되었다. 처음 한나라가 조선과 약속하기를, 오랑캐의 군장들이 중국에 들어와 천자를 알현코자 하면 막지를 않기로 했고, 그래서 천자가 허락했던 것이다. (그런데) 우거는 중국에 들어오지 않았을 뿐만 아니라, 진번, 진국이 글을 올려 천자를 알현하고자 하는 것도 또한 가로막고 통하지 못하게 하였다.

― 后稍役屬眞番 · 朝鮮諸夷及故燕 · 齊亡命者王之, 都王險. 會孝惠 · 高后時, 天下初
定, 遼東太守卽約滿爲外臣, 保塞外. 以故滿得兵威 · 財物, 侵降其旁小邑, 眞番 · 臨
屯皆來附屬, 地方數千里. 傳子至孫右渠, 所誘漢亡人滋多. 初, 漢約朝鮮, 蠻夷君長
欲入見天子, 勿得禁止. 以聞, 右渠旣未嘗入, 眞番 · 辰國欲上書見天子又雍閼弗通.

위의 기록을 근거로 우리는 서한이 4군을 설치하기 이전의 현지 상황에
대해서 아래와 같이 설명할 수 있다.

전국 시기 연나라의 직접 통치 구역은 진번, 조선 같은 민족의 활동 지역
에까지 미쳤으며 효과적인 관리가 이루어지고 있었다. 소위 "관리를 두고
국경에 성을 쌓은" 것은 이러한 상황의 반영인 것이다. 진번, 조선은 당시
연의 국경 동부 지역에서 활동하던 변경 민족이었다. 진번에 대해서는 사서
에 기록이 많지 않고, 그 구체적인 상황에 대해서는 여러 가지 의문이 존재
한다. 하지만 조선은 기자가 책봉을 받았던 그 조선을 가리킨다는 점은 의
심할 여지가 없는 것이다. 기자가 책봉을 받은 상황은 『사기』 「송미자세가
(宋微子世家)」에 "무왕은 기자를 조선에 봉하였으나 그를 신하로 대하지 않
았다. 그 후 기자가 주왕을 만나기 위하여 은나라의 옛 도읍지를 지났다(武
王乃封箕子於朝鮮而不臣也. 其後箕子朝周, 過故殷墟.)"로 나와 있다. 기자조
선과 연나라의 다툼은 전국 이전에 이미 시작되었으나 결국에는 연나라가
진개(秦開)를 시켜 조선을 격파하여 그 통치 구역이 만번한까지 확대되었
고, 장성을 쌓아 지킴으로써 조선, 진번은 연나라의 속민이 되었다.

진 왕조가 연나라를 멸망시키고 전국을 통일한 뒤 연나라 때의 강역은
그대로 계승되었고, 연 장성과 북부에 새로 쌓은 장성이 함께 연결되어 조
선, 진번은 여전히 장성 밖의 속국에 속하게 되는데 『사기』 「율서(律書)」에
는 "조선은 이전 진(秦) 때부터 내속(內屬)되어 신하로 있었다(朝鮮自全秦時
內屬爲臣子.)"고 기록되어 있다.

한은 진 이후 이 지역에 대한 통치를 계승하였으나 그 구체적인 상황에서는 일부 변화가 나타났다. 그 가운데 가장 중요한 변화는 연나라 사람 만(滿)이 중국 유망민을 거느리고 기자를 이어 조선의 통치 지위를 대신하였다는 점이다. 위씨조선 정권이 건립되면서 진번, 임둔 등이 위씨조선의 속민이 되었다. 위씨조선 정권의 세력 확대는 한 초기의 변경 지역에 불안정적인 요소를 초래하였다. 표면적으로는 서한 왕조와의 신속 관계가 지속되었으나 조선 왕 우거는 번속의 예를 위반하였을 뿐만 아니라 즉위할 때 서한의 천자를 알현하지도 않았다. 또한 진번, 진국(辰國) 등이 서한과 정상적인 왕래를 하는 것도 방해하였는데 이것은 서한이 조선을 통일하여 4군을 설치한 원인 가운데 하나가 되었다.

【 2. 한사군의 설치 및 연혁 】

서한 왕조가 병사를 일으켜 조선을 통일한 원인을 『사기』「조선열전」의 기록을 통해 살펴보면 주로 세 가지로 요약된다. 첫째는 조선왕 우거(右渠)가 "천자를 알현하지 않았을 뿐 아니라 진번 주변의 여러 나라들이 글을 올려 천자에게 알현하고자 하는 것을 가로막고 통하지 못하게 하였기 때문"이며, 둘째는 "원봉(元封) 2년 한나라 사신 섭하(涉何)를 보내어 우거를 꾸짖고 회유하였으나 끝내 천자의 명을 받들지 않았던 것"이며, 셋째는 조선이 출병하여 요동 동부도위(遼東東部都尉) 섭하를 죽였기 때문이었다.

앞서 이야기한 바와 같이 한 왕조의 외신(外臣)으로 위씨조선의 최고 통치자는 서한 황제를 조현해야 하는 규정을 준수해야 하며 한 왕조와 위씨조선의 번속 관계가 확립되던 시기, 한 왕조는 위씨조선에 대해 진번 같은 다른 변경 민족 정권이 한 왕조를 조현하는 규정을 방해해서는 안 된다고 한

적이 있었다. 위씨조선이 규정을 위반하자 한 왕조는 사신을 파견하여 꾸짖고 회유하였으나 위씨조선은 이에 아랑곳하지 않고 오히려 한 왕조의 변경 지방 관리까지 죽임으로써, 한 왕조가 무력 통일 정책을 취하지 않을 수 없게 만들었다.

원봉 2년(서기전 109) 서한 무제는 "죄인을 모아 조선을 공격하였다." 그리고 "그해 가을, 누선 장군(樓船將軍) 양복(楊僕)을 파견하여 제(齊)에서 발해를 건너게 하고 좌장군 순체(荀彘)는 군사 5만을 데리고 요동으로 출병하여 우거를 토벌하였다. 우거는 군사를 일으켜 험준한 곳에서 대항하였다." 그러나 공격이 번번이 좌절당하자 한 무제는 다시 위산(衛山)을 사신으로 파견하여 항복할 것을 요구하였다. "우거는 사자를 보고 머리를 숙이며 사과하기를 '항복하기를 원하였으나 두 장군이 신을 죽일까 두려웠는데 이제 신절(信節)을 보았으니 항복을 청합니다'라고 하며 태자를 보내 사죄하게 하고 말 5000필을 바치고 군량미를 내주었다. 1만 명 남짓한 무리가 무기를 들고 패수를 건너려고 할 때 사자와 좌장군은 그들이 변을 일으킬까 의심하여 태자에게 '이미 항복하였으니 사람들에게 병기를 버리도록 명하시오'라고 하였으나 태자 또한 사자와 좌장군이 자기를 속이고 죽일까 의심하여 끝내 패수를 건너지 않고 사람들을 이끌고 돌아가 버렸다. 위산이 돌아와 천자에게 보고하니 천자는 위산을 주살하였다. 좌장군이 패수에서 군사를 격파하고 전진하여 성 아래에 이르러 서북쪽을 포위하였다. 누선도 가서 합류하여 성의 남쪽에 웅거하였다. 우거가 성을 굳게 지켰기 때문에 몇 달이 지나도 함락할 수 없었다." 원봉 3년(서기전 108) 여름 한나라 군사의 장기간 포위는 조선 정권 안에서 내란을 일으켰다. "니계상(尼溪相) 참(參)이 사람을 시켜 조선 왕 우거를 죽이고 항복해옴으로써 한은 드디어 조선을 평정하고 4군을 설치하였다."[1]

4군을 설치한 시기 사기의 기록에는 모순이 존재한다. 『한서』「무제기(武

帝紀)」에는 원봉 3년 여름 "조선이 그 왕 우거를 죽이고 항복해왔는데 그 지방을 낙랑, 임둔, 현도, 진번군으로 삼았다"고 되어 있고, 같은 책 권28 하(「지리지 하」)에도 "현도군은 무제 원봉 3년에 설치하였다"고 기록되어 있어 앞에서 인용한 사기의 기록과 동일하다. 그러나『한서』「지리지 하」에는 "현도군은 무제 원봉 4년에 설치하였다"고 기록되어 있어 전자와는 모순이 있다. 이 문제에 대해서 어떤 학자는 "원봉 3년 조선을 멸망시키고, 원봉 4년 현도군 등을 설치하였다"고 하였다.[2] 그러나 이 관점은 타당하지 못하다. 왜냐하면 1개 군의 설치 시기로 나머지 3개 군의 설치 시기를 한정할 수는 없기 때문이다. 사서 기록에 나타난 이러한 차이는 실제로는 이해하기 어려운 것이 아니다. 우리는 두 가지 면에서 이러한 모순을 해석해볼 수 있다.

첫째, 4군은 같은 해에 설치된 것이 아니다. 낙랑, 임둔, 진번 3군이 먼저 설치되고 현도군은 다음해에 비로소 설치된다. 왜냐하면 서한이 조선을 멸망시킨 것은 원봉 3년 여름으로 임둔, 진번이 그 부근에 있었기 때문에 3군이 먼저 설치된 것이다. 현도군의 관할 국경은 처음에는 옥저를 기초로 설치된 것으로 그 땅은 한반도 동북부에 위치하여 조선의 중심 지역과는 일정한 거리가 있었다. 서한이 조선을 멸망시킨 뒤 한편으로는 조선의 백성들을 안정시켜야 했고 다른 한편으로는 통치 체제를 구축해야 했기 때문에 그 세력이 옥저 지역에까지 닿은 시기는 다른 3군보다 약간 늦었던 것이다. 현도군은 원봉 4년에 비로소 설치되었다는 것이 시기적으로 합리적이라고 할 수 있다.

둘째 소위 "원봉 3년 여름"은 조선이 서한 왕조에 항복한 시기이지 4군 전체의 설치 시기를 가리키는 것이 아니다. 예를 들어『한서』「무제기」에는

---

1) 『사기』 권115 「조선열전」.
2) 쑨진지(孫進起) 등 주편, 『동북 역사 지리(東北歷史地理)』 제1권 (흑룡강인민출판사, 1989), 323~324쪽.

원봉 3년 여름 "조선이 그 왕 우거를 죽이고 항복해왔다. 그 지방을 낙랑, 임둔, 현도, 진번군으로 삼았다"로 기록되어 있다. 이 기록의 중심은 조선의 멸망으로, 4군의 설치는 조선이 멸망함에 따라 나타난 부차적인 문제로 언급되었을 뿐이지 완전하게 모든 사건을 설명한 것은 아니었다. 뒤에서 4군의 설치를 전부 나열한 것은 나무랄 바가 못 되며 작자는 낙랑, 현도 2군을 구체적으로 기록할 때 이를 명확하게 구분 짓고 있다.

이와 같이 4군의 설치 시기에는 사서 기록에 모순이 있었던 것이 아니라 사서 기록에 대한 후대 사람들의 정확한 이해 부족이 있었던 것이다. 4군은 같은 해에 설치된 것이 아니라 낙랑, 임둔, 진번 3군이 먼저 설치되는데 시기는 원봉 3년이었다. 현도군이 그 뒤에 설치되며 설치 시기는 원봉 4년이었다.

4군이 설치된 초기의 관할 구역에 관해서는 사서의 분명한 기록이 부족한데 유일하게 『자치통감』 권21 원봉 3년(서기전 108) 12월 조 주석에 이에 대한 비교적 전체적인 내용이 나와 있다.

낙랑군 치소는 조선현이며, 대개 우거왕이 도읍했던 곳을 치소로 삼았다. 신찬(臣瓚)이 말하기를 『무릉서(茂陵書)』에 임둔군의 치소는 동이현(東暆縣)인데, 장안에서 6138리 떨어져 있으며, 15개 현을 거느린다. 현도군은 본래 고구려인데, 조선이 평정되자 함께 개척하여 군으로 삼았고, 치소는 옥저성이나, 후에 이맥(夷貊)의 침략을 받아, 구려(句麗)의 서북으로 군을 옮겼다. 진번군의 치소는 삽현(霅縣)인데, 장안에서 7640리 떨어져 있으며, 15현을 거느린다.
— 樂浪郡, 治朝鮮縣, 蓋以右渠所都爲治所也. 臣瓚曰, 『茂陵書』臨屯郡治東暆縣, 去長安六千一百三十八里, 領十五縣. 玄菟郡, 本高句麗也, 既平朝鮮, 并開爲郡, 治沃沮城, 后爲夷貊所侵, 徒郡句麗西北. 眞番郡治霅縣, 去長安七千六百四十里, 領十五縣.[3]

이 기록과 기타 사서의 기록을 결합시켜보면 4군이 처음 설치된 시기의 대체적인 상황을 종합해볼 수 있다.

낙랑군은 위씨조선의 기초 위에 설치된 것으로 치소는 조선현에 있었으나 관할 현의 구체적인 숫자는 분명하지 않다. 임둔군은 임둔국의 기초 위에서 설치된 것으로 치소는 동이현에 있었으며 15개 현을 관할하였다. 현도군은 옥저의 기초 위에 설치한 것으로 치소는 옥저현에 있었으며 구체적인 관할 현의 숫자는 분명하지 않다. 진번군은 진번국의 기초 위에 설치한 것으로 치소는 삽현에 있었으며 15개 현을 관할하였다.

4군을 설치한 뒤 시원(始元) 5년(서기전 82) 한 차례 대폭적인 조정이 있었으며 이후에 또 한 번 소폭의 조정을 하게 된다. 이에 대해서는『후한서』「동이 · 예(東夷 · 禮)」에 자세하게 기록되어 있다. "소제 시원 5년, 임둔과 진번을 폐지하고 낙랑과 현도에 합병하였다. 현도는 다시 고구려로 옮겼으며 단단대령의 동쪽으로부터 옥저와 예맥은 모두 낙랑에 예속되었다. 뒤에 영역이 넓고 멀리 떨어져 있어서 다시 령의 동쪽 7현을 떼어 낙랑의 동부도위를 두었다."

시원 5년의 조정은 그 규모가 꽤 컸는데 주요 내용은 두 가지 항에 관한 것이었다. 첫째는 4군을 낙랑, 현도 두 군에 합병하는 것이었고 둘째는 현도군의 치소와 관할 지역에 꽤 커다란 변화가 있었다는 것이다.

4군을 합병한 이후 낙랑, 현도의 상황은 사서의 기록을 통해 분명히 볼 수 있다.

---

3) 인용한 글 가운데 낙랑군 치소와 "현도군은 본래 고구려이다"라고 한 기록은『무릉서(茂陵書)』에서 나온 것이 아니다. 왜냐하면『한서』「무제기」에서 "신찬왈(臣瓚曰)"을 인용한 것은 아래의 내용, 즉 "『무릉서』: 임둔군의 치소는 동이현으로 장안에서 6138리 떨어져 있으며 15개 현을 거느리고 있다. 진번군의 치소는 삽현인데 장안에서 7640리 떨어져 있고 15개 현을 거느리고 있다"는 내용뿐이기 때문이다. 따라서 "현도군은 본래 고구려이다"라는 내용은 이 군이 처음 설치된 때의 상황을 반영하는 것이 아니다.

『한서』「지리지 하」에는 다음과 같이 기록되어 있다.

현도군: 한 무제 원봉 4년에 열었다. 고구려: 왕망이 하구려라 불렀고, 유주에
속한다. 4만 5600호, 인구는 22만 1845명. 현은 세 개다. 고구려: 요산(遼山), 요
수(遼水)가 여기에서 나와 서남쪽으로 흘러 요대(遼隊)에 이르러 대요수(大遼
水)로 들어갔다. 또 남소수(南蘇水)가 있어 서북쪽으로 국경 바깥을 지났다. 상
은태(上殷台): 왕망은 하은(下殷)이라고 불렀다. 서개마(西蓋馬): 마자수(馬訾
水)가 서북으로 흘러 염난수(鹽難水)로 흘러들고, 서남으로 흘러 서안평(西安
平)에 이르러 바다로 들어간다. 군(郡)을 2개 지나는데 길이가 2천 1백리가 되
고, 왕망은 현도정(玄菟亭)이라고 불렀다. 낙랑군(樂浪郡): 무제 원봉 3년에 열
었다. 왕망은 낙선(樂鮮)이라고 불렀고, 유주에 속한다. 6만 2812호, 인구는 40
만 6748명. 운장(云鄣)이 있고, 현은 25개다. 조선, 감한(詌邯), 패수: 물이 서쪽
으로 흘러 증지(增地)에 이르러 바다로 들어갔다. 왕망은 이곳을 낙선정(樂鮮
亭)이라고 불렀다. 함자(含資): 대수가 서쪽으로 흘러 대방에 이르러 바다로 들
어갔다. 점선(粘蟬), 수성(遂成), 증지(增地): 왕망은 이곳을 증토(增土)라고 불
렀다. 대방(帶方), 사망(駟望), 해명(海冥): 왕망은 이곳을 해환(海桓)이라고 불
렀다. 열구(列口), 장잠(長岑). 둔유(屯有), 소명(昭明): 남부도위가 다스렸다.
누방(鏤方), 제해(提奚), 혼미(渾彌), 탄열(呑列): 분여산(分黎山), 열수(列水)
가 여기에서 시작되어 서쪽으로 흘러 점선(粘蟬)에 이르러 바다로 들어갔는데,
길이가 820리이다. 동이(東暆), 불이(不而): 동부도위가 다스렸다. 잠태(蠶台),
화려(華麗), 사두매(邪頭昧), 전막(前莫), 부조(夫租).

一 玄菟郡, 武帝元封四年開. 高句驪, 莽曰下句驪, 屬幽州. 戶四萬五千六, 口二十二
萬一千八百四十五. 縣三: 高句驪, 遼山, 遼水所出, 西南至遼隊入大遼水. 又有南
蘇水, 西北經塞外. 上殷台, 莽曰下殷. 西蓋馬, 馬訾水西北入鹽難水, 西南至西安
平入海, 過郡二, 行二千一百里, 莽曰玄菟亭. 樂浪郡, 武帝元封三年開, 莽曰樂

鮮. 屬幽州. 戶六萬二千八百一十二, 口四十萬六千七百四十八, 有雲鄣. 縣二十五:
朝鮮, 誦邯, 浿水, 水西至增地入海. 莽曰樂鮮亭. 含資, 帶水西至帶方入海. 粘蟬,
遂成, 增地, 莽曰增土. 帶方, 駟望, 海冥, 莽曰海桓. 列口, 長岑, 屯有, 昭明, 南部
都尉治. 鏤方, 提奚, 渾彌, 吞列, 分黎山, 列水所出, 西至粘蟬入海, 行八百二十里.
東暆, 不而(耐), 東部都尉治. 蠶台, 華麗, 邪頭昧, 前莫, 夫租.

사서의 이 기록에 대해서는 아래와 같은 설명이 필요하다.

첫째, 조정한 뒤의 현은 겨우 28개밖에 되지 않았는데 이는 조정하기 전
의 임둔, 진번 두 군의 관할 현보다도 적을 뿐 아니라 원래 진번군의 치소였
던 삽현 역시 조정 이후에는 두 군의 관할 현에서 나타나지 않은 것으로 보
아 이때의 조정은 군의 조정에만 그쳤던 것이 아니라 4군의 관할 현 역시
합병된 상황이 발생했음을 알 수 있다.

둘째, 『한서』「지리지」에 수현(首縣)을 군의 치소로 기재하는 습관에 따
라 낙랑군의 치소는 여전히 조선현이지만 현도군의 치소는 옥저현에서 고
구려현으로 조정되었다는 것을 알 수 있다.

셋째, 사서의 기록에는 이때의 조정에 대해 자주 "임둔과 진번을 폐지하고
낙랑과 현도에 합병하였다"고 쓰고 있기 때문에 임둔이 낙랑에 병합되고 진번
은 현도군에 병합되는 인상을 줄 수 있는데, 실제는 이와 다르다. 남아 있는 흔
적으로 보아 당시의 서한 왕조는 단단대령 동쪽의 원래 현도군 지역에 대한 경
영을 포기하였다는 것을 알 수 있다. 임둔군 속현은 조정을 마친 뒤 지역 분포
에 따라 전부 낙랑군에 들어가 있는 것을 볼 수 있고, 현도군의 속현도 적지 않
은 수가 낙랑군 관할 아래로 들어가 있는 것을 볼 수 있다. 어떤 학자는 조정한
뒤 낙랑군의 관할 현인 "부조(夫租)"는 원래 현도군의 치소였던 옥저현을 다르
게 쓴 것이라고 하였다.[4] 현도군의 조정 전 위치를 통해 볼 때 그 가능성은 충
분히 있다. 왜냐하면 조정한 뒤의 단단대령 동쪽 지역은 모두 낙랑군 관할 경

내로 들어가기 때문이다. 그러나 이것이 이때의 조정 결과였는가 하는 점은 좀 더 자세하게 연구해야 할 문제이다. 전국적인 범위에서 볼 때 서한 왕조의 동쪽 변경에 대한 행정 제도의 조정은 단독으로 진행된 것이 아니라 모든 변경의 행정 제도를 조정하는 과정에서 이루어진 부분이었다. 『한서』「소제기(昭帝紀)」의 기록에 따르면 시원 5년 "담이(儋耳)군과 진번군을 폐지하였다"고 되어 있는데 담이군을 폐지한 원인에 대해 『한서』「가연지전(賈捐之傳)」에서는 "처음 군이 만들어진 뒤부터 소제 시원 원년에 이르기까지 20년 남짓 반란이 여섯 번쯤 있었다. 시원 5년에 이르자, 담이군을 없애고 주애군(珠崖郡)에 합쳤다(自初爲郡, 至昭帝時元元年, 二十余年間凡六反叛, 至其五年, 罷儋耳郡幷属珠崖.)"로 기록되어 있다. 담이군의 상황과 비슷하게 진번군에서 속민의 반항이 있었는지의 여부는 사서에 명확한 기록이 남아 있지 않다. 그런데 현도군에서는 이와 같은 반항이 있었다는 기록이 남아 있다. 『후한서』「동이·동옥저(東夷·東沃沮)」에는 "무제가 조선을 멸망시키고 옥저 땅을 현도군으로 삼았다. 뒤에 이맥의 침략을 받아 군을 고구려의 서북쪽으로 옮기고 옥저를 현으로 고치고 낙랑군의 동부도위에 속하게 하였다"고 기록되어 있는데 현도군 치소의 변천은 이때의 조정 결과이나 "옥저를 현으로 고치고 낙랑군의 동부도위에 속하게 한" 것은 이때의 조정 내용이 아니다. 앞에서 인용한 사서의 "뒤에 영역이 넓고 멀리 떨어져 있어서 다시 령의 동쪽 7현을 떼어 낙랑의 동부도위에 두었다"는 기록과 결부시켜보면 현도군 치소를 서쪽으로 이동한 것은 실제 강압에 의한 것이었다. 이는 서한 왕조가 옥저 지역의 경영을 포기하였음을 나타내는 것이다.

소규모의 조정은 주로 낙랑 동부도위의 설치를 가리키는데 구체적인 설치 시기에 대한 사서의 기록은 분명하지 않다. 다만 앞에서 분석한 것을 볼 때 서한 왕조가 원래 현도군 지역의 통치를 다시 회복한 후에 설치한 것을

---

4) 쑨진지 등 주편, 『동북 역사 지리』 제1권, 324쪽. "옥저(沃沮)"를 "부조(夫租)"로도 쓴다고 여기고 있다.

알 수 있다. 옥저 지역에 대한 통치 회복은 서한 왕조가 한반도 북부 지역을 통치하는 데 유리하였다. 그러나 이때 현도군은 이미 서쪽으로 이동하여 고구려현에 있었으며 이 지역과 낙랑군 사이에는 단단대령이 막아서고 있었기 때문에 낙랑군이 이 지역을 관리하는 것은 불편하였다. 따라서 전문적인 기구를 설치하여 관리하는 것은 필연적인 선택이었다. 그런데 낙랑 동부도위를 설치하여 이 지역을 관리한 것으로 보아 서한 왕조는 이 지역에 대한 관리보다는 방어에 중점을 두었음을 알 수 있다. 왜냐하면 도위는 무관(武官)으로 군의 병사들을 통솔하는 관리에 속하기 때문이다.

소규모의 조정 이후 서한 왕조는 원래의 4군 지역에 2개 군을 설치하고 하나의 도위를 더하는데, 이 관리 구조는 서한이 멸망할 때까지 바뀌었다는 기록이 없다.

동한 시기로 들어온 이후, 동한 왕조는 4군 지역에 대해 다시 한 차례 커다란 조정을 하게 된다. 이때의 조정은 방어 체계를 축소한다는 특징을 띠었으며, 동한 왕조의 모든 변경 방어 체계 축소의 한 구성 부분이기도 하였다. 이에 대해 『후한서』 「동이 · 예」에서는 "건무 6년 도위 관직을 폐지하고 대령 동쪽의 지역을 포기하여 모든 땅에 그 지방의 우두머리(渠帥)들을 봉하여 현후(縣侯)로 삼았다"고 간단하게 기록하고 있다. 동부도위는 비록 사라지지만 낙랑, 현도 2군은 양진 시기까지 줄곧 유지되며 특히 현도군은 남북조 시기까지 지속적으로 유지되었다.

【 3. 4군의 지위와 명망 】

4군의 지위와 명망에 관한 문제는 학계에서도 논쟁이 많은 부분이다. 1970년대 이래 낙랑군은 요동에 있었다는 관점이 이웃나라에 의해 제기된 이후 본래의 논쟁은 더욱 복잡해졌다. 이 글이 뜻하는 바는 한반도 북부 지역이 서한 시기에 이미 중앙 왕조의 직접 관할 구역이었다는 것을 설명하기 위한 것으로, 여기서는 서한 시기 한사군의 지위와 명망에 대해서 토론을 진행할 뿐이며 그 이후의 연혁 상황에 대해서는 언급하지 않는다.

1) 낙랑군의 지위와 명망

한 낙랑군의 치소는 지금의 한반도 평양 부근 토성리(土城里) 고성으로, 이는 우리나라 학계와 일본 그리고 한국의 일부 학자들이 가지고 있는 보편적인 인식이다. 이 관점은 지금까지 유일한 합리적인 인식이라고 말할 수 있는데 여러 사서의 기록뿐 아니라 많은 고고학 자료들이 이를 더욱 증명해주고 있기 때문에 또 다시 설명할 필요는 없을 것으로 보인다. 다만 최근 이웃나라 학자들이 보편적으로 공인받은 이 견해에 대해서 끊임없이 이견을 제기함으로써 아래에서 이 문제에 대해서만 간단하게 우리들의 관점을 피력할까 한다.

낙랑군은 서한 왕조가 조선을 통일한 뒤 설치한 것으로, 그 치소인 조선현은 고조선의 통치 중심 소재지로 당시 고조선의 통치 중심은 왕검성(王險城)에 있었다. 『사기』 「조선열전」에는 위만이 "동쪽으로 도망하여 요새를 나와 패수를 건너 진의 옛 빈터인 상하장(上下鄣)에 살았다. 차츰 진번과 조선의 만이 및 옛 연·제의 망명자를 복속시켜 거느리고 왕이 되었으며 왕검에 도읍을 정하였다"라고 기록되어 있다. 그런데 왕검성의 위치에 관한 기록에 대해 후대 사람들의 주석에는 꽤 커다란 차이가 존재한다. 『집해(集解)』에서 서광(徐廣)은 "창려(昌黎)에 험독현이 있다." 『색은(索隱)』에서 위소(韋昭)는 "옛 읍명이다."(古邑名.) 응소(應劭)는 주석에서 "지리지에는 요동에 험독현이 있다고 하였다. 조선왕의 옛 도읍이다"라고 하였으며 신찬(臣瓚)은 "왕검성은 낙랑군 패수의 동쪽에 있다"고 하였다.

즉, 왕검성은 요동의 험독현(險瀆縣)에 있었다는 설과 낙랑군 패수의 동쪽에 있었다는 두 가지 대립된 설이 있다. 왕검성이 한반도 평양에 있었다고 여기는 사람들은 뒤의 설을 따르는 관점이며, 앞의 설은 이웃나라의 일부 학자들이 주장하는 것이다. 이 외에도 『후한서』「광무제기 하(光武帝紀下)」 건무 6년(30)에는 "처음 낙랑 사람 왕조(王調)가 불손하여 군(郡)에 복종하지 않으므로 가을에 낙랑 태수 왕준(王遵)을 보내어 이를 격퇴하였다"라고 기록되어 있다. 이 기록에 대해 당나라 사람 이현(李賢)은 주석에서 "낙랑군은 옛날 조선국으로 요동에 있다"고 하였다. 이 역시 일부 학자들이 왕검성이 요동에 있었다고 주장하는 근거의 하나이다.

고조선의 왕검성은 이후에 고구려의 도성 소재지가 되는데 낙랑군 치소가 조선현 평양에 있었다는 명확한 기록은 『수경주(水經注)』 권14 패수(浿水) 조에 "그 땅은 지금 고구려가 다스리는 땅이다. 내가 그 땅의 관리들을 방문하니, 말하기를 성은 패수의 북쪽에 있고, 그 물은 서쪽으로 흘러 옛 낙랑 조선현, 즉 한 무제가 설치한 낙랑군의 치소를 지나 서북쪽으로 흐른다는 것이다. 그러므로 지리지에 말하기를 '패수는 서쪽으로 증지현(增地縣)에 이르러 바다로 들어간다'고 했다(其地今高句麗之國治, 余訪番使, 言城在浿水之陽, 其水西流, 徑故樂浪朝鮮縣卽樂浪郡治漢武帝置而西北流, 故地理志曰 '浿水西至增地縣入海.')"고 나와 있다. 근거로 든 내용이 고구려 사신의 말이었기 때문에 이는 문제가 없는 것이다. 그러면 앞에서 인용한 사서의 주석에서 왕검성이 요동에 있었다는 기록, 특히 응소(應劭)와 같이 낙랑군이 존재하던 시기의 사람들이 남긴 기록은 어떻게 이해해야 할까? 여기에 대해서는 사실 우리나라 학자 리젠차이(李健才)가 이미 자세한 연구를 한 적이 있다. 그는 응소의 주석을 중요하게 봐야 한다고 했다. 그러나 『한서』를 해석한 그의 주석은 앞뒤가 맞지 않는다. 『한서』「지리지 하」 요동군 험독현 주에서는 "조선왕 만의 도읍이다"라고 하였는데, 낙랑군 조의 주석에서도 마찬가지로 "옛 조선국이다"라고 하였기 때문이다. 또 낙랑군 조선현에는 "무왕이 기자를 조선에 봉하였다"고 주석을 달았다. 따라서 응소의 주석은 후대 사람들의 동의를 얻지 못하였다. 진(晉)나라 사람 신찬(臣瓚), 당나라 사람 안사고도 모두 이 견해에 반대하였다. 조선의 정약용(丁若鏞)은 『아방강역고(我邦疆域考)』「조선전」에서 "험독은 이미 요동군에 속한 현인데, 어찌 위만이 그 도읍으로 삼을 수 있었겠느냐(險瀆旣是遼東屬縣安得衛滿所都.)"라고 썼는데 이러한 기록들은 후대 사람들의 보편적인 관점을 대표한다고 할 수 있다. 그리고 당나라 사람 이현의 주석에 대해서 지금 사람들은 오해를 하고 있는데 당나라 사람들이 말하는 요동은 한대의 요동군이 아니라 고구려 지역을 가리키는 것이다. 따라서 학계에서는 일반적으로 응소의 견해를 받아들이지 않고 있다.[5]

실제로도 한의 낙랑군과 관련된 여러 가지 유물들이 평양 지역에서 출토되었는데 특히 "낙랑(樂浪)"이란 명문이 있는 수막새 같은 유물이 발견됨으로써 낙랑군 조선현은 평양에 있었다는 사실을 더욱 명백하게 증명해주고 있다. 다만 일부 학자들이 과학적인 태도를 취하지 않고 다른 의도를 품으면서 이 사실을 인정하고 있지 않을 뿐이다.[6]

---

5) 리젠차이(李健才), 『동북사지 고략(東北史地考略)』 제3집 (길림문사출판사, 2001), 72~83쪽.
6) 일본의 다니 도요노부(谷豊信)는 지금까지 일본, 중국, 조선, 한국 학자들의 낙랑군의 지위와 명망 문제에 관한 관점들을 정리하고 이 기초 위에서 자기의 관점을 발표하였는데, 낙랑군의 치소는 평양에 있었다는 기록은 믿을 수 있다고 하였다. 「낙랑군의 위치」, 『고구려 귀속 문제 연구』 (길림문사출판사, 2000), 535~561쪽.

2) 현도군의 지위와 명망

현도군의 지위와 평가 역시 학계에서 논쟁이 많은 부분이다. 논쟁의 초점은 주로 현도군이 처음 설치된 지점과 고구려현이 현도군의 이동 이후의 치소였던가 하는 점, 그리고 기타 군과의 합병 문제 등에 집중되고 있다.

현도군이 처음 설치될 때의 치소에 대해서 사서에는 다음과 같이 기록되어 있다.

원봉 3년(서기전 108) 여름 "조선이 그 왕 우거를 죽이고 항복해 오므로 그 땅에 낙랑, 임둔, 현도, 진번을 설치하였다." (『한서』「무제기」. 『사기』「조선열전」의 기록과 동일하다.)

— 元封三年夏, "朝鮮斬其王右渠降, 以其地爲樂浪·臨屯·玄菟·眞番郡.

조선을 평정하고 진번, 임둔, 낙랑, 현도 4군을 설치하였다. (『한서』「조선전」)

— 定朝鮮爲眞番·臨屯·樂浪·玄菟四郡.

현도군 아래 응소의 주석에는 "옛날 진번, 조선, 호국이다"라고 하였다. (『한서』「지리지 하」)

— 故眞番·朝鮮·胡國.

무왕이 조선을 멸하여 고구려를 현으로 삼고 현도에 예속시켰다. (『한서』「지리지 하」)

— 武帝滅朝鮮, 以高句麗爲縣, 使屬玄菟.

무제가 조선을 멸하고 옥저 땅을 현도군으로 삼았다. 뒤에 이맥의 침략을 받아

군을 고구려의 서북쪽으로 옮기고는 옥저를 현으로 고쳐 낙랑군의 동부도위에 속하게 하였다. (『후한서』「동이 · 동옥저」)

— 武帝滅朝鮮, 以沃沮地爲玄菟郡. 后爲夷貊所侵, 徒郡于高句麗西北, 更以沃沮爲縣, 屬樂浪東部都尉.

한 무제 원봉 2년 조선을 정벌하여 만의 손자 우거를 죽이고 그 지역을 분할하여 4군을 설치하였는데 옥저성을 현도군으로 삼았다. 뒤에 이맥의 침략을 받아 군을 구려의 서북쪽으로 옮기니 지금의 이른바 현도의 고부(故府)라는 곳이 바로 그곳이다. 옥저는 다시 낙랑에 속하게 되었다. (『삼국지』「동이 · 동옥저」)

— 漢武元封二年伐朝鮮, 殺滿孫右渠, 分其地爲四郡, 以沃沮城爲玄菟郡. 后爲夷貊所侵, 徒郡句麗西北, 今所謂玄菟故府是也, 沃沮還屬樂浪.

원봉 6년 봄 정월에 군(郡) · 국(國)의 백성들을 모아서 요동과 현도성을 쌓았다. (『한서』「소제기」)

— 元鳳 "六年春正月, 募郡國徒築遼東玄菟城.

한 무제는 우거를 토벌하여 그 땅을 낙랑, 임둔, 현도, 진번으로 나누었다. 〔『조선사략(朝鮮史略)』「4군」. 현도군의 주에는 "동옥저성은 지금의 함경 지뢰현(東沃沮城, 今咸鏡地雷縣)"이라고 하였다.〕

— 漢武帝討右渠, 分其地爲樂浪 · 臨屯 · 玄菟 · 眞番.

위의 기록들을 종합해보면 우리는 현도군 최초의 치소가 다음 두 지역일 가능성이 크다는 것을 어렵지 않게 발견할 수 있다. 하나는 옥저성이고 다른 하나는 고구려현이다. 자세하게 이 기록들을 분석해보면 처음 설치했을 때의 치소는 전자라고 할 수 있다. 왜냐하면 『후한서』「동이 · 고구려전」의

"무제가 조선을 멸망시키고 고구려를 현으로 만들어서 현도에 속하게 하였다"라는 기록은 현도군의 치소가 고구려현에 있었다고 이야기한 것이 아니라 조선을 멸망시킨 후에 고구려현을 설치하였음을 말하고 있는 것이기 때문이다. 이 역시 우리나라 학계의 보편적인 인식이며 옥저현의 현재 위치는 대체적으로 조선 함경남도의 함흥으로 보고 있다.[7]

앞에서 이야기한 것과 같이 현도군에는 시원 5년(서기전 82)의 군현의 조정으로 치소의 변화가 발생하였다. 즉, 옥저현에서 고구려현으로 치소를 옮긴 것이다. 현도군이 서북쪽으로 옮겨온 것은 현도군이 "이맥(夷貊)"의 끊임없는 침범을 당하였기 때문인데, 서한 왕조는 잠시 이 지역의 경영을 포기하게 된다. 천도 후의 현도군의 치소는 『한서』 「지리지」 현도군에 나열된 삼현 가운데서 고구려현일 것이다. 앞에서 인용한 『한서』 「소제기」 원봉 6년(서기전 75)의 "6년 봄 정월에 군(郡)·국(國)의 무리들을 모아서 요동과 현도성을 쌓았다(六年春正月, 募郡國徒築遼東玄菟城.)"는, 이동 후에 현도군이 쌓은 성으로 지금의 요녕성 신빈 부근이다. 이와 같이 군을 동쪽으로 옮기고 성을 쌓기까지는 채 8년도 되지 않은 시간이 필요했던 것이지 32년이 걸린 것이 아니었다.[8]

동쪽으로 옮긴 이후의 현도군 치소인 고구려현의 대체적인 위치는 일반적으로 지금의 요녕성 신빈현의 동남쪽으로 보고 있다.[9]

현도군과 기타군의 합병 문제에 대해서는 진번군의 지위와 명망에서 다룰 것이기 때문에 여기에서는 중복을 피하여 언급하지 않는다.

7) 쑨진지 등 주편, 『동북 역사 지리』 제1권, 324~325쪽.
8) 스이도 마루모(首藤丸毛), 『현도·임둔·진번 3군에 대한 나의 견해(玄菟臨屯眞番三郡之我見)』; 양춘지·경톄화 주편, 『고구려 귀속 문제 연구』, 522쪽.
9) 탄치샹(譚其驤) 주편, 『중국 역사 지도집(中國歷史地圖集)』 진한(秦漢) 부분, 중국지도학사(中國地圖學社), 1978.

3) 진번군의 지위와 명망

진번군의 지위와 명망 문제 역시 논쟁이 많은 부분이다. 학계의 인식은 대체로 두 가지 다른 관점이 있다. 하나는 진번군은 낙랑군의 남부에 있었다는 주장이고 다른 하나는 낙랑군의 북부에 있었으며 후에 현도군에 들어가게 된다는 주장이다. 이 두 가지 다른 관점은 아래에서 이야기할 세 가지 사서의 기록에 대한 이해의 차이에서 비롯된 것이다.

신찬이 말하기를 『무릉서』에 따르면 임둔군의 치소는 동이현인데, 장안에서 6138리 떨어져 있으며, 15개 현을 거느린다. 현도군은 본래 고구려인데, 조선이 이미 평정되자 함께 개척하여 군으로 삼았고, 치소는 옥저성이나 후에 이맥의 침략을 받아서 구려의 서북으로 군을 옮겼다. 진번군의 치소는 삽현인데, 장안에서 7640리 떨어져 있으며, 15개 현을 거느린다. (『자치통감』 권21)

― 臣瓚曰, 『茂陵書』, 臨屯郡治東暆縣, 去長安六千一百三十八里, 領十五縣. 玄菟郡, 本高句麗也, 旣平朝鮮, 幷開爲郡, 治沃沮城, 後爲夷貊所侵, 徒郡句麗西北. 眞番郡治霅縣, 去長安七千六百四十里, 領十五縣.

옛 진번, 조선, 호국이다. (『한서』 「지리지 하」 현도군조 응소의 주)

― 故眞番, 朝鮮, 胡國.

소제 시원 5년, 임둔과 진번을 폐지하여 낙랑과 현도에 합병하였다. (『후한서』 「동이 · 예」)

― 昭帝始元五年, 罷臨屯 · 眞番以幷樂浪 · 玄菟.

첫 번째, 세 번째 기록과 『한서』 「지리지 하」의 현도군 조 기록을 보면 임둔군의 동이현은 조정한 뒤 낙랑군의 속현이 되는데, 이는 임둔군이 낙랑군에 들어가게 된다는 유력한 증거가 된다. 이와 같이 진번군도 현도군에 병합되었을 것이며, 두 번째 기록인 현도군 "옛 진번, 조선, 호국"의 기록을 더하면 진번군은 자연 낙랑군의 북쪽에 있게 된다. 이것이 학자들이 진번군은 낙랑군의 북쪽에 있었다고 주장하는 관점의 근거이다. 그러나 이 관점 역시 허점이 있는데 먼저 첫 번째의 기록에서 진번군의 치소에 대해서 그 거리가 장안에서 7640리 떨어져 있다는 기록은 해결하기 힘들다. 그리고 『문헌통고』권324에 "진번, 진국이 상서를 올리고 천자를 알현하고자 하나 다시 막아서 통할 수 없다"라는 기록, 즉 진번이 한 왕조로 가기 위해서는 고조선을 거쳐야 한다는 기록은 해석하기가 힘들다. 만약 진번군이 북쪽에 있었다면 진번이 서한 왕조에 상서를 올리는 데는 조선을 통과하지 않고도 가능한 것으로, 조선이 "막아서 통할 수 없던" 상황은 나타나지 않았을 것이다.

다음으로 응소의 주석에 관한 문제인데, 여기엔 그 자체로 원만하게 설명하기 어려운 문제가 있으므로 우리는 이것을 하나의 막연한 관점으로 볼 뿐 이를 근거로 삼아서는 안 된다. 왜냐하면 만약 현도군을 "옛 진번, 조선, 호국" 가운데서 '진번=진번군'으로 이해한다면 현도군 조정 후에는 자연 진번군의 관할지를 포함해야 하는데 그러면 그 가운데 있는 조선을 또 어떻게 해석해야 하는가 하는 문제가 남기 때문이다. 한 왕조가 조선을 멸한 뒤 조선의 땅에 설치한 것은 낙랑군으로, 이것은 논쟁의 여지가 없는 사실이다. 그러나 이를 따르면 현도군이 진번군을 병합하였을 뿐 아니라 낙랑군도 병합한 것이 된다. 이러한 이해는 자연 성립되기 어렵다. 그러므로 진번군이 낙랑군의 북쪽에 있었다는 인식은 정확하지 않은 것으로 진번군의 치소는 분명 낙랑군의 남쪽에 있었을 것이다.

위에서 진번군의 치소가 임둔군 치소보다 더 멀리 떨어져 있다는 기록에 근거하여 낙랑군의 남부 지역에서 진번군의 위치를 찾는 것이 더욱 타당할 것으로 보인다. 하지만 만약 진번군의 위치가 낙랑군의 남부에 있었다고 하더라도 역시 문제점이 존재한다는 것을 알 수 있다. 즉 위에서 인용한 사서의 거리 숫자에 모순이 생기며 "임둔과 진번을 폐지하고 낙랑과 현도에 합병하였다"는 내용에 대한 해석도 어려워진다. 왜냐하면 학자들 대부분이 임둔은 낙랑에 병합되고 진번은 현도에 병합되었다고 여기고 있기 때문이다. 이 문제에 대해서는 이전 학자들의 임둔군에 대한 위치 비정에 착오가 있었을 가능성이 매우 높으며, 사서 기록의 해석에도 또한 착오가 있을 수 있다. 이병도는 임둔군의 치소를 지금의 조선 강원도 원산 일대로 추정하였고 우리나라 학자 쑨진지(孫進己)도 이에 동의하였다.[10] 만약 이것이 사실이라면 임둔군 치소의 위치는 이전 학자들이 고증한 지금의 북위 38도선 이남의 강릉이 아니다. 따라서 진번군의 위치를 반도의 남부, 진한의 북쪽으로 확정한다고 해도 이는 틀린 것이 아니다. 이러한 추정과 사서 기록 사이에 존재하는 모순에 대해 일본인 스이도 마루모(首藤丸毛)가 내놓은 견해는 실제로는 이미 해결되었으므로 또 다시 번거롭게 고증할 필요는 없을 것이다.[11]

4) 임둔군의 지위와 명망

임둔군의 지위와 명망 역시 학자들 사이에 논쟁이 많은 문제인데 대체로 두 가지 관점으로 종합해볼 수 있다. 즉 앞서 말한 지금의 조선 원산 일대와 강릉 부근이다.

---

10) 쑨진지(孫進己) 등 주편, 『동북 역사 지리』 제1권, 342~343쪽.
11) 스이도 마루모(首藤丸毛), 『현도 임둔 진번 3군에 대한 나의 견해』, 513~528쪽에서 재인용.

앞서 인용한 『무릉서』의 "임둔의 군치는 동이현으로 장안에서 6138리 떨어져 있으며 15개 현을 가지고 있다"의 기록에서 동이현의 위치를 확정하는 것이 임둔군의 지위와 명망을 해결할 수 있는 관건이라고 할 수 있다. 동이현의 위치에 대해서 이전 학자들 대부분은 지금의 조선 강원도 강릉에 위치한 것으로 여겨왔다. 이에 대해서 쑨진지가 다른 견해를 제기하였는데 그는 동이현의 위치를 강원도 원산 부근으로 보았다. 그의 고증이 치밀하면서도 자세하므로 우리는 그의 관점에 동의한다.

그 이유를 아래와 같이 간단하게 피력하고자 한다.

첫째, 『무릉서』의 기록에 근거해서 보면 동이현은 장안에서 6138리 떨어져 있고, 『후한서』 군국지에서 낙랑은 낙양에서 5000리, 낙양은 장안에서 950리 떨어져 있다고 했다. 이를 합치면 5950리로 동이현에서 장안까지의 거리는 낙랑군 치소인 조선현보다 188리 더 멀다. 그러나 지금의 강릉에서 평양까지의 거리는 약 600리로 한리(漢里)로 계산해보면 더 멀어지기 때문에 사서의 기록과 부합하지 않는다.

둘째, 동이현은 영동 7현의 하나로 그 위치는 낙랑군의 동쪽에서 찾아야 한다.

셋째, 『설문(說文)』에는 "우(䱸), 가죽에 무늬가 있다. 낙랑 동이현에서 산출된다(䱸皮有文, 出樂浪東暆.)"라고 되어 있는데 이병도는 이 짐승이 바다표범으로 지금의 조선 원산만 이북의 바다에서 잡힌다고 하였다. 이와 같이 동이현은 원산만 부근으로 앞에서 말한 거리 수와도 대체로 부합한다.[12]

요컨대, 학자들 사이에서 한사군의 구체적인 위치에 대한 일정한 논쟁이 존재하긴 하지만 그 위치가 한반도 중부와 이북 지역에 있었다는 점은 반박하기 어려운 사실이다. 서한 왕조는 이들 지역에 이미 중원 지역과 같은 군

---

12) 쑨진지(孫進己) 등 주편, 『동북 역사 지리』 제1권, 342~343쪽.

현 관리 방식을 실시하였다. 그러므로 이후의 각 왕조가 이 지역을 중국의 전통적인 강역으로 여긴 것은 자연스러운 것이며 이 지역에 건립된 정권이 중앙 왕조의 통치를 벗어나지 못하고 나아가 그 멸망으로 직접 통치가 회복된 것 역시 필연적인 결과이다. 또한 이는 중국 통일 완성의 구성 부분으로 "침략"과는 본질적인 차이를 가지고 있는 것이다.

2장

고대 중국 정권과 고구려의
상호 정책 연구

고구려는 현재의 우리나라 동북 지역과 한반도 북부에서 700년 남짓 유지
될 수 있었다. 그러한 존립의 동력엔 여러가지 원인이 있겠으나, 우리나라
의 변경 민족 정권을 포함하여 한에서 당까지 각 왕조가 세웠던 고구려 정
책과 고구려가 이러한 정책을 자기 발전에 충분히 이용한 것이 매우 큰 작
용을 했다.

【 1. 한에서 당까지 각 왕조의 고구려에 대한 정책 】

고구려는 한당(漢唐) 시기에 존재했던 나라였기 때문에 한에서 당에 이르기
까지 각 왕조와 분열 시기의 각 정권들은 모두 고구려와 직·간접적인 관계
를 맺고 그에 따른 일련의 정책들을 실시하였다. 이러한 정책 실시의 효과
에서부터 출발한다면, 고구려 정책은 역사 발전의 긴 흐름을 놓고 볼 때 대
체로 세 단계로 나눌 수 있다. 즉, 양한 시기 직접 관할에서 속박 통치 방식
으로의 변화, 위진남북조 시기의 속박 상태 아래서 실시한 서로 다른 정책,
수당 시기 직접 관할을 재구축하기 위한 노력이 그것이다.

1) 양한 시기의 고구려 정책 : 직접 관할에서 속박 통치 방식으로 변화

고구려는 서한 후기에 건국되었기 때문에 양한 왕조의 고구려에 대한 정책은 이후 각 왕조의 고구려 정책에 기초가 되었다. 양한 시기는 대체로 서한, 왕망 신조(新朝), 동한 세 시기로 나눌 수 있는데 세 정권의 권력과 당시 직면하고 있던 변경의 형세, 고구려 세력의 강약 등 여러 방면에 차이가 존재하였기 때문에 각 왕조가 고구려에 취한 정책 역시 같지 않았다.

(1) 서한 왕조의 고구려 정책

서한 시기 각 사서의 기록을 보면 고구려는 건국한 지 얼마 안되었기 때문에 그 세력이 약했으며 서한 왕조는 이처럼 고구려에 대해 커다란 관심을 가지지 않았기 때문에 특별한 정책을 취할 필요가 없었음을 알 수 있다.

서한 왕조의 고구려 정책과 관련된 기록은 아래의 두 가지가 있다.

무제는 조선을 멸망시키고 고구려를 현으로 만들어서 현도에 속하게 하였으며 북과 피리 부는 악공을 하사하였다. (『후한서』 「동이 · 고구려전」)

— 武帝滅朝鮮, 以高句驪爲縣, 使屬玄菟, 賜鼓吹伎人.

한나라 때는 북 치고 피리 부는 악공을 하사하였으며 항상 현도군에 나아가 조회에 쓸 옷가지와 모자를 받아갔는데 고구려 현령이 그에 따른 문서를 관장하였다. 그 뒤에 차츰 교만 방자해져 다시는 (현도)군에 들어오지 않았다. 이에 동쪽 경계에 작은 성을 쌓고서 조복과 의책을 그곳에 두어 해마다 고구려인이 그 성에 와서 그것을 가져가게 하였다. (『삼국지』 「동이 · 고구려전」)

— 漢時賜鼓吹技人, 常從玄菟郡受朝服衣幘, 高句驪令主其名籍. 後稍驕恣, 不復詣郡, 于東界築小城, 置朝服衣幘其中, 歲時來取之.

『양서』「고구려전」, 『통전』「고구려전」 같은 기록은 기본적으로 동일하다. 그 밖에 다른 관련 기록은 나타나지 않는다. 이 두 가지 기록에서 우리는 서한 왕조의 고구려 정책에 대해 대체로 다음과 같이 분석해볼 수 있다. 고구려 정권은 한의 현도군 고구려현 경내에서 출현하였는데 세력이 약했기 때문에 서한 왕조는 이를 중시하지 않았고 상대적으로 독립된 하나의 변경 민족 정권으로 대우하지도 않았다. 왜냐하면 우리는 사서에서 고구려가 서한 왕조에 신하로 칭하고 공물을 바치는 기록을 찾을 수 없기 때문이다. 그러므로 군현의 직접 관할 아래에 있었던 것으로 받아들일 수밖에 없다. 현도군이 전체를 관할하였고 여기에 소속된 고구려현이 구체적으로 고구려에 대한 관리를 실시하였다.

(2) 왕망 신조(新朝)의 고구려 정책

왕망 신조 시기 고구려 세력은 중앙 정권이 쇠약한 상황에서 크게 발전해 나갔다. 상대적으로 독립된 변경 민족 정권이란 형식으로 신조와 왕래하기 시작하였는데, 여기서 "상대적으로 독립된 변경 민족 정권의 형식"이라고 이야기한 것은 고구려가 왕망 신조의 정치 무대에 등장하기 시작하였기 때문이다. 왕망 신조가 흉노를 토벌하는 데 고구려 군대를 징발하여 참여시키는 것으로 나타나며, 이로 말미암아 왕망은 변경의 민족 수령을 후(侯)로 변경하고 고구려에까지 사신을 파견한다.[13] 고구려를 왕망 신조의 정치 생활에 참여시켰다는 것은 왕망 신조가 고구려를 중시하기 시작하였고 그에 대한 정책을 실시하였음을 보여주는 것이다.

왕망 신조의 고구려 정책에 대한 사서의 기록은 매우 적어서 겨우 두 가지의 내용만 전해지고 있다. 하나는 건국 원년(9) 왕망이 사신을 파견하여

---

13) 『한서』 권99 중 「왕망전중」.

고구려 왕을 후(侯)로 고친 것이고 다른 하나는 왕망이 고구려 군사를 징발하여 흉노를 공격하게 한 것으로, 고구려 병사들이 도망치자 고구려후 추(騶)를 유인하여 죽여버린 기록이다. 우리나라 사서와 『삼국사기』의 관련 기록에는 차이가 있기 때문에 어떤 학자들은 『삼국사기』만을 표준으로 삼아 왕망 신조의 고구려에 관한 두 가지 기록을 부인함으로써 원래는 아주 분명했던 역사 사실이 점점 더 모호하게 되었으며 사실의 본래 모습을 회복하기 위해서 자세한 연구 토론이 필요하게 되었다.

왕망 신조가 고구려 군사를 징발하고 고구려 후 추를 죽인 기사는 우리나라의 여러 사서에서 볼 수 있다.

왕망이 고구려 군사를 동원하여 호(胡)를 치게 하였는데 가려고 하지 않으므로 강제로 위협하여 보내니 모두 변경으로 도망하여 법을 위반하고 노략질을 하였다. 요서대윤(遼西大尹) 전담(田譚)이 이를 추격하다가 살해되었다. 주·군들은 이에 대한 책임을 고구려 후 추에게 돌렸다. 엄우(嚴尤)가 왕망에게 아뢰기를 "맥인이 법을 위반한 것은 추로부터 시작된 것이 아니고 딴마음이 있는 것이니 마땅히 주군들로 하여금 그들을 무마하여 안도시켜야 합니다. 지금 함부로 그들에게 큰 죄를 덮어씌우면 그들이 반란을 일으킬 우려가 있고, 부여 족속들 중에는 반드시 그들을 추종하는 자가 있을 것입니다. 우리가 흉노를 이기지 못하고 또 부여, 예맥이 다시 일어날 것이니 이것은 큰 걱정입니다"라고 하였다. (그러나) 왕망은 무마하여 안도시키지 않고 예맥이 반란을 일으키니 엄우에게 명하여 치게 하였다. 엄우는 고구려 후 추를 유인하여 죽이고 그 머리를 장안으로 보냈다. 왕망은 크게 기뻐 조서를 내려 "지난번에 용맹한 장수를 보내 삼가 천벌을 시행하여 오랑캐 지(知)를 주멸하고 12부(部)로 나누어, 그 오른팔을 자르기도 하고, 왼 옆구리를 베기도 하며, 가슴과 배를 무너뜨리기도 하며, 양쪽 갈빗대를 추려버리기도 하였다. 금년의 형벌은 먼저 동방에 있는, 맥(貊)이란 부락을 주벌

하는 것입니다. 오랑캐 추를 잡아 목을 베고 동방을 평정했으니, 오랑캐 지가 멸
망하는 것도 시간에 달려 있다. 이는 천지의 여러 신령과 사직 · 종묘가 돕는 복
이니, 공경대부와 사민들은 한 마음으로 용맹한 힘을 따라야 할 것이다. 나는 그
것을 매우 가상하게 여기는 바이다. 고구려를 하구려(下句驪)로 이름을 고치고
이를 천하에 포고하여 다 알게 하여라" 하니 맥인들은 더욱 변경을 소란하게 하
였다. (『한서』「왕망전 중(王莽傳中)」)

— 先是, 莽發高句驪兵, 當伐胡, 不欲行, 郡强迫之, 皆亡出塞, 因犯法爲寇. 遼西大尹
田譚追擊之, 爲所殺. 州郡歸咎于高句驪侯騶. 嚴尤奏言, "貉人犯法, 不從騶起, 正
有它心, 宜令州郡且慰安之. 今猥被以大罪, 恐其遂畔, 夫余之屬必有和者. 匈奴未
克, 夫余 · 穢貉復起, 此大憂也." 莽不尉安, 穢貉遂反, 詔尤擊之. 尤誘高句驪侯騶
至而斬焉, 傳首長安. 莽大說, 下書曰, "乃者, 命遣猛將, 共行天罰, 誅滅虜知, 分爲
十二部, 或斷其右臂, 或斬其左腋, 或潰其胸腹, 或紬其兩脇. 今年刑在東方, 誅貉
之部先縱焉. 捕斬虜騶, 平定東域, 虜知殄滅, 在于漏刻. 此乃天地群神社稷宗廟佑
助之福, 公卿大夫士民同心將率虓虎之力也. 予甚嘉之. 其更名高句驪爲下句驪, 布
告天下, 令咸知焉." 于是貉人愈犯邊.

왕망 초에 고구려의 군사를 징발하여서 호를 정벌하게 하였으나 이에 응하지 않
으므로 강압적으로 보냈더니 모두 국경을 넘어 도망한 뒤 노략질하였다. 요서대
윤 전담이 그들을 추격하다가 도리어 살해되었다. 주 · 군 · 현(州郡縣)이 그 책임
을 구려 후 추(騶)에게 전가시키었다. 엄우는 "맥인이 법을 어긴 것은 그 죄가
추에게서 비롯된 것이 아니므로 그를 안심시키고 위로해야 함이 마땅합니다. 지
금 잘못하여 큰 죄를 씌우게 되면 그들이 마침내 반란을 일으킬까 걱정됩니다"
라고 아뢰었다. 그러나 왕망은 그 말을 듣지 않고 우에게 고구려를 치도록 명하
였다. 우는 구려 후 추를 만나자고 유인하여 그가 도착하자 목을 베어 그 머리를
장안에 보냈다. 왕망은 크게 기뻐하면서 천하에 포고하니 고구려란 국호를 바꾸

어 하구려라 부르게 하였다. 이때에 후국이 되었는데 한 광무제 8년에 고구려 왕이 사신을 보내어 조공하면서부터 비로소 왕의 칭호를 사용하고 있음이 보인다. (『삼국지』「위서 · 동이전 · 고구려」)

— 王莽初發高句麗兵以伐胡, 不欲行, 彊迫遣之, 皆亡出塞爲寇盜. 遼西大尹田譚追擊之, 爲所殺. 州郡縣歸咎于句驪侯騊(同騶), 嚴尤奏言, "貊人犯法, 罪不起于騊, 且宜安慰. 今猥被之大罪, 恐其遂反." 莽不聽, 詔尤擊之, 尤誘期句麗侯騊至而斬之, 傳送其首詣長安. 莽大悅, 布告天下, 更名高句麗爲下句麗. 當此時爲侯國. 漢光武帝八年, 高句麗王遣使朝貢, 始見稱王.

왕망 초 구려의 군사를 징발하여서 흉노를 정벌하게 하였으나 그들이 가려고 하지 않아 강압적으로 보냈더니 모두 국경 너머로 도망한 뒤 노략질을 하였다. 요서대윤 전담이 그들을 추격하다가 전사하자 왕망이 장수 엄우를 시켜 치게 하였다. 구려 후 추를 꾀여 국경 안으로 들어오게 한 뒤 목을 베어 그 머리를 장안에 보내었다. 왕망은 크게 기뻐하면서 고구려 왕의 칭호를 고쳐서 하구려 후라 부르게 하였다. 이에 맥인의 변방을 노략질하는 일이 더욱 심해졌다. 건무 8년에 고구려가 사신을 보내 조공하므로 광무제가 그 왕호를 회복해주었다. (『후한서』「동이열전 · 고구려」)

— 王莽初, 發句驪兵以伐匈奴, 其人不欲行, 彊迫遣之, 皆亡出塞爲寇盜. 遼西大尹田譚追擊, 戰死. 莽令其將嚴尤擊之, 誘句驪侯騊入塞斬之, 傳首長安. 莽大說, 更名高句驪王爲下句驪侯, 於是貊人寇邊愈甚. 建武八年, 高句驪遣使朝貢, 光武復其王號.

왕망 초에 호를 정벌하기 위하여 고구려의 병사들을 징발하였더니 가려 하지 않았다. 왕망이 그들을 강제로 보내니 모두 변방으로 탈출하여 도적이 되었다. 주군이 그 허물을 구려 후 추에게 돌리자 엄우가 그를 유인하여 목을 베었다. 왕망은 크게 기뻐하여 고구려의 이름을 고구려 후라고 하였다. 광무제 8년 고구려가 사신을 보내어 조공하였다. (『북사』, 「고구려전」)

— 王莽初, 發高句麗兵以伐胡, 而不欲行, 莽强迫遣之, 皆出塞爲寇盜. 州郡歸咎於句
麗侯騶, 嚴尤誘而斬之. 莽大悅, 更名高句麗, 高句麗侯. 光武建武八年, 高句麗遣
使朝貢.

위의 여러 사서의 기록을 대조해보면 『삼국지』와 『후한서』의 기록이 『한
서』에서 나온 것임을 어렵지 않게 볼 수 있다. 다만 사건의 기술 방면에서
일부 변화가 나타난다. 비록 이러한 사서의 기록에 차이가 존재하지만 기본
적인 역사 사실은 분명한 것이다. 즉 왕망 신조 시기 흉노를 공격하기 위하
여 고구려 군대를 징발하였는데 고구려 군대가 전쟁에 참여하기를 원하지
않자 강제로 참전시켰더니 고구려 군대는 결국 국경을 넘어 노략질을 하기
에 이른다. 요서대윤 전담은 그들을 추격하던 가운데 패하여 죽게 되는데
주군현은 고구려 군대의 반란 책임을 고구려 후 추에게 전가시켰고 왕망도
이에 크게 노하였다. 엄우는 비록 추에게는 죄가 없다고 하였으나 왕망이
계속 엄우에게 고구려 후 추를 참살하기를 명령하자 그는 고구려 후 추를
유인하여 죽이고 그 머리를 장안에 보냈다. 왕망은 이로 인하여 고구려를
하구려로 고치는데 『한서』의 기록에는 이 사건의 시기에 대한 자세한 설명
이 부족하다. 그래서 『삼국지』와 『후한서』를 기록할 때 내용상 변화가 생기
는데 그 변화는 주로 두 가지 면에서 나타난다. 첫째, 『한서』에는 엄우가 어
디에서 고구려 후 추를 유인하여 죽였다는 분명한 기록이 없다. 그런데 『후
한서』에는 "국경으로 들어와 그를 죽였다(入塞斬之.)"란 내용이 추가되어
있다. 둘째, 『한서』에는 단지 "고구려 후 추(高句麗侯騶)"라고 하고, 이름을
바꾼 것 역시 "고구려를 하구려라고 불렀다(高句麗爲下句麗.)"로만 되어 있
다. 그러나 『삼국지』에는 "이때에 후국이 되었는데(當此時爲侯國)"라는 말
과 "한 광무제 8년, 고구려 왕이 사신을 보내 조공하므로 비로소 왕이라고

불렀다는 사실이 보인다"라는 자세한 해석이 덧붙여졌다. 그리고『후한서』에는 이름을 바꾼 기록을 "고구려 왕의 이름을 고쳐 하구려 후라고 부르게 하였다(更名高句麗王爲下句麗侯.)"로 바꾸어 기재하였고 "건무 8년 고구려가 사신을 보내 조공하므로 광무제가 그 칭호를 되돌려주었다"라는 해석도 덧붙였다. 그러나『북사』의 관련 기록은 모호하고 불명확하여 문제가 있다.

위의 기록들에 차이가 존재하긴 하지만 우리는 이것이 학자들 인식의 커다란 분기를 가져온다고 생각하지는 않는다. 커다란 분기가 나타나는 원인은 주로『삼국사기』의 관련 기록에서 야기되는 것으로 여기에는 엄우가 고구려 후 추를 유인하여 죽이는 것이 완전히 부정되며 이를 대신하여 이때 죽은 것은 고구려 장수 연비라고 하면서『한서』같은 사서의 기록을 기본적으로 부정하였다.

(유리명왕) 31년 한 왕망이 우리 군사를 징발하여 호를 정벌하려고 할 때 우리 군사가 가려고 하지 않자 강제로 보내려 하니 다 국경 밖으로 도망쳐 나와 법을 범하여 침구하였다. 요서대윤 전담이 고구려 병사를 추격하다가 오히려 죽게 되니 주군은 우리에게 허물을 돌렸다. 엄우가 말하기를 "맥인이 법을 범하였으나 주군으로 하여금 이를 위안케 함이 좋을 것입니다. 지금 너무 대죄를 내리면 장차 배반할까 두렵습니다. 부여의 족속들 가운데 반드시 호응하는 자가 있을 것이니 흉노를 극복하지 못한 이때에 부여, 예맥이 또다시 일어난다면 이는 큰 걱정입니다"라고 하였다. 왕망이 듣지 않고 엄우에게 명하여 고구려를 치게 하였으므로 엄우는 우리 장수 연비를 꾀어 목을 베고 서울〔京師〕로 보냈다. 왕망이 기뻐하여 우리 임금을 고쳐 하구려 후라고 하고 천하에 포고하여 이를 알게 하였다. 이렇게 되자 더욱 심하게 한의 변경 지역을 침입하였다. (『삼국사기』「고구려본기」)

— (琉璃明王) 三十一年, 漢王莽發我兵當伐胡, 吾人不欲行, 强迫遣之. 皆亡出塞, 因犯法爲寇, 遼西大尹田譚追擊之, 爲所殺, 州郡歸咎於我. 嚴尤奏言, "貉人犯法, 宜令州郡且慰安之, 今猥被以大罪, 恐其遂叛. 扶餘之屬必有和者. 匈奴未克, 扶餘 · 穢貊復起, 此大憂也." 王莽不聽, 詔尤擊之. 尤誘我將延丕斬之. 傳首京師. 莽悅之. 更名吾王爲下句麗侯. 布告天下, 令咸知焉, 於是寇漢邊地愈甚.

일반적인 사리 판단으로 『삼국사기』가 씌어진 연대는 위의 사서들보다 수세기 심지어는 10세기 이상이 뒤떨어진다. 『삼국사기』에서 『한서』 같은 사서의 기록을 부정한 것을 중요하게 여겨야 하며, 경시하거나 그대로 믿는 것은 올바르지 않다. 『삼국사기』는 고려(왕씨 고려)인이 쓴 사서인데 일부 학자들에게는 규범으로 받들어진다. 그러나 『한서』 같은 사서의 기록을 다른 방법을 내세워 부정하거나 재해석함으로써 자연 인식상의 가지가 나누어지게 된 것이다. 지금까지의 연구를 통해 보면 위에서 말한 고구려 후 추에 대한 기사는 여러 학자들이 연구 토론하였으며 이에 대해 동의하는 사람도 있지만 의문을 가지는 사람 또한 많았다. 여기에 의문을 가지고 있는 사람들의 관점은 일부 차이가 있긴 하지만 대체로 아래와 같은 몇 가지 관점이 있다.

첫째, 엄우가 고구려 왕을 죽였다는 사실은 부인하지만 『삼국사기』의 기록 역시 긍정하지 않았다. 예를 들어 류융즈(劉永智)는 『삼국사기』의 기록에 근거하여 "엄우가 죽인 것은 분명히 추모왕이 아니다"라고 하였으나 『삼국사기』의 기록이 맞는지 틀렸는지에 대해서는 지적하지 않았다. 단지 "『삼국사기』가 발행된 시기가 너무 늦다"고 하였다.[14] 이 관점은 많은 사람들의 동의를 얻었다.

---

14) 류융즈(劉永智), 『중조 관계사 연구(中朝關係史研究)』〔중주고적출판사(中州古籍出版社), 1994〕, 49쪽.

둘째, 우리나라 사서의 기록을 부정하여 엄우가 죽인 것은 고구려 장수 연비라고 여기고 사서 기록의 모순을 해석하기 위해서 각종 가설을 제기하였다. 예를 들어 한국 학자 이병도는 고구려 군장이 적에 의해 유인되고 죽는 것은 믿기가 어렵다고 하여 『한서』의 기록은 잘못 전해진 것이거나 과장된 보고일 가능성이 크다고 하였다. 조선 학자 손영종(孫永鍾) 역시 죽은 것은 연비이며 『한서』의 기록은 엄우가 왕망을 속인 데서 나온 것이라고 하였다.[15]

셋째, 엄우가 죽인 고구려 후 추는 고구려국의 국왕이 아니라 당시 동북지역에 존재했던 현도군의 고구려 후국(侯國)으로, 국경 밖의 고구려 왕국과 함께 두 개의 "고구려" 정권이 있었다고 하였다. 가장 먼저 두 개의 고려 정권이 있었다고 한 것은 우리나라 학자 딩첸(丁謙)이었는데 그는 "고고구려국(古高句驪國)", "고구려국(高句驪國)"이 있었다고 하였으나 이 관점이 잘못되었다는 것은 이미 여러 학자들이 지적한 바 있다. 이후 장보취안(張博泉)이 다시 두 개의 고려 문제를 제기하였고, 쑨진지와 왕몐웨이(王綿厚) 역시 비슷한 관점을 제기하였다. 그리고 박찬규(朴燦奎)는 이 관점에 대하여 체계적인 설명을 통하여 현도군에 고구려 후국이 있었고 국경 밖에는 고구려 왕국이 있어 "고구려"란 이름을 가진 두 개의 정권이 있었다고 하였다.[16]

넷째, 『후한서』의 "고구려 왕을 하구려 후라고 불렀다"의 기록을 부정하고 이것은 근거가 없는 것이라고 하였다. 차오더취안(曹德全)은 이 설을 지지하였으며[17] 박찬규 역시 『후한서』에 기록된 "건무 8년 고구려가 사신을

15) 박찬규(朴燦奎), 『삼국지 · 고구려전 연구』, (길림인문출판사, 2000), 14~15쪽.
16) 장보취안(張博泉), 『동북 지방사고』, (길림대학출판사, 1985), 83~84쪽.
   쑨진지 · 왕몐웨이(王綿厚), 『동북 역사 지리』 제1권 (흑룡강인민출판사, 1988), 226~264쪽.
   박찬규, 『삼국지 · 고구려전 연구』, 13~39쪽.

보내 조공하므로 광무제가 그 왕호를 되돌려주었다'라는 기록은 작자가 잘못 기록한 것이라고 하였다.

이와 같은 서로 다른 관점들을 종합해보면 주로 고구려 후 추가 존재하였는가, 고구려 후 추가 만약 존재하였다면 그는 고구려국의 국왕인가 그렇지 않은가, 엄우가 죽였다는 것은 고구려 후 추인가 고구려 장수 연비인가, 왕망이 하구려로 고친 것은 고구려국인가 같은 문제에 대한 인식들이다.

고구려 후 추의 존재 여부에 대해서 우리는 추가 존재하였다는 관점에 동의한다. 이것은 『한서』 같은 사서의 기록이 『삼국사기』보다 빠르기 때문만이 아니라 『삼국사기』가 써지기 이전 왕씨 고려의 통치자 역시 고구려 왕계에 "추(騶)"라고 불리는 국왕이 있었다고 여기고 있었다는 점에서 잘 증명된다.

『삼국사기』는 1145년에 씌었으며 김부식이 고려 인종의 명을 받들어 편찬하였다는 것은 모두가 잘 알고 있는 사실이다. 그러나 『삼국사기』보다 반세기 빠른 송 원봉(元封) 5년(1082) 고려 왕정의 "고려세차(高麗世次)"에는 분명하게 "추(騶)"라는 이름이 나타난다.

이 사실은 북송의 사관인 증공(曾鞏)이 구양수(歐陽修), 송기(宋祁)가 쓴 『신당서』와 유구(劉昫) 등이 쓴 『구당서』를 고쳐 쓰면서 고구려 멸망 이후의 기록에 모순이 존재하며 왕씨 고려와 고씨 고려의 관계를 확정하기도 어렵다고 한 데서 기인한 것으로 고려 사신이 오자 황제가 관련 사적(事迹)을 물었기 때문에 고려 사신이 이에 보고를 올린 것이 바로 "고려세차"이다.

증공이 쓴 『원풍류고(元豊類稿)』 권31의 "청방문고려세차(請訪問高麗世次)"에 기록된 고려세차의 기록은 아래와 같다.

---

17) 차오더취안(曹德全), 『고구려사 탐미(高句麗史探微)』〔홍콩중화국제출판사(香港中華國際出版社), 2001〕, 197~198쪽.

고구려의 왕계: 고구려는 그 선조가 부여에서 나왔다. 왕이 하백의 딸을 얻어서 건물에 가두어 두었는데, 햇빛에 감응하여 잉태하게 되어 주몽(朱蒙)을 낳았다. 주몽이 성장하자 부여의 신하들이 죽이려고 몰래 계획하였는데, 주몽이 달아나 죽음을 면하게 되었다. 홀승골성에 이르러 거주하면서 나라 이름을 고구려라 하였다. 이것으로 인해 고씨로 성을 삼았다. 주몽이 죽자, 아들인 여율(如栗)이 왕위에 올랐다. 여율이 죽자, 아들인 막래(莫來)가 왕이 되었다. 추(騶)가 왕이 되었을 때, 광무제 건무 8년에 고구려가 사신을 보내 조공을 하자, 그 왕호를 복귀시켜주었다. 막래 후손인 궁(宮)이 왕이 되었다. 궁이 죽자, 아들 수성(邃成)이 왕위에 올랐고, 수성이 죽자, 아들 백고(伯固)가 왕이 되었다. 백고가 죽자, 아들 이이모(伊夷莫)가 왕이 되었고, 이이모가 죽자, 아들 위궁(位宮)이 왕이 되었다. 위궁이 죽자, 손자인 을불리(乙弗利)가 왕이 되었다. 불리(弗利)가 죽자, 아들 쇠(釗)가 왕위에 올랐다. 안(安)이 왕위에 올랐다. 쇠의 증손인 련(璉)이 왕이 되었고, 련이 죽자, 손자인 운(雲)이 왕위에 올랐다. 운이 죽자, 아들 안(安)이 왕이 되었고, 안이 죽자, 아들 연(延)이 왕이 되었다. 연이 죽자, 아들 성(成)이 왕이 되었고, 성이 죽자, 아들 탕(湯)이 왕위에 올랐다. 탕이 죽자, 아들 원(元)이 왕이 되었고, 원이 죽자, 동생인 건무(建武)가 왕이 되었다. 건무가 죽자, 동생의 아들이 장(藏)이 왕위에 올랐다. 장의 아들 덕무(德武)는 안동도독이 되었다.

— 高麗世次: 高句麗, 其先出夫餘. 王得河伯女, 因閉于室, 感日而孕, 生朱蒙. 及長, 夫餘之臣謀殺之, 朱蒙走得免. 至紇升骨城居焉, 號高句麗, 因以高爲氏. 朱蒙死, 子如栗立, 如栗死, 子莫來立, 騶立. 光武建武八年, 高句麗遣使朝貢, 復其王號. 莫來裔孫宮立, 宮死, 子邃成立, 邃成死, 子伯固立, 伯固死, 子伊夷模立, 伊夷模死, 子位宮立, 位宮死, 元孫乙弗利立, 弗利死, 子釗立, 安立, 釗曾孫璉立, 璉死, 孫雲立, 雲死, 子安立, 安死, 子延立, 延死, 子成立, 成死, 子湯立, 湯死, 子元立, 元死, 弟建武立, 建武死, 弟之子藏立. 藏子德武爲安東都督.

그 뒤에는 왕씨 고려의 세차가 이어진다. 위의 기록은 아래의 몇 가지 문제를 설명해주고 있다.

첫째, 고구려 왕계는 순서에 따라 주몽, 여율, 막래는 모두 부자 계승이다. 추가 왕위에 오르고, 막래의 손자 궁이 왕위에 오르고 궁에서 수성, 백고, 이이모, 위궁은 모두 부자 계승이다. 위궁의 원손 을불리, 쇠도 부자 계승이며 안을 거쳐, 쇠의 증손 련, 련의 손자 운으로는 간격을 두고 계승된다. 운의 아들 안, 연, 성, 탕, 원은 모두 부자 계승이다. 그 다음으로 원의 동생인 건무, 건무 동생의 아들인 장으로 이어진다. 이 가운데는 분명히 "추(騶)"라는 국왕의 이름이 있다.

둘째, 이 고구려 세차는 『삼국사기』보다 63년이 더 빠른데 『삼국사기』와 일정한 차이가 존재한다. 『삼국사기』의 기록에 나타난 고구려 세차는 동명성왕 주몽(東明聖王朱蒙), 유리명왕 유류(琉璃明王孺留), 대무신왕 무휼(大武神王無恤), 민중왕 해색주(閔中王解色朱), 모본왕 해우(慕本王解憂), 태조대왕 궁(太祖大王宮), 차대왕 수성(次大王遂成), 신대왕 백고(新大王伯固), 고국천왕 이이모(故國川王伊夷模), 산상왕 위궁(山上王位宮), 동천왕 우위거(東川王憂位居), 중천왕 연불(中川王然弗), 서천왕 약노(西川王藥盧), 봉상왕 상부(烽上王相夫), 미천왕 을불(美川王乙弗), 고국원왕[18] 쇠(故國原王釗), 소수림왕 구부(小獸林王丘夫), 고국양왕 이련(故國壤王伊連), 광개토왕 담덕(廣開土王談德), 장수왕 련(長壽王璉), 문자명왕 나운(文咨明王羅雲), 안장왕 흥안(安藏王興安), 안원왕 보연(安原王寶延), 양원왕 평성(陽原王平成), 평원왕 양성(平原王陽成), 영양왕 원(嬰陽王元), 영류왕 건무(榮留王建武), 보장왕 장(寶藏王臧) 이다.

양자를 비교해보면 『삼국사기』의 고려세차가 더 완비되어 있고 체계적

---

18) 【옮긴이】 원서에는 '고국천왕(故國川王)'이라고 되어 있으나 틀린 것이므로 바로잡는다.

이다. 그리고 왕씨 고려의 세차와도 서로 연결되어 있는데 이는 다듬어내고 꾸며낸 결과이다.

고구려 후 추의 존재는 『한서』 같은 우리나라 사서에서 분명하게 볼 수 있을 뿐만 아니라 『삼국사기』보다 63년 앞선 왕씨 고려 통치자가 열거한 "고려세차"에서도 고구려 후 추의 존재를 분명하게 인정하고 있다. 사서의 기록이 다르다고 해서 『삼국사기』의 기록만을 따라 앞의 양자를 부인할 이유는 없는 것이다. 『삼국사기』와 기타 사서에 존재하는 모순에 대해서 여러 가지 이유들을 들어 우리나라 사서의 기록을 부인하거나 엄우의 기록만을 의심하는 것보다는 『삼국사기』에 왜 추가 빠지게 되었는가 하는 점에 대한 의문을 제기하는 것이 더욱 바람직한 것인 듯싶다.

고구려 후 추의 기록을 놓고 볼 때 우리는 『삼국사기』에 분명히 곡해된 표현이 있다고 생각한다. 이 점을 『삼국사기』에 있는 엄우의 진언(秦言)에 대한 기록에서 찾아볼 수 있다. 『한서』에 기록된 엄우가 진언한 전체 내용은 다음과 같다. "맥인이 법을 어긴 것은 그 죄가 추에게서 비롯된 것이 아니므로 그를 안심시키고 위로해야 함이 마땅합니다. 지금 잘못하여 큰 죄를 씌우게 되면 그들이 마침내 반란을 일으킬까 걱정됩니다." 『삼국지』 「위지·동이전·고구려」의 기록도 이와 같으며 『자치통감』 권37과 『학씨속후한서(郝氏續后漢書)』 권81과 『동래집(東萊集)』 별집 권15, 『서한문기(西漢文紀)』 권24 같은 사서에서도 역시 같은 기록을 볼 수 있다. 그런데 『삼국사기』에서는 엄우의 진언은 "맥인이 법을 범하였으나 마땅히 주군으로 하여금 이를 위로하여야 할 것입니다. 지금 그들에게 지나친 큰 죄를 씌우게 되면 오히려 배반할 우려가 있으며 부여의 족속도 반드시 화합할 것입니다. 아직 흉노도 쳐서 이기지 못하였는데 부여, 예맥들이 다시 일어난다면 이는 큰 근심거리입니다"로 고쳐져 있는데 고구려 후 추와 관련된 내용이 고의로 삭제되었다는 것이 분명하다. 만약 『삼국사기』의 내용처럼 엄우가 유인하여 죽인 것이 고구려의 장수인 연비였다면 엄우가 진언한 내용을 사실대로 기재한다고 하더라도 구체적인 기사와는 모순이 발생하지 않는다. 반대로 "추로부터 시작된 것이 아니며 딴 마음을 가지고 있는 것이니(不從騶起, 正有它心.)"라는 구절을 고의로 삭제하여 김부식이 진상을 덮어두려는 의도가 있었음이 완전하게 드러나게 됨으로써『한서』같은 사서의 기록이 정확했음을 증명해주고 있다. 김부식이 왜 진상을 덮어두려고 하였는가 하는 점은 사실 아주 쉽게 해석할 수가 있다. 고려는 송 왕조로부터 고씨 고려의 계승자임을 위탁받았기 때문에 고구려 왕이 유인되어 죽은 치욕을 덮어두어야만 했다. 김부식이 왕명을 받아『삼국사기』를 편찬하면서 고구려 왕들의 사적을 곡해하고 미화한 것은 자연 필연적인 선택이었다.

고구려 후 추가 존재하였다는 것이 하나의 객관적인 사실이라면 그는 고구려국의 왕이었는가? 그렇지 않으면 한나라 말에서 왕망 신조 시기까지 군현 안팎에 두 개의 고구려 정권이 존재하였단 말인가? 이 문제에 대해서는 위에서 이야기한 고려 정권이 남긴 "고려세차"가 이미 실질적인 대답을 해주었다. 다만 고구려 후 추가 고구려 왕이라는 것을 부정하기 위하여 일부 학자들이 관련 사서의 기록에 대해 잘못된 이해를 하고 있기 때문에 우리는 자세한 분석을 통해 관련 사료가 잘못 해석된 부분을 바로잡아야 한다고 생각한다.

박찬규는『삼국지』「고구려전 연구」에서 고구려 후 추가 고구려 왕이 아니라는 근거를 체계적으로 설명하였는데, 일정한 대표성을 가지고 있으므로 그 이유가 합당한 사실인지에 대해서 먼저 살펴보도록 하자.

박찬규의 근거는 대체로 다음과 같은 몇 가지이다.[19]

첫째,『한서』와『삼국지』는 모두 추를 유인하여 "국경 안으로 들어오게

---

19) 관련 설명은 모두 박찬규,『삼국지 · 고구려전 연구』1장에서 인용한 것이다.

하였다(入塞.)"고 명확하게 이야기하지 않았으며 『후한서』에서만 이를 언급하였다. 두 글자의 차이로 추가 "국경 안(塞內)"의 후(侯)일 가능성을 배제하는 것은 『한서』에 대한 곡해라고 하며 "새(塞)"의 뜻에 대한 자세한 설명을 하였다. 새(塞)는 "한대에는 변경 지역 또는 변계(邊界)를 가리킬 때 사용하던 것으로 '성곽(城郭)'이란 뜻이 아니다. 소위 '새내'라고 하는 것은 현도군의 직접 관할 범위 내에 있는 지역을 가리키는 것이다."

둘째, "오위장(五威將)이 고구려에 온 것을 부인하지 않겠으나 이 고구려가 반드시 주몽이 건립한 고구려라는 것에는 동의하지 않는다. 주몽이 건립한 고구려 국왕을 고구려 후로 이름을 고쳤다는 견해는 더더욱 동의하지 않는다." 그 이유는 비록 『한서』에 왕을 고쳐 후로 삼았다는 오위장이 "현도, 낙랑, 고구려, 부여"에 들어왔다는 기록이 있으나 왕을 고쳐 후로 삼았다는 사실은 제기되지 않았기 때문이다.

셋째, 고구려 병사들이 "모두 국경을 넘어 도망하였다(皆亡出塞.)"는 기록은 이 고구려 병사들이 "국경 내(塞內) 고구려인"에 속해 있었다는 것을 표명하는 것으로 "주군이 고구려 후 추에게 책임을 전가시켰다(州郡歸咎于高句麗后騶.)"라는 구절의 추는 자연 "국경 내(塞內)" 고구려의 현후(縣侯)이다.

넷째, 『삼국지』에는 "한 광무제 8년 고구려 왕이 사신을 보내 조공하므로 비로소 왕으로 불렀다는 것이 보인다"로 기록되어 있는데, "한 왕조는 고구려의 최고 통치자가 이미 왕이라고 칭하였다는 것을 모르고 있었고 다만 조공 사건을 통하여 이 점을 알게 되었다"고 하고 『후한서』에서 말한 "그 왕호를 되돌려주었다"는 것은 사실 『한서』를 잘못 이해한 것이다.

다섯째, 고구려 후 추는 비류국 다물후 송양이다.

박찬규는 고구려 후 추가 고구려 왕이라는 점을 부정하기 위하여 많은 노력을 기울였으나 애석하게도 이 이유들만으로는 근거가 부족하다. 『후한서』가 『한서』의 기록을 옮겨 실은 것에는 근본적으로 실수가 없으며 반대로 박찬규의 이해에 실수가 있었다.

먼저 한대의 "새"에는 비록 요충지를 가리키는 뜻이 있지만 이것은 장성을 가리키는 것이지 성곽을 가리키는 것이 아니다. 이를 "변경 지역 또는 변계를 부르는 데 사용하였다"고 이해하는 것은 바람직하지 못한 것이다. 또 박찬규는『한서』「흉노전 하」의 "요새가 생긴 것이 100년 남짓 지났고, 모두 흙담으로 만든 것이 아니며, 산과 암석으로 만든 것도 있어, 목재와 잡목이 쓰러지고 떨어지고, 계곡의 수문이 점점 평평해지기 때문에, 군사들을 이끌고 수리를 해야 하지만, 공사 비용과 시간이 오래 걸리므로, 좋은 계책이라고 할 수가 없다(起塞以來百有餘年, 非皆以土垣也, 或因山岩石, 木柴僵落, 溪谷水門, 稍稍平之, 卒徒築治, 功費久遠, 不可勝計.)"는 기록과『한서』「소제기」"변방 요새(邊塞)가 광활하고 멀기 때문에, 천수, 농서, 장액군에서 각기 2현을 취하여 금성군을 두었다."(以邊塞闊遠, 取天水 · 隴西 · 張掖郡各二縣置金城郡.) 그리고 같은 전(傳)의 "오환이 다시 요새(塞)를 범하자, 도요장군 범명우를 보내 격파하였다(烏桓復犯塞, 遣度遼將軍範明友擊之.)"는 내용을 들어 문제를 설명하였다. 그러나 실제로 예로 든 세 가지 "새(塞)"는 모두 장성 또는 장성 방어선을 가리킨다. 우리는 사서에서 관련된 여러 가지 예를 찾을 수 있다. 만약 장성을 "변계(邊界)"라고 한다면 한대 동북 지역에 설치한 현도, 낙랑, 진번, 임둔은 한 왕조의 관할 경내에 속할 수 없다. 왜냐하면 그 통치 구역은 모두 한 장성 밖으로 소위 "새외(塞外)"에 있었기 때문이다. 이것은 사실에 부합하지 않는 것이다. 이것으로 소위 "새내(塞內)"는 "현도군의 직접 관할 범위 내의 지역을 가리킨다"라는 결론은 자연 성립되기 어렵다.

그 다음으로 왕을 고쳐 후로 삼았다는 것은 왕망의 서한 변경 민족 정책에 대한 하나의 중요한 개혁 내용으로 고구려만 예외일 수는 없었다.『한서』「왕망전 중」에는 시건국(始建國) 원년(9), 왕망은 "하늘에는 두 해가 있을 수 없고 땅에는 두 왕이 있을 수 없는 것은 백왕의 변하지 않는 도리이다. 한의 제후가 왕으로 칭하거나 변경의 소수민족이 이렇게 하는 것은 고전에 어긋나며 통일에도 어긋나는 것이다. 예전에 정한 제후왕의 호는 모두 공(公)으로 하고 변경에서 존호를 참칭하여 왕으로 칭한 것은 모두 후(侯)로 고친다." 또한 "오위장이 부명(符命)을 받아 하사한 인수(印綬)를 가지고…… 왕망이 책명을 내려 말하기를 '하늘이 두루 덮고 있는 땅의 사방 밖까지 이르러 닿지 않는 곳이 없게 하라(普天之下, 迄于四表, 靡所不至.)'고 하였고, 동쪽으로 간 사신은 현도, 낙랑, 고구려, 부여에 도착하였고, 남쪽으로 간 사신은 요외(徼外)를 넘어 익주(益州)를 거쳐 구정왕(句町王)의 직위를 후로 낮추었고, 서쪽으로 간 사신은 서역에 도착하여 왕들을 후로 고쳤으며, 북쪽으로 간 사신은 흉노에 도착하여 선우에게 도장(印)을 하사하고 한의 인문(印文)을 고쳐 새(璽)를 장(章)으로 하였다"고 기록되어 있다.

여기에서 고구려는 현도, 낙랑, 부여와 함께 나타나는데 이는 주몽이 건립한 고구려를 가리키는 것이다. 그런데 박찬규는 오히려 "다만 오위장이 이 지역을 지나갔다는 것이 나와 있을 뿐 왕을 고쳐 후로 삼은 사실은 나와 있지 않다"고 하였다. 그러나 이러한 해석은 앞뒤가 맞지 않는 것이다.[20] 왜냐하면 오위장이 명을 받들어 고구려에 간 목적은 당연히 그 왕을 후로 삼기 위한 것으로 만약 고구려에 도착해서 그 왕을 후로 고치지 않았다면 그들은 거기에 가서 무엇을 했단 말인가? 그리고 구정왕을 후로 삼고 서역의 제왕들을 후로 고치며 흉노 선우의 새(璽)를 고친 일은 그 지역 또는 민족의 반란을 초래한다.[21] 『한서』를 지은 반고(班固) 역시 이 점을 강조하여 왕망이 자리를 찬탈한 후 "사이(四夷) 모두 반란을 일으켰다"는 결과를 일

---

20) 차오더취안 역시 이로 인하여 『후한서』의 기록을 부정하였다.
21) 리다룽, 『양한 시기의 변경 정책과 변경 관리(兩漢時期的邊政與邊吏)』(흑룡강교육출판사, 1996), 47～56쪽.

으킨 점을 증명하려 함으로써 왕망을 부정하는 데 이용하고자 했다. 우리는 반고의 이러한 경향을 왕망에 관한 기록에서 분명하게 찾아볼 수 있다. 『한서』에서 우리는 반고의 왕망에 대한 긍정적인 평가를 찾기 힘들며 반대로 왕망의 잘못을 자주 지적하는 것을 볼 수 있다. 예를 들면, "왕망이 임금 자리를 빼앗자 해내(海內)에서 반란이 일어났다. 세조(후한 광무제)가 천명을 받아 다시 한나라를 일으키기 위해 난을 일으켜 임금 자리를 올바르게 돌려놓았다(篡位, 海內畔之, 世祖受命中興, 撥亂反正.).",22) "왕망이 임금 자리를 빼앗자, 변방에 틈이 생기기 시작했다(王莽篡位, 始開邊隙.).",23) "왕망이 임금 자리를 빼앗고, 한나라의 제도를 고치고, 구정왕을 핍박하여 제후로 삼았다. 왕한이 원한이 갖자, 왕망이 장가대윤 주흠에게 넌지시 암시하여 왕한을 죽이게 하였다. 그러자 왕한의 동생 승이 주흠을 공격하여 죽였다. 그리고 주와 군을 공격하였으나, 능히 복종시킬 수 없었다. 세 곳의 변방 오랑캐들도 근심하여 동요하고 모두 반란을 일으켰다(王莽篡位, 改漢制, 貶句町王以爲侯. 王邯怨恨, 牂柯大尹周欽詐殺邯, 邯弟承攻殺欽. 州郡擊之, 不能服, 三邊蠻夷愁擾盡反.)."24) 같은 기록이다. 그러므로 사서에 구체적인 설명이 없다고 하여 "고구려 왕을 고쳐 고구려 후로 불렀다"는 내용을 경솔하게 부인할 수는 없는 것이다. 그리고 『한서』의 기록이 불명확하기 때문에 『삼국지』에서 "이때에 이르러 후국으로 삼고 한 광무제 8년 고구려 왕이 사신을 보내 조공을 보내오므로 비로소 왕으로 불렀다는 사실이 보인다"고 해석하였던 것이며, 『후한서』에는 "고구려 왕의 이름을 고쳐 하구려 후라고 하였다. 이에 맥인이 변방을 노략질하는 일이 더욱 심하여졌다. 건무 8년 고구려가 사신을 보내 조공을 하므로 광무제가 그 왕호를 회복시켜주었다"라는 기록이

---

22) 『한서』 권22 「예악지」.
23) 『한서』 권94 하 「서역전(西域傳)」.
24) 『한서』 권95 「서남이전(西南夷傳)」.

있는 것이다.『삼국지』에 있는 소위 "이때에 이르러 후국으로 삼았다"는 것은 자연 사건이 발생한 시기를 가리키며 "비로소 왕으로 불렀다는 사실이 보인다"는 것은 건무 8년(32)에 비로소 "왕"호를 회복하였다는 것을 나타낸다.『후한서』의 해석이 사족을 단 것이라면(畵蛇添足) 고구려를 고쳐 하구려라고 한 때는 이미 왕을 후로 고친 뒤였으므로 자연 다시 고칠 필요 없이 고(高)를 하(下)로만 고치면 되는 것이다. 여기에서의 왕(王) 자는 후(侯) 자의 착오이다. 만약『후한서』기록에서 실수가 있었다면 이것이『후한서』의 유일한 실수이다.

그 다음으로『후한서』에서 기록의 변동은 근본적으로 사실이 변한 것이 아니라 반대로『한서』의 기록을 더욱 쉽게 이해할 수 있도록 해준다. 박찬규는 "모두 국경을 넘어 도망하였다"와 "주군이 고구려 후 추에게 책임을 전가시켰다"는 두 가지 기록에 주목하였다. 그러나 그 가운데는 "요서대윤 전담이 그들을 추격하다가 살해되었다"는 내용도 있다는 것에는 주의하지 않았다. 이 구절을 더한다면 소위 "주군"이 현도군을 가리키는 것인지에 대해 더욱 큰 의문을 가지게 된다. 왜냐하면 만약 현도군이라면 그리고 고구려 후 추가 그 관할하에 있는 현의 후라면 그들의 반란을 진압해야 하는 것은 현도 태수 또는 대윤(大尹)의 일이다. 그런데 어떻게 요서대윤 전담이 출병하여 그것을 쫓아 격퇴한단 말인가? 유일한 해석은 고구려 병사들이 흉노를 공격하기를 원하지 않았으나 이미 "강박(强拍)" 당하여 "새내(塞內)", 즉 장성 이내의 요서군 관할 경내로 들어온 것이 된다. 그 후에야 비로소 "반란을 일으켜 국경 밖으로 도망쳤다"는 사건이 발생하게 된 것이다. 관할 구역 내에서 벌어진 것이기 때문에 요서대윤 전담으로서는 자연 그들을 쫓아 격퇴시켜야 할 책임이 있었던 것이다. 현도군은 새내(塞內), 즉 장성 안에 있지 않기 때문에 반란을 평정하는 데 현도 태수의 기록이 없는 것이다. 고구려가 무엇 때문에 반란을 일으켰는지에 대해서는 사서에 기록이 나타나지 않지만 오한의 반란이 비슷한 예가 될 수 있을 것이다.

『후한서』「오환 선비 열전(烏桓鮮卑列傳)」에는 "동역 장군 엄우가 오환, 정령 병사들을 지휘하여 대군(代郡)에 주둔하였는데, 모두 그 처자들을 인질로 삼아 군현에 두었다. 오환인들은 물이 많은 땅에서는 편하지 않았기 때문에 (그런 땅에서) 오래 주둔하고 쉬지 않는 것을 두려워했다. 여러 번 돌아가게 해달라고 아뢰었으나, 왕망은 그들을 보내는 것을 받아들이지 않았다. 드디어 달아나서 배반하였다. 돌아와서 약탈하고 도적질을 하였다. 그러자 여러 사람들이 그 인질들을 죽였다. 이것은 왕망이 그들을 붙잡아매려고 했기 때문에 생긴 일이다(東域將嚴尤領烏桓, 丁令兵屯代郡, 皆質其妻子於郡縣. 烏桓不便水土, 懼久屯不休, 數求謁去. 莽不肯遣, 遂自亡畔, 還爲抄盜, 而諸郡盡殺其質, 由是結怨于莽.)"라고 기록되어 있다. 여기에서 두 가지 주의할 점이 있는데, 첫째는 동역 장군 엄우의 주둔지는 "새내"라는 점과 둘째는 오환 "망반(亡畔)"의 원인이 "오래 주둔하고 쉬지 않는 것을 두려워했다(懼久屯不休)"는 점이다. 고구려 병사가 "모두 국경을 넘어 도망"한 것도 역시 이 점 때문이었을 것이다. 고구려 병사들이 고구려의 거주지를 떠나 새내에 들어왔기 때문에 엄우는 이것과 고구려 후 추와는 아무런 관계가 없다고 여겼을 것이다. 만약 고구려 후 추가 새내의 고구려 후였다면 엄우는 "추에서부터 비롯된 것이 아니다"라고 단정할 수는 없었을 것이다. 그리고 비록 엄우의 주둔지가 새내였다고 하나 고구려 후 추는 새외(塞外)에 있었으므로 엄우가 고구려 후 추를 유인하여 죽이려고 했다면 자연 새내로 유인하여야 되는 것이다. 이와 같이 『후한서』의 기록은 『한서』를 곡해한 것이 아니라 오히려 『한서』의 기록을 더욱 쉽게 이해할 수 있도록 해준다. 한국 학자인 이병도는 고구려 군장이 적군에게 유인당하여 살해당하는 것은 믿기가 어렵다는 관점을 보였는데 이 역시 쉽게 반박할 수 있다. 고구려가 나라를 세운 초기 서한 왕조는 고구려에 정기적인

"예군(穢郡)"의 규정을 두었는데 고구려 후 추가 살해당하기 전 고구려와 왕망 신조는 여전히 신속 관계를 유지하고 있었으므로 고구려 후 추가 유인당하여 죽임을 당한 것은 불가능한 일이 아니었다. 우리는『한서』「서역전」에서 서역 여러 나라의 국왕이 자주 주살당하는 기록을 볼 수 있는데 앞에서 이야기한 구정왕한(句町王邯)이 후로 낮추어지고 살해당한 것을 예로 들 수 있겠다.

마지막으로 고구려 후 추를 비류국 다물후 송양으로 비정하였는데 이것은 박찬규의 주관적인 추측에 불과하며 직접적인 증거를 찾기 어렵다.

고구려 후 추는 바로 주몽이 세운 고구려 국왕임을 논증하였다. 따라서 당시에 두 개의 고구려가 존재한 것이 아니었다. 그리고 나머지 인식들의 옳고 그름에 대해서도 자연 일목요연하게 정리가 된다.

앞서 말한 바와 같이 우리는 왕망 신조의 고구려 정책을 아래와 같이 정리할 수 있다. 첫째로 고구려를 군현으로 관할한 관리 체제가 연속해서 사용되었으며, 둘째로 기타 변경 민족과 마찬가지로 고구려 왕 역시 왕망의 "왕을 고쳐 후로 삼는(改王爲侯)" 정책 조정에 포함되어 있었고, 셋째로 고구려 군대를 징발하여 변경의 안정을 유지하는 데 참여시켰으며, 넷째로 고구려의 "국경을 넘어 도망하여 노략질한 것(亡出塞爲寇盜)"에 대한 꽤 엄격한 진압 정책이 취해졌다는 것이다.

(3) 동한 왕조의 고구려 정책

동한이 왕망 신조를 대신하여 들어선 이후 동한은 서한 왕조와는 다른 변경 정책을 취하는데 주로 변경 지역을 주도적으로 경영하는 정책을 취하지 않는 게 커다란 특징이었다.[25] 고구려에 대한 정책 역시 전대와는 다른 특징

---

25) 리다룽,『양한 시기의 변정과 변리』.

을 보였는데, 그 가운데서도 서한 왕조 시기의 동북 변경 지역에서 이루었던 여러 성과들을 포기하게 된다. 더욱이 고구려 세력의 발전을 접하면서 이를 지켜보거나 심지어는 양보하는 정책을 취하였다고도 말할 수 있다. 먼저 건무 8년(32) 고구려가 동한에 사신을 파견했을 때 동한 왕조는 고구려 왕의 왕호를 회복시켜주었다. 『후한서』「동이·고구려전」에는 "고구려가 사신을 보내 조공하므로 광무제가 그 왕호를 회복시켜주었다"고 기록되어 있으며 『자치통감』에서도 같은 기록을 볼 수 있다. 이러한 시책은 고구려가 동북 변경의 패자(覇者)가 되는 데 합법적인 길을 제공해주었다. 그 다음으로는 동북 지역에 대한 통치 체제의 조정 또는 수축이 진행되었다고 할 수 있다.

『삼국지』「동이·동옥저」에는 다음과 같이 기록되어 있다.

한나라는 그 지역이 넓고 멀리 떨어져 있기 때문에 단단대령 동쪽에 있는 지역을 나누어 동부도위를 설치하고 불내성(不耐城)에 치소를 두어 별도로 영동 7현을 통치하게 하였다. 이때 옥저의 성읍도 모두 현이 되었다. 한 광무제 6년에 변경의 군을 줄였는데 도위도 이때 폐지하였다. 그 뒤로 현에 있던 우두머리를 모두 현후(縣侯)로 삼으니 불내(不耐), 화려(華麗), 옥저(沃沮) 같은 현은 모두 후국이 되었다.

― 漢以土地廣遠, 在單單大嶺之東, 分置東部都尉, 治不耐城. 別主領東七縣. 時沃沮亦皆爲縣. 漢光武六年, 省邊郡都尉 由此罷. 其後皆以其縣中渠帥爲縣侯. 不耐·華麗·沃沮諸縣皆爲侯國.

동한 통치 체제의 수축은 고구려 세력의 확대와 발전을 더욱 직접적으로 가능하게 해주었다. 『후한서』「동이·동옥저」에는 "광무제 때에 이르러 도위라는 관직을 없앴다. 이후부터 그들의 우두머리를 봉하여 옥저 후로 삼았다. 동옥저는 지역이 좁고 작은데다 큰 나라 사이에 끼어 있어서 마침내 구려에 신속하게 되었다. 구려는 그 지역의 대인을 뽑아 사자로 삼아 읍락을 함께 다스리게 하였고 초포(貂布), 어염(魚鹽), 해초류를 조세로 징수하게 하고 미녀를 뽑아 종이나 첩으로 삼았다"고 기록되어 있다.

동한 왕조는 동북 변경 지역에 대한 수축 정책을 취하게 되는데, 사실은 모든 변경 정책 가운데 하나의 구성 부분이었으며, 이에 대한 근본적 원인은 동한 왕조의 국력에 있었다. 특히 초기에는 변경 지역에 대한 적극적인 경영을 지탱하기 힘들었다. 광무제 시기 여러 차례 서역 나라들이 사신을 파견하여 도호(都護)를 파견해달라는 요구를 거절한 것은 이를 구체적으로 보여주는 예 가운데 하나이다. 이 정책의 직접적인 결과로 변경 민족 정권 세력의 확대가 나타나게 되었던 것이다. 사거(莎車)가 서역의 패자라고 부르고 고구려가 동북 변경 지역의 패자라고 부른 것은 바로 이러한 상황에서 나타날 수 있었던 것이다.

양보(退讓) 정책과 동시에 동한 왕조는 다른 구체적인 시책도 취하게 되는데 이러한 시책들을 종합해보면 대체로 납항(納降)과 정벌(征討)이라는 두 가지 정책으로 나눌 수 있다.

동한 왕조는 고구려에 납항(納降) 정책을 취하였는데, 주로 고구려 부중(部衆)의 항복을 받아들이는 것이었다. 고구려 세력이 급속도로 확장된 것은 실제로는 왕망 신조(新朝) 시기부터 이미 군현을 이탈하는 추세로 나타났으며 동한 왕조 방어 체계가 수축된 뒤 생긴 통치 공백은 고구려가 메웠다. 군현의 고구려 통제는 실제적인 면보다 형식적인 면이 더 컸으므로 고구려 부중의 항복을 받을 수 있었다.

사서의 기록을 통해 보면 고구려의 항복은 두 가지로 나눌 수 있다. 하나는 고구려 왕이 요구한 항복이고 다른 하나는 고구려 부속(部屬)의 항복이었다.

고구려 왕이 요구한 항복은 일반적으로 동한 왕조와 대규모 충돌이 발생한 뒤 나타난 현상이었다. 예를 들어 『자치통감』 권48에는 원흥(元興) 원년(105) "봄에 다시 요동을 침입하여 현을 노략질하였다"고 하였는데, 『후한서』 「동이・고구려전」에는 "영초(永初) 5년(111), "궁이 사신을 보내 공물을 바치고 현도에 예속되기를 구하였다"는 기록이 있다. 그러나 이러한 항복은 사실 고구려 왕이 변군을 노략질한 후 동한 왕조와의 관계 개선을 하기 위한 일종의 제스처였다. 왜냐하면 원초(元初) 5년(118) 고구려와 예맥은 서로 연합하여 또 다시 현도군을 공격하기 때문이다.[26] 그렇지만 동한 왕조는 여전히 항복을 거절하지 않았다.

고구려 부속의 항복 역시 사서 기록에서 볼 수 있다. 예를 들어 건무 23년(47) "구려 잠지락(蠶支落)의 대가 대생(戴生) 같은 1만여 명이 낙랑에 투항하였다"[27]는 기록과 25년(49) 제융(祭肜)이 요동 태수를 맡고 있을 때 "은의와 신의로 불러서 타이르니" 구려들이 모두 "다시 항복해왔다"는 기록이 있다.[28] 이와 같이 항복한 고구려 부중(部衆)에 대해서 동한 왕조 역시 적극적으로 받아들이는 정책을 취하였다.

여기서 지적하려는 것은 동한 왕조의 방어 체계가 축소되고 양보 정책을 실시하게 됨에 따라 고구려 세력은 끊임없이 강해지고 그에 따라 변군에 대한 침략이 빈번해졌기 때문에 동한 왕조가 고구려에 대해 취한 정책 가운데는 무력 토벌도 커다란 비중을 차지하고 있었다는 점이다. 고구려의 침략에 대해서 가장 커다란 위협을 받은 것은 낙랑, 요동, 현도군이었다. 『삼국사

---

26) 『후한서』「안제기(安帝紀)」, 「동이・고구려전」과 『자치통감』 모두에 기록이 있다.
27) 『후한서』 권85 「동이・고구려전」, 『삼국사기』 권14 「고구려본기」에도 역시 "잠지락부(蠶支落部) 대가(大家) 대승(戴升) 같은 1만 가(家) 남짓이 낙랑으로 가서 한에 항복하였다"고 기록되어 있다.
28) 『후한서』 권85 「동이・고구려전」.

기』「고구려본기」에는 대무신왕 20년(37) "왕이 낙랑을 습격하여 멸하였다", "27년 9월 한의 광무제가 군사를 파견하여 바다를 건너 낙랑을 쳐 그 땅을 빼앗아 군현으로 삼으니 살수 이남이 한에 속하게 되었다"고 기록되어 있다. 이 사실은 우리나라 사서에서는 볼 수 없는 것이기 때문에 낙랑군이 고구려의 공격을 받아 점령당하였는지에 대해서는 더 자세한 확인이 필요하다. 그러나 이 기록은 최소한 낙랑군이 이미 고구려의 위협에 직면해 있었음을 반영해준다. 고구려가 요동군, 현도군을 침략해온 사실은 우리나라 사서의 기록에서도 볼 수 있다. 예를 들어『후한서』「화제기(和帝紀)」에는 원흥 원년(105) 봄 "고구려가 요동군 경계를 노략질해갔다", 같은 책「안제기(安帝紀)」의 원초 5년(118)에는 "고구려가 예맥과 함께 현도를 노략질해갔다"는 것 같은 기록이 보인다. 고구려가 끊임없는 변군의 침입을 접하게 되자 동한 왕조는 무력 토벌 정책을 취하게 된다.

무력 토벌 정책의 실시는 구체적으로 1개 군의 저항 또는 공격, 몇 개 군의 연합 토벌, 한군과 기타 변경 민족과의 연합 토벌 같은 여러 방식으로 나눌 수 있다.

1개 군의 저항 또는 공격은 변군 태수의 자발적인 행위였기 때문에 적극적인 방어라는 성질을 가지고 있다. 예를 들어『자치통감』권48의 원흥 원년(105) 봄에 고구려가 요동 국경 안으로 들어와 요동군 6개 현을 노략질해오는데 그때 경기(耿夔)가 요동 태수로 있었다. 9월 "요동 태수 경기는 고구려가 공격해오자 그것을 물리쳤다." 또『삼국지』「동이·고구려전」에는 "궁이 죽고 백고가 왕이 되었다. 순제와 환제 연간에 다시 요동을 침공하여 신안(新安)과 거향(居鄕)을 노략질하고, 또 서안평(西安平)을 공격하여 길 가운데서 대방령을 죽이고 낙랑 태수의 처자를 포로로 사로잡았다. 영제(靈帝)의 건녕 2년(169)에 현도 태수 경임(耿臨)이 그들을 토벌하여 수백 명을 죽이고 사로잡으니 백고가 항복하여 요동에 속하였다"고 되어 있다.

여러 군이 연합하여 고구려를 토벌하는 행위는 동한 왕조에 협조하는 행동인데, 가장 대표적인 것으로는 건광(建光) 원년(121) 유주 자사 풍환(馮煥)을 수령으로 하여 고구려를 토벌한 것이었다. 『자치통감』 권50에 따르면 건광 원년 봄 "유주 자사 파군(幽州刺史巴郡) 풍환(馮煥), 현도 태수 요광(姚光), 요동 태수 채풍(蔡諷)이 군대를 일으켜 고구려를 토벌하였다. 고구려 왕 궁은 아들 수성을 보내 거짓 항복하고 현도, 요동을 습격하여 2000여 명을 죽이거나 다치게 하였다"고 기록되어 있다. 그러나 다른 사서의 기록을 보면 동한 왕조가 고구려에 대해 취한 이러한 대규모 토벌 행동은 극히 드물게 나타난다. 이때의 것을 제외하고 사서에서 나타난 대규모의 토벌 행동은 요동 장군 교현(橋玄)에 의한 한 차례의 예밖에 나타나지 않는다. 『후한서』 「교현전(橋玄傳)」에는 "환제 말년에 선비, 남흉노와 고구려 후임자(嗣子) 백고가 함께 침범하였다. 4부에서는 현(玄)을 도요 장군(度遼將軍)으로 추대하고 황월(黃鉞)을 들게 하였다. 현이 진에 도착하여 군사를 쉬게 한 다음 여러 장군들의 수비와 공격을 독촉하여 오랑캐와 백고 등을 쳤는데 모두 뿔뿔이 흩어졌다. 그가 재직한 3년간 변경은 안정되었다"고 기록되어 있다.

기타 변경 민족의 힘을 이용한 것도 동한 왕조가 고구려를 토벌한 방식 가운데 하나였다. 그 가운데서 부여의 힘을 자주 이용하였다. 예를 들어 건광 원년(121)에는 "12월 왕이 마한과 예맥의 기병 수천여 명을 거느리고 현도성을 에워쌌는데 부여 왕이 아들 위구태(尉仇台)를 시켜 군사 2만여 명을 거느리고 주군과 힘을 합쳐 그것을 막아냈다"는 기록이 있다.[29]

동한 왕조가 고구려에 대해 무력 토벌 정책을 실시한 원인과 효과를 구체적으로 살펴보면 하나의 분명한 특징이 나타난다. 즉 동한 왕조의 이러한 군사 행동은 무력으로 통일하는 것이 목적이 아니라 고구려가 변군에서 끊

---

29) 『자치통감』 권50, 한(漢) 건광(建光) 원년 12월 조.

임없이 침략하였기 때문에 생긴 것으로 서한 왕조가 설치했던 군현의 직접 통치를 회복하기 위해 시도된 것이었다. 동한 왕조의 이러한 정책은 "쳐들어가 점령하려고 하지 않는다(不思進取)"는 변경 정책의 전체 방침과도 일치하는 것이었다. 그러나 이것만으로는 고구려의 세력 확장을 효과적으로 통제하기 어려웠을 뿐 아니라, 오히려 이것이 고구려 세력의 끊임없는 성장을 촉진시키는 결과를 가져왔으며 이후 고구려가 동북 변경 지역의 패자가 되는 기초가 되었다.

2) 위진남북조 각 정권의 고구려 정책 : 속박 상태 아래서 취한 서로 다른 정책

동한 후기 여러 제후들이 함께 일어나 중원은 일대 혼란에 빠져들었다. 진(晉) 왕조가 비록 짧은 통일을 실현하였으나 얼마 지나지 않아 남북 각 왕조의 대치 국면이 다시 나타나게 된다. 하나의 강력한 통일 정권이 나타나지 않았기 때문에 각 왕조와 정권은 자주 중원 통치권을 쟁탈하려는 요구에서 출발하여 자신에게 필요한 고구려 정책을 제정하였다.

(1) 조위(曹魏) 왕조의 고구려 정책

삼국 시기 조위 왕조와 고구려는 서로 인접해 있었기 때문에 조위 왕조의 고구려 정책은 적극적이고도 효과적이었다. 조위 왕조가 고구려에 취한 정책은 공손씨 정권의 고구려 정책을 기초로 형성되었다.

공손씨가 요동에서 할거하기 시작한 것은 한나라 말이었다. 『삼국지』 「공손도전(公孫度傳)」에는 다음과 같이 기록되어 있다.

공손도는 자가 승제(升濟)이고, 본래는 요동군 양평(襄平)현 사람이다. 공손도의 부친 공손연은 관리의 추적을 피해 현도군에 살았고, 공손도는 군의 낮은 벼슬아치에 임명되었다. 당시 현도 태수 공손역(公孫域)의 아들 표(豹)는 18세의 나이에 일찍 죽었다. 어린 시절 공손도의 이름은 표였으며, 나이도 공손역의 아들과 같았으므로, 공손역은 그를 친자식처럼 사랑해서, 스승에게 보내어 학문을 닦도록 하였고, 그를 위해 아내도 얻어주었다. 후에 유도과(有道科)에 천거되어 상서랑에 임명되었으며, 점차 기주 자사로 승진되었지만, 터무니없는 소문 때문에 파면당했다. 같은 군 출신의 서영(徐榮)이 동탁의 중랑장에 임명되자, 공손도를 천거하여 요동 태수가 되게 했다. 공손도는 현도군의 작은 관리로부터 출세를 시작했기 때문에, 요동군 사람들에게 멸시를 당했다. 이보다 앞서 요동속국의 공손소(公孫昭)는 양평 현령의 지위에 있었을 때 공손도의 아들 강(康)을 오장(伍長)으로 임명했다. 공손도는 요동 태수로 부임한 후 공손소를 체포하여 양평의 시장에서 때려 죽였다. 요동군 내의 명망 높은 호족 명문가인 전소(田韶) 등은 오랫동안 우대를 받았지만, 은혜를 갚을 줄 몰랐으므로, 모두 법에 따라 처형하였는데, 대가 끊기고 멸망한 집은 100여 가구에 이르렀으므로 군 전체가 놀라워했다. 공손도는 동쪽으로는 고구려를 치고, 서쪽으로는 오환을 공격하였으므로, 그의 위세는 해외까지 이르렀다.

……그는 요동군을 나누어 요서 중료군(中遼郡)을 세우고, 그곳에 태수를 두었다. 바다를 건너 동래군의 여러 현을 정복하여 영주 자사를 두었다. 그는 스스로 요동후(遼東侯), 평주목(平洲牧)이 되었고, 그의 부친 공손연을 건의후(建義侯)로 봉했다.

— 公孫度字升濟, 本遼東襄平人也. 度父延, 避吏居玄菟, 任度爲郡吏. 時玄菟太守公孫域, 子豹, 年十八歲, 早死. 度少時名豹, 又與(域)子同年, 域見而親愛之, 遣就師學, 爲取妻. 後擧有道, 除尙書郎, 稍遷冀州刺史, 以謠言免. 同郡徐榮爲董卓中郎將, 薦度爲遼東太守. 度起玄菟小吏, 爲遼東郡所輕. 先時, 屬國公孫昭守襄平令,召度子康爲伍長. 度到官, 收昭, 笞殺於襄平市. 郡中名豪大姓田韶等宿遇無恩, 皆以法誅, 所夷滅百餘家, 郡中震慄[30]. 東伐高句驪[31], 西擊烏丸, 威行海外…… 分遼東郡爲遼西·中遼郡, 置太守. 越海收東萊諸縣, 置營州刺史. 自立爲遼東侯·平州牧, 追封父延爲建義侯.

공손도가 요동에서 할거하던 시기 고구려와의 관계는 사서에 명확하게 기록되어 있지 않다. 다만 공손도가 "동쪽으로 가 고구려를 쳤다"라는 기록과 『삼국지』「동이·고구려전」에 "공손도의 세력이 요동에 웅거하자 백고는 대가 우거(優居)와 주부 연인(然人) 등을 파견하여 공손도를 도와 부산(富山)의 도적을 격파하였다"는 기록이 있는 것으로 보아 당시 공손도 정권과 고구려 사이에는 정치적으로 예속 관계가 있었다는 것을 추측할 수 있다.

조위 정권이 출현한 뒤 고구려는 공손씨 정권의 통제를 벗어나기 위하여 조위 정권에 적극적인 접근 정책을 취하였다. 주로 고구려가 손오(孫吳) 정권의 사자를 죽이고 그 머리를 유주로 보낸 사실을 예로 들 수 있다. 고구려의 이러한 태도를 조위 정권은 흔쾌히 받아들였고, 경초(景初) 2년(238) 조위 정권과 고구려는 서로 연합하여 공손씨 할거 정권을 멸망시키기도 한다. 『삼국지』「동이·고구려전」에는 "경초 2년(238) 태위(太尉) 사마선왕(司馬宣王)이 군대를 거느리고 공손연을 토벌하니 위궁(고구려 동천왕)이 주부와 대가를 파견, 군사 수천 명을 거느리고 군대를 도왔다"고 기록되어 있다. 이 일이 있은 뒤 조위 정권은 요동, 대방, 낙랑, 현도 같은 군에 대한 통치 지위를 확립하게 된다. 그러나 쌍방의 이러한 관계는 얼마 지나지 않아 커다란 전환점을 맞게 되는데, 이에 따라 조위 정권의 고구려에 대한 정책 역시 중

---

30) 【옮긴이】『속론』에는 '율(栗)'로 되어 있으나 원서를 대조하여 바로잡는다.
31) 【옮긴이】『속론』에는 '려(麗)'로 되어 있으나 원서를 대조하여 바로잡는다.

대한 변화를 나타내게 된다.

정시(正始) 2년(242) 고구려는 요동 서안평을 노략질한다. 고구려가 여러 차례 침입해오자 정시 5년(244)에는 조위의 유주 자사 관구검이 군사 1만 명을 거느리고 현도를 거쳐 고구려를 토벌하게 된다.[32] 조위 정권은 결국 고구려에 대한 무력 토벌 정책을 취하게 된 것이다.『삼국지』「관구검전」에는 다음과 같이 기록되어 있다.

> 양구에서 크게 싸웠는데 위궁(동천왕)은 잇따라 패해 달아났다. 관구검은 말을 잡아매고, 수레를 이끌어 환도성에 올라가 고구려 수로를 파괴했는데, 머리를 베거나 포로로 삼은 자가 1000명이 넘었다. 고구려의 패자(沛遑) 득래(得來)는 위궁에게 여러 차례 간언하였지만, 위궁이 그의 말을 따르지 않았다. 득래가 탄식하며 '곧 이 땅에 쑥이 자라는 것을 보게 되리라'고 하였다. 득래는 먹지 않고 굶어죽었다. 모든 사람들이 그를 어질다고 했다. 관구검은 모든 군사들에게 명하여 그의 무덤을 파헤치거나 무덤 주위에 있는 나무를 베지 못하게 하였으며, 붙잡은 그의 처자식을 모두 풀어주었다. 위궁은 처자식만 데리고 도망쳐 숨었다. 관구검은 군사를 이끌고 돌아왔다.
>
> 6년(245) 다시 한번 고구려를 정벌하였는데, 위궁은 매구(買溝)로 달아났다. 관구검은 현도 태수 왕기(王頎)를 보내 추격하도록 하였다. 그는 옥저를 지나 1000리 남짓, 숙신씨의 남쪽 경계까지 이르러 돌에 공을 새겨 기록하였으며, 완도(完都)의 산을 바라보고 불내(不耐)에 있는 성에(도) 기록하였다. 죽이거나 항복을 받아낸 자가 8000명 남짓 되었고, 공에 따라 상을 받았는데 후(侯)로 임명된 자는 100명 남짓 되었다.
>
> — 大戰梁口, 宮連破走. 儉遂束馬縣車, 以登丸都, 屠句驪所都, 斬獲首虜以千數. 句

---

32) 『삼국지』 권28 「관구검전(毌丘儉傳)」.

驪沛者名得來, 數諫宮, 宮不從其言. 得來歎曰, '立見此地將生蓬蒿.' 遂不食而死,

舉國賢之. 儉令諸軍不壞其墓, 不伐其樹, 得其妻子, 皆放遣之. 宮單將妻子逃竄[33].

儉引軍還. 六年, 復征之, 宮遂奔買溝. 儉遣玄菟太守王頎[34]追之, 過沃沮千有餘里,

至肅愼氏南界, 刻石紀功, 刊丸都之山, 銘不耐之城. 諸所誅納八千餘口, 論功受賞,

侯者百餘人.

『삼국지』「동이 · 예전(東夷 · 禮傳)」에는 "정시 6년(245) 낙랑 태수 유무 (劉茂)와 대방 태수 궁준(弓遵)이 단단대령 동쪽의 예가 고구려에 복속하였 다고 하여 군대를 일으켜 정벌하니 하내후(下耐候) 등이 고을을 들어 항복 하였다"고 되어 있고, 『삼국지』「삼소제기(三少帝紀)」에는 정시 7년(246) "5 월 예맥을 쳐서 모두 토벌하였는데 한나해(韓那奚) 같은 수십 나라가 각각 항복하였다"고 기록되어 있다.

조위 정권의 고구려에 대한 토벌 행동은 환도성을 공격하여 점령한 것으 로 끝난 것이 아니었다. 이후에도 고구려 부속국 체계를 무너뜨리는 군사 행동들이 있었으며, 그 시도는 성공을 거두었다.

조위 정권의 무력 토벌 정책은 특히 관구검이 환도성을 공격하여 점령하 고 부속국들이 차례로 항복함으로써 고구려에 커다란 타격을 입혔다. 그리 고 현도, 낙랑 같은 군의 태수가 고구려를 토벌하는 전쟁에 중요한 역할을 하여 조위 정권은 다시 이 지역에 대한 통치를 회복하게 된다.

이때 이후 조위 정권에서 진 왕조로 교체될 때까지 『삼국사기』에는 고구 려 복국 활동에 대한 기록이 나타나지만, 우리나라 사서에서는 고구려에 관 한 기록이 많지 않다.

---

33) 【옮긴이】『속론』에는 '서(鼠)'로 되어 있으나 원서를 대조하여 바로잡는다.
34) 【옮긴이】『속론』에는 '흔(欣)'으로 되어 있으나 원서를 대조하여 바로잡는다.

(2) 진(晉) 왕조와 모용 선비의 고구려 정책

고구려가 다시 한 번 동북 변경 지역의 정치 무대에 나타나는 것은 진 왕조 영가(永嘉)의 난(亂) 이후로, 『양서』「동이·고구려전」에는 "진 영가(307~313)의 난리 때 선비족인 모용외(慕容廆)가 창려(昌黎)의 대극성(大棘城)을 점거하니 원제(元帝)는 그를 평주 자사로 제수하였다. 구려 왕 을불리가 자주 요동을 침범하였으나 (모용)외는 막을 수 없었다"고 기록되어 있다. 이때 역사는 이미 동진 시기로 접어들었는데 고구려는 진 왕조가 모용 선비를 통제하는 데 중요한 힘이 되어주었다.

동진 왕조는 동북 지역을 관리하기 위하여 조위 정권이 설치하였던 동이 교위를 그대로 유지하여 변경 민족을 관리하였다. 동이 교위는 평주 자사도 겸임하였는데 고구려는 동이 교위 관할의 변경 민족 가운데 하나에 속해 있었다. 동진 시기로 들어온 뒤 북부의 모용 선비는 모용외 시기에 이르러 그 세력이 강해져 형식적으로 진 왕조와 신속 관계를 유지하였을 뿐 실제로는 점차 할거 세력으로 성장하였다. 그래서 고구려를 포함한 기타 변경 민족의 힘을 이용하여 모용 선비를 통제하는 것이 동이 교위의 중요한 임무 가운데 하나가 되었다. 이것이 진 왕조가 고구려에 취한 정책의 주요 내용이다.

진 왕조가 취한 이 정책의 구체적인 상황은 최비(崔毖)가 직무를 맡아보던 기간 동안 꽤 분명하게 나타난다. 태흥(太興) 2년(319) 최비는 동이 교위 겸 평주 자사를 맡고 있었다.

벼슬아치와 백성이 모용외를 많이 따랐다. 마음이 편안하지 않아 여러 번 사신을 보내 불러들였으나 그때마다 오지 않았다. 모용외를 잡아서 가둘 뜻이 있어 고구려, 단씨, 우문씨에게 은밀히 말하기를, 함께 공격하여 모용외를 멸하고 그 땅을 나누어 갖자고 약속하였다. 최비와 가까운 발해(渤海) 사람 고첨(高瞻)이 힘써 간하였으나 최비는 따르지 않았다. 삼국이 병사를 합하여 모용외를 쳤는데, (모용외의) 장수들이 이들을 공격하자고 청하자 모용외가 "저들은 최비의 꼬임을 받아 모든 이익을 구하려 하고 있다. 적군의 형세는 첫 기세가 매우 날카롭기 때문에 더불어 싸운다는 것은 옳지 않으며, 마땅히 굳게 지켜 이를 꺾어야 한다. 저들 오합지졸들이 온다 해도 서로 통일되지 않고 복종하지 않게 되는데 그것은 예부터 두 가지 이유가 있다. 그 하나는 나와 최비가 속여서 이를 뒤엎을 것을 의심하고, 다른 하나는 삼국이 서로 시샘하며 미워하고 있기 때문이다. 저들의 마음이 둘로 갈라서는 것을 기다린 뒤 이를 치면 반드시 깨뜨릴 수 있다"고 하였다. 삼국이 나아가 극성을 공격하였으나, 모용외는 문을 닫고 스스로를 지키기만 하였다. 사신을 보내 우문씨 병사들만 소고기와 술로 위로하니, 고구려와 단씨는 우문씨와 모용외가 함께 음모를 꾸미고 있다고 의심하여 군대를 이끌고 돌아가 버렸다.

― 士民多歸慕容廆, 心不平. 數遣使招之, 皆不至, 意廆拘留之, 乃陰說高句麗, 段氏, 宇文氏, 使共攻之, 約滅廆, 分其地. 廆所親勃海高瞻力諫, 廆不從. 三國合兵伐廆, 諸將請擊之, 廆曰, "彼爲崔廆所誘, 欲邀一切之利. 軍勢初合, 其鋒甚銳, 不可與戰, 當固守以挫之. 彼烏合而來, 旣無統壹, 莫相歸服, 久必携貳, 一則疑吾與廆詐而覆之, 二則三國自相猜忌. 待其人情離貳, 然后擊之, 破之必矣." 三國進攻棘城, 廆閉門自守, 遣使獨以牛酒犒宇文氏, 二國疑宇文氏與廆有謀, 各引兵歸.

모용씨와 우문씨가 벌인 큰 전쟁에서는 우문씨가 패하였다.

최비가 이를 듣고 두려워하여 형의 아들인 도(燾)를 극성에 보내 거짓으로 하례하도록 하였다. 삼국의 사자들도 와서 화해할 것을 청하면서 "우리의 참뜻이 아니며 최(비) 평주(자사)가 우리를 부추긴 것이다"라고 하였다. 모용외가 최도에게 군세를 보이며 맞이하자 최도가 두려워 머리를 조아렸다. 모용외는 최도를 보내면서 최비에게 '항복하는 것이 제일 좋은 계책이요, 달아나는 것이 가장 못한 계책이라'고 이르도록 하고, 병사를 이끌고 그를 따랐다. 최비가 수십 기와 더불어 집안을 버리고 고구려로 급히 달아나자 최비의 무리들은 모두 모용외에게 항복하였다. 모용외는 그의 아들 (모용)인(仁)을 정로 장군(征虜將軍)으로 삼아 요동에 군대를 머물게 했다.

— 崔毖聞之, 懼, 使其兄子燾詣棘城僞賀. 會三國使者亦至, 請和, 曰. '非我本意, 崔平州敎我耳.' 廆以示燾, 臨之以兵, 燾懼, 首服. 廆乃遣燾歸謂毖曰, '降者上策, 走着下策也.' 引兵隨之. 毖與數十騎棄家奔高句麗, 其衆悉降于廆. 廆以其子仁爲征虜將軍鎭遼東."[35]

위 내용을 보면 정책을 실시한 결과가 진 왕조가 원하던 대로 되지 않았다는 것을 알 수 있다. 모용 선비의 세력이 약해지지도 않았고 오히려 평주 등지의 직접 통치권을 잃어버리게 된다. 더욱 심각한 점은 고구려와 진 왕조의 관계가 더욱 복잡해졌다는 것이다. 고구려와 동진 왕조의 관계는 유명무실한 신속 관계로 변하였고 모용 선비가 실질적인 고구려의 종주국이 되었다. 진 왕조의 고구려 정책은 칭신납공과 책봉하는 등의 내용만 남게 되었다.

만약 태흥(太興) 2년(319) 진 왕조가 모용외에게 평주 자사를 준 때부터 계산해보면 전연을 거쳐 409년 후연이 북연을 대신할 때까지 모용 선비는 거의 1세기 동안 북부 지역에 할거한 것이 된다. 모용 선비가 진 왕조에 칭신(稱臣)하였기 때문에 그들의 고구려에 대한 정책 역시 진 왕조가 고구려에 취하였던 정책과 같이 이어져 한 구성 부분이 되었다고 볼 수 있다.

모용 선비의 고구려 정책은 초기에는 고구려와 평화적인 공존 상태로 시작되었으나 후기에는 고구려가 신복하도록 압박하여 쌍방의 신속 관계를 유지하는 방향으로 전개되었다. 초기 모용 선비가 고구려와의 평화적 공존

---

35) 『자치통감』 권91, 진(晉) 원제(元帝) 태흥(太興) 2년 12월 조.

정책을 취한 것은 사실 선택의 여지가 없는 것이었다. 왜냐하면 서진 왕조가 고구려 같은 변경 민족을 이용하여 선비를 통제하는 정책을 취하였고 더욱이 커다란 전쟁이 발생하지 않았기 때문에 고구려는 그 세력을 회복할 수 있었기 때문이다. 모용 선비는 비록 평주 등지를 점유하고 있었지만 그 세력은 동북 지역의 유일한 패자가 되기에는 부족하였다. 또한 우문 선비와 고구려를 동시에 방어해야 했는데 그 방어의 중심이 우문 선비에 있었기 때문에 고구려를 복종시킬 수 있는 역량을 집중하기는 어려웠던 것이다. 『양서』「동이‧고구려전」에 나온 "진 영가의 난리 때 선비족인 모용외가 창려(昌黎)의 대극성(大棘城)을 점거하니 원제(元帝)는 그를 평주 자사로 제수하였다. (고)구려 왕 을불리가 자주 요동을 침범하였으나 (모용)외는 막을 수 없었다"라는 기록은 바로 이러한 상황을 반영한 것이었다. 태흥 3년(320) 고구려는 요동을 공격하였으나 실패한다. 함강(咸康) 5년(339)에는 모용황이 진 왕조에 의해 연왕(燕王)으로 봉해지고 같은 해 군사를 보내 고구려를 공격하자 "고구려 왕 쇠(釗)는 동맹해줄 것을 애걸하였다." 이를 모용황이 동의하여 군대는 철수하게 된다.[36) 사서 기록의 부족으로 우리는 현재 두 나라의 맹약 내용이 무엇이었는지 알기 어렵다. 그러나 다음해 고구려 왕이 세자를 보내 (모용)황에게 조공하는 것으로 볼 때[37) 두 나라의 맹약은 고구려가 분명히 열세에 있었다는 것을 알 수 있다. 그러나 두 나라의 이러한 평화 공존은 그리 오래가지 못하였다.

고구려는 중원으로 세력을 확대하기 위해서 모용 선비 정권인 전연[38)에

---

36) 『자치통감』 권96, 진 함강 5년 11월 조.
37) 『진서(晉書)』 권109 「모용한재기(慕容皝載記)」.
38) 【옮긴이】 원서에는 북연으로 되어 있는데 모용 선비가 세운 나라는 북연이 아니라 전연이다. 저자의 착각이다. 북연은 409~435년까지 존재했다. 다음 두 줄에 이어지는 전연도 원서의 북연을 고쳐 바로잡은 것이다.

게 우호적인 태도를 취하는 동시에 끊임없이 전연의 관할 국경을 침략하였다. 그러자 전연의 고구려에 대한 정책 역시 무력으로 복종시키는 방향으로 재빨리 전환하게 된다. 함강(咸康) 8년(342) 당시 전연이 직면한 상황에 따라 건위 장군 모용한은 모용황에게 중원으로 진출하려는 계획을 제시하게 된다.

우문씨가 강성한 지 오래되어 줄곧 나라의 우환거리가 되고 있다. 지금 일두귀(逸豆歸)가 왕위를 빼앗아 나라를 얻었으나 명망이 없고 성질이 졸렬하며, 장수들은 무능하고 국방이 허술하며 군대에는 대열이 없다. 신은 오랫동안 그 나라에 있었기에 그 나라의 지형에 익숙하다. 비록 멀리 강한 갈(羯)족에 의지하고 있지만 성세가 미치지 못하여 구원하지 못한다. 만약 지금 공격하면 반드시 이긴다. 그러나 고구려는 우리나라와 가까워 항상 틈을 엿보는 마음을 갖고 있다. 고구려는 우문씨가 망한 것을 보고 자기에게 화가 미칠 것을 알면 반드시 허한 틈을 타고 들어와 우리를 습격할 것이다. 만약 적은 군사를 두면 지키지 못할 것이고 많은 군사를 두면 우문씨를 치러 가지 못할 것이다. 이는 심복지환으로서 먼저 없애야 한다. 그 세력을 보면 한 번에 이길 수 없다. 우문씨는 자기 수비에 매달리느라고 멀리서 오지 못할 것이다. 고구려를 멸한 뒤 우문씨를 공격하면 손쉽게 멸할 수 있다. 두 나라를 평정하면 이익이 동해까지 펴져 나라가 부유하고 군사가 강하여 뒷근심을 덜 수 있으며 그런 다음 중원을 도모할 수 있다.

— 宇文强盛日久. 屢爲國患. 今逸豆歸簒竊得國, 群情不附, 加之性識庸暗, 將帥非才. 國無防衛, 軍無部伍. 臣久在其國, 悉其地形, 雖遠附强羯, 聲勢不接, 無益救援. 今若擊之, 百擧百克. 然高句麗去國密邇, 常有窺覦之志, 彼知宇文旣亡, 禍將及已, 必乘虛深入, 掩吾不備. 若少留兵則不足以守, 多留兵則不足以行. 此心腹之患也. 宜先除之, 觀其勢力, 一擧可克. 宇文自守之虜, 必不能遠來爭利. 旣取高句麗, 還取宇文, 如返手耳. 二國旣平, 利盡東海, 國富兵强, 無返顧之憂. 然后中原可圖也.[39]

모용한의 건의는 모용황의 허락을 얻게 되고 같은 해 11월 연왕 모용황은 친히 4만의 대군을 거느리고 병사를 두 길로 나누어 5000명[40]으로는 북도로 공격하는 것처럼 하고 대군을 남도에 집중하여 고구려의 도성-환도성을 공격하려고 하였다. 전연이 군사를 나누어 공격하는 상황에 대해 고구려는 잘못 대응하고 마는데, 방어의 중점을 북도에 집중하고 고구려 왕은 노약한 병사들을 거느리고 남로를 방어하였던 것이다. 결과적으로 남로를 방어한 고구려 군대는 전연군의 공격에 크게 패하였고 전연군은 순조롭게 환도성을 공격하여 점령하게 된다. 도성이 함락되자 고구려 왕 쇠(고국원왕)는 처와 어머니를 버리고 혼자 도망쳤다. 그러나 전연의 북도대군(北道大軍)이 패하였기 때문에 그를 더 이상 쫓지 않았다. 대신 고구려 왕 쇠의 어머니와 처를 붙잡고 고구려 왕 쇠의 아버지인 을불리(미천왕)의 무덤을 파서 "그 시체를 가져갔으며 창고에 대대로 전해 내려오던 보물을 거두어들이고 남녀 5만 명 남짓 붙잡아 갔다. 그리고 궁실을 불태우고 환도성을 허물어 버리고는 돌아갔다."[41] 이 시기의 고구려에 대한 전연의 무장 정벌은 비록 고구려의 도성-환도성은 점령했으나 전연 왕 모용황은 신하 한수(韓壽)의 "고구려 땅은 지키기 힘들다"는 건의를 받아들여 고구려 지역에 관(官)을 설치하는 것과 같은 효과적인 통치 체제를 갖추지는 않았다.

　　이때의 일로 전연과 고구려 사이에는 신속 관계가 성립되었다. 건원(建元) 원년(343) 2월 고구려 왕은 "신하로서 (모용)황에게 사신을 보내 조공하고 그 아버지의 시신을 돌려받는다."[42] 고구려가 비록 전연에 신하라고 칭하였지만 전연은 고구려에 대한 공격을 포기하지 않았으며 고구려 왕 쇠의

---

39) 『자치통감』 권97, 진 함강 8년 10월 조.
40) 【옮긴이】 이 역시 저자의 착각으로, 『자치통감』 등에는 1만 5000으로 기록되어 있다.
41) 『자치통감』 권97, 진 함강 8년 11월 조.
42) 『진서』 권109 「모용황재기」.

모친을 돌려보내지도 않았다. 전연은 고구려의 복종 태도에 만족하지 않았던 것으로 보이며, 여전히 고구려에 대한 끊임없는 무력 토벌 정책을 취하였다. 예를 들어 영화(永和) 원년(345) 10월 모용각(慕容恪)은 명을 받고 고구려를 공격하여 "남소를 함락하고 주둔병을 두고 돌아갔다."[43] 이러한 상황은 영화 11년(355)까지 지속되는데 이해 12월의 기록에는 "고구려 왕 쇠가 사신을 보내어 볼모를 보내고 공물을 바치면서 그 어머니의 반환을 청하였다. 연왕 준은 그것을 허락하고 전중 장군(殿中將軍) 조감(刁龕)을 보내어 어머니 주씨를 그 나라로 보내고 쇠에게 정동 대장군(征東大將軍), 영주 자사(營州刺史), 낙랑공(樂浪公)으로 봉하였다"[44]고 되어 있다. 영화 11년 고구려 왕 쇠의 "볼모를 보내고 공물을 바쳤다"는 내용은 고구려가 전연에 철저히 복종하고 있었다는 것을 보여준다. 태화(太和) 5년(370) 전연은 전진(前秦) 부견(苻堅)에게 멸망당하는데 태원(太元) 9년(384) 모용수(慕容垂)는 전진 부견이 비수(淝水) 전쟁에서 대패한 시기를 이용하여 전연의 구부(舊部)를 모아 형양(滎陽)에서 스스로 대장군 대도독 연왕이라고 칭하였다. 역사에서는 이를 후연이라고 부른다. 후연 건립 이후에도 고구려와의 관계 처리 문제는 여전히 당면한 주요 문제였다. 태원 10년(385) 고구려는 후연이 나라를 세우고 아직 안정되지 못한 상황을 틈타 군사를 일으켜 요동과 현도 두 군을 점령하게 된다. 이러한 상황에 대해서 후연은 무력 정복을 중심으로 한 대 고구려 정책을 취하게 된다.

태원 10년 11월 모용농(慕容農)은 군사를 이끌고 고구려를 공격하여 고구려를 요동, 현도에서 몰아낸다.[45]

융안(隆安) 4년(400) 정월 고구려 왕은 후연에 사신을 파견하여 공물을

---

43) 『자치통감』 권97, 진 영화(永和) 원년 10월 조.
44) 『자치통감』 권100, 진 영화 11년 12월 조.
45) 『자치통감』 권106, 진 태원(太元) 10년 11월 조.

바쳤으나 후연왕 모용성(慕容盛)은 고구려의 예가 거만하다고 하여 오히려 정병 3만을 거느리고 고구려를 공격하여 신성(新城), 남소(南蘇) 두 성을 함락하고 국경을 700여 리 개척하고 5000여 호를 붙잡아 돌아왔다."46)

원홍(元興) 원년(402) 5월 고구려 왕 안(安)은 군사를 거느리고 후연 평주 자사 치소를 공격하여 100여 명을 죽이는데 후연 평주 자사 모용귀(慕容歸)는 성을 버리고 도망갔다. 3년(404) 11월에 고구려는 다시 후연을 공격하고, 의희(義熙) 원년(405) 정월 후연왕 모용희(慕容熙)는 친히 대군을 거느리고 요동을 공격하나 오랫동안 점령하지 못하고 큰 눈이 내려 얼어 죽는 병사가 많아 성공하지 못하고 돌아왔다. 2년(406) 정월 후연 왕 모용희는 다시 고구려 목저성(木底城)을 공격하나 이기지 못하고 돌아왔다.47)

사서의 이러한 기록들을 보면, 처음의 군사 대결에서는 후연이 우세를 점하지만 오래 지나지 않아 고구려가 분명히 우세한 위치를 점하였다는 것을 알 수 있다. 이는 후연의 무력 정복 정책이 예상했던 효과를 거두지 못했음을 나타내는 것으로 그 주요 원인은 후연 세력이 고구려를 복종시킬 정도로 강하지 못하였기 때문이다.

(3) 남북조 각 왕조의 고구려 정책

420년 송(宋)이 진(晉)을 대신하여 일어남으로써 중국 역사는 남북조 시기로 접어들게 되는데 남조의 송(宋, 420~479), 제(齊, 479~502), 양(梁, 502~557), 진(陳, 557~589), 그리고 북조의 북위(北魏, 386~534), 동위(東魏, 534~550), 북제(北齊, 550~577), 서위(西魏, 535~556), 북주(北周, 557~581)가 전후로 대치하게 된다. 남북 패권 쟁탈의 필요와 고구려와의

---

46)『자치통감』권111, 진 융안(隆安) 4년 정월 조:『진서』권124「모용성재기(慕容盛載記)」.
47)『자치통감』권113, 진 원홍(元興) 원년 5월, 11월 조:『진서』권124「모용희재기(慕容熙載記)」.

지리적 원근의 차이로 남북 각 정권이 고구려에 대해 취한 정책은 서로 다른 특징이 나타났다. 남조의 각 정권은 조공을 받고[48] 여러 관작을 내려주는 정책을 취하여 고구려가 북조 각 정권의 남하를 막는 데 협조적인 힘이 되어주기를 바랐다. 남송을 예로 들면, 남송은 적극적으로 고구려의 사신 파견과 조공을 받아들였을 뿐만 아니라 여러 차례 고구려 왕으로 책봉하였다. 처음에는 고구려 왕을 사지절(使持節), 도독영주 제군사(都督營州諸軍事), 정동 장군(征東將軍), 고구려 왕(高句麗王), 낙랑공(樂浪公)으로 책봉하였다가 후에는 산기상시(散騎常侍), 독평주 제군사(督平州諸軍事)의 벼슬을 더하여 책봉하였다. 대명(大明) 7년(463)에는 다시 고구려 왕을 "차기 대장군(車騎大將軍) 광부의동 삼사(開府儀同三司)로 삼고 지절(持節), 상시(常侍), 도독(都督), 왕공(王公)의 칭호를 그대로 인정해주었다."[49] 도독 영평 이주 제군사(都督營平二州諸軍事), 정동 장군 등의 관호(官號)를 고구려 왕에게 내려준 것은 당시 고구려의 정치적 지위를 확인시켜주는 것일 뿐 아니라 고구려가 북위 정권의 남하를 막는 정치적인 역량이 되어주기를 희망하는 남송의 의도였다. 이뿐 아니라 사서의 기록을 근거로 보면 남송은 북위와의 군사 대결에서 고구려의 지지를 얻고자 희망하였다. 원가(元嘉) 16년(439)의 "태조가 북위를 토벌하고자 련(장수왕)에게 말을 바치라고 하였더니 련이 말 800필을 바쳤다"[50]는 기록은 남송의 이러한 바람을 아주 잘 표현한 것이다. 애석하게도 당시의 남송 세력은 북위에 저항하기에 힘이 부족하였기 때문에 이러한 정책의 실시는 결국 고구려 세력의 확대를 도와주는 것에 불과하였다.

---

48) 고구려가 남조 각 정권에 칭신납공한 상황에 관해서는 마다정 등이 지은 『고대 중국 고구려 역사 총론』(흑룡강교육출판사, 2001)을 참고하기 바란다.
49) 『송서(宋書)』 권97 「동이 · 고구려전」.
50) 앞의 책.

남조 각 정권과 달리 북조의 각 정권, 특히 북위 정권은 자주 고구려와 접촉하였다. 따라서 그 정책은 여러 가지 구체적인 내용으로 나타났다. 사서의 기록을 보면 북위의 고구려 정책은 대체로 아래의 몇 가지 내용으로 종합해볼 수 있다.

고구려의 조공을 받아들이고 고구려 왕으로 책봉하였다. 조공과 책봉은 고구려와 북위 왕조가 신속 관계를 유지했다는 표지로 사서의 여러 기록에서 찾아볼 수 있다. 『위서』, 『삼국사기』「고구려본기」, 『자치통감』 같은 사서의 기록에는 고구려가 북위 왕조에 거의 매년 사신을 파견하여 조공하는 것으로 나오는데 어떤 경우에는 1년에 여러 차례 걸쳐 사신을 파견하고 조공하기도 하였다. 예를 들면 태화 12년(488) 고구려는 2월, 6월, 윤9월 세 차례에 걸쳐 사신을 파견하고 조공하였다.[51]

북위 왕조가 고구려 왕으로 책봉한 것도 여러 사서의 기록에서 찾아볼 수 있다. 태연(太延) 원년(435)에는 고구려 왕 련을 도독요해 제군사(都督遼海諸軍事), 정동 장군, 영호동이 중랑장(領護東夷中郎將), 요동군 개국공(遼東郡開國公), 고구려 왕으로 책봉하였다. 태화 15년(491)에는 고구려 왕 련이 죽자 북위 왕조는 이안(李安)을 사신으로 파견하여 차기 대장군, 태부(太傅), 요동군 개국공, 고구려 왕으로 추증하고 태화 16년(492)에는 고구려 왕 운(雲)을 사지절, 도독요해 제군사, 정동 장군, 영호동이 중랑장, 요동군 개국공, 고구려 왕, 낙랑공으로 책봉하고 "의관과 복장, 기물과 수레, 깃발 따위의 물건을 하사하였다."[52] 신구(神龜) 2년(519)에는 고구려 왕 운이 죽자 사신을 보내 차기 대장군, 영호동이 교위(領護東夷校尉), 요동군개국공, 고구려 왕으로 추증하고 그 아들 안(安)을 안동 장군(安東將軍), 영호동이 교위,

51) 『위서(魏書)』권7 하「고조기(高祖記)」.
52) 『위서』권100「고구려전」.

요동군 개국공, 고구려 왕으로 삼았다. 태창(太昌) 원년(532)에는 고구려 왕 연을 사지절, 산기상시, 차기 대장군, 요동 개국공, 고구려 왕에 봉하였다. 책봉과 의관, 복장, 기물과 수레, 깃발 따위의 물건을 하사한 것 이외에도 북위 왕조는 고구려에 자주 상을 내리기도 하는데 『위서』「고구려전」의 "고조 때에 이르러 련이 바치는 공물은 전보다 배로 늘었고 그 보답으로 내리는 물건도 역시 조금씩 더하여주었다"는 기록이 바로 그 예이다. 고구려는 신하의 예의로 볼모[質子]를 파견하기도 하였는데 볼모의 파견은 고구려가 북위 왕조에 신속되어 있었다는 표지 가운데 하나이다. 태화 16년(492) "위가 고(구)려 왕 운을 독요해 제군사, 요동공(遼東公), 고구려 왕으로 삼고 세자를 입조하라고 하였으나 운은 병이라 핑계를 대고 아버지의 사촌[從叔] 승간(昇幹)을 파견하여 그 사자를 따라 평성에 입조하게 하였다."[53] 이를 통해 고구려는 북위 왕조의 요구를 완전하게 이행하지 않고 아버지의 사촌 승간을 세자 대신 인질로 보냈다는 것을 알 수 있다.

북위는 고구려에 화친(和親) 정책을 취하기도 하였다. 『위서』「고구려전」과 『삼국사기』「고구려본기」에는 북위 현조제(顯祖帝) 시기(466~470) 고구려와 북위 왕조는 한 차례 실현되지 못한 화친이 있었다는 것을 알 수 있다. 당시 북위 왕조의 문명태후(文明太后)는 현조제 육궁(六宮)이 아직 채워지지 않았다고 하여 고구려 왕 련에게 딸을 입궁시키라고 명하였다. 고구려 왕 련은 교지를 받은 후 딸들이 모두 시집을 갔으므로 아우의 딸을 입궁시키겠다고 요청했고 북위 왕조는 이를 허락하였다. 그러자 북위 왕조는 안락왕(安樂王) 진(眞), 상서(尙書) 이부(李敷) 등을 파견하여 예물을 보내는데 고구려 왕은 신하의 말을 듣고 북위 왕조가 화친을 이용하여 고구려를 멸망시킬 것을 두려워하여 그 조카딸이 이미 죽었다고 글을 올렸다. 북위

---

53)『자치통감』권137, 제(齊) 영명(永明) 10년 정월 조.

왕조는 이를 의심하여 사신을 보내 알아보도록 하고 고구려 왕실의 다른 여인을 입궁시킬 것을 요구하였다. 이러한 상황에서 고구려 왕 련은 북위 왕조의 요구에 "이전의 허물을 용서해주시면 삼가 조칙을 따르겠습니다"[54]라고 하였다. 그러나 이때 공교롭게도 북위 현조제가 죽어 화친의 일은 실현되지 못하였다. 사서의 기록을 보면 소위 고구려와 북위 왕조의 화친은 사실 우리 역사상 중앙 왕조와 변경 소수민족의 화친과는 본질적인 차이가 있다. 이것은 북위 왕조의 황실에서 명령을 내려 고구려 왕이 딸을 입궁하게 하는 형식으로 우리나라 역대 왕조의 황제가 전국적인 범위에서 미인을 선발해 입궁하게 하는 것과 같은 성질의 것이었다. 이것 역시 고구려가 북위 왕조에 신속되어 있었다는 표지의 하나이다.

　신하의 예에 따라 고구려에게 요구한 것 외에 고구려의 확장을 용인하는 정책을 취하기도 했는데, 심지어는 고구려의 타민족 정복 정책을 격려하기도 하였다. 『위서』「고구려전」의 기록을 보면 정시(正始) 원년(504) 고구려 사신 예실불(芮悉弗)이 명을 받들어 북위 왕조에 조공하러 들어오는데 그는 북위 왕조의 세종(世宗)에게 고구려가 공물로 바치는 금은은 부여와 섭라(涉羅)에서 생산되는데 "지금 부여는 물길에게 쫓겨났고 섭라는 백제에 합병되었다"고 하면서 고구려는 금은을 바칠 길이 없다고 하였다. 세종은 고구려 사자 예실불에게 "고구려가 대대로 상장의 직함을 가지고 해외를 마음대로 제어하여 교활한 오랑캐인 구이(九夷)를 모두 정벌하여 왔소 …… 경은 꼭 짐의 뜻을 경의 군주에게 전하여 위압과 회유의 방략을 다해 못된 무리들을 멸망시키고 동방의 백성들을 편안케 하여 두 읍이 옛 터로 돌아가게 하고 그 지방의 토산물을 항상 바치는 공물에서 빠지지 않도록 하시오"라고 하였다. 북위의 이러한 지지 아래 고구려는 506년과 507년을 전후하

---

54) 『위서』 권100 「고구려전」.

여 바로 두 차례 백제에 대한 공격을 전개하였음을 『삼국사기』「고구려본기」를 통해 알 수 있다.

요컨대, 일부 변경 민족 정권을 포함한 삼국 양진 남북조 시기의 각 왕조는 자신의 이익에 따라 고구려에 대한 서로 다른 정책을 취하였다. 그러나 이러한 정책 실시의 전제에는 공통된 특징이 있다. 즉, 고구려가 반드시 신하로서 공물을 바치고 이러한 정권과 신속 관계를 유지하여야 한다는 점이다. 한편으로 이러한 정권들은 중원의 통치권을 쟁탈하기 위해서 모두 고구려의 힘을 이용하여 상대방을 견제하고자 하였다. 특히 남조의 각 정권은 고구려가 북조의 남하를 막아주기를 바랐다. 다른 한편으로 북조의 각 정권은 자기의 힘을 보전하기 위하여 고구려가 신하로서 공물을 바치는 전제 아래 고구려의 통일을 꾀하지는 않았다. 남북 분열의 정치 국면으로 인하여 각 왕조는 고구려에 대해 어느 정도 관대한 속박 정책을 취하게 된다. 그리고 이러한 속박 정책의 실시는 고구려 세력이 발전해 나가는 데 커다란 외부적 환경을 제공해주었다. 이 역시 고구려가 조위, 모용 선비의 두 차례에 걸친 대규모 공격을 받았음에도 빠르게 회복할 수 있었던 원인 가운데 하나였으며, 수당 시기 고구려가 아주 커다란 우환이 되는 기초가 되었다.

3) 수당 왕조의 고구려 정책 : 직접 관할의 재구축을 위한 노력과 실현

수당 시기에 접어들면서 전국을 통일한 새로운 국면이 나타나게 되었다. 수당 두 왕조는 비록 서로 다른 변경이라는 형세에 직면하였지만 고구려에 대해서는 모두 똑같은 성질로 무력 통일을 위주로 한 정책을 취하였다.

(1) 수 왕조의 고구려 정책

수 왕조의 고구려 정책은 대체로 수 문제와 수 양제의 두 시기로 나눌 수 있다. 무력으로 위협하는 것은 수 문제 시기 고구려 정책의 특징이며 위협에서 무력 정복으로의 전환은 수 양제 시기 고구려 정책의 특징이었다.

수 문제의 고구려 정책이 시작부터 위협에 중점을 둔 특징을 보인 것은 아니었다. 처음에 수 문제는 고구려를 매우 중시하였는데, 이는 고구려와의 신속 관계를 성립시키고 이를 유지하고자 함이었다. 개황(開皇) 원년(581)에는 고구려 왕을 대장군(大將軍), 요동군공(遼東君公)으로 삼고 4년(584) 대흥전(大興殿)에서 돌궐, 고구려, 토곡혼의 사신을 초청하여 연회를 베풀 때 고구려 사신을 두 번째[55]에 앉게 한 것에서 이런 점이 나타난다.

수 문제가 정책을 전환하게 된 원인은 수 왕조에 의해 진(陳)이 멸망한 이후 고구려가 수 왕조를 방어하려는 정책으로 적극적인 전쟁 준비를 한 데 있었다. 『수서(隋書)』「동이열전 · 고려전」에는 "진을 평정한 뒤로 탕(湯: 평원왕)이 크게 두려워하여 무기를 정비하고 군량을 쌓아 방어할 계획을 세웠다"고 기록되어 있다. 고구려가 수 왕조의 통일 행동에 대해 미리 저항 준비를 하고 있다는 상황을 알게 된 이후 수 문제는 고구려 왕 탕에게 옥새가 찍힌 문서[璽書]를 내려 수 문제가 남진 왕조를 멸한 원인과 고구려에 대한 정책을 자세하게 설명하였다. 이 '새서(璽書)'는 수 왕조 전기 고구려 관계 처리의 전체 방침이라고 말할 수 있다. 그 내용은 아래와 같다.

짐이 천명을 받아 온 세상을 사랑으로 다스리매 왕에게 바다 한구석을 맡겨서 조정의 교화를 선양하여 모든 인간으로 하여금 저마다의 뜻을 이루게 하고자 하였소. 왕은 해마다 사신을 보내와 조공을 바치며 번속이라고 일컫기는 하지만

---

55) 『수서(隋書)』 권1 「고조기 상」.

정성스런 예절을 다하지 않고 있소. 왕이 남의 신하가 되었으면 모름지기 짐과 덕을 같이 베풀어야 할 터인데 오히려 말갈을 몰아치고 거란을 완강히 막았소. 여러 번국이 머리를 조아려 나에게 신첩 노릇을 하는 게 무엇이 나쁘다고 그처럼 착한 사람이 의리를 사모하는 것을 분개하여 끝까지 방해하오.

태부(太府)의 공인(工人)은 그 수가 적지 않으니 왕이 반드시 써야 한다면 나에게 주문하는 것이 당연한데도 지난해에는 몰래 재물을 주어 소인을 움직여 사사로이 기계 활을 만드는 장인[弩手]을 그대 나라로 빼갔소. 이 어찌 병기를 수리하는 목적이 나쁜 생각에서 나온 것임을 아는 까닭에 남이 알까봐 두려워서 사람을 훔쳐간 것이 아니겠소?

그때 사자를 보내어 그대 번국을 달래려는 것은 본래 그대들의 사정을 살펴보아 정치하는 방법을 가르쳐주고자 함이었소. 그런데 왕은 사자를 빈 객관에 앉혀놓고 삼엄한 경계를 펴며 눈과 귀를 막아 영영 듣고 보지도 못하게 하였소. 무슨 음흉한 계획이 있기에 남에게 알리고 싶지 않아서 관원을 막고 통제하면서까지 방문하여 살피는 것을 두려워하오. 또 종종 기마병을 보내어 변경 사람을 살해하고 여러 차례 나쁜 계책을 부려 나쁜 말들을 지어냈으니 신하로서의 마음가짐이 없었소.

짐이 창생을 모두 친자식같이 여겨 왕에게 땅을 내리고 벼슬을 주어 깊은 사랑과 남다른 혜택을 원근에 드러내려 하였지만 왕은 오로지 불신감에 젖어 언제나 시기하고 의심하여 사신을 보낼 때마다 소식을 몰래 염탐하여 가니 순수한 신하의 도리가 어찌 이와 같을 수 있소? 이는 모두 짐의 훈도가 밝지 못한 연유이므로 왕의 잘못을 모두 너그러이 용서하겠으니 오늘 이후로는 반드시 고치기 바라오. 번신의 예절을 지키고 조정의 정전을 받들어 스스로 그대 나라를 교화시키고 남의 나라를 거스르지 않는다면, 길이 부귀를 누릴 것이며 진실로 짐의 마음에 들 것이오.

그곳도 비록 땅이 협소하고 사람은 적지만 넓은 하늘 밑은 다 짐의 신하가 되는 것이니, 이제 만약 왕을 내쫓는다면 왕의 자리를 비워둘 수는 없으므로 결국은 조정 관원을 다시 가려 보내 그곳을 안무하게 될 것이오. 왕이 만약 마음을 썼고 행동을 바꾸어 헌장(憲章)을 그대로 따른다면 왕은 곧 짐의 좋은 신하가 되는 것이니 무엇 때문에 수고롭게 따로 훌륭한 관원을 보내겠소. 예전의 제왕이 법을 마련할 적에 인(仁)과 신(信)을 우선으로 하여 선(善)이 있으면 반드시 상을 내리고 악이 있으면 반드시 벌을 주자 사해의 안이 함께 짐의 뜻을 따랐소. 만약 왕이 죄가 없는데도 짐이 갑자기 병력을 가한다면 나머지의 번국들이 나를 어떻게 말하겠소. 왕은 반드시 허심탄회하게 짐의 이 뜻을 받아들여 의혹을 갖지 말고 다시 생각을 돌리기 바라오.

지난날 진숙보(陳叔寶)가 여러 대에 걸쳐 강남에 있으면서 인민을 잔인하고 혹독하게 다루고 우리의 봉화와 척후병들을 놀라게 하며 우리의 변경을 약탈하였었소. 짐이 타이르고 훈계하기를 10년이나 하였으나 그는 양자강의 바깥이라는 것만 믿고 한구석에 무리를 모아 미친 듯이 거들먹거리며 짐의 말을 좇지 않았소. 때문에 장수에게 명하여 군사를 출동시켜 흉악하고 배신하는 무리를 제거토록 하였는데 오가는 날짜는 한 달이 못 되었고 군사도 수천 명에 지나지 않았었소. 대대로 죄를 진 도적을 하루아침에 말끔히 소탕하니 원근이 안녕을 누리고 사람과 귀신이 모두 기뻐하는데, 유독 왕만이 이를 한탄하고 마음 아파한다는 말이 들리고 있소. 관리를 물리치거나 박탈하고 지우거나 드러내는 것은 짐의 직권이니 왕에게 죄를 준다 해도 진(陳)이 멸망되어서가 아니고 왕에게 상을 내린다 하여도 진이 존재하여서가 아닌데 어찌하여 그처럼 재앙을 즐기고 전쟁을 좋아하고 있소.

왕은 요수의 폭이 양자강과 (비교하여) 어떠하며 고려의 사람의 숫자가 진(陳)나라와 (비교하여) 어떠하다고 보고 있소? 짐이 만약 포용하여 길러주려는 생각을 버리고 왕의 지난날의 허물을 문책하겠다면 한 명의 장수로도 족하지 무슨 많은 힘이 필요하겠소. 간절히 깨우쳐주어 개과천선할 기회를 허락하노니 반드시 짐의 뜻을 알아서 스스로 많은 복을 구하기 바라오.

― 朕受天命, 愛育率土, 委王海隅, 宣揚朝化, 欲使圓首方足各遂其心. 王每遣使人, 歲常朝貢, 雖稱藩附, 誠節未盡. 王旣人臣, 須同朕德, 而乃驅逼靺鞨, 固禁契丹. 諸蕃頓顙, 爲我臣妾, 忿善人之慕義, 何毒害之情深乎? 太府工人, 其數不少, 王必須之, 自可聞奏. 昔年潛行財貨, 利動小人, 私將弩手逃竄下國. 豈非修理兵器, 意欲不臧, 恐有外聞, 故爲盜竊? 時命使者, 撫慰王藩, 本欲問彼人情, 敎彼政術. 王乃坐之空館, 嚴加防守, 使其閉目塞耳, 永無聞見. 有何陰惡, 弗欲人知, 禁制官司, 畏其訪察? 又數遣馬騎, 殺害邊人, 屢騁姦謀, 動作邪說, 心不在賓. 朕于蒼生悉如赤子, 賜王土宇, 授王官爵, 深恩殊澤, 彰著遐邇. 王專懷不信, 恒自猜疑, 常遣使人密覘消息, 純臣之義豈若是也? 蓋當由朕訓導不明, 王之愆違, 一已寬恕, 今日以後, 必須改革. 守藩臣之節, 奉朝正之典, 自化爾藩, 勿忤他國, 則長享富貴, 實稱朕心. 彼之一方, 雖地狹人少, 然普天之下, 皆爲朕臣. 今若黜王, 不可虛置, 終須更選官屬, 就彼安撫. 王若洒心易行, 率由憲章, 卽是朕之良臣, 何勞別遣才彦也? 昔帝王作法, 仁信爲先, 有善必賞, 有惡必罰, 四海之內, 具聞朕旨. 王若無罪, 朕忽加兵, 自餘藩國謂朕何也! 王必虛心納朕此意, 愼勿疑惑, 更懷異圖. 往者陳叔寶(南陳王朝末代皇帝)代在江陰, 殘害人庶, 驚動我烽候, 抄掠我邊境. 朕前后誡勅, 經歷十年, 彼則恃長江之外, 聚一隅之衆, 惛狂驕傲, 不從朕言. 故命將出師, 除彼凶逆, 來往不盈旬月, 兵騎不過數千. 曆代逋寇, 一朝淸蕩…… 獨王歎恨, 獨致悲傷黜陟幽明, 有司是職, 罪王不爲陳滅, 賞王不爲陳存, 樂禍好亂, 何爲爾也? 王謂遼水之廣何如長江? 高麗之人多少陳國? 朕若不存含育, 責王前愆, 命一將軍, 何待多力! 慇懃曉示, 許王自新耳. 宜得朕懷, 自求多福.[56]

옥새가 찍힌 문서에서 수 문제는 고구려와 수 왕조의 관계에 존재하는

56) 『수서』 권81 「동이열전 · 고려전」.

문제를 제기하였다. 즉 고구려가 비록 "해마다 사신을 보내와 조공을 바치며 번속이라고 칭하나 정성스런 예절을 다하지 않고 있소"라고 하고 "말갈을 몰아치고 거란을 완강히 막았소", "사자를 보내어 그대 번국을 달래려는 것은 본래 그대들의 사정을 살펴보아 정치하는 방법을 가르쳐주고자 함이었소. 그런데 왕은 사자를 빈 객관에 앉혀놓고 삼엄한 경계를 펴며 눈과 귀를 막아 영영 듣고 보지도 못하게 하였소", "또 종종 기마병을 보내어 변경 사람을 살해하고 여러 차례 나쁜 계책을 부려 나쁜 말들을 지어냈으니 신하로서의 마음가짐이 없었소", "사신을 보낼 때마다 소식을 몰래 염탐하여 갔소"라고 하였다. 남진 왕조의 멸망에 대해서도 "왕만이 이를 한탄하고 마음 아파한다"고 하였다. 고구려가 진심을 다하지 않는다고 지적함과 동시에 수 문제는 고구려 왕에게 수 왕조는 고구려에 병사를 일으킬 생각이 없다는 것을 분명하게 일러주고 고구려 왕이 스스로 단속하고 엄격하게 "번속"의 요구에 따라 행동하기를 요구하고 "개과천선할 기회를 허락하였다." 이를 통해 수 문제의 옥새가 찍힌 문서는 사실은 죄를 물으면서 위무하는 것으로 이루어져 있으며, 그 목적은 고구려의 두려워하는 심리를 해소시키고 고구려와 수 왕조의 관계를 규범화하는 동시에 고구려의 더 큰 확장을 제한하여 주위 각 민족의 침략을 견제하는 데 있었음을 알 수 있다.

수 문제는 옥새를 찍은 문서를 내려 위협한 이외에도 군대를 파견하여 고구려를 정벌하기도 하였다. 진군하는 가운데 실패하긴 하지만 고구려 왕이 사죄하는 사신을 파견하여 수 문제는 고구려에 대한 공격 계획을 취소하게 된다. 사건의 원인은 개황 18년(598) 2월 고구려 왕 원(元: 영양왕)이 친히 군대 1만여 명을 이끌고 요서를 공격하였기 때문인데 고구려 군대는 영주총관 위충(韋衝)에 의해 격퇴당하지만 수 문제는 이에 크게 분노하였다.

『수서』「동이열전 · 고려전」에는 다음과 같이 기록되어 있다.

이듬해 원이 말갈의 무리 1만여 명을 거느리고 요서에 침입하였는데 영주총관 위충이 물리쳤다. 고조가 이 소식을 듣고 크게 화를 내어 한왕(漢王) 량(諒)을 원수로 삼고 수군과 육군을 총동원하여 고려를 치게 하는 한편 조서를 내려 그의 작위를 삭탈하였다. 이때 군량 수송이 중단되어 육군(六軍)이 먹을 것이 떨어지고, 또 군사가 임유관(臨渝關)을 나와서는 전염병을 얻어 왕사(王師)의 군대는 기세를 떨치지 못하였다. 요수에 이르자, 원도 두려워하여 사신을 보내와 사죄하고 표문을 올리는데 "요동 분토(糞土)의 신" 운운하므로 고조는 곧 군사를 거두어들이고 과거와 같이 대우하였다. 원도 해마다 조공을 바쳤다.

— 明年, 元率靺鞨之衆萬餘騎寇遼西, 營州總管韋冲擊走之. 高祖聞而大怒, 命漢王諒爲元帥, 總水陸討之, 下詔黜其爵位. 時饋運不繼, 六軍乏食, 師出臨渝關, 復遇疾疫, 王師不振. 及次遼水, 元亦惶懼, 遣使謝罪, 上表稱 "遼東糞土臣元" 云云. 上於是罷兵, 待之如初, 元亦歲遣朝貢.

수 양제가 즉위한 뒤에도 수 문제가 고구려에 취한 위협 정책은 계속 유지되는데 가장 중심이 되는 표현은 『수서』 「양제기 상(煬帝紀上)」 대업(大業) 3년(607) 8월 수 양제가 북쪽을 순행할 때 "고구려 사신에게 말을 전하기를 '돌아가서 너희 왕에게 빠른 시일 안에 조현하라고 말하여라. 그렇지 않으면 나와 계민이 너의 땅을 순행할 것이다'라고 한 대목이다. 수 양제가 이러한 행동을 취한 것은 수 문제가 옥새가 찍힌 문서를 내린 것과 같은 것인데, 모두 기회를 빌려 고구려와의 신속 관계를 규범화하고자 했던 것이다. 그러나 고구려가 수 양제의 경고를 무시하였으므로 결국 수의 고구려에 대한 정책엔 무력 정복 정책을 주요 내용으로 한 근본적인 변화가 나타나게 되었던 것이다.

이전 학자들의 대부분은 "큰 공을 세우기를 좋아한다(好大喜功)"는 것을 수 양제의 고구려 정책으로 보아왔는데, 사실 수 양제가 고구려에 군사를 일으킨 것은 여러 가지 원인에 의한 것이지 "큰 공을 세우기를 좋아한다"는 것만을 전체적인 이유로 제시하기는 힘들다.

먼저 무력으로 고구려를 토벌하려던 계획은 수 문제 시기에 이미 있었으나 구체적인 실시 과정에서 실패하고 고구려가 사신을 파견하여 사죄함으로써 더 이상 실행되지 못하였다.

다음으로 고구려는 서한 군현의 기초 위에 형성된 지방 정권으로 "이역(異域)"에 속하지 않고 "화하 정통(華夏正統)" 왕조의 직접 관할 구역에 속해 있었다. 고구려의 통일은 전국 통일을 완성하는 구성 부분으로 이것은 수 양제의 바람이기도 하였다. 우리는 이 점을 배구의 건의에서 분명하게 볼 수 있다.

『자치통감』 권181 대업 6년 12월 조에는 다음과 같이 기록되어 있다.

양제가 계민의 장막에 들어갔을 때 고려의 사신도 계민이 있는 곳에 있었는데 계민은 속일 수 없어 고구려 사신이 양제를 배알하게 하였다. 황문시랑 배구가 양제에게 말하기를 "고구려는 원래 기자를 봉하였던 곳이며 한나라와 진나라가 모두 군현으로 만들었고 돌아가신 황제께서 정복하려 한 지가 오래되었습니다. 다만 양량(楊諒)이 못나고 어리석어 군대를 보냈으나 공이 없었던 것인데, 폐하가 계신 이때 어찌 그대로 방임하여 예의가 있던[관대(冠帶)를 사용한] 지역이 오랑캐의 소굴이 되게 할 수 있습니까? 오늘 고구려 사신 계민이 나라를 바쳐 복종하고 있는 것을 보았으니, 그가 두려워하는 기회를 타서 고구려가 와서 조공하도록 위협하는 것이 좋겠습니다"고 하자 황제가 이를 따랐다.

— 帝之幸啓民帳也, 高麗使者在啓民所. 啓民不敢隱, 與之見帝. 黃門侍郎裴矩說帝曰, "高麗本箕子所封之地, 漢晋皆爲郡縣, 今乃不臣, 別爲異域, 先帝欲征之久矣. 但楊諒不肖, 師出無功. 當陛下之時, 安可不取, 使冠帶之境遂爲蠻貊之鄕乎. 今其使者親見啓民, 擧國從化, 可因其恐懼脅使入朝." 帝從之.

수 양제가 고구려에 군사를 일으킨 것 역시 대신의 건의에 따른 것이며 그 목적은 한진 시기의 통치 구역을 회복하여 전국 통일을 실현하고자 함이었음을 알 수 있다.

그 다음으로 수 양제가 즉위할 때 고구려 왕이 배알할 것을 명하였으나 고구려는 이를 듣지 않고 돌궐과 연합하려는 움직임이 있었다. 일단 쌍방의 연합이 실현되면 수 왕조는 북쪽 변경에서 더욱 커다란 위협이 가중되므로, 이 점을 간파한 수 양제는 전국의 힘을 모아 고구려를 통일하고자 하였던 것이다. 돌궐은 수 왕조 건립 초기 수 왕조를 위협하는 가장 커다란 변경 소수민족 정권으로, 수 문제는 여러 해 동안의 경영을 통해 분화와 와해, 화친 같은 정책을 취하여 돌궐의 위협을 해소할 수 있었다. 수 양제 시기 "돌궐 계민가한(啓民可汗)이 친히 대궐로 들어가 공물을 바친 것"은 바로 수 문제가 여러 해 동안 경영(經營)한 결과였다. 그러나 대업 6년(610) 수 양제가 돌궐 지역을 순행하러 갔을 때 고구려가 수 왕조 몰래 돌궐과 밀통하고자 사신을 보내는데 결과적으로 "계민은 정성을 다하여 나라를 받들고 감히 몰래 국경 밖의 나라와 외교하지 못하였다." 그리고 고구려 사신을 수 양제에게 알현하게 하였다. 수 양제는 고구려와 돌궐이 연합하려고 한 것을 알게 된 후 대신에게 교지를 내려 고구려 사자에게 말하기를 "짐은 계민이 성심으로 나라를 받들기 때문에 친히 여기에 온 것이다. 내년에는 탁군으로 갈 것이니 너는 돌아가는 날로 고(구)려 왕에게 말하여 스스로 의심하고 두려워하지 말고 속히 내조하도록 하라고 일러라. 그렇게 하면 내가 너의 왕을 계민과 똑같이 보호할 것이다. 만약 내조하지 않는다면 필히 계민을 거느리고 그곳을 순행하도록 할 것이다"[57]라고 하였다.

수 문제가 고구려를 신복시키려다 실현하지 못한 것을 대신 실현하려 한

---

57) 『자치통감』 권181, 수 대업 6년 12월 조.

것이 수 양제가 고구려에 대해 병사를 일으킨 원인 가운데 하나가 될 수는 있으나 이것이 앞에서 이야기한 원인보다 더 중요한 원인이라고는 하기 힘들다.

수 양제의 고구려에 대한 무력 정벌 정책은 수 문제처럼 경솔하게 진행되지 않고 꽤 긴 기간에 걸쳐 준비되었다. 『수서』 「식화지」에는 대업 6년(610) "장차 고구려를 정벌하고자 하는데, 관리들이 군사와 말이 이미 많이 소모되었다고 주청하였다. 조서를 내려 천하의 부자들에게 세금을 부과하고, 거기서 걷힌 돈을 헤아려 시장에서 무기와 말을 숫자만큼 채우고, 끝까지 명을 내려 충분하게 하도록 했다. 다시 병기구와 장비를 점검하도록 하였는데, 모두에게 명하여 정교하고 새롭게 하라고 했다. 함부로 나쁜 짓을 하면 사람을 시켜 죽였으니, 이때에 말의 숫자가 10만에 달했다(將征高麗. 有司奏兵馬已多損耗. 詔又課天下富人, 量其貲産出錢, 市武馬塡元數, 限令取足. 復点兵具器伏, 皆令精新, 濫惡則使人便斬, 于是馬匹至十萬.)"고 기록되어 있다. 말과 군사 장비를 준비하는 동시에 대업 7년(611) 수 양제는 유주총관(幽州總官) 원홍사(元弘嗣)를 파견하여 동래 하구에서 전함 300척의 전선을 만들도록 계획하고 대업 8년 정월에 수 왕조의 군대와 물자가 탁군에 집결됨으로써 수 양제의 고구려에 대한 무력 정복 정책이 비로소 구체적인 실행에 옮겨지기 시작하였다.

수 양제는 대업 8년, 9년, 10년 세 차례 고구려를 공격하지만 세 번 모두 확실한 효과를 거두지 못하였다.[58] 다만 세 번째 공격에서 고구려 왕이 "항복을 구걸하는" 승리의 결과를 얻어낸다. 그러나 고구려 왕은 신복을 표시하였지만 수 양제의 입조 명령에는 여전히 복종하지 않았다. 수 양제는 다

---

58) 구체적인 전쟁의 경과에 대해서는 사서의 기록이 아주 상세하며 지금까지의 저작 역시 대부분 이에 대해 상세하게 설명하고 있다. 마다정 등이 지은 『고대 중국 고구려 역사 총론』, 217~221쪽을 참고하기 바란다.

시 고구려에 병사를 일으키고자 하였으나 애석하게도 이때 국내에 큰 혼란이 일어나고 말았다.

위의 내용을 통해 수 왕조의 고구려에 대한 정책은 끊임없이 변화하였다는 분명한 특징을 볼 수 있다. 이러한 변화는 수 왕조 통치자의 지도 사상이 명확했음을 반영하는데, 이는 남북조 이래의 고구려와 중원 왕조의 관계를 유지하는 것에 만족한 것이 아니라 여러 가지 노력을 통하여 고구려에 대한 통치를 강화하고 한대의 직접 관리 상태를 회복함으로써 "예의가 있던(즉, 관대를 사용한) 지역이 오랑캐의 소굴이 되는 것(冠帶之境遂爲蠻貊之鄕)"을 피하고자 했던 것으로 해석된다.

(2) 당 왕조의 고구려 정책

서기 618년 당 왕조가 건립되면서 당 왕조가 필연적으로 직면하게 된 변경 문제가 바로 고구려 문제였다. 당 왕조와 고구려의 관계는 대체로 세 가지 발전 단계를 거친다. 무덕(武德) 2년(619)에서 정관(貞觀) 18년(644)까지 쌍방은 신속 관계가 유지된 평화 시기였으며, 정관 19년(645)에서 총장(總章) 원년(668)까지는 신속 관계 아래에서 전쟁(兵戎相見)을 한 시기, 총장 원년 이후는 당 왕조가 고구려 지역을 직접 통치한 시기였다. 세 시기 동안 당 왕조의 고구려 정책에는 서로 다른 특징과 내용이 나타난다. 그러나 최종적인 결과는 고구려와 중원 왕조의 관계가 한대의 고구려 건국 이전의 기점으로 다시 돌아감으로써 당 왕조의 고구려 통일이 완성되기에 이른다.

무덕 2년(619)에서 정관 18년(644)까지 당 왕조의 고구려 정책은 고구려와 신속 관계를 유지하는 한편 고구려 · 신라 · 백제의 공존을 유지하는 목적으로 진행되었다. 이것은 당 왕조의 초기 변경 형세에 의해 결정된 것이었다.

당 왕조의 개국 황제인 고조 이연(李淵)은 처음 고구려와 신속 관계를 맺고자 하지 않았다. 그는 "고려가 수에 신복하였으나 마침내는 양제에게 거역하였으니 이를 어떻게 신하라고 하겠는가"[59]라고 하여 고구려와 수 왕조 시기에 맺었던 것과 비슷한 신속 관계를 맺고 싶어 하지 않았던 것이다. 그러나 이것은 하나의 원인에 불과하였다. 또 다른 원인으로는 당시 북쪽 변방의 정세로 인해 받은 제약 때문이었다. 당 왕조가 건국 이후 직면했던 변경의 위협은 주로 북쪽 변경의 돌궐이었다. 당 왕조는 건국할 때 돌궐의 도움을 받았던 적이 있었는데 여러 흔적들로 보아 당 왕조의 고조 시기 돌궐과는 신속 관계를 맺고 있었음을 알 수 있다. 그렇다 하더라도 당 왕조 초기의 돌궐은 기타 할거(割據) 세력과 밀접한 관계를 유지하고 있었을 뿐 아니라 당 왕조가 통일 대업을 순조롭게 완성하는 데 방해가 되었으며, 이들은 병사를 일으켜 당 왕조의 변경 지역을 끊임없이 노략질하였다. 심지어 힐리가한은 친히 대군을 이끌고 당 왕조의 도성인 장안 부근의 위수(渭水)까지 쳐들어오기도 하였다. 따라서 당 왕조의 입장에서 당면한 문제는 돌궐 문제를 해결하는 것이었으며, 수 왕조가 고구려 문제를 처리했던 전례에 비춰 위험을 무릅쓰면서까지 고구려와의 관계를 처리하는 데는 자신감이 없었던 것이다. 그런데 당 고조 이연의 이러한 태도는 대신들의 반대에 부딪치게 된다.『구당서』「동이열전 · 고려전」에 "시중 배구와 중서시랑 온언박이 말하기를 '요동의 땅은 주대의 기자국이요, 한대의 현도군입니다. 위진 이전까지는 봉역 가까이 안에 있었으니 칭신하지 않는 것을 허락하여서는 안 됩니다. 또 중국에서 이적(夷狄)이란 태양에서의 뭇 별(列星)과 같은 것으로 이치상 낮추고 높일 수 없사오니 (예전과) 같은 번복(藩服)으로 굽어보십시오'라고 하자 고조가 그만두었다"라고 기록되어 있다. 당 고조는 대신들의 반대에 따라 결국 고구려의 칭신을 받아들였으나 그의 고구려 정책은 적극적이지 못했고 피동적으로 고구려의 칭신납공을 받아들였을 뿐이었다. 이

---

59)『구당서』권199 상「동이 · 고려전」.

러한 상황은 당 태종 정관 18년(644)까지 줄곧 유지되었다.[60]

비록 피동적으로 고구려의 칭신납공을 받아들였지만 당 왕조가 고구려와의 관계 처리에 전혀 효과가 없었던 것은 아니었다. 당시 동북 변경 지역은 정치의 안정적인 국면을 유지할 수 있었는데, 특히 고구려, 백제, 신라가 서로 갈라져 따로 유지하도록 하여 고구려 세력의 확장을 방지하는 것이 당 왕조가 노력했던 방향이었다.

백제, 신라도 고구려와 같이 당 왕조가 건국된 지 얼마 지나지 않아 당 왕조와 신속 관계를 맺게 되는데, 이들이 모두 자기 세력의 확대를 원하였기 때문에 고구려, 백제, 신라 사이에는 갈등이 심하였다. 그리고 고구려는 백제, 신라가 당 왕조와의 관계를 이용하여 세력을 확대시키는 것을 막고자 주로 두 나라와 당 왕조 사이의 교통로를 차단하였다. 고구려, 백제, 신라 사이의 이러한 모순에 대하여 당 왕조는 적극적인 간섭 정책을 취하였다. 『구당서』「동이열전 · 신라」에는 다음과 같이 기록되어 있다.

고조는 해동의 세 나라가 이미 오래 전부터 원한이 맺혀 서로 번갈아가며 공격을 한다는 사실을 들었다. 그들이 같은 번국으로서 화목하게 지내도록 힘써야 하는데 원한을 맺게 된 까닭을 그 사신에게 물으니, 사신은 "지난날 백제가 고려를 치러 갈 때 신라에게 구원을 청하였으나 오히려 신라는 군사를 동원하여 백제국을 쳐부수었습니다. 이 때문에 원수가 되어 늘 서로 공격을 하게 되었으며, 또 신라가 백제의 왕을 잡아다 죽였으므로 원한이 여기에서 비롯되었습니다"라고 대답하였다.

— 高祖旣聞海東三國舊結怨隙, 遞相攻伐, 以其俱爲藩附, 務在和睦, 乃問其使爲怨所

60) 당 고조 시기 고구려의 당 왕조에 대한 칭신납공의 상황은 리다룽, 「고구려와 당 왕조의 사신 교환 연구(高句麗與唐王朝互使述論)」(『흑룡강 민족총간(黑龍江民族叢刊)』, 1995년 제1기에 수록)을 참고하기 바란다.

由, 對曰, "先是百濟往伐高麗, 詣新羅請救, 新羅發兵大破百濟國, 因此爲怨, 每相
攻伐. 新羅得百濟王, 殺之, 怨由此始."

고구려, 신라, 백제 사이의 모순을 조절하고 백제와 신라가 조공하는 길
을 열기 위하여 당 고조는 사신 산기상시 주자사(朱子奢)를 파견하고 "지절
을 주어 보내어 화해하도록 설득하니 건무(建武: 영류왕)가 사죄하고 두 나
라와 사이좋게 지내겠다고 하였다."[61] 이것은 당 왕조가 처음으로 세 정권
사이의 모순에 관여한 것으로, 사서의 기록을 통해 보면 일정한 효과를 거
두어 고구려 왕은 신라 등과의 "대사회맹(對使會盟)"을 요청하였을 뿐만 아
니라 정관 2년(628)에는 당 왕조에 사신을 보내 돌궐 힐리가한을 물리친 것
을 축하하고 봉역도를 바치기도 하였다.[62] 소위 "봉역도"는 고구려의 강역
도인데, 고구려가 자기의 강역도를 당 왕조에 바친 목적은 분명한 것이다.
이 일은 쌍방의 신속 관계가 더욱 발전하였음을 나타내주는 표지이다.

당 왕조가 이러한 피동적인 정책을 취하였기 때문에 당 왕조와 고구려는
일정 기간 신속 관계 아래서 우호적인 교류를 유지할 수 있었다. 쌍방의 사
신이 끊임없이 왕래하였고 경제, 문화 교류도 아주 잦았다. 『신당서』 「선거
지(選擧誌)」에는 정관 13년(639) 당이 숭문관(崇文館)을 설치하고 학사(學
舍)를 증축하는데 "사이(四夷)인 고려, 백제, 신라, 고창, 토번들이 지속적

---

61) 『신당서』 권220 「동이 · 고려전」. 주자사(朱子奢)에 대해서는 당 고조 또는 당 태종이 파견하
    였다고 하여 사서의 기록에는 차이가 있다. 그가 출사한 시기도 무덕(武德) 9년(626)이라고
    도 하고 정관(貞觀) 초라고도 하는데 어느 해이건 우리의 입론에는 거의 영향을 주지 않는
    다. 여기에서는 앞의 것을 따르기로 한다.
62) 『구당서』 권199 상 「동이 · 고려전」과 『삼국사기』 「고구려본기」 영류왕 11년(628)의 기록은
    동일하다. 그러나 당 왕조가 돌궐을 파한 것은 정관 4년(640)의 일로서 소위 "하(賀)"는 돌
    궐 힐리가한을 파한 사실과 부합하지 않는다. 따라서 "축(祝)"이라고 해야 한다. 마다정 등
    이 지은 『고대 중국 고구려 역사 총론』 226쪽을 참고하기 바란다.

으로 자제들을 보내와 그 수가 8000여 명에 이르렀다"는 기록이 있다. 그러나 쌍방의 관계에는 모순이 잠재되어 있었는데, 결국 당 왕조의 고구려에 대한 정책이 변하게 되는 계기가 발생하게 된다. 정관 5년(631) 당 왕조는 광주도독부 사마(司馬) 장손사(長孫師)를 고구려에 파견하여 고구려가 세운 경관(京觀)[63]을 허물어버린다.[64] 정관 14년(640)에는 당 왕조가 고창을 통일하게 되는데 고구려 왕인 건무는 이를 두려워하여 "장성을 쌓았는데 동북으로 부여성에서 서남으로 바다에 이르기까지 1000여 리에 이르렀다."[65] 또 한편 당 왕조의 사신에게 "성대하게 열병을 보여주고", "대대로가 세 번이나 관사를 찾아와 축하해주었다."[66] 전쟁을 대비한 고구려의 이러한 준비는 자연 당 왕조의 경계와 불만을 가져왔는데 당 태종은 사자 진대덕(陳大德)의 보고를 받은 뒤 말하기를 "고려의 땅은 4군뿐이다. 우리가 군사 수만을 이끌고 요동을 공격하면 다른 여러 성이 반드시 구원해올 것이니 이때 우리가 선박과 군사를 동원하여 동래(東萊)에서 바다를 건너 평양으로 들어간다면 아주 쉬울 것이다. 그러나 천하가 겨우 평정되었는데 또 사람들을 수고롭게 하고 싶지는 않다"[67]고 하였다. 이것은 고구려가 장성을 쌓은 행동을 깔보는 표현이긴 하였지만, 당 태종은 이미 고구려를 통일하고자 하는 계획을 가지고 있었다는 것을 말해준다.

정관 18년(644) 마침내 당 왕조의 의사일정(議事日程)에 무력에 의한 고구려 통일이 제기되면서 고구려에 대한 정책도 무력 통일 위주로 전환하기 시작하였다. 이러한 변화의 직접적인 원인은 고구려가 신라에 대한 공격을

---

63) 【옮긴이】 수나라가 쳐들어왔을 때 죽은 수나라 군사들의 해골을 묻고 세운 경관을 말한다.
64) 『구당서』 권199 상 「동이 · 고려전」.
65) 앞의 책.
66) 『신당서』 권220 「동이 · 고려전」.
67) 앞의 책.

그만두라는 당 왕조의 명령을 무시하고 "개소문이 그 왕을 살해하고 그 신하들을 잔혹하게 해하며 변방 모퉁이에 몰래 거주하면서, 나쁜 무리들을 모으는 것이 극에 달했다"⁶⁸⁾는 것인데 이는 무력 통일의 구실이 되었다.

『구당서』「동이 · 고려전」에는 다음과 같이 기록되어 있다.

(정관) 16년에 서부대인 (연)개소문이 섭직(攝職)하여 왕을 범하려 하므로 여러 대신들이 건무와 의논하고 그를 죽이고자 하였다. 일이 사전에 누설되어 (연개)소문이 부병을 모두 불러 모아 놓고 군병을 사열한다며 성 남쪽에 주찬(酒饌)을 성대히 베풀어 놓으니 여러 대신들도 모두 가서 보게 되었다. (연개)소문은 여기서 군사를 정비하여 대신을 모조리 죽이니 무려 100여 명이나 되었다. 이어서 창고를 불사르고 왕궁으로 달려가 건무를 죽인 다음 건무의 아우인 대양(大陽)의 아들 장(臧)을 세워 왕으로 삼았다. 그리고 스스로 막리지가 되니 이는 중국의 병마상서 겸 중서령(兵部尙書兼中書令) 직에 해당하는 것으로 이로부터 국정을 마음대로 하였다.

— 十六年, 西部大人蓋蘇文攝職有犯, 諸大臣與建武議欲誅之. 事洩, 蘇文乃悉召部兵, 云將校閱, 幷盛陳酒饌於城南, 諸大臣皆來臨視, 蘇文勒兵盡殺之, 死者百餘人. 焚倉庫, 因馳入王宮, 殺建武, 立建武弟大陽子藏爲王. 自立爲莫離支, 猶中國兵部尙書兼中書令職也, 自是專國政.

(연)개소문은 정권을 장악한 뒤 백제와 연합하여 신라를 공격하려 계획하는데 이를 알게 된 신라는 당에 사신을 파견하여 구원을 요청하였다. 당 태종은 사농승상리(司農丞相里) 현장(玄奘)을 파견하여 옥새를 찍은 문서를 주어 보냈으나 사자가 채 이르기도 전에 고구려는 신라의 두 성을 공격하여

---

68) 『책부원구』 권117 「제왕부 · 친정 제2(帝王部 · 親征第二)」.

점령하였다. "현장이 태종의 유지를 알리자 답하기를 '지난날 우리가 수의 침략을 받았을 때 신라는 그 틈을 타 우리 땅 500리를 빼앗아갔으므로 지금 그 땅을 돌려주지 않는다면 싸움을 멈출 수 없소'라고 하였다. 현장이 다시 '지나간 일을 논할 것이 있겠소. 요동은 본래 중국의 군현이지만 천자께서 그래도 취하지 않으시는데 고려가 명을 어길 수 있겠소'라고 하였으나 고구려는 이를 듣지 않았다."[69] 사서의 기록을 통해 보면, 고구려가 동북 변경에서 나라를 세운 뒤 여러 차례 중앙 왕조의 변경과 변경 민족 정권의 관할 구역을 노략질하였는데 대부분 겉으로 약한 모습을 보이면서 신복을 표시하였으나 암암리에는 지속적으로 확장 정책을 추진하였다. 그러면서도 공개적으로는 저항하는 행위를 나타낸 적이 없었다. 이러한 일들이 발생하면서 당 태종은 고구려를 멸망시켜야겠다는 결심을 하게 되었고 (연)개소문이 임금을 죽인 것은 아주 적절한 구실이 되었는데, 당 태종은 조정 회의에서 말하기를 "막리지가 임금을 죽이고 아랫사람을 너무 포학하게 다루어 원망의 소리가 길에 넘치고 있는데 우리가 출사할 명분이 어찌 없겠는가?"[70]라고 하였다.

정관 18년(644) 7월 당 왕조는 고구려 정벌을 결정하고 적극적으로 전쟁 준비를 진행하였다. 정관 19년(645) 3월 고구려에 대한 공격이 시작되어 1년 남짓한 기간 동안 전쟁은 계속되었으나 결과적으로 당군은 승리를 거두지 못하고 돌아왔다. 이후 당 왕조는 연속해서 고구려에 출정하였다. 정관 21년(647) 3월 당 왕조는 다시 고구려를 공격하여 모두 승리하였다. 정관 22년(648) 정월에도 당 왕조는 고구려 박작성(迫灼城)을 공격하여 고구려를 대패시킨다. 같은 해 7월 당 태종은 정관 23년 30만의 병사를 동원하여 고구려를

---

69) 『신당서』 권220 「동이·고려전」.
70) 앞의 책.

공격하고자 하였으나 당 태종이 병으로 죽는 바람에 실현되지는 못하였다. 영휘(永徽) 6년(655) 2월 당 왕조는 병사를 동원하여 고구려 신성을 공격하여 고구려를 패배시켰다. 현경(顯慶) 3년(658) 6월에는 고구려 적봉성(赤烽城)을 공격하여 성을 함락시키고 고구려를 패배시켰다. 용삭(龍朔) 원년(661) 정월 당 왕조는 고구려를 공격하고 9월 평양성을 포위하였으나 점령하지 못하고 돌아왔다. 2년(662)에도 당 왕조는 다시 평양성을 포위하였으나 큰 눈이 내리는 바람에 이기지 못하고 돌아왔다. 건봉(乾封) 원년(666) 6월 다시 고구려를 공격하는데 고구려 막리지 천남생을 맞이하였다. 같은 해 11월, 또다시 고구려를 공격하고 다음해 9월에는 신성 등을 공격하여 점령하였다. 총장(總章) 원년(668) 2월 부여성을 공격해서 점령하고 9월 다시 평양성을 점령하여 고구려 왕 등을 생포하였다.

당 왕조가 고구려를 통일한 후 이 지역에 관리를 배치하고 관청을 세우기 시작하였는데 직·간접적인 관리 방식을 결합하여 실시하였다. 『자치통감』권201 총장 원년 12월 조에는 "고려 5부, 176성, 69만여 호를 9도독부, 42주, 100현으로 나누고 안동도호부를 평양에 설치하여 통치하게 하였다. 그 무리의 우두머리(酋帥) 가운데 공이 있는 자를 도독, 자사, 현령으로 삼아 화인(華人)과 함께 다스리도록 하였다. 우위 대장군 설인귀를 검교안동도독으로 삼고 총 2만의 군사로 진무케 하였다"고 나와 있다.

소위 직접 관리 방식은 두 가지 내용을 가지고 있다. 첫째, 고구려 지역에 중앙 왕조가 직접 관리를 파견하여 관리하는 방식이다. 도호부의 도호 및 그에 소속된 관리뿐 아니라 도호부 아래에 속한 도독부·주·현에도 역시 "화인(華人)"이 있는데 곧 중앙에서 파견한 관리이다. 둘째, 고구려의 백성들을 내지(內地)로 옮겨 내지에 부(府)·주(州)·현(縣)을 설치하여 관리 체제 아래에 두는 것이다. 먼저 총장 2년(669) 4월 "고려의 3만 8200호를 강(江), 회(淮)의 남쪽과 산남(山南), 경서(京西) 여러 주의 광활한 땅에 옮기고, 빈약한 사람들은 안동(安東)을 지키게 하였다." 의봉(儀鳳) 2년(677) 2월에는 나머지 고구려 백성을 안정시키기 위하여 당 왕조는 고구려 왕 장(臧)을 개부의동 삼사, 요동주도독, 조선 군왕(朝鮮郡王)으로 봉하고 부분적인 고구려 백성을 신성으로 옮겨 안동도호부에서 관리하도록 하였다. 그러나 고장(高臧)이 반란을 꾀하였기 때문에 당 왕조는 재요(在耀) 원년(681) 고장을 소환하여 공주(邛州)로 유배를 보내고 고구려인들은 다시 하남(河南), 롱우(隴右)의 여러 주로 옮겼다.

간접 관리 방식은 사서에 기록된 것과 같이 "우두머리 가운데 공이 있는 자를 뽑아 도독, 자사, 현령으로 삼았다." 즉, 고구려의 부락 수령을 이용하여 고구려인을 관리하였다.

당 왕조의 고구려 관리 방식은 직접, 간접적인 방식을 서로 결합시킨 것이라고 말할 수 있는데 여기에는 두 가지 뜻이 있다. 첫째, 큰 측면으로 볼 때 안동도호부의 직접 관리와 백성을 내지로 이동시켜 직접 관리하는 두 가지 방식이 있으며, 그 수령에게 도독·자사·현령을 위임하여 원 거주지를 간접 통치하는 방식도 있다. 둘째, 간접적인 통치 방식 또는 기미 통치 방식이라 부르는 것으로 직접 통치의 요소가 섞여 있으나 주로 고구려 부락의 수령을 이용하여 도독·자사·현령을 맡기는 것으로 관리 직권을 행사하는 과정에 화인(華人)이 참여하여 관리하는 내용이 부가되었다. 이러한 관리 방식은 당 왕조가 기타 변경 민족 지역에 설치한 도독부·주·현의 관리 방식과는 분명한 차이점이 있는 것이다. 이에 기초하여 우리는 직접과 간접이 서로 결합된 것이라고 하였던 것이다.

당 왕조의 고구려 통일은 당 태종과 그 이후에 지속된 무력 통일 정책 실시의 직접적인 결과이며 역사 발전의 필연적인 추세였다. 통일 대업의 완성은 스스로 중국 정통이라고 여겨왔던 왕조가 꿈꿔왔던 것이며 그들이 부담해야 할 책임이기도 하였다. 그리고 통일의 범위는 진한 시기의 군현 관할 범위를 기준으로 하였다. 삼국과 남북조의 대분열 시기 분립된 각 정권들 역시 전국 통일의 염원을 포기하지 않았으나, 통일 국면이 나타나지 못한 원인은 당시 분열된 정권이 세력의 균형을 유지하고 있었기 때문이었다. 가장 분명한 예로 촉한(蜀漢)이 끊임없이 중원으로 진군한 것은 바로 조위 정권을 멸망시키고 전국 통일을 실현하기 위해서였다. 그리고 일단 중원 지역에서 서진 왕조, 수 왕조와 같이 상대적으로 강한 정권이 출현하면서 중국의 통일은 염원에서 현실로 변하게 된다. 서진 왕조의 촉한(蜀漢), 손오(孫吳) 통일, 수 왕조가 남진을 멸망시킨 것들은 모두 이러한 예에 속한다. 여기에서 주의할 점은 분립된 정권이든 통일된 왕조든 중원 지역에 기타 정권이 병존하는 것은 용납하기 어려웠으나 변경 지역에서 칭신납공하는 변경 민족 정권의 출현은 용납하였다는 점이다. 그리고 이러한 변경 민족 정권 대부분이 서한 군현의 범위 밖에 있었던 데 반해 고구려만은 예외였다. 우리는 위에서 서한 이후 역대 왕조의 고구려에 대한 정책을 살펴보았는데 고구려가 장기간 존재할 수 있었던 주요 원인으로는 두 가지를 들 수 있다. 첫째, 당 왕조 이전에 고구려를 통일하는 사명을 완성할 수 있었던 왕조가 나타나지 않았던 것. 둘째, 고구려가 분열 시기의 각 정권을 포함한 여러 왕조에 모두 신속 관계를 유지하고 그들의 생존 공간을 마련하면서 발전의 기회를 확대해 나갔던 것. 수당 왕조가 출현하면서 양 왕조는 고구려를 제외한 서한 시기의 군현 범위의 통일을 실현하게 되는데, 양 왕조의 통치자는 자국의 국력이 강성해짐에 따라 고구려의 형식적인 칭신납공에만 만족하지 않고 이 지역에 대한 통치 회복을 강하게 염원하게 되었다. 수당 양 왕조의 대신들은 모두 이 지역이 예전의 "기자가 세운 나라(箕子之國)", "한 나라의 군현(漢家郡縣)"이라는 이유로 고구려를 통일할 것을 건의하였는데, 통일의 심층적인 원인은 바로 여기에 있었다. 당 태종은 신하에게 다음과 같이 말하였다.

요동은 옛날 중국의 땅이다. 위나라에서부터 북주에 이르기까지 국경 바깥에 두었는데, 수나라가 네 번 군대를 일으켰으나, 눈물을 머금고 돌아와야 했다. 선량한 중국인이 죽은 수는 이루 헤아릴 수 없다. 지금 고구려의 왕이 시해를 당했는데도, 험준한 것을 믿고 교만함이 가득하다. 짐이 긴 밤을 새워 생각하여 잠이 들지 못했다. 장차 중국을 위해서는 전사자 자제의 원수를 갚고자 함이요, 고구려에 대해서는 임금을 살해한 적을 토벌하기 위함이다. 지금 사방이 대체로 평정되었는데 오직 고구려만이 평정되지 못하였기에, 장수들과 군사의 남은 힘을 써서 요사스런 적들을 평정하려는 것이다. 나중에 자손들이 군사가 강성해지면 반드시 고구려 토벌을 논의할 것이요, 요동을 정벌할 것을 권하면 군사를 일으켜 먼 원정을 나서야 할 것이니, 이것이 난리의 시작이 되지 않을까 두렵다. 아직 내가 늙지 않았으니, 고구려를 내가 취하여 후세에 근심이 없도록 하겠노라.

— 遼東舊中國之有, 自魏涉周, 置之度外. 隋氏出師者四, 喪律而還, 殺中國良善不可勝數. 今彼弑其主, 恃險驕盈, 朕長夜思之而輟寢. 將爲中國復子弟之仇, 爲高麗討弑君之賊. 今九瀛大定, 唯此一隅, 用將士之余力, 平蕩妖寇耳. 然恐于後子孫或因士馬强盛必有奇決之士, 勸其伐遼, 興師遐征, 或起喪亂, 及朕未老, 欲自取之, 亦不遺后人也.[71]

그 가운데서 소위 "지금 사방이 대체로 평정되었는데 오직 고구려만이 평정되지 못하였다(今九瀛大定, 唯此一隅.)"는 당 태종이 고구려의 통일을 중국 통일 대업의 완성으로 보았음을 보여주는 것이다. 이와 같이 고구려는 서한의 직접 통치 구역 안에서 형성되어 발전하였으며 마지막에는 당 왕조의 직접 관할을 받게 됨으로써 하나의 역사 윤회가 완성되었다고 할 수 있

---

71) 『책부원구』권117 「제왕부 · 친정 제이」.

다. 그리고 이는 중국 변경 지역의 형성과 발전 과정에서 "합쳐진 것이 오래되면 반드시 나눠지고, 나눠진 것이 오래되면 반드시 합쳐진다(合久必分, 分久必合.)"는 역사 발전 법칙에 꼭 들어맞는 것이기도 하다.

【 2. 고구려의 한에서 당까지 각 왕조에 대한 정책 】

역대 왕조와 대응하여 고구려는 자기의 발전과 성장을 위하여 분열 시기 각 정권을 포함한 중앙 왕조와 변경 민족 정권에 대한 일련의 정책을 취하였다. 이러한 정책 실시의 목적과 효과를 인식하고 분석하여 우리는 고구려 정권의 예속 관계에 대한 인식을 도울 수 있고 고구려가 700년 남짓 변경에서 할거할 수 있었던 원인에 대한 답안을 찾을 수 있다.

고구려가 중앙 왕조 분열 시기 각 정권과 변경 민족 정권에 대하여 취했던 정책은 왕조의 힘에 따라 달랐으며 지리적 위치의 멀고 가까움에 따라서도 차이가 있었다. 그러나 그 실시의 목적에는 분명한 연속성이 나타나며 이를 근거로 이러한 정책들을 세 단계로 나눌 수 있다. 양한 왕조 시기 그 세력이 약소할 때의 정책은 군현 관리 체제 아래서 발전을 추구하는 것이었고, 위진남북조 시기 각 왕조 또는 할거 정권의 분립은 고구려의 성장과 발전 공간을 제공해주어 그 정책은 끊임없이 자기 세력의 성장을 진행시켜 나가는 것과 관련이 있었다. 수당 시기 중앙 왕조의 힘이 강대했을 때 그 정책은 멸망을 피하는 쪽으로 전개되었으나, 마지막에는 멸망의 결과를 피하지 못하였다.

1) 양한 왕조에 대한 정책: 군현 관할 후국 상태에서 발전을 추구

서한 왕조 시기는 고구려 정권의 형성과 발전의 초기로 우리나라 사서와 조선 한문사서『삼국사기』같은 기록을 보면 그 나라의 건립 방침이 명확히 나타난다. 즉, 양한 왕조의 군현 관리를 받는 상태를 유지하면서 내부와 가까운 기타 동북 변경 민족 정권의 겸병을 완성하는 것이었다. 고구려의 이러한 건국 방략을 설명하기 위하여『삼국사기』「고구려본기」에 기록된 고구려의 중요한 정치, 군사 행동을 아래와 같이 나열해보았다.

- 건소 2년(서기전 37): 주몽이 나라를 세우고 국호를 고구려라고 하였다. 그 땅이 말갈(숙신 또는 읍루라고 해야 한다)과 이웃하므로 말갈의 침입을 근심하였는데 병사를 일으켜 물리치니 말갈이 두려워하여 감히 침범하지 못하였다.
- 동명성왕 2년(서기전 37): 비류국이 항복하였다.
- 동명성왕 6년(서기전 32): 태백산 동남쪽에 있는 행인국을 정벌하고 그 땅을 성읍으로 만들었다.
- 동명성왕 10년(서기전 28): 북옥저를 정벌하고 그 땅을 성읍으로 만들었다.
- 유리명왕 11년(서기전 9): 선비[72]를 정벌하였는데 선비는 항복하여 속국이 되었다.
- 유리명왕 31년(12): 왕망이 흉노를 정벌하기 위하여 고구려 병사를 징발하나 도망하여 도둑이 되고 한의 변경을 침범하였다.
- 유리명왕 33년(14): 서쪽의 양맥을 정벌하고 그 나라를 멸망시키고 한의 고구려현을 습격하였다.

---

72) 여기에서의 선비는 선비의 일개 부락을 가리키는 것이다. 왜냐하면 고구려가 공격한 것은 다만 하나의 성이었기 때문이다.

- 대무신왕 4년(21): 부여를 정벌하고 이듬해 그 왕을 죽였다.

- 대무신왕 9년(26): 개마국을 정벌하고 그 땅을 군현으로 만들었다.

- 대무신왕 20년(37): 낙랑을 습격하였다.

- 모본왕 2년(49): 한나라 북평(北平), 어양(漁陽), 상곡(上谷), 태원(太原)[73]을 습격하였으나 요동 태수 제융(祭肜)에게 복종하였다.

- 태조대왕 4년(56): 동옥저를 정벌하고 그 땅을 취하여 성읍으로 만들었다.

- 태조대왕 20년(72): 조나(藻那)를 정벌하고 그 왕을 사로잡았다.

- 태조대왕 22년(74): 주나(朱那)를 정벌하고 그 왕자를 사로잡았다.

- 태조대왕 53년(105): 요동을 침범하였으나 태수 경기(耿夔)에게 패하였다.

- 태조대왕 59년(111): 한 왕조에 사신을 파견하고 현도에 복속하기를 요청하였다.

- 태조대왕 66년(118): 현도를 습격하고 화려성을 공취하였다.

- 태조대왕 69년(121): 예맥의 우두머리(渠師)가 공격을 받아 죽었으나 한군의 공격에 항거하였다. 요동, 현도 등 군을 공격하였다.

- 태조대왕 70년(122): 요동을 침입하였다.

- 태조대왕 94년(146): 요동을 습격하여 대방령을 죽이고 낙랑 태수의 처자를 잡아갔다.

- 신대왕 4년(168): 현도 태수 경임(耿臨)이 고구려를 정벌하였는데 고구려는 항복하여 현도군에 복속되기를 구걸하였다.

---

73) "북평(北平)"은 "우북평(右北平)"의 실수이다. 이 사실은 『후한서』, 『자치통감』 등 사서의 기록에서도 볼 수 있는데 고구려로 특정지어 가리키지 않고 "맥인(貊人) 자치통감"이라고 하였다. "맥인" 역시 동북 민족에 대한 범칭이다. 예를 들어 『후한서』 「광무제기」 전문에는 "(건무) 25년 봄 정월에 요동 요외(徼外) 맥인이 우북평, 어양, 상곡, 태원을 침략해오자 요동 태수 제융이 물리쳐 항복을 받아내었다. 오환 대인이 들어와 조공을 바쳤다"고 나와 있다. 지리 위치로 이야기하자면 당시의 고구려는 요동을 넘어서 그 서부의 우북평, 어양, 상곡 등의 군을 공격할 수 없었다. 공격해온 것은 분명 오환이었을 것이다. 이 기록은 잘못된 것이지만 『삼국사기』에서는 이 잘못된 기록을 그대로 따르고 있다.

- 신대왕 5년(169): 현도군 태수를 도와 부산(富山)의 도적을 토벌하였다.
- 고국천왕 19년(197): 중원이 크게 혼란하여 피난해온 한인들이 아주 많았다.

『삼국사기』의 이러한 기록은 자세한 고증을 거쳐야 할 내용도 있지만 우리는 고구려의 대외 정책의 중점이 주변 지역의 기타 민족에 대한 통치를 실현하는 것이었음을 어렵지 않게 볼 수 있다. 다만 동한 후기에 이르면 동한 왕조 변군에 대한 침략이 점점 많아진다. 그러나 고구려는 이러한 시도가 번번이 좌절된 후에는 현도군에 귀속되기를 청하고 현도군의 관리에 복종하였다. 이 사실은 고구려가 비록 끊임없이 세력을 키워나갔으면서도 변경 민족 독립 정권의 신분으로 중앙 왕조와 대면하기를 원하지는 않았다는 것과, 현도군의 영속 관례를 이용하여 동한 왕조를 미혹하여 고구려에 대한 그들의 관심을 떨어뜨림으로써 더 강한 공격을 피하려 했음을 드러내는 대목이다. 고구려의 이러한 정책은 성공적이었다고 할 수 있다. 모든 양한 시기 중앙 왕조의 대규모 공격은 단 한 차례 있었는데, 121년 유주 자사 풍환(馮煥)을 수령으로 몇 개 군이 합친 군대의 토벌이 그것이다. 이러한 국면의 전개는 자연 고구려의 발전 성장에 유리하게 작용하였다.

2) 위진남북조 각 정권에 대한 정책: 신속 관계 아래서 성장을 구했다

위진남북조 시기에 들어선 뒤 강력한 중앙 왕조의 공백은 고구려에게 더욱 커다란 발전 공간을 제공해주었고 그 정책에 따라 중원 정권과 접하는 횟수도 증가하였으며 그 내용 역시 점점 더 풍부해졌다.

앞에서 이야기한 것과 같이 위진남북조 시기 중원에서는 여러 정권이 건립되었을 뿐 아니라 고구려와 인접한 모용 선비 역시 전후로 강력한 변경 민족 정권을 건립하였다. 이와 같은 여러 정권에 대하여 고구려는 일종의 저자세 대외 정책을 취하였다. 즉, 이러한 정권과 지역적으로 서로 연결되어 있었건 그렇지 않았건 간에 예외 없이 칭신납공하고 책봉을 받아들여 신속 관계를 맺었다. 고구려가 중원 지역에서 건립된 여러 정권들과 신속 관계를 맺고 그 관계를 유지하였던 것에 관하여 지금까지의 논저에서는 모두 나름대로의 설명을 해왔다.[74) 여기에서 자세하게 검토해야 할 것은 고구려가 취한 정책의 목적과 실시 효과이다.

처음 고구려가 취하였던 정책은 한쪽에 의지하여 그 힘을 이용하여 다른 세력을 소멸시키는 정책이었다. 조위 정권이 출현한 이후 손오 정권이 사신을 보내 "서로 통하여 화합하자"는 요구에 대해 고구려는 지혜롭게 해결하는데『삼국사기』「고구려본기」에서 고구려는 "사신을 머물게 두었다가", "그를 죽이고 그 머리를 위에 전해주었다." 고구려의 이러한 행동은 삼국 시기 조위, 손오에 대해 분명히 다른 정책을 취하였음을 보여준다. 조위 정권에는 접근하고 손오 정권을 멀리하는 것이 그 전략적인 선택이었으며, 손오 사자를 살해한 것은 이러한 전략적 해결책의 구체적인 행위를 직접적으로 보여주는 것이었다. 사서의 기록을 통해 보면 고구려가 조위 정권과 밀접한 관계를 맺으려고 했다는 것을 알 수 있는데, 그러한 의도는 여기에만 국한되어 나타나는 것이 아니라 기타 여러 방면에서도 두드러지게 나타났다. 예를 들어 경초(景初) 원년(237) 사신을 파견하여 조위 정권이 연호를 바꾼 것을 축하하였고 경초 2년(238)에는 주부 대가를 파견하여 1000명의 군사로 조위 정권을 도와 공손연 할거 세력을 통일한 행동들은 모두 고구려의 정책 방향을 분명하게 반영한 것이었다. 만약 지리적 위치라는 각도에서 보면 고구려가 조위와 가깝게 지내고 손오 정권을 멀리한 것은 하나의 필연

---

74) 마다정 등, 『고대 중국 고구려 역사 총론』, 184~292쪽.

이며 정확한 선택이었다고 할 수 있다. 왜냐하면 조위 정권과 고구려는 서로 가까웠으며 특히 경계를 접하고 있었던 공손씨 정권 역시 형식상으로는 조위에 속해 있었기 때문이다. 그러나 고구려는 조위 정권에 대한 이 같은 접근 정책을 구체적으로 실시하는 과정에서 전력을 다하지는 않았다. 이를 빌려 서쪽으로 세력의 범위를 확장하려는 의도를 가지고 있었던 것이다. 가장 분명한 예가 정시 2년(242)에 고구려가 요동 서안평을 공격하여 점령한 사실이다. 고구려의 이러한 의도는 고구려 건국 이후 처음으로 거의 멸망에 이를 정도의 군사 공격을 받게 됨으로써 좌절을 겪게 된다. 앞에서 이야기한 정시 5년(244) 조위 유주 자사 관구검이 고구려 도성인 환도성을 공격하여 점령한 것이다. 이때의 공격으로 고구려는 서진 왕조 시기가 되어서야 정치 무대 위로 다시 등장할 수 있게 된다.

다시 정치 무대에 돌아온 고구려는 중원 왕조에 칭신납공하고 책봉을 받아들여 중원 왕조의 지지를 얻고 중원 왕조와 연합하거나, 거기에 속한 변경민족 정권의 힘을 이용하여 가까운 변경의 정권을 협공하였다. 기회를 빌려 자기 세력의 범위를 확대시키는 것이 여전히 고구려의 주요 정책이었다. 고구려의 이러한 정책은 서진 시기 모용 선비의 관계를 처리하는 데 분명히 나타난다. 서진 왕조 후기 모용 선비 모용외는 비록 동북 지역에서 할거하였으나 진에 신하를 칭하고 고구려에 대해서는 줄곧 무력 정복 정책을 취하였다. 『삼국사기』「고구려본기」에는 봉상왕 5년(296) 모용외가 군사를 이끌고 고구려를 공격하는데, 실패를 되풀이하지 않기 위하여 고구려는 진 왕조에 칭신납공하고 기타 변경 민족 정권과 연합하여 모용 선비를 멸망시키는 정책을 취하였다. 이러한 정책의 구체적인 실시는 바로 앞에서 이야기한 진 동이 교위 최비가 조직한 고구려, 우문 선비, 단씨 선비 세 정권의 모용 선비에 대한 연합 공격이었다. 그러나 연합 공격은 모용 선비를 멸망시키지 못하였고 그 세력을 약화시키지도 못하였다. 모용 선비는 우문 선비에 크게 승리를 거둔 후 그 세력이 더욱 확대되었다. 기타 세력과 연합하여 모용 선비를 공격함과 동시에 앞에서 서술한 것처럼 고구려는 끊임없이 독자적으로 모용 선비의 관할지를 침략하였다. 함강 8년(345) 고구려는 마침내 이 정책에 대한 커다란 대가를 치르게 된다. 이해 11월 연왕 모용황은 친히 4만의 대군을 이끌고 두 길로 병사를 나누어 공격하는데, 이때 고구려의 도성인 환도성은 거의 멸망에 가까운 타격을 받게 된다.

두 번째의 큰 타격으로 고구려는 정책을 전환한다. 고구려는 중원 정권과 북쪽 변경의 지방 민족 정권을 포함하여 광범위하게 칭신납공하고 책봉을 받아들이는 정책을 취하는데 각 정권 사이의 모순을 이용하여 발전 공간을 찾아가는 정책을 실시하기 시작한다. 예를 들어 『삼국사기』 「고구려본기」의 기록에 고구려 고국원왕 13년(343) 2월 "그 아우를 연에 입조시켜 신하라고 칭하고", 7월에는 "사신을 진에 보내 조공하였다." 고구려의 이러한 움직임이 이 정책을 충분히 보여주고 있는 것이다.

남북조 시기에 들어와 고구려의 이러한 정책은 더욱 분명해지고 실시 범위 역시 더욱 광범위해진다. 남북조 시기, 송, 제, 양, 진 네 정권이 연속해서 교체되고 북위, 동위, 서위, 북제, 북주가 전후로 나타났다. 양자는 대체로 장강(長江)을 경계로 삼아 통치하였다. 이와 같이 고구려는 여러 정권과 접해 있었고 또 어떤 인접 정권은 그 세력이 상당히 강하기도 하였다. 예를 들어 북위와 같은 정권의 관계를 어떻게 처리하느냐 하는 것은 고구려가 직면한 커다란 난제였다. 그런데 사서의 기록을 통해 그 이전의 위진 시기나 그 후의 수당 시기와 비교해보았을 때 고구려와 남북조 시기 중원 정권 사이의 관계는 아주 융합(融合)적이었다. 고구려와 남북으로 대치하였던 남송, 남제, 북위 관계의 전개를 예로 보면 이러한 문제의 설명이 가능하다.

북위가 존립하고 있었던 368~534년까지 북위와 대치하였던 남조는 남송(420~479), 남제(479~502), 남양(502~589)[75]이었다. 이 140여 년 동안 고구려와 이들 정권이 화합하지 못하고 충돌한 사건이 몇 차례 발생하게 된다.

먼저 북연으로 말미암아 일어난 충돌인데 북연은 후연을 기초로 형성되어 409년 나라를 세우고 용성(龍城: 지금의 요령성 조양)에 도읍을 하였다. 그 관할 지역은 북위와 고구려 사이에 위치하고 있었다. 때문에 여러 차례 북위의 침략을 당하고 남송 건립 후에는 남송에 칭신하게 되는데, 북연이 존재했던 지리적 위치는 고구려가 북위와 직접 대면할 필요가 없는 완충 지대로서 고구려는 이전의 교훈을 통하여 북연, 북위의 관계 처리 문제에서 북연을 지지하는 정책을 취한다. 태연(太延) 2년(436) 2월 북위는 고구려 같은 민족들에게 병사를 일으켜 북연 왕 풍문통(馮文通)을 소멸시키라고 명하였다. 3월 평동 장군(平東將軍) 아청(俄淸), 안성 장군(安西將軍) 고필(高弼)에게 정병 1만을 거느리고 평주 자사 원영(元嬰)이 거느린 요서 수군(遼西守軍)과 합쳐 북연 왕 풍문통을 공격한다. 북연 왕 풍문통은 북위 왕조의 대군이 국경을 압박해오는 것을 보고 고구려 왕에게 도움을 요청하는데 고구려는 갈만노(葛蔓盧)가 거느린 보기(步騎) 2만을 구원병으로 보내 화룡에 주둔시켰다. 이때 북연 왕 풍문통의 상서령(尙書令) 곽생(郭生)이 백성들이 두려워하며 움직이는 것을 보고 성을 열어 항복하였다. 그러나 북위의 군대는 복병을 두려워하여 입성을 망설이므로 곽생은 병사를 이끌고 북연 왕 북문통을 공격할 수밖에 없었다. 풍문통은 고구려 병사들을 성에 들어가도록 하였고, 고구려 병사들은 곽생을 죽이고 "성 안을 크게 약탈하였다." 풍문통이 "궁전을 불태우고" 보이는 민호를 협박하여 동쪽으로 옮기자 고구려 병사들이 그 뒤를 따랐다. 북위 군대의 사령관(主帥)은 술에 취하여 추격하지 못해 풍문통은 순조롭게 고구려로 도망갈 수 있었다.[76] 고구려는 풍문통을

---

75) 【옮긴이】 양나라는 557년에 진 패선에 의해 멸망하고, 557년부터 589년까지는 진(陳)이 있었다. 저자의 착각이다.

76) 『자치통감』 권123, 송(宋) 원가(元嘉) 13년 4월 조.

받아들이면서 북위, 남송과의 관계 발전에 번거로움을 가져오는데 두 가지 커다란 사건의 발생을 야기하게 된다. 첫째, 북위가 고구려에게 연왕을 내놓을 것을 요구하였으나 "고구려는 연왕을 위에 보내지 않고 사신을 보내 표를 올려 '마땅히 풍홍(馮弘: 풍문통을 말한다)과 함께 왕의 가르침을 받을 것이다'라는 핑계를 대었다. 위나라 왕은 고구려가 명령을 어겼다고 하여 공격할 것을 의논하여 농우(隴右) 기병을 보내려고 하였다. 그러나 유결(劉潔)이 '진(秦), 농(隴)은 새로운 백성들이니, 마땅히 우대하여 회복시켜야 하며, 그들이 풍요로워지기를 기다린 뒤 사용해야 합니다'라고 하고, 낙평왕(樂平王) 비(丕)가, '화룡은 새롭게 정리된 곳이니 광범위하게 농사와 양잠을 권장함으로써 군비를 충실하게 하고 난 뒤 나아가 진격한다면 고구려를 한 번에 멸망시킬 수 있을 것입니다'라고 하자 위나라 임금이 고구려 공격을 그만두었다."(高麗不送燕王于魏 遣使奉表稱 '當與馮弘俱奉王化'. 魏主以高麗違詔, 議擊之, 將發隴右騎卒, 劉潔曰: '秦, 隴新民, 且當優復, 俟其饒實, 然后用之.' 樂平王丕曰: '和龍新定, 宜廣修農桑以豐軍實, 然后進取, 則高麗一擧可滅也.' 魏主乃止.)[77] 이때 고구려와 북위는 전쟁 일보 직전의 상황까지 이르게 된다.

둘째, 북연이 남송에 칭신하였기 때문에 북으로 올라가 북위를 멸망시킬 전략이 필요하므로 남송은 고구려에 사신을 보내 연왕을 인계받으려 하였다. 이 때문에 남송의 사신과 고구려 사이에 무장 충돌이 발생하게 된다. 즉 『송서』「동이·고구려전」에 "태조는 왕백구(王白駒)와 조차응(趙次應)을 사신으로 파견하여 이들을 맞이하는 한편 고구려에게 보내주도록 요청하였다. 련(璉: 장수왕)은 풍홍이 남쪽으로 가는 것을 원하지 않아 손수(孫漱), 고구(高仇) 등을 보내 기습하고 그를 죽여버렸다. 백구 등은 휘하의 7000여

---

77)『자치통감』권123, 송 원가 13년 9월 조.

명을 거느리고 수 등을 몰래 공격하여 수를 사로잡고 고구 등 두 명을 살해하였다. 련은 백구 등이 함부로 죽였다고 하여 그들을 체포하고 송나라로 압송하였다. 황제는 멀리 떨어진 나라의 뜻을 거스르고 싶지 않아 백구 등을 옥에 가두었다." 표면상으로 보면 남송, 북위의 양보로 인하여 고구려와 두 정권의 관계가 악화되지 않은 것으로 보이지만 실제로는 고구려가 당시에 직면한 형세를 분석하여 정확한 해결책을 내린 것이었다. 『삼국사기』 「고구려본기」에 "홍(弘)은 평소에 우리를 멸시하여 여기에 와서도 정행상벌(政行賞罰)을 그 나라에서와 같이 한다"고 기록되어 있다. 즉, 풍문통은 줄곧 고구려를 자기의 관할지로 여겼다. 고구려가 그를 남송, 북위의 어느 한 정권에 준다고 하더라도 모두 고구려에게는 잠재적인 위협이 될 수밖에 없었다. 이러한 위협을 피하는 유일한 방법은 풍문통을 죽이는 것밖에 없었던 것이다.

납비(納妃), 납질(納質)을 거부하는 사건도 있었는데 『위서』 「고구려전」에는 다음과 같이 기록되어 있다.

문명태후가 현조(顯祖)의 6궁이 채워지지 못했다고 하여 조칙으로 련에게 그의 딸을 보내라고 하였다. 련이 표를 올려 "딸은 모두 출가하였으므로 아우의 딸 가운데서 구하여 조칙에 응하겠습니다"라고 말하자 조정에서 허락하고 안락왕 진(眞)과 상서 이부(李敷) 등을 보내 국경까지 가서 예물을 보내게 하였다. 그러나 련은 "위나라는 지난날 풍씨와 혼인을 맺었다가 얼마 안 되어 그 나라를 멸망시켰습니다. 은감(殷鑑)이 멀지 아니하니 당연히 핑계를 대고 거절하여야 할 것입니다"라는 좌우 신하들의 말에 현혹되어 마침내 글을 올려 그의 조카딸이 죽었다고 거짓말하였다. 조정에서는 속이는 것이라 의심하여 다시 가산기상시(假散騎常侍) 정준(程駿)을 보내 따끔하게 꾸짖고 "조카딸이 참으로 죽었다면 종친 중의 어진 딸을 뽑아줄 것을 허락한다"고 하였다. 련은 "천자께서 이전의 허물을 용서해주신다면 삼가 조칙을 받들겠습니다"라고 하였다. 그 무렵 현조가 죽으므로 그 일은 중지되었다. ……또 운[雲: 문자명왕.『삼국사기』에는 나운(羅雲)으로 되어 있다]에게 조서를 보내 세자가 입조하여 교구(郊丘)에서 지내는 제천 행사에도 참석케 하라고 하였다. 운이 글을 올려 병이 났다는 핑계를 대고 그의 종숙 승우(升于)를 보내 사신을 따라 대궐에 나아가게 하였는데, 준엄하게 질책하였다. 이 뒤에도 해마다 빠짐없이 공물을 바치게 된다.

— 文明太后以顯朝六宮未備, 敕璉令薦其女. 璉奉表云 "女已出嫁, 求以弟女應旨", 朝廷許焉. 乃遣安樂王眞, 尙書李敷等至境送幣. 璉惑其左右之說, 云 "朝廷昔與馮氏婚姻, 未幾而滅其國, 殷鑒不遠, 宜以方便辭之", 璉遂上書妄稱女死. 朝廷疑其矯詐, 又遣假散騎常侍程駿切責之, 若女審死者聽更選宗淑. 璉云 "若天子恕其前愆, 謹當奉詔." 會顯祖崩, 乃止 ……詔雲遣世子入朝, 令及郊丘之禮. 雲上書辭疾, 惟遣其從叔升于隨使詣闕. 嚴責之, 自此歲常貢獻.

북위가 고구려에 비와 세자를 보내 입조할 것을 요구한 것은 중원 왕조 전통의 번속 예의에 따라 진행한 것이었다. 고구려가 만약 공개적으로 거역한다면 북위의 군사 공격을 받을 수 있었는데, 수 왕조가 고구려를 토벌한 원인 가운데도 번례(藩禮)를 가지지 않았다는 항목이 있었던 것을 보면 알 수 있다. 그러나 공개적으로 거역하지 않기 위하여 고구려는 기만 수단을 취하는데 "죽었다", "병에 걸렸다"라고 하면서 분규를 더 확대시키지 않았다.

이 외에도 고구려는 남조와의 사신 교환에서도 북위 정권의 간섭을 받았다. 그러나 고구려가 공개적으로 반항 정책을 취하지 않았기 때문에 커다란 충돌이 벌어지지는 않았다.

이러한 사건 외에도 사서의 기록을 통해 보면 고구려가 북위, 남조 각 정권에 책봉을 받고 고구려는 이러한 정권에 자주 조공을 하였다는 기록들이 남아 있다. 특히 어떤 해에는 북위에 1년에 네 번이나 조공을 바치는데『위서』「고조기 하」에는 태화 16년(492) 고구려가 3월, 6월, 8월, 10월에 사신을 보내 조공을 바친 것으로 기록되어 있다.

고구려가 남북 각 정권과 모두 밀접한 신속 관계를 유지하고 공개적으로 대항하지 않은 정책을 취한 것은 남북조 사이의 모순을 보고 이 모순을 충분히 이용했기 때문이다. 북위와 남송이 대치한 시기 쌍방은 스스로 "정통(正統)" 왕조라며 상대방을 "오랑캐(夷)"라고 하였다. 통일과 반통일의 전쟁은 쌍방의 관계를 구성하는 주요 요소로서 고구려는 이 점을 이용하여 적극적으로 쌍방과의 관계를 발전시켰던 것이다. 『송서』「동이 · 고구려전」과 『삼국사기』「고구려본기」의 기록을 보면 태연 5년(439) 남송이 북위를 북벌하고자 하여 고구려에게 전쟁에 참여하도록 명령한다. 고구려는 군사를 보내지 않고 말 800필로 송 군사를 도와준다. 이와 동시에 이해 고구려는 두 차례 북위에 사신을 보내 조공한다. 고구려의 이러한 "좌산관호두(坐山觀虎斗)" 정책은 이전 한쪽과 연합하여 다른 한쪽을 소멸시키는 정책과는 분명한 대조를 이루는 것이다.

중원 왕조에 대해 광범위하게 칭신하고 공개적으로 대항하지 않는 정책을 취하여 고구려는 발전의 기회를 얻었을 뿐 아니라 이 시기 한반도에서 백제, 신라와의 싸움도 전개할 수 있었으며 최종적으로는 한반도 중북부 지역의 통치 지위를 확립하게 되었다.

3) 수당 왕조에 대한 정책 : 멸망을 피하기 위해 취한 여러 가지 노력

581년 수 왕조가 건립되자 고구려는 계속해서 중원 왕조를 받들어 칭신납공하는 정책을 취하였다. 남진 정권에 칭신납공하는 동시에 재빨리 수 왕조에도 사신을 파견하여 칭신조공하자 수 왕조는 전대의 정책을 그대로 사용하여 고구려 왕을 대장군, 요동군 개국공, 고구려 왕으로 책봉한다. 그러나 고구려의 이러한 정책은 개황(開皇) 9년(589) 수 왕조가 남진을 통일한 뒤 그 기초를 상실하게 됨으로써 고구려의 중원 왕조에 대한 정책 역시 전환이 일어나게 된다.

고구려가 수 왕조에 취한 정책을 종합해보면 아래의 세 가지 면으로 정리할 수 있다.

첫째, 수 왕조와의 신속 관계를 유지하였다. 수 왕조 일대(一代)의 전 기간 동안 수 왕조는 여러 차례 고구려에 군대를 일으켜 끊임없이 고구려를 멸하겠다는 자세를 보였지만 고구려는 오히려 수 왕조와의 신속 관계를 유지하고자 노력하였다. 개황 9년(589) 남진을 통일하여 고구려에게 공포감을 주기 위하여 고구려에 옥새가 찍힌 문서를 내리자 고구려 왕 탕〔湯: 평원왕. 『삼국사기』에는 양성(陽成)이라 했다〕은 "이 글을 받고 황공하여 표문을 올려 사죄하려 하였으나 마침 병으로 죽었다."[78] 10년(590) 7월 "고려 요동군공 고탕이 죽자 그 아들 원을 상개부의동 삼사로 삼고 요동군공을 세습시켰으며 옷 한 벌을 내려주었다. 원도 표문을 올려 사례함과 아울러 천자가 된 것을 축하함으로 원을 책봉하여 왕으로 삼았다."[79]

18년(598) 고구려에 속한 말갈이 요서를 노략질하였다가 수 영주 총관(營州總管) 위충(韋衝)에게 격퇴되었다. 수 문제는 고구려 왕의 왕위를 파면시키고 군사를 파견하여 토벌하려고 하였으나 "군량 수송이 중단되어 6군(六軍)이 먹을 것이 떨어지고 또 군사가 임유관(臨渝關)을 나와서는 전염병을 얻어 왕사(王師)의 군대는 기세를 떨치지 못하였다. 요수에 진주하자 원(元: 영양왕)도 두려워하며 사신을 보내와 사죄하고 표문을 올리는데 요동

---

78) 『자치통감』 권178, 수(隋) 개황(開皇) 17년 9월 조.
79) 『책부원구』 권963 「외신부·책봉(外臣部·冊封)」.

분토신(遼東糞土臣)이라고 운운하므로 군사를 거두어들이고 처음과 같이 대하였다."[80] 군사 공격을 받지도 않고 수나라 군이 이미 "죽은 자가 열의 여덟, 아홉"[81]이 된 상황에서 고구려가 스스로 "요동 더러운 땅의 신하(遼東糞土臣)"라고 하면서까지 표를 올린 것은 고구려가 고심하여 수 왕조와의 신속 관계를 유지하고자 하였다는 것을 설명해주고 있다. 고구려는 그들이 대면한 중원 왕조가 이전 분열된 시기의 왕조들과는 다르다는 점을 분명하게 인식하고 있었기 때문에 주동적으로 수 왕조와의 신속 관계를 유지하면서 토벌의 시기를 늦추려고 하였던 것이다.

둘째, 수 왕조의 통일 행동에 따른 전쟁에 대비하여 그 저항 준비를 강화하였다. 중원 왕조의 전통 강역 내의 변경 민족 정권으로 일어난 고구려는 역대 왕조와의 교류 과정에서 장기간 요동의 한구석에서만 머물러 있을 수 없으며, 장차 중원 지역에서 통일이 실현된 이후에는 통일의 시각이 반드시 고구려 지역에 집중되리라는 심각한 인식을 가지고 있었다. 왜냐하면 그곳은 중원 왕조가 설치한 군현의 효과적인 통치가 실시되었던 지역으로, 이 역시 고구려가 장기간 중원 왕조와의 신속 관계를 유지한 주요 원인 가운데 하나였기 때문이다. 또한 이러한 인식이 있었으므로, 수 왕조가 장강 이남에 할거했던 남송의 통일을 완성하여 하나의 강력한 통일 왕조로 중화 대지 위에 나타났을 때 당시 고구려 왕 탕이 느꼈던 공포의 정도는 충분히 짐작할 수 있는 것이다. 통일되는 것을 막기 위해 탕 왕이 벌여야 했던 일들은 말할 필요가 없을 정도로 분명한 것이었다. 『수서』「동이 · 고려전」의 "진을

---

80) 그 이유는 두려웠기 때문이며, 그 다음으로 계승자인 원(元)이 왕으로 봉해주기를 요청한 것은 자기 왕위의 명분을 위한 것이었다. 중원 왕조의 책봉을 받아야만 변경 민족 정권의 통치자는 비로소 합법적인 지위를 갖게 되고 이를 통해 부속의 승인을 받는데, 이것은 중국 고대에 나타난 하나의 보편적인 현상이었다. 리다룽, 「당조와 변강 민족의 사자 왕래 연구」 (흑룡강교육출판사, 2001), 34~53쪽.
81) 『자치통감』 권178, 수 개황 18년 9월 조.

평정한 뒤로 탕이 크게 두려워하여 무기를 정비하고 군량을 쌓아 방어할 계획을 세웠다"라는 기록은, 간략하기는 하지만 고구려의 전쟁 준비 상황을 충분히 보여주는 것이다. 그리고 수 양제 시기 수나라 군은 고구려를 통일하는 과정에서 완강한 저항과 커다란 좌절을 겪게 되는데, 이 역시 고구려가 적극적으로 전쟁을 준비했던 정책이 효과적으로 발휘되었다는 것을 직접적으로 보여주는 것이다.

셋째, 수 왕조의 압력을 약화시키기 위하여 기타 민족과 연합하였다. 적극적으로 전쟁을 준비하는 동시에 고구려는 단독으로 수 왕조의 통일 행동을 막으려고 하지 않았다. 기타 변경 민족과 연합하여 수 왕조의 주의력을 분산시키고 나아가 수 왕조가 쉽게 고구려에 군사를 일으키지 못하도록 한 것은 훌륭한 계책이었다. 고구려가 연합하고자 했던 대상은 남북조 시기 넓은 북방 초원 지대와 서역 지역에서 일어난 돌궐이었다. 사서의 기록이 부족하기 때문에 우리는 고구려가 어떻게 돌궐과 연합을 하게 되었는지는 확실하게 알기 힘들다. 그리고 쌍방의 관계에 어떤 성격이 있었는지 그리고 연합하여 수 왕조를 제약하고자 계획하였는지의 여부도 확실히 알 수 없다. 그러나 수 양제가 고구려와 돌궐 사이에 사신이 왕래한 사실을 알게 된 후 고구려를 통일해야겠다고 결심하게 되었던 점만은 분명하다. 『수서』「양제기 상」에서 양제는 고구려 사자에게 "돌아가서 너희 왕에게 빠른 시일 안에 조현(朝見)하라고 말하여라. 그렇지 않으면 나와 계민이 너의 땅을 순행할 것이다"라고 하였고 같은 책, 「동이 · 백제전」에는 "그해에 다시 사신 왕효린(王孝隣)을 보내 공물을 바치면서 고려의 토벌을 청하였다. 양제는 그것을 허락하고 고려의 동정을 엿보게 하였다"고 되어 있다. 이를 통해 우리는 고구려와 돌궐 사이에 사신이 오고 갔으며 무력으로 고구려 통일을 결정한 것은 양자 사이에 일정한 관련이 있음을 알 수 있다.

피동적으로 수나라 군대의 공격에 저항한 것도 고구려의 수 왕조에 대한 정책 가운데 중요한 일부였는데, 이전의 논저에서 여러 번 논급하였기 때문에 아래에서『삼국사기』「고구려본기」에 근거하여 관련된 기록을 간단하게 설명하도록 하겠다.

대업 8년(612) 2월 수군은 길을 나누어 고구려를 공격한다. 고구려는 요수(遼水) 동쪽 언덕에서 저항하였는데, 결과는 대패하여 죽은 자가 수만 명을 헤아렸다. 수군이 요동성을 포위하자 고구려는 성에 의지하여 굳게 지켰다. 대장군 내호아(來護兒)는 전함 100척을 거느리고 해로를 통해 평양을 공격한다. 먼저 고구려군이 패하였으나 후에는 고구려군이 고의로 패한 척하며 매복했기 때문에 내호아군은 참패를 당하게 된다. 대장군 우문술은 군대를 거느리고 평양 부근까지 들어와 있었으나, 고구려가 굳게 지키고 병사들은 피곤하고 식량마저 떨어져 수군은 후퇴할 수밖에 없었다. 우둔위장군 신세웅(新世雄)이 전사하자 수군은 전선에서 후퇴하기 시작하였다.

대업 9년(613) 수군은 다시 고구려를 공격하였는데 고구려는 여전히 견고히 성을 지키는 전략을 취한다. 뒤에 수의 대신 양현감(楊玄感)이 반란을 일으켰다는 소식이 전해지자 수군은 다시 철수한다. 이틀 후 고구려가 추격을 시작하였으나 감히 접전하지 못하고 요수에 가까워졌을 때 수군의 후위 부대 수천 명을 살해하였다.

대업 10년(614) 수군은 다시 고구려를 공격하는데 대장군 내호아는 비사성에서 고구려군을 먼저 패배시키고 평양으로 나아가고자 하였다. 고구려왕은 두려워서 사신을 보내 항복을 청했고, 수나라 곡사정(斛斯政)을 보내 군대를 철수시켰다.

위의 기록을 통해 수군의 공격에 고구려는 기본적으로 소극적인 저항 정책을 취했다는 것과, 수군을 섬멸하는 것 같은 주동적인 공격은 하지 않았음을 알 수 있다.

618년 수를 대신하여 당 왕조가 들어서자, 여러 차례에 걸친 수 왕조의 대규모 무력 토벌을 막아냈던 고구려는 더 강력한 중원 왕조와 맞서게 되었다. 사서의 기록을 통해 보면 고구려는 수 왕조에 취했던 정책을 기본적으로 유지하면서 그 정책을 더욱 완전하게 다듬기 시작한다.

고구려의 주요 정책은 여전히 당 왕조와의 신속 관계를 유지하려는 것이었다. 당 왕조가 건립된 이듬해 고구려가 당에 사신을 파견하여 조공하면서, 양국의 신속 관계가 성립된다. 정관 2년(628) 당 왕조가 돌궐로 출병을 준비할 때 고구려는 다시 사신을 보내와 축하하고 "봉역도를 올리는데"[82] 당 왕조와 신속 관계를 유지하려는 결심과 행동은 수대 때보다 훨씬 더 강해졌다. 고구려는 이후 자주 조공하였을 뿐만 아니라 정관 14년(640) 태자 환권(桓權)을 친히 입조시켜 공물을 바쳤다. 당 태종이 처음으로 대규모 군사로 고구려를 공격한 후에도 정관 20년(646) "5월 고(구)려 왕 장(臧: 보장왕)과 막리지 개금(盖金)이 사신을 보내 사죄하고 미녀 둘을 바쳤다. 개금은 바로 소문(연개소문)이다."[83] 또 『삼국사기』「고구려본기」에는 그 다음해(647) "왕의 둘째아들 막리지 임무(任武)를 보내 사죄하자 황제는 그것을 허락하였다"라고 기록되어 있다. 이것을 통해 우리는 고구려가 당 왕조와의 신속 관계를 유지하기 위해 기울인 노력이 매우 컸다는 것을 쉽게 알 수 있는데, 고구려는 줄곧 이러한 정책을 취하였지만 당 태종은 여전히 무력으로 고구려를 통일하려는 정책을 추진하였다.

수 왕조에 대해 취한 정책과 똑같이 당 왕조와도 신속 관계를 유지하는 동시에 고구려는 적극적으로 당 왕조의 공격을 막아낼 준비를 한다. 그리고 방어의 시책은 이전과는 다른 것이었는데 중원 왕조가 북방 초원 유목 민족을 방어한 경험을 취하여 1000리에 이르는 장성을 쌓는다. 사서의 기록에

---

82) 『구당서』 권199 상 「동이 · 고려전」.
83) 『책부원구』 권168 「제왕부 · 각공헌(却貢獻)」.

따르면 정관 5년(631) "광주도독부 사마 장손사를 보내어 수대에 전쟁에서 죽은 자들의 해골을 거두어 묻어주고 고려가 세워 놓은 경관을 헐어버렸다. 건무는 그 나라가 침입할 것을 두려워하여 장성을 쌓았는데 동북 부여성에서 시작하여 서남 바다에 이르기까지 1000여 리에 이르렀다."[84] 당 사신이 고구려가 세운 경관을 헐어버린 일은 고구려가 장성 방어 체계를 구축하게 한 더욱 심층적인 원인이 되었다. 우리는 막북(漠北)에서 웅거한 강력한 돌궐 정권이 정관 4년(630) 당군에 의해 괴멸된 것을 알고 있다. 이것으로 인해 막북 초원의 여러 유목 민족들이 당 왕조에 항복해왔고 당 태종 역시 이 여러 변경 민족들을 "천가한(天可汗)"으로 봉하였는데 이렇게 커다란 사건을 고구려가 몰랐을 리가 없으며 이것이 바로 고구려 왕 건무가 극히 두려워하였던 심층적인 원인이었다. 하지만 당 왕조가 고구려를 공격한 사서의 기록을 보면 고구려가 구축한 장성 방어 체계는 중요한 작용을 발휘하지 못하며, 또한 고구려가 장성에 의지하여 공격을 방어했다거나 당 왕조의 군대가 장성을 공격했다는 기록은 찾아볼 수가 없다.

고구려가 당 왕조의 압력을 피하거나 약화시키기 위하여 동맹자를 찾는 정책을 실시하였던가 하는 점은 사서에서는 분명한 기록을 찾아볼 수 없다. 『구당서』「북적 · 철륵(鐵勒)」에는 정관 17년(643) 당 태종은 설연타의 사신에게 "너희 가한(可汗)에게 말하라. 우리 부자가 함께 동쪽으로 고구려를 정벌하러 간다. 너희가 만약 능히 변방을 노략질하겠다면 단 지금 오너라(語爾可汗, 我父子幷東征高麗, 汝若能寇邊者但當來也.)", "이남(夷男)이 사신을 보내 사과하고, 다시 청을 넣어 병사를 동원해 당나라 군대를 돕겠다고 했다. 태종이 우호적인 조서로 그만두라고 답했다(夷男遣使致謝, 復請發兵助軍. 太

---

84) 『구당서』 권199 상 「동이 · 고려전」, 『신당서』 권220 「동이 · 고려전」, 『삼국사기』 「고구려본기」 같은 사서에도 동일한 기록이 있다.

宗答以優詔而止. .)"라고 말한 기록이 있다. 그러나 이 사실은 비록 고구려가 언급되기는 하였으나 고구려와 설연타가 관련이 있었다고 볼 수는 없다.

수군의 공격에 대응했던 것과 마찬가지로 고구려는 당군의 공격에 대해서도 저항 정책을 취한다. 한 가지 다른 점이 있다면 고구려가 당군의 20여 년에 걸친 지속적인 공격에 더 이상 저항하지 못하고 총장 원년(668) 당군에 의해 결국 멸망한다는 것이다.『구당서』「지리 2(地理二)」에는 "총장 원년 9월, 사공 이적이 고려를 평정하였다. 고려는 본래 5부, 176성, 69만 7000호이다. 그해 12월 고려 땅을 9도독부, 42주, 100현으로 나누고 안동도호부를 평양성에 설치하여 다스렸다"고 기록되어 있다.

변경 민족 정권을 포함한 역대 중원 왕조에 대한 고구려의 정책을 살펴보면 끊임없는 조정의 과정이었다고 할 수 있는데, 그 목적은 중원의 분열된 국면을 이용하여 자기를 발전시키고자 한 것으로, 이것은 고구려의 정책이 성공했던 요인이기도 하다. 양한 시기 한 왕조 군현의 관리를 받은 것이나 1000리 밖에 있는 남조의 각 정권들과 신속 관계를 유지한 점들은 모두 고구려가 중원 왕조에 대한 정책을 끊임없이 조정했음을 보여준다. 그 목적은 천방백계(千方百計)의 모든 유리한 조건을 이용하여 중원 왕조의 통일 행동을 막아보려고 한 것에 있다. 이것이 고구려가 동북의 한 모퉁이에서 장장 7세기 동안 지속될 수 있었던 주요 원인이며, 고구려 정권이 중국에게 스스로 멸망하지 않았던 중요한 표현의 하나이기도 하였다. 물론 고구려의 중원 왕조에 대한 정책에 실수가 나타난 적도 있었는데, 예를 들면 조위 정권 시기 조위 정권이 공손씨 할거 정권을 통일하는 데 협조함으로써 자신과 조위 정권 사이의 완충 지대를 잃어버리고 직접 조위 정권과 대면해야 했던 일이다. 그리고 서쪽으로 확장하는 정책을 시행하였는데, 이는 결과적으로는 조위 정권의 대규모 공격을 초래하여 나라가 거의 망하는 지경에까지 이른 적도 있었다. 그러나 고구려는 이를 교훈 삼아 정책을 조정하여 남북조 시기에는 다시 중원 왕조의 무력 공격을 야기하지 않으면서 고구려의 발전을 위한 150여 년의 평화 시기를 얻게 된다. 그러나 통일은 역사 발전의 필연 추세이다. 고구려가 장기간 중원 왕조에 통일되지 않은 중요한 원인은 중원 지역에 강력하게 통일된 중앙 왕조가 형성되지 않았기 때문이었다. 강력하게 통일된 중앙 왕조가 일단 출현하면 고구려에 대한 통일은 시간문제일 뿐이었다. 나중에 출현해 고구려 역사를 기록한 『삼국사기』의 저자도 「고구려본기」의 마지막에서 아래와 같이 논술하고 있다.

> 논하여 말하기를: "현도, 낙랑은 본래 조선의 땅이다. 기자가 봉해졌던 곳이다. ……고구려는 진한 이후 중국의 동북방의 한쪽을 차지하고 있었다. 북쪽 인근 지역들은 모두 천자가 관리를 보내 통치하고 있었다. 그러나 어지러운 세상이면 영웅이 나타나 함부로 황제의 이름과 지위를 차지하려고 하였다. ……이런 까닭에 싸움이 그치지 않고 화근이 맺어져 편안한 세월이 거의 없었다. 동으로 서울을 옮기고 난 뒤에 수당의 통일된 때를 당하여도 고구려는 오히려 불손하게도 천자의 조서와 명령을 거역했으며, 당나라 사신을 토방에 가두기도 하였다. 고구려는 이와 같이 고집스럽고 두려워하지 않았기 때문에, 여러 번이나 죄를 묻는 정벌의 군사를 부르게 되었다. 비록 어떤 시기에는 기묘한 계책으로 대군에게 승리를 거두었던 적도 있었으나, 결국은 왕이 항복하고 나라가 멸망하여 뒤가 끊어지고 만 것이다."

― 論曰: "玄菟, 樂浪本朝鮮之地, 箕子所封 ……高句麗自秦漢之後, 介在中國東北隅, 其北隣皆天子有司, 亂世則英雄特起, 僭竊名位者也 ……是故兵連禍結, 略無寧歲. 及其東遷, 值隋唐之一統, 而猶拒詔命以不順, 囚王人於土室, 其頑然不畏如此. 故屢致問罪之師, 雖或有時設奇以陷大軍, 而終王於降國滅而後止."[85]

사실(事實)도 이와 같다. 고구려는 다양한 여러 가지 정책을 취하여 이러한 상황의 발생을 피해왔지만 강력하게 통일된 수 왕조가 출현하면서 고구려를 통일하는 역사 사명이 의사일정(議事日程)에 오르게 된다. 그러나 수 왕조는 나라를 유지한 것이 매우 짧아 2대만에 망하게 되는데 역대 사가들의 대부분은 수 왕조의 멸망을 고구려에 대한 출병 때문이었다고 귀결 지었다. 심지어는 수 말기 난세의 일대 웅주(雄主)였던 당 태종 이세민이 고구려에 출병을 결정할 때 간의대부(諫議大夫) 저수량(褚遂良)은 "폐하의 군사가 요하를 건너 승리를 거둔다면 참으로 좋은 일이지만 만에 하나라도 뜻대로 되지 않는다면 다시 군사를 써야 하고 다시 군사를 쓰게 된다면 그때는 안위를 예측할 수 없습니다"[86]라고 하면서 반대하기도 하였다. 그러나 몹시 위험한 모험이었지만 당 태종은 이러한 역사의 중임을 떠맡았고, 비록 여러 번 좌절을 당하기는 하였으나 마침내는 그 후임자에 의해 통일의 대업이 완성되었다.

---

85) 【옮긴이】 '其北隣皆天子'에서 '隣', '而終王於降國'에서 '於'자를 빼먹었고, '以不顧'의 '顧'는 '順'의 잘못으로 원본을 대조하여 옮긴이가 바꾸었다.

86) 『신당서』 권220 「동이 · 고려전」.

3장

고구려와 중원 지역의
경제 문화 교류 연구

고구려가 존재했던 700년 남짓한 기간 동안 고구려 정권은 역대 왕조와 분열 시기의 여러 정권들과 밀접한 신속 관계를 유지했는데 쌍방은 경제 문화 방면에서도 밀접한 교류를 유지했다.

【 1. 고구려와 중원 지역의 경제 교류 】

고구려와 중원의 경제 교류는 다방면에 걸친 것이었는데 교류의 경로가 다양했을 뿐 아니라 교류의 내용 또한 매우 풍부하였다. 이러한 경제 교류는 당시 고구려 지역의 경제 발전을 최대한 촉진시켰다.

1) 교류의 경로와 범위

고구려와 중원 지역의 경제 교류의 경로는 사서의 기록을 통해 보면 대체로 조공과 상사(賞賜), 일반적인 무역 활동, 전쟁과 약탈, 사람들의 이동 같은 경로로 종합할 수 있다.

조공과 상사는 고구려와 중원 지역의 경제 교류를 실현하는 주요 통로 중의 하나였다. 고구려는 중앙 왕조의 지방 정권으로 중앙 왕조를 향한 칭신납공은 필수적으로 이행해야 할 의무의 하나였다. 조공과 함께 중앙 왕조는 크게 상을 내려주기도 하였다. 비록 이러한 조공과 상사의 정치적 뜻이 경제적인 의의보다 훨씬 더 컸지만 객관적으로 경제 교류의 목적도 작용하였다.

고구려가 역대 중앙 왕조에 사신을 파견하여 조공한 상황에 관해서는 『고대 중국 고구려 역사 총론』에서 이미 소개한 적이 있기 때문에 여기에서는 다만 몇 가지 간략한 예를 들어 문제를 설명하고자 한다.

서한 왕조 시기 고구려는 나라를 세운 지 얼마 되지 않았기 때문에 세력이 미약했고 현도군 고구려현 관할에 속해 있었기 때문에 중앙 왕조에 칭신납공할 자격이 없었다. 그래서 사서의 기록에서 조공한 기록을 볼 수가 없는 것이다. 그러나 조정에 직접 조공할 자격이 없다고 해서 공납의 의무를 이행하지 않았다는 것은 아니다. 우리는 사서에서 변경 민족이 변군 태수에게 공물을 바쳤던 기록을 볼 수 있다. 『후한서』「동이열전 · 삼한」 기록에는 "건무 20년(44) 한(韓)의 염사(廉斯)에 사는 소마시(蘇馬諟) 등이 낙랑에 공물을 바쳤다. 광무제는 소마시를 한나라 염사읍군(廉斯邑君)으로 봉하고 낙랑군에 소속시키고 철마다 조공하도록 하였다"는 기록이 있다. 고구려와 한(漢) 염사읍군은 똑같이 한 군현이 관할하는 변경 민족에 속했으며 그 공납의 방식 역시 비슷했을 것이다.

동한 시기 고구려의 세력이 강해짐에 따라 고구려는 조정에 직접 납공하는 지위를 얻게 된다. 정기적으로 조공을 하게 됨으로써 고구려는 변경 지방 정권의 의무를 다하게 되는데, 이때부터 총장 원년(668) 당 왕조에 의해 통일될 때까지 고구려가 중앙 왕조에 조공한 기록은 사서의 기록에서 아주 빈번하게 볼 수 있다. 『책부원구』「외신부 · 조공(朝貢)」에는 진 함강 2년

(336)부터 당 정관 18년(644)까지 고구려가 역대 중앙 왕조에 조공한 간략한 상황이 기록되어 있는데 대략적인 통계로 134차례나 된다. 하지만 이것이 전부가 아니었는데, 기타 사서에서도 다음과 같은 조공 기록을 볼 수 있기 때문이다. 『송서』「이만(夷蠻)·고구려전」에 "태종 태시(泰始) 연간에서 후폐제(后廢帝) 원미(元徽) 연간까지 공물의 헌상이 끊어지지 않았다", 『남제서(南齊書)』「동이·고려전」에 "사신을 보내와 공물을 바쳤다. 배로 바다를 건너오는 사신의 왕래가 항상 있었다", 『위서』「고구려전」에 "그 뒤에 공물과 사신이 자주 왕래하여 해마다 황금 200근, 백은(白銀) 400근을 바쳤다. ······이로부터 해마다 공물을 바쳤다", 『남사』「이맥(夷貊)·고구려전」에 "(고구려 왕)련이 해마다 사신을 보내왔다", 『북사』「고구려전」에 "(고구려 왕)연이 죽고 아들 성이 즉위하였다. 무정(武定) 말까지 공물과 사신이 오지 아니한 해가 없었다. ······성이 죽고 아들 탕이 즉위하였다. ······이 뒤로 해마다 사신을 보내와 조공이 끊이지 않았다", 『수서』「동이·고려전」에 "해마다 사신과 조공이 끊이지 않았다" 등으로 기록되어 있다.

이를 통해 보면 조공사자(朝貢使者) 한 가지 항을 통해서도 고구려 지역에서 대량의 "방물(지방 특산)"이 중원 지역으로 들어왔으며 조공과 사신이 들어옴에 따라 중앙 왕조의 많은 회사품(回賜品) 역시 고구려 지역으로 들어가게 되었다는 것을 알 수 있다. 예를 들어 『삼국사기』「고구려본기」에 고구려의 북위에 대한 조공이 "이전의 두 배였으며 그에 보답하는 하사품도 점점 많아졌다"라는 기록이 보이며, 이에 더해 중앙 왕조의 통치자가 자주 고구려에 직접 사신을 보내 "짐의 뜻을 전하고 수고로움을 치하하오(宣旨慰勞)"[87]라고 하였는데 "짐의 뜻(宣勞)"에는 자연 여러 가지 물품이 휴대되었다. 이렇게 함으로써 쌍방의 경제 교류의 목적에 도달할 수 있었다.

---

87) 『송서』 권97 「이만(夷蠻)·고구려전」.

고구려와 중원 지역의 일반적인 무역 활동에 대해 사서에서는 분명한 기록을 볼 수가 없지만 여러 흔적들에서 무역 활동이 존재하였다는 것을 알 수 있다.『신당서』「위운기전(韋雲起傳)」에는 수나라 신하 운기가 거란을 토벌하라는 명을 받고 "(위)운기가 거란의 경내에 들어간 뒤 돌궐을 시켜 유성(柳城)에 가서 고구려에 교역하려 간다고 거짓으로 선전케 하고, 감히 이 사실을 누설하는 수나라 사신은 참수하게 했다. 거란이 이를 의심하지 않았다. 이 때문에 남쪽으로 거란의 영(營)에서 100리 떨어진 곳을 지나게 하였다가, 밤에 돌려서 적진으로 돌려 밝음이 지체되기 전에 기습하여 격퇴하니 거란의 남녀 4만 명을 포로로 잡았다(云起至旣入境, 使突厥紿云, 詣柳城與高麗市易, 敢言有隋使在者斬. 契丹不疑, 因引而南, 過賊營百里, 夜還陣, 以遲明掩擊之, 獲契丹男女四萬.)"는 기록을 볼 수 있다. 주의할 점은 운기가 남긴 말 가운데 "유성에서 고구려와 교역한다(柳城與高麗市易)"고 했더니 거란이 마음을 놓았다고 하는 대목이다. 이것은 당시 유성이 고구려와 중원 지역 및 주위 민족의 무역 활동이 진행되던 중요한 지역이었음을 설명해준다. 그리고 그 무역 활동은 매우 빈번했는데 그렇지 않았다면 자연 거란의 의심을 받았을 것이다. 이 외에도『수서』「동이 · 고려전」에서 수 문제가 고구려 왕에게 준 조서에 "지난해에는 몰래 재물을 주어(昔年潛行財貨)"라는 구절과, 고구려의 통치 중심이었던 지금의 환인, 집안 등지에 양한(兩漢) 시기의 반량전(半兩錢), 오수전(五銖錢), 왕망 시기의 대천오십(大泉五十), 화천(貨泉) 등이 대량으로 출토되는 점 역시 고구려와 중원 지역과의 무역 활동에 대한 유력한 증거가 된다. 또한 집안의 한 고구려 돌무지무덤에서 200kg이 넘는 중원 지역의 화폐가 출토된 사실은[88] 무역의 규모가 우리가 상상하는 것 이상으로 컸음을 보여준다.

---

88) 경태화 주편,『고구려 역사와 문화(高句麗歷史與文化)』(길림 문사출판사, 2000), 76쪽.

전쟁과 약탈 역시 고구려와 중원 지역의 경제 교류를 실현하는 주요 경로 가운데 하나였으며 또한 교류에서 매우 중요한 위치를 차지하였다. 고구려가 처음 활동하던 지역은 큰 산이 많고 골짜기가 깊어 농업 생활을 영위하기에 적당하지 않았다. 이러한 사실을 여러 사서에서 고구려는 "좋은 밭이 없어 비록 힘써 농사지어도 식량이 충분하지 않았다"라고 기록하고 있다. 이로인해 고구려 민족에겐 두 가지 분명한 성격의 특징이 나타나게 되는데 하나는 "절식(節食)하는 습관"이며 다른 하나는 "노략질하기를 좋아한다"[89]는 것이었다. 우리는 사서의 기록에서 고구려가 자주 중앙 왕조의 변군을 노략질하는 기록을 볼 수 있다. 어떤 경우 고구려 왕이 직접 군대를 이끌고 공격을 하기도 하는데 『자치통감』 권48의 "원흥 원년(105) 봄에 고구려 왕 궁(宮: 태조대왕)이 요동 경계로 들어와 여섯 현을 노략질하였다"라는 기록을 예로 들 수 있다. 고구려가 변군을 노략질한 것은 자연 서쪽으로 영토를 확장하려는 야심이 있었기 때문이었겠지만, 재물을 약탈하는 것 역시 그 목적의 하나였다. 이것은 고구려 지역에 식량 같은 물자가 모자랐기 때문에 나타난 것이었다. 여기서 설명할 필요가 있는 것은 고구려가 변군을 약탈하고 세력을 확장해 나갔으나 결국에는 중앙 왕조의 대규모 무력 토벌을 가져왔다는 점이다. 특히 조위 정권, 모용 선비 정권 시기에는 거의 멸망할 정도의 공격을 받게 된다. 그러나 수 왕조의 고구려에 대한 무력 통일 활동은 조위와 모용 선비 정권 때처럼 그렇게 순조롭지 못했다. 『자치통감』 권181에는 수양제가 고구려를 정벌하면서 "처음 9군(九軍)이 요동을 건널 때는 무릇 30만 5000명에 이르렀으나 요동성에 돌아왔을 때는 겨우 2700명이었다. 수십만을 헤아렸던 기계를 잃어버리고 탕진하였다"란 기록이 있다. 여기에서 "잃어버리고 탕진한", "수십만을 헤아렸던" "기계"는 자연 고구려의 손에 들

---

89) 『위서』 권100 「동이 · 고구려전」.

어가게 됨으로써 고구려와 중앙 지역의 경제 교류의 목적이 실현되었다.

고구려와 중원 지역의 경제 교류의 또 다른 경로는 많은 수에 이르는 한인(漢人)의 고구려 유입이었다. 고구려 정권의 관할 아래에 있었던 한인은 적지 않은 인원이 중원 지역의 전란을 피하여 고구려 지역으로 들어온 사람들이었다. 한인의 고구려 지역 유입은 실제로는 고구려 정권이 나타나기 이전부터 존재하였다. 고구려가 나라를 세운 뒤에는 양한의 교차 시기였던 왕망 신조 시기의 대란과 동한 후기에서 수 왕조의 통일 시기까지 각 정권이 중원 통치권을 쟁탈하기 위하여 벌인 몇백 년에 걸친 전쟁은 더 많은 한인이 고구려 지역으로 흘러들어오게 하였다. 『삼국사기』「고구려본기」 고국천왕 19년(197) 조에 나타난 "중원에 대란이 일어나 이를 피하여 들어와 항복한 자가 아주 많았다"라는 기록은 이러한 상황을 보여주는 것이다. 많은 한인이 피난하여 들어온 것은 인구의 유입에만 그치는 것이 아니라 중원 지역의 많은 물자들도 함께 들어옴을 의미했는데, 이것이 고구려와 중원 지역과의 경제 교류를 촉진시켰음은 의심할 여지가 없다.

고구려와 중원 지역의 경제 교류 범위는 사서에서 분명한 기록이 부족하여 "방물(方物)", 금은, 말, 활과 화살, 관복, 직물 따위였다는 기록이 전할 뿐이지만 그 교류의 범위는 매우 광범위했음을 추측해볼 수 있다. 우리는 사서에서 중앙 왕조가 고구려 왕에게 "의관, 복식, 수레깃발"을 하사하였다는 기록을 자주 볼 수 있다. 또한 고구려와 중앙 지역과의 정상적인 무역도 진행되었는데 "공식적인 모임에서는 모두 수를 놓은 비단옷을 입고 금·은으로 치장을 하였다"[90]는 기록을 볼 수 있다. 그리고 고고학 발굴에서 의복 장식품, 자기, 수막새, 화폐, 공구(工具) 같은 중원 지역은 물론 심지어는 남방 지역의 물건들이 출토되기도 하였다.[91] 이를 통해 위로는 고구려 왕과 귀족

---

90) 『위서』 권100 「동이·고구려전」.

들이 공개장소에서 사용하는 물건에서부터 아래로는 고구려 건축, 생산 활동 용구, 나아가 고구려인의 사후 껴묻거리(부장품)에 이르기까지 고구려와 중원 지역 사이의 경제 교류의 흔적이 나타난다고 할 수 있다.

2) 경제 교류가 고구려 경제 발전에 끼친 영향

중원 지역과의 경제 교류는 고구려에 커다란 영향을 미쳤는데 단순히 고구려의 물자 부족을 충족시킨 것에만 그친 것이 아니라 고구려인의 정치와 일상생활에 이르기까지 깊은 영향을 미쳤다.

중앙 왕조에 신속된 고구려 정권 각 계층의 통치자들이 중원 지역에서 생산된 관복, 관모, 의장 등을 사용하면서 정치 활동에 종사한 것은 서한 시기까지 거슬러 올라갈 수 있다. 『삼국지』「동이·고구려전」에 "한나라 때에는 북치고 피리 부는 악공을 하사하였으며 항상 현도군에 나아가 조회에 쓸 옷가지와 모자를 받아갔다"는 기록은 이에 대한 상황을 가장 잘 설명해준다. "그 뒤로 차츰 교만 방자해져서 다시는 군에 들어오지 않고 동쪽 경계에 작은 성을 쌓고 조회에 쓸 옷가지와 모자를 그곳에 두었다." 그리고 여전히 "해마다 그것을 가지러 왔다." 동한 시기 이후에는 비록 고구려 관원이 중원 왕조의 관복을 입고 정치 활동에 참가했다는 기록을 볼 수 없지만 앞에서 이야기한 바와 같이 역대 왕조가 "의관, 복식, 수레깃발"을 하사했다는 기록은 사서에서 여러 차례 볼 수 있다. 그리고 고구려 왕이 책봉을 요청함에 따라 그 요구를 들어주기도 하는데 개황(開皇) 10년(590) 수 왕조가 고구려 왕 원을 책봉한 것은 중앙 왕조가 고구려 왕에게 왕호와 관직, 의장

---

91) 웨이춘청(魏存成), 『고구려 유적(高句麗遺跡)』, 문물출판사(文物出版社), 2002.

등을 주어 고구려의 정치 생활에 중요한 작용을 하였음을 보여준다.

중원 지역과의 경제 교류가 고구려인의 정치 생활에 끼친 영향이 불명확한 반면, 고구려의 생산력 발전에 끼친 영향은 훨씬 구체적으로 나타난다. 지금까지 발견된 생산 공구를 살펴보면 고구려인은 철제 생산 용구를 사용하였는데 고구려 지역에서 나타난 철기는 중원 지역의 강한 영향을 받은 것이었다. 앞에서 말한 바와 같이 고구려 지역은 처음 "좋은 밭이 없어 부지런히 농사를 지어도 식량이 충분하지 않았다." 또, 철제 생산 용구의 사용도 광범위하지 못했던 것으로 추정할 수 있다. 그러나 중원 지역과의 경제 교류가 나날이 확대됨에 따라 철제 보습, 철제 낫, 철제 곡괭이, 철제 자귀, 철제 도끼, 철제 끌 같은 것이 광범위하게 사용되기 시작하였다. 그리고 그 형태는 중원 지역의 것과 놀라울 정도로 비슷하였다. 해방 후 고고학자들은 고구려의 중심 지역인 지금의 집안에서 한대(漢代)의 생산 용구를 많이 발견하였는데 거기에서 출토된 철 보습은 하북 만성(滿城) 중산정왕(中山靖王) 유승(劉勝) 부인 무덤에서 출토된 것과 완전히 일치하는 것이었다. 철제 낫, 철제 곡괭이, 철제 끌 들 역시 중원 지역의 형태와 기본적으로 동일하였다. 그래서 고고학자들은 "고구려의 철기는 대부분이 한대의 철기를 모방한 것으로 출토된 기물은 단조(鍛造)가 많고 주조(鑄造)된 것이 매우 적다"[92]고 결론지었다. 이는 고구려 지역의 철기가 중원 지역을 통해 들어온 것임을 표명해주는 것이다. 물론 고구려인 스스로 제작한 것도 있었는데 이 역시 중원 지역의 것을 모방한 것이었다.

---

92) 경톄화, 「집안의 고구려 농업에 관한 고고학적 고찰(集安高句麗農業考古槪述)」, 『농업고고(農業考古)』, 1989년 제1기 ; 리뎬푸(李殿福), 「양한 시대 고구려와 물질문화(兩漢時代的高句麗及其物質文化)」, 『요해 문물학간(遼海文物學刊)』, 1986년 창간호 ; 길림성고고연구실(吉林省考古研究室), 「집안 고구려에 관한 새로운 고고학적 수확(集安高句麗考古的新收穫)」, 『문물(文物)』, 1984년 제1기 등.

철제 생산 용구만 중원 지역의 강한 영향을 받은 것은 아니었다. 고구려가 가장 능숙했던 건축업에서도 중원 지역과의 경제 교류에서 강한 영향을 받았음을 분명하게 볼 수 있다. 고고학자들은 고구려 지역에서 많은 양의 건축 용품인 수막새를 발견하였다. 수막새의 명문과 무늬, 형태 같은 연구를 통해 이것이 한대의 수막새에서 기원한 것으로 생각하고 있다. 첫째, 문자 수막새는 한대에 나타나는데 집안 지역에서 출토된 새털구름 무늬(卷雲紋) 수막새는 한대의 이러한 종류의 수막새를 직접 계승한 것이고 문자 수막새는 약간의 변화를 거친 것이었다. 둘째, 한대의 전형적인 사신무늬 수막새는 가운데 둥근 유철(乳凸)이 있고 바깥 테두리는 두껍게 돌출 되어 있는데 이는 고구려 연꽃무늬, 짐승 얼굴 무늬, 인동무늬 수막새의 표준이 되었다.[93]

문헌의 기록과 여러 가지 출토 유물이 중원 지역의 것과 비슷하거나 같은 특징이 나타나는 것으로 보아 중원 지역과의 경제 교류는 고구려 경제 발전의 다방면에 걸쳐 영향을 주었고, 고구려의 경제 발전, 특히 농업 발전에서 수요를 만족시키지 못했던 모순을 해결해줌과 동시에 고구려 생산 기술 발전을 촉진시켰다고 할 수 있다. 이것은 고구려가 7세기 동안 존재할 수 있었던 중요한 원인 가운데 하나였다.

【 2. 고구려와 중원 지역의 문화 교류 】

경제 교류와 비교하여 사서에 나타난 고구려와 중원 지역과의 문화 교류에 관한 기록은 아주 많다. 고구려 정권의 안정적인 통치 사상과 법령 제도(典

---

93) 경례화 · 인거우유(尹國有), 『고구려 수막새 연구(高句麗瓦當研究)』(길림인민출판사, 2001), 84~89쪽.

章制度)뿐 아니라 문자와 서적 등에서도 중원 문화의 커다란 영향을 받았음을 볼 수 있다.

1) 교류의 경로와 범위

고구려와 중원 지역과의 문화 교류 경로는 전방위(全方位)적인 것이었다. 전방위적이라고 한 것은 이러한 문화 교류가 고구려와 중앙 왕조 사이의 관계 형성과 발전이라는 여러 방면을 관통하고 있기 때문인데, 어떤 것은 직접적으로 또 어떤 것은 은밀하게 행해졌다. 설명의 편리를 돕기 위해 아래의 몇 가지 면을 간략하게 소개할까 한다.

먼저 사신의 왕래는 고구려와 중원 지역 문화 교류의 중요한 경로 가운데 하나였다.

동한 왕조 시기부터 시작하여 고구려와 중앙 왕조, 분열된 시기의 각 정권을 포함한 변경 지방 정권 사신들의 왕래는 매우 빈번하였다. 쌍방 사이의 사신을 통한 이러한 왕래는 쌍방 통치자의 파견 임무를 받고 또 집행해야 할 서로 다른 임무가 있었으나 문화 교류 측면에서는 동일한 촉진 작용을 일으키게 하여 이들은 쌍방 문화 교류의 중요한 중계자였다고 할 수 있다. 고구려와 당 왕조 사이의 사신 왕래를 예로 들어보면 사신의 왕래가 쌍방 문화 교류의 작용을 했음을 분명하게 볼 수 있다.

고구려가 당 왕조에 파견한 사신을 임무에 따라 나누어보면 먼저 조공을 주요 임무로 한 사신을 들 수 있다. 이러한 사신은 사서에서 그 기록을 자주 볼 수 있는데 앞에서 설명한 사서들에서 여러 번 언급되고 있다. 번속 관계의 요구에 따라 고구려 왕을 대신하여 당 왕조에 들어와 황제를 알현한 사신은 일반적으로 왕의 태자나 권신(權臣)이었다. 예를 들어 『신당서』 「동이·고려전」에는 "태자 환권(桓權)을 보내 입조하게 하였다"는 것 같은 기록이 있다. 또, 당 왕조와의 관계 개선을 위해 사죄를 청하러 보낸 사신도 있었는데 『구당서』「동이·고려전」에는 정관 20년(646) "고려가 사신을 보내 사죄하고 아울러 두 명의 미인을 바쳤다"는 등의 기록이 있다. 그리고 기념일 또는 중요한 일을 축하하기 위해 보낸 사신도 있었는데 앞에서 이야기한 것처럼 돌궐을 물리친 것을 축하하기 위하여 고구려는 사신을 파견한 적이 있다.

당 왕조가 고구려에 사신을 보낸 것을 임무의 차이에 따라 살펴보면 먼저 그 왕의 책봉을 위해서 들어간 사신이 있었다. 『구당서』「동이·고려전」에는 무덕 7년(624) "전(前) 형부상서(刑部尚書) 심숙안(沈叔安)을 보내 건무를 상주국, 요동군 왕, 고려 왕으로 책봉하였다"고 기록되어 있다. 그리고 황제의 뜻을 사신을 통해 전달하는 경우도 있었는데 『신당서』「동이·고려전」에는 "사농승 상리현장(相里玄奬)에게 옥새가 찍힌 문서를 주어 보내 고려를 꾸짖고 신라를 공격하지 말도록 하였다"고 기록되어 있다. 또한 고구려와 신라, 백제의 관계 조절을 위해 사자를 보내기도 하였는데 『신당서』「동이·고려전」에서 신라와 백제는 고구려가 그들을 막아 조공할 수 없다고 상서를 올리자 당 고조는 "산기상시 주자사(朱子奢)에게 지절(持節)을 보내 화해하도록 설득하였다." 한편, 수나라 말기에는 죽은 사람을 추모하기 위하여 파견된 사신도 있었다. 『신당서』「동이·고려전」에는 "광주 사마 장손사(長孫師)에게 명하여 고려에 가서 수나라 군사의 죽은 해골을 거두어 묻고 고구려가 세워 놓은 경관을 헐어버리게 하였다"고 기록되어 있다. 또 황제를 대표하여 위문하러 온 사신도 있었는데 『신당서』「동이·고려전」에는 "사자 진대덕(陳大德)에게 지절을 주어 보내 노고에 답하였다"는 것 같은 기록이 있다.[94]

이렇게 사신이 왕래할 때에는 한편으로 상대방의 관련 제도에 대해 깊이 이해해야 했는데, 특히 고구려는 당 왕조의 번속이었으므로 당 왕조에 파견된 사신들은 당 왕조의 관련 예의 제도에 익숙해야 하며 이를 준수해야 했다. 그리고 번신의 예에 따라 당 왕조의 사신을 접대해야 했다. 이를 통해 자연스럽게 문화 교류의 목적에 이르기도 하였다.

다른 한편으로 어떤 사신은 중요 임무 이외에 문화를 전파하는 책임을 맡아보기도 하였다. 예를 들어 앞에서 이야기한 형부상서 심숙안은 건무를 책봉하면서 "천존상 및 도사를 대동하여 『노자』를 강의해주게 하였는데 왕 및 도가, 속가 등 구경하고 듣는 자가 수천 명이나 되었다"[95]고 하였으며 『당회요』「고구려전」에 "무덕 7년(624) 2월 7일 사신을 보내 인사하며, 당나라의 연호를 받고, 역법을 나누어주기를 청했다(遣使內附, 受正朔, 請頒曆.)"는 것 같은 기록이 직접적인 문화 교류에 속한다.

사람들의 이동은 고구려와 중원 지역 문화 교류에서 두 번째로 중요한 경로였다.

고구려 정권에는 많은 한인들이 살고 있었고 중앙 왕조의 고구려에 대한 통일 전쟁에서도 역시 많은 고구려인이 내지로 옮겨지는데, 이에 대해서는 『고대 중국 고구려 역사 총론』에서 상세하게 설명하였다. 심지어 고구려 왕역시 한인(漢人) 부인(妃)을 받아들이기도 하였다. "고려인과 섞여 살았는데 거의 태반에 이르렀다"[96]는 기록처럼 한인들은 자연스럽게 중원 지역의 문화와 가치 관념, 생활 습관 같은 것을 고구려 지역에 전파하였고, 내지로 옮겨진 고구려인들을 통해 중원 지역의 사람들도 고구려 문화에 대한 이해를 넓힐 수 있었다.

---

94) 고구려와 당 왕조 사이의 사신 왕래에 대한 자세한 내용은 리다룽, 「고려와 당 왕조의 사신 교환 연구」(『흑룡강 민족총간』, 1995년 제1기에 수록)를 참고하기 바란다.
95) 『구당서』권199 상 「동이 · 고려전」.
96) 『자치통감』권196, 당 정관 15년 5월 조.

의도적으로 배워오는 것은 고구려와 중원 지역 문화 교류의 세 번째 주요 경로였다.

고구려 지역에서는 기자조선이 나라를 세운 이후부터 유가(儒家) 문화가 광범위하게 전파되어 있었는데 한사군이 장기간 직접 통치하면서 많은 한인이 존재하였고 특히 중앙 왕조의 번속으로 고구려는 제도, 역법(曆法) 같은 방면을 중원 지역과 일치시킬 필요가 있었다. 그래서 고구려 통치자는 중원 지역의 선진 문화를 배워오는 것을 매우 중요하게 여기면서, 주로 중원 지역에 관리를 파견하여 의도적으로 중원의 문화를 배워왔다.

고구려 통치자가 중원 지역에 사신을 파견하는 의도적인 학습은 주로 두 가지 방면으로 나타났다.

첫 번째, "자제(子弟)"를 중앙 왕조의 "태학"이나 "국학"에 파견하여 중원 지역의 전통 문화, 법령 제도를 배우는 것이었다. 『자치통감』 권195 정관 10년(640)에는 다음과 같이 기록되어 있다.

이때 임금이 천하의 유명한 유학자들을 많이 모아서 학관으로 삼았고, 여러 번 국자감에 행차하여 강론을 시켜본 뒤, 학생이 대경(『예기』, 『춘추좌씨전』) 이상에 밝으면 모두 관리에 보충시켰다. 학사를 1200칸이나 증축하고, 학생도 2260명을 가득 채웠다. 둔영의 기병으로부터 박사에 이르기까지 경전으로 수업을 받게 하여, 경전에 능통한 자가 있으면, 듣고서 그를 벼슬아치로 삼았다. 이때 사방 학자들이 구름같이 서울로 모여들었는데, 고려 · 백제 · 신라 · 고창 · 토번의 추장에 이르기까지 자제를 보내 국학에 입학하기를 청하였으니, 강연에 참석할 수 있는 자가 8000명이 넘었다. 임금이 가르치는 이의 말이 너무 많고 문장이 번잡하자, 공영달과 여러 유학자들에게 명하여 5경의 핵심을 정리하여 편찬하라고 하였는데, 이를 정의(正義)라고 했다. 이것을 배우는 자로 하여금 익히라고 명했다.

― 是時, 上大徵天下名儒爲學官, 數幸國子監, 使之講論. 學生能明一大經已上, 皆得補官. 增筑學舍千二百間, 增學生滿二千二百六十員. 自屯營飛騎, 亦給博士, 使授以經. 有能通經者, 聽得貢擧. 于是四方學者云集京師, 乃至高麗, 百濟, 新羅, 高昌, 吐蕃諸酋長, 亦遣子弟請入國學. 升講筵者, 至八千餘人. 上以師說多門, 章句繁雜, 命孔穎達與諸儒撰定五經疏, 謂之正義, 令學者習之.

두 번째, 사람들을 파견하여 도교, 불교의 관련 교리를 학습하는 것이었다. 예를 들어 『책부원구』 「외신부 · 청구(請求)」에 무덕 8년(625) "고려가 도 · 불법을 배우려고 사람들을 보내오므로 그것을 허락하였다"는 기록이 있다.

서적을 들여오는 것은 고구려와 중원 지역 문화 교류의 네 번째 주요 경로이다.

사서의 기록에서 한문 서적이 고구려로 들어가게 된 기록을 자주 볼 수 있는데, 예를 들어 『주서(周書)』 「이역 상(異域上) · 고려전」에는 "책은 『5경(五經)』, 『삼사(三史)』, 『삼국지』, 『진양추(晉陽秋)』가 있다"고 하였고 『구당서』 「동이 · 고려전」에는 "서적을 매우 좋아하며 문지기, 말먹이의 집에 이르기까지 각 거리마다 큰 집을 지어 '경당(扃堂)'이라 부르고 자제들이 결혼할 때까지 밤낮으로 그곳에서 독서와 활쏘기를 익힌다. 서적으로는 『오경』과 『사기』, 『한서』, 범엽(範曄)의 『후한서』, 『삼국지』, 손성(孫盛)의 『진양추』, 『옥편(玉篇)』, 『자통(字統)』, 『자림(字林)』 그리고 『문선(文選)』을 대단히 중요하게 여긴다"고 기록되어 있다. 또 『태평환우기』 「동이 3 · 고구려국」에도 "그 나라의 서적으로는 『오경』, 『삼사』, 『삼국지』, 『진양추』, 『옥편』, 『자통』, 『자림』 같은 것들이 있다고 기록되어 있다.

고구려가 어떤 경로를 통해서 이러한 한문 서적을 얻게 되었는가에 하는 점에 대해서 사서에는 분명한 기록을 찾을 수 없다. 다만 이러한 한문 서적은 중원 지역에서 들어온 것이 틀림없다. 이러한 한문 서적을 학습하는 것은 자연 중원 지역과의 문화 교류 목적에 도달하는 것으로, 문화 교류에 하나의 중요한 통로 구실을 하였다.

경제 교류는 고구려와 중원 지역 문화 교류의 다섯 번째 주요 경로였다.

앞의 몇 가지 경로와 비교해볼 때 고구려와 중원 지역의 문화 교류에서 경제 교류의 작용은 그다지 특별한 것은 아니었으며, 일종의 완만한 발생 작용의 교류 통로였다고 할 수 있다.

앞서 말한 것처럼 지금까지 고구려 지역에서 발굴된 여러 가지 유물로는 철제 생산 용구와 수막새 같은 건축 자재 등이 있는데, 중원 지역에서 직접 수입된 물건도 있었으며 고구려인 스스로 생산한 것도 적지 않았다. 그러나 제작 기술, 기물 형태에서 나타나는 동일하거나 비슷한 특징은 중원 지역의 기술이 고구려에 전해진 것을 설명해주는 것이다. 생산 기술 역시 문화의 중요한 구성 부분으로 생산 기술의 전래는 자연 문화 교류의 한 부분으로 경제 교류를 통해서 고구려는 중원 지역과의 문화 교류의 목적에 도달할 수 있었다.

요컨대, 왕래가 있다면 문화 교류도 존재하는 것이다. 고구려는 중앙 왕조의 지방 정권으로 중앙 왕조와 정치, 경제, 문화 같은 영역에서 모두 밀접한 관계를 유지하고 있었기 때문에 이러한 교류는 더욱 빈번해지고 활발하게 나타났던 것이다.

2) 문화 교류가 고구려 문화 형성과 발전에 미친 영향

경제 교류와 비교해 중원 왕조와의 문화 교류가 고구려 정권의 각 방면에 끼친 영향은 거대하면서도 깊은 것이었다. 위로는 정권의 구성에서부터 관직의 설치, 아래로는 백성의 일상생활에 이르기까지 여러 방면에서 이러한 영향이 있었다는 것을 볼 수 있다. 심지어 고구려 문화는 중원 문화의 영향 아래 형성되었으며, 중원 문화의 특징뿐 아니라 지방의 특징도 혼합된 문화였다고 할 수 있을 정도이다.

문화 교류가 고구려 문화 형성과 발전에 끼친 영향은 아래의 몇 가지 측면에서 특별하게 나타난다.

첫째, 중원 지역의 통치 사상은 고구려가 정권을 유지하는 데 중요한 영향을 미쳤으며 그 통치 이념의 중요한 구성 성분이 되었다.

중국 역사의 변경 지방 정권으로 고구려 정권의 구성은 자기만의 특징을 지니고 있다. 고구려의 관리 제도 가운데 두 가지 관리 체계가 존재하였다는 것을 분명하게 볼 수 있는데 하나는 고구려국의 관리 체계로 상가(相加), 대로(對盧), 패자(沛者), 고추대가(古鄒大加), 주부(主簿), 우태(優台), 사자(使者), 조의선인(皂衣先人) 같은 9등급의 관원 구조로 최고 통치자는 고구려 왕이었다. 또 다른 하나는 한 등급 낮은 각 부의 관리 체계로 고추가(古鄒加 또는 大加), 패자, 사자, 조의선인으로 구성되며, 최고 통치자는 각 부의 대인(大人)이 맡아보았는데 절노(絶奴), 소노부(消奴部)는 고추가라고 불렀으며 기타 부(部)는 대가(大加)라고 하였다. 그런데 고구려의 관직 설치에서 최초의 관리 체제가 양한 왕조의 관제와 밀접한 연원 관계가 있다는 것을 볼 수 있는데, 여러 관직 명칭이 직접적으로 양한 왕조에서 기원한 것이었다. 예를 들어 상가(相加)는 『삼국사기』에 따르면 좌우로 나누어져 대보(大輔)라고 총칭하는데 고구려 왕 아래의 최고 관리였다. "상가"는 고구려 왕을 보좌하는 관리로 그 명칭은 서한 왕조의 "상(相)"이 고구려로 전해진 뒤 현지의 토착어와 결합하여 나타난 결과였다. 서한 왕조의 조정과 "후국(侯國)"에서는 모두 "상"으로 불리는 보좌 관원이 있었으며 심지어 일부 변군 후국의 "상"은 변군 태수의 역할을 하기도 하였다. 그러므로 "상"의 설치가 고구려의 관제에도 영향을 미쳤다는 것은 이상한 일이 아니다. 주부는 서한 시기 중앙과 지방 기구에서 설치되기 시작한 관직으로 그 직책은 문서(文書)를 주관하고 구체적인 사무를 처리하는 것이었다. 고구려에서 설치한 주부는 당시 중원 왕조에서 설치한 것을 모방한 것으로 그 직무는 대체로 비슷하였다. 사자는 엄격하게 이야기하면 서한 시기 하나의 관직이 아니었다. 명을 받아 지방 또는 변경 민족의 지역에 가서 왕조의 명령을 전달하는 관리를 통칭한 것인데 "절(節)"을 가지고 있다고 하여 "사절(使節)"이라고도 불렀다. 고구려는 현도군 관할 아래 있던 변경 민족 정권으로 당연히 양한 왕조의 "사자"를 접대하였을 것이다. 고구려가 "사자"를 자기 나라의 중요 관직으로 만든 이유는 "사자"가 가지고 있는 특수한 권력에 미혹되었기 때문일 것이다. 고구려는 국가와 각 부 모두에 "사자"라는 관직을 설치하는데, 이는 고구려의 "사자"가 명령을 전달하는 관직이었을 가능성이 크다는 것을 설명해준다. 고구려 후기에 사자를 태대사자(太大使者), 대사자(大使者), 소사자(小使者)로 나눈 것 역시 이 점을 말해주는 것이다. 비록 일부 학자는 "고구려의 정치 제도는 상당 부분이 중원 제후국의 옛 제도를 모방한 것이다"[97]라고 여기고 있지만 이것이 우리의 전체 관점에 영향을 주는 것은 아니다. 관직의 설치 또는 정치 제도 건설의 모방은 다만 표면적인 영향에 불과한 것이며 더욱 중요한 것은 고구려 정권 역시 중앙 왕조의 여러 통치 이념을 계승하였다는 점이다.

우리는 『삼국사기』 「고구려본기」에서 왕위 계승과 통치 방법에 관한 여러 가지 논의와 시행을 볼 수 있는데, 그 가운데서 중원 지역의 치국 이념의 영향을 분명하게 볼 수 있는 자료를 보면 다음과 같다.

---

97) 류쯔민(劉子敏), 『고구려 역사 연구(高句麗歷史研究)』〔연변대학출판사(延邊大學出版社), 1996〕, 77쪽.

- 무신왕 11년(28): 한의 요동 태수가 공격해오자 고구려 왕은 군신들을 모아 놓고 공격을 막아낼 계책을 의논하는데, 당시 우보(右輔) 송옥구(松屋句)는 자신의 생각을 전달하면서 "신이 듣건대 덕에 의지하는 자는 창성하고 힘에 의지하는 자는 망한다고 합니다"라는 말을 인용하였다.
- 조대왕 66년(118): 8월 "해당 관청에게 명하여 선량한 사람, 효성스런 사람, 온순한 사람들을 천거하게 하고 홀아비, 홀어미, 고아, 아들이 없는 이, 그리고 늙어서 자기 힘으로 살 수 없는 사람을 위문하여 옷과 먹을 것을 주었다."
- 태조대왕 80년(132): 어떤 관원이 수성이 왕의 자리를 노리고 있다고 하자 수성은 "왕위를 이어받는다는 것은 반드시 맏아들로 하는 것이 천하의 떳떳한 도리이다. 지금 왕은 비록 늙었다고 하나 맏아들이 있으니 어찌 감히 왕위를 엿보겠는가"라고 하였다.
- 고국양왕 9년(392): "해당 관청에게 명하여 사직단을 건설하고 종묘를 수리하게 하였다."
- 보장왕 2년(643): "개소문이 왕에게 아뢰기를 '삼교는 솥의 발과 같은 것이므로 하나라도 빠져서는 안 됩니다. 지금 유교와 불교는 성하나 도교는 아직 성하지 않으니 이른바 천하의 도술을 갖추었다고 할 수 없습니다. 청컨대 사자를 당에 파견하여 도교를 구하여 나라 사람들을 가르치시기 바랍니다.'"

"덕에 의지하면 창성하고 힘에 의지하면 망한다"는 말은 중원의 전적인 『상서(尚書)』에 나온 말인데, 이 구절은 정권의 흥망 원인에 대한 고도의 종합적인 결론으로 역대 왕조 또는 정권의 통치자에 의해 명언으로 받들어지던 것이었다. 예를 들어 북량(北涼) 정권을 건립하였던 몽손(蒙遜)도 이 말을 인용하여 "무릇 덕에 의지한 자는 흥하고, 힘에 의지한 자는 망한다. 정부가 정벌에만 힘을 써서 여러 차례 이겨 영토를 이미 넓혔다고 하여도, 당연히 순리에 의해 백성을 대해야만 정치가 충분히 흥하게 된다(夫恃德者昌,

恃力者亡. 朝廷頃來征伐屢克, 境宇己博, 但當循理此民, 亦足興治.)"[98]라고 하였다. 만약 우보 송옥구가 이 말을 인용하여 고구려 왕에게 계책을 바쳤다면 중원 지역의 전통적인 치국 이념을 이미 고구려의 통치자가 이해하고 있었다는 것을 나타내는 것으로, "선량한 사람, 효성스런 사람, 온순한 사람들을 천거하게 하고" 홀아비, 홀어미, 고아, 아들이 없는 이, 그리고 늙어서 자기 힘으로 살 수 없는 사람을 위문하여 옷과 먹을 것을 주고, 사직단을 세우고 종묘를 수리하게 한 일, 그리고 유불도 삼교를 병행하는 정책 등의 구체적인 치국 조치의 실시는 그 기원이 중원 지역의 치국 이념에서 나와 이미 고구려 정권의 통치에 응용되기 시작했음을 분명하게 보여주는 것이다.

둘째, 한의 문자가 고구려 정권의 통용 문자가 되는데 이는 고구려 문화를 아주 풍부하게 해주었다. 고구려 정권은 자기의 언어가 있었지만 문자를 가지고 있지 않아 한자가 통용되었다. 『삼국사기』 「고구려본기」의 기록을 보면 고구려 2대 왕인 유리명왕 때 한자는 이미 고구려 정권의 통용 문자가 되어 있었다. 『삼국사기』 「고구려본기」에 유리명왕은 한인(漢人) 출신인 부인(妃) 치희를 따라가면서 시 한 수를 짓는다. "훨훨 나는 저 꾀꼬리, 암수 서로 정다운데, 외로운 이내 몸은 누구와 함께 돌아갈꼬."(偏偏黃鳥, 雌雄相依, 念我之獨, 誰其與歸.) 이 시는 한자로 직접 쓰인 것이다. 같은 책 영양왕 11년(600) 조에는 "태학박사 이문진에게 명을 내려 고사를 간략하게 정리하여 신집 5권을 만들었다. 국초에 문자를 처음 사용할 때부터 어떤 사람이 기사 100권을 만들어 이름하기를 『유기』라 불러왔는데 이때에 이르러 이것을 정리한 것이다"라는 기록 역시 앞뒤가 정확히 들어맞는 것이다. 소위 "국초에 문자를 처음 사용할 때"의 문자는 자연 한자를 말한다. 그리고 국초부터 고구려는 한자를 통용하는 정책을 확립하였기 때문에 한문 전적은

---

98) 『위서』 권36 「이순전(李順傳)」.

고구려 지역에 광범위하게 전파될 수 있었고 이는 고구려가 세운 "태학"의 필수 교재가 된다. 만약 사서에서 고구려가 한자를 사용한 기록이 명확하지 않다면, 고구려 지역에서 발견된 여러 비석, 인장(印章) 그리고 수막새, 성벽돌(城磚) 같은 유물에서 나타난 글자가 모두 한자로 씌어졌다는 점 등이 고구려 정권이 한자를 통용했다는 확실한 증거가 되어줄 것이다.

한자를 사용함으로써 고구려는 그들 정권의 발전 역정을 기록할 수 있었을 뿐 아니라 자중에 『삼국사기』「고구려본기」 같은 것도 쓰는 등, 한자의 사용은 고구려의 문화를 최대한 풍부하게 만들어주었다. 이 점은 주로 두 가지 면으로 표현되는데 하나는 한자가 고구려 문화의 중요한 구성 성분이 되었다는 점으로 한자로 완성된 유명한 『호태왕비』는 어떤 면에서 고구려 문화의 상징이라고도 할 수 있다. 또 다른 하나는 한자의 사용이 고구려와 중앙 지역과의 문화 교류에서 하나의 도구로 사용되었다는 점이다. 여러 가지 한문 전적과 생산 기술들이 고구려로 들어온 것은 고구려 정권의 한화(漢化) 과정을 가속시켰을 뿐 아니라 고구려 문화에 많은 한 문화적 요소를 가질 수 있도록 해주었다. 이것이 바로 왜 많은 고구려 유물에서 중원 지역의 문화 영향이 새겨져 나타나는가 하는 점에 대한 해답을 찾을 수 있는 중요한 실마리이다. 어떤 학자는 "만약 중원 문화의 작용과 영향이 없었다면 고구려 사람들의 문화는 찬란하게 빛날 수 없었을 것이다"[99]라고 했는데 이 말은 아주 적절한 표현이다.

셋째, 중원 지역의 습속과 가치관은 고구려 사람에게도 중요한 영향을 미쳤다.

중원 지역의 습속과 가치관이 고구려에 끼친 영향은 보편적인 것이었다. 이것은 한편으로는 고구려인이 한 문화를 흠모하여 학습했기 때문이며 다른

---

99) 류쯔민, 『고구려 역사 연구』, 109쪽.

한편으로는 고구려 정권에 많은 한인이 있었기 때문이라고 볼 수 있다.

중원 지역의 습속과 가치관이 고구려 사람에게 끼친 영향에 관해서 우리는 사서의 관련 기록과 고고학 자료를 통해서 모두 볼 수 있는데, 이에 대해서는 이전의 학자들도 깊이 연구하였기 때문에 여기에서는 상세하게 설명할 필요가 없을 것 같다. 다만 몇 가지 예를 들어 문제를 설명하도록 하겠다. 양한 시기 중원 지역에서는 음양오행 학설이 크게 유행하였는데 오행상생상극의 이론을 이용하여 자연과 사회 현상을 해석하고 자연계의 현상으로 사회 발전과 정권의 존망을 추측하였다.

예를 들어 『한서』「왕망전」천봉(天奉) 3년(16) 조에는 다음과 같이 기록되어 있다.

"장평관(長平館)의 서쪽 절벽이 붕괴되었고, 옹경수(邕涇水)가 흐르지 않고, 강의 진로가 훼손되어 북으로 흐른다. 대사공(大司空) 왕읍(王邑)을 보내 강의 진로를 보게 하였더니, 돌아와서 왕에게 주청을 드리며 많은 신하들이 장수를 비는 술을 올렸다. 이것은 『하도(河圖)』에서 소위 흙이 물을 덮는다는 것이니, 흉노가 멸망에 이르는 상징이다. 이에 병주목(幷州牧) 송홍(宋弘), 유격도독(游擊都督) 임명(任萌) 등의 장병으로 흉노를 공격하게 했다

— 長平館西岸崩, 邕涇水不流, 毀而北行. 遣大司空王邑行視, 還奏狀, 群臣上壽, 以爲『河圖』所謂 '以土塡水', 匈奴滅亡之祥也. 乃遣幷州牧宋弘, 游擊都尉任萌等將兵擊匈奴.

우리는 『삼국사기』「고구려본기」에서 여러 가지 비슷한 예들을 찾아볼 수 있다. 예를 들어 유리명왕 29년(10) "모천(矛川) 위에서 검은 개구리와 붉은 개구리가 떼를 지어 싸우다가 검은 개구리가 이기지 못하고 죽었다. 해석하는 자가 말하기를 '검은색은 북방의 색이니 북부여가 멸망할 징조

이다'"라는 기록이 있는데 이는 음양오행설이 고구려 사람에게 끼친 영향이 매우 컸음을 보여주는 것이다. 중원 지역에서 전해진 음양오행 학설이 고구려 사람이 인접하고 있는 기타 정권과의 관계를 처리하는 데 영향을 미쳤다고 한다면, 중원 지역에서 전해진 유가 사상, 도교, 불교 관념은 고구려 통치자들의 적극적인 보급으로 고구려 사회를 주도하는 주요 사상이 되었다고 할 수 있다. 고구려 통치자들이 유불도를 널리 보급하였다는 것은 앞에서 인용하였던 『삼국사기』 보장왕 2년(643) 조에서 "개소문이 왕에게 아뢰기를 '삼교는 솥의 발과 같은 것이므로 하나라도 빠져서는 안 됩니다. 지금 유교와 불교는 성하나 도교는 아직 성하지 않으니 이른바 천하의 도술을 갖추었다고 할 수 없습니다. 청컨대 사신을 당에 파견하여 도교를 구하여 나라 사람들을 가르치시기 바랍니다'"라는 기록에 잘 나타난다. 그리고 『남제서』 「동이·고려전」에 고구려는 "『오경』을 읽을 줄 안다" 또 『북사』 「고구려전」에 기록된 고구려는 "불법을 믿는다", 『구당서』 「동이·고려전」의 중원 도사가 『노자(老子)』를 강의하고 고구려 왕과 "도인과 속인(道俗) 등 관람한 사람이 수천 명이나 되었다"는 기록 등은 삼교가 고구려에서 흥성했던 상황을 잘 반영해주는 것이다. 유·불·도는 상층 건축 영역에 속하는 것으로 주로 사람들의 사유와 가치관에 작용하며 사람들의 행위를 주도하므로 삼교는 고구려에서 광범위하게 전파되었고 자연 고구려 사람의 가치관에 영향을 주었다.

중원 문화가 고구려에 미친 영향은 이 외에도 역법, 음식, 복식, 결혼 풍속, 장례 풍속, 제사 같은 여러 방면에서 모두 나타났는데 이에 대해서는 지금까지 여러 학자들이 자세히 연구하였기 때문에 일일이 설명하지 않겠다.[100]

---

100) 류쯔민, 『고구려 역사 연구』, 115~128쪽; 웨이춘청, 『고구려 유적』, 143~229쪽 등.

요컨대, 고구려가 존재했던 7세기 동안 고구려와 중원 지역과의 경제 문화 관계는 밀접한 것이었으며 중원의 경제와 문화가 고구려 사회에 미친 영향 역시 거대한 것이어서, 중원의 많은 것이 고구려 사회 곳곳에 깊숙이 자리하였다. 또한 중원의 경제와 문화는 고구려 경제 문화의 발전을 촉진시켰으며, 고구려와 우리나라 기타 민족을 하나로 융합하는 역사 과정을 가속화시켜 중화 문명의 형성과 발전에 특별한 공헌을 하였다.

4장

고구려 활동 영역의 변천 연구

기나긴 7세기에 이르는 역정에서 고구려의 활동 지역은 끊임없이 변화하였는데 고구려 정권 세력의 흥망성쇠에 따라 그 활동 범위도 늘어나거나 또는 줄어들었다. 사서 기록의 부족으로 말미암아 고구려의 활동 지역 변화의 전모를 완전하게 그려내기는 어렵지만 각 시기 고구려 사람들의 활동 지역에 대한 대체적인 상황은 꽤 분명하게 찾아볼 수 있다. 고구려인의 활동 지역은 대체로 네 가지 발전 단계로 나누어볼 수 있다. 건국 초기의 활동 범위는 기본적으로 고구려현에 제한되어 있었고, 동한(東漢)에서 조위(曹魏) 시기에는 한사군 특히 현도군과 낙랑군의 북부 지역에까지 그 영역이 확장되었다. 진(晉)에서 남북조 시기에는 요하 이동의 넓은 지역까지 영역이 더욱 확대 발전하는데, 한사군의 대부분을 포함하였을 뿐 아니라 요동군까지 점유하게 되었다. 수당 시기 특히 고구려 정권이 당 왕조에 의해 통일된 이후에는 이동 정책에 의해 고구려인의 활동 지역은 전에 없이 확대되었다.

【 1. 건국 초기의 활동 구역 】

고구려의 건국 시기에 대해 우리나라 사서에서는 그 명확한 기록이 남아 있지 않은데 반해 조선의 사서인『삼국사기』「고구려본기」에는 그 시기가 서한 건소 2년(서기전 37)으로 기록되어 있기 때문에 학자들 대부분은 이를 따르고 있다.

제일 먼저 고구려의 활동 지역을 기록한 것은『삼국지』「동이 · 고구려전」으로 "요동의 동쪽 1000리 밖에 있는데 남쪽은 조선, 예맥과 접하고 동쪽은 옥저와, 그리고 북쪽은 부여와 국경을 접하고 있다. 환도 아래에 도읍하였는데 면적은 사방이 2000리나 되고 호(戶)수는 3만이다"라고 기록되어 있다.『후한서』「동이 · 고구려전」의 기록도 이와 동일하다. 그런데 기타 사서의 기록을 보면 이것은 고구려가 처음 건국했을 때의 활동 지역이 아니었음을 알 수 있다.『삼국사기』「고구려본기」에는 산상왕 2년(198) 환도성을 수축하고 13년(209) 겨울에는 환도성으로 도읍을 옮긴다. 서기전 37년 고구려가 건국되고 환도성이 도읍으로 정해지기까지는 2세기에 이르는 시간이 걸린 것이므로 이 기록은 동한 후기 이후의 활동 지역을 가리키는 것이다.

사서의 명확한 기록이 부족하기 때문에 고구려 건국 초기의 활동 지역을 자세하게 알기 위해서는 서한 왕조의 고구려 관할과 고구려의 초기 도성의 변천에 대해 살펴보아야만 한다.

서한 왕조의 고구려 관리에 대해『후한서』「동이 · 고구려전」에서는 "무제가 조선을 멸하고 고구려를 현으로 만들어 현도에 속하게 하였다"고 하고『삼국지』「동이 · 고구려전」에서는 아래와 같이 기록하고 있다.

한나라 때에는 북치고 피리 부는 악공을 하사하였으며 항상 현도군에 나아가 조회에 쓸 옷가지와 모자를 받아갔는데, 고구려 현령이 그에 따른 문서를 관장하였다. 그 뒤에 차츰 교만 방자해져서 다시는 군에 오지 않았다. 이에 동쪽 경계에 작은 성을 쌓고 조회에 쓸 옷가지와 모자를 그곳에 두어 해마다 고구려인이 그 성에 와서 그것을 가져가게 하였다.

— 漢時賜鼓吹技人, 常從玄菟郡受朝服衣幘, 高句麗令主其名籍. 后稍驕恣, 不復詣郡, 于東界築小城置朝服衣幘其中, 歲時來取之.

이 기록에 대해서 우리는 세 가지 사실을 발견할 수 있다. 첫째, 고구려는 건국 초기에 한의 현도군 고구려현의 관할을 받았던 변경 민족이었다. 둘째, 고구려는 고구려현의 관할을 받는 과정에서 발전해 나가기 시작했는데 소위 "그 뒤에 차츰 교만 방자해져서 다시는 군에 오지 않았다"는 표현은 바로 이러한 상황을 설명해주는 것이다. 셋째, 고구려의 거주지는 고구려현의 동쪽에 있었다. 이 때문에 기록에서 고구려가 "동쪽 경계에 작은 성을 쌓고서 조회에 쓸 옷가지와 모자를 그곳에 두었다"고 한 것이다. 만약 고구려가 동쪽에 있지 않았다면 동쪽 경계에 작은 성을 쌓을 수는 없었을 것이다. 이와 같이 우리는 고구려현의 위치를 확정해야만 고구려가 활동한 대체적인 위치 또한 확정할 수 있다. 고구려현의 위치에 대해 지금까지 학자들 대부분의 견해는 지금의 요녕성 신빈현 서남쪽으로 인식하고 있는데, 그렇다면 그 관할 아래에 있던 고구려 사람들의 활동 지역은 분명 신빈현의 동남 지역이었을 것이다.

고구려 초기의 도성에 대해서는 『삼국사기』 「고구려본기」에 꽤 상세하게 기록되어 있다. 한 건소 2년(서기전 37) 홀승골성에 나라를 세우고 유리명왕 22년(3)에는 국내로 천도하고 위나암성을 쌓았다. 산상왕 2년(198)에는 환도성을 쌓고 13년(209) 겨울에는 환도성으로 도읍을 옮겼다. 고구려가 홀승골성에서 건국하였다는 기록은 『위서』 「고구려전」에서도 동의하고 있는 것으로 볼 때 별 문제가 없을 것이다. 흘승골성의 구체적 위치에 대해서 지금까지 학계에서는 일반적으로 지금의 요녕성 환인현의 오녀산성으로 보고 있다. 물론 오녀산성이 흘승골성인가 하는 여부에 대해서는 좀 더 자세한 고증[101]을 기다려야 하겠지만 흘승골성이 이 지역에 있었다는 것만은 사실일 것이다. 왜냐하면 고고학자들이 부근 지역에서 여러 기의 고구려 초기 무덤을 발견했기 때문이다. 흘승골성이 지금의 요녕성 환인현성 부근 지역에 있었다면 고구려인은 자연 이 지역을 중심으로 한 부근 지역에서 활동했을 것이다. 환인현성은 신빈현성 동남쪽에 위치하는데 고구려의 활동 지역을 이 지역으로 추정한다면 우리가 앞에서 추론한 것과 서로 부합하게 된다.

그러나 고구려 건국 최초의 활동 구역을 지금의 요녕성 환인현성 부근 지역으로 확정하기는 했지만 사서에 더 이상의 상세한 기록이 없기 때문에 그 활동의 구체적인 범위를 단정하기는 아직 힘들다. 단치샹(譚其驤) 주편『중국 역사 지도집(中國歷史地圖集)』에는 현도군 3현의 위치에 대해 고구려현은 지금의 신빈현성 서남쪽이며, 상은대(上殷臺)는 지금의 길림성 통화 부근, 서개마(西蓋馬)는 지금의 길림성 집안시 동남쪽 지역이라고 하였다. 만약 이것이 사실이라면 고구려 건국 초기의 활동 지역은 세 개 현의 경계가 서로 만나는 지점이 되는데, 이 지역은 자연히 관리가 약했을 것이다. 이것이 고구려가 이곳에서 건국할 수 있었던 중요한 원인 가운데 한 가지였다.

고구려인의 활동 지역은 서한 말기에서 왕망 신조 시기까지 확대, 발전하게 되는데, 고구려 정권의 통치 중심이 원시(元始) 3년(3) 흘승골성에서 위나암성으로 이동하게 되는 것은 바로 이러한 상황의 반영이다.

---

101) 이 설은 비록 사서의 흘승골성 위치에 대한 기록과 대체로 부합하지만 역시 문제가 존재한다. 『삼국사기』「고구려본기」의 기록에는 "궁실을 지을 겨를이 없어 단지 비류수가에 집을 짓고 거기에 머물렀다"고 되어 있다. 즉, 흘승골성은 완전하게 갖추어진 도성이 아니었다. 그러나 오녀산성은 상대적으로 완전하게 갖추어진 성이다.

이 시기 고구려인의 활동 상황에 대해 일부 학자들은 왕망이 낮춰 부른 하구려 후(下句麗侯)와 고구려 정권이 서로 다른 것으로 인식하고 당시에는 두 개의 고구려 정권이 존재하였다고 하는데, 이것은 고구려의 활동 범위와 매우 큰 관련이 있기 때문에 좀 더 상세한 토론이 필요하다.

『한서』「왕망전 중(中)」, 『삼국지』「동이·고구려전」, 『후한서』「동이· 고구려전」 같은 사서에는 왕망이 고구려 병사를 징발하고 고구려 후를 낮추어 하구려 후라고 불렀다는 기록이 있는데, 이에 대해서는 이미 앞서 설명하였다. 박찬규는 세 사서에 나타난 기록의 차이를 통해 "주몽이 세운 고구려국과는 관계가 없는 것으로 이는 현도군 고구려현의 고구려인과 왕망 신조 사이의 모순에 의한 충돌을 기록한 것이다. 왕망은 주몽이 세운 고구려를 하구려라고 고쳐 부른 것이 아니라 고구려현을 하구려현이라고 고쳐 불렀던 것이다"[102] 라고 하였다.

그렇다면 고구려인의 활동 범위는 현도군의 관할 범위를 벗어나게 될 뿐 아니라 앞서 말한 고구려국 지역에 대해서도 역시 문제가 나타나게 되므로 박찬규의 관점에 대한 분석이 반드시 필요하다.

박찬규의 주장은 아래의 네 가지이다. 첫째, 『후한서』에 기록된 "구려 후 추를 국경 안으로 유인하여 목을 베었다(誘句麗侯騶入塞斬之.)"는 구절에서 "국경 안(入塞)"은 작자의 『한서』 기록에 대한 잘못된 해석으로 "새(塞)"는 변경 지역을 총괄하여 가리킨 것이다. 후대 사람들은 "이 고구려 후 추를 고구려현 국경 밖, 즉 새외(塞外)의 고구려국 후왕으로 보고 새내(塞內)의 현도군 고구려현의 후가 아니라고 여겼다." 『삼국지』에서 이 기사를 "『삼국지』「동이전」의 고구려전에 옮겨 기록함으로써 후대 사람들에게 이 고구려가 고구려국을 가리킨다는 인상을 남기게 되었다." 둘째, 왕망이 고구려를

102) 박찬규, 『삼국지·고구려전 연구』, 10쪽.

고쳐 하구려라고 한 것은 고구려현을 가리키는 것이지 고구려국이 아니다.

셋째,『삼국지』의 소위 "비로소 왕이라고 불렸다는 것을 보았다(始見稱王.)" 는 것은 옳은 것이다. 왜냐하면 "그전에 있었던 한 왕조는 고구려의 최고 통치자가 이미 왕으로 칭했다는 사실을 알지 못했으며 이 '조공' 사건을 통해서 그것을 알 수 있었던 것이다"라는 구절이 보이기 때문이다. 그러나『후한서』에 기록된 "광무제가 그 왕호를 되돌려주었다"는 구절은 틀린 것이다.

넷째, 왕망이 징발하였다는 고구려 병사는 "새내"의 고구려 병사였다. 만약 "새외의 고구려 병사였다면 분명 '망이 국경 밖의 고구려 병사를 징발하여 국경으로 들어갔다(莽發塞外之高句麗兵入塞.)'라고 기록했을 것이며 그 다음에 비로소 '모두 국경을 넘어 도망갔다(皆亡出塞.)'라는 구절이 나올 것이기 때문이다."

그러나 사서의 관련 기록과 박찬규의 논증을 자세히 분석해보면, 박찬규는 "현재 학계에서 이 사건을 왕망 왕조와 고구려국의 기사로 보고 있는데 이 기사를 고찰할 때 관련 사료를 이해하는 데 어떤 편차 또는 어느 한 사료에 편중되는 경향이 나타났다. 따라서 여러 사료에 대한 전면적이고 상세한 비교와 고증이 진행되지 않았다"라고 주장하였다. 그러나 이와는 반대로 박찬규의 "전면적이고 상세한 비교와 고증"은 오히려 여러 가지 의문점을 가져왔다.[103]

실제로『후한서』의 기록을 자세히 분석해보면 기록에는 틀린 부분이 나타나지 않는다.

첫 번째, 한대의 "새"는 박찬규가 말한 것과 같은 "흙담이나 돌을 쌓아 만든 변경 지역의 경계(邊界)"가 아니라 장성(長城)을 가리킨다. 우리는 사서의 기록에서 여기에 부합하는 예들을 찾아볼 수 있는데『한서』「조충국전

---

103) 박찬규,『삼국지·고구려전 연구』17~25쪽.

(趙充國傳)」에 있는 "북쪽 국경은 돈황으로부터 요동에 이르기까지 1만 1500여 리가 되는데, 요새를 타고 봉수대가 줄지어 세워져 있어 병사가 수천 명이 배치되어 있습니다. 적들이 여러 차례 큰 무리를 지어 공격했음에도 해를 끼칠 수가 없었습니다(北邊自敦煌至遼東萬一千五百餘里, 乘塞列隧有吏卒數千人, 虜數大衆攻之而不能害.)"라는 기록과 같은 책 「흉노전」의 "옛 진나라 때에 몽염이 요새로 삼았던 것들을 다시 수선하였다(復繕故秦時蒙恬所爲塞.)"라는 기록을 들 수 있다. 박찬규가 제시했던 세 가지 예의 "새" 역시 모두 변계가 아니라 장성을 가리키는 것이었다.[104] "새"는 자연 현도군의 직접 관할한 범위를 가리키는 것이 아니며 현도군과는 아무 관련이 없다. 왜냐하면 현도군은 "새외"에 설치되었기 때문이다.

두 번째, 왕망이 징발한 고구려 병사는 이미 국경 안에 들어와 있었다. 모든 사건의 처리는 요서대윤(태수)의 책임이었는데 만약 박찬규의 이해에 따르자면 소위 "새내"의 고구려는 요서군에 있어야 하는 것이지 현도군 고구려현에 있어야 하는 것이 아니다. 그러나 사서의 기록을 보면 요서군에는 "고구려 후"가 있을 수 없다.

세 번째, 왕망이 비록 엄우에게 명하여 고구려를 공격하게 하지만 그 군대가 "새" 밖으로 나온다는 기록은 볼 수가 없다. 그리고 『한서』「왕망전 중」에는 "주맥 장군 양준, 토예 장군 엄우가 어양을 떠났다(誅貉將軍陽俊, 討穢將軍嚴尤出漁陽.)"는 기록이 있지만 토벌의 대상은 흉노였으며 오환 같은 민족의 군대를 포함하여 흉노를 공격하고자 준비했던 군대의 주둔지는 자연 "새내"에 속하므로 소위 "엄우가 고구려 후 추를 유인하여 죽인 것"은 자연 "새내"인 장성 안에서 발생한 것이다. 즉, 『후한서』에서의 자세한 해석

---

104) 이것은 일반적인 문제로 학계의 장성 관련 논저에서는 대부분 이를 언급하고 있다. 리다룽, 『양한 시기의 변경 정책과 변경 관리』를 참고로 보기 바란다.

은 잘못된 것이 아니다.

네 번째, 왕망이 "고구려의 이름을 고쳐 하구려라고 하였다"는 기록은 고구려 정권을 모욕하고 낮추어 보는 의미가 있었기 때문에 오직 고구려국을 가리킬 수밖에 없다. 만약 고구려현을 고쳐 하구려현으로 고쳤다면 그밖에 하나의 더 큰 고구려국이 있는 셈인데 이렇게 한다고 해서 무슨 의미가 있겠는가.

다섯 번째, 왕망이 고구려 왕을 고쳐 후라고 불렀다는 기록은 정확한 것이다. 『한서』「왕망전 중」에서 왕을 후로 고쳤다는 오위장 기록은 "동쪽으로 간 사신은 현도, 낙랑, 고구려, 부여에 도착하였고 남쪽으로 간 사신은 나라 밖(邦外)을 넘어 익주(益州)를 거쳐 구정왕(句町王)을 후(侯)로 그 직위를 낮추고, 서쪽으로 간 사신은 서역에 도착하여 왕들을 후로 고쳤으며, 북쪽으로 간 사신은 흉노에 도착하여 선우에게 도장(印)을 하사하고 한의 인문(印文)을 고쳐 새(璽)를 장(章)으로 하였다"로 되어 있는데 여기에서 "고구려"는 자연 고구려 정권을 가리킨다. 이에 대해 박찬규는 "오위 장군이 고구려에 다녀갔다는 것을 부정하고 싶지는 않으나 이 고구려가 반드시 주몽이 세운 고구려라고 하는 것에는 동의할 수 없다. 주몽이 세운 고구려국왕의 이름을 고구려 후로 고쳤다는 견해는 더더욱 동의할 수 없다"고 하였다. 그러나 이러한 인식은 마지못해 나온 것이다. 왜냐하면 당시 동북 지역에서 부여 정권과 병렬할 수 있었던 것은 오직 고구려 정권밖에 없었으며 게다가 오위 장군이 변경 민족 지방으로 간 목적은 오직 왕을 후로 고치는데 있었던 것인데, 만약 고구려 왕을 고구려 후로 고치지 않았다면 그들은 고구려에 가서 도대체 무엇을 했단 말인가? 그 원인에 대한 분명한 설명은 없지만 실제로는 쉽게 이해가 가능한 것이다. 첫 번째, 설명할 필요성이 없었던 것이다. 두 번째, 고구려, 부여와 병렬할 수 있는 것은 현도, 낙랑 두 군인데 왕을 고쳐 후라고 할 수 있는 대상은 고구려, 부여를 포함한 두 군이

관할하고 있던 기타 변경 민족의 왕이었다고 할 수 있다. 만약 "서쪽으로
간 사신은 서역에 도착하여 왕들을 후로 고쳤다"고 하거나 "왕들을 후로 고
쳤다" 등의 몇 자를 덧붙이면, 그 표현으로 말미암아 낙랑 · 현도 두 군에
지방 민족 정권이 있는 것으로 사람들이 오해하기 쉽다.

여섯 번째, 만약 현도군 고구려현 경내에 주몽이 세운 고구려와 다른 또
하나의 고구려 정권이 있었다고 한다면 어찌 한 현의 경내에서 고구려라고
한 두 개의 정권이 성립하지 않았는가?

요컨대, 앞에서 인용한 『후한서』의 기록에는 틀린 부분이 없었다는 것이
역사 사실이며 어떤 학자가 동의 또는 동의하지 않는다고 해서 변화가 발생
하는 것이 아니다. 『통전』, 『자치통감』, 『통지』, 『태평환우기』, 『책부원구』,
『문헌통고』, 『원풍류고』, 『옥해(玉海)』, 『명태조문집(明太祖文集)』, 『흠정성
경통지(欽定盛京通志)』 나아가 『삼국사기』 등 여러 사서의 작자들이 『후한
서』의 기록을 인용했다는 사실은 모두 그 정확성을 보여주는 것이다.

【 2. 동한 · 조위(曹魏) 시기의 활동 구역 】

왕망 신조 시기부터 시작된 중원 지역의 내란과 동한 왕조의 변경 방어 체계
의 축소, 삼국 시기의 분열은 고구려 정권이 확장할 수 있는 기회를 제공해
주었다. 그리고 고구려인의 활동 지역 역시 이에 따라 확대, 발전해 나갔다.

이 시기 고구려인의 활동 구역은 사서의 기록에 꽤 분명하게 나타난다.
특히 『삼국사기』 「고구려본기」에는 고구려인의 활동 윤곽이 상세하게 기록
되어 있다.

앞에서 인용했던 『삼국지』 「동이 · 고구려전」의 "요동의 동쪽 1000리 밖
에 있는데 남쪽은 조선, 예맥과 접하고 동쪽은 옥저와 북쪽은 부여와 국경

을 접하고 있다. 환도 아래에 도읍하였는데 면적은 사방이 2000리나 되고 호 수는 3만이다"라는 기록은 이 시기 고구려 정권의 강역 범위라고 할 수 있다. 그런데 『삼국사기』 「고구려본기」의 관련 기록을 살펴보면 『삼국지』 「동이·고구려전」의 기록이 완벽하게 정확한 것은 아니었음을 알 수 있다.

『삼국사기』 「고구려본기」의 기록에 근거하여 우리는 고구려 정권의 대체적인 확장 상황을 아래와 같이 개괄적으로 설명할 수 있을 것이다. 유리명왕 시기(서기전 19~18) 고구려는 양맥을 병합하고 부여를 패배시킨다. 대무신왕 시기(18~44)에는 개마국을 멸망시키고 남쪽으로는 낙랑군을 공격하였으며, 태조대왕 시기(54~146)에는 동옥저·조나·주나를 멸망시키고 끊임없이 한나라 요동, 현도 같은 군을 공격하였으며, 국경을 개척하여 동쪽으로는 창해, 남쪽으로는 살수에까지 이르렀다. 산상왕 시기(197~227) 고구려는 기본적으로 주위 각 민족 정권의 겸병을 완성한다. 이러한 기록을 통해 볼 때 고구려 정권의 남쪽 경계는 이미 살수(지금의 청천강)까지 이르렀으며 동쪽 경계는 바다에 닿아 있었고 서쪽 경계는 고구려현을 점거하였으며 북쪽 경계로는 여전히 부여와 접해 있었지만, 초기 부여에 칭신하던 상황은 이미 벗어나 있었음을 알 수 있다.

고구려 정권의 변경 범위는 이미 앞에서 말한 구역에 도달해 있었으며 고구려 정권의 주체 민족인 고구려인의 활동 구역도 자연 이들 지역에까지 확대, 발전되었다.

【 3. 양진·남북조 시기의 활동 구역 】

양진·남북조 시기의 중원 지역은 서진(西晉) 시기에 잠시 통일된 것을 제외하고 대부분의 시기에 분열 상황에 처해 있었다. 앞서 설명한 것과 같이 고구려는 이러한 유리한 기회를 이용하여 끊임없이 자기 세력을 확대시켜 나 갔다. 한때 모용 선비에 의해 고구려 정권은 멸망에 가까운 공격을 받기도 했지만 주변 지역으로 확장해 나가는 추세를 막지는 못하였다. 이 점에 대해서 아래에 인용한 사서의 기록을 통해서 그 확장의 궤적을 찾아볼 수 있을 것이다.

동이 고구려국은 현재 한대의 요동군을 다스리고 있다. (『송서』「만이 · 고구려전」)
— 東夷高句驪國, 今治漢之遼東郡.

동이 고려국은 서쪽으로 북위 오랑캐와 경계를 접하고 있다. (『남제서』「동이 · 고려전」)
— 東夷高麗國, 西與魏虜接界.

구려의 국토는 사방이 약 2000리이다. 국토 가운데 요산이 있고 요수가 흘러나온다. 왕도는 환도 아래 있다. (『양서』「동이 · 고구려전」)
— 句驪地方可二千里, 中有遼山, 遼水所出. 其王都于丸都之下.

요동에서 남쪽으로 1000리, 동쪽으로는 책성, 남쪽으로는 작은 바다에 이르고, 북쪽은 옛 부여에 이르며, 백성의 수는 이전 위나라 때보다 세 배가 많아졌다. 그 나라 땅은 동서가 2000리이며 남북은 1000리다. (『위서』「고구려전」)
— 遼東南一千餘里, 東至柵城, 南至小海, 北至舊夫餘, 民戶參倍于前魏時. 其地東西二千里, 南北一千里.

그 지역은 동쪽으로는 신라에 이르고 서쪽으로는 요수를 지나니 동서가 2000리요, 남쪽은 백제와 인접하고 북쪽은 말갈과 이웃하니 남북이 1000리 남짓 된다.

국도는 평양성으로…… 또 요동과 현도 등지에 수십 개의 성이 있다. (『주서』
「고려전」)

— 其地東至新羅, 西渡遼水, 二千里. 南接百濟, 北鄰靺鞨, 千餘里. 治平壤城…… 復
有遼東, 玄菟等數十城.

진 효무제 태원 10년에 구려가 요동군, 현도군을 공격하니 후연 모용수(慕容垂)
가 그의 아우 농(農)을 파견하여 구려를 정벌하도록 하여 2군을 되찾았다. 모용
수의 아들 보(寶)는 구려 왕 안을 평주목으로 삼아 요동 · 대방 2국왕으로 책봉
하고 처음으로 장사(長史), 사마(司馬), 참군관(參軍官) 들을 설치하였다가 뒤
에는 요동군을 점유하였다. 태무제 때에…… 말하기를 '요동에서 남쪽으로
1000리 남짓 떨어진 곳에 있으며 동쪽으로는 책성, 남쪽으로는 작은 바다, 북쪽
으로는 옛 부여에 이르며 백성들의 호수는 이전의 위나라 때보다 세 배나 된다'
고 했다. (『북사』「고구려전」)

— 及晋孝武太元十年, 句麗攻遼東, 玄菟郡. 後燕慕容垂遣其弟農伐句麗, 復二郡. 垂
子寶以句麗王安爲平州牧, 封遼東, 帶方二國王, 始置長史, 司馬, 參軍官. 后略有
遼東郡. 太武時…… 云. 去遼東一千餘里, 東至柵城. 南至小海, 北至舊夫餘, 人
戶參倍于前魏時.

책성은 지금의 길림성 연길시(延吉市) 동쪽 지역에 위치하였다. 요수(遼
水)는 지금의 요하(遼河)로 지금의 요령성(遼寧省) 요양시(遼陽市) 서쪽 지
역으로 북쪽에서 남쪽으로 흘러 영구시(營口市)에 이르러 발해로 빠져나간
다. 작은 바다(小海)는 지금의 황해를 가리킨다. 옛 부여의 활동 지역은 길
림성 중부 지역으로 북쪽으로는 송화강 지역에까지 이르렀다. 평양성은 지
금의 평양시와 같은 곳이다. 즉, 고구려 정권의 이 시기 강역은 한반도 중부
의 이북 지역을 포함하여 북쪽으로는 지금의 길림성 중부 이북 지역, 동쪽

으로는 길림성 연길 동쪽 지역, 서쪽으로는 요하의 넓은 지역에까지 이르렀다.[105] 이것이 고구려 정권 강역의 최전성기였다.

고구려 정권의 강역이 이 시기에 이르러 넓게 확대될 수 있었던 것은 중원 지역의 분열 상황을 잘 이용했기 때문인데, 이때에 강력한 중앙 왕조가 없었다는 것 이외에도 이 시기 고구려 통치자들은 적극적으로 확장 정책을 실행하고 반도 남부에 있던 백제 정권의 침략 활동을 제압하였다.

고구려 정권의 확장과 백제에 대한 북침을 제압한 사실은『삼국사기』「고구려본기」에 기록되어 있기 때문에 그 강역이 어떻게 확대되었는지를 어렵지 않게 볼 수 있다.

서천왕 11년(280) 숙신을 복속시키고, 왕의 아들 달가를 정안군으로 삼고 내외 병마사를 겸하게 하여 양맥과 숙신의 모든 부락을 통솔하게 하였다.

미천왕 3년(302) 군사 3만으로 낙랑군을 공격하고 12년(311)에는 요동군 서안평을 공격하였다. 14년(313)에는 낙랑군을 다시 공격하고 15년(314)에는 대방군을 공격하였으며 21년(320)에는 다시 요동을 공격하였다.

고국원왕 4년(334) 평양성을 증축하고 13년(343)에는 평양 동황성으로 도읍을 옮겼다. 41년(371) 백제가 평양성을 공격하자 고국원왕은 병사를 이끌고 저항하다가 전사하였다.

고국양왕 2년(385) 요동을 공격하여 요동, 현도 두 군을 점령한다. 6년과 7년(389~390) 백제가 두 차례 공격을 해왔다.

광개토왕 원년(392) 남쪽으로 백제를 쳐서 열 개 성을 빼앗고 북쪽으로는 거란을 토벌하였다. 2년(393) 남부에 백제가 침략해와 이를 제압하였다. 3년(394) 백제가 침범해와 이를 격파하고 일곱 개 성을 쌓아 백제의 공격에 대비하였다. 4년(395) 패수에서 백제를 대패시켰다. 14년(405) 고구려가 점

---

105) 단치샹(譚其驤) 주편,『중국 역사 지도집(中國歷史地圖集)』위진남북조 부분, 17~18쪽.

령한 요동을 북연이 공격하나 격퇴당하였다.

　장수왕 15년(427) 평양으로 도읍을 옮겼다.

　이때 백제는 여전히 북쪽으로 확장해 가지만 고구려 정권은 기본적으로 한사군과 요동군 관할 구역에 대한 기본적인 통일을 완성하고 그 기초 위에서 영역을 더욱 확장해 나가는데 이러한 상황은 수당 시기까지 줄곧 지속된다. 이 광활한 지역 안에서 고구려인은 광범위하게 분포하면서 이 구역 안의 여러 부락 사람들과 함께 모여 살게 되면서 고구려 민족의 범위는 더욱 확대되어 나갔다. 앞의 사서에서 인용하였던 "인호(人戶)가 이전 위나라 때보다 세 배로 늘었다"는 기록은 바로 이러한 상황을 말하는 것이다.

【 4. 수당 시기의 활동 구역 】

수당 시기 고구려인의 활동 구역은 기본적으로 남북조 시기의 활동 범위를 유지하였다. 그러나 하나의 커다란 변화가 있었는데 그 변화는 바로 총장(總章) 원년(668) 고구려 정권의 멸망이었다.

　총장 원년(668) 2월, 이적(李勣)은 설인귀(薛仁貴) 등을 거느리고 부여성을 공격하는데 먼저 설인귀가 금산(金山)에서 고구려 군대를 파하고 승세를 타고 부여성을 점령하자 부근 40여 성이 모두 항복하였다. 같은 달에 당군은 부여성을 구원하러 온 고구려 군대를 다시 파하여 3만 명을 죽이고 대행성(大行城)도 점령하였다. 9월 당군은 여러 길에서 온 군사들을 압록(鴨綠) 부근에서 모아 고구려와 대전을 벌이는데 고구려군을 200여 리나 쫓아가 욕이성(辱夷城)을 함락하니 부근의 고구려성의 수장들이 항복하거나 도망하였다. 당군은 평양성 아래까지 나아가는데 당군이 한 달 이상 성을 포위하니 고구려 보장왕은 남산(男産)을 비롯한 수령 대소관리 98명을 보내 "이적을 찾아 항복하게 하니 이적은 이를 예로 대접하였다. 그러나 남건(男建)은 성문을 닫고 항거하며 번번이 군사를 내어 싸웠으나 모두 패하였다. 남건은 군사를 승려 신성(信誠)에게 맡기니 신성은 소장 오사(烏沙), 요묘(饒苗) 등과 더불어 이적에게 사람을 보내어 항복할 것을 청하고 뒤에 닷새 만에 신성은 성문을 열어놓았다. 이에 적은 군사를 내어 성에 올라 북을 울리고 소리를 지르며 성을 불태웠다. 남건은 자살하려 하였으나 죽지 못하였고 왕과 남건 등은 포로가 되었다. 겨울 10월 이적이 돌아갔다."[106] 그리고『구당서』「동이 · 고려전」에는 총장 원년(668) 11월 당 고종이 소릉(昭陵)에 포로인 고구려 왕을 승전 기념물로 바치면서 "그 땅을 나누어 9도독부, 42주, 100현을 설치하고 안동도호부를 설치하여 그것을 다스리게 하였다." 이로써 서한 왕조 후기 우리나라 동부 변경 지역에서 건국되었던 변경 소수민족 정권인 고구려는 당 왕조에 의해 멸망당하였으며 당 왕조는 고구려의 활동 지역을 직접 관리 통치 체제 안으로 받아들이게 되었다.

당 왕조는 고구려를 통일하던 과정에서 그리고 통일 후에도 고구려인을 내지로 이동시키는 정책을 취한다. 내지로 이동시킨 규모가 꽤 컸는데, 아래와 같다.

정관 19년(645) "고려를 정벌하였는데 현도(玄菟), 횡산(橫山), 개모(蓋牟), 마미(磨米), 요동(遼東), 백암(白岩), 비사(卑沙), 협곡(夾谷), 은산(銀山), 후황(後皇) 10성을 함락하고 요(遼), 개(蓋), 암(巖) 3주의 호구로 옮겨 중국으로 들어온 자가 7만 명이었다."[107] 그리고『구당서』「동이 · 고려전」에는 "이에 앞서 요동성을 함락할 때에 왕사(王師)에 저항하다가 잡혀 노비가 될 1만 4000명을 모두 먼저 유주(幽州)로 보내어 장차 장사들에게 상으

---

106)『삼국사기』권22「고구려본기」.
107)『자치통감』권198, 당 정관 19년 10월 조.

로 나누어주기로 하였다. 태종은 그들이 부모 처자와 하루아침에 흩어지는 것을 불쌍하게 여겨 해당 부서에 그 값에 준하는 포백(布帛)을 속(贖)으로 받고 용서하여 백성으로 삼으라고 하였다. 그들의 환호 소리가 사흘 동안 끊이지 않았다"고 기록되어 있다. 소위 "중국"은 중원을 일컫는 말이다. 이것은 당 왕조가 처음으로 대규모의 고구려인을 내지로 이동시킨 것으로, 전후 8만여 명에 이르렀다.

총장 2년(669) 5월 "고려 2만 8200호, 수레 1800대, 소 3300마리 말 2900마리, 낙타 60마리를 내지로 이주시켰다. 래(萊), 영(營) 2주에서 차례로 떠나 강(江), 회(淮) 이남과 산남(山南), 병(幷), 양(凉) 서쪽 여러 주의 빈곳에 안치시켰다"[108]는 기록은『자치통감』의 "고려 3만 8200호를 강회의 남쪽과 산남(山南), 경서(京西)의 여러 빈 곳으로 이주시키고 빈약한 자를 남겨 안동을 지키게 하였다"[109]는 기록과는 차이가 있다.

의봉 2년(677) "장(藏)에게 요동도독을 제수하고 조선 군왕에 봉하여 요동에 돌아가 남은 백성을 위로하게 하였다. 이에 앞서 내주(內州)에 편입되어 있던 교민(僑民)을 모두 용서하여 돌려보내고 안동도호부를 신성으로 옮겼다. 장이 말갈과 반란을 꾀하다가 사전에 발각되어 그를 다시 불러 공주(邛州)로 추방하고 나머지 교민들은 하남(河南)과 롱우(隴右)로 옮겼는데 노약하고 빈한한 자는 안동(安東)에 머물게 하였다."[110] 소위 "이에 앞서 내주에 편입되어 있던 교민을 모두 용서하여 돌려보내었다"는 내용은 그 전에 내지로 옮겼던 고구려인을 모두 이전에 살던 곳으로 옮겼음을 의미하며, "공주로 추방하고 나머지 사람들은 하남과 롱우로 옮겼다"는 기록은 일부의 고구려인이 하남, 롱우 지역으로 옮겨졌음을 의미한다.

---

108)『구당서』권5「고종본기 하(高宗本紀下)」.
109)『자치통감』권201, 당 총장(總章) 2년 4월 조.
110)『신당서』권220「동이 · 고구려전」.

우리는 『고대 중국 고구려 역사 총론』에서 내지로 옮겨진 고구려인은 거의 절반 또는 3분의 1이 넘는 약 23만~28만 명에 달하였는데 이들은 지금의 북경, 하남, 안휘, 강소, 호남, 산서, 협서, 감숙, 사천 같은 성시(省市)에 광범위하게 분포하였다고 보았다.[111]

당 왕조가 고구려인을 내지로 옮긴 것과 함께 신라 역시 그 기회를 틈타 일부 고구려인을 붙잡거나 받아들였다. 그 후 부분적으로 고구려 정권의 영토를 점령한 것을 포함하면 대략 10만 명 이하가 될 것으로 추측되며, 그 나머지 고구려인들은 말갈과 돌궐 같은 우리나라 역사의 기타 민족으로 흩어진 것으로 보인다.[112]

고구려 정권의 멸망 이후 속민의 흐름은 실제로 고구려 정권 귀속의 표현 가운데 하나였다. 고구려 15만 호에 해당하는 거의 80만 명, 즉 고구려 전체 인구의 8분의 1에 못 미치는 인원이 지금의 신라 정권에 들어가 지금 조선족의 선민이 되었다. 8분의 7의 고구려인은 중화 민족에 융합되었으므로 고구려 민족은 중화 민족의 일원이라고 해도 과언이 아니라고 할 수 있다.

또 하나 지적할 문제는 당 왕조가 고구려를 통일하는 과정에서 당 왕조가 고구려 지역을 효과적으로 관할한 후 신라가 적극적으로 북쪽으로의 확장 정책을 취하여 최종적으로는 신라가 원래 고구려의 일부 영토를 점유하게 된다는 점이다.

앞에서 말한 것과 같이 신라는 한반도 남부의 진한, 변한의 기초 위에서 형성된 정권으로 지금의 조선 역사에서 나타난 최초의 통일 정권이다. 그 서부와 북부는 백제, 고구려와 접해 있었기 때문에 세 곳(三方) 사이에는 몇 백 년에 이르는 오랜 기간 동안 전쟁이 전개되다가 현경(顯慶) 5년(660)과

---

111) 마다정 등, 『고대 중국 고구려 역사 총론』, 56쪽.
112) 앞의 책, 59~64쪽.

총장 원년(668)에 이르러 백제와 고구려가 당 왕조에 의해 통일된다.

　신라와 백제, 고구려 관계 발전의 역사를 살펴보면 주목을 끄는 현상이 하나 나타난다. 즉, 신라가 먼저 백제와 연맹을 결성하여 공동으로 고구려에 대항하다가 후에는 전쟁에서 신라가 백제의 토지를 침략하여 점유하고 또한 고구려의 영토까지 점령함으로써 백제와 고구려의 공동의 적이 된다는 점이다. 당 왕조가 건립된 이후 신라는 당 왕조에 여러 가지 호의를 표하면서 당 왕조의 힘을 이용하여 고구려, 백제의 힘을 약화시키고자 하였다. 『삼국사기』「신라본기」제5에는 신라 선덕왕 12년(643) 9월 "당나라에 사신을 파견하여 말하기를 '고구려와 백제가 우리나라를 침략하므로 수십 성(城)이 번번이 그들의 공격을 당하였으며 또한 그들은 군사를 연합하여 마침내 우리나라를 공격하여 빼앗으려 하며 9월에는 그들이 크게 군사를 일으켜 쳐들어올 것 같습니다. 이렇게 되면 우리나라는 반드시 사직을 보전하지 못할 것 같습니다. 삼가 사신을 파견하여 대국의 군사를 청하오니 구원이 있기를 바랍니다'라고 하였다. 당 태종은 사신에게 말하기를 '내 실로 그대 나라가 고구려와 백제에 침해되는 것을 슬퍼하여 번번이 사자를 보내어 그대들 삼국이 서로 화친하도록 하였다. 그러나 그들은 돌아서면 번복하여 그대 나라의 땅을 삼켜버리려는 뜻을 가지고 있으니 그대 나라에서는 어떠한 특별한 대책으로써 그들의 침해를 모면하려고 하는가?'하므로 사신이 말하길 '우리 임금은 사세가 궁박하고 계책이 다하였으므로 오직 위급함을 대국에 알려서 구원을 받음으로써 나라를 보전할까 할 따름입니다'"라고 기록되어 있다. 이를 통해 당 왕조가 고구려, 백제의 통일을 완성한 데에는 조국 통일 대업을 완성하려는 열망도 있었지만 신라의 끊임없는 요구 역시 적극적인 추진 작용을 일으켰음을 알 수 있다. 당 왕조가 고구려, 백제를 멸망시킨 이후 신라는 백제의 통치 구역을 점거하였을 뿐 아니라 고구려의 부분적인 영토도 차지하여 최대의 승전국이 되었다. 그러나 신라는 어부지리로 이러한 영토를 획득한 것에 만족하지 않고 북쪽으로 확장하려는 야심을 키워 적극적으로 고구려 잔여 세력을 지원하여 당 왕조의 통치에 반항하였다.

수당 시기 고구려와 백제, 신라의 변경에서는 세 정권 사이의 장기간 전쟁으로 말미암아 변경의 변동이 잦아 세 정권의 분명한 분계선을 확정하기가 어려웠다. 그런데 한국 학자 천관우(千寬宇)의 『삼국사기』 「지리지」의 연구를 바탕으로 해서 보면 고구려 전성기 남부의 경계는 "경기도 평택군 오성(梧城)에서 충청북도 동쪽 끝 단양까지 그리고 동쪽 아래로 경상북도 영일군 청하를 잇는 선이었을 것이다. 다른 한쪽은 백제와 신라의 북쪽 경계선으로 충청남도 아산에서 죽령 아래의 문경 그리고 영일군의 홍해(興海)를 잇는 선이다."[113] 당 왕조가 백제와 고구려를 통일하기 이전 신라 강역의 북단은 지금의 한국 경상북도 청하(동쪽으로 일본해와 접하는 북위 36도선의 약간 북쪽에 위치)에서 서북으로는 충청북도 단양(대체로 북위 37도선에 위치)을 잇는 선의 남쪽 지역이었다. 그런데 당 개원 23년(735) 신라의 북쪽 경계는 패수 남안(지금의 대동강, 평양시를 흘러가며 북위 39도선에 위치)을 잇는 선까지 확대되어 당과는 강을 사이에 두고 통치를 하게 된다. 70년도 안 되는 시간 동안 신라는 위도선을 셋을 뛰어 넘어 순조롭게 영토 확장을 실현하였던 것이다.

신라는 어떻게 이처럼 짧은 시간에 북쪽으로 순조롭게 영역을 확장할 수 있었을까. 이 점은 지금까지 학계에서 별로 관심을 가지지 않았던 문제였다. 그러나 만약 사서에 기록된 이 시기의 신라와 당 왕조의 관계 그리고 신라의 고구려, 백제 잔여 세력에 대한 정책을 주목해보면 매우 쉽게 그 답안을 찾을 수 있다.

---

113) 〔韓〕 천관우(千寬宇), 「광개토왕 시기 고구려의 영역(廣開土王時期高句麗的領域)」; 양춘지 (楊春吉)·경혜화 주편, 『고구려 귀속 문제 연구』, 565쪽.

우리는 『고대 중국 고구려 역사 총론』에서 고구려, 신라, 백제 세 정권과 당 왕조의 관계에 대해서 간략하게 비교 연구를 진행한 적이 있다. 이 비교를 통해서 우리는 세 정권 가운데서 신라만이 엄격한 번속 관계에 따라 당 왕조와의 신속 관계를 유지하고자 했다는 것을 어렵지 않게 발견할 수 있었다. 무덕(武德) 4년(621)부터 신라와 당 왕조는 신속 관계를 맺고 건녕(乾寧) 4년(897)까지 줄곧 번속 관계에 따라 당 왕조에 조공하고 사신을 파견하였다. 사서에서는 조공을 위하여 들어온 사신의 기록만 70여 차례에 이르며 신라 왕자, 왕의 동생, 국상 같은 대신을 파견하여 당 왕조의 황제를 만난 것도 20차례가 넘고, 축하, 경축 사절을 파견한 것도 23차례에 이른다. 그리고 매번 신라 왕이 죽었을 때마다 사신을 파견하여 당 왕조에 보고하고 책봉을 요구하였다. 당 왕조의 책봉과 병사를 일으켜 신라를 도와 고구려 등에 저항할 때에도 매번 사절을 보내 감사의 뜻을 표하였다. 또한 당 왕조에 그 신복하는 마음을 나타내기 위해 여러 번 당 왕조에 사신을 보내 『당예(唐禮)』, 『길흉요소(吉凶要疏)』 같은 중원 전적을 보내줄 것을 요청하여 제도, 문화 방면에서 당 왕조와 일치시키고자 애썼다. 한편 여러 자제(子弟)들을 태학에 보내거나 숙위(宿衛)에 남겼는데 인원이 많을 때는 수십 명에 달하기도 하였다.[114] 당 왕조와 변경 민족 심지어 당 왕조와 신속 관계를 유지하였던 이웃 나라와의 관계사에서도 우리는 신라와 같이 완전하게 중국 고대 번속 관계의 요구를 준수한 정권은 발견할 수 없다. 나아가 신라는 이 방면의 본보기(典範)라고도 할 수 있다.

신라와 당 왕조가 이처럼 밀접한 관계를 유지하였던 것과 동시에 우리는 사서의 기록에서 아래와 같은 놀라운 사실을 발견할 수 있다.

---

114) 마다정 등, 『고대 중국 고구려 역사 총론』, 56쪽 ; 리다룽, 「당조와 변강 민족의 사자 왕래 연구」 ; 「당 왕조와 신라의 사신 왕래 연구(唐王朝和新羅互使述論)」, 『흑룡강 민족총간』, 1996년 제2기.

총장 2년에 고려 백성 3만 명을 강회와 산남으로 옮겼다. 고려의 대장 검모잠(鉗牟岑)이 무리를 거느리고 반란을 일으켜 고장의 외손 안순(安舜)을 세워 왕을 삼으니 고종이 고간(高偘)으로 동주도(東州道) 행군 총관을 삼고 이근행으로 연산도(燕山道) 행군 총관을 삼아 토벌하는 한편, 사평 태상백(司平太常伯) 양방(楊昉)을 보내어 도망치고 남은 무리를 불러들이게 하였다. 안순이 검모잠을 죽이고 신라로 달아나자 고간은 도호부의 치소를 요동주로 옮기고 반란군을 안시성과 천산에서 연거푸 쳐부수어 신라의 원병 2000명을 사로잡았다. 이근행은 또 그들을 발로하(發盧河)에서 쳐부수고 다시 싸워서 포로로 잡고 참수한 수가 1만에 이르렀다. 그리하여 평양성의 패잔병들은 다시 군(軍)을 정비할 수 없어서 함께 어울려 신라로 망명을 가니 무려 4년 만에 평정되었다. (『신당서』「동이 · 고려전」)

― 總章二年, 徙高麗民三萬於江淮, 山南. 大長鉗牟岑率衆反, 立藏外孫安舜爲王. 詔高偘東州道, 李謹行燕山道, 並爲行軍總管討之, 遣司平太常伯楊昉綏納亡餘. 舜殺鉗牟岑走新羅, 偘徙都護府治遼東州, 破叛兵於安市, 又敗之泉山, 俘新羅援兵二千. 李謹行破之于發盧河, 再戰, 俘馘萬計. 於是平壤痍殘不能軍, 相率奔新羅, 凡四年乃平.

(당 왕조가 백제를 통일한 뒤)[115] 부여융으로 웅진도독을 삼아 본국으로 돌아가서 신라와의 묵은 감정을 풀고 백제의 유민을 모아 수습케 하였다. 인덕 2년(665) 부여융이 신라 왕과 웅진성에서 만나 백마를 잡아 맹약하였다. 맹서의 글은 인궤가 작성하였다. ……(그러나 회맹을 주재하였던 당 장군 유인궤가 장안에서 돌아오자)[116] 융은 백제의 유민들이 분산되는 것이 두려워서 곧 경사로 돌

---

115) 【옮긴이】 "唐王朝統一百濟後"는 원문에 없다. 저자가 이해를 돕기 위해 임의로 넣은 것이다.
116) 【옮긴이】 "但主持會盟的唐將劉仁愿等還長安時"는 앞 문장을 줄이면서, 내용 이해를 돕기 위해 원문인 "仁愿等還"에 저자가 임의로 문장을 추가한 것이다.

아왔다. 의봉 연간(676~678)에 다시 대방 군왕으로 승진시켜 본국으로 돌려보냈다. 이 무렵 신라가 강성하여 융은 감히 옛 나라로 들어가지 못하고 고려에 의탁하고 있다가 죽었다. 무후 때 또 그의 손자 부여경으로 왕위를 이어가게 하였는데 이때 그 땅은 이미 신라와 발해 말갈이 나누어 차지하여 백제는 결국 멸망하고 말았다. (『신당서』「동이 · 백제전」)

— (唐王朝統一百濟後,) 以扶餘隆爲熊津都督, 俾歸國, 平新羅故憾, 招還遺人. 麟德二年與新羅王會熊津城, 刑白馬以盟. ……(但主持會盟的唐將劉仁愿等返回長安時,) 隆畏衆攜散, 亦歸京師. 儀鳳時, 進帶方郡王, 遣歸藩. 是時, 新羅彊, 隆不敢入舊國, 寄治高麗死. 武后又以其孫敬襲王, 而其地已爲新羅, 渤海靺鞨所分, 百濟遂絶.

만약 신라가 당 왕조가 주재한 신라와 백제의 맹약을 위배하고 공개적으로 당 왕조에 의해 통일된 백제의 영토를 침략해 점거한 것이 당 왕조가 시행했던 속박 통치 방식 때문이었다면, 공개적으로 고구려인 검모잠의 반란을 지지한 것은 이해하기가 힘들다. 앞에서 이야기한 것과 같이 당 왕조가 고구려를 통일한 데에는 신라를 도와 신라 북쪽의 위협 원인을 제거하고자 하는 면도 있었다. 고구려의 멸망은 실제로 신라가 여러 번 사신을 파견하여 당 왕조가 출병하여 구원해주기를 요청한 바람을 실현한 것이었다. 그런데 신라는 어떻게 고구려 잔여 세력을 지원하여 당 왕조에 반항할 수 있는가? 그렇다면 신라는 강력한 당 왕조와 직접 접경하기를 원치 않아 약소한 고구려 정권을 다시 돕고자 시도하였던 것인가? 『삼국사기』「신라본기」에는 "안승의 조카 장군 대문(大文)이 금마저(金馬渚)에 있으면서 반역을 도모하였다"고 되어 있는데 신라 신문왕은 "군사를 보내 그것을 토벌하였다." 즉 신라는 고구려 정권의 회복을 원하지 않았던 것이다. 이에 근거한 합리적인 해석은 단 한 가지로 신라는 백제의 거주지를 점거하고자 했을 뿐 아니라 고구려의 잔여 세력을 이용하여 북쪽으로의 확장을 시도하였던 것이다.

처음 북쪽으로 확장해 가려던 신라의 야심은 당 왕조 통치자에 의해 간파되었기 때문에 당 왕조는 신라 왕 김법민의 관작(官爵)을 박탈하고 유인궤(劉仁軌)를 계림도 대총관(鷄林道大總管)으로 임명하여 군사를 이끌고 신라를 토벌하도록 보냈다. 이 사건은 『신당서』 「동이 · 신라」에서 볼 수 있는데 "함형 5년(674) 고려의 항거하는 무리들을 받아들여 옛 백제 땅을 점령하여 지키게 하였다. 이에 고종이 화를 내어 법민(法敏)의 관작을 삭탈하고 그의 동생 우효위원외 대장군(右驍衛員外大將軍) 임해군공(臨海郡公) 인문(仁問)을 신라 왕으로 삼아 경사에서 본국으로 돌려보냈다. 그리고 유인궤를 계림도독 대총관으로 삼아 위위경(衛尉卿) 이필(李弼)과 우령군 대장군(右領軍大將軍) 이근행(李勤行)을 부총관으로 삼아 군사를 이끌고 힘을 다하여 치라고 하였다. 상원(上元) 2년(675) 2월에 유인궤가 칠중성에서 그들을 쳐부수고 말갈병을 이끌고 바다를 건너서 남쪽 지역을 공략하여 많은 목을 베고 또 많은 포로를 사로잡아 왔다. 이에 고종이 이근행으로 안동 진무대사(安東鎭撫大使)를 삼아 매초성에 주둔시켰는데 세 번을 싸워 그때마다 신라를 패배시켰다. 그러자 법민이 사신을 보내 사죄를 하는데 공물이 줄을 이었다. 인문 또한 신라에서 돌아와 왕위를 내놓으므로 고종이 법민의 관작을 다시 회복시켜주었다." 신라는 비록 이에 대한 대가를 치르게 되지만 "백제의 땅을 많이 차지하고 드디어는 고려의 남부까지 점령하게 되었다"는 기록에서 신라가 백제 영토를 점령하려고 했던 목적은 실제로 달성되었음을 알 수 있다.

개원 23년(735) 신라의 충심이 당 현종을 감동시켰든지 아니면 신라가 실제로 이미 패수 남안의 원래 고구려 관할 구역을 점령하였든지 그 어떠한 원인이든 간에, 우리는 『삼국사기』 「신라본기」에서 신라 성덕왕이 당 왕조 황제에게 표를 올리며 "패강 이남의 땅을 주신다는 은칙(恩勅)을 받았습니다. 신은 바다 모퉁이에 살면서 당나라의 덕화를 받게 되었고 비록 충성을 바칠 생각은 있으나 공을 이루지 못하고 충정을 일로 삼으나 노고를 상줄 것은 못 되었습니다. 그런데 폐하는 크나큰 은혜를 베풀고 해와 달과 같이 밝은 조서를 내려 저에게 토지를 주어서 나라를 넓혔으니, 마침내 땅을 개간할 희망이 생기고 농사지을 터전을 얻게 되었습니다. 신은 조칙의 뜻을 받들고 큰 은총을 입었으니 분골쇄신(粉骨碎身)하더라도 이를 보답하지 못할 것 같나이다"라고 한 말을 볼 수 있다. 이는 패수 이남이 이미 신라의 영토에 들어갔음을 보여주는 것이다.

서기 935년 왕건이 세운 고려가 신라를 대신하고 1392년에는 고려의 권신이었던 이성계가 왕씨 고려의 통치권을 찬탈하여 1393년 명조에 청하여 조선 왕으로 봉해지면서 강역은 북쪽으로 다시 확장되어 마침내 압록강이 명 왕조와의 국경이 되었다. 고구려 정권이 수세기 동안 지켜온 지금의 압록강 이남의 넓은 국토는 이렇게 한반도 남부에서 일어난 지금 조선의 고대 왕조가 조금씩 차지하게 되었던 것이다.

마지막으로 한 가지 덧붙일 것은, 지금 조선의 고대 왕조가 우리 영토에 속해 있었던 고구려의 관할 구역을 조금씩 점거하였다고 설명하는 것은 다만 역사의 진상을 설명하고자 하는 데 있을 뿐이라는 점이다.

5장

고구려 문화 연구

근면하고 용감했던 고구려 사람들은 기나긴 역사에서 중원의 선진적인 경제 문화의 영향을 받아 끊임없이 사회 경제의 발전과 진보를 촉진함과 동시에 스스로 민족 특색이 있는 문화를 창조하였다. 교육·종교·문학·예술 같은 방면에서 커다란 업적을 거두어 동북아 고대 문화 예술의 보고(寶庫)로서 중요한 성과를 이루어냈다. 고구려 사람들은 그 찬란한 고대 문화로 동북아 여러 민족과 나라에 영향을 주었으며 이 지역의 문화 발전, 문명 전파에 중요한 작용을 하였다.

【 1. 교육과 문학 】

고구려는 건국 초 한(漢) 현도군의 관할 구역 안에 있었으므로 한 문화의 교육 영향을 깊이 받았다고 할 수 있다. 그러나 고구려에 학교 교육이 나타난 것은 조금 늦은 시기였다.

『삼국사기』의 기록에는 소수림왕 "2년 여름 6월에 진왕(秦王) 부견(符堅)이 사신 및 승려 순도를 파견하여 불상과 경문을 보내왔다. 왕은 사신을 파견하여 감사를 표하고 방물을 바쳤다. 태학을 세우고 자제를 교육시켰다"고 되어 있다. 이것이 고구려가 태학을 건립하고 교육 활동을 진행하였던 최초의 기록이다. 시기는 서기 372년 동진 간문제(簡文帝) 함안(咸安) 2년이었다.

장초금(張楚金)의 『한원(翰苑)』「번이부(藩夷部)·고구려」에 "관숭구등(官崇九等)"에서 『고구려』를 인용하여 단 주(註)에는 고구려에는 "국자박사(國子博士), 태학사(太學士), 사인(舍人), 통사(通事), 전객(典客)이 있는데 모두 소형(小兄) 이상이다"라고 되어 있다. 국자박사의 설치는 고구려가 멸망하기 전에 이미 국자학(國子學)이 설치되어 있었음을 설명해준다.

고구려 호태왕에서 장수왕 시기까지는 고구려 국가 체제가 발전하여 완벽해지는 시기여서 태학 이외에 더 귀족화된 국자학을 증설하는 것이 가능했다. 즉, 호태왕·장수왕의 통치 아래의 5세기 고구려는 나라 안에서 태학과 국자학이 병행되었다고 말할 수 있다.

태학(太學)은 우리나라 고대 경성(京城)에 설립된 학교였다. 한 무제 원삭(元朔) 5년(서기전 124) 처음 태학을 설치하고 오경박사, 자제 50명을 두었다. 동한 시기 태학은 크게 발전하는데 질제(質帝) 시기에는 태학생만 3만 명에 달하였다.

국자학 역시 무제 초기에 설립된 것이다. 소위 국자는 왕의 태자, 왕자와 후 공경대부(侯公卿大夫)의 자제들을 가리킨다. 국자학의 학생 신분은 태학보다도 높았다. 중국 고대에서 명청 시기에 이르기까지 학교는 국자학, 태학을 병행하거나 하나만 운영하였는데 이에 대한 일정한 법률은 따로 없었다.

고구려의 국자학과 태학 역시 중원 교육의 결과를 배운 것으로 전진(前秦)으로부터 들어왔거나 동진(東晋)의 것을 모방한 것으로 모두 고구려 도성에 설립하였던 국학이다. 모집된 학생은 자연 고구려 왕공 귀족의 자제들이었다. 교재와 교학 방법도 똑같이 중원에서 들어온 것이었다.

국자학과 태학에서 공부하는 것은 모두 유가(儒家) 경전이었는데 "서적에는 5경(五經), 3사(三史), 『삼국지』, 『진양추(晉陽秋)』가 있었다."[117] 5경은 유가의 가장 기본적인 경전으로 시, 서, 예, 역, 춘추를 말한다. 3사는 『사기』, 『한서』, 『동관한기(東觀漢紀)』를 가리키는데 『동관한기』는 후에 『후한서』로 대체되며 여기에 『삼국지』를 포함하면 정확하게 "전4사(前四史)"가 된다. 『진양추』는 원래 『진춘추(晉春秋)』로 동진의 손성(孫盛)이 쓴 것이다. 『수서』 「경적지(經籍誌)」의 기록에 따르면 모두 32권으로 되어 있는데 서진에서 동진 애제(哀帝)까지의 역사 사실을 기록한 것이다. 책이 만들어진 뒤 환온(桓溫)은 이에 만족하지 못했기 때문에 손성은 이 책을 요동의 모용준(慕容雋)이 있던 곳에 감추어두었다. 모용씨와 고구려는 서로 인접해 있어 전쟁과 왕래가 끊이질 않았기 때문에 이 책이 고구려로도 전해질 수 있었다.

고구려 국자학과 태자학을 건립하여 귀족 자제들에게 한학 교육을 시킴으로써 고구려의 귀족 관리가 배출되었는데 이들이 고구려의 국가적인 힘이 되어주었다. 이러한 학교 교육은 자연 민간에도 영향을 주게 되는데 민간에서도 역시 사학이 출현하게 되었다. 이것이 바로 문헌에 기록된 경당(扃堂)이다.

『구당서』 「고려전」에는 다음과 같이 기록되어 있다.

서적을 매우 좋아하여 문지기, 말먹이 따위의 미천한 집에 이르기까지 각 거리마다 큰 집을 지어 '경당(扃堂)'이라고 부르고 자제들이 결혼을 할 때까지 밤낮으로 그곳에서 독서와 활쏘기를 익히게 한다. 책은 5경 및 『사기』, 『한서』, 범엽(範曄)이 지은 『후한서』, 진수(陳壽)가 지은 『삼국지』, 손성이 지은 『진춘추』,

---

117) 『주서』 권49 「고려전」 ; 『북사(北史)』 권94 「고려전」.

『옥편』,『자통』,『자림』, 그리고『문선』을 대단히 중요하게 여긴다.

— (高句麗) 俗愛書籍, 至於衡門廝養之家, 各於街衢造大屋, 謂之扃堂. 子弟未婚之
前, 晝夜於此讀書, 習射. 其書有五經及『史記』,『漢書』, 范曄『後漢書』, 陳壽『三國
志』, 孫盛『晋春秋』,『玉篇』,『字統』,『字林』又有『文選』, 尤愛重之.

『신당서』「고려전」에는 "사람들이 배우기를 좋아하여 가난한 마을 미천
한 집안에서까지 서로 힘써 배우므로 길거리마다 큼지막한 집을 지어 경당
이라고 부르고 결혼하지 않은 자제들을 이곳에 보내어 글을 외우고 활쏘기
를 익히게 하였다"고 기록되어 있다.

고구려의 평민 백성 역시 공부하기를 좋아하여 책 읽는 것을 즐겼다. 각
성읍과 시골마다 큰길가에 커다란 건물을 세우고 경당이라고 불렀다고 하
는데 실제로는 일종의 사학이었다. 평민 백성의 자제들은 결혼하기 전에 여
기에서 공부를 하는데 공부하는 내용은 경학(經學)뿐만 아니라 사학(史學)
과 문선(文選) 등도 있었다. 또한 활쏘기도 있었는데 이것은 일종의 체육 과
목으로 일종의 실용 기술이었다. 평민의 사학이 국학에 비해서 더 우월한
점도 있었다는 것을 알 수 있다.

고구려의 교육은 귀족의 개인교습(自學)에서부터 귀족 자제의 학교인 국
자학, 태학 그리고 평민 사학인 경당에 이르기까지 끊이지 않고 보급되었
다. 이는 고구려가 자기 인재를 배양하고 사회를 발전시키고 진보시키는 데
유리하게 작용하였다. 또 다른 한편으로 한학 전적, 사학, 문학 등이 고구려
에 전파됨으로써 고구려 민족의 한화(漢化) 정도는 더욱 가속화되었다. 중
원 왕조의 요동 지역에 대한 관리 강화는 중원과 고구려의 정치, 경제, 문화
의 관계에 매우 중요 작용을 하였다.

고구려인의 한학 수준은 매우 높았는데 그들이 창작한 시문은 비록 많지
는 않지만 고구려 문학의 형성과 발전을 반영해준다. 현재 우리는 네 편의

시를 볼 수 있다.

가장 이른 시기의 시는 유리왕 유리(類利)가 서기전 17년에 지은 것이다. 『삼국사기』에는 다음과 같이 기록되어 있다.

3년 10월에 왕비 송씨가 돌아갔다. 왕이 다시 두 여자를 취하여 다음 왕비로 삼으니 하나는 화희(禾姬)인데 홀천(鶻川)인의 딸이요, 하나는 치희(雉姬)인데 한인(漢人)의 딸이었다. 두 여자가 사랑다툼으로 서로 화목하게 지내지 못했다. 왕이 양곡(凉谷)이란 곳에 동서 두 궁을 짓고 그들을 각각 두었다. 그 후 왕이 기산(其山)이란 곳에서 사냥을 하고 7일 동안 돌아오지 않았는데 두 여자 사이에 싸움이 일어나 화희가 치희를 꾸짖어 말하기를 "너는 한가(漢家)에서 종으로서 첩이 되었는데(婢妾) 무례함이 어찌 그리 심하냐!"고 하니 치희는 부끄럽고 분하여 도망하였다. 왕이 이를 듣고 말을 채찍질하여 쫓았으나 치희는 노하여 돌아오지 않았다. 왕이 어느 날 나무 밑에서 쉬다가 꾀꼬리가 모여드는 것을 보고 느낀 바가 있어 노래하기를, '훨훨 나는 저 꾀꼬리, 암수 서로 정다운데, // 외로운 이내 몸은 누구와 함께 돌아갈꼬.'

— 三年冬十月, 王妃松氏薨, 王更娶二女以繼室. 一曰禾姬, 鶻川 人之女也. 一曰雉姬, 漢人之女也. 二女爭寵不相和. 王於凉谷造東西二宮, 各置之. 後王田於箕山, 七日不返. 二女爭鬪, 禾姬罵雉姬曰, "汝漢家婢妾, 何無禮之甚乎!" 雉姬慚恨, 亡歸. 王聞之, 策馬追之. 雉姬怒不還. 王嘗息樹下, 見黃鳥飛集, 乃感而歌曰, '翩翩黃鳥, 雌雄相依, 念我之獨, 誰其與歸.'

이 시의 풍격이 『시경』과 한위(漢魏) 4언시와 비슷하다. 의(依), 귀(歸)의 한운(漢韻)은 "지(脂)"이다. 이러한 4언시는 양한에서부터 위진 시기까지 줄곧 유행하던 것이다. 귀족이나 문인 학자, 나아가 일반 백성에 이르기까지 모두 4언시를 좋아하였다. 예를 들어 조조(曹操)『보출하문행(步出夏門

行)』에는 "동으로 갈석에 가서 바다를 바라보니 물결은 고요하고 산과 섬이 우뚝 솟았구나. ……일월에서 걸으니 그 속에서 나온 듯하고 별들이 찬란하니 그 속에서 나온 듯하구나(東臨碣石, 以觀滄海, 河水澹澹, 山島竦峙. …… 日月之行, 若出其中, 星漢燦爛, 若出其里.)"라고 하였고, 『단가행(短歌行)』에서는 "술을 마주하고 노래하니 인생은 몇 해더냐? 아침 이슬과 같아 가는 길에 고난이 많구나. 마음을 풀어보아도 수심이 있구나. 무엇으로 우수를 풀랴, 두강(杜康)밖에 없구나……(對酒當歌, 人生幾何? 譬如朝露, 去日苦多. 慨當以慷, 幽思難忘. 何以解憂, 惟有杜康…….)"라고 하였다.

두 번째 시는 후대 사람이 인삼찬(人蔘贊)이라고 기록하였다.

세 가지 아귀에 다섯 잎인데 해를 등지고 그늘로 향하였구나.

나를 찾으려면 피나무 아래로 와야 하노라.

— 三椏五葉, 背陽向陰.

欲來求我, 椵樹相尋.

이 시는 삼을 캐는 사람들에 의해 불려 전해 내려온 노래로 민가의 풍격이 농후하다. 앞의 두 구(句)는 인삼의 성장 과정 가운데서 잎의 형태를 묘사한 것이고 뒤의 두 구는 인삼이 하는 이야기를 의인화하여 쓴 것으로 당신이 만약 나를 찾고자 한다면 피나무(椵樹) 아래로 와서 찾으라고 하는 내용이다. 그 언어의 풍격이 더욱 대중화되었는데 연대는 아마도 조금 늦을 것이다.

세 번째 시는 승려 법정(法定)이 지은 "외로운 돌을 읊다(詠孤石)"이다.

큰 돌 하늘로 오르고 호수는 사방으로 통한다.

바위는 물결에 박히고 나뭇가지 바람에 휘날린다.

방죽 물에 그림자 적시고 노을이 붉게 타는데

봉우리 밖에 홀로 빼어나니 구름 속에 외로이 서 있네.

― 逈石直生空, 平湖四望通.

岩根恒洒浪, 樹杪鎭搖風.

偃流還漬影, 侵霞更上紅.

獨拔群峰外, 孤秀白雲中.

법정에 대해서는 전하는 기록을 찾을 수 없는데 고구려에 불교가 공인된 4세기 말 소수림왕 이후에 지은 시일 것이다. 시의 내용을 보아도 연대는 6세기보다 빠를 수 없다. 운(韻)의 사용이 정연하고 동운(東韻), 평측(平仄)에 주의하였는데 5율(五律)의 풍격에 가깝다. 내용은 영고석(詠孤石)의 강건함과 빼어남, 향상(向上)을 노래한 것으로 "세속을 벗어나는 것(方外)", "세속을 떠나 불도로 들어가는 것(出世)"을 뜻한다.

네 번째 시는 을지문덕이 지어 우중문에게 보낸 것이다.

귀신과 같은 책략은 천문을 다 알았고 기묘한 계책은 지리를 통달하였구나.

싸움마다 이겨 공이 이미 높았으니 만족함을 알았으면 이제 그만 돌아가지.

― 神策究天文, 妙算窮地理.

戰勝功旣高, 知足愿云止.

을지문덕은 고구려 군대의 장군으로 『삼국사기』에는 "그 세계(世系)는 상세하지 않다. 그의 자질은 침착하고 용감하였으며 지략이 있었고 겸하여 시문에 능하였다"고 전한다.

이 시는 수 양제가 대업 8년(612) 고구려를 정벌할 때에 쓴 것으로 『수서』 「양제기」 「우중문전」 「우문술전」, 『자치통감』 「수기·양제 상」에서 모두 볼 수 있다.

「우중문전」에는 "요동 전역에서 중문은 군대를 거느리고 낙랑도로 나와 오골성에 이르렀다. 중문은 약한 군사와 말, 나귀 수천을 무리 뒤에 두었다. 그리고 군대를 거느리고 동으로 강을 건너자 고려의 군사가 군수품 부대를 습격하였는데 중문이 돌아서서 싸워 크게 이겼다. 압록수에 도착하자 고려의 장수 을지문덕이 거짓 항복하여 그의 병영으로 왔다. ……중문이 을지문덕을 붙잡으려 하였더니 당시 상서우승(尙書右丞) 유사룡(劉士龍)이 위무사로 와서 있다가 굳이 말리니 우중문이 드디어 이 말을 들어 을지문덕을 돌아가게 하였고 뒤이어 이를 후회하였다. ……중문이 기병을 거느리고 강을 건너 추격하여 싸움마다 이겼다. 문덕이 중문에게 시를 남겨 말하기를……"이라고 기록되어 있다. 시에서는 우중문이 천문 지리에 통달했다고 칭찬하고 전쟁에 능하고 공이 있으니 군사를 돌려 물러갈 것을 권하고 있다.

고구려가 남긴 네 편의 시는 작자가 왕, 장군, 승려로 연대는 각각 다르며 풍격에서도 사랑시(情詩), 전쟁시, 사물을 노래한 시 등 대표성을 가지고 있다.

그 가운데서도 「영고석」은 운(韻)과 평측(平仄)의 사용이 모두 아름다워 율시에 가깝다.

【 2. 제사 】

"나라의 큰 일은 제사와 전쟁이다."[118] 고대 왕조와 정권은 모두 제사를 전쟁과 함께 국가의 가장 큰 일로 여기면서 이에 대해서는 작은 실수도 용납하지 않았다.

상(商)에서 명청(明淸)에 이르기까지 예외가 없었다. 주변의 소수민족 정권도 역시 중원 왕조의 영향을 받아 제사 활동을 중요시했는데 북방 고구려인의 제사 활동은 그 가운데서도 가장 대표적이다.

고구려인은 건국 초부터 나라가 망할 때까지의 705년 동안 왕과 귀족에서부터 일반 백성에 이르기까지 제사 활동을 매우 중요시하였다. 역사 문헌의 기록과 고고학 발굴 자료, 특히 고구려 벽화에 나타난 그림을 보면 고구려의 제사 활동은 매우 복잡하였다. 사회 의식 형태로서 종교 활동과 비슷한 부분이 있으면서도 각각 서로 다른 형식과 내용도 가지고 있었다. 또한 중원의 제사 활동과 비슷한 부분이 있는가 하면 자기 민족의 특색도 가지고 있었는데 이는 고구려인의 사상 의식과 사회 활동의 중요한 부분이었다.

고구려인의 제사 활동은 아주 빈번하였는데 그 종류 역시 매우 많아서 이를 종합해보면 주로 아래의 몇 가지를 들 수 있다.

1) 제천(祭天)

고구려의 여러 왕들은 "항상 3월 3일에 낙랑의 언덕에 모여 사냥을 하여 잡은 돼지와 사슴으로 하늘과 산천에 제사를 지냈다"[119]고 한다. 제천 활동은 일반적으로 봄과 가을에 열리는데 왕과 대신들은 교외에서 제사를 거행하면서 자주 사냥으로 잡은 돼지나 사슴을 제물로 썼다. 『삼국사기』의 기록을 보면 유리왕 19년(서기전 1) 가을 8월에 왕이 군신을 거느리고 교외에서 제천의 예를 행하였는데 제사에 사용하는 돼지가 갑자기 도망가 왕은 탁리(托利)와 사비(斯卑)에게 쫓아 잡게 하는데, 이 두 사람은 장옥(長屋) 연못에서

---

118) 『좌전(左傳)』 권13, 성공(成公) 13년.
119) 『삼국사기』 권32 「제사(祭祀)」.

돼지를 잡지만 칼로 돼지다리를 상하게 하였다. 왕은 "제천의 희생을 어찌 상하게 할 수 있느냐"는 죄명으로 탁리와 사비를 죽였다.[120]

유리왕 21년(2) 봄 3월 왕은 군신을 거느리고 교외에서 하늘에 제사를 지내려는데 제물로 쓰려고 했던 돼지가 달아나자 왕은 설지(薛支)에게 이를 쫓을 것을 명하여 국내 위나암에서 돼지를 붙잡아, 국내 사람의 집에서 기르게 하였다. 돌아가 왕에게 "산과 물이 깊고 험하며 땅이 오곡을 심기에 마땅하고 또한 사슴과 고기, 자라의 생산이 많습니다"[121]라고 보고하였다. 그리고 왕에게 도읍을 옮길 것을 권하였다. 유리왕은 친히 국내로 가서 지세를 살피고 이듬해 겨울 10월에 국내성(지금의 집안)으로 도읍을 옮겼다.

이 외에도 고구려는 매년 10월 "제천 대회를 열었는데 이를 '동맹'이라고 불렀다."[122] 이것 역시 대규모의 제천 활동인데 문헌의 기록은 그다지 상세하지 않다.

2) 조상에 대한 제사

매번 왕은 즉위할 때마다 조상에 제사를 지내는 활동을 거행하였다. 보통 고구려를 개국한 왕인 동명왕(즉, 추모왕 주몽)에게 제사를 지내는 것이었다.

대무신왕 3년(20) "봄 3월에 동명왕묘(廟)를 세웠다."[123] 이것 역시 졸본에 세운 시조묘(始祖廟)이다. 이후에도 여러 왕이 즉위 후에는 졸본으로

---

120) 『삼국사기』 권13 「고구려본기」.
121) 앞의 책.
122) 『후한서』 권85 「동이 · 고구려전」.
123) 『삼국사기』 권14 「고구려본기」.

가서 제사를 지내는데 이에 대해서는 여러 사서에 기록이 남아 있다.

예를 들면 신대왕 "3년 가을 9월에 왕이 졸본에 가서 시조묘에 제사를 지냈다. 겨울 10월 왕이 졸본에서 돌아왔다."[124] 고국천왕 "2년 가을 9월 왕이 졸본에 가서 시조묘에 제사를 지냈다."[125] 동천왕 "2년 봄 2월 왕이 졸본에 가서 시조묘에 제사를 지냈다."[126] 중천왕 "13년 가을 9월 왕이 졸본에 가서 시조묘에 제사를 지냈다."[127]와 같은 기록이다.

『북사』「고려전」의 기록에 따르면 고구려는 "신묘가 두 군데 있는데 하나는 부여신으로 나무를 조각하여 부인상을 만들고, 다른 하나는 고등신으로 그 시조이며 부여신의 아들이라고 한다. 그리고 관사를 설치하고 사람을 파견하여 지키게 한다. 대개 하백녀, 주몽이라고 한다"고 기록되어 있다. 주몽, 즉 동명왕은 호태왕비에 나오는 추모왕(鄒牟王)이며 하백녀는 그 어머니이다. 이 두 신묘는 졸본에 있는 시조묘일 것이다.

3) 사직(社稷)에 대한 제사

사서에는 고구려인은 "귀신(鬼神), 사직(社稷), 영성(零星)에 제사지내기를 좋아하고……", "귀신에 제사지내고 영성, 사직에도 제사지낸다"[128]고 기록되어 있다. 사직은 땅과 곡식(土穀)의 신으로 "사람은 땅이 없으면 설 수 없고 곡식이 아니면 먹을 것이 없다. ……때문에 땅을 봉하여 사(社)를 세

---

124) 『삼국사기』 권16 「고구려본기」.
125) 앞의 책.
126) 『삼국사기』 권17 「고구려본기」.
127) 앞의 책.
128) 『후한서』 권85 「동이 · 고구려전」;『삼국지』 권30 「동이 · 고구려전」.

우고 토지가 있게 된다. 직(稷), 오곡이 자라자면 직을 세워 제를 지내야 한다"[129]고 되어 있다.

1958년 길림성박물관은 집안 동대자에서 고구려가 사직에 제사를 지내던 건축 유적을 발굴하였다. 발굴 범위는 모든 건축 유적의 동쪽 일부분이 었는데 회랑을 포함하는 네 칸의 몸채[正室, I실과 II실]와 곁방[偏房, III실과 IV실]으로 구성되어 있었다. 몸채의 보존 상태가 가장 좋았는데 I실은 동서 길이가 15m, 남북 너비는 11m였다. 중앙에는 긴 네모꼴의 석좌(石座)가 놓여 있었는데 분명 여기가 사주(社主)의 위치였을 것이다. II실은 동서 길이가 15m, 남북 너비가 14m인데 농사의 신 직(稷)에게 제사를 지내는 곳이었다. 두 곳은 모두 구들로 난방을 하였다. 그 건축 연대는 대략 고국양왕 9년(392) 봄 3월이다. 여기는 고구려 사직에 제사를 지내 농사가 잘 되고 사람들이 풍족하기를 빌던 곳이었다.

4) 산천, 동굴에 대한 제사

고구려인이 산천과 동굴에 제사를 지냈다는 것은 사서의 기록을 통해서도 볼 수 있다. "항상 3월 3일에 낙랑의 언덕에 모여 사냥을 하여 잡은 돼지와 사슴으로 하늘과 산천에 제사를 지냈다", "그 나라 동쪽에 큰 동굴이 있는데 수신(隧神)이라고 부르며 10월이면 그 신을 맞이하여 제사를 지낸다", "그 나라 동쪽에 큰 동굴이 있는데 수혈(隧穴)이라고 부르며 10월 국중대회에 수신을 맞이하여 나라의 동쪽 위에 모시고 제사를 지내는데 나무로 만든 수신을 신의 자리에 모신다"[130] 등으로 기록되어 있다.

---

129) 『백호통의(白虎通義)』 권2 「사직(社稷)」.

1983년 5월 집안 문물보사대(集安文物保查隊)는 상해방촌에서 고구려 시기의 "국동대혈"을 발견하였다. 이 동굴은 용암 동굴로 동굴 입구는 서남 쪽으로 향해 있고 동북쪽의 동굴 입구와 서로 통하는 넓은 터널〔隧洞〕을 이루고 있다. 길이 16m, 너비 20m, 높이가 6m이다. 동굴 앞으로 300㎡가 넘는 개활지가 있다. 사면이 산으로 둘러싸여 있고 깊은 골짜기와 기이한 봉우리들이 있어 고구려 왕과 대신들이 수신에 제사를 지내기에 좋은 곳이다.

5) 해(日)와 달(月)에 대한 제사

『구당서』「고려전」에 고구려는 "음사가 많아서 영성신(靈星神), 일신(日神), 가한신(可汗神), 기자신(箕子神)을 섬긴다"고 하였다. 소위 일신(日神)은 해와 달에 제사지내는 것을 가리킨다. 고구려 벽화에서도 여러 곳에서 해신 달신의 그림이 나타나는데 초기 벽화인 씨름무덤(角觝墓), 춤무덤(舞踊墓)의 천장〔藻井〕동서 양쪽에는 모두 색칠한 둥근 고리가 그려져 있다. 해신 안에는 세 발 까마귀(三足鳥)가 그려져 있고 달신 안에는 두꺼비가 그려져 있다. 후기의 다섯무덤(五盔墳)4호·5호 천장에 그려진 해와 달의 형상도 이와 같다. 다만 장천1호무덤의 해와 달 그림은 뒷방 천장 덮개돌에 그려져 있는데, 해신은 세 발 까마귀이고 달신은 두꺼비와 옥토끼가 약을 찧고 있는 형상이다. 이 점은 중화 민족의 세 발 까마귀, 두꺼비, 옥토끼 전설과 같은 것으로 그것들을 숭배하고 경외시하는 마음 역시 똑같은 것이었다.

---

130) 『삼국사기』 권32 「제사」;『후한서』 권85 「동이·고구려전」;『삼국지』 권30 「동이·고구려전」.

6) 별(星辰)에 대한 제사

여러 사서에는 고구려인은 "영성(靈星)에 제사지낸다", "영성신(靈星神)을 섬긴다"고 기록되어 있다. 고구려인은 해·달·별(日月星辰)의 어둡고 밝음과 차고 이지러지는 것, 낮과 밤 등의 운행 법칙에 대한 부족한 인식으로 이에 대한 경외심을 가지고 숭배하게 되었다.

영성은 옛날에는 천전성(天田星), 용성(龍星)이라고도 불렀다. 사람들은 영성이 농사를 주재하고 전설에서는 사람들에게 백곡을 심는 방법을 가르쳐준 후직(后稷)으로 상징되었다. 그래서 동남 방향에 제사를 지내 농작물의 풍작을 기원하였다. 집안다섯무덤의4호·5호무덤 고임〔藻井〕의 동남쪽에는 소머리에 사람 몸을 가지고 있는 신농(神農) 형상이 그려져 있고 어깨에는 별들이 그려져 있는데, 이는 영성에 제사를 지내는 방향과 그 내용이 서로 일치한다.

이 외에도 고구려 벽화 무덤의 고임에는 많은 별들이 그려져 있는데 채색된 작고 둥근 고리는 별을 대표하며, 작은 고리 사이는 두 줄 또는 세 줄로 연결되어 별자리를 이룬다. 장천1호무덤 뒷방의 천장돌에는 두 개의 국자 모양 별자리가 그려져 있는데 중간에 "북두칠청〔北斗七靑(星)〕"이라고 씌어 있다. 이것은 모두 사람들이 별에 대해 제사를 지내고 숭배하였음을 증명해주는 것이다.

7) 복희여와(伏羲女媧)에 대한 제사

복희여와는 중화 민족 인문(人文)의 시조이다. 여러 문헌에서 그들의 전설을 기록하고 있는데 "복희는 물고기 몸뚱이, 여와는 뱀 몸뚱이"[131]를 가지고 있다고 하거나 복희여와는 "사람 머리에 뱀의 몸뚱이", "사람 머리에 물고기 몸뚱이"를 가지고 있다고 되어 있다. 중원 사람들은 아주 오래 전부터 그들을 사당에 그렸으며 한대 화상석, 화상전에는 더욱 많이 볼 수 있다. 한편으로는 숭배하고 다른 한편으로는 죽은 자를 보호하기 위해서였다.

고구려 벽화의 복희, 여와의 그림은 다섯무덤4호·5호무덤의 고임에서 가장 흥미롭게 그려져 있다. 복희는 사람 머리와 비늘이 있는 몸을 하고 있는데 손에는 해를 들고 있고, 여와 역시 사람 머리에 비늘을 가진 몸을 하고 달을 들고 있는데, 서로 춤을 추는 듯 생동하는 형상이다. 이는 고구려인이 시조신과 보호신에 제사를 지내고 숭배했음을 보여주는 것이다.

8) 여러 신령(神靈), 신인(仙人)에 대한 제사

고구려에는 "귀신을 공경하고 음사가 많다", "귀신에 제사를 지낸다", "귀신에 제사지내는 것을 좋아한다"[132]와 같은 기록이 상당히 많은데 그 내용도 상당히 광범위하였다.

우리는 고구려 벽화에서 여러 종류의 신령, 신선이 있었음을 볼 수 있다. 4영(四靈)—주작, 현무, 청룡, 백호와 대들보를 받치고 있는 무사, 괴수, 야수 등이 그려져 있는데 이들은 모두 죽은 자의 수호신에 속한다. 이들을 무덤방 안에 그려 죽은 자가 다른 세상에서 편안하고 즐겁게 보낼 수 있도록 보호해주었다. 이런 제사와 숭배는 한진(漢晉) 이후 중원 사람들의 사상과 일치하는 것이다.

---

131) 왕연수, 『노령광전부(魯靈光殿賦)』.
132) 『후한서』 권85 「동이·고구려전」; 『삼국지』 권30 「동이·고구려전」.

앞에서 이야기한 제사 이외에도 문헌 기록에는 "가한신(可汗神), 기자신(箕子神)" 같은 것이 있다. 가한신은 소수민족 왕에 대한 제사이며 기자신의 제사는 고구려인이 상나라 사람으로부터 나왔다는 것과 관련이 있다. 고구려인의 제사의 내용은 상당히 풍부하였으며 제사 장면 역시 매우 성대하였음을 볼 수 있다.

【 3. 불교와 도교 】

고구려인은 불교와 도교를 믿었는데 이 역시 중원에서부터 전해진 것이다. 서한 말 불교는 중앙아시아를 거쳐 중원으로 들어왔다. 이와 동시에 도교도 점차 형성되었다. 동한 환제(桓帝) 때 궁중에는 "황로(黃老)의 그림을 세워 놓고 제를 지냈으며", "초왕이 황로의 주문[微言]을 외우면서 그 그림을 마주 향해 제를 지냈다."[133] 이는 황로가 일종의 종교 형식으로 불교와 함께 왕실 귀족에 의해 신봉되었음을 설명해준다.

위진 이후 유·도·불교는 서로 영향을 미쳐 아주 자연스럽게 "3교는 한 가족(三教一家)", "3교는 같은 근원(三教同源)"의 사상이 나타나게 되었다. 위진남북조의 민족 대융합 과정에서 유·도·불 3대 교파의 경전과 사상은 변경 지역에까지 전파되어 동북 고구려의 거주 지역에도 전해졌다. 그 가운데서 유교 학설과 사상의 형성이 상대적으로 빨랐는데 한(漢) 왕조의 통치 사상이기도 하였기 때문에 고구려로 전해진 시기도 상대적으로 빨랐다. 이에 비해 불교가 전해진 것은 조금 늦었다. 『삼국사기』「고구려본기」에 소수림왕 "2년(372) 여름 7월 진왕(秦王) 부견(符堅)이 사신과 승려[浮屠] 순도

---

133) 『후한서』 권30 「양해전(襄楷傳)」, 권42 「초왕영전(楚王英傳)」.

(順道)를 파견하여 불상과 경문을 보내므로 왕은 사신을 파견하여 사례하고 방물을 바쳤다"고 기록되어 있다. 부도(浮屠)는 산스크리트의 음역으로 부처(佛)란 뜻이며 "부도(浮圖)"라고 부르기도 한다. 원래는 "불타(佛陀)"라고 하였는데 한어(漢語)로는 '깨닫는다'는 뜻으로 여러 생명을 깨우친다(覺悟)는 말이다. 또한 승려나 불탑을 가리키기도 하였다. 374년(소수림왕 4)에 "중 아도가 왔다", 375년(소수림왕 5) "봄 2월 처음으로 초문사(肖門寺)를 창건하고 순도(順道)를 이 절에 두고, 또 이불란사(伊弗蘭寺)를 창건하고 중 아도(阿道)를 이 절에 두었다. 이것이 해동 불법의 시초다" 등에서도 볼 수 있다.

이 두 절은 당시 고구려 도성인 국내성 안에 있었을 것이지만 현재 이 절들의 원래 위치는 알기 힘들다.

1985년 8월 집안시의 한 인쇄 공장을 새로 짓는 과정에서 땅거죽 1.4m 아래 지점의 토층에서 금동불상 한 점과 고구려 시대의 홍색 기와, 회색 토기 조각들이 나왔다. 불상은 석가모니 좌상으로 아래 부분에는 수미좌(須彌座)가 있었겠지만 아쉽게도 떨어져 나가고 없었고 잔고는 7.0cm였다.[134] 이곳은 고구려 절터였을 가능성이 크다.

평양에서 조선의 고고학자들은 금강사(金剛寺), 중흥사(重興寺), 락사(樂寺), 정릉사(定陵寺) 같은 절터를 발굴하였다.

금강사는 탑을 중심으로 한 팔각 목조 구조로 되어 있는데 지름은 25m 정도로 탑의 기초는 자연 암석을 팔각형으로 가공하여 만들었다. 탑 앞에는 10.57m의 절의 바깥문터(山門址)가 있다. 탑의 동서 양쪽 10m 남짓 떨어진 곳에는 집터(側殿)가 있으며, 탑의 북쪽 14.65m 지점에는 대전터(大殿址)가 있는데 대전의 동서 길이는 32.50m, 남북 너비는 20m쯤 되었다.

고국양왕 말년(392) "3월 불교를 숭배하여 복을 받게 하라는 교서를 내

---

134) 집안시박물관 분류(擔案) 자료.

렸다." 즉, 고구려 왕은 명을 내려 불교를 국교로 삼았다.

도교는 이보다 좀 더 늦은 시기에 들어왔다.

『삼국사기』에는 영류왕 7년(624) 당 고조 이연이 "도사에게 명하여 천존상과 도법을 가져와 『노자』를 강의하도록 하므로 왕과 나라의 사람들이 그것을 들었다." 8년(625)에는 "왕이 당에 사람을 파견하여 불교와 도교의 교법을 배우길 청하여 황제가 그것을 허락하였다"고 되어 있다.

보장왕 2년(643) 봄 3월 "소문(蘇文)이 왕에게 아뢰기를 '삼교는 비유하면 솥의 발과 같으므로 하나라도 빠져서는 안 됩니다. 지금 유교와 불교는 아울러 성하나 도교는 아직 성하지 않으니 이른바 천하의 도술을 갖춘 것이 아닙니다. 청컨대 사자를 당에 파견하여 도교를 구하여 나라 사람들을 가르치시기 바랍니다'라고 하니 대왕도 그렇다고 하였다. 글을 보내어 청하니 당 태종은 도사 숙달 등 여덟 명에게 노자 『도덕경』을 주어 보내왔으므로 왕은 기뻐하며 절에 그들을 머물게 하였다."

고구려 벽화에서 관련 내용을 살펴보면 불교, 도교가 고구려 지역에 들어와 영향을 미친 시기는 문헌의 기록보다 더 빠르다고 할 수 있다.

집안에서 지금까지 발견된 고구려 벽화의 절대 다수에 채색된 연꽃이 그려져 있는데 정면에서 본 것, 옆면에서 본 도안이 있고, 꽃가지와 꽃봉오리 그리고 연꽃 화생(化生) 도안도 나타난다. 또한 벽화의 주체 또는 벽화의 바탕이 된 것도 있다. 연꽃은 순수, 정결의 형상으로 불교의 상징적인 꽃이다. 불교의 정토종(淨土宗)에서는 "극락 세계" 사람들은 연대(蓮臺)에 앉고 연꽃을 밟는다고 여기며 심지어는 염불 공행의 깊고 얕은 차이에 따라 연꽃 역시 9등급으로 나누기도 한다. 그리고 미타의 정토는 연꽃에 두었기 때문에 정토는 바로 연꽃을 가리킨다. 고구려 귀족 무덤 여러 곳에서 연꽃을 그렸다는 것은 무덤 주인이 생전에 불교를 믿었거나 최소한 불교와 밀접한 관련이 있었다는 것을 설명해준다. 그 가운데서 연대가 꽤 빠른 벽화 무덤인 씨름무덤, 춤무덤은 대략 4세기 전후의 것이다. 여기에서 주목할 점은 도교에서 신봉되었던 사방신인 청룡, 백호, 주작이 이미 춤무덤 고임의 동, 서, 남 3면에서 나타난다는 점이다. 이는 불교, 도교 사상이 고구려에 들어와 영향을 미친 시기가 문헌의 기록보다 여러 해 앞선다는 것을 설명해준다.

고구려 벽화에는 종교를 신봉하는 그림이 적지 않은데 가장 흥미로운 것을 꼽자면 장천1호무덤과 다섯무덤4호를 들 수 있다.

장천1호무덤의 앞방 고임 동쪽의 두 번째 천장돌에는 무덤 주인 남녀의 배불도(拜佛圖)가 그려져 있다. 한가운데에는 두 손을 합장하고 수미좌에 결가부좌(結跏趺坐)한 부처가 있는데 수미좌 좌우로는 불법을 보호하는 흰 사자가 입을 벌리고 혀를 내밀면서 앉아 있다. 부처의 얼굴은 풍만하고 상투를 틀고 있으며 수염이 나 있고 이마에도 잔털이 나 있다. 두 눈은 가늘게 뜨고 있는데 그 모습은 단정하며 흰색의 큰 옷을 어깨에 두르고 있다. 등 뒤로는 아치형의 후광이 비치고 그 안으로는 불꽃 모양이 장식되어 있다. 후광의 위쪽 주변은 짙은 녹색의 줄무늬 휘장으로 장식되어 있다. 불상의 왼쪽에는 한 쌍의 남녀가 손에 양산을 들고 있으며 그 뒤를 두 명의 시녀가 뒤따르고 있다. 가장 뒤쪽 면에는 두 동자의 얼굴을 한 연꽃 화생 그림이 그려져 있다. 불상 오른쪽에는 머리가 땅에 닿도록 경건하고 정성스럽게 절을 올리는 남녀 무덤 주인이 있다. 남자 주인이 앞쪽에 있는데 머리에는 상투가 있고 검고 붉은 꽃이 있는 저고리와 검정색 십자(十字) 무늬가 장식된 하얀색 바지를 입고 있다. 여자 주인은 그 뒤에 있는데 머리를 단정하게 하고 얼굴에는 분을 발랐으며 입술은 붉게 칠하였다. 그리고 어깨에는 검은색 수건을 두르고 하얀색 치마를 입고 있는데 허리에는 검은색 허리띠를 하고 뒤는 리본 모양의 매듭을 하였다. 주인 뒤쪽에는 두 명의 시녀가 서 있다. 위쪽에는 두 비천상이 그려져 있는데 그 모습이 우아하다. 띠를 두르고 춤을 추고 있는데 모두 후광이 있다. 빈 공간에는 상서로운 구름과 채색 연꽃이 장식되어 있다.

배불도 양쪽의 두 번째 천장돌에는 각각 네 보살이 그려져 있는데, 뒤쪽에서 빛이 나는 가운데 보살들은 연대를 밟고 있으며 그 모습에 활기가 있다. 보살 사이에는 상서로운 구름이 그려져 있고 양쪽에는 연꽃에서 화생(化生)하는 두 동자의 얼굴이 그려져 있다. 팔존보살이 주인의 배불도를 꾸며주고 있어 고구려 귀족이 부처를 참배하는 생동감 있는 한 폭의 그림이 되었다.[135] 남녀 무덤 주인이 생전에 경건하게 부처를 모시고 사후에는 정토에 올라 영원히 불문에 귀의하기를 희망한 것으로 보인다. 이것은 고구려 벽화에서 특히 귀중한 그림이다.

배불도 가운데 부처의 형상은 낙양(洛陽)의 용문(龍門), 대동(大同)의 운강(雲岡) 같은 중원 석각 조상의 석가 형상과 대체로 비슷하며 신비로운 자태와 옷차림은 더더욱 비슷하다. 벽화에 나타난 고구려 부처는 수염을 기르고 있는데, 이것은 옛 인도의 귀상(貴霜) 왕조(쿠산 왕조를 말함. 쿠산 왕조는 1세기 중반~3세기 전반 인도 및 중앙아시아에 존재했던 나라)의 석조 불상과 동일하다. 그리고 수미좌와 호법(護法) 사자는 분명한 지역 특색을 띠고 있다. 연꽃 화생은 불교의 아름다운 전설인데, 염불을 통해 미타정토에서 태어난 사람은 모두 연꽃 안에서 산다는 것이다. 『연종보감(蓮宗寶鑑)』8에서는 "정토에 나서 그 연꽃에 들어가 모든 쾌락을 얻는다(當生淨土, 入彼蓮胎, 受諸快樂.)", 『소경문지기(小經聞持記)』에는 "한 생각으로 신을 깨우쳐 저 연꽃 세상에 태어나기를 바란다(一念神識, 託彼蓮胎.)"고 하였다. 장천1호무덤에는 앞방 천장에만 열 개 남짓한 '두 동자 얼굴이 그려진 연꽃 화생 그림

---

135) 길림성문물공작대(吉林省文物工作隊) · 집안현문물보관소(集安縣文物保管所), 「집안 장천 1호벽화무덤(集安長川一號壁畵墓)」, 『동북 고고와 역사(東北考古與歷史)』, 1982년 제1집.

(雙童子面蓮花化生圖)'이 그려져 있다. 각각 한 송이 피어나는 연꽃으로 그 연꽃 안에서는 후광을 가지고 있는 두 동자의 얼굴이 나타나 있다. 그 모습은 살아 움직이는 것 같으면서도 아름답다. 벽화의 연대는 약 5세기 말에서 6세기 초로 고구려 귀족 사이에 불교가 광범위하게 퍼져 있는 상황을 생동감 있게 그리고 있다.

당시 고구려 도성과 각 지역에는 다양한 규모의 불교 사원이 있었다. 최근 집안 경내에서는 잇달아 몇 점의 불상이 출토되었다. 출토 지층은 고구려 문화층에 해당하며 고구려 통기와 수막새 조각과 꽤 많은 양의 토기 조각이 함께 출토되었다. 고구려 시기의 각종 불상이 출토되는 것은 당시 불교의 영향과 위치를 더 자세하게 증명해주는 것이다.

다섯무덤4호 벽화는 6세기 말에서 7세기 초의 작품이다. 벽화의 주체 부분은 4방 4신으로 무덤 방 남벽에 주작을 그리고 북벽에는 현무, 동벽에는 청룡, 서벽에는 백호가 그려져 있다. 한대 사람들은 사신을 천상의 네 신령(神靈)으로 보고 "4령(四靈)"이라고도 불렀다. 다른 주장에 따르면 그들은 천상의 남·북·동·서 4방에 분포하여 "정사방(正四方)"의 작용을 한다고 한다. 한대의 벽화, 화상석, 화상전과 청동거울, 수막새에는 모두 4신의 형상이 나타난다. 이후 도교가 신봉되면서 이는 도교의 방위 신과 길상신(吉祥神)이 되었다. 다섯무덤4호와 같은 시기의 다섯무덤5호, 사신무덤 그리고 좀 더 이른 시기의 춤무덤, 세칸무덤(삼실묘), 장천1호무덤도 역시 벽화가 4신 위주이거나 고임에 4신 그림이 나타나 일정한 도교적 색채가 나타난다. 이뿐 아니라 다섯무덤4호의 4신 그림 주위에 그려진 그물 모양의 무늬 안에는 독특한 인물이 그려져 있는데 이것은 유·불·도 "3교 합일(三敎一合)"의 형상을 그린 그림이다.

4호무덤의 4신을 둘러싸고 있는 그물 모양의 무늬 안에는 모두 열 명의 인물이 그려져 있다. 연대(蓮臺) 위에 앉아 있거나 서 있는 등 그 모습은 서로 다르다. 그 가운데 대부분의 인물이 유학자의 형상인데 머리에는 높은 유관(儒冠)을 쓰고 몸에는 유가의 옷을 입고 있는데, 소매가 넓고 허리띠를 하고 있으며 색깔은 서로 다르다. 또 검은 신을 신고 연대 위에 올라 있으며 손에는 부채를 들고 있다. 이는 고구려 벽화에 나타나는 보통 인물의 복장과는 차이가 있는 것이다. 주의해서 봐야 할 것은 서벽 오른쪽 위에 한 사람이 연대 위에서 무릎을 꿇고 앉아 있는 모습인데 이 사람에 대해 원 보고서에는 "머리엔 상투를 틀고 하얀색 옷깃이 있는 홍갈색 두루마기를 입고 있는데 흰 띠로 허리를 졸라매었다. 연대 위에 꿇어앉아 있는데 오른손에는 책을 들어 눈앞에 놓고 왼손은 무릎 위를 가볍게 스쳐 지나가는데 정신을 집중하여 글을 읽고 있다"[136]고 되어 있다. 자세하게 원래 벽화를 살펴보면 이 사람이 기본적으로 머리카락이 없는 대머리로 옅은 황색 옷깃이 있는 건타(乾陀)색(붉은색이 많고 검정색이 적어 청색에 가깝다)의 승복 – 가사를 입고 있으며 정신을 집중해서 불경을 읽고 있다는 것을 알 수 있다. 이것은 고구려 벽화 가운데서 지금까지 유일하게 볼 수 있는 불경 읽는 승려의 그림이다. 북벽의 왼쪽 아래에도 한 사람이 맨발로 연대 위에 앉아 있는데, 왼쪽 다리는 구부리고 오른쪽 다리는 폈으며 머리를 헤치고 고개를 숙이고 있다. 몸에는 녹색 깃털 옷(羽衣)을 입고 있는데 한쪽 손으로는 땅에 팔괘를 그리고 있어 엄연한 도사의 모습이다. 4호무덤에 그려진 유·불·도의 형상을 한 방에 모아 놓은 그림은 고구려 벽화에서 흔히 볼 수 있는 것이 아니지만 고구려 사회의 3교 사이의 관계를 충실하게 재현한 것이라고 할 수 있다. 벽화가 그려진 연대는 대략 6세기 말로서 중원은 당시 남북조 시기였다. 이 시기의 북위 탁발도(拓跋燾)와 북주 우문옹(宇文邕)이 경

---

136) 길림성박물관, 「길림성 집안시 다섯무덤4호와 5호 옛무덤 정리에 대한 간략한 기록(吉林集安五盔墳四號和五號古墓淸理略記)」, 『고고(考古)』, 1964년 제2기.

제, 정치의 이유로 불교를 박해한 것을 제외하고 그 나머지 지역에서는 불교를 크게 제창하였다. 양 무제 소연(蕭衍)은 심지어 불교를 국교로 정하기도 하였다. 남북방의 여러 나라에서는 앞 다투어 절과 탑을 만들었고 석굴을 만들었다. 승려뿐만 아니라 귀족, 나아가 황제도 친히 불경과 설법을 익혔다. 도교는 양나라 도홍경(陶弘景), 북위 구겸지(寇謙之)의 개혁을 통해서 완전한 통치 계급의 종교가 되었다. 탁발도는 "북방 태평진군(北方太平眞君)"이란 신분으로 도교를 국교로 삼았다. 이 시기에 불교와 도교가 성행하기는 하였지만 유교 사상은 여전히 중요한 지위를 차지하고 있었다. 비록 서로 정통이라고 다투고 승려와 속인(俗人)이 정치의 주도권과 경제적 이익을 이유로 다투어 유 · 불 · 도 사이에는 끊임없는 싸움이 발생하여 불교를 훼손하는 현상까지 나타나기도 하였지만 통치 계급에게 통치의 근본 이익을 유지한다는 측면에서 유 · 불 · 도는 완전히 일치되었다. 이 때문에 남북방 통치자들은 유 · 불 · 도 "삼위일체(三位一體)"를 이용하여 자기의 통치 사상으로 만들었던 것이다. 다섯무덤4호 벽화의 유, 불, 도의 형상은 한 무덤 방의 네 벽에 그려지게 되었고 이는 고구려의 상층 왕공 귀족의 통치 사상이 중원의 여러 나라와 마찬가지로 유 · 불 · 도 "삼위일체(三位一體)"의 사상이었음을 잘 보여주고 있다.

【 4. 비석 석각 】

비석 석각은 돌 위에 문자와 도안을 새긴 것을 가리키는데 문학 범주인 비문, 문자, 시문에 속하며, 예술 범주인 서법, 전각, 미술에도 속한다.

1) 호태왕비

고구려 제19대 왕인 광개토경평안호태왕(廣開土境平安好太王)의 묘비이다. 동진 안제(安帝) 의희(義熙) 10년(414) 고구려 도성인 국내성의 우산(禹山) 아래 동쪽 언덕에 세워졌다. 지금의 집안시 태왕개발구 대비촌(大碑村)으로 시내에서 서쪽으로 4km 떨어져 있다.

호태왕비는 한 덩이의 커다란 각력응회암(角礫凝灰巖)을 약간 가공하여 만든 것으로 높이가 6.39m, 너비는 1.34~2.00m로 조금 차이가 있다. 너비가 가장 넓은 곳을 재보면 제1면 1.61m, 제2면 1.44m, 제3면 2.00m, 제4면 1.45m로 네 면을 돌아가면서 예서체로 비문을 새겼다. (제1면 11행, 원래 449자. 제2면 10행, 원래 387자. 제3면 14행, 원래 574자. 제4면 9행, 원래 365자.)

원래는 모두 1775자가 있었는데 현재 남아 있는 글자는 1600자 정도이다. 내용은 대체로 세 부분으로 나눌 수 있다.

첫째 부분은 1면의 1~6줄[行]로 고구려 건국의 신화 전설을 기록하고 앞 세 왕의 계승 관계에 대해서 "유리왕은 나라를 크게 일으켰고 대주류왕이 국업을 이어 발전시켰다"고 기록하였다. 17세 손 국강상광개토경평안호태왕에 이르러 "은택이 하늘에까지 미치고 그 위무는 사해를 떨쳤다. □□을 쓸어 없애니 백성은 편안히 그 직업에 종사하고 나라가 부강하여 백성이 편안하였으며 오곡이 풍성하게 익었다. 그러나 불행하게도 하늘이 돌보지 않아 39세에 세상을 버리고 나라를 떠났다(391년 즉위, 412년 죽음, 재위 22년). 갑인년(414) 9월 29일 을유에 산릉으로 옮기고 비를 세워서 훈적을 기록하여 후세에 알리고자 한다." 여기에는 비를 세운 시기와 장소, 이유가 아주 분명하게 기록되어 있다.

둘째 부분은 1면의 7줄에서 3면 8줄까지로 호태왕 일생의 중요한 군사 활동과 혁혁한 전공을 주로 기록하였다.

영락 5년(395) 을미에 왕은 비려(碑麗)가 조공을 하지 않았기 때문에 □
□ 친히 군대를 인솔하고 가서 토벌하였다. 부산(富山)과 총(늼, cōng)산
을 지나 염수에 이르렀다. 세 부족 600~700의 영을 깨뜨리고 소, 말, 양을
사로잡은 것이 헤아릴 수 없을 정도로 많았다.

6년 병신(396)에 왕은 친히 수군을 거느리고 잔국을 토벌하였다. ……58
개성, 700촌을 얻었다. 이 전쟁의 원인인 백잔과 신라는 예로부터 속민으로
서 조공을 바쳐왔다. 그리고 왜가 신묘년부터 건너와 백잔, □□신라를 파
하여 이를 신민으로 삼았다. 6년 병신에 왕은 친히 수군을 거느리고…….

8년 무술(398)에 군대 일부를 파견하여 숙신의 토곡을 시찰하고 막사나
성(莫斯羅城), 가태나곡(加太羅谷)에서 남녀 300여 명을 사로잡아 돌아왔다.

9년 기해(399)에 백잔이 맹세를 어기고 왜국과 통교하여 왕이 평양으로
순행하였다.

10년 경자(400)에 보병과 기병 5만을 보내 신라를 구원하였다.

14년 갑신(404)에 왜가 법도를 지키지 않고 대방 경계를 침입하였다. □
□□□□ 석성을 □ 하고, 연선(連船) □ 하고, □□□□ 왕이 군사를 이끌고
가 토벌하였다(王 躬 率 往 討).

17년 정미(407)에 교시를 내려 보병과 기병 5만을 파견하여 □□□□□
□□□. 왕사(王師) □□ 합전하여 참살 소탕하니 적으로부터 노획한 갑옷
이 1만여 벌에 이르고 군수품과 장비가 헤아릴 수 없이 많았다.

20년(410) 동부여는 옛날 추모왕의 속민이었는데 중간에 배반하여 조공
을 하지 않았다. 왕은 친히 군대를 거느리고 토벌하러 갔는데 군대가 부여
성에 도착하니 부여의 온 나라가 놀랐다.

이상의 전쟁 기사에서 호태왕은 고구려 군대를 거느리고 백제 64개성,
1400개 촌을 얻게 된다. 만약 문헌에 기록된 전쟁 기사를 더하면 호태왕은
무수한 전쟁에서 백전백승하였다고 할 수 있다.

세 번째 부분은 3면의 8줄에서 4면 끝난 곳까지로 호태왕 수묘연호(守墓
烟戶)의 기원과 수량 및 관련 제도를 새겼다. 그 가운데 새로 들어온 한예
(韓穢) 국연(國煙), 간연(看煙) 220집을 포함하여 구민(舊民) 국연, 간연 110
집까지 총 330집이다.

비문에는 호태왕이 살았을 때의 가르침이 새겨져 있는데 선조, 선왕 이
래로 능묘에 비석을 갖추지 못하여 무덤을 지키는 연호(煙戶)들이 잘못되는
사태가 생기게 되었다. 국강상광개토경평안호태왕이 선조, 선왕의 무덤에
비명을 세워 그 연호가 잘못되지 않도록 명령하였다. 그리고 수묘인 제도를
제정하여 무덤을 지키는 사람에 대해 지금부터 서로 팔아넘기지 못하게 하
고 아무리 부유한 사람이라도 마음대로 사가지 못하게 할 것이며, 만약 이
법령을 위반하고 파는 자는 형에 처하며 사는 사람은 법령을 마련하여 그로
하여금 무덤을 지키게 하도록 하였다. 수묘 연호를 매매할 수 없도록 제도
로 만들어 비석에 새김으로써 후대 사람들이 지키도록 하였다.

호태왕비는 1877년(광서 3) 다시 발견되어 이미 100여 년이 흘렀다. 중
국, 일본, 조선, 한국의 학자들은 이에 대해 깊이 연구하여 많은 논문과 저작
들을 발표하는 등 그동안 많은 성과를 거두었다. 그러나 새로운 문제들이 아
직도 남아 있기 때문에 이에 대해서는 좀 더 자세한 연구를 기다려야 한다.

2) 중원 고구려비

1979년 4월 8일 단국대학교박물관 학술조사단은 한국 충청북도 중원군 가
금면 용전리 입석촌에서 고구려 시대의 석비를 발견하였다. 과거에도 줄곧
이곳에 서 있었으나 위에 이끼가 끼어 있었기 때문에 글자를 볼 수 없었고
마을 사람들도 글자가 없는 비석으로 알고 있었다. 심지어는 이 비석에 대

고 자손의 번성, 평안, 길상(吉祥)을 빌었는데, 오히려 그 덕에 비석이 잘 보존될 수 있었다. 결국 그러다가 1979년에 이르러서야 비로소 글자가 해독되었고, 그로 인해 고구려비라는 것이 증명되었다.

석비는 한 덩이의 쑥돌(화강암)을 다듬어 만든 것으로 네모난 기둥 모양이다. 전체 높이는 144cm이며 지상 부분은 135cm이다. 너비는 55~59cm, 두께는 37~38cm이다. 글자의 마모 정도가 꽤 심하고 글자의 크기는 대략 3~5cm 정도이다. 비석의 형태는 호태왕비와 아주 흡사하나 크기는 상대적으로 아주 작다.

중원고구려비의 비문은 예서체로 사면을 돌아가면서 새겼는데 오른쪽부터 내려 적었다. 앞면의 글자는 10줄로 되어 있고 줄마다 23자씩이다. 왼쪽 면의 글자도 7줄로 줄마다 23자씩으로 되어 있다. 뒷면의 글자는 9줄로 되어 있는데 줄마다 23자이며 오른쪽 면의 글자는 6줄에 줄마다 23자로 되어 있다. 원래의 글자 수는 730자 정도로 추정된다. 실제 탁본과 판독을 통해 한국 학자들이 읽을 수 있었던 것은 앞면과 좌측 면에 있는 대부분의 글자들로 가장 많게는 279자, 적은 경우에는 216자를 읽을 수 있었다.[137] 일련의 노력을 통해 우리는 이미 368자를 읽을 수 있었는데 이는 원래 글자의 절반 이상을 차지하는 것이다.[138]

중원고구려비의 내용은 주로 신라 왕과의 관계에 대한 기사들로, 호태왕에서부터 장수왕 때까지 줄곧 신라 왕에게 명을 내리고, 대대손손 친형제와 같이 상하가 융합하기를 바라며 신라 왕에게 동이의 여러 작은 나라를 관리하는 일을 맡아보도록 하는 내용이다. 고구려는 신라 왕을 통하여 반도 남

---

137) [韓] 이병도(李丙燾), 「중원고구려비에 관하여」; 임창순(任昌淳), 「중원고구려비 고묘 소고(中原高句麗古墓小考)」, 『사학지(史學志)』 1979년 제11집.
138) 경톄화, 「염모 묘지와 중원고구려비(冉牟墓誌與中原高句麗碑)」, 『고구려연구』 제10집, 학연문화사, 2000년 12월.

부의 일을 관리함으로써 그 남하 정책을 실시하였던 것이다.

고구려가 신라 왕을 어루만져 위로하고 변경을 안정시키고자 하였던 사상은 태자가 신라 왕과 남방 여러 나라에 명한 것이었다. 여기서 태자는 아마도 당시까지 즉위하지 않았던 문자왕 나운(羅雲)을 가리킬 것이다. 그는 조부 장수왕 — 비문에서 조왕(祖王) — 의 명을 받들어 전부대사자(前部大使者) 다혜환노(多兮[139]桓奴)와 주부(主簿) 추덕(酋德) 같은 사람들을 거느리고 신라 북부와 고구려와의 접경 지역에 가서 이 일을 처리한 뒤 비석을 세워 증거를 남겼다.

태자와 수행원들은 신라 왕과 동이 여러 소국의 왕에게 의복과 물품을 상으로 내리고 절교(節敎)를 받도록 하는 동시에 그곳의 백성, 노객(奴客), 식개(食丐) 등을 위로하였다.

신라 왕과 동이 여러 왕들은 신라 경내에서 300명을 모아 벌성(伐城) 일대에서 전부대사자 다혜환노와 주부 추덕 등을 도와 변경의 유민을 위로하였다.

백제 왕은 고구려와 신라가 우호적으로 왕래하고 변경을 위로하는 것을 보고 신라 하부에 발위사자(拔位使者) 공모(共謀)를 보내 신라 경내에서 300명을 모으려고 하였으므로 신라 변경에서는 소동과 불안이 일어났다. 그래서 고구려는 군사를 보내 벌성을 공격하여 정세를 안정시켰던 것이다. 좌우 측면의 내용에서는 군대의 활동과 절제(節制), 상을 하사하는(賞賜) 등의 내용이 있었으나 애석하게도 마모 정도가 심해서 읽기가 힘들다.

비문의 내용과 비와 관련된 기년(紀年)의 글자로 추정해보면 중원고구려비는 장수왕 63년(475)에 세워진 것이 마땅하며 늦어도 장수왕 말년을 넘지는 않았을 것이다.

---

139)【옮긴이】한국 학계에서는 혜가 아닌 우(于)로 판독한다. 고구려연구회, 『고구려연구』제10집(중원고구려비 연구 — 고구려연구회 제6회 국제 학술대회 특집호), 학연문화사, 2000년 12월.

3) 사람꼴의 석각(人像石刻)

옛날에는 화상석각 또는 인면석각으로 불렀는데 집안시 제6중학 뒷산 비탈에 있는 우산3319호무덤 왼쪽 뒤에 있다. 쑥돌 위에 단선(單線)으로 음각(陰刻)하였는데 그림의 길이는 104cm, 너비는 54cm이다. 사람꼴의 정면은 반신(半身)으로 머리의 절풍관(折風冠)은 절반이 끊어져 마름모꼴의 아랫부분만 남아 있다. 얼굴은 위가 넓고 아래가 갸름한 복숭아 모양을 하고 있고 두 눈썹은 휘어져 있으며 두 눈은 가늘고 길며 좁은 원형이다. 오른쪽 귀는 두 겹으로, 왼쪽 귀는 한 겹으로 되어 있는데 귓불 아래로는 귀걸이를 늘어뜨리고 있다. 목은 곧고 길며 두 팔은 반원형의 선으로 새겨 간단하면서도 대범하게 표현하였다. 가슴 앞의 두 젖꼭지 둘레로는 둥근 점으로 화환(花環)을 새긴 것이 있는데 그 가운데는 쌍(雙) 십자형으로 되어 있다. 화면 전체는 화환을 들고 있는 반신의 사람인데 이것은 무덤과 밀접한 관련이 있으며 애도와 참배의 의미를 형상화하여 표현한 것이다.

3319호무덤은 방단 계단 벽돌방 무덤(方壇階梯塼室墓)으로 두 개의 딸린 방이 있고 정사(丁巳) 기년 수막새와 여러 점의 청자 반구 항아리가 출토되었다. 이 무덤은 대략 4세기 중엽의 왕릉으로 추정된다.

4) 돌기둥(石柱), 글자 없는 비석(無字碑)

돌기둥은 집안역 앞에서 500m 떨어진 한 민가의 마당 안에 있다. 두 기둥의 거리는 40m로 모두 바른네모뿔(방추형)이다. 동쪽의 기둥은 높이가 2.2m, 너비가 34cm, 64cm이다. 서쪽의 것은 높이가 3.6m, 너비는 40cm, 77cm이다. 부근에는 고구려 건축 유적이 있는데 넓이가 대략 5000㎡가량

되며 많은 양의 판기와와 통기와가 출토되었다.

이 한 쌍의 돌기둥의 위치와 거리 그리고 부근 건축 유적을 근거로 하여 살펴보면 이는 건축군 앞의 석궐(石闕)[140]을 세운 것으로 볼 수 있는데 후세에 나타나는 화표(華表)[141]와 비슷한 것이다.

또한 집안 경내에서는 3기의 글자가 없는 비석이 발견되었는데 이를 갈(碣)이라고 부르기도 한다. 하나는 통구무덤떼 산성하무덤구1411호무덤 앞에 있다. 이 무덤은 문과 방이 각각 두 개인 봉토무덤이다. 1994년에 무덤을 중점적으로 수리하였는데 봉토를 두텁게 하고 널길과 무덤 문을 수리하였다. 그리고 무덤 기초의 동북쪽 봉토에 넘어져 있는, 글자 없는 비석을 무덤 앞의 두 문 사이에 세워두었다. 돌비석은 쑥돌을 다듬어 만들었으며 위가 가늘고 아래가 넓은 팔각 기둥 형태를 하고 있는데, 꼭대기 부분은 끝이 무딘 팔각추 모양을 하고 있다. 기둥 몸체의 여덟 변 길이는 약간 차이가 있으며 형태는 그렇게 규칙적이지는 못하나 보기에는 모서리 각이 분명하다. 꼭대기 부분 팔각추의 아래 지름은 48cm, 높이는 14cm, 기둥 몸체의 지름은 85cm, 전체 높이는 116cm이다.

다른 하나는 우산무덤구1080호무덤 앞의 마을길 옆에 세워져 있다. 1976년 7월 정리, 발굴할 때 봉분 윗부분의 도굴 구멍을 메우는 과정에서 발견되었는데 비의 몸체는 흙 속에 거꾸로 파묻혀 있었으며 방형의 밑 부분이 하늘을 향해 드러나 있었다. 비석은 원래 무덤 꼭대기에 세워진 것으로 추정되는데 무덤을 정리한 뒤 길 옆으로 옮겨지게 되었다

돌비석은 한 덩이의 쑥돌로 다듬어 만들어졌으며 형태는 위가 둥글고 아래는 네모졌다. 전체 높이는 160cm로 납작하고, 얕은 밑받침의 평면은 긴

---

140) 【옮긴이】 무덤 앞의 돌문.
141) 【옮긴이】 무덤 앞에 세우는 문, 망주석 따위.

네모꼴 모양으로 길이는 97cm, 너비는 73cm, 높이는 27cm이다. 비 몸체의 아랫부분은 밑받침과 같으나 다만 네모꼴로 정연하게 깎여 있어 횡단면은 네모꼴을 띤다. 비 몸체의 여덟 개 선은 뚜렷하고 꼭대기 부분은 둥근 모양 이다. 가운데의 음각은 팔각형으로 팔각과 비 몸체의 여덟 능선은 서로 대 칭한다. 비 표면의 풍화와 부식이 꽤 심하며 탁본을 해보았으나 글자를 새 긴 흔적은 나타나지 않았다.[142]

1995년 8월 다섯무덤3호무덤 앞에서 세 번째로 글자 없는 비석이 발견 되었는데 형태는 앞의 2기와 다른 것이 있었다. 한 덩이의 쑥돌을 다듬어 만들었는데 꼭대기 부분은 네 변 마름모추 모양을 하고 있으며 아랫부분은 약간 네모난 기둥 모양이었다. 네 개의 능선은 약간 휘어져 있으며 아랫부 분은 납작하고 얕은 긴 네모꼴을 띠고 있다. 한쪽 모서리가 심하게 떨어져 나갔는데 그 반대쪽 훼손은 그다지 심하지 않다. 전체 높이는 140cm, 윗너 비는 80cm, 아랫너비는 70cm이다.

이상 3기의 석비는 모두 글자가 없는 것이기 때문에 그 성질에 대해서는 정확한 판단을 내리기가 힘들다. 추측컨대 고구려 왕릉에 세운 석비같이 수 묘연호(守墓煙戶)를 표기하는 데 이용하였을 것이다. 글자를 볼 수 없는 원 인은 아마도 새긴 것이 아니라 쓴 것이어서 글자가 지워졌기 때문인 것으로 보이며 원래부터 글자가 없었을 가능성도 크다.

호태왕비와 중원고구려비에서부터 이러한 석각, 벽돌 명문 등을 통해 고 구려인의 서법 예술 풍격을 가늠해볼 수 있다. 물론 고구려인의 가장 대표 적인 서법의 수준과 풍격이 나타나는 것은 호태왕비이다. 호태왕 비문의 글 자체에 대한 견해는 여러 가지가 있다. 팔분(八分)[143]이라고 하기도 하고 예

---

142) 길림성 문물지편위회(吉林省文物志編委會), 『집안현 문물지(集安縣文物志)』, 1984년 판, 94~96쪽.

서(隸書)라고도 하며 또한 예서와 해서(楷書)의 중간이라고도 하는가 하면 전서(篆書)와 예서 그리고 해서가 모두 섞여 있다고 하거나 진서(眞書)라고 보기도 한다. 분석해보면 비문의 필법은 네모난 글이 많으며 굵고 가는 변화가 없고 화사(畵沙)와 같이 평평하고 곧으며 힘이 있다. 그리고 글자의 구조는 대부분이 높이가 같고 가지런하여 크기가 일치한다. 분명 전서의 둥글고 휘어지는 것과는 차이가 있고 진서(晉書)의 필법 변화도 적기 때문에 예서로 보는 것이 정확한 것이라고 하겠다. 다만 이 예서에는 분명한 잠두연미(蠶頭燕尾)가 나타나지 않고 팔분도 하지 않기 때문에 고한(故漢) 예서체로 정하는 것이 합당할 것으로 보인다.

심미적인 면에서도 호태왕비는 자랑할 만한 가치가 있다. 먼저 경계를 격자로 구분함으로써 석비의 거칠고 거대함에서 오는 공허함을 피하여 정제된 미감을 나타낼 수 있었다. 그 다음으로 글자의 크기가 대부분 비슷하지만 글자와 글자 사이, 특히 같은 글자 사이에 필획의 길고 짧음과 방향 그리고 글자의 복잡하고 간단한 형태 등에 가능한 변화를 주었다.

청대 완원(阮元)이 지은 『남북서파론(南北書派論)』에서는 위진남북조 시기의 서법을 "남첩(南帖)"과 "북비(北碑)" 두 파로 나누고 있다. 풍격에서 호태왕비는 소박하고 무거우면서도 호방하고 힘찬 기운이 드러나는 "북비"의 형태에 속한다고 했다.

사람들에게 감탄을 자아내게 하는 것은 집안시 경내의 고구려 무덤에서 1580년 전의 먹으로 쓴 머리글인 염모 묘지(冉牟墓誌)가 보존되어 오고 있다는 점이다. 이 묘지도 경계를 네모꼴(방격자)로 구분하고 썼는데 표제를 제외하고 본문은 모두 79줄이며 줄마다 10자씩으로 되어 있다. 그 가운데 절반 정도가 이미 흔적이 뚜렷하지 않은데 나머지 글자, 특히 글을 쓴 사람

---

143) 【옮긴이】 예서 20%(2分), 전서 80%(8分)쯤을 섞어서 만든 한자 글씨체. 중국 한나라 채 옹(蔡邕)이 지었다.

의 필법 흔적을 분명하게 볼 수 있다. 묘지를 쓴 시기는 호태왕이 죽은 후 얼마 지나지 않았기 때문에 호태왕비와 같은 때라고 할 수 있는데, 글자체 는 호태왕비의 예서체와는 다르다. 필획에서 예서의 가로획은 분명하게 아 래로 삐치는데, 분명한 잠두연미가 나타나거나 파철이 없이 간단한 가로줄 이지만 기본 방향은 모두 수평이다. 그리고 염모 묘지의 가로획은 노봉입필 (露鋒入筆)이거나 장봉수필(藏鋒收筆), 즉 일파삼절(一波三折)의 형태도 없 으며 잠두연미의 형태도 없다. 게다가 기본 방향은 좌에서 우로 올라가는 형태이다. 예서의 삐침과 벌림은 좌우가 상반되어 뚜렷한 "人"자 형으로 필 획은 모두 굵기가 같고 서로 대칭한다. 그러나 염모 묘지의 삐침과 벌림의 굵기는 서로 같지 않고 엄격한 대칭도 아니다. 글자의 구조에서 예서는 일 반적으로 높이가 같고 가지런하며 네모지고 크기가 같은 데 반해 염모 묘지 는 마음대로 쓴 것과 같이 글자가 크거나 작고 거두었다가는 놓는 등 각 글 자의 형태가 모두 다르다. 이 외에도 예서체는 일반적으로 납작하거나 둥근 데 묘지의 글자는 직사각형 형태이다. 이처럼 묘지는 예서체가 아니라 해서 체라고 할 수 있다. 물론 완벽한 해서체도 아닌데 묘지의 여러 글자의 필획 이 단독으로 끊어지는 것이 아니고 연결되었기 때문에 행서의 필체가 나타 난다. 전체적으로 볼 때 묘지는 해서체 형식이 보편적이며 그 가운데 위치 를 차지하는데 정확하게 이야기하자면 행해서(行楷書)에 속한다.

염모 묘지 글자의 필획은 형태상의 변화에도 주의하였는데 들쑥날쑥한 대비를 주어 네모꼴로 경계를 구분한 정연함과 함께 조화로운 효과가 나타 났다. 그 밖에도 묘지의 글자는 아름답고, 유창하며 나는 듯하여 남첩의 운 치도 함께 보여주고 있다.[144]

---

144) 이낙영(李樂榮),「고구려의 서법(高句麗的書法)」,『고구려 역사와 문화 연구(高句麗歷史與 文化研究)』(길림문화출판사, 1997), 331~336쪽.

【 5. 벽화 예술 】

1889년(광서 15) 경사(京師) 탁공(拓工)인 리윈총(李雲從)은 통구에서 호태왕비를 탁본하고 호태왕릉의 글자가 있는 벽돌(文字塼)을 구하였다. 그리고 어느 무덤에 "벽에는 용과 봉이 나타나고 색깔이 새 것과 같다"[145]는 것도 발견하였다. 이것은 분명 고구려 무덤 벽화의 최초의 발견 기록일 것이다.

20세기 초 일본, 프랑스 학자들은 통구로 들어와 실지 조사를 진행하였다. 1935년 9월에서 10월 초까지 일본 학자인 이케우치 히로시(池內宏), 우메하라 스에지(梅原末治), 미카미 스구호(三上次南) 같은 10여 명은 통구의 고구려 유물, 유적을 조사하여 기록하고 측량과 사진을 찍어 『통구(洞溝)』 상, 하권을 출판하였는데 분량이 많고 인쇄도 정교하였다. 여기에 기록된 고구려 벽화 무덤으로는 씨름무덤, 춤무덤, 말구유무덤(馬槽墓), 세칸무덤, 사신무덤, 다섯무덤4ㆍ5호, 거북등껍질무덤(龜甲墓), 미인무덤, 흩어진연꽃무덤(散蓮花墓), 고리무늬무덤(環紋墓), 염모무덤 들이 있다.

20세기 중, 후기에는 중국과 조선 경내의 고구려 벽화 무덤들이 정리, 발굴되었다. 지금까지 발견된 고구려 벽화 무덤은 101기로 증가하였다.

중국 경내: 33기

환인: 장군무덤(장군묘)

집안: 춤무덤, 씨름무덤, 세칸무덤, 사신무덤, 고리무늬무덤, 염모무덤〔옛 이름은 모두루쟈묘(牟頭婁子墓)〕, 말구유무덤〔통구(通溝)12호무덤이라고도 함〕, 다섯무덤4호무덤, 다섯무덤5호무덤, 거북등껍질무덤, 미인무덤, 흩어진연꽃무덤, 하해방무덤구31호무덤, 우산무덤구1041호무덤, 산성하무덤구332호무덤〔왕

---

145) 뤄전위(羅振玉), 『당풍루 금석문자 발미(唐風樓金石文字跋尾)』.

자(王字)무덤〕· 983호무덤〔연화(蓮花)묘〕· 491호무덤 · 798호무덤 · 1305호무
덤 · 1405호무덤 · 1407호무덤 · 1408호무덤 · 1020호무덤 · 1298호무덤〔꺾인천장
무덤(折天井墓)〕· 365호무덤 · 709호무덤 · 1022호무덤 · 1368호무덤, 마선1호무
덤, 장천1호무덤, 장천2호무덤, 장천4호무덤[146) 147)

조선 경내: 68기
평안남도: 13기
평양시 부근: 23기
남포시 부근: 20기
안악 지구: 12기[148) 149)

고구려 벽화 무덤이 분포하는 지역적 특징은 매우 뚜렷한데 대체로 환
인, 집안, 평양 일대에 집중되어 있다. 이들 지역은 고구려의 도성 지역이었
다. 벽화 무덤 가운데는 흙무지 돌방무덤〔봉토석실묘(封土石室墓)〕이 가장
많아 전체의 90% 이상을 차지한다. 그리고 방단 계단벽돌방 무덤〔방단계제

---

146) 경례화 · 니준민(倪軍民), 『고구려 역사와 문화』(길림문사출판사, 2000), 208~209쪽.
147) 【옮긴이】 이 책의 「출판 설명」을 쓴 마다정은 중국 내 벽화 무덤을 30기로 파악하고 있다.
한국 학계 역시 30기로 파악하고 있다. 길림성 문물고고연구소 · 집안시박물관 편저, 『통구
고분묘(通溝古墓群) ― 1997년 조사측회 보고』(과학출판사, 2002)에 따르면 30기가 맞다.
그러나 경례화는 위 보고서에서 벽화 무덤으로 파악한 만보정645호무덤, 우산하 3319호무
덤을 제외하고, 대신 산성하무덤구491호무덤 · 1408호무덤 · 1020호무덤 · 709호무덤 · 1022
호무덤 등 5기를 포함시켜 33기라고 하였다〔쑨런제(孫仁杰), 「고구려 석실묘의 기원」, 『고
구려 역사와 문화 연구』, 1997년 참조〕. 그런데 33기 가운데 만보정무덤구의 1022호 · 709
호, 산성하무덤구의 1020호 · 491호 · 1305호 · 1405호 · 798호 · 1407호 · 1408호 등 9기는
아직 자세한 내용이 공개되지 않는 미발표 벽화 무덤들이다. 현재 중국 지역의 벽화 무덤은
30기에서 최대 35기까지 볼 수 있다.
148) 아즈마 우시오(東潮) · 다나카 도시아키(田中俊明), 『고구려 역사와 유적』〔일본중앙공론사
(日本中央公論社), 1995년 판〕, 295쪽.

석실묘(方壇階石室墓)]의 수량은 상대적으로 적어서 집안 우산무덤구와 산성하무덤구에 몇 기가 있을 뿐이다.

　고구려 무덤 벽화의 내용은 매우 풍부한데 대체로 세 종류로 나눌 수 있다.

　첫 번째는 사회생활을 주요 내용으로 한 벽화이다.

　이 종류에 속하는 벽화의 수량이 가장 많다. 연대가 꽤 이르며 지속 기간도 제법 길었는데 대략 4세기에서 6세기 중엽까지였다. 주요 무덤으로는 씨름무덤, 춤무덤, 세칸무덤, 말구유무덤, 우산무덤구1041호무덤, 마선1호무덤, 장천1호무덤, 안악2호무덤, 안악3호무덤, 대성리1호무덤, 덕흥리무덤, 약수리무덤, 보산리무덤 따위가 있다. 벽화에 표현된 생활 장면은 다음과 같은 것이 있다.

(1) 가정 생활, 연회

씨름무덤, 춤무덤, 안악2호무덤, 안악3호무덤, 덕흥리무덤, 약수리무덤, 대성리1호무덤에 비슷한 그림들이 있다. 그 가운데 씨름무덤, 춤무덤 북벽의 '부처(夫妻)와 첩(妾)이 집안에서 연회를 베푸는 그림(夫妻妾家居宴飮圖)'이 가장 전형적인 예이다. 전체 화면은 처마와 대들보, 휘장으로 실내의 정경을 그려냈다. 남자 주인은 고구려의 귀족으로 우측에는 두 명의 여자가 고

---

149)【옮긴이】북한 지역의 68기는 94년을 기준으로 작성된 자료다. 고구려연구회에서는 97년에 (『고구려연구』제4집 ─ 고구려 고분 벽화 특집호) 71기로 파악하였다. 94년까지 알려진 벽화 무덤에 평양 지역의 남경리 2호분, 평안남도의 경신리 1호분, 남포시의 보림리 1호분 3기를 추가로 포함시켰다. 2004년 전호태는(『고구려 고분 벽화의 세계』, 서울대학출판부) 76기로 파악하였다. 97년 벽화 무덤에 포함시켰던 남경리 2호분과 경신리 1호분을 제외하는 대신, 97년에 알려진 남포시 용리리 1호분, 2001년에 발견된 남포시 태성리 3호분, 2002년에 발견된 은파군 은파읍 벽화 고분, 황해북도 연탄군 송죽리 고분, 평양시 대성동 고분, 금옥리 1호분, 2003년에 발견된 평양시 용악산 고분을 포함시켰다. 반면 2001년 7월 31일자 북한의 『민주조선』에 따르면 북한에서 발견된 벽화 무덤은 모두 91기라고 전하나, 구체적인 벽화 무덤에 대한 언급이 없다. 아직 공식 발굴되지 않은 벽화 무덤이 상당수 있다는 의미로 파악된다. 현재까지 밝혀진 북한 지역에서 발견된 벽화 무덤은 76기에서 78기까지로 볼 수 있겠다.

개를 숙이고 방석에 꿇어앉은 채로 두 손을 모아 가슴에 올리고 무덤 주인을 향해 있는데 아마도 처와 첩일 것이다. 무덤 주인의 좌우에는 상이 그려져 있고 각각 활과 화살, 음식들이 놓여 있는데 처첩의 앞에도 역시 음식상이 놓여 있다. 좌우 그리고 실외에는 남녀 시종이 각각 수건과 식기를 들고 시중들고 있다. 실내에는 남자 주인의 한쪽에 앉아 있는 사람이 보이는데 집 안에 있는 남자이거나 손님일 것으로 보이지만 아쉽게도 얼굴이 분명하지 않아 그 신분을 판단하기는 어렵다.

동벽과 연결된 곳에는 주방이 그려져 있는데 어육을 손질하고 요리를 해서 올리는 사람이 있다. 이러한 그림은 고구려 귀족이 누린 식생활의 상황을 표현한 것이다.

(2) 노래와 춤(歌舞), 잡기〔百戱〕

씨름무덤, 춤무덤, 마선1호무덤, 장천1호무덤, 고산동10호무덤에 모두 이러한 종류의 그림이 그려져 있다.

춤무덤 동벽에 노래와 춤을 추는 장면이 있는데 화면이 꽤 크다. 한 무리의 춤추는 사람들이 가운데에 자리하고 있는데 한 남자가 대열을 향해 두 팔을 움직여서 춤을 지휘하고 있다. 한 남자가 대열을 이끄는 자로서 머리에는 깃털 장식을 하고 있고 두 여자가 그 뒤를 따르고 다시 두 남자가 대열의 마지막에서 두 팔을 움직이면서 춤을 추는데, 동작이 서로 일치하면서 조화를 이루고 있다. 위쪽의 한 남자는 원래 완함을 연주하고 있던 사람이었는데 지금은 두 다리만 남아 있다. 춤추는 무리의 아래로는 일곱 명이 한 줄로 서 있는데 네 명의 남자와 세 명의 여자가 춤추는 사람들을 위해 반주에 맞춰 노래를 부르고 있는 장면이다.

장천1호무덤의 앞방 남벽에도 여러 사람들이 춤추고 노래하는 정경이 그려져 있다. 위쪽의 우측에는 10여 명의 남녀가 반주에 맞춰 노래를 부르고 있고 가운데의 10여 명은 무리를 지어 춤을 추는데, 오른쪽에서부터 왼쪽으로 줄줄이 늘어서서 등장한다. 그 앞에는 한 남자가 춤추는 사람들을 향하여 가슴 앞으로 두 팔을 흔들면서 무대를 이끌고 있다.

　장천1호무덤의 앞방 북벽의 위쪽에는 '잡기(雜技) 하는 그림(百戲圖)'이 그려져 있는데 무덤 주인과 손님이 함께 나무 아래에서 원숭이가 노는 것을 감상하는 모습을 중심으로 전개되어 있다. 가지와 잎이 무성한 커다란 나무 아래와 위로는 각각 작은 원숭이가 재롱을 부리고 있고 원숭이를 부리는 두 사람은 혼신을 기울여 공연을 하고 있다. 우측의 위쪽에서는 공놀이 재주(跳丸)를 부리고 있는데, 상황으로 보아 최소 다섯 개는 되어보인다. 다시 그 우측을 보면 또 한 사람이 머리를 흐트러뜨리고 손에는 작은 몽둥이를 들고 차 바퀴 모양의 둥근 고리로 마술을 보여주고 있다. 좌측에는 차 덮개로 놀며 웃기는(戲謔) 사람이 있고 서로를 쫓으면서 노는 사람, 노래와 춤을 추는 사람 등이 있는데 한 폭의 생동하는 가무백희도(歌舞百戲圖)를 형성하고 있다.

　이 외에도 씨름무덤, 장천1호무덤에는 씨름하는 그림이 그려져 있는데 모두 잡기의 예에 속한다.

(3) 나들이(出行)

세칸무덤, 말구유무덤, 약수리무덤, 고산동7호무덤, 안악3호무덤, 덕흥리무덤에 모두 대규모 나들이 그림이 그려져 있다.

　세칸무덤의 남벽 위쪽에는 완벽한 형태의 나들이 그림이 그려져 있다. 첫째 줄에는 열한 명이 왼쪽을 향해 걸어가고 있는데 첫 번째 사람이 길을 안내하는 남자 시종이고 두 번째가 남자 주인인데, 머리에는 노란색 절풍을 썼으며 용모가 준수하고 입술 위에는 짧은 수염이 나 있다. 위에는 옷깃을 여민 가장자리가 검은 짧은 저고리에 밖으로는 검은색 마고자를 걸치고 있으며 허리를 졸라매고 아래에는 통이 넓은 바지를 입고 있다. 세 번째는 여자 주인으로 머리에 노란 수건을 두르고 몸에는 노란색의 주름치마를 입고 있다. 허리에는 긴 띠를 두르고 있으며 두 손은 가슴 앞으로 모으고 있는데 표정이 뛰어나다. 네 번째는 남자아이이며 다섯 번째 남자는 머리에는 절풍을 쓰고 옷차림은 남자 주인과 비슷하다. 여섯 번째에 있는 여자는 긴 머리를 늘어뜨리고 긴 치마를 입었으며 일곱 번째와 여덟 번째의 두 사람은 양산을 든 남녀 시종과 시녀이다. 아홉 번째의 여자는 키가 남녀 주인 다음으로 큰데 아마 남자 주인의 첩이었을 것이다. 열 번째와 열한 번째에 있는 사람들은 모두 시종이다.

약수리무덤 앞방 동벽에 있는 나들이 그림은 아마도 규모가 가장 클 것이다. 전체 화면은 상, 중, 하 세 줄로 나눌 수 있다. 중간 줄의 무덤 주인은 소수레(牛車)를 타고 있으며 뒤에 또 다른 수레는 여자 주인의 것으로 보이며 그 뒤에는 네 명의 여자 종이 따르고 있다. 주인의 소수레 앞으로는 음악을 연주하는 의장대가 있고 주인의 말을 끄는 사람, 말에 타고 양산을 들고 가는 사람 등 많은 사람들을 볼 수 있다. 상, 하 두 줄에는 말을 타고 있거나 걷고 있는 대열이 있는데 말을 타고 깃발을 든 사람, 무기를 들고 걸어가는 사람, 단정하게 갑옷을 입은 대열들이다. 그림에 나타난 인물은 70명 남짓 되며 장면은 웅장하고 대열은 정비가 되어 있다. 이는 주인의 신분 지위가 상당히 높았음을 설명해준다. 인물이 많기 때문에 인물의 표정, 복식 등은 그리 세밀한 편이 못 된다.

(4) 부처에 대한 예배(拜佛)

고구려 벽화에는 종교를 반영한 내용의 그림이 그리 많지 않은데 연꽃과 연꽃화생 같은 그림 등이 있다. 장천1호무덤에 그려진 불교 내용이 꽤 특색이 있는데 앞방 동벽의 고임에 '부부가 부처에 예배하는 그림(夫妻拜佛圖)'이 그려져 있다. 한가운데에 있는 부처는 중간이 잘록한 수미좌에 앉아 있고 자리에는 박산 향로가 그려져 있으며 좌우에는 불법을 보호하는 흰 사자가 앉아 있다. 우측에 있는 부부는 땅에 엎드려 정성스럽게 절을 하고 있으며 그 뒤에는 남녀 시종이 서 있다. 위쪽에는 비천상과 흘러가는 구름이 그려져 있으며 아래쪽에는 두 남녀 시종이 양산을 들고 서 있고 그 뒤의 두 시종은 수건을 들고 서 있다. 그리고 옆으로는 두 동자 얼굴의 연꽃화생이 그려져 있으며 네 주변은 연꽃으로 장식되어 있는데, 이것은 남북 양쪽의 보살군상과 함께 불교 내용의 정경을 이루고 있다.

(5) 생산

고구려 벽화에서 생산 내용을 표현한 그림은 많지 않다. 마선1호무덤의 남쪽 방에는 창고가 그려져 있고 남벽에는 네 개의 마룻대에 지붕을 이은 집이 그려져 있는데 천장에는 두 덩이의 흘러가는 구름이 그려져 있다. 아래에는 네 개의 기둥이 서 있는데 그 위에 횡목(橫木)을 올려 울타리를 이루고 중간에는 두 개의 방패 모양의 물건이 있다. 아래에는 여섯 개의 기둥을 세웠으나 지면에서 떨어지게 하였는데, 지금의 집안 일대 농가의 창고와 동일하다. 창고 아래에는 기계가 하나 그려져 있는데 생산 용구인 것 같다. 동서 양쪽 벽에는 집이 그려져 있는데 안에는 소가 한 마리 있는 것으로 보아 농가의 외양간일 것이다.

그 밖에 보산리벽화무덤에는 소로 밭을 가는 그림이 있으며 안악3호무덤에도 외양간과 마구간에서 소와 말에 풀을 먹이는 그림이 있는데 역시 농업 생산과 관련이 있는 것이다.

(6) 사냥

고구려인은 말을 타고 사냥하는데 능숙하여 왕과 귀족은 물론 평민 백성들도 시간이 있을 때마다 산에 들어가서 사냥을 하였다. 사냥은 일종의 오락 활동이자 생산 활동이기도 하였으며 동시에 군사 훈련의 역할도 하였다. 이 때문에 고구려 벽화에는 사냥하는 그림이 많다. 춤무덤, 우산무덤구1041호 무덤, 통구12호무덤, 마선1호무덤, 장천1호무덤, 동암리무덤, 덕흥리무덤 등에는 모두 사냥하는 그림이 남아 있다. 그 가운데서 춤무덤과 장천1호무 덤의 사냥하는 그림(수렵도)이 가장 대표적이라고 할 수 있다.

춤무덤의 서벽 대들보 아래에는 산 속에서 사냥하는 그림이 그려져 있 다. 산과 나무로 화면을 나누어 위쪽에서는 말을 타고 활을 당기고 있는 무 사가 머리를 돌려 달리는 한 쌍의 사슴을 겨냥하고 있다. 아래는 두 무사가 말을 달리면서 활을 당겨 호랑이를 쫓고 사슴을 쏘고 있는데, 호랑이 한 마 리는 화살을 맞고 도망치고 있으며 그 뒤에는 개가 이를 놓치지 않으려고 급히 쫓고 있다. 양 옆에는 말 위에 앉아 활을 들고 있는 무사와 두 대의 우 차가 그려져 있는데 사냥감을 운반하기 위해 준비한 것으로 보인다.

장천1호무덤 앞방 북벽의 사냥 그림은 인물이 조금 작으나 그 장면의 기 세는 오히려 춤무덤보다 크다. 사냥하는 무사는 10명 남짓 되는데 어떤 사 람은 말을 타고 어떤 사람은 걷고 있다. 또 몇 사람이 한 조를 이루기도 하 고 어떤 사람은 혼자서 사냥을 하고 있다. 그림에서 쫓고 있는 야생 동물들 은 호랑이, 사슴, 산돼지, 곰, 노루, 흰토끼, 꿩, 족제비 같은 것으로 그 위풍 과 기세가 대단히 크고 분위기 또한 뜨겁다.

(7) 전쟁

고구려 벽화에서 군대와 전쟁을 표현한 그림 역시 많지 않다. 세칸무덤의 첫 번째 방 북벽에는 '성을 공격하는 그림(攻城圖)'이 그려져 있는데 아주 흥미 롭다. 그림의 왼쪽에는 고성이 있는데 성벽은 구불구불하고 위에는 높은 성 루가 있으며 성 안에는 집과 사람들이 있다. 그리고 성 밖에는 넓은 땅에서 두 명의 말 탄 장수가 병기를 서로 부딪치며 격렬하게 싸우고 있다. 두 장수는 몸에 갑옷을 입고 머리에는 투구를 쓰고 있는데 그들이 타고 있는 말에도 철갑이 입혀져 있다. 성벽 아래서는 두 명의 군사가 싸우고 있는데, 두 군대가 서로 대치한 상태에서 장군과 사병이 전투하는 장면을 표현한 것이다.

통구12호무덤의 북쪽 방 북벽의 가운데에는 갑옷을 입은 무사가 손에 갈래창(戟)을 들고 전투를 하는 모습이 그려져 있다. 그 뒤에는 갑옷을 입은 한 무사가 칼을 들어 포로의 목을 치는 모습이 그려져 있는데 포로는 말 앞에 꿇어앉아 목을 빼들고 죽음을 기다리고 있다.

기타 전쟁 장면은 대부분 말을 타고 교전하거나 병기를 든 장군, 사병의 모습들이다.

(8) 기타

고구려 벽화에는 사회생활에 관한 내용이 매우 많은데 앞에서 이야기한 그림을 제외하고 성루, 궁전, 정각(亭閣), 마구간, 우물, 장사(力士), 호위병, 시녀, 소, 말, 닭, 개, 꽃과 나무, 해와 달, 별 따위가 있다.

두 번째는 4신(四神)을 주요 내용으로 한 벽화이다.

4신은 주작, 현무, 청룡, 백호를 말한다. 4신의 형상은 중원의 한대 건축, 수막새와 화상석, 화상전에서 많이 볼 수 있는데 고구려 벽화에서도 역시 많이 볼 수 있다. 처음에는 사회 풍속을 위주로 한 벽화 무덤의 고임에서 나타나기 시작했는데 형태는 작고 아직 완전하지 못하였다. 6세기 말, 7세기 초에 이르러서야 사신의 형상이 완전해지고 크기도 커지며 모든 벽화의 중심 위치를 차지하는 사신 위주의 벽화 무덤이 형성된다. 대표적인 것으로 사신무덤, 다섯무덤4·5호, 대안리1호무덤, 진파리1호무덤, 매산리사신무덤, 강서큰무덤, 강서중무덤 들이 있다.

다섯무덤5호를 예로 들면 무덤 방 남벽 가운데 널길(甬道)이 나 있다. 양쪽

벽면에는 각각 주작이 한 마리씩 그려져 있는데 이들은 널길을 향해 있다. 화려한 장식 꼬리〔勝修尾〕를 달고, 발은 연대(蓮臺)를 밟고 있으며 불처럼 붉은 두 날개를 펼치면서 목을 길게 내밀고 울고 있는데 암수 한 쌍으로 보인다.

북벽의 현무는 거북과 뱀이 한데 엉켜 있는데 거북의 몸은 서쪽으로 향하고 등에는 껍질이 없다. 뱀은 색채가 다양한데 뱀 머리와 거북 머리가 서로 마주하고 엉켜 있는 모습은 대단히 생동감이 있다.

동벽의 청룡은 머리를 쳐들고 입을 벌린 상태에서 혀를 내밀고 있는데 남쪽을 향해 날아가고 있으며 노란색의 등과 적갈색의 배를 가지고 있다. 홍, 녹, 차 3색으로 이루어진 몸은 검은색의 네모난 비늘로 덮여 있으며 네 발을 벌리고 꼬리는 뒤로 쳐들고 있다.

서벽의 백호는 청룡과 마주보고 있으면서 역시 남쪽을 향해 뛰어오르려고 하고 있다. 전체는 흰색이며 검은 선으로 호랑이의 무늬를 그렸다. 두 눈은 크게 뜨고 있고 이를 드러내면서 발톱을 치켜세우고 있다.

사신의 뒤쪽은 불꽃 그물 형태의 무늬를 바탕으로 하고 있는데 네 모서리에는 괴수를 그려서 대들보를 받들고 있다. 4호무덤의 그물 형태의 무늬에는 승려, 도사와 공양하는 사람이 그려져 있다. 그 나머지는 기본적으로 같다.

고임 부분에는 복희여와, 소머리를 가진 사람, 철을 제련해 바퀴를 만드는 사람, 제왕선인(帝王仙人), 악기를 연주하는 사람, 학을 타고 있는 사람, 날개가 달린 사람, 해와 달, 별 등이 그려져 있다.

세 번째는 장식 도안을 주 내용으로 한 벽화이다.

이러한 종류의 벽화는 고구려 벽화가 사회생활을 위주로 한 그림에서부터 사신 위주로 전환하는 과정에서 나타난 과도기적인 내용으로 시기는 대략 5세기 중엽에서 6세기 중엽까지이다.

(1) 연꽃 도안

연꽃무덤, 흩어진연꽃무덤, 장천2호무덤, 미창구장군무덤에서 모두 이 도안을 그렸다. 연꽃은 정면에서 본 연꽃과 옆면에서 본 연꽃이 많으며 일부 가지가 감긴 연꽃무늬도 있다. 정면에서 본 연꽃 도안은 장천2호무덤이 대표적이다. 동, 남, 북 세 벽의 각 면은 81송이의 연꽃으로 구성되어 있는데 서벽은 널길이 가운데로 통하기 때문에 연꽃의 수량이 적다. 연꽃은 같은 거리를 두고 배열되었는데 아래 위의 꽃잎이 서로 교차하여 가로와 세로 줄을 이루었다. 연꽃은 활짝 핀 정면에서 본 형상인데 꽃술은 푸른색으로 안쪽 층의 꽃잎은 붉은 선으로 이루어지며 붉은 선과 검은 점들로 장식되어 있다. 그러나 바깥 층은 검은색의 꽃잎으로 그렸다. 이러한 정면에서 본 연꽃 도안은 장천1호무덤 뒷방의 네 벽과 고임에서도 발견되었다.

옆면에서 본 연꽃 도안은 장군무덤이 대표적이다. 무덤 방 네 벽에 연꽃 도안이 그려져 있는데 각 연꽃은 모두 옆면에서 본 모습이며 모두 아홉 개의 꽃잎에서 다섯 개는 붉은 선으로 이루어지고 나머지 네 개는 검은 선으로 두 꽃잎 사이에 뾰족한 형태의 꽃잎을 그려 검정색과 붉은색을 조화롭게 표현하였다. 각 연꽃의 아래에는 묵선으로 "工"자 형의 받침대를 그려 완전한 개체를 형성하였다. 동벽에는 연꽃이 다섯 줄로 있는데 각 줄마다 11송이씩 모두 55송이이다. 남북 양 벽에도 각각 다섯 줄씩 매 12송이씩 모두 60송이가 그려져 있다. 서벽은 널길이 가운데로 지나가기 때문에 몇 송이의 연꽃만이 그려졌다.

(2) 구름무늬, 왕자(王字)

왕자무덤, 장천2호무덤, 미창구장군무덤에는 왕자와 구름무늬로 구성된 연속 도안이 그려져 있다. 특히 미창구장군무덤의 포개지는 대들보 아래와 양쪽의 딸린 방(耳室) 안에는 모두 흘러가는 구름 모양의 왕자 도안이 그려졌는데 각기 검정색과 적갈색 두 종류의 색깔로 구성되어 있다. 흘러가는 구름은 활 모양(弧形)으로 양끝은 안쪽으로 굽어 있고 호선(弧線)의 바깥쪽에는 같은 거리로 된 다섯 개의 돌기가 장식되어 있으며 유운호(流雲弧) 안에는 왕(王)자가 그려져 있다. 유운호형은 정면과 반대 면이 서로 교차 배열되었으나 왕자는 변하지 않았다. 도안은 변화가 있으면서도 매우 정연하다.

(3) 컬러 고리무늬(彩色環紋)

이 종류의 도안은 집안통구무덤떼의 고리무늬무덤에서 볼 수 있다. 무덤 방의 네 벽과 고임이 만나는 지점의 대들보에 그려져 있다. 네 벽에 각각 20개 남짓한 컬러 둥근 고리가 그려져 있는데 배열이 정연하고 크기가 균일하다. 지름은 18.5cm이다. 윤곽은 굵은 묵선으로 그렸고 안에는 여러 겹의 암홍(暗紅), 옅은 남색, 황색, 남색, 자색의 둥근 고리가 있는데 간결, 명쾌하면서도 고급스럽고 우아하다.

(4) 거북등껍질 무늬

집안의 거북등껍질무덤에 이 종류의 꽃무늬가 그려져 있는데 채색된 거북등껍질꼴의 육각형을, 그리고 거북등껍질 안에는 동물, 연꽃 같은 도안도 그려져 있다. 그러나 부식이 심하여 그 전모를 알아보기는 힘들며 거북등껍질꼴의 장식만이 꽤 뚜렷하게 남아 있을 뿐이다.

고구려 벽화의 예술 풍격과 기교 역시 그 연대와 회화의 내용에 따라 차이가 있다.

사회생활을 주요 내용으로 하는 벽화의 연대가 가장 이른데 무덤 방에 백회를 평평하게 바른 뒤 그림을 그렸다. 흔히 먼저 붉은색의 가는 선으로 시작하여 색을 설정한 뒤 진한 묵선으로 그려 색상이 꽤 간단하고 명쾌하다. 묵선 이외에 토홍색(土紅色)이 꽤 잘 보존되어 있다. 선은 아주 선명하고 붓을 이용한 것은 "무법(無法)" 단계에 속하는데 대담하고 호방하며 변화가 풍부하면서 엄격한 규칙의 구속을 받지 않았다. 춤무덤의 무덤 천장에는 몇 폭의 인물을 빠르게 그린 것이 있는데 화가는 인물의 기본 형태를 잘 파악하여 매우 생동감 있게 그렸다. 북쪽 꼭대기에는 남녀 두 사람이 나무를 마주보고 사현금(四弦琴)을 연주하는데, 높이 치켜 올린 손가락은 그 표정이 아주 풍부하고 바람에 날리는 옷소매는 음악의 리듬감을 잘 표현해주었다. 심지어 높이 들어 올린 머리마저도 박자에 따라 움직이는 것 같다. 필묵은 간결하지만 오히려 더 살아 움직이는 듯한데 가욕관(嘉峪關)에서 출토된 위진(魏晉) 시기의 화상전과 필법이 아주 닮았다. 또한 끊임없이 움직이고 변화하는 자연 현상, 예를 들어 구름의 흐름을 단순한 묵선을 빌려 표현하는 것은 아주 어려운 일인데 총명한 민족 화공은 하늘에 떠서 움직이는 특징을 살려 무겁고 가벼움, 완만함과 급함, 조악함과 세밀함, 강함과 약함 그리고 굳세고 부드러움, 텅 비고 가득 찬 것을 각종의 선들을 운용하여 구름의 흐름을 띠와 유수(流水) 형태로 나타내었다. 비록 자연 형태와는 거리가 멀지만 구름이 맴도는 기본적인 성격을 상당히 성공적으로 표현하였다. 간단히 말하자면 풍부한 상상력을 통하여 대상의 특징과 움직임을 파악하여 과장되고 특출하게 묘사하고 붓을 이용하여 어떤 때는 간결하고 세련되게 때로는 거칠게 또는 굵고 가늚의 변화를 크게 하여 대상의 운동감을 높였다. 이런 것을 통해 고구려의 강하고 억센 민족 성격을 회화 예술로 나타냈음을 볼 수 있는 것이다.[150]

연대가 상대적으로 늦은 시기의 벽화는 내용이 사신 위주인데, 무덤 방은 평평하게 다듬은 쑥돌로 네 벽을 만들었고 벽화는 그 벽면에 직접 그렸는데 색채 효과가 아주 선명하고 아름답다. 이것은 표현 대상을 정밀하게

150) 천자오푸(陳兆復), 「고구려 벽화 예술 시론(高句麗壁畵藝術初探)」, 『중국화 연구(中國畵研究)』, 1982년 제2기.

그리면서 여러 번 채색하는 기법에 속하는 것으로 신선 세계를 표현하는 데 아주 적합하였다. 주사(朱砂), 토홍(土紅),[151] 석황(石黃),[152] 담황색(粉黃), 백분(白粉) 그리고 석록(石綠)[153]이 주요 색깔인데 주사가 그림에서 아주 특출났으며 그 다음이 석록이었다. 색채는 초기 벽화에 비해서 더 풍부해지는데 특히 간색(間色)이 응용된다. 예를 들어 벽화 위에 자주 다갈색(茶褐色)이 사용되는데 화면 색채의 조화에 아주 적합한 작용을 하였다.

요컨대, 이 시기의 고구려 벽화는 색깔 사용이 발전하여 한편으로는 색이 점점 더 진해지고 다른 한편으로는 여러 가지 간색이 응용되었다. 또한 돌 표면의 바탕색을 교묘하게 이용하여 화면의 독특한 색조가 형성되었다. 이러한 색채를 석판 위에 직접 그림으로써 색깔은 아주 견고하여 마치 돌 위로 솟아 나온 것처럼 보인다. 무덤 방이 비록 아주 습하여 물방울이 끊임없이 네 벽에서 흘러내리지만 색채는 여전히 빛나고 아름답다. 화면은 끊임없이 물에 씻기다보니 많은 선들이 떨어져 나갔다. 예를 들어 모줄임 돌 위에 그려진, 나르는 선인과 기예 악사들은 바깥쪽의 거친 윤곽선을 제외하고 나머지 세밀한 옷 무늬와 얼굴 오관의 가는 선들은 모두 떨어져버렸다. 그물 모양의 도안에서 작은 인물의 오관과 옷 무늬의 선 역시 대부분 떨어져 나가 골격이 없는 색 조각의 배열이 되었는데, 비록 특별한 풍격을 가지고 있기는 하지만 이미 원래의 모습은 아닌 것이다. 오랫동안 물에 씻겨 많은 선들과 묵선, 색상들 대부분이 흐려지고, 그 색채는 여전히 선명하지만 몽롱한 효과가 나타나게 되었다. 때문에 흐릿하고 희미하며, 사물의 구별이 뚜렷하지 못한 것은 현존하는 벽화가 갖는 하나의 특색이 되었다.[154]

---

151) 【옮긴이】 화색(樺色), 포색(蒲色)이라고 하는데 붉은 바탕에 누른 빛을 띠는 색깔.

152) 【옮긴이】 석웅황(石雄黃)이라고 하는데 등황색 또는 노란색으로 쓰이는 염료.

153) 【옮긴이】 파랑과 노랑의 사잇빛(間色)으로 진한 녹색.

154) 천자오푸, 「고구려 벽화 예술 초탐(高句麗壁畵藝術初探)」, 『중국화 연구』, 1982년 제2기.

【 6. 음악과 춤 】

고구려는 노래와 춤을 잘한 민족이었다. 『삼국지』 「고구려전」에는 "온 나라 마을에 밤이 되면 남녀가 함께 모여 서로 노래하고 논다"고 기록되어 있다.

5세기 고구려의 음악과 춤은 유송(劉宋)에 전해지는데 "고구려악(高句麗 樂)", "고려기(高麗伎)"라고 불렸다.

수나라 시기 궁정의 국기(國伎) "칠부기(七部伎)"에는 "고려기(高麗伎)"가 있었고, 당대 궁정의 "십부기(十部伎)"에도 "고려기(高麗伎)"가 있었다.

고려는 가곡(歌曲)으로 『지서(芝棲)』가 있으며 무곡(舞曲)으로는 『가지서(歌芝棲)』가 있다. 악기에는 탄쟁(彈箏), 와공후(臥箜篌), 수공후(竪箜篌), 비파(琵琶), 오현(五弦), 적(笛), 생(笙), 소(簫), 작은 필률(小篳篥. 필률은 구멍이 아홉 개 난 피리를 말함), 도피필률(桃皮篳篥), 장고(長鼓), 재고(齋鼓), 담고(擔鼓), 패(貝) 같은 14종이 한 부(部)로 28명이다. (『수서』 「음악지 하(音樂志下)」)

고려악(高麗樂) ─ 악공들은 자색 비단 모자에 새깃을 장식하고 누른 큰 소매가 달린 윗옷에 자색 비단 띠를 두르고 통이 넓은 바지와 붉은 가죽신을 신고 오색 물을 들인 줄로 장식을 하였다. 춤추는 자는 네 사람인데 뒤에 상투를 틀고 이마에 붉은색을 바르고 금 구슬로 장식하였다. 두 사람은 누런 치마 저고리에 붉고 누런 바지를 입었는데 소매를 매우 길게 하였으며 검은 가죽신을 신고 둘씩 나란히 춤을 춘다. 악기는 탄쟁, 추쟁(搊箏), 와공후, 수공후, 비파, 의자적(義觜笛), 생, 소, 작은 필률, 큰 필률, 도피필률, 장고, 재고, 담고, 패 등을 각각 하나씩 사용하였다. 무태후 때에도 25곡이 있었는데 지금은 한 곡만을 전습할 수 있을 뿐이며 의상 제도마저 점점 낡고 없어져서 그 본래의 풍치를 상실하였다. (『구당서』 「음악 2(音樂二)」)

고려기(高麗伎) ― 탄쟁, 추쟁, 봉수공후(鳳首箜篌), 와공후, 수공후가 있다. 비파는 뱀가죽으로 통을 만들었고 두께는 한 마디쯤 되며 악어 껍질로 된 것도 있다. 개오동나무로 면(面)을 만들었고 상아로 자루를 만들었는데 국왕의 형상을 그렸다. 또 오현(五弦), 의자적, 생, 조롱박으로 만든 생[호로생(葫蘆笙)], 소(簫), 작은 필률, 허리에 매는 북[腰鼓], 재고(齋鼓), 담고(擔鼓) 북, 구두고(龜頭鼓), 철판(鐵板), 패, 큰 필률 들이 있다. 회전하는 춤은 춤추는 자가 담요 위에 서서 회전하는 것이 바람과 같다. (『신당서』「예약지 12(禮樂志十二)」)

고려악 ― 악공들은 자색 비단 모자에 새깃을 장식하고 누른 큰 소매 달린 윗옷에 자색 비단 띠를 두르고 통이 넓은 바지에 붉은 가죽신을 신고 오색 물을 들인 줄로 장식하였다. 춤추는 자는 네 사람인데 뒤에 상투를 틀고 이마에 붉은색을 바르고 금 구슬로 장식하였으며 두 사람은 누런 치마저고리에 붉고 누런 바지를 입었는데 소매를 매우 길게 하였으며 검은 가죽신을 신고 둘씩 나란히 춤을 춘다. 악기로는 탄쟁, 추쟁, 와공후, 수공후, 비파, 오현비파(五弦琵琶), 의자적, 생, 횡적, 소, 작은 필률, 큰 필률, 도피필률, 장고, 재고, 담고, 패 등을 각각 하나씩 사용하였다. 당나라 무태후 때에도 25곡이 있었는데 지금은 한 곡만이 전수될 뿐이며 의상 제도마저 점점 낡고 없어져서 그 본래의 풍치를 상실하였다. (『통전』「악 6(樂六)」)

지금까지 고구려 벽화에 나타난 4세기 초의 악기로는 거문고(琴), 완함(阮咸), 각(角), 훈(壎) 같은 것이 있고 5세기 이후의 고구려 벽화에는 수금(竪琴), 장적(長笛), 배소(排簫), 대각(大角), 소각(小角), 쌍구각(雙口角), 횡적(橫笛), 허리에 매단 북, 담고, 재고, 건고(建鼓), 담종(擔鍾), 징(鐃), 철판, 치는 경쇠[擊磬] 같은 20종이 더 나타나는데 이는 문헌의 기록과 대체로 일치하는 것이다.

관련 사료를 바탕으로 고구려 음악의 특징을 분석해보면 첫째, 음악의 선율에서 대다수가 한 방향을 유지하거나 단지 겉만 바꾸고 내용은 그대로 인 간단한 구조로 박자에는 즉흥적인 불규칙성이 나타났다. 둘째, 노래의 선율은 자유롭게 표현하여 아름답고 감동적이었다. 셋째, 서술적인 음악은 일반적으로 줄거리와 결합된 무용을 위주로 하였다. 넷째, 무도(舞蹈)적인 음악은 다수가 약진 또는 급진과 서로 결합되어 파도식으로 진행되는데 일 반적으로 꽤 규범적이며 즉흥적으로 전개되는 것이 아니었다. 그 외의 문헌 기록에 따르면 4, 5세기 고구려에서는 흔히 한 가지 타는〔彈撥〕악기로 군무 를 반주하는 음악을 썼다. 주로 노래를 부르는 것이며 악단은 없었다. 그러 나 7세기에 이르러 분류가 꽤 완전한 악단이 나타나는데 타는 악기와 부는 악기, 타악기가 있었으며, 같은 종류이거나 음악이 비슷한 악기는 흔히 크 기와 종류에서 차이가 있었다. 이는 상당히 넓은 음역의 연주를 할 수 있었 고 세밀한 각종 음색의 변환과 음향의 큰 폭도 대비하여 받아들이고 처리할 수 있었다는 것을 뜻하는데, 상당히 강한 표현력을 가지고 있었다.

고구려 춤에 대해서 당 왕조의 대시인인 이백(李白)은 아주 구체적인 시 구를 남겼다.

금빛 꽃 장식을 모자에 꽂았는데
백마(白馬)는 머뭇거리네.
나는 듯한 춤사위에 소맷자락 넓은 것이
마치 해동(海東)에서 온 한 마리 새 같네.
— 金花折風帽, 白馬小遲回.
翩翩舞廣袖, 似鳥海東來.[155]

---

155) 『이백집교주(李白集校注)』권6 「고려전」.

이것은 고구려의 생활 정경을 묘사한 시로 앞의 두 구절은 고구려인의 복식과 모자 그리고 말타기에 능했던 상황을 쓴 것이고, 뒤의 두 구절은 고구려 백성이 노래와 춤을 좋아했던 사회 풍속을 소개한 것이다. "나는 듯한 춤사위에 소맷자락 넓은 것(翩翩舞廣袖)"이라는 표현은 고구려가 긴 소매 춤(長袖舞)에 능했다는 것을 말해주는 것이다.

고구려 벽화에는 긴 소매 춤을 추는 그림이 많이 남아 있다.

노래 부르고 춤추는 그림 가운데 시기적으로 가장 빠른 것은 춤무덤의 널방 남벽에 무리지어 춤추는 장면을 그린 것이다. 귀족의 정원에서 한 줄로 정연하게 줄을 선 춤추는 사람들이 막 춤을 추기 시작하고 그 옆에는 일곱 명의 남녀 가수들이 한 줄로 늘어서 있다. 가장 이른 기록에 따르면 또 다른 한 남자가 완함을 타면서 반주를 하였다고 하는데, 지금은 이미 떨어져 나가 두 발만 볼 수 있다. 춤추는 사람은 모두 여섯 명인데 다섯 명은 한 줄로 앞을 바라보면서 두 팔을 뒤로 뻗쳐 긴 소매는 아래로 드리워졌다. 나머지 한 명은 이들을 향해 마주보고 있는데 동작은 똑같다. 이 무리와 마주하고 있는 사람은 남자이며 무리에서는 첫 번째 사람이 남자이고 뒤이어 두 여자가 따르고 있으며 마지막이 두 남자이다. 남자는 긴 소매가 달린 꽃무늬 옷과 통이 넓은 꽃무늬 바지를 입었고 여자는 긴 소매에 옷깃이 마주하는 치마를 입고 있다. 무용단의 표현과 변화를 통해 춤을 추는 사람은 모두 여섯 명이며 원래 한 무리는 두 명의 남자와 두 명의 여자, 다시 두 명의 남자 이렇게 번갈아 가며 배열되었다는 것을 알 수 있다. 첫 번째 남자가 몸을 돌리면 무용단이 원을 형성하게 된다는 것을 설명하는데 그 동작이 아주 분명하다. 또는 이 남자 무용수가 대열을 이끌고 시범을 보이는 것인지도 모른다. 그림에 나타난 무용수들의 동작은 같은데, 조화를 이루어 정연하고 운율이 아주 풍부하며 리듬감이 아주 강렬하여 훈련을 잘 받은 대열이다. 이들 앞에는 말을 타고 있는 한 남자가 있는데 자기의 애견을 데리고 와서 공연을 감상하고 있다. 의심할 여지없이 이것은 고구려 귀족 가정의 가무단이 주인을 위하여 공연하는 것을 묘사하여 그린 것이다.

벽화에 묘사된 것은 당시의 사회 풍속으로 그 가운데서 긴 소매 춤을 추는 무용단은 이미 여러 해 동안의 연습을 통해 동작이 숙련되었고 그 배합이 조화로우면서 반주와 박자에 맞추어 노래하는 것과 혼연 일체가 되었다. 이는 4세기 고구려의 귀족 가정에 이미 훈련된 가무단이 있었고 긴 소매 춤의 군무 프로그램이 연출되고 있었다는 것을 설명해준다. 이를 통해 추측해보면 긴 소매 춤은 고구려 왕과 귀족의 궁중 무용으로 그 형성 시기는 빠르면 건국 초기로 잡을 수 있을 것이다.

5세기 고구려의 춤에는 새로운 변화가 나타난다. 마선1호무덤의 널방 남벽 동쪽에는 남자 두 사람이 춤추는 그림이 그려져 있다.[156] 두 남자는 서로 마주보며 춤을 추기 시작하는데 모두 절풍모를 쓰고 옷섶을 여민 흰색의 긴 소매 옷을 입고 있다. 한 사람은 녹색의 통이 넓은 바지를 입고 있고 다른 한 사람은 오렌지색에 검은 점이 들어가 있는 통이 넓은 꽃무늬 바지를 입고 있다. 왼쪽의 남자는 앞을 향하여 허리를 굽히고 두 팔을 앞으로 내던지는데 긴 소매가 날리고 엉덩이는 약간 들리면서 두 다리가 평행하게 이동한다. 오른쪽 남자는 그와 마주보며 윗몸을 왼쪽에서부터 오른쪽으로 돌리고 앞으로 기울이면서 두 팔은 가슴 앞에서 평행하게 움직이는데 긴 소매가 좌우로 젖혀지고 두 다리는 좁은 걸음을 한다. 두 남자 무용수는 서로 마주 대하며 두 팔을 움직여서 긴 소매를 흔드는데 여러 가지 특색 있는 자세를 배합하여 즐겁고 유쾌한 분위기를 만들어낸다.

통구12호무덤의 남쪽 방 서벽에는 두 개 조의 긴 소매 춤을 추는 형상이

---

156) 길림성박물관 집안고고대(考古隊), 「길림 집안 마선구 1호 벽화묘(吉林集安麻線溝一號壁畵墓)」, 『고고』, 1964년 제10기.

그려져 있다. 왼쪽의 한 조는 남녀 두 사람이 춤을 추는 모습으로 여자 형상은 이미 희미해져서 겨우 긴 치마를 입은 사람의 형태만을 볼 수 있다.[157] 남자의 모습은 아주 분명한데 위에는 검은 꽃이 들어간 붉은 저고리를 입고 아래에는 파란색의 통이 넓은 바지를 입고 있다. 왼쪽 팔은 측면으로 평행하게 뻗어 있고 오른쪽 팔은 가슴과 평행하게 안으로 굽히고 있다. 왼쪽 다리는 곧게 세우고 오른쪽 다리는 들어서 발끝으로 땅을 내딛고 있다. 가슴을 품고 엉덩이를 들어 올려 허리를 움직이고 있다. 한 소매는 가슴 앞에서 움직이고 다른 한 소매는 옆에서 날리는데 그 자세는 우아하고 동작은 숙련되어 있다. 만약 여자 무용수의 모습이 잘 보존되었더라면 우리는 남녀 한 쌍이 긴 소매를 날리며 춤을 추는 감동적인 장면을 볼 수 있었을 것이다. 오른쪽은 남자 혼자 춤추는 그림이다. 춤추는 사람은 검은 꽃이 있는 황색의 짧은 저고리를 입고 있고 아래에는 청색에 검은 꽃이 들어가 있는 통이 넓은 바지를 입고 있다. 두 팔을 앞으로 나란히 뻗어 긴 소매는 자연스레 아래로 드리워져 동작은 정지된 느낌을 준다. 좌측 다리는 곧게 세우고 오른쪽 다리는 뒤로 굽혀 내달리는 모습을 하고 있다. 옆에는 한 사람이 거문고를 연주하면서 그를 위해 반주를 하고 있다.[158] 유유한 거문고 소리와 날렵한 춤은 긴 소매 춤의 운율을 충분히 재현해내고 있다.

주의할 점은 이 시기 벽화에는 긴 소매 춤의 다리 동작에 분명한 변화가 나타난다는 점이다. 이전의 평행 이동, 잦은 좁은 걸음에서 다리를 들고 다리를 당기고 뛰는 듯한 동작이 나타난다. 그래서 동작의 폭과 리듬을 강화하였고 즐겁고 유쾌하며 열정적인 정서가 고조되었다.

5~6세기 초에 만들어진 장천1호무덤 벽화에는 대형의 무리춤(군무) 장

---

157) 왕청리(王承禮) · 한숙회(韓淑華), 「길림 집안 통구 제12호 고구려 벽화무덤(吉林集安通溝第12號高句麗壁畵墓)」, 『고고』, 1964년 제2기.
158) 왕청리 · 한숙회, 「길림 집안 통구 12호 고구려 벽화무덤」, 『고고』, 1964년 제2기.

면과 두 사람이 춤추는 것(2인무), 혼자 춤추는 작은 장면들도 그려져 있는데 그 분위기가 아주 깊이가 있다.

무리지어 춤추는 장면은 앞방의 남벽에 그려져 있는데 이미 일부가 떨어져 나가기는 하였으나 최소한 21명이 춤추고 노래하는 모습을 볼 수 있다. 노래를 부르는 사람이 13명, 춤추는 사람이 8명이다. 가무단은 모두 약 30명 정도로 추정할 수 있는데 규모가 작지 않다. 남자는 모두 짧은 저고리에 통이 넓은 바지를 입고 있고 머리에는 절풍모를 쓰고 있는데 어떤 사람은 거기에 새 깃털로 장식을 하였다. 여자들은 옷섶을 여민 긴 치마를 입고 머리를 풀어헤치거나 모자를 썼다. 춤추는 동작은 춤무덤에서 무리지어 추던 춤과 대체로 비슷한데 춤을 이끄는 사람의 동작 폭이 좀 더 크다. 관중은 팔각정에 앉아 있는 귀족 부인들뿐이다.

두 사람이 추는 춤과 혼자 추는 춤은 앞방 북벽의 가운데에 그려져 있다. 혼자 춤을 추는 사람은 꽃무늬 옷과 꽃무늬 바지를 입고 머리에는 절풍모를 쓴 남자로서 윗몸을 앞으로 약간 기울이고 오른팔은 밖으로 펼치며 왼팔은 가슴 앞쪽으로 굽히면서 긴 소매를 흔들고 있다. 왼발 끝으로 땅을 디디면서 살며시 들고 있는데, 새로운 동작을 진행하는 것처럼 보이는 인물은 즐거우면서도 침착한 표정과 태도를 보여준다. 옆에서는 한 여자가 거문고로 반주를 하고 있다. 두 사람이 춤을 추려고 입장을 준비하고 있는데 한 남자와 한 여자가 서로 마주보고 서 있다. 남자의 오른손은 아래로 떨어뜨려 긴 소매가 무릎까지 닿으며 왼손은 연꽃 봉오리를 쥐고 있다. 여자는 손목을 굽히고 긴 소매로 팔을 감싸며 좌우에는 연꽃이 한 송이씩 놓여 있는데 꽃줄기가 구불구불하게 돌아 가슴 앞까지 연결된다. 이 여자의 뒤쪽에는 한 여자가 거문고를 들고 서 있다.[159]

159) 길림성 문물공작대 · 집안현 문관소, 「집안 장천 1호벽화무덤」, 『동북 고고와 역사(東北考古與歷史)』, 1984년 제1기.

이 시기의 긴 소매 춤은 무리를 지어 추는 춤이었고 장면과 규모가 더욱 거대해져 춤을 추고 반주를 하는 인원이 증가하였다. 그리고 조직적인 훈련은 더욱 엄격해지고 잦아졌다. 두 사람이 추는 춤과 혼자 추는 춤이 함께 발전하는 상황에서 긴 소매 춤은 갈라지기 시작하는데, 예를 들면 도구를 가지고 추는 연꽃 춤 따위이다.

고구려 춤은 그 풍격, 양식, 표현 형식 그리고 명칭에 여러 가지 종류가 있었을 것이다. 여기서는 문헌과 벽화에 근거하여 긴 소매 춤을 소개하였다. 긴 소매 춤이라고 이름을 정한 것은 먼저 이러한 춤의 표현 형식과 수법에서 긴 옷소매를 이용해 집중적으로 표현하였기 때문이다. 고구려 벽화에 보이는 각 시기의 춤은 무리지어 추는 춤이거나 두 사람이 추는 춤, 또는 혼자 추는 춤(독무)이거나 남자 또는 여자이건 간에 모두가 긴 소매를 흔들면서 춤을 추었다. 긴 소매의 흩날림을 빌려 특정한 고구려 춤 어휘를 형성하여 춤추는 사람의 감정을 표현하였는데, 이는 문헌에 고구려 무인(舞人)은 "소매를 길게 하였다"는 기록과 완전히 일치하는 것이다. 이러한 춤은 중원에까지 전해져 수당 궁정 춤으로 수정되기는 하였으나 긴 소매의 특색은 여전히 보존되었다. 대시인인 이백은 고구려 춤을 본 후에 "나는 듯한 춤사위에 소맷자락 넓은 것이 마치 해동(海東)에서 온 한 마리 새 같네(翩翩舞廣袖, 似鳥海東來)"라는 시를 짓기도 하였다.

양한 시기 중원에서는 일종의 긴 소매 춤이 유행하였다. 유흠(劉歆)은 『서경잡기(西京雜記)』에서 한 고조 유방의 척(戚)부인은 "악기를 다루는데 능숙하였다"고 하였고 "소매를 흩날리면서 허리를 굽히는 데 능한(善與翹袖折腰)" 무용가였다고 기록하고 있다. "교수절요(翹袖折腰)"는 춤추는 모습을 형용한 것으로 글에서 볼 때 "교수절요"는 긴 소매를 흔들고 허리와 사지를 굽히고 펴는 것을 말한다.[160] 장사(長沙)에서 출토된 초나라 칠기 채색 그림의 무기(舞伎)는 모두가 긴 소매와 가는 허리를 하고 있는데 긴 소매와

가는 허리가 초나라 춤의 특징이었다. 한번은 유방이 척부인에게 초나라 춤을 추라고 하고 자신은 옆에서 초나라 노래를 부르기도 하였다.[161] 한대에 이와 같은 "교수절요" 춤은 초나라 춤에서 영향을 받았다는 것을 알 수 있다. 사실 긴 소매를 움직여서 춤추는 모습의 아름다움을 더하는 것은 우리나라 전통 무용의 특징이다. 『한비자(韓非子)』「오두(五蠹)」에는 민간 속담을 인용하여 "긴 소매 춤에 능하면 돈을 많이 벌 수 있다"고 하였다. 전국 시기 여러 나라에서 모두 이러한 긴 소매 춤이 유행하였는데 한대에는 상당히 보편적인 춤이 되었다. 남양(南陽)에서 출토된 한나라 화상전에는 상투를 높이 틀어 올리고 큰 옷을 입었으며 허리를 졸라맨 것이 많은데 특히 긴 두 옷소매가 무용수의 움직임에 따라 흩날리는 아름다운 모습을 나타낸 것이 많다. 사천(四川) 팽현(彭縣)에서 출토된 "긴 소매 춤" 화상전에는 남녀 두 사람이 춤을 추는데 모두 관을 쓰고 긴 옷을 입고 있다. 땅에 닿는 긴 옷을 입은 것이 여자이고 짧은 윗옷에 통이 넓은 바지를 입은 것이 남자이다. 두 사람의 소매 길이는 약 2, 3자[尺]이며 서로 마주보고 춤을 추는데, 소매가 날리는 자태는 우아하고 한적하다. 성도시(成都市) 교외에서 출토된 "연음관무(宴飮觀舞)" 화상전에도 긴 옷을 입고 혼자 춤추는 모습이 있는데 긴 소매를 굽히고 아래로 드리웠는데 땅에 닿을 정도이다. 한대의 긴 소매 춤은 아주 아름답고 변화가 다양하여 광범위하게 전파되어 주변의 각 소수민족의 춤에 커다란 영향을 미쳤다. 서한 원봉 3년(서기전 108) 한 무제가 압록강 양안에 4군을 설치하여 관리를 강화하고 고구려인이 모여 사는 지역을 현도군 고구려현에 속하게 하였다. 한 문화의 변경 먼 지역에 대한 영향도 커졌는데 한 왕조의 황제가 "북치고 피리 부는 악공"을 고구려에 준 일

---

160) 상승조(商承祚) 편, 『장사 출토 초 동기 도록(長沙出土楚銅器圖錄)』, 상해출판공사(上海出版公司), 1955년 판.
161) 『사기』 권55 「류후세가(留侯世家)」.

도 있었다.[162] 중원의 긴 소매 춤의 유입은 고구려 민간 춤과 결합하여 고구려 민족의 긴 소매 춤이 형성되고 발전하는 데 아주 중요한 작용을 했다.

물론 고구려 민족의 춤은 한인의 긴 소매 춤을 단순하게 옮겨온 것이 아니며 민족의 풍격과 특징을 가지고 있었다.

첫째, 긴 소매 춤의 특징은 역시 "소매를 아주 길게 한 것"에 있다. 그러나 고구려 무인(舞人)의 옷소매는 무릎까지 내려와 닿으며 현저한 특징은 중원의 길고 넓은 소매와는 달리 좁은 소매라는 점이다. 이백의 시에서 "나는 듯한 춤사위에 넓은 소맷자락(翩翩舞廣袖)"이라고 한 것은 고구려의 긴 소매가 성당(盛唐) 시기 궁중에서 변화된 결과이다. 고구려 벽화와 한대 화상석, 화상전의 긴 소매는 서로 비교가 되는데 그 차이는 아주 분명하다. 고구려 무인의 옷소매는 길긴 하지만 전문적으로 춤을 추기 위한 복장이 아니다. 우리는 고구려 긴 소매 춤에 관한 여섯 점의 벽화를 볼 수 있는데, 장천 1호무덤 앞방 북벽의 남녀 두 사람이 추는 춤에서 도구를 들고 약간 화장을 한 것을 제외하고 나머지 그림에서는 모두 일상적인 옷을 입고 특수한 장식을 하지 않았다. 고구려 벽화를 자세하게 살펴보면 "벽화에서의 고구려인의 옷소매는 보통 상당히 길며 앉아 있거나 서 있는 사람 모두 긴 소매를 아래로 드리우고 있는데 사냥이나 노동하는 사람만이 옷소매를 걷고 손을 드러낸다." 이처럼 "춤추는 사람의 긴 소매는 고구려 사람들이 노래하고 춤출 때에만 습관적으로 긴 소매를 내리는 것이 아니라 모두 그렇다는 것을 말해준다."[163]

둘째, 고구려 춤에는 자기만의 표현 풍격, 춤 어휘와 특정한 무용 자태, 동작이 나타난다. 고구려 벽화에 나타나는 춤은 일반적으로 남자 혼자 추는

---

162) 『후한서』 권85 「동이 · 고구려전」.
163) 팡치동(方起東), 「집안 고구려 벽화에 나타난 춤과 음악(集安高句麗壁畵中的舞樂)」, 『문물(文物)』, 1980년 제7기.

춤, 남자 두 사람이 추는 춤, 남녀 두 사람이 추는 춤과 남녀가 무리지어 추는 춤이 있다. 여자 혼자 추는 춤과 여자 두 사람이 추는 춤을 볼 수 없는 것이 특이하다. 한나라 화상(畵像)에서는 장천1호무덤처럼 30여 명의 사람이 춤을 추는 장면은 볼 수 없다. 그리고 춤을 추는 사람은 남녀 구분 없이 모두 일상복을 입고 춤을 추는데 모두 소매를 길게 한 것이다. 춤추는 옷의 소매가 길기 때문에 표현력이 극히 강한 부분에서는 두 팔로 두 소매를 움직여서 표현하여 나풀거리는 모양이 구성지고 유창하게 이어지며 아름답고 살아 있는 듯한 효과를 나타내었다. 또한 고구려 특유의 춤 언어를 구성하였다. 벽화에서 춤추는 사람들의 두 팔은 거의 평행한 동작을 취하는데 때로는 앞으로 평행하게 뻗고 어떤 때는 뒤로 들어 올리며 어떤 경우에는 두 팔을 폈다가 한쪽 팔을 안으로 굽히는데 그 움직임이 아주 분명하다. 이처럼 춤추는 사람의 팔이 가장 중심이며 또한 가장 기본적인 동작이었다. 이러한 기초 위에서 춤을 만들고 연습하는데 그 변화는 무궁무진하다. 손의 동작은 소매 안에 있기 때문에 드러날 때가 많지 않다. 그러나 긴 소매의 춤 동작을 자유롭게 통제하기 위하여 손의 완력을 이용하여 "두드리고, 들어 올리고, 펄럭이고, 흔드는" 등의 동작이 있다. 그리고 두 다리의 동작은 처음에는 다만 평행하게 이동하는 좁은 걸음이지만, 이후에는 점점 다리를 올리고 차거나 뛰는 듯한 동작으로 발전하여 리듬과 분위기를 고조시켰다.

셋째, 고구려 춤은 발전 과정에서 두 가지 형식과 풍격, 즉 궁정 춤과 민간 춤으로 발전하였다. 소위 궁정 춤은 주로 고구려 왕족과 중원 남북조, 수당 궁정의 "고려기(高麗伎)"를 가리킨다. 궁정 악단의 반주에 맞춰 긴 소매 옷을 차려 입은 남녀가 춤을 추는데 표현 형식, 무용 자태, 동작 모두가 훈련을 거친 것이다. 반면 민간 춤은 고구려 하층 민중 속에서 유행하던 것으로 밭이나 숲, 마을에서 모여 서로 노래하고 춤추는 것으로 형식은 더 활발하고 자유롭다. 민간 춤은 생활에서 기원하여 끊임없이 혁신되고 그 생명력도 아주 강하여 전파 범위가 넓고 시기도 오래되었다. 우리가 고구려 벽화에서 본 춤은 가정에서 추는 춤의 형식과 꽤 가깝고 민간 춤의 자유롭고 활발한 풍격이 많이 보존된 것이었다. 이것은 고구려 귀족 가정의 무용단이다. 춤추는 사람의 대부분은 민간 하호의 자녀들로 민간 춤의 영향을 꽤 깊게 받았고 감정 역시 매우 풍부하였다. 그들은 두 가지 서로 다른 형식과 풍격의 계승자이자 전파자였다.

넷째, 고구려의 긴 소매 춤에 대한 반주는 처음에는 그저 타는 악기를 한두 가지 이용한 것이었다. 예를 들어 완함이나 거문고 또는 탄쟁(彈箏) 같은 것들이었다. 수당이 바뀌던 시기의 궁정 무용단에서 비로소 완비된 악단을 갖추고 반주를 하게 되는데 주요 악기로는 탄쟁, 공후, 비파, 오현, 적, 생, 소, 필률, 장고, 재고, 담고, 패 같은 10여 종이었다. 기록을 통해 볼 수 있는 가곡으로는 『지서』, 무곡으로는 『가지서』 등이 있는데 대부분 전하지 않는다. 문헌에 기록된 악기로는 고구려 벽화에서도 부분적으로 그 모습을 볼 수 있는데 그 가운데 탄쟁, 공후, 오현, 소, 완함 비파, 뿔피리, 허리에 매는 북, 패 같은 여러 종류가 있다.

東北工程 高句麗史

역사편

하

1장

구려(句麗) 고찰

고구려(高句麗)라는 이름은 『한서』 「지리지」의 "현도군: 4만 4600호, 22만 1845명, 현은 세 개. 고구려, 상은대, 서개마(玄菟郡: 戶四萬五千六, 口二十二萬一千八百四十五. 縣三, 高句驪, 上殷臺, 西蓋馬)"에서 처음으로 나타난다. 처음에는 지명, 족명(族名)이었고, 서한 말에 이르러 나라 이름(국명)으로 봉해지는데 구려(句驪)로 약칭되기도 하였다. 이후에 나온 사료에서는 고구려(高句麗), 줄여서 구려(句麗)라고 하였는데 려(麗)와 려(驪)는 서로 같은 뜻이며 늦게 나온 문헌에서는 고려(高麗)라고 약칭하기도 하였다. 구려라는 명칭이 어느 시기부터 불리기 시작하였고, 그 성격은 어떠했으며, 고구려와 고려라는 명칭의 관계가 어떻게 변천했는지에 대해서는 좀 더 자세한 연구와 토론이 필요하다.

【 1. 정사에 기록된 구려 】

한 무제 원봉(元封) 3년(서기전 108) 위씨조선이 멸망하고 그 땅에는 군현이 설치되었다. 그 가운데 현도군 아래에 고구려현이 있었다. 『한서』 「무제기」

원봉 3년에 "여름, 조선이 그 왕 우거를 죽이고 항복하였다. 그 땅을 낙랑, 임둔, 현도, 진번군으로 삼았다(夏, 朝鮮斬其王右渠降, 以其地爲樂浪, 臨屯, 玄菟, 眞番郡.)"고 되어 있으며 같은 책 「지리지」에는 "현도, 낙랑은 무제가 처음 설치한 곳으로, 모두 조선, 예맥, 구려 만이의 땅이었다(玄菟, 樂浪, 武帝時置, 皆朝鮮, 濊貊, 句驪蠻夷.)"라고 기록되어 있다. 같은 사서, 같은 지(志)에서 "고구려(高句驪)"와 "구려(句驪)"가 동시에 나타나고 있는 것이다. 『한서』는 반고(班固)가 27세 때 쓴 것으로 「지리지」는 서기 85년 전후인 동한 장제(章帝) 연간에 완성되었다. 이 시기는 고구려가 국가를 건립하고 이미 100년이 지난 때로 정확히 태조대왕 시기였다.

『한서』「왕망전」에서도 "고구려"와 "구려"가 동시에 나타난다.

앞서 왕망이 고구려 군사를 동원하여 오랑캐를 치고자 하였으나, 고구려 군사들이 가려 하지 않으므로, 군에서 강요하고 협박하여 보내려 하였더니, 모두 변방으로 도망하여 법을 위반하고 약탈을 하였다. 요서대윤 전담이 그들을 추격하다가 죽었다. 주군은 고구려 후 추에게 허물을 돌렸다. 엄우가 왕망에게 아뢰어 말하기를 "맥 사람들이 법을 위반하고 있으니, 추가 가고자 하는 것을 따르지 않고 다른 마음이 있으니, 마땅히 주군들로 하여금 그들을 위무토록 하는 것이 좋다. 지금 함부로 그들에게 큰 죄를 묻게 되면, 그들이 반란을 일으킬까 걱정된다. 부여의 족속 가운데 반드시 그들을 추종하는 자가 있을 것이다." 예맥이 반란을 하니, 조서를 내려 엄우에게 공격하라고 명했다. 엄우가 고구려 후 추를 꾀어서 참수하여 그 머리를 장안으로 보냈다. 왕망이 크게 기뻐하여 조서를 내리기를 "지난번에 용맹한 장수를 보내 삼가 천벌을 시행하여 오랑캐 지(知)를 주멸하고 12부(部)로 나누어, 그 오른팔을 자르기도 하고, 왼 옆구리를 베기도 하며, 가슴과 배를 무너뜨리기도 하며, 양쪽 갈빗대를 추려버리기도 하였다. 금년의 형벌은 먼저 동방에 있는, 맥이란 부락을 주벌하는 것이다. 오랑캐 추를 잡아 목을 베고 동방이 평정되었으니, 오랑캐 지가 멸망하는 것도 시간에 달려 있다. 이는 천지의 여러 신령과 사직·종묘가 돕는 복이니, 공경대부와 사민들은 한마음으로 용맹한 힘을 따라야 할 것이다. 나는 그것을 매우 가상하게 여기는 바이다. 고구려를 하구려라 바꾸어 짓고, 천하에 포고하여 모두 알게 하도록 하라." 이로부터 맥인들이 변방을 침범하는 일이 더욱 심해졌다. 동북과 서남이 모두 난리를 일으켰다.

— 先是, 莽發高句驪兵, 當伐胡, 不欲行, 郡强迫之, 皆亡出塞, 囚犯法爲寇. 遼西大尹田譚追擊之, 爲所殺. 州郡歸咎於高句驪侯騶. 嚴尤奏言, 貉人犯法, 不從騶起, 正有它心, 宜令州郡且尉安之. 今猥被已大罪, 恐其遂畔, 夫餘之屬必有和者. 穢貉遂反, 詔尤擊之. 尤誘高句驪侯騶至而斬焉, 傳首長安. 莽大說, 下書曰, "遁者, 命遣猛將, 共行天罰, 誅滅虜知, 分爲十二部, 或斷其右臂, 或斬其左腋, 或潰其胸腹, 或紬其兩脅. 今年刑在東方, 誅貉之部先縱焉. 捕斬虜騶, 平定東域, 虜知殄滅, 在于漏刻. 此乃天地群神社稷宗廟佑助之福, 公卿大夫士民同心, 將率虓虎之力也. 予甚嘉之. 其更名高句驪爲下句驪, 布告天下, 令咸知焉." 於是貉人愈犯邊, 東北與西南夷皆亂云.

『한서』에 기록된 고구려에 관한 역사적 사실에서 구려라는 명칭도 동시에 나타나는데 고구려라는 전체 명칭은 지명-고구려현, 후국명-고구려 후추(高句麗侯騶)로 사용되었고, 구려라는 약칭은 민족명 – 구려 만이(句麗蠻夷) 그리고 후국명 – 하구려(下句麗)로 사용되었다. 고구려가 민족명으로 쓰이거나, 나라로 봉해졌을 때 약칭으로 쓰인 것이 구려라는 것을 알 수 있다.

이 문제를 설명하기 위해서 정사에서 고구려를 구려로 약칭한 기록에 대한 편년을 살펴보도록 하자.

정사에서 고구려를 처음으로 단독으로 기재한 것은 『삼국지』로 3세기 말에 이르러서였다. 여기에서는 고구려와 구려가 서로 교차되어 사용되었는데 구려로 사용된 횟수가 고구려로 사용된 예보다 더 많다.

1. 구루란 구려에서 성을 일컫는 말이다. (溝漊者, 句麗名城也.)

2. 구려가 나라를 세우고 대수 유역에서 살았다. (句麗作國, 依大水而居.)

3. 구려의 별종이 소수 유역에 나라를 세웠으므로, 그 이름을 따서 소수맥이라 하였다. (句麗別種依小水作國, 因名之爲小水貊.)

4. 주·군·현이 그 책임을 구려 후 추에게 물었다. (州郡縣歸咎于句麗候騊.)

5. (엄)우가 구려 후 추를 유인하여 그가 도착하자 목을 베어 그 머리를 장안에 보냈다. (尤誘期句麗候騊至而斬之, 傳送其首詣長安.)

6. (왕)망이 크게 기뻐하여 천하에 포고하여 고구려란 국호를 하구려라 부르게 하였다. 이때에 후국이 되었다. (莽大悅, 布告天下, 更名高句麗爲下句麗, 當此時爲候國.)

7. 상제와 안제 연간에 구려왕 궁이 자주 요동을 침략하였으므로, 다시 현도에 속하였다. (至殤, 安之間, 句麗王宮數寇遼東, 更屬玄菟.)

8. 발기가 드디어 요동으로 건너가고, 그 아들은 구려에 머물렀다. (拔奇遂往遼東, 有子留句麗國.)

9. 구려에서 서로 닮은 것을 위라고 부르는데, 그의 증조부와 닮았기 때문에 위궁이라 이름을 지었다. (句麗呼相似爲位, 似其祖故名爲位宮.)

기록의 첫머리는 "고구려는 요동의 동쪽 1000리 밖에 있다. 남쪽은 조선, 예맥, 동쪽은 옥저, 북쪽은 부여와 경계를 접하고 있다. 환도(丸都) 아래 도읍하였는데 면적은 사방 2000리가 되고, 3만 호이다(高句麗在遼東之東千里, 南與朝鮮, 濊貊, 東與沃沮, 北與夫餘接. 都于丸都之下, 方可二千里, 戶三萬.)"라고 되어 있다. 여기에서 고구려라고 사용된 것은 네 번이며 구려라고 약칭하여 사용된 것은 아홉 번에 이른다. 약칭이 민족을 가리키는 것은 1, 2, 3, 9이며 약칭이 국가를 가리키는 것은 4와 8이다.

5세기 초 범엽이 완성한 『후한서』의 「고구려전」은 대체로 『삼국지』 「고구려전」의 기록을 따랐기 때문에 고구려가 네 번, 약칭인 구려는 일곱 번 사용되었다.

1. 구려는 맥(이)라고도 한다. 별종이 있는데, 소수에 의지하여 살기 때문에 소수맥이라 부른다. 〔句麗一名貊(耳), 有別種, 依小水爲居, 因名曰小水貊.〕

2. 왕망 초에 구려의 병사를 징발하여서 흉노를 정벌하게 하였으나 그들이 가지 않으려 하여 강압적으로 보냈더니, 모두 국경 너머로 도망한 뒤 노략질을 하였다. (王莽初, 發句麗兵以伐匈奴, 其人不欲行, 强迫遣之, 皆亡出塞爲寇盜.)

3. (왕)망이 장수 엄우를 시켜 공격하게 하였다. (엄우가) 구려 후 추를 꼬여 국경 안으로 들어오게 한 뒤 목을 베어 그 목을 장안에 보내었다. (莽令其將嚴尤擊之, 誘句麗候騶入塞, 斬之, 傳首長安.)

4. (왕)망이 크게 기뻐하면서, 고구려 왕의 칭호를 고쳐 하구려 후라 부르게 했다. (莽大說, 更名高句麗王爲下句麗候.)

5. 건무 23년(서기 47) 겨울 구려 잠지락(부)의 대가 대승 등 1만여 명이 낙랑에 투항하였다. 〔(建武)二十三年冬, 句麗蠶支落大加戴升等萬余口詣樂浪內屬〕

6. 건무 25년(49) 봄에 구려가 우북평·어양·상곡·태원을 침입하여 노략질하는 것을 요동태수 제융(祭肜)이 은의와 신의로 대접하자 모두 다시 화친하였다. (二十五年春, 句麗寇右北平, 漁陽, 上谷, 太原, 而遼東太守祭肜[1] 以恩信招之, 皆復款塞.)

7. 구려 왕 궁이 태어나면서부터 곧 눈을 뜨고 쳐다보니, 나라 사람들이 감동하였다. (後句麗王宮生而開目能視, 國人懷之.)

또한 민족을 가리키는 것과 국가를 가리키는 것 두 종류로 나눌 수 있다.

---

1) 【옮긴이】 중국어 판 책에는 동(肜)자로 되어 있으나 원전을 대조하여 융(肜)자로 바꾸었다.

636년 완성된 『양서』「고구려전」에서는 고구려, 구려, 고려가 함께 사용 되었는데 특히 구려라는 명칭이 많으며 모두 아홉 번이나 된다.

- 한 지파가 따로 구려란 종족이 되었다. (其後支別爲句麗種也.)
- 구려의 국토는 사방 2000리이다. 가운데 요산이 있고, 요수가 그 산에서 흘러나 온다. 그 나라의 왕도는 환도 아래에 있다. (句麗地方二千里, 中有遼山, 遼水所 出. 其王都于丸都之下.)
- 구루란 구려에서 성을 일컫는 말이다. (溝漊者, 句麗名城也.)
- 주 · 군에서 구려 후 추에게 허물을 돌리자, 엄우가 꾀어내어 베어 죽였다. (州郡 歸咎于句麗候騶, 嚴尤誘而斬之.)
- 왕망이 크게 기뻐하여 고구려의 이름을 고쳐 하구려라 하였다. 이때 후국이 되 었다. (王莽大悅, 更名高句麗爲下句麗, 當此時爲候矣.)
- 구려 왕 을불리가 자주 요동을 침범하였으나 (모용)외가 막을 수 없었다. (句麗 王乙弗利頻寇遼東, 廆不能制.)
- 효무제 태원 10년(385) 구려가 요동군과 현도군을 공격해왔다. (孝武太元十年, 句麗攻遼東, 玄菟郡.)
- 후연의 모용수가 아우 (모용)농을 보내 구려를 쳐서 2군을 되찾았다. (後燕慕容 垂遣弟農伐句麗, 復二郡.)
- (모용)수가 죽자, 아들 (모용)보가 왕위에 올랐다. 구려왕 안(安)을 평주목으로 삼고, 요동과 대방의 2국왕에 봉하였다. 〔(慕容)垂死, 子寶立, 以句麗王安爲平州 牧, 封遼東, 帶方二國王.〕

구려라는 약칭으로 『삼국지』와 『후한서』에서 사용된 용법은 서로 일치 하며 사용된 횟수 역시 꽤 많다.

서기 659년 완성된 『북사』는 「고려전」으로 되어 있는데 첫머리에는 "고구려는 그 선조가 부여에서 나왔다……(高句麗其先出夫餘……)"라고 되어 있다. 내용에는 고구려, 구려, 고려가 혼용되고 있으며 고구려의 사용 빈도가 구려에 비해서 월등히 많아진다.

- 구루란 구려에서 성을 일컫는 말이다. (溝漊者, 句麗名城也.)
- 주·군에서 구려 후 추에게 허물을 돌리자, 엄우가 꾀어내어 베어 죽였다. (州郡歸咎于句麗候騶, 嚴尤誘而斬之.)
- (동)진 효무제 태원 10년(385) 구려가 요동군과 현도군을 공격해왔다. (晋孝武太元十年, 句麗攻遼東, 玄菟郡.)
- 후연의 모용수가 아우 (모용)농을 보내 구려를 쳐서 2군을 되찾았다. (後燕慕容垂遣其弟農伐句麗, 復二郡.)
- (모용)수의 아들 (모용)보는 구려 왕 안을 평주목으로 삼고, 요동과 대방의 2국 왕에 봉하였다. 처음으로 장사, 사마, 참군이란 관직을 설치하였다. (垂子寶以句麗王安爲平州牧, 封遼東, 帶方二國王, 始置長史, 司馬, 參軍官.)

구려의 사용법과 앞에서 인용한 기록은 서로 동일하다.

정사에 나타난 구려라는 명칭은 고구려, 고려와 함께 같은 지(志)와 전(傳)에서 나타나는데 그 용법은 앞에서 인용한 것과 대체로 일치한다. 여기에서 구려는 고구려 민족과 고구려 정권을 가리킨다는 점을 인정할 수 있다. 사서에서는 고구려의 약칭으로 나타난 것이다.

먼저 『한서』 「지리지」에는 현도군 고구려현이 나오는데 그 뒤에는 "현도, 낙랑은 무제 때 설치했다. 모두 조선, 예맥, 구려 같은 오랑캐 땅이다(玄菟, 樂浪, 武帝時置, 皆朝鮮, 濊貊, 句麗蠻夷.)"라고 기록되어 있다. 무제가 4군을 설치했을 때 위씨조선은 이미 멸망한 뒤이므로 조선은 위씨조선의 유민을 가리킨다. 그리고 예맥, 구려 만이는 예맥족, 고구려족 같은 소수민족을 가리킨다. 또, 현도, 낙랑만을 쓴 것은 소제(昭帝) 시원(始元) 5년(서기전 82) 임둔, 진번을 폐지하고 현도, 낙랑에 합쳐진 이후이기 때문이다. 그 가운데 낙랑 땅에는 주로 위씨조선 유민과 예맥족 사람들이 살고 있었고 현도에는 고구려족과 예맥족에 속하는 사람들이 살고 있었다. 현도군 고구려현은 분명 고구려인의 중심 거주 지역이었으며 족명으로 현의 이름을 붙이는 것은 흔히 볼 수 있는 일에 속한다. "모두 조선, 예맥, 구려 같은 오랑캐다."(皆朝鮮, 濊貊, 句麗蠻夷.) 이 문장을 보면 조선, 예맥은 두 글자로 되어 있고 "고려 만이"라고 불러도 별 무리는 없겠지만 구려 만이와 조선, 예맥의 조합보다 자연스럽지 못하다. 그 밖에도 반고가 책을 쓸 때에는 왕망이 이미 고구려를 하구려라고 이름을 고친 사실을 알고 있었기 때문에 '고(高)' 자와 '하(下)' 자를 없애고 그저 구려라고 불러도 무방했던 것이다.

"구루는 구려에서 성을 일컫는 말이다(溝漊者, 句麗名城也.)"의 원래 뜻은 고구려인이 성을 구루라고 불렀다는 것이다. 여기에서 구려는 고구려인 또는 고구려족의 약칭이다. "구루"라는 발음에서부터 고구려 민족의 언어와 발음 규율을 자세히 탐구할 수도 있다.

다음으로 구려로 사용된 횟수가 가장 많은 것은 왕망이 고구려 군대를 파견하여 호(胡)를 정벌한 기사이다. 『한서』 「왕망전」에는 "왕망이 고구려 병사들을 징발하여 북방 오랑캐를 정벌하려고 하였다(莽發高句麗兵, 當伐胡.)", "주·군에서 고구려 후 추에게 허물을 돌렸다(州郡歸咎于高句麗侯騶)", "엄우가 고구려 후 추를 꾀어내어 베어 죽였다(尤誘高句麗侯騶而斬焉.)"라고 기록되어 있다. 『삼국지』 「고구려전」에는 "왕망 초에 고구려의 군사를 징발하여 호(胡)를 정벌하게 하였다(王莽初, 發高句麗兵以伐胡.)", "주·군이 그 책임을 구려 후 추에게 전가시켰다(州郡歸咎于句麗侯騶.)", "엄우가 구려 후 추를 만나자고 꾀어내어 목을 베었다(尤誘期句麗侯騶而斬之.)", 『후한서』 「고구려전」에는 "왕망 초에 구려의 군사를 징발하여 흉노를 정벌하게 하였다(王莽初, 發句麗兵以伐匈奴.)", "구려 후 추를 꾀어 국경 안으로 들어오게 한 뒤 목을 베어 죽였다(誘句麗侯騶入塞, 斬之.)", 『양서』「고구려전」에는 "왕망 초에 구려의 군사를 징발하여 호를 정벌하게 하였다(王莽初, 發句麗兵以伐胡.)", "주·군에서 구려 후 추에게 허물을 돌리자, 엄우가 꾀어내어 목을 베어 죽였다(州郡歸咎于句麗侯騶, 嚴尤誘而斬之.)"로 기록되어 있다. 또한 『북사』「고려전」에는 "왕망 초에 고구려의 군사를 징발하여 호를 정벌하게 하였다(王莽初, 發高句麗兵以伐胡.)", "주·군에서 구려 후 추에게 허물을 돌리자, 엄우가 꾀어내어 목을 베어 죽였다(州郡歸咎于句麗侯騶, 嚴尤誘而斬之.)"고 기록되어 있는데 각 기록에서 같은 내용의 구절을 서로 대조해보면 "구려"는 "고구려"를 약칭 또는 줄여서 불렀던 것을 알 수 있다.

왕망이 고구려 병사로 흉노를 정벌한 일은 고구려를 하구려로 이름을 바꾸게 된 결과를 가져왔다. 『삼국지』, 『양서』에서는 모두 "고구려의 이름을 고쳐 하구려라 하였다(名高句麗爲下句麗.)"라고 하였고, 『후한서』에서는 "고구려 왕의 칭호를 고쳐서 하고구려 후라 부르게 하였다(名高句麗王爲下句麗侯.)"로, 『북사』에서는 "고구려의 이름을 고쳐 고구려 후로 하였다(更名高句麗, 高句麗侯.)"고 기록되어 있다. 고구려와 하구려는 구려 앞에 '高' 자와 '下' 자를 붙여 높임과 낮춤의 차이를 나타낸 것으로 명칭의 변화가 있었던 것은 아니다. 이름을 바꿨다고 하는 것은 본질적으로는 왕을 후로 고쳐 부른 것으로 중앙의 지방 정권에 대한 권한을 충분히 보여주는 것이며 왕망의 소수민족에 대한 정책에 부합하는 것이기도 하였다.

정사에 나오는 "구려 왕 궁", "구려 왕 을불리", "구려 왕 안"은 각각 고구려 태조대왕, 미천왕, 광개토왕을 가리키는 것으로 그들의 이름은 궁, 을불리, 안[2]이었다. 중원의 사가들이 왕이라고 하면서 그 이름을 함께 부른 것은 그 군왕이 제후왕의 지위였다는 것을 증명하는 것이다. 고구려국을 제외하고 다른 나라의 왕을 궁, 을불리, 안이라고 부른 예는 없다. 구려는 역시 고구려의 약칭이라는 것을 증명하는 것이다.

정사에서 고구려전을 실은 사서를 그 쓰인 연대에 따라 배열해보면 『삼국지』, 『후한서』, 『송서』, 『남제서』, 『위서』, 『양서』, 『주서』, 『수서』, 『북사』, 『남사』, 『구당서』, 『신당서』로 모두 열두 편이다. 여기에서 고구려, 구려, 고려가 사용된 상황은 네 종류로 나눌 수 있다.

첫째, 고구려와 구려를 서로 교차하여 사용한 것으로 『삼국지』와 『후한서』를 예로 들 수 있다. 책이 쓰인 때로 보면 약 3세기 말에서 5세기 초까지로 대체로 양진 시기에 해당하며, 고구려 사회는 점차 개혁 · 발전하여 강성해져 가는 시기였다.

둘째, 같은 (고구려)전에서 고구려, 구려, 고려를 함께 사용한 것으로 『양서』, 『북사』를 예로 들 수 있다. 책이 쓰인 시기는 7세기 전반기인데 이때는 당 초기로 고구려가 점점 쇠퇴해가던 시기였다.

셋째, 고구려, 고려를 함께 사용한 것으로 예를 들면 『송서』, 『남제서』, 『위서』, 『주서』, 『수서』, 『남사』 등이다. 책이 쓰인 시기는 두 단계로 나뉘는데 앞의 세 사서는 5세기 말에서 6세기 중엽으로 대략 남북조 시기에 해당하며 고구려는 상대적으로 안정된 시기이다. 뒤의 세 편은 7세기 전반기에 쓰인 것으로 당 초기, 고구려가 수당의 정벌을 받던 시기로 국력이 쇠퇴하여 망국에 가까운 시기였다.

넷째, 비교적 늦게 쓰인 『구당서』, 『신당서』로 고려라는 명칭만을 사용하였다. 그 연대는 945~1060년 사이로 고구려는 멸망하여 이미 300~400년이 지난 시기이다.

이상의 네 가지 상황 가운데서 앞의 셋은 구려라는 명칭을 연구하는데,

___

2) 『삼국사기』에는 광개토태왕의 이름이 담덕(談德)으로 되어 있다.

이 명칭은 가장 대표성을 지니는 것이다. 그리고 10여 종류에 이르는 이들 사서의 「고구려전」 또는 「고려전」이 쓰인 시기 고구려국은 발전, 안정, 쇠퇴의 세 가지 역사 단계를 거치게 된다. 고구려는 양한 시기 이후 중원 왕조로부터 변군(邊郡)의 봉국(封國)이라는 지위를 얻어 끊임없이 조공하고 사신을 파견하며 책봉을 청하는 등 중원 여러 왕조와의 왕래가 빈번하였다. 그래서 중원 사가들의 고구려에 대한 이해도 부단히 깊어지게 되었다. 그들은 고구려에 대한 역사 사실을 기록할 때 어떤 경우에는 구려, 고려라고 썼는데 이는 모두 고구려의 사건들로서 구려와 고려로 부른 것은 모두 고구려에 대한 약칭과 간칭이다. 만약 구려, 고려가 고구려가 존재했던 시기의 다른 민족, 다른 나라였다면 중원의 사가들은 다른 전기를 만들어 고구려와 혼동하지 않도록 고려하였을 것이다. 단지 고구려 제19대 왕인 광개토경평안호태왕에 대해서는 정사에서 구려 왕 안, 고려 왕 안, 고구려 왕 안으로 나타나며 다른 사서에서는 광개토왕 안, 호태왕 안으로, 호태왕 비문에서는 국강상광개토경평안호태왕, 염모 묘지에서는 호태성왕이라고 부르고 있다. 역사 상식이 조금이라도 있는 사람이라면 이렇게 서로 다른 호칭이 있다고 해서 이를 여러 사람으로 보거나 여러 나라의 왕으로 보지는 않을 것이다.

【 2. 구려 명칭의 출현 】

앞에서 우리는 정사에 나오는 구려 기록을 주로 『한서』「지리지」와 각 사서의 「고구려전」을 중심으로 살펴보았다. 사실 정사의 기(紀)와 전(傳)에는 일부 엉성한 기록이 있고 다른 사서에서도 관련 기록이 있다. 그러나 대표성이 부족하고 시기가 늦으며 그대로 인용한 부분이 많기 때문에 하나하나 열거하지는 않았다.

정사의 「고구려전」이나 「고려전」에 고구려, 구려, 고려가 함께 사용된 상황에 대해서 우리는 구려가 고구려의 약칭으로 나타난 것이라는 초보적인 판단을 내렸다. 그러면 이러한 약칭은 언제 나타났는지 그리고 왜 나타나게 되었는지에 대해서는 좀 더 상세한 토론이 필요하다.

우리는 구려의 명칭이 『한서』의 「지리지」와 「왕망전」에서 처음으로 나온다는 것을 알고 있다. 그리고 고구려와 구려는 동시에 출현하며 함께 사용되었다. 『한서』를 쓴 반고의 자(字)는 맹견(孟堅)이며 동한의 부풍안릉(扶風安陵 : 지금의 섬서 함양) 사람이다. 서기 32~92년까지 살았는데 이때는 정확하게 광무제(光武帝) 건무(建武) 8년에서 화제(和帝) 영원(永元) 4년에 해당한다. 그 부친인 반표(班彪)는 유학대사(儒學大師)로 말년에는 역사를 편찬하기도 하였다.

반고가 『한서』를 쓸 때 국가의 많은 문헌과 공문서 자료들을 참고하였다. 그러나 고구려, 구려와 관련되거나 유사한 문헌은 많지 않았다. 한 가지 제기할 점은 『일주서(逸周書)』 「왕회편(王會篇)」에 나오는 서한의 성왕(成王)이 낙읍(洛邑)에서 성주(成周) 대회를 거행했다는 기록인데, 이때 여러 후국과 사방의 소수민족들이 대표를 파견하여 참가하였다. 북방의 발인(發人), 예인(穢人), 양이(良夷), 직신(稷愼), 고이(高夷)가 모두 참여하여 성대한 대회가 되었는데 진나라 사람인 공조(孔晁)는 주석에서 "고이는 동북쪽의 오랑캐인 고구려다(高夷, 東北夷高句麗.)"라고 하였다. 이 주석은 매우 늦은 시기에 나온 것이다. 그러나 『일주서』는 주대(周代)의 문헌을 모아 편집한 것으로 많은 금석 자료와 출토된 유물들을 통해 그 신뢰성이 증명되었다. 그 글들 가운데서 시기가 이른 것은 『좌전』보다도 이를 수 있으며 대부분은 전국시대 사람들이 정리하여 완성한 것이다. 『작락(作雒)』, 『왕회(王會)』 같은 주대 문헌은 이미 믿을 수 있는 역사가 되었다. 반고는 「지리지」를 쓸 때 북방 군현과 소수민족을 언급하면서 『일주서』의 기록을 주의하지 않을 수 없었을 것이다. "현도, 낙랑은 무제가 처음 설치한 곳으로, 모두 조선, 예맥, 구려 같은 오랑캐의 땅이었다(玄菟, 樂浪, 武帝時置, 皆朝鮮, 濊貊, 句麗蠻夷.)"의 예맥, 구려에서도 예인, 고이의 영향을 볼 수 있다.

이 외에도 반고와 같은 시기 반고의 아버지 반표의 제자였던 학자 왕충도 『논형(論衡)』에서 고구려와 관계된 사실을 기록하였다.

『논형』「길험편(吉驗篇)」에는 다음과 같이 기록되어 있다.

북쪽 오랑캐(사이)인 탁리국 왕의 시비(侍婢)가 임신을 하여 왕이 죽이려고 하자, 시비는 "계란 같은 큰 기운이 하늘에서 내려와서 임신하게 되었습니다"라고 대답했다. 뒤에 아이를 낳아 돼지우리에 버렸지만 돼지가 입으로 숨을 불어넣어 주어 죽지 않았다. 다시 마구간에 옮겨놓고는 말에 밟혀 죽도록 하였으나, 말들 역시 입으로 숨을 불어넣어 주어 죽지 않았다. 왕은 아마 하늘의 아들일 것이라고 생각하여 그 어미에게 노비로 거두어 기르게 하였다. 이름을 동명(東明)이라 부르며 소와 말을 기르게 하였다. 동명의 활솜씨가 뛰어나자, 왕은 그에게 나라를 뺏길 것이 두려워 그를 죽이려고 했다. 동명이 남쪽으로 도망가다가 엄표수에 이르러 활로 물을 치니, 물고기와 자라가 다리를 만들어주어 동명이 건너고 물고기와 자라가 흩어져 추적하던 병사들은 건널 수 없었다. 그는 도읍을 세우고 부여의 왕이 되었다. 이것이 북쪽 오랑캐에 부여국이 생기게 된 유래다. 동명의 모친이 처음 임신을 했을 때 하늘에서 내려온 기를 보았다. 낳은 뒤에는 그를 버렸지만 돼지와 말이 숨을 불어넣어 그를 살렸다. 성장한 뒤에도 왕이 죽이려고 했지만, 활로 강물을 치니 물고기와 자라가 다리를 만들어주었다. 죽지 않을 천명을 타고났기 때문에 돼지와 말이 그를 살렸다. 도읍을 정하고 부여의 왕이 될 명을 타고났기 때문에 물고기와 자라가 다리를 만들어 도와주었다.

— 北夷橐離國王侍婢有娠, 王欲殺之, 婢對曰: "有氣大如鷄子, 從天而下, 我故有娠." 後產子, 捐於猪溷中, 猪以口氣噓之, 不死. 復徙馬欄中, 欲使馬藉殺之, 馬復以口氣嘘之, 不死. 王疑以爲天子, 令其母收取奴畜之. 名東明, 令牧牛馬. 東明善射, 王恐奪其國也, 欲殺之. 東明走, 南至掩㴱水, 以弓擊水, 魚鱉浮爲橋. 東明得渡, 魚鱉解散, 追兵不得渡, 因都王夫餘. 故北夷有夫餘國焉. 東明之母初妊時, 見氣從天下. 及生, 棄之, 猪馬以氣吁之而生之. 長大, 王欲殺之, 以弓擊水, 魚鱉爲橋. 天命不當死, 故有猪馬之救, 命當都王夫餘, 故有魚鱉爲橋之助也.

여기에 나오는 부여는 양한 이후의 부여족, 부여국으로 고구려와 병존하였으며 서로 혼인 관계를 맺는 등 밀접한 왕래가 있었다.

문헌 편찬이란 각도에서 보자면 반고, 왕충은 모두 동한 초기의 사람으로 특히 반고가 출생한 해는 광무제 건무 8년(32)으로 광무제는 이해에 고구려 왕호를 회복시켜주고 고구려 왕은 한의 제후왕의 신분을 얻어 끊임없이 사신을 파견하고 공물을 바쳤다. 이러한 정치 환경 역시 반고와 왕충이 역사를 쓸 때 그 영향을 미쳤다.

음운학적인 각도에서 보면 고구려를 빨리 읽으면 고려가 되고, 고려와 구려의 음은 동일하다. 고(高)는 『광운(廣韻)』에서 古(gu)음과 勞(lao)음을 합친 것이고 『집운(集韻)』에서는 居(ju)와 勞(lao)음을 합친 것으로 나온다. 구(句)는 음이 ju이나 군국(郡國) 지명에서는 gou로 읽히며 『광운』에서는 古(gu)음과 侯(hou)음을 합친 것, 『집운』에서는 居(ju)음과 侯(hou)음을 합친 것이다. 『광운』에서든 『집운』에서든 고(高), 구(句)는 쌍성자(雙聲字)로 모두 통할 수 있다.

고구려 민족과 건국의 역사 사실은 서한 무제 후기에 이미 나타난다. 동한의 반고는 『한서』에서 간략하게 기록하였지만 시기와 사회생활, 역사 발전의 과정은 타당한 것이었다. 그리고 우리가 고구려라고도 부르고 구려라고도 부른 단서 —왕망이 고구려 왕을 고쳐 하구려 후라고 한 것—를 제공해준다.

왕망이 고구려라는 이름을 고쳐 하구려라고 한 것에 대해『후한서』「고구려전」에 "고구려 왕의 칭호를 고쳐서 하고구려 후라 부르게 하였다(更名高句麗王爲下句麗侯.)"로,『삼국사기』「고구려본기」에는 "우리 왕을 하구려 후로 고쳐 불렀다(更吾王爲下句麗侯.)"로 기록되어 있다.『한서』「왕망전」에는 "왕(王)", "후(侯)" 자가 없고『삼국지』와『한서』에도 마찬가지다. 다만 "고구려의 칭호를 고쳐서 하구려라 부르게 하였다(更名高句麗爲下句麗.)"의 뒤에 "이때에 후국으로 삼았다(當此時爲侯國.)"라는 설명이 덧붙여졌는데, "이때(當此時)"는 왕망 시건국(始建國) 4년(12)이다.

『삼국지』,『후한서』,『삼국사기』의 기록은 고구려가 서기 12년 이전에 서한의 변경 후국이었다는 사실을 증명해준다. 서기 12년에 고구려는 왕망이 "하구려 후국"으로 고쳐 불렀던 것이다.

바로 왕망이 고구려를 고쳐 하구려라고 부르고 고구려 후를 고쳐 하구려 후로 고쳤기 때문에 중원의 사가들은 비로소 고구려를 구려라고 약칭하게 되었다. 20년 후에 동한 광무제가 고구려 왕호를 회복시켜주었기 때문에 반고의 「왕망전」에는 고구려와 구려라는 명칭이 동시에 나타나게 되었다. 여기에 나타나는 모두가 동일 민족이 건립한 동일 정권이므로 구려가 고구려의 약칭이라고 한 것은 아무런 문제가 없는 것이다.

【 3. 구려국에 대해서 】

앞에서 이미 말한 것과 같이 정사에는 고구려, 구려, 고려라는 명칭이 나타나는데 뒤의 두 명칭은 전자를 약칭한 것이다. 여러 문헌에 나타나는 구려, 고려는 모두 고구려 민족 또는 고구려 국가를 가리키는 말이다. 우리나라의 고대 사가들과 근현대 사가들 대부분이 이 관점을 지지하고 있다. 고구려

고고학과 역사 연구에 종사하는 국외의 학자들 역시 대부분이 이 관점을 채용하고 있다. 1980년대 이후 국내외 학자들 가운데서 일부 다른 관점이 제기되기도 하였는데, 비록 많지는 않지만 대표성을 띠고 있으므로 이에 대해 반드시 설명이 필요하다.

일본 학자[3] 정조묘(鄭早苗)는 『조선학보』 제89기에서 「『한서』, 『후한서』, 『삼국지』에 나타나는 고구려와 구려의 명칭 문제에 대해서」라는 논문을 발표하였다. 그는 고구려와 구려는 "다른 이름, 다음 음(異名異音)"으로 구려는 고구려와는 다른 민족, 다른 나라라고 하였다.[4]

중국 학자 리뎬푸(李殿福), 쑨진지는 고려는 고구려국이 이름을 바꾼 결과라고 하였다.[5]

조선 학자인 강인숙(姜仁淑)은 구려는 고구려에 선행한 고대 국가라고 하였다.[6]

고구려에서 고려로 이름을 바꾸었다는 설에 대해서는 중국 정사의 「고구려전」, 「고려전」을 자세하게 읽어보고 『삼국사기』 같은 문헌을 다시 참고해보면 그렇지 않다는 결론을 얻을 수 있기 때문에 이에 대해서는 논하지 않겠다. 여기에서는 구려 문제를 중심으로 토론하도록 하겠다.

정조묘는 고구려와 구려를 다른 민족, 다른 나라로 보았다. 주로 아래 같은 몇 가지 근거를 들고 있다.

---

3) 【옮긴이】 정조묘(鄭早苗)는 일본에서 활동하는 재일동포 사학자이다.
4) 『동북아 역사와 고고 소식(東北亞歷史與考古信息)』, 1986년 제3기.
5) 리뎬푸, 「고구려의 다른 이름, 고려에 대한 고찰(高句麗異名高麗考)」, 『동북고고연구(東北考古硏究)』, 중주고적출판사(中州古籍出版社), 1994.
   쑨진지, 「고구려국이 고구려를 바꾸어 부른 시기(高句麗國改稱高句麗的時間)」, 『동북 민족사 연구』, 중주고적출판사, 1994.
6) 〔朝〕 강인숙, 「고구려에 선행한 고대 국가 구려에 대해서(關于先行于高句麗的古代國家句麗)」, 『동북아 역사와 고고 소식』, 1992년 제1기.

1) 고구려와 구려는 이름이 다를 뿐 아니라 그 음도 다르다.

2) 『후한서』에서는 「고구려전」과 「구려전」을 나란히 따로 서술하였다.

3) 『한서』에서 고구려는 현명, 민족명 또는 민족국가로 사용되었지만 구려는 만이(蠻夷)라고 하여 다른 민족으로 표시하여 사용되었다.

4) 고구려국은 동가강 부근의 환인을 도성으로 하였으나 구려국은 소수 비류수 부근의 민족과 국가이다.

위의 내용만으로 고구려와 구려를 두 민족, 두 나라라고 증명하기에는 근거가 부족하다. 아래에 해설을 보도록 하자.

1) 고구려와 구려는 글자에서 아주 명확히 볼 수 있는 것처럼 고(高)자 하나가 많고 적음의 문제이다. 구려를 구려(句驪)라고 써도 명칭은 똑같은 것이다. 사서에는 구려가 고(高)를 성씨로 삼았기 때문에 고구려라고 부르게 되었다고 하는데 그 정확성의 여부를 떠나 왕망은 고구려를 고쳐 하구려라고 불러 고(高)자와 하(下)자로써 높임과 낮춤을 함축하였다. 고(高)는 고(古)와 노(勞)의 반절(半切)이며 구(句)는 고(古)음과 후(侯)의 반절이다.[7] 고(高)와 구(句)는 쌍성자이다.[8] 고구려는 고-구려로 읽을 수 있고, 고구-려로도 읽을 수 있으며, 빨리 읽으면 구(句)-려(麗)는 서로 비슷하다.

중원의 사가들은 책을 쓸 때 자주 글자를 줄여서 쓰거나 약칭을 사용하는 경우가 있다. 상고금문(上古金文), 갑골문은 모두 책을 쓰기에 불편하여

---

7) 【옮긴이】 반절(半切)이란 한자로 한자 읽는 법을 나타내는 방법인데, 초성이 같은 글자와 중성과 종성이 같은 글자 두 자로 나타낸다. 여기서 고(高)는 古(gu)의 초성과 勞(lao)의 중성 종성을 따서 'gao'라고 읽는다는 것이며, 구(句)자는 古(gu)의 초성과 侯(hou)의 중성 종성을 따서 'gou'라고 읽어 결국 고구(高句)를 'gaogou'라고 읽는다는 뜻이다.

8) 【옮긴이】 쌍성(雙聲)이란 두 글자로 된 한자말에서 각 글자의 첫 닿소리가 같은 것을 말한다. 여기서는 고(高)자와 구(句)자의 첫 닿소리가 'g'자로 같다는 말이다.

일찍부터 글자를 줄여 쓰고 간략하게 책을 쓰는 방법을 만들었는데 한(漢)에서 진(晉)으로 바뀌던 시기에도 여전히 유행하였다. 같은 지(志)와 전(傳)에 나오는 인명, 족명, 국명에서도 역시 이러한 약칭들이 자주 나타난다. 예를 들면 「왕망전」에서는 "(왕)망이 고구려 병사를 징발했다(莽發高句麗兵.)", "(왕)망이 크게 기뻐했다(莽大說.)"는 표현을 자주 볼 수 있는데 읽는 사람들은 모두 왕망이란 것을 알고 있으며 이것이 다른 이름의 망(莽)을 가리키는 것이 아니라는 것을 알 수 있다. 『삼국지』 「관구검전」에는 "검(儉)은 말을 묶고, 수레를 들어 환도성에 올라 고구려 수도를 파괴했는데, 머리를 베거나 포로로 삼은 자가 1000명이 넘었다(儉遂束馬縣車, 以登丸都, 屠句麗所都, 斬獲首虜以千數.)"라는 기록이 있는데, 이를 읽는 사람은 관구검이 군사를 거느리고 환도성을 공격하여 고구려 도성을 점령했음을 알 수 있다. 약칭만 있는 것이 아니라 획수를 줄여서 쓴 글자가 나타나기도 하였다.

2) 『후한서』에 「고구려전」이 있고 「구려전」을 따로 두었다는 것이 정조묘의 독창적인 견해이다.

『후한서』 「고구려전」은 권85 동이전의 일부분으로 무영전본(武英殿本)에 따르면 부여, 고구려, 구려, 동옥저, 예 등으로 구분하여 기록하였다. 정조묘는 아마 이 점에 근거하여 구려전을 따로 만들었다고 단언한 것 같으나 역사 지식이 부족한 것 같다.

> 구려는 일명 맥이다. 별종이 있는데, 소수에 의지하여 살고 있기 때문에 소수맥이라 부른다. 좋은 활이 산출되는데, 이것이 맥궁이라고 불리는 것이다.
> ─ 句麗, 一名貊耳. 有別種, 依小水爲居, 因名小水貊. 出好弓, 所謂貊弓是也.

이 단락의 글은 구려가 맥으로도 불렸는데 소수(小水)에 거주함으로써 소수맥(小水貊)이라고 부르고 좋은 활이 나오므로 이를 맥궁이라고 불렀다는 사실만을 이야기해준다. 사실 고구려는 활쏘기에 능하였고 소수에 살았던 고구려인의 활이 가장 좋았기 때문에 중원 사람들은 이를 맥궁이라고 불렀다. 맥궁이라고 썼기 때문에 여기에 고구려까지 포함되는 것은 아주 간단명료한 것이다. 이 20여 자가 어떻게 단독으로 독립된 전(傳)이 될 수 있겠는가. 그러므로 『후한서』에 고구려라는 정확한 역사가 있는데 또 다른 「구려전」이 있다는 것은 우스갯소리라고 할 수 있다.

"맥궁이 이것이다(貊弓是也)"라는 문구 아래 다음과 같은 내용이 이어진다. "왕망 초에 고구려 군사를 징발하여서 흉노를 정벌하게 하였으나 그들이 가지 않으려고 하여 강압적으로 보냈더니 모두 국경 너머로 도망한 뒤, 중국의 군현을 노략질하였다. 요서대윤 전담이 그들을 추격하다가 전사하자, 왕망이 장수 엄우를 시켜 치게 하였다. 엄우는 구려 후 추를 꾀어내 국경 안으로 들어오게 한 뒤 목을 베어 그 머리를 장안으로 보내었다. 왕망은 크게 기뻐하면서, 고구려 왕의 칭호를 고쳐 하고구려 후라 부르게 하였다. 이에 맥인들이 변방을 노략질하는 일이 더욱 심해졌다. 건무 8년(서기 32)에 고구려가 사신을 보내어 조공하므로, 광무제가 그 왕호를 회복해주었다. 건무 23년(47) 겨울에 구려 잠지락(蠶支落)의 대가 대승(戴升) 등 1만여 명이 낙랑에 투항하였다. 건무 25년 봄에 고구려가 우북평(右北平), 어양(漁陽), 상곡(上谷), 태원(太原)을 침입하여 노략질하는 것을 요동 태수 제융이 은의와 신의로 대접하자 모두 다시 화친했다."(王莽初, 發句麗兵以伐匈奴, 其人不欲行, 强迫遣之, 皆亡出塞爲寇盗. 遼西大尹田譚追擊, 戰死. 莽令其將嚴尤擊之, 誘句麗侯騊入塞, 斬之. 傳首長安. 莽大說, 更名高句驪爲下句驪侯, 於是貊人寇邊愈甚. 建武八年, 高句驪遣使朝貢, 光武復其王號. 二十三年冬, 句麗蠶支落大加戴升等萬余口詣樂浪內屬. 二十五年春, 句麗寇右北平, 漁陽, 上谷, 太原, 而遼東太守祭彤[9]恩信招之, 皆復款塞.)

여기에서 왕망이 징발한 구려 병사, 하구려, 구려 잠지락 대가, 구려가 우북평 등지를 노략질한 내용을 가리키는 민족, 정권, 사건은 동일한 것으로 모두 왕망이 바꿔 불렀던 고구려이며 광무제가 왕호를 회복시켜주었던 바로 그 고구려이다. "맥인들이 변방을 노략질하는 일이 더욱 심해졌다(貊人寇邊愈甚)"에서 말하는 맥인은 "맥이"의 맥과 동일하며 하구려 후로 불린 고구려 왕 아래 속하였다는 것을 가리킨다.

고려는 곧 고구려로 흉노와 호를 정벌한 것은 모두 왕망 때의 사건으로 두 가지의 서로 다른 사건이 아니다. 고구려전이 있으며 구려를 전(傳)으로 여기기에는 부족하기 때문에 구려가 다른 민족, 다른 나라였다는 것은 증명하기 어렵다.

3) 정조묘는『한서』「지리지」의 고구려현과 구려 만이의 두 조목을 인용하여 "다른 민족을 나타낼 때는 본문과 주석을 막론하고 모두 고구려라고 부르지 않고 구려라고 불렀다"고 하면서 "『한서』의 기록을 대조해보면 구려와 고구려가 차이가 있다"고 하였다. 그러나 이 글은『한서』「지리지」와「왕망전」에 나오는 네 단락의 글을 증명한 것일 뿐이며 그 이외에는 고구려현의 설치를 자세하게 이야기한 것으로 고구려와 구려의 차이에 대해서는 설명하지 않았다.

『한서』에서 나타난 고구려와 구려를 통해 볼 때 고구려는 현명, 족명, 국명으로 사용되었고 구려는 족명과 국명으로 사용되었다. 이것은 고구려현이 한 무제 때 설치되었고 양한의 군현이었기 때문에 사가들은 그 명칭을 줄이지 않고 장중하고 엄숙하게 표현하였다는 것을 설명해준다. 그리고 고구려 민족, 고구려국에 대해서는 소수민족으로서 왕망 정권과 충돌이 생겨 하구려로 고쳐 불렀기 때문에 중원의 사가들이 비로소 줄여서 구려로 부른 것이다. 가장 먼저 약칭이 나타나는『한서』는 동한 초에 완성된 책으로 왕

---

9)【옮긴이】중국어 판 책에는 동(肜)자로 되어 있으나 원전을 대조하여 융(肜)자로 바꾸었다.

망이 고구려의 이름을 고쳐 하구려라고 한 사실이 명확하게 기록되어 있기 때문에 망신(莽新) 시대의 공문서 자료의 기록을 따른 것으로 볼 수 있다. 망신의 인식은 고(高)를 빼고 하(下)를 붙임으로써 이를 낮추어 볼 수 있었고 이름을 구려라고 한 것은 당시 사람들의 인식을 나타낸 것이기도 하다. 그러므로 구려가 고구려의 약칭, 간칭 또는 별칭이라는 것은 모두 이해할 수 있는 것이다.

4) 정조묘는 고구려는 민족과 국가가 있고 도성은 환인에 있었다가 후에 통구로 천도한다고 하였다. 그리고 구려는 이와는 다른 민족, 다른 나라라고 하였다. 그러나 구려가 언제 건국되었고 그 나라의 위치는 어떠했는가 하는 점에 대해서는 분명하게 설명하지 못하였다. 특히 소수, 대수, 비류수, 동가강, 압록강 등에 대한 설명은 혼란스럽기까지 하다. 더욱 중요한 것은 고고 조사와 발굴로서 고구려의 건국 당시의 도성은 지금의 요녕성 환인현성 부근으로 평지성과 산성이 있었다는 것이 증명되었다. 고구려의 2대 왕인 유리왕은 국내성으로 천도하는데 지금의 길림성 집안시 시내의 국내성 유적으로 성의 북쪽에는 환도산성이 있다. 그러나 지금까지 고구려 이외에 구려족 또는 구려국의 도성과 유적은 아직 발견되지 않고 있다.

구려가 곧 고구려라는 사실은 더 많은 문헌을 인용할 필요도 없이 정조묘가 인용한 왕망이 고구려 왕을 하구려 후로 고쳐 불렀다는 기록으로 충분히 증명할 수 있다.

그 고구려의 이름을 고쳐 하구려라 하였다. (『한서』: 其更名高句麗, 爲下句麗.)

고구려의 이름을 고쳐 하구려라 하였다. (『삼국지』: 更名高句麗, 爲下句麗.)

고구려 왕의 이름을 고쳐 하구려 후라 하였다. (『후한서』: 更名高句麗王, 爲下句麗侯.)

정사에서 고구려가 구려, 고려로 불린 것은 본래는 아주 간단명료한 것이다. 우리는 고구려의 정치, 경제, 군사, 사상, 문화 같은 방면을 연구하는데 힘을 쏟아야 했는데 원래 간단했던 문제를 도리어 더욱 복잡하게만 만들어놓았던 것이다.

고구려 건국 이전에 구려라는 국가가 존재하였다는 설은 조선 학자 강인숙의 설이 가장 전형적이다.[10] 그는 "구려국은 우리나라 고대 국가의 하나로 고구려가 건국되기 이전에 혼강 유역과 압록강 중류 일대를 중심 지역으로 존재하였다", "구려국은 서기전 5세기 이전에 건립되었고 서기전 277년에 멸망하였다"고 하였다. 그 주요 근거로 강인숙은 세 가지를 들고 있다. 첫째, 졸본 지역에 존재한 국가는 연노부 왕실의 국가이다. 『삼국지』 「위서·고구려전」에 기록된 5부에 대한 기록이 이를 증명한다. 둘째, 『상서』 권11 「주서·주관(周書·周官)」의 주석으로 주나라 무왕은 상나라를 이기고 "구려(駒麗)"는 서주 왕실과 교통하였다. 그러므로 "구려"라는 이름은 그 유래가 오래되었다. 셋째, 구려 지역인 국내성 아래에서 발견된 토성은 서기전 5세기의 것으로 여겨진다. 이것으로 구려의 건국 시기를 서기전 5세기로 정할 수 있으며 집안의 오도령구문(五道嶺溝門)에 있는 돌무지무덤이 이를 증명해준다.

조선 학자들이 구려국이 존재했다고 여기는 증거는 문헌에서는 물론 고고 자료들의 사용과 분석에서도 매우 커다란 문제점을 드러내고 있어, 이것만으로 구려국의 존재를 증명하기 어렵다.

먼저 문헌의 사용을 보면 소위 연노부 왕실의 국가는 『삼국지』 「고구려전」에 보인다. "고구려에는 본디 다섯 족이 있으니, 연노부, 절노부, 순노부, 관노부, 계루부가 그것이다. 본래는 연노부에서 왕이 나왔으나 점점 미

---

10) 〔朝〕 「고구려에 선행한 고대 국가 구려에 대해서」, 『력사과학』, 1991년 제2기.

약해져서 지금은 계루부가 대신하고 있다. 한나라 때에는 북과 피리와 악공을 하사하였으며, 항상 현도군에 와서 조회에 쓸 옷가지와 모자를 받아갔는데, 현도군 고구려 현령이 그에 따른 문서를 관장하였다."(本有五族, 有涓奴部, 絶奴部, 順奴部, 灌奴部, 桂婁部. 本涓奴部爲王, 稍微弱, 今桂婁部代之. 漢時賜鼓吹技人, 常從玄菟郡受朝服衣幘, 高句麗令主其名籍.) 이 단락의 글은 3세기 말에 쓰인 것이다. "지금은 계루부가 대신하고 있다(今桂婁部代之.)"의 "지금"은 책이 쓰인 때인 3세기 말 서진 시대이다. 당시의 고구려는 집안 국내성에 도읍하고 계루부에서 왕이 나왔다. 그렇다면 연노부가 왕이 되었던 때는 한대(漢代) 말기로 당시 고구려는 환인 흘승골성에 도읍하고 있었으며 환인 일대가 연노부였다. 중국 정사와 호태왕 비문, 『삼국사기』에서 증명되다시피 고구려는 서한 원년 건소(建昭) 2년(기원 37)에 건국된다. 이전 한 문제 시기의 혼강, 압록강 유역의 넓은 지역은 한 현도군의 관할에 속해 있었고 한반도 북부는 한 낙랑, 임둔, 진번의 여러 군이 관할하고 있었다. 고구려는 현도군 통치 아래의 한나라 시대 일반 백성(編戶齊民)으로 민족의 자연 발전 과정에서 지역적인 부락이 나타나기는 하였지만 각 부의 수령은 모두 현도군 내에 속해 있었고 근본적으로는 왕권이 없었다고 말할 수 있다. 또한 어떠한 명문 기록에도 구려 건국의 사실은 보이지 않는다. 소위 연노부에서 왕이 된 것은 서기전 37년 이후의 일이며 연노부와 구려국의 차이는 아주 크다.

또 다른 사료는 『상서』「회숙신지명(賄肅愼之命)」서문의 한 단락에서 비롯된 것이다. 서문에는 "성왕이 동이를 이미 정벌하였는데, 숙신이 축하 사절을 보내왔다. 왕비 영백이 『회숙신지명』을 지었다(成王旣伐東夷, 肅愼來賀. 王俾榮伯作『賄肅愼之命』.)"고 되어 있다. 공안국(孔安國)이 숙신에 대한 전기를 썼다고 전해지는데 "해동의 여러 오랑캐에는 구려, 부여, 간맥(馯貊)이 속한다. 무왕이 상나라를 물리치자, 모두 길을 통하게 되었다. 성왕이 다스리려고 하자 반란이 일어났고, 왕이 정벌하자 복종하게 되었다(海東諸夷, 駒麗, 扶餘, 馯貊之屬, 武王克商皆通道焉, 成王卽政而叛, 王伐而服之.)"라는 구절에서 "구려(駒麗)"란 단어는 『상서』 원문에서 나온 것이 아니라 「공전(孔傳)」에 나온 것임을 알 수 있다. 청대 이래의 「공전」은 이미 위서로 공인되었고 누구에 의해 만들어졌는지도 알 수 없다.

공안국은 한 무제 때의 사람으로 사마천의 『사기』와 반고의 『한서』에는 공안국이 『상서』의 전(傳)과 서(序)를 지었다는 기록이 남아 있지 않다. 동진의 예장내사(預章內史) 매색(梅賾)이 바친 「공전」은 공안국의 이름을 거짓으로 빌려 쓴 것에 불과하다. 가짜 「공전」이 나타난 시기는 위진 시기라는 설과 동진 시기라는 설이 있다.[11] 이때 나타나는 구려로 구려의 이름이 서기전 5세기에 존재하였다는 것을 증명하기는 어려우며 구려가 국가였다는 것은 더더욱 증명하기 어렵다.

다음으로 고고학 자료로도 역시 구려국의 존재를 증명하기는 어렵다.

국내성은 지금의 길림성 집안시의 서쪽에 위치하고 있는데 성벽은 돌을 쌓아 만들었고 형태는 방형으로 둘레가 2686m이다. 그 가운데 북벽, 서벽의 북단, 남벽의 서단과 네 모서리의 상태가 양호하다. 1975년 5월에서 1977년 5월까지 집안 문물관리소는 국내성에 대한 시굴 조사를 위하여 열 곳에 트렌치를 설치하여 석축 성벽 안에서 흙담과 석기, 철기, 토기를 발견하였다. 원 보고에는 "흙담의 수축 연대는 전국-고구려 건국 전이다. 한 무제 원봉 4년(서기전 107)에 4군을 증설하는데 그 가운데 현도군 아래 고구려현이 속해 있었다. 이 흙담이 한대 고구려현의 치소인지의 여부는 더 자세한 검토가 필요하다."[12] 저자는 아주 분명하게 연대의 범위를 "전국-고구

11) 첸멍지아(陳夢家), 『상서통론(尚書通論)』〔중화서국(中華書局), 1985〕, 221~226쪽.
12) 집안현 문물보관소, 「집안 고구려 국내 성지의 조사와 시굴(集安高句麗國內城址的調查與試掘)」, 『문물』, 1984년 제1기.

려 건국 전"이라고 확정한 뒤 구체적으로 한 무제가 4군을 설치한 시기와 현도군 아래 속한 하나의 성이라는 것을 제기하였는데, 근본적으로 어떤 구려국의 성이라고 하지 않았다. 그리고 한 무제가 4군을 설치한 때에 국내성 일대는 고구려족의 어떤 부락이 모여 거주하던 곳이었지 고구려를 선행한 구려국은 근본적으로 존재하지 않았다.

설명이 더 필요한 부분은 강인숙의 글에서 이야기한 "구려국"의 생산 발전과 경제 상황에 관한 것이다. 그는 "혼강 유역과 압록강 중류 일대를 중심으로 한 구려 지역에서 청동기 생산이 한층 발전하기 시작한 것은 서기전 1세기 중엽부터였다. 서기전 5~4세기로 판단되는 길림성 집안현 태평향 오도령구문의 돌무지무덤에서 출토된 세형동검(細形銅劍), 세형 청동 투겁창(細形銅矛) 같은 청동 무기와 청동 도끼류, 가는 무늬 거울(細紋鏡)과 칼집 부속품(劍鞘金屬附件) 같은 청동기는 당시의 청동 주조 기술이 이미 상당히 높은 수준에 도달해 있었음을 보여준다. 그러나 여기에서는 도끼날 모양의 철제 화살촉도 섞여 있는데 이는 구려 지역에서 청동의 생산 발전과 거의 동시에 철기도 생산되었다는 것을 설명해준다"고 하였다.[13]

그리고 어떤 사람은 "오도령구문 유적에서 출토된 유물은 구성상 청동기가 대다수를 차지하고 전면적으로 철기를 사용한 시기의 물건은 아니지만 분명 계급사회의 유물이다. 이 점을 고려했을 때 고구려에 선행하여 나타난 구려국은 늦어도 서기전 5세기에는 성립되었다고 할 수 있다"고 하였다.[14]

집안 태평향 오도령구문에서 출토된 청동단검의 유적, 유물에 대한 연대

---

13) 〔朝〕 강인숙, 「고구려에 선행한 고대 국가 구려에 대해서」, 『동북아 역사와 고고 소식』, 1992년 제1기에서 재인용.
14) 〔朝〕 손영종, 「고구려의 건국(高句麗的建國)」, 『동북아 역사와 고고 소식』, 1995년 제1기에서 재인용.

에 대해서는 줄곧 다른 견해들이 존재해왔다. 1978년 4월 24일 인부들이 도로를 수리하면서 유물을 발견하여 집안박물관에서는 두 사람을 파견하여 조사하고 한 달 후에는 다시 네 사람을 파견하여 조사하였다. 두 차례의 조사 결과는 유물의 기록만이 같을 뿐 유적에 대한 관점은 서로 달랐다. 문물관리소에서는 「집안에서 발견된 청동단검무덤(集安發現青銅短劍墓)」[15]을 발표하였다. 이후 저자는 다시 「집안청동단검무덤과 관련된 문제(集安青銅短劍墓及相關問題)」[16]를 발표하면서 견해를 약간 수정하여 설명하였다. 솔직히 말해서 청동 단검이 출토된 곳은 절대로 방단계단 돌무지무덤(方壇階梯積石墓)이 아니다. 주민들은 돌들이 흘러내린 것이라고도 하는데 아마 가마 창고(窯藏)일 것이다. 그 가운데서 청동기의 연대는 대략 전국시대 말에서 서한 초에 해당하며 함께 출토된 두 점의 철제 화살촉의 연대는 빨라도 2세기보다 빠르지는 않을 것이다.[17] 이 가마 창고의 연대도 2세기보다 빠르지 않을 것이다. 이것은 완전한 고구려 건국 후의 매장물로서 비록 청동기의 연대가 비교적 빨라 고구려 건국 전의 유물이긴 하나 이것으로 고구려 건국 이전에 존재한 구려국의 존재를 설명하기는 힘들다.

중국 정사의 기록에 나타나는 구려가 가리키는 것은 고구려 민족과 이보다 늦은 시기에 건립된 고구려국이다. 고구려 외에 구려족과 구려국은 존재하지 않았으며 고고학 조사와 발굴이 이 점을 증명해준다.

---

15) 『고고』, 1981년 제5기.
16) 경톄화 · 쑨런졔, 『고구려 연구 문집』(연변대학 출판사, 1993), 89~97쪽.
17) 범리(範犁), 「고구려 옛 무덤에 대한 몇 가지 문제(高句麗古墓的幾個問題)」, 『고구려 역사와 문화 연구』(길림문사출판사, 1997), 224~228쪽.

2장

고구려 건국 시기 고찰

【 1. 고구려 건국 시기에 대한 몇 가지 견해 】

고구려의 건국 연대에 대해서는 지금까지 세 가지의 견해가 존재해왔다.

첫 번째 견해는 추모왕(또는 주몽) 건국설이다.

이것은 일종의 전통적인 견해로 『위서』 「고구려전」, 『주서』 「고려전」, 『북사』 「고려전」, 『수서』 「고려전」, 『삼국사기』 「고구려본기」 같은 문헌에는 고구려를 건국한 왕이 추모 또는 주몽으로 기록되어 있는데 건국 시기는 서한 원제 건소 2년(서기전 37)이다. 414년 고구려가 세운 호태왕비의 첫머리에서는 분명하게 "옛날 시조 추모왕이 나라를 세웠는데, 왕은 부여에서 태어났으며 천제의 아들이었고, 어머니는 하백의 따님이었다. 알을 깨고 세상에 나왔는데, 태어나면서부터 성스러운 덕이 있었다. ……비류곡 홀본 서쪽 성산 위에 도읍을 세웠다(惟昔始祖, 鄒牟王之創基也. 出自北夫餘, 天帝之子. 母河伯女郎. 剖卵降世, 生而有聖德 ……于沸流谷忽本西, 城山上而建都焉.)"고 하였다. 이보다 조금 늦은 염모 묘지(墓誌)에는 "하백의 손자이며, 해와 달의 아들인 추모성왕이 북부여에서 나셨으니, 이 나라 이 고을이 가장 성스러운 것은 천하 사방이 다 알 것이다(河伯之孫, 日月之子, 鄒牟聖王, 元出北夫餘, 天下四方,

知此國郡(君)最聖德.)", "하백의 손자이며, 해와 달의 아들이 태어난 땅이요, 북부여에서 오셨다(河伯之孫, 日月之子, 所生之地, 來自北夫餘.)"라고 하였다. 고구려 왕족과 귀족, 신하, 백성 모두가 자기의 개국 임금을 추모왕이라고 하고 이것을 석비에 새겨 만세(萬世)에 전하게 하였다. 그리고 이러한 인식은 고대 문헌과도 일치하므로 믿을 수 있는 것이다.

통동(佟冬)이 주편한 『중국 동북사(中國東北史)』에는 "서한 원제 건소 2년(서기전 37) 부여국 왕자 추모(주몽 또는 동명)가 부여 왕이 자신을 해치려는 것을 피하여 일부 부여인을 거느리고 송눈(松嫩) 유역에서부터 남쪽으로 도망쳐 졸본천(지금의 요녕성 환인현 오녀산)에 이르러서 흘승골성을 쌓아 도읍을 정하고 그곳의 맥인과 연합하여 졸본부여를 세웠는데 그것이 바로 고구려국이다'라고 하였다.[18]

장보취안은 "고구려는 주몽이 건립한 고구려 정권을 가리킨다. 『위서』「고구려전」, 〈호태왕비〉, 『삼국사기』, 『삼국유사』, 『조선실록』「본기」 같은 여러 사서에서 모두 고구려 시조 주몽이 남하(南下) 또는 동남하(東南下)하여 건국한 과정을 기록하고 있다. ……보술수(普述水)를 건넌 뒤 흘승골성(지금의 요녕성 환인현 오녀산성)에 도읍을 정하고 이름을 고구려라고 하였다. 시간은 서한 원제 건소 2년(서기전 37)이다'라고 하였다.[19]

류쯔민(劉子敏)은 "주몽은 고구려의 개국 시조로서 사후 '동명성왕'이라는 시호로 불렸다. 그의 이름은 각 사서마다 다르게 쓰이고 있는데 『한서』「왕망전」에서는 '추(騶)'로 쓰였고, 『삼국지』「고구려전」에서는 '도(騊)'로 잘못 쓰였다. 『삼국사기』에서는 '추모라고도 한다(一云鄒牟.)', '중해라고도 한다(一云衆解.)'라고 적혀 있다. 또 〈호태왕비〉와 〈모두루 묘지(염모 묘지)〉

---

18) 통동(佟冬), 『중국 동북사(中國東北史)』제1권(길림문사출판사, 1998), 587쪽.
19) 장보취안(張博泉), 『동북 지방사고(東北地方史稿)』(길림대학출판사, 1985), 79~80쪽.

에서는 모두 '추모(鄒牟)'라고 부르고 있으며, 『삼국유사』「왕력」에서는 '추몽(鄒蒙)'으로, 안승책문(安勝冊文)[20]에서는 '중모(中牟)'로, 『일본서기』「왕지기(王智紀)」에서는 '중모(仲牟)'라고 부르고 있다. 일본의 기타 사서에서는 '도모(都慕)'라고도 되어 있다. 또 어떤 사서에는 부여 전설의 '동명'과 주몽을 서로 연관시키거나 그 시호로서 '주명(朱明)', '동명' 등으로 불렀다고 되어 있는데 위의 칭호와 사용 방법들은 모두 같은 뜻으로 고유어의 음을 차용한 것이거나 부여어의 음역을 다르게 쓴 것이다. 주몽은 부여 왕족의 구성원으로 대개 부여 왕족 내부의 권력 다툼에 의해 남쪽으로 도망하였는데 서기전 37년(한 원제 건소 2)에 지금의 신빈현 영릉진 남쪽에서 고구려국을 건립하였다"[21]고 한다.

마다정 등은 "서기전 37년 고구려의 시조 주몽이 부여에서 내려와 고구려국을 건립한 뒤 역대 왕조의 보호 아래 매우 빠르게 세력을 발전시켜 계루, 연노, 절노, 순노, 관노 5부를 포함한 그 활동 지역을 끊임없이 확장시켜 나갔고 관리 제도 역시 점점 완벽해져갔다"고 하였다.[22]

왕청리(王承禮), 리젠차이(李健才), 팡치둥(方起東), 리뎬푸, 쑨위량(孫玉良), 웨이춘청(魏存成), 왕멘웨이도 모두 이 관점을 지지하였다.

우리는 고구려 사람이 건립한 호태왕비와 염모 묘지가 상당히 중요한 사료라고 여기고 있다. 그리고 『위서』, 『주서』, 『북사』, 『수사』, 『삼국사기』, 『삼국유사』 같은 여러 사서의 기록들도 비슷하다. 고구려는 부여족인 추모가 무리를 거느리고 고구려 경내에 들어와 건립한 것으로 때는 서한 원제 건소 2년(서기전 37)이며 도성은 당시 현도군 내의 흘승골성(지금의 요녕성

---

20) 【옮긴이】 안승책문(安勝冊文)은 신라에 투항한 안승을 문무왕이 고구려 왕으로 책봉하는 문서이다 (『삼국사기』 권6「신라본기」, 권 5「문무왕 상(文武王上)」, 10년 8월 조).

21) 류쯔민, 『고구려 역사 연구』(연변대학출판사, 1996), 43쪽.

22) 마다정 등, 『고대 중국 고구려 역사 총론』, 158쪽.

환인현성 부근)이다. 이러한 인식은 이미 국내외 여러 학자들에 의해 인정받고 있는 것으로 대체로 공통된 인식이 형성되어 있다.

두 번째 견해는 태조대왕 건국설이다.

극소수의 학자들은 주몽이 비류수에 도착해서 바로 고구려 국가를 건립할 수 없었다고 하였다. 고구려는 주몽과 그 후대에 의해 점점 여러 부를 합병한 후에 형성된 것이다. 쑨진지, 아이성우(艾生武) 등은 비류부, 연나부, 환나부, 관나부 4부의 이름은 "대무신왕 때에 가장 먼저 나타나며 각 부가 투항하는 시기도 이 시기로 양자가 서로 일치한다. 그러므로 고구려 5부의 형성은 대체로 대무신왕 시기에 시작되어 태조왕 시기에 끝난다. 이 5부는 기본적으로 원래의 부락 조직을 유지하고 여전히 혈연 부락이지만 그들은 동서남북의 이름을 덧붙이고 몇 개의 부가 하나로 합쳐지는 현상이 나타나기도 한다. 『삼국사기』에서는 고구려 왕이 많은 사람들을 받아들이면서 그들에게 모두 성을 주고 고구려족으로 받아들이는 내용도 나와 있다. 이렇게 5부는 이미 순수한 혈연 부락이 아니라 지역 부락을 거쳐 점차 진정한 국가를 형성해 나간다. 우리는 고구려 국가 형성의 각종 변화를 전면적으로 고찰하지 않았고 다만 고구려 민족의 형성에 대해서 고찰하였다. ……주몽이 졸본천에 도착한 서기전 37년에 고구려가 건국되고 계급사회가 확립되었다고 보는 것에 대해 동의하지 않는다"[23]고 하였다.

『삼국지』「고구려전」과 『삼국사기』의 고구려 여러 왕에 대한 자료에는 태조대왕이 고구려의 제6대왕으로 1세기 중엽에서 2세기 중엽까지 재위한 것으로 되어 있다. 쑨진지, 아이성우의 태조대왕 건국설은 고구려 건국 시기를 서한 말년에서 동한 시기, 즉 90~180년 전후로 미루어 놓았다.

---

23) 쑨진지, 아이성우(艾生武), 「고구려 사회 성질에 대한 몇 가지 문제에 관하여(關于高句麗社會性質的幾个問題)」, 『조선사통신(朝鮮史通訊)』, 1982년 제4기.

쑨진지, 아이성우는 구밍쉐(顧銘學)의 말을 인용하여 같은 의견을 보충 설명하였다. "주몽 시기부터 계급국가의 과도기가 시작되었고 약 100년의 고군분투의 시기를 거쳐 제6대 태조대왕 때에 이르러 비로소 기본적으로 그 과도기가 끝나고 진정한 계급국가로 들어섰다."

구밍쉐의 원문은 다음과 같다. "고구려 건국 이전의 나라와 왕은 자연히 엄격한 의미에서의 나라와 왕이 아니며 원시사회 말기의 부락과 그 수령에 지나지 않았다. 만약 주몽이 나라를 세우고 고구려 국가가 출현하였다면 이는 소노와 계루의 정권 교체와 계루부의 정권 장악을 의미한다. 계루부가 정권을 장악하고 주몽이 정치를 담당하면서부터 고구려 사회는 비로소 계급국가의 과도기가 시작되었고, 약 100년에 걸친 고군분투를 거쳐 제6대 태조왕 때에 비로소 과도기가 기본적으로 끝나고 진정한 의미의 계급국가로 들어서게 된다. 바로 이러한 이유 때문에 고구려는 제6대왕의 호칭을 태조왕 또는 국조왕이라고 부른 것이다."[24]

이 문장 앞에는 다음과 같은 단락이 있다. "……서기전 37년 주몽은 동부여 왕궁에서 도망쳐 나와 졸본(환인) 지방에 도착하여 북부여의 계승자를 칭하면서 현지의 맥족인과 연합하여 국가를 건립하고 고구려로 국호를 삼았다. 고구려라는 단어는 지명이 변하여 국명이 된 것이다."[25]

우리는 구밍쉐의 두 단락의 글을 통해서 세 단계의 의도가 있다는 것을 알 수 있다. 첫째는 고구려 건국 이전의 문헌에 기록된 국가와 왕은 원시사회 말기의 부락과 그 수령에 지나지 않는다는 점이다. 이것은 『삼국지』「고구려전」에 "고구려는 본래 다섯 족이 있으니, ……본래는 연노부에서 왕이 나왔다(本有五族 ……本涓奴部爲王.)"에 대한 해석에서 나온 것이다. 둘째는

---

24) 구밍쉐(顧銘學), 「『위지(魏志)·고구려전』 고석(考釋)」(상), 『학술연구 총간(學術研究叢刊)』, 1981년 제1기.
25) 구밍쉐, 「『위지·고구려전』 고석」(상), 『학술연구 총간』, 1981년 제1기.

주몽의 건국과 고구려 국가의 출현은 서기전 37년인데 이 점은 사적(史籍)과 역사 사실에서 출발한 것으로 국내외 학자들의 관점과 일치하는 것이다. 셋째는 주몽의 건국으로 계급국가의 과도기가 시작되고 태조대왕 때에 이르러서 "진정한 계급국가"로 들어서게 된다는 점이다. 이 세 가지 의미는 쑨진지, 아이성우의 의견과 완전히 같은 것은 아니며 구밍쒜의 고구려 5족과 5부는 주몽 건국 전의 부락으로 주몽의 건국은 서기전 37년이다. 쑨진지, 아이성우는 5족, 5부를 주몽 이후로 두고 건국 시기 역시 "주몽이 졸본천에 도착한 서기전 37년"이 아니라고 하였다.

쑨진지와 아이성우가 구밍쒜의 의견을 인용하면서 같은 견해라고 여기는 것으로 보아, 그들은 고구려 건국과 인류사회에서 원시사회부터 계급사회로 넘어가는 과도기를 혼동한 것 같다. 인류사회가 원시사회에서부터 계급사회로 변하여 국가가 출현하기까지에는 분명 기나긴 과정이 존재한다. 마르크스, 엥겔스 등은 국가와 옛 씨족 조직의 차이점을 언급하면서 두 가지를 강조하였다. "첫째, 지역에 따라서 그 국민을 나눈다. ……두 번째 다른 점은 공공 권력의 설립인데, 이러한 공공 권력은 이미 스스로 무장(武裝) 역량을 조직한 거주민에 직접 부합되지 않는다."[26] 우리는 문명 기원을 토론할 때 자주 금속 공구의 제작과 사용, 문자의 출현, 성벽과 성의 출현, 제사 유적과 유물 같은 네 가지의 고고학적인 증거를 들곤 한다. 그러나 이것은 계급국가의 탄생을 토론할 때의 일반적인 규율이다. 이집트에서는 서기전 3500년부터 시작하여 나카다〔篕伽達〕 2기 문화 시기[27]에 계급사회와 문

---

26) 엥겔스, 「가정, 사유제와 국가의 기원」, 『마르크스 · 엥겔스 선집』 제4권〔인민출판사(人民出版社)〕, 1972년, 166~167쪽.

27) 【옮긴이】 나카다(篕伽達, Naqada) 2기 문화는 게르지안 문화라고도 불린다. 서기전 3500년 무렵에 발전된 문화로, 구리 세공술이 널리 퍼졌으며, 부싯돌을 이용해 톱니가 있는 날카로운 칼과 종교적인 상징물을 그린 붉은색 토기가 생산되었고, 대규모 매장지가 존재하는 것이 특징이다. 이 무렵 나일 강을 중심으로 마을이 연합하여 상 이집트와 하 이집트에 국가

명의 시대로 진입하게 된다.[28] 우리나라에서는 약 서기전 3000년 전후인 홍산 문화 시기에 문명의 서광이 나타나기 시작하였다. 그리고 우리가 더욱 깊이 연구해야 할 것은 한 무제가 4군을 설치한 뒤 현도군 안에서 출현한 고구려 국가이다. 물론 시기, 지역, 정치 환경 같은 것을 포함하여 고구려 국가의 건국과 인류 사회계급과 국가의 탄생 모두를 함께 논할 수는 없다. 현도군, 고구려현 안에서 한 왕조의 정치, 경제, 문화 통치는 이미 70여 년에 이르렀고 중앙에서 파견한 관리와 현지의 각 민족 거주민은 화목하게 지냈다. 이러한 정치, 문화 환경 아래에서 고구려 민족이 한 군현에 부속된 지방 정권을 건립하려면 어떤 부의 수령과 논의를 거친 뒤 선포하기만 하면 되는 것으로, 그 외의 다른 과정은 거칠 필요가 없는 것이다.

세 번째 견해는 추모왕(또는 주몽)이 졸본에 도착하기 이전에 이미 고구려 국가를 건립하였다는 설이다.

쟝멍산(姜孟山)은 "역사에서 어떠한 민족이든 원시사회 단계를 거쳐 점차 계급사회로 넘어가게 된다. 이것은 역사의 보편적인 규율이다. 고구려족 역시 예외가 아니다. 그러면 고구려족은 어느 시기에 그리고 어떻게 계급사회로 진입하게 될까? 어떤 학자들은 주몽의 건국 전에 고구려는 원시사회 말기 단계에 있었고 서기전 37년 주몽의 건국은 고구려족이 계급사회로 접어들었음을 의미하는 것이라고 하였다. 그러나 필자는 다른 견해를 가지고 있다. 주몽이 건국하기 전 고구려족은 이미 계급사회에 진입해 있었다"[29]

가 생겨나기 시작했다. 이집트 문명은 나카다 2기 문화에 앞서 서기전 5000년에 파이윰 문화, 4500년 무렵에는 바다리 문화, 4000년 무렵에는 나카다 1기 문화(암라티안 문화)가 발전하였다.

28) 『세계상고사강(世界上古史綱)』 편조사(編寫組), 『세계상고사강』(같은 책), 인민출판사, 1979년, 249쪽.

29) 쟝멍산(姜孟山), 「고구려족의 원류 및 그 초기국가에 관한 시론(試論高句麗族的源流及其早期國家)」, 『조선사연구』, 1983년 제5기.

고 주장한다. 이에 이어서 두 가지 측면에 대해 설명하는데, 하나는 우리나라 요동 지역의 무순(撫順), 안산(鞍山), 관전(寬甸), 오한(敖漢) 일대에서 출토된 전국, 한 초기의 철제 공구는 그 연대가 서기전 3~2세기에 해당한다는 것이다. "조선 자강도 위원군에서 역시 서기전 3~2세기의 유적이 발견되었고 각종 철제 유물들이 출토되었다. 이 지역, 특히 관전과 위원 일대는 고구려족이 생활하던 중심 지역 가운데 한 곳이다. 그들은 광범위하게 철제 용구를 사용하며 농업 생산에 종사하였다. 생산력이 발전하고 사회가 분업화되며 잉여 생산품이 증가하고 나아가서는 계급이 발생하여 계급사회로 진입하여 국가가 건립되었다"는 게 그의 설명이다. 다른 하나는 고구려 5부의 역사에서 살펴보면 "주몽의 건국 전에 고구려의 5부는 여전히 원시사회 말기 부락으로 아직 계급사회로 접어들지 못했다"는 관점이 근거가 충분하지 못하다는 것이다. 주몽이 졸본 지역에 도착했을 때 여기에는 이미 국가가 있었는데 바로 졸본부여국이다. 졸본 지역은 고구려 5부 가운데서 계루부이다. 그러므로 계루부는 이미 계급사회에 진입해 있었고 노예제 소왕국이 건립되어 있었다. 서기전 37년 주몽이 계루부에서 졸본부여국을 계승하여 고구려국을 건립한 후 점차 고구려의 각 부를 통일하였던 것이다. 이것이 "본래는 소노부에서 왕이 나왔으나 점차 미약해져서 지금은 계루부에서 왕위를 차지하고 있다(本涓奴部爲王, 稍微弱, 今桂婁部代之.)"는 기록이라고 장명산은 주장한다.

장명산이 설명한 문제의 방법은 쑨진지, 아이성우의 것과 서로 비슷하나 그는 서기전 37년에 고구려 국가가 통일되었고 고구려족의 5부를 노예제 소국이라 하여 고구려의 건국을 100~200년 앞당겨 놓았다. 중요한 것은 고구려 민족 당시 생활의 정치, 경제, 문화 환경을 홀시했다는 점이다. 서주 후기부터 춘추전국시대 연, 진한의 요동군, 현도군까지 중원 왕조의 동북 지역에 대한 관리는 끊임없이 강화되었다. 요동 지역에서 발견된 철제 공구는 이 점을 완전하게 증명해주는 것이다. 이 시기의 고구려 민족과 동북 기타 민족은 똑같이 주진한(周秦漢) 왕조의 백성이었다. 그들이 계급사회라는 커다란 환경 아래에서 원시-노예-봉건에 이르는 규율성이 있는 발전 도로로 스스로 걸어 나가는 것은, 매우 어려운 것이었다. 그러나 서기전 37년 주몽이 고구려국을 건국한 것은 환경이 허락된 상황 아래서 한 대표적인 인물이 건립한, 자기만의 특징이 있는 지방 정권이었다. 이 정권은 현도군과 고구려현 장관의 동의를 거치고 주몽의 선포로 가능하게 된 것으로, 기본적으로 어떤 과정이 필요한 것이 아니었다. 그리고 주변의 작은 부락 또는 나라를 통일하는 것은 고구려 국가 발전의 역사에 속한다.

이전에 딩첸(丁謙)은 "고구려는 본래 두 나라였다"는 관점을 제기한 적이 있다. "요동의 동, 남쪽은 조선과 접하고 있었는데 고고구려(古高句驪)라고 하였다. 즉 『지리지』에서 현도군이 고구려현을 다스린 곳이다. 전한원제(元帝) 초 고고구려 왕에게는 양자(養子) 주몽이 있었는데 주몽은 어려움을 피해 남쪽으로 도망쳤다. 압록강을 건너 조선 평안도 성천군(成川郡) 땅에 이르러 다른 나라를 세웠는데 옛 이름을 그대로 사용하여 세운 것이 고구려이다."[30] 이에 관해서는 진위푸(金毓黻), 류쯔민이 이미 반박하는 설명을 하였다. 딩첸은 부여 왕자 주몽을 "고고구려 왕"의 양자로 잘못 알고 있었고 주몽이 세운 나라의 위치도 "평안도 성천군 땅"이라고 하였는데 이는 분명한 착오이다. 주몽이 건국의 왕이며 현도군 고구려현이 고구려족의 옛땅[故地]임이 정확한 것이었다. 그리고 고구려현 내의 고구려족을 고국(古國)으로 칭하는 것은 사리에 맞지 않다.

---

30) 딩첸(丁謙), 「고구려가 두 나라였다는 것을 고찰함(高句麗有二國考)」;진위푸(金毓黻), 『동북통사(東北通史)』 상(사회과학전선 잡지사 , 1980), 77~78쪽.

【 2. 고구려 건국 시기 고찰 】

고구려의 건국이 비록 오래되었지만 남아 있는 사서의 기록은 명확하다. 『위서』의 기록이 비교적 빠른데 당시는 고구려 말기 제24대 왕인 양원왕 때에 해당한다. 저작자 위수(魏收)는 북방과 고구려에 대해서 꽤 많이 이해하고 있었다. 북위에서 북제에 이르기까지 고구려 정권과 많은 교류가 있었고 같은 북방 소수민족 정권에 속하였기 때문에 문서, 비석 자료 역시 꽤 풍부하였다. 조금 늦은 시기의 『주서』, 『북사』, 『수서』가 씌었던 시기 고구려는 후기의 몇몇 왕이 재위하고 있었다.

『위서』「고구려전」에는 다음과 같이 기록되어 있다.

고구려는 부여에서 갈라져 나왔는데, 스스로 말하기를 주몽이 선조라고 한다. 주몽의 어머니는 하백(河伯)의 딸로서 부여 왕에게 잡혀 방에 갇혀 있다가, 햇빛이 비치자 몸을 돌려 피하였으나 햇빛이 다시 따라와 비추었다. 얼마 후 잉태하여 알 하나를 낳았는데, 크기가 닷 되들이만하였다. 부여 왕이 그 알을 개에게 주었으나 개가 먹지 않았고, 돼지에게 주었으나 돼지도 먹지 않았다. 길에다 버렸으나 소와 말들이 피해 다녔다. 뒤에 들판에 버려두었더니 뭇 새가 깃털로 그 알을 감쌌다. 부여 왕은 그 알을 쪼개려고 하였으나 깨뜨릴 수 없게 되자, 결국 그 어머니에게 돌려주고 말았다. 그 어머니가 다른 물건으로 이 알을 따뜻한 곳에 두었더니, 사내아이 하나가 껍질을 깨뜨리고 나왔다. 그가 성장하여 자(字)를 주몽이라고 하니, 그 나라 속언에 '주몽'은 활을 잘 쏜다는 뜻이다.

부여 사람들이 주몽은 사람의 소생이 아니기 때문에 장차 딴 뜻을 품을 것이라고 하여 그를 없애버리자고 청하였으나, 왕은 듣지 않고 그에게 말을 기르도록 하였다. 주몽은 남몰래 말마다 시험하여 좋은 말과 나쁜 말이 있다는 것을 알고, 준마는 먹이를 줄여 마르게 하고 굼뜬 말은 잘 길러 살찌게 하였다. 부여 왕이 살찐 말은 자기가 타고 마른 말은 주몽에게 주었다. 그 뒤 사냥할 때 주몽에게는 활을 잘 쏜다고 하여 화살 하나로 한정시켰으나, 주몽이 비록 화살은 적었지만 잡은 짐승은 매우 많았다. 부여의 신하들이 또 그를 죽이려 모의를 꾸미자, 주몽의 어머니가 알아차리고 주몽에게 말하기를, "나라에서 너를 헤치려 하니, 너는 재주와 경략을 가진 사람이니 아무데고 멀리 떠나는 것이 마땅하다"고 하였다.

주몽은 이에 오인(烏引), 오위(烏違) 같은 두 사람과 함께 부여를 버리고 동남쪽으로 도망하였다. 중도에서 큰 강을 하나 만났는데, 건너려 하여도 다리는 없고, 부여 사람들의 추격은 매우 급박하였다. 주몽이 강에 말하기를, "나는 태양의 아들이요, 하백의 외손이다. 오늘 도망 길에 추격하는 군사가 바짝 쫓아오니 어떻게 하면 건널 수 있겠는가?" 하자, 이때에 고기와 자라가 함께 떠올라와 그를 위해 다리를 만들어주었다. 주몽이 건넌 뒤 고기와 자라는 금방 흩어져버려 추격하던 기병들은 건너지 못하였다. 주몽은 마침내 보술수(普述水)에 이르러 우연히 세 사람을 만났는데, 한 사람은 삼베옷(麻衣)을 입었고, 한 사람은 장삼(衲衣)을 입었고, 한 사람은 수초로 짠 옷(水藻衣)을 입고 있었다. 주몽과 함께 흘승골성에 이르러 마침내 정착하고 살면서 나라 이름을 고구려라 하였다.

― 高句麗者, 出於夫餘, 自言先祖朱蒙. 朱蒙母河伯女, 爲夫餘王閉于室中, 爲日所照, 引身避之, 日影又逐. 旣而有孕, 生一卵, 大如五升. 夫餘王棄之與犬, 犬不食, 棄之與豕, 豕又不食, 棄之於路, 牛馬避之, 後棄之野, 衆鳥以毛茹之. 夫餘王割剖之, 不能破, 遂還其母. 其母以物裹之, 置於暖處, 有一男破殼而出. 及其長也, 字之曰朱蒙, 其俗言「朱蒙」者, 善射也. 夫餘人以朱蒙非人所生, 將有異志, 請除之. 王不聽, 命之養馬. 朱蒙每私試, 知有善惡, 駿者減食令瘦, 駑者善養令肥. 夫餘王以肥者自乘, 以瘦者給朱蒙. 後狩于田, 以朱蒙善射, 限之一矢, 朱蒙雖矢少, 殪獸甚多. 夫餘之臣又謀殺之, 朱蒙母陰知, 告朱蒙曰, "國將害汝, 以汝才略, 宜遠適四方." 朱蒙乃與烏引, 烏違等二人, 棄夫餘, 東南走, 中道遇一大水, 欲濟無梁, 夫餘人追之甚急. 朱蒙告水曰, "我是日子, 河伯外孫, 今日逃走, 追兵垂及, 如何得濟?" 於是魚鱉幷

浮, 爲之成橋, 朱蒙得渡, 魚鼈乃解, 追騎不得渡. 朱蒙遂至普述水, 遇見三人, 其一
人著麻衣, 一人著衲衣, 一人著水藻衣, 與朱蒙至紇升骨城, 遂居焉, 號曰高句麗.

『주서』「고려전」에는 다음과 같이 기록되어 있다.

고려는 그 선조가 부여에서 갈라져 나왔다. 스스로 말하기를 '시조는 주몽인데,
하백의 딸이 햇빛에 감응되어 잉태하였다'고 한다. 주몽이 장성하여 재주와 지략
이 있자, 부여 사람들이 그를 미워하여 쫓아버렸다. 이에 주몽은 흘승골성에 살
면서 스스로 국호를 고구려라 하였다.
― 高麗者, 其先出於夫餘. 自言始祖曰朱蒙, 河伯女感日影所孕也. 朱蒙長而有材略,
夫餘人惡而逐之. 土(王)于紇斗(升)骨城. 自號曰高句麗.

『북사』「고려전」에는 이런 기록이 있다.

고구려는 그 선조가 부여에서 나왔다. 부여왕이 일찍이 하백의 딸을 붙잡아 방
안에 가두어두었는데, 햇빛을 받게 되어 몸을 돌려 피하였으나 햇빛이 다시 따
라와 비추었다. 얼마 후 잉태하여 알 하나를 낳았는데, 크기가 닷 되들이만하였
다. 부여 왕이 그 알을 개에게 주었으나 개가 먹지 않았고, 돼지에게 주었으나
돼지도 먹지 않았다. 길에다 버렸으나 소와 말들이 피해 다녔다. 뒤에 들판에 버
려두었더니 뭇 새가 깃털로 그 알을 감쌌다. 부여 왕은 그 알을 쪼개려고 하였으
나 깨뜨릴 수 없게 되자, 결국 그 어머니에게 돌려주고 말았다. 그 어머니가 다
른 물건으로 이 알을 따뜻한 곳에 두었더니, 사내아이 하나가 껍질을 깨뜨리고
나왔다. 그가 성장하여 자(字)를 주몽이라고 하니, 그 나라 속언에 '주몽'은 활
을 잘 쏜다는 뜻이다.
부여 사람들이 주몽은 사람의 소생이 아니라고 하여 그를 없애버리자고 청하였

다. 왕은 받아들이지 아니하고 그에게 말을 기르도록 하였다. 주몽은 남몰래 말들을 시험하여 좋은 말과 나쁜 말이 있음을 알고, 준마는 먹이를 줄여 마르게 하고 굼뜬 말은 잘 길러 살찌게 하였다. 부여 왕이 살진 말은 자기가 타고 마른 말은 주몽에게 주었다. 그 뒤 사냥할 때 주몽에게는 활을 잘 쏜다고 하여 화살 하나로 한정시켰으나, 주몽이 비록 화살은 적었지만, 잡은 짐승은 매우 많았다. 부여의 신하들이 또 그를 죽이려 모의를 꾸미자, 주몽의 어머니가 알려주었다. 주몽은 이에 언위(焉違) 같은 두 사람과 함께 동남쪽으로 달아났다. 중도에서 큰 강을 하나 만났는데, 건너려 하여도 다리는 없고, 부여 사람들의 추격은 매우 급박하였다. 주몽이 강에 말하기를, "나는 태양의 아들이요, 하백의 외손이다. 오늘 도망 길에 추격하는 군사가 바짝 쫓아오니, 어떻게 하면 건널 수 있겠는가?" 하자, 이때에 고기와 자라가 함께 떠 올라와 그를 위해 다리를 만들어주었다. 주몽이 건넌 뒤 고기와 자라는 금방 흩어져버려 추격하던 기병들은 건너지 못하였다. 주몽은 마침내 보술수에 이르러 우연히 세 사람을 만났는데, 한 사람은 삼베옷을, 한 사람은 무명옷을, 한 사람은 수초로 짠 옷을 입고 있었다. 주몽과 함께 흘승골성에 이르러 마침내 정착하고 살면서 나라 이름을 고구려라 하였다

— 高句麗其先出夫餘, 王嘗得河伯女, 因閉於室內, 爲日所照, 引身避之, 日影又逐, 旣而有孕. 生一卵, 大如五升. 夫餘王棄之與犬, 犬不食. 與豕, 豕不食. 棄於路, 牛馬避之. 棄於野, 衆鳥以毛茹之. 王剖之, 不能破, 遂還其母. 母以物裏, 置暖處, 有一男破殼而出. 及長, 字之曰朱蒙, 其俗言「朱蒙」者, 善射也. 夫餘人以朱蒙非人所生, 請除之. 王不聽, 命之養馬. 朱蒙私試, 知有善惡, 駿者減食令瘦, 駑者善養令肥. 夫餘王以肥者自乘, 以瘦者給朱蒙, 後狩于田, 以朱蒙善射, 給之一矢, 朱蒙雖一矢, 殪獸甚多. 夫餘之臣 又謀殺之, 其母以告朱蒙, 朱蒙乃與焉違等二人 東南走. 中道遇一大水, 欲濟無梁, 夫餘人追之甚急. 朱蒙告水曰, "我是日子, 河伯外孫, 今追兵垂及, 如何得濟?" 於是魚鼈爲之成橋, 朱蒙得度, 魚鼈乃解, 追騎不度. 朱蒙遂至普述水, 遇見三人, 一著麻衣, 一著衲衣, 一著水藻衣, 與朱蒙至紇升骨城, 遂居焉, 號曰高句麗.

『수서』「고려전」은 다음과 같이 기록하고 있다.

고려의 선조는 부여로부터 나왔다. 부여왕이 일찍이 하백의 딸을 잡아 방 안에 가두어두었는데, 햇빛이 따라다니면서 그녀를 비추었다. 그 빛을 받고 마침내 임신을 하여 큰 알 한 개를 낳았다. 한 사내아이가 껍질을 깨뜨리고 나오니 이름을 주몽이라고 하였다. 부여의 신하들이 주몽은 사람의 소생이 아니라고 하여 모두 죽이자고 청하였으나, 왕은 듣지 않았다. 그가 장성하여 사냥터에 따라가서 짐승을 잡은 것이 가장 많자, 또 그를 죽이자고 왕에게 청하였다. 그 어머니가 주몽에게 이 사실을 알려주니, 주몽은 부여를 버리고 동남쪽으로 달아났다. 중도에 큰 강을 만났는데, 물이 깊어서 건널 수가 없었다. 주몽이 "나는 하백의 외손이요, 태양의 아들이다. 이제 어려움을 당하여 나를 추격하는 군사가 곧 뒤쫓아 오는데, 어떻게 하면 건널 수 있겠는가?" 하고 말하자, 물고기와 자라들이 함께 모여서 다리를 만들어주어 주몽은 건너갈 수 있었으나, 추격하던 부여의 기병들은 강을 건너지 못하고 돌아갔다. 주몽은 나라를 세워 스스로 국호를 고구려라 하고, 고씨로 성을 삼았다.

— 高麗之先, 出自夫餘. 夫餘王嘗得河伯女, 因閉於室內, 爲日光隨而照之, 感而遂孕, 生一大卵, 有一男子破殼而出, 名曰朱蒙. 夫餘之臣以朱蒙非人所生, 咸請殺之, 王不聽. 及壯, 因從獵, 所獲居多, 又請殺之. 其母以告朱蒙, 朱蒙棄夫餘東南走. 遇一大水, 深不可越. 朱蒙曰, "我是河伯外孫, 日之子也. 今有難, 而追兵且及, 如何得渡!" 於是魚鼈積而成橋, 朱蒙遂渡, 追騎不得濟而還. 朱蒙建國, 自號高句麗, 以高爲氏.

위의 정사에 기록된 고구려 건국 전설은 동한 시기 왕충의 『논형』「길험편」을 근거로 나온 것이다.

북이(北夷)의 탁리국(橐離國) 왕의 시비(侍婢)가 임신을 하여 왕이 죽이려고 하자, 시비는 "계란 같은 큰 기운이 하늘에서 내려와서 임신하게 되었습니다"라고 대답했다. 뒤에 아이를 낳아 돼지우리에 버렸지만 돼지가 입으로 숨을 불어넣어 주어 죽지 않았다. 다시 마구간에 옮겨놓고는 말에 밟혀 죽도록 하였으나, 말들 역시 입으로 숨을 불어넣어 주어 죽지 않았다. 왕은 아마 하늘의 아들일 것이라고 생각하여 그 어미에게 노비로 거두어 기르게 하였다. 이름을 동명이라 부르며 소와 말을 기르게 하였다. 동명의 활솜씨가 뛰어나자, 왕은 그에게 나라를 뺏길 것이 두려워 그를 죽이려고 했다. 동명이 남쪽으로 도망가다가 엄표수에 이르러 활로 물을 치니, 물고기와 자라가 떠올라 다리를 만들어주어 동명이 건널 수 있었고, 다시 물고기와 자라가 흩어져 추적하던 병사들은 건널 수 없었다. 그는 도읍을 세우고 부여의 왕이 되었다. 이것이 북쪽 오랑캐에 부여국이 생기게 된 유래다.

동명의 모친이 처음 임신을 했을 때 하늘에서 내려온 기를 보았다. 낳은 뒤에는 그를 버렸지만 돼지와 말이 숨을 불어넣어 그를 살렸다. 성장한 뒤에도 왕이 죽이려고 했지만, 활로 강물을 치니 물고기와 자라가 다리를 만들어주었다. 죽지 않을 천명을 타고났기 때문에 돼지와 말이 그를 살렸다. 도읍을 정하고 부여의 왕이 될 명을 타고났기 때문에 물고기와 자라가 다리를 만들어 도와주었다.

— 北夷橐離國王侍婢有娠, 王欲殺之, 婢對曰: "有氣大如鷄子, 從天而下, 我故有娠." 後產子, 捐于猪溷中, 猪以口氣噓之, 不死. 復徒馬欄中, 欲使馬藉殺之, 馬復以口氣噓之, 不死. 王疑以爲天子, 令其母收取 奴畜之. 名東明, 令牧牛馬. 東明善射, 王恐奪其國也, 欲殺之. 東明走, 南至掩淲水, 以弓擊水, 魚鼈浮爲橋. 東明得渡, 魚鼈解散, 追兵不得渡, 因都王夫餘. 故北夷有夫餘國焉. 東明之母初妊時, 見氣從天下. 及生, 棄之, 猪馬以氣吁之而生之. 長大, 王欲殺之, 以弓擊水, 魚鼈爲橋. 天命不當死, 故有猪馬之救, 命當都王夫餘, 故有魚鼈爲橋之助也.

왕충이 기록한 북이 탁리국은 그 뒤 사서에서 색리(索離), 탁리(橐離), 고리(高離), 고려(高麗)로 기록되었다. 이 전설은 중원 사가들에게 영향을 주었을 뿐만 아니라 북방의 고구려인이 생활하던 지역에도 전해졌다.

호태왕비는 고구려 제19대 왕인 광개토경평안호태왕의 묘비로서 동진 안제(安帝) 의희(義熙) 10년(서기 414)에 세운 것이다. 비석은 현재 길림성 집안시 동북 4km 지점의 대석촌(大石村)에 위치하고 있다. 내용은 기본적으로 완전히 남아 있다. 비문의 첫머리에서는 고구려의 국가 건립 상황과 개국 왕인 추모왕, 유류왕, 대주류왕의 "도로써 나라를 잘 다스렸다(以道興治.)", "왕업을 계승하여 발전시켰다(紹承基業.)"는 계승 관계를 기록하였다. 광개토경평안호태왕 세대에 이르러 국운이 번창하고 국력이 크게 증대되었다. "왕의 은혜로운 혜택이 하늘까지 미쳤고 무력의 위력은 사해에 떨쳤다. 나쁜 무리를 쓸어 없애니, 백성이 각기 그 생업에 힘쓰고 편안히 살게 되었다. 나라는 부강하고 백성은 부유해졌으며, 오곡이 풍성하게 익었다."(恩澤洽于皇天, 威武振被四海, 掃除不佞, 庶寧其業, 國富民殷, 五穀豊熟.) 추모왕이 나라를 세운 내용을 서술할 때에는 다음과 같은 신화를 기록하였다.

옛날 시조 추모왕이 나라를 세웠는데, 왕은 부여에서 태어났으며, 천제의 아들이었고 어머니는 하백의 따님이었다. 알을 깨고 세상에 나왔는데, 태어나면서부터 성스러운 덕이 있었다. ……길을 떠나 남쪽으로 내려가는데, 부여의 엄리대수(奄利大水)를 거쳐 가게 되었다. 왕이 나룻가에서 "나는 천제의 아들이며 하백의 따님을 어머니로 한 추모왕이다. 나를 위하여 갈대를 연결하고 거북이 무리를 짓게 하여라"라고 하였다. 말이 끝나자마자 곧 갈대가 연결되고 거북 떼가 물 위로 떠올랐다. 그리하여 강물을 건너가서, 비류곡(沸流谷) 홀본(忽本) 서쪽 성산(城山) 위에 도읍을 세웠다.

— 惟昔始祖, 鄒牟王之創基也. 出自北夫餘, 天帝之子, 母河伯女郎. 剖卵降世, 生而

有聖德. □□□□□. 命駕巡幸南下. 路由夫餘奄利大水, 王臨津言曰: "我是皇天
之子, 母河伯女郎, 鄒牟王. 爲我連葭浮龜." 應聲即爲連葭浮龜. 然後造渡. 於沸流
谷忽本西. 城山上而建都焉.[31]

이것은 고구려인이 지극히 숭배하고 존경하는 마음으로 자기 나라의 건
립 역사를 서술한 것이라고 할 수 있다. 그들은 진실하게 추모왕의 가계와
생애, 건국 과정을 신화 전설을 이용하여 역사와 서로 융합하는 방법으로
서술하였다. 이것은 고구려인 스스로 개국왕에 대한 전설들을 취사 선택하
고 허락한 것이다.

호태왕비의 건립은 호태왕의 아들인 장수왕 련이 책임지고 세운 것으로,
이것은 장수왕이 즉위한 후 처음으로 치른 대사였다. 호태왕 비문에는 "선
조 왕들 이래로 무덤에 석비를 세우지 않았기 때문에 묘를 지키는 연호(煙
戶)들이 섞여서 착오가 있게 되었다. 오직 국강상광개토경호태왕께서 선조
왕들을 위해 무덤 위에 비를 세우고 그 연호를 새겨 기록하여 착오가 없게
하라고 명하셨다(自上祖先王以來, 墓上不安石碑, 致使守墓人煙戶差錯. 唯國岡
上廣開土境好太王, 盡爲祖先王墓上立碑, 銘其煙戶, 不令差錯.)"고 기록되어 있
다. 호태왕 때에 비로소 선왕의 무덤에 비를 세우고 자신의 비도 세웠는데
이는 무덤을 지키는 연호들이 잘못되는 것을 방지하기 위해서였다. 비문에
서는 또 "국강상광개토경호태왕이 살아계실 때에 명령을 내려 말하기를,
'선조 왕들이 다만 원근에 사는 구민(舊民)들을 데려다가 무덤을 지키며 청
소하는 것을 맡게 하였는데, 나는 이들 구민들이 점점 몰락하게 될 것이 염
려된다. 만일 내가 죽은 뒤 1만 년 후일지라도 나의 묘를 지키는 일에는, 내
가 몸소 다니며 빼앗아 온 한(韓)과 예(穢) 사람들만을 데려다가 지키고 청

---

31) 경혜화,『호태왕비 신고(好太王碑新考)』(길림인민출판사, 1994), 161쪽.

소하게 하라(國岡上廣開土境好太王存時敎言, 祖王, 先王, 但敎取遠近舊民守墓酒掃. 吾慮舊民轉當羸劣, 若吾萬年之後, 安守墓者, 但取吾躬巡所略來韓穢, 令備酒掃.)'"라고 되어 있다. 호태왕이 살아 있었을 때 자기가 죽은 뒤 무덤을 지킬 자들을 준비하였으며 비석을 세우고 글을 새기는 것에 대해서도 그에 상응하는 준비를 하였음을 볼 수 있다. 이렇게 호태왕비의 건립과 비문의 내용에는 호태왕의 분명한 가르침이 있었을 것으로 생각할 수 있다. 적어도 장수왕이 비문을 훑어보고 허락해야만 가능했을 것이다. 그러므로 호태왕비의 글은 고구려 호태왕, 장수왕 및 여러 신하들, 귀족들이 허락한 것이며 고구려인은 이를 따르고 숭배하였던 것이었다.

고구려인이 인정한 추모왕 건국 설화는『논형』,『위략』의 기록을 기초로 하여 정리되고 취사 선택되어 완성된 것이다. 동명을 추모로, 시비(侍婢)를 하백여랑(河伯女郎)으로 기록하고, 계란과 같은 큰 기운(有氣大如鷄子)을 알에서 태어난 것(剖卵降生)으로 바꿔 기록하였다. 중간에 돼지우리와 마구간 등에 버려진 상황을 없애고 남쪽으로 순행하는 길에 엄리대수를 지나는데 갈대와 거북이를 띄워 다리를 놓아 강을 건너 나라를 세우는 상황을 중심으로 기록하였다. 그 가운데서 동명, 주몽, 추모는 모두 음이 전환된 것이고 엄표수(掩淲水), 시엄수(施掩水), 엄리수(奄利水) 또한 동일한 것이다. 난생, 새 토템은 우리나라 동이 여러 민족의 중요한 특징 가운데 하나이다. 예를 들면 상인(商人)의 전설에 "하늘이 제비에게 명령하사 상나라의 조상을 낳게 하셨다(天命玄鳥, 降而生商.)"[32]란 기록은 가장 대표적인 것이다.

호태왕비 연대와 가까운 장수왕 시기에 염모무덤이 있는데 집안시 동쪽의 하해방촌의 남쪽 밭에 있다. 앞방의 들보에 묵서 묘지가 있는데 여기에 역시 고구려 전설에 관한 글들이 있다. "하백의 손자이며, 해와 달의 아들

---

32) 『시경』권20 「상송 · 현조(商頌 · 玄鳥)」.

인 추모성왕이 북부여에서 나셨다……."(河伯之孫, 日月之子, 鄒牟聖王, 元出 北夫餘…….) 문장의 뒤에서도 역시 여러 차례 "하백과 해와 달의 자손(河伯 日月之孫)", "하백의 자손이며, 해와 달의 아들인 성스러운 왕(河伯之孫, 日 月之子, 聖王)" 따위가 나타난다.[33] 고구려인은 추모왕이 해와 달의 아들이 며 하백의 외손이라는 점을 의심 없이 믿고 있었으며, 북부여로부터 와서 고구려를 건국한 왕이라고 믿고 있었음을 볼 수 있다.

고구려 건국 전설은 고구려인에게 대대로 전해온 의식 형태로, 고구려인 들 사이의 관계, 부락 국가의 관계를 이해할 수 있으며, 사람들의 생활과 역 사에서 초현실적인 역량을 가지고 있을 뿐 아니라 예의 규범과 가치 규범의 효력도 가지고 있었다. 특히 당시 이 전설은 고구려 왕과 대신들에 의해 취 사 선택되어 비석에 새겨진 후 고구려인의 정권과 역사, 왕가의 역사가 되 어 모든 고구려 정권과 민족에 중대한 영향을 끼쳤다. 668년 고구려가 당과 신라 연합군에 의해 멸망한 후에도 호태왕비와 여기에 기록된 전설은 의연 히 남아서 후대 사가들에게 영향을 주었다.

1145년 남송 소흥(紹興) 15년 왕씨 고려 인종 때의 사가인 김부식은 중 국 고대 정사체를 모방하여 『삼국사기』 50권을 완성하였다. 그 가운데서 「고구려본기」에 기록된 전설이 가장 상세하다.

시조 동명성왕의 성은 고씨이고, 이름은 주몽(추모 또는 중해라고도 한다)이다. 이보다 앞서 부여왕 해부루(解夫婁)가 늙을 때까지 아들이 없었다. 그는 산천에 제사를 드려 아들 낳기를 기원하였다. 하루는 그가 탄 말이 곤연(鯤淵)에 이르렀 는데, 말이 그곳의 큰 돌을 보고 눈물을 흘렸다. 왕이 괴이하게 여기고 사람을

---

33) 경례화, 「고구려 염모묘 연구(高句麗冉牟墓研究)」, 『고구려 역사의 문화 연구』(길림문사출판 사, 1997), 249~251쪽.

시켜 그 돌을 굴려보니, 금빛 개구리 모양의 어린아이가 있었다. 왕이 기뻐하며 "이 아이가 바로 하늘이 나에게 주신 아들이구나!"라고 말하고, 그를 데려와 기르며 금와(金蛙)라고 이름 지었다. 그가 장성하자 태자를 삼았다. 훗날 국상 아란불(阿蘭弗)이 말했다.

"어느 날 하느님이 나에게 내려와 이르되 '장차 나의 자손으로 하여금 이곳에 나라를 세우게 할 것이니, 너는 여기서 피하라. 동쪽 바닷가에 가섭원(迦葉原)이라고 하는 곳이 있는데, 땅이 기름져서 오곡을 재배하기에 적합하니 가히 도읍을 정할 만하다'고 하였습니다." 아란불은 마침내 왕에게 권하여 그곳으로 도읍을 옮기게 하고, 나라 이름을 동부여라 하였다. 그 옛 도읍에는 어디서 왔는지 알 수 없는 사람이 자칭 천제의 아들 해모수(解慕漱)라고 하면서, 그곳에 도읍을 정하였다.

해부루가 죽자, 금와가 왕위를 이었다. 이때 금와는 태백산(太白山) 남쪽 우발수(優渤水)에서 한 여자를 만나 그녀의 내력을 물었다. 그녀가 말하기를 "나는 하백의 딸이고, 이름은 유화(柳花)이다. 여러 동생들을 데리고 나가 놀았는데, 때마침 한 남자가 자칭 천제의 아들 해모수라 하면서 나를 웅심산(熊心山) 아래 압록강 가에 있는 집으로 유인하여 사욕을 채우고, 그 길로 가서는 돌아오지 않았다. 나의 부모는 내가 중매도 없이 남자와 관계한 것을 꾸짖고, 마침내 우발수에서 귀양살이를 하게 하였다"고 대답하였다. 금와가 이상하게 생각하여 그녀를 방에 가두었는데, 그녀에게 햇빛이 비추었고, 그녀가 몸을 피하면 햇빛이 또한 그녀를 따라가면서 비쳤다. 이로 인하여 태기가 있어 다섯 되들이만한 큰 알을 낳았다. 왕이 그 알을 버려 개와 돼지에게 주었으나 모두 먹지 않았으며, 다시 길 가운데 버렸으나, 소와 말이 피하고 밟지 않았다. 다시 또 들에 버렸으나 새가 날개로 그것을 덮어주었다. 왕이 그것을 쪼개려 하였으나 깨뜨릴 수가 없었으므로 마침내 그 어머니에게 돌려주었다. 그 어머니가 그것을 감싸서 따뜻한 곳에 두니, 한 사내아이가 껍질을 깨뜨리고 나왔다. 그의 골격과 외모가 뛰어났다. 그의 나이 7세에 보통 사람과 크게 달라서 스스로 활과 화살을 만들어 쏘았는데 백발백중이었다. 부여 속담에 활을 잘 쏘는 사람을 '주몽(朱蒙)'이라 하였기 때문에 이로써 이름을 지었다고 한다.

금와에게는 일곱 명의 아들이 있었다. 그들은 항상 주몽과 함께 놀았는데, 그들의 재주가 모두 주몽을 따르지 못하였다. 그의 맏아들 대소(帶素)가 왕에게 말했다. "주몽은 사람이 낳지 않았으며, 그 사람됨이 용맹하므로, 만일 일찍 처치하지 않으면 후환이 있을까 두려우니, 청컨대 그를 없애버리소서." 그러나 왕이 이를 듣지 않고, 주몽에게 말을 기르게 하였다. 주몽은 여러 말 가운데서 빨리 달리는 말을 알아내어, 그 말에게는 먹이를 적게 주어 여위게 하고, 아둔한 말은 잘 길러 살찌게 하였다. 왕은 살진 말은 자기가 타고, 여윈 말은 주몽에게 주었다. 훗날 들판에서 사냥을 하는데, 주몽은 활을 잘 쏜다 하여 화살을 적게 주었다. 그러나 주몽이 잡은 짐승이 훨씬 많았다. 왕자와 여러 신하들은 주몽을 죽이려 하였다. 주몽의 어머니가 그들의 책략을 몰래 알아내고 주몽에게 말했다. "사람들이 장차 너를 죽이려 한다. 너의 재능과 지략이라면 어디 간들 살지 못하겠는가? 여기에서 주저하다가 해를 당하기보다 차라리 멀리 가서 큰일을 도모하는 것이 좋을 것이다." 이에 주몽은 오이(烏伊), 마리(摩離), 협부(陜父) 같은 세 사람과 벗이 되어, 엄표수에 이르렀다. 거기에서 강을 건너고자 하였으나 다리가 없었다. 그들은 추격해오는 군사들에게 붙잡힐까 걱정이 되었다. 주몽이 강을 향하여 말했다. "나는 천제의 아들이요, 하백의 외손이다. 오늘 도망을 하는 길인데, 뒤쫓는 자들이 다가오니 어찌해야 하는가?" 이때 물고기와 자라가 물 위로 떠올라 다리를 만들었다. 주몽은 강을 건널 수 있었다. 그러나 물고기와 자라는 곧 흩어졌으므로 뒤쫓던 기병들은 강을 건너지 못하였다. 주몽이 모둔곡(毛屯谷)에 이르러 세 사람을 만났다. 한 사람은 삼베 옷을 입었고, 한 사람은 장삼을 입었고, 한 사람은 수초로 짠 옷을 입고 있었다. ……그들과 함께 졸본천(卒本川)에 이르렀다. 그들은 그곳의 토지가 비옥하고 산하가 준험한 것을 보고,

마침내 그곳을 도읍으로 정하려 하였다. 그러나 미처 궁실을 짓지 못하여, 비류
수 가에 초막을 짓고 살았다. 국호를 고구려라 하고, 이에 따라 고를 성씨로 삼
았다. 이해에 주몽의 나이 22세였으며, 한 나라 효원제 건소 2년(서기전 37), 신
라 시조 혁거세 21년 갑신년이었다.

一 始祖東明聖王, 姓高氏, 諱朱蒙(一云鄒牟, 一云衆解). 先是, 夫餘王解夫婁老無子.
祭山川求嗣. 其所御馬至鯤淵, 見大石相對流淚, 王怪之. 使人轉其石, 有小兒, 金色
蛙形. 王喜曰, "此乃天賚我令胤乎." 乃收而養之, 名曰金蛙. 及其長立爲太子. 後其
相阿蘭弗曰, "日者, 天降我曰, 將使吾子孫立國於此. 汝其避之. 東海之濱有地, 號
曰迦葉原, 土壤肥腴, 宜五穀, 可都也." 阿蘭弗遂勸王移都於彼, 國號東夫餘. 其舊
都有人, 不知所從來. 自稱天帝子解慕漱, 來都焉. 及解夫婁薨, 金蛙嗣位. 於是時,
得女子於太白山南優渤水. 問之, 曰, "我是河伯之女, 名柳花. 與諸弟出遊, 時有一
男子, 自言天帝子解慕漱, 誘我於熊心山下, 鴨綠[34]邊室中私之, 卽往不返. 父母責
我無媒而從人, 遂謫居優渤水." 金蛙異之, 幽閉於室中. 爲日所炤[35], 引身避之, 日
影又逐而炤[36]之, 因而有孕. 生一卵大如五升許. 王棄之與犬豕, 皆不食. 又棄之路
中, 牛馬避之. 後棄之野, 鳥覆翼之. 王欲剖之, 不能破, 遂還其母. 其母以物裹之, 置
於暖處. 有一男兒破殼而出, 骨表英奇. 年甫七歲, 嶷然異常, 自作弓矢射之, 百發百
中. 夫餘俗語, 善射爲朱蒙, 故以名云. 金蛙有七子, 常與朱蒙遊戲, 其技能皆不及朱
蒙. 其長子帶素言於王曰, "朱蒙非人[37]所生, 其爲人也勇, 若不早圖, 恐有後患, 請
除之." 王不聽, 使之養馬. 朱蒙知其駿者, 而減食令瘦, 駑者善養令肥. 王以肥者自
乘, 瘦者給朱蒙. 後獵于野, 以朱蒙善射, 與其矢少, 而朱蒙殪獸甚多. 王子及諸臣又
謀殺之, 朱蒙母陰知之, 告曰, "國人將害汝, 以汝才略, 何往而不可, 與其遲留而受
辱, 不若遠適以有爲." 朱蒙乃與烏伊, 摩離, 陝父等三人爲友. 行至淹[38]㴲水, 欲渡

---

34)【옮긴이】'鴨綠江'에서 원서에는 '江'이 없어 뺀다.

35)36)【옮긴이】'照'는 원본에 '炤'로 되어 있어 바로 잡는다.

37)【옮긴이】'非常人'이라고 했으나 원본에는 '常'가 없어 뺀다.

無梁, 恐爲追兵所迫. 告水曰, "我是天帝子, 河伯外孫. 今日逃走, 追者垂及, 如何" 於是魚鼈浮出成橋. 朱蒙得渡, 魚鼈乃解, 追騎不得渡. 朱蒙行至毛屯谷, 遇三人. 其一人着麻衣, 一人着衲衣, 一人着水藻衣 …… 與之俱至卒本川, 觀其土壤肥美, 山河險固, 遂欲都焉. 而未遑作宮室, 但結廬於沸流水上居之. 國號高句麗, 因以高爲氏. 時朱蒙年二十二歲, 是漢孝元帝建昭二年, 新羅始祖赫居世二十一年[39].

『삼국사기』에 분명하게 기록된 고구려의 건국 시기는 서한 원제 건소 2년으로 서기전 37년이다. 같은 책 『지리지』에는 "주몽이 흘승골성에 도읍을 정한 때로부터 40년이 지나 유류왕 22년에 도읍을 국내성으로 옮겼다. ……국내성에 도읍한 지 425년이 지난 장수왕 15년에 평양으로 서울을 옮겼다(自朱蒙立都紇昇骨城, 歷四十年, 儒留王二十二年移都國內城……都國內歷四百二十五年, 長壽王十五年移都平壤.)"고 기록되어 있다. 유류왕 22년은 서한 평제(平帝) 원시(元始) 3년(3)으로 앞으로 40년을 앞당기면 바로 서기전 37년이고 아래로 425년을 미루어보면 427년이 되는데 장수왕이 평양으로 도읍을 옮긴 해이다.

그 외에도 호태왕 비문에는 호태왕이 "39세에 세상을 버리고 떠나시니, 갑인년 9월 29일 을유에 산릉으로 모시었다. 이에 비를 세워 그 공훈을 기록하여 후세에 전한다(卅有九, 晏駕棄國. 以甲寅年九月廿九日乙酉, 遷就山陵. 於是立碑, 銘勳績, 以示後世焉.)"고 기록되어 있다. 이를 근거로 뤄전위(羅振玉)은 호태왕비를 건립한 갑인년은 동진 안제(安帝) 의희(義熙) 10년으로 414년이며 고구려 장수왕이 즉위한 지 2년째 되는 해라고 판단하였다.[40] 고구려 왕의 연표를 통해 추정해보면 고구려 건국 시기는 서한 원제 건소 2

---

38) 【옮긴이】 '掩'자로 썼으나 원본을 대조하여 '淹'으로 바로 잡는다.
39) 【옮긴이】 '二十一年也'라고 되어 있으나 원본을 대조하여 '也'를 뺀다.
40) 뤄전위(羅振玉), 『용려일찰(傭廬日札)』, 1909.

년(서기전 37)이라는 것을 알 수 있다.

여러 해 동안의 고고 조사와 발굴도 이를 증명해준다. 요녕성 환인현성 부근에 고구려의 첫 번째 도성 소재지가 있는데, 여기에 평지성인 하고성자 유적과 산성인 오녀산성이 있다. 하고성자 토성은 한 무제가 4군(서기전 108)을 설치하기 전후에 세워진 한대의 토성이다. 고구려인은 이 고성을 이용하여 도성으로 삼고 오녀산성을 수축하여 군사 위성으로 삼았다.[41] 이는 고구려가 건국되고 도읍이 정해진 것이 서한 말년이라는 것을 증명하는 데 충분한 근거가 된다.

길림성 집안시의 국내성과 그 부근의 산성, 유적, 무덤, 비석은 고구려 유류(유리)왕이 천도한 곳으로 일찍부터 국내외 학자들로부터 공인을 받아왔다. 문헌에는 고구려는 "국내로 도읍을 옮기고, 위나암성을 쌓았다(遷都國內, 築尉那巖城.)"[42]라고 기록되어 있는데, 이는 위나암성이 3년 이후에 만들어진 것임을 설명해준다. 이는 집안 위나암성 유적의 조사를 통해 증명할 수 있다.[43] 그리고 고구려의 건국 연대도 서한 원제 건소 2년(서기전 37)이라는 것을 추단해낼 수 있다.

【 3. 건국 전설에 나타난 한(漢) 문화의 본체 】

어떤 민족이든 크게 발전해 나가는 과정에는 모두 미화된 전설이나 역사시(史詩)가 만들어져서 말로 이어져 내려온다. 내용이 끊임없이 수정되고 가감되는 과정에서 그 민족의 특색 있는 전설이 형성되는데, 이와 동시에 생

---

41) 웨이춘청, 『고구려 유적』(문물출판사, 2002), 24~27쪽.
42) 『삼국사기』 권13 「유리왕본기(琉璃王本紀)」.
43) 웨이춘청, 『고구려 유적』, 33~34쪽.

성되어 나온 모족(母族) 전설의 본질은 그대로 보존된다. 그래서 우리는 전설을 연구하는 과정에서 그 전설의 문화 본체를 발견할 수 있는 것이다.

고구려도 우리나라 북방의 다른 민족들과 마찬가지로 그 건국 전설은 나라를 세운 왕을 중심으로 전개된다. 즉 주몽 또는 추모가 세상에 내려와 나라를 세우는 것이 주요 내용이다. 문헌의 기록에서뿐만 아니라 호태왕비, 염모 묘지에서도 모두 알에서 태어나 물을 건너 왕이 되는데 이는 전형적인 동이 민족의 전설로 그 본원은 염황(炎黃) 씨족의 한(漢) 문화 계통에서부터 유래한 것이다.

여기에서 좀 더 덧붙일 점은 일부 학자들이 문헌과 호태왕비를 인용하여 추모의 탄생과 건국을 통해 고구려 민족이 부여에서 기원한 것으로 보고 있는데, 이것은 사실 잘못된 이해라는 점이다. 추모가 부여에서 태어나서 엄리수를 건너 나라를 세워 고구려라고 하였으나 고구려 왕족들만이 부여에서 왔을 뿐 고구려 민중들은 일찍부터 혼강, 압록강 유역에서 이미 몇천 년을 생활해왔다. 고구려 민족의 기원은 상나라가 중원을 통치한 전후로 거슬러 올라갈 수 있다. 하상주단대공정(夏商周斷代工程)에서 공포한『하상주연표(夏商周年表)』를 근거해보면 고구려인이 은상(殷商) 씨족에서 분리되어 나온 시기는 탕(湯)에서 반경(盤庚) 이전인 서기전 1600~1300년으로 지금으로부터 3600~3300년 전이다. 기나긴 발전 과정 가운데 북방의 각 민족들은 통혼, 교류, 융합되었고 최소한 한대에는 혼강, 압록강 유역에서 이미 영향력이 있는 민족이었다. 이로 인해 한 무제 원봉 3년(서기전 108) 현도 · 임둔 · 진번 · 낙랑 4군이 설치될 때 현도군에는 고구려 민족의 현이 나타나게 된 것이다. 부여족 주몽 또는 추모가 고구려에 들어와 통치한다거나 고구려의 왕자가 부여로 들어가 통치한다는 두 가지 전설은 고구려와 부여가 두 세대에 걸쳐 통혼한 씨족임을 증명해준다. 사서에는 고구려 "동이의 옛말에 따르면 고구려는 부여의 별종이라 하는데, 말이나 풍속 등이 부여와 같은 점이 많았다(東夷舊語以爲夫餘別種, 言語諸事, 多與夫餘同.)"고 기록되어 있다.[44] 그리고 부여는 "은력 정월에 지내는 제천 행사는 국중 대회로 날마다 마시고 먹고 노래하며 춤춘다. ……나라 안에서 의복은 흰색을 숭상한다……(以殷正月祭天, 國中大會, 連日飮食歌舞 ……在國衣尙白…….)"고 기록되어 있어[45] 고구려, 부여국이 은상(殷商) 민족에서 나온 것을 증명할 수 있다. 북방 홍산 문화는 상(商)나라 이전의 문화로서 중국 고대 문명의 원류 가운데 하나이다. 북방 민족의 형성과 발전에 중대한 영향을 미친 것은 두 말할 필요가 없는 것이다.

역사가 발전하여 서한 말년에 이르러 주몽이 고구려를 건립하였다는 전설이 광범위하게 전개됨으로써 이것이 사가들에 의해 정리, 기록되었다. 그리고 고구려 왕족, 귀족, 민중들에게도 폭넓게 인정을 받아 호태왕비에 새겨져 후세에 전해지게 되었다. 표현되어 나오는 중화 문화–한 문화의 주체는 아주 분명한 것이다.

첫째, 하백의 전설에서 상대(商代) 사람들은 수신(水神), 하신(河神)을 현명(玄冥), 명(冥)이라고 불렀는데 이는 갑골문의 복사(卜辭)에서도 흔히 볼 수 있는 것이다.[46] 명(冥)은 본래 상(商) 이전의 종실로서 "사공(司空)을 맡아서 업무를 부지런하게 했다. 물 속에서 죽으니, 은나라 사람들이 제사를 지냈다(爲司空, 勤其官事, 死於水中, 殷人郊之.)"는 기록이 전한다. "명(冥)은 관의 일을 부지런하게 하였으나 물에서 죽었다(冥勤其官而水死.)"[47]라고 하였기 때문에 은나라 사람들은 그를 기념하여 수신 또는 하백이라고 불렀던

44) 『삼국지』 권30 「동이 · 고구려전」.
45) 『삼국지』 권30 「동이 · 부여전」.
46) 유악(劉鶚), 『철운장구(鐵雲藏龜)』, 186~1;뤄전위, 『은허서계 전편(殷墟書契前編)』, 6~14~7, 『은허서계 속편』, 3~14~7;꾸어루어 위 등, 『은허문자 철합(綴合)』, 113, 123, 205, 267쪽.
47) 『사기』 권3 「은본기(殷本紀)」 집해(集解).

것이다. 또 다른 설도 있는데 "하백은 화음(華陰) 동향(潼鄉) 사람이다. 성은 풍(馮)씨이며, 이름은 이(夷)다. 강에서 목욕을 하다가 물에 빠져 죽었는데, 드디어 하백이 되었다(河伯, 華陰潼鄉人, 姓馮氏, 名夷. 浴於河中而溺死, 遂爲河伯也.)"라는 기록이다.[48] 『죽서기년(竹書紀年)』에는 "제분(帝芬) 16년 낙백(雒伯) 용(用)이 하백 풍이(馮夷)와 싸웠다. 제설(帝泄) 16년 은나라 후(侯) 미(微)가 하백의 군대를 이용하여 유이(有易)를 정벌하여 그 임금 면신(綿臣)을 죽였다(帝芬十六年, 雒伯與河伯馮夷鬪." "帝泄十六年, 殷侯微以河伯之師伐有易, 殺其君綿臣.)"고 하여 하백은 원래 은의 신하 또는 부락의 수령으로 후에 하신(河神)으로 불렀다는 것을 알 수 있다. 전국시대 위나라에는 "하백취부(河伯娶婦)" 전설도 있다. 고구려 전설에 하백은 현명(玄冥)이며 북방의 하신(河神)이다. 이는 고구려 문화와 은상(殷商) 문화가 서로 관련되어 있다는 또 하나의 증거이다.

둘째, 세 여자가 놀러 나갔다가 하늘의 아들을 만난다는 전설이다.

하백에게는 아름다운 딸이 셋 있었는데 첫째는 유화(柳花), 둘째는 훤화(萱花), 막내는 위화(葦花)라고 불렀다. 웅심산(熊心山) 아래의 물가에서 노닐다가 천제의 아들인 해모수를 만나 혼인하게 된다.

이 전설은 원래 은주(殷周) 시조의 탄생 기록에서 나온 것이다.

은나라의 시조 설(契)의 어머니는 간적(簡狄)이다. 그녀는 유융(有娀)씨의 딸이며 제곡(帝嚳)의 둘째 부인이다. 간적 등 세 사람이 함께 목욕을 갔다가 제비가 알을 떨어뜨리는 것을 보고, 간적이 이를 받아 삼켜 잉태하여 낳은 아이가 바로 설이다.

— 殷契, 母曰簡狄, 有娀氏之女, 爲帝嚳次妃. 三人行浴, 見玄鳥隆其卵, 簡狄取呑之,

---

48) 『사기』권126 「서문표전(西門豹傳)」 정의인(正義引).

因孕生契.[49)]

주나라의 시조 후직(后稷)은 이름이 기(棄)이며, 그의 어머니는 유태(有邰)의 딸로 강원(姜原)이라고 불렸는데, 강원은 제곡(帝嚳)의 첫째 부인이다. 강원이 들에 나가서 거인의 발자국을 보았는데, 갑자기 마음이 기뻐지면서 그것을 밟고 싶어졌다. 그가 거인의 발자국을 밟으니 마치 아기를 가진 듯 배 안이 꿈틀거렸다.

— 周后稷, 名棄. 其母有邰氏女, 曰姜嫄. 姜嫄爲帝嚳元妃. 姜原出野, 見巨人迹, 心忻然說, 欲踐之, 踐之而身動如孕者.[50)]

은나라 선조와 주나라 선조의 탄생은 모두 여자가 놀러 나간 것과 관련이 있다. 매우 재미있는 것은 융(娀)씨에게 딸이 세 명 있었고 물에서 목욕하였다는 것과 하백 역시 딸이 세 명 있었고 물가에서 노는 것으로 되어 있다는 것이다. 그리고 태(邰)씨의 딸 강원이 들에서 놀고 있을 때 대인을 만나게 되는데 하백의 딸은 웅심연(熊心淵)에서 해모수를 만나게 된다. 이렇게 모두 동일한 연원, 즉 중화 민족의 원시시대 혼연(婚戀)의 전설에서 나온 것이다. 세 명의 미녀가 놀러 나갔다가 남자를 만나거나 신명을 느껴 후대가 번창하는 것은 실재로는 모계 생활의 기억으로, 사람들이 이를 대대로 전하여 그 영향은 매우 오래된 것이다. 나중에 만주족 시조의 탄생에도 역시 이러한 전설이 있다.[51)] 아름다운 불고륜(佛庫倫) 세 자매가 천지(天池)에서 목욕을 하는데 신작(神雀)이 물어다준 붉은 과일(朱果)이 있어 불고륜이 붉은 과일을 먹고는 임신하여 낳은 것이 포고리옹순(布庫里雍順)이다.

셋째는 난생 전설이다. 중화의 선민(先民) 가운데 동북이(東北夷)는 난생, 새 토템이 있는데 이를 "조이피복(鳥夷皮服)"이라 부른다. 주몽도 알에

---

49) 『사기』 권3 「은본기」.
50) 『사기』 권4 「은본기」.
51) 『청사고(淸史稿)』 권1 「태조본기(太祖本紀)」.

서 태어나는데 크기가 다섯 되(升)나 되었다. 호태왕비에도 역시 "알을 깨고 세상에 나왔는데, 태어나면서부터 성스러운 덕이 있었다(剖卵降世, 生而有聖德.)"고 기록되어 있다. 이 점은 은나라 사람의 시조 탄생인 간적(簡狄)이 검은 새알(玄鳥卵)을 삼키고 임신하여 계(契)를 낳은 것과 아주 비슷하다.『시경』에는 또 "하늘이 제비에게 명령하사 상나라의 조상을 낳게 하셨다. 아득하고 아득한 은나라 땅을 다스리도다(天命玄鳥, 降而生商, 宅殷土茫茫.)"라는 송가(頌歌)가 있다.

주몽이 태어난 후에 겪은 일은 주 시조 전설과 비슷하다. 후직(後稷)이 태어날 때 상황은 "이것이 상서롭지 못한 것으로 생각되어 비좁은 골목에 버렸으나 말이나 소가 지나가면서 모두 피하고 밟지 않았다. 다시 아이를 수풀 속에 옮겨놓으니, 마침 산소에 많은 사람들이 모여들었다. 또 다시 장소를 옮겨서 도랑의 얼음 위에 버렸으나 날짐승들이 아이를 덮고 깃을 깔아주었다. 그러자 강원은 신기하게 여겨 아이를 데려다가 키웠다(以爲不祥, 棄之隘巷, 馬牛過者皆避不踐, 徙置之林中, 適會山林多人, 遷之, 而棄渠中冰上, 飛鳥以其翼覆薦之. 姜嫄以爲神, 遂收養長之.)"고 기록되어 있다.[52] 춘추시대와 전국시대가 교차되던 시기의 사람들은 여전히 노래로 "처음 백성을 낳은 신은 다름 아닌 강원이란 분이니 어떻게 백성을 낳았소? 정결히 제사지내시어 자식 없는 징조 쫓으시고 천제의 발자취 엄지발가락 밟으시고 하늘의 복을 받으시어 쉬어 머무르셨네. 곧 아기 배고 신중히 하사 아기 낳아 기르셨으니 이분이 바로 후직(后稷)이셨네. ……아기를 좁은 골목에 버렸으나 소와 양도 감싸 보호하여주며 넓은 숲 속에 버렸으나 넓은 숲의 나무를 다 베어냈으며 찬 얼음 위에 버렸으나 새가 품어 깔아주었네. 새가 날아가서 후직께서 울었네(厥初生民, 時維姜嫄. 生民如何? 克禋克祀, 以弗無子. 履帝武

---

52)『사기』권4「은본기」.

敏歆, 攸介攸止, 載震載夙, 載生載育, 時維后稷 …… 誕置之隘巷, 牛羊腓字之, 誕置之平林, 會伐平林, 誕置之寒冰, 鳥覆翼之. 鳥乃去矣, 后稷呱矣.)"라고 하였다.[53]

은주 시조의 탄생과 새는 밀접한 관련이 있다. 검은 새알을 먹거나 새가 날개로 덮어준다. 이후에는 난생 이야기로 변하기도 하였다. 민간에서 오랫동안 전해 내려온 나타료해(哪吒鬧海) 신화에서 태어날 때 커다란 알을 깨고 나온다. 전설에서 나타는 불가의 호법신(護法神)으로 비사문(毘沙門) 천왕의 아들이다. 『송고승전(宋高僧傳)』「도선전(道宣傳)」에 그 기록이 있다. 그리고 『봉신연의(封神演義)』, 『서유기(西遊記)』 같은 문학 명작에도 모두 나타의 난생 전설이 있다.

넷째, 주몽은 활쏘기에 능하였는데 부여인은 활을 잘 쏘는 사람을 주몽이라고 하였다. 이 역시 화하(華夏) 문명의 은상(殷商) 민족에서 기원한 것이다. 『상서』「고명편(顧命篇)」에는 "태(兌)가 만든 창, 화(和)가 만든 활, 수(垂)가 만든 화살대는 동쪽 방에 둔다(兌之戈, 和之弓, 垂之竹矢, 在東房.)"는 기록이 있다. 화(和)와 수(垂)는 활과 화살을 만드는 사람으로 바로 전설 속에서 활과 화살을 발명한 사람이다. 『순자』「해폐편(解蔽篇)」에는 "수가 활을 만들고, 부유가 화살을 만들었으며, 예가 활쏘기에 정통하였다(垂作弓, 浮遊作矢, 而羿精于射.)"고 기록되어 있다. 수(垂)는 또는 교수(巧垂)라고도 하는데 순(舜)의 아들 상균(商均) 또는 계(契)라고 한다. 계는 상인의 조상이며 부유(浮遊)는 어떤 사람인지 잘 모른다. 예(羿)는 동이(東夷) 사람인데 계와 연대가 비슷하다. 동이는 활쏘기에 능했는데 이는 이(夷)자 글자 자체에서 찾아볼 수 있다. 이(夷)는 인(人)변과 궁(弓)변으로 구성되며 동방에 활을 잘 쏘는 사람이 된다. 아주 재미있는 것은 예의 아들 역시 활과 화살을

---

53) 『시경』 권17 「대아 · 생민(大雅 · 生民)」.

발명한 사람으로 사서에서는 "모이(牟夷)"[54] 또는 "이모(夷牟)"라고 적고 있는데 이는 추모의 음이 전환된 것이다. 『맹자(孟子)』「이루 하(離婁下)」에 는 "봉몽(逢蒙)이 활쏘기를 예(羿)한테서 배웠는데, 예의 도를 모두 배웠다 (逢蒙學射于羿, 盡羿之道.)"라는 단락이 있는데 봉몽이 바로 주몽의 본원이 다. 주몽, 추모가 활쏘기에 능했다는 전설은 은상과 동이 문화에서 나온 것 을 자세하게 증명해주는 것이다.

그리고 하백의 딸과 결혼한 일, 물고기와 자라가 다리를 만든 것 역시 "낙신(洛神)", "하백(河伯)" 같은 시문과 전설 가운데서 볼 수 있는 것이다.

모든 주몽 또는 추모 전설은 아주 치밀하게 개조된 중화(中華) 전설이다. 왕충의 『논형』에서부터 『위략』에 이르기까지, 나아가 여러 사서의 「고구려 전」이 각 사가들의 손을 거치면서 만 번을 변한다고 하여도 그 근본을 떠날 수는 없는 것으로 한 문화의 본체는 변하지 않았다. 호태왕비 비문을 보면 고구려인은 은상 전설의 주요 부분을 그대로 유지하고 있지만 주나라 사람 의 전설에 대해서는 생략된 부분이 나타난다. 이는 고구려인과 은상 씨족의 혈연관계를 더욱 분명하게 증명해주는 것이다.

---

54) 『초학기(初學記)』 권22 인(引) 「세본(世本)」.

3장

고구려 왕들의 재위 시기 고찰

【 1. 사서에 기록된 갈래 】

중국 정사인 『후한서』, 『삼국지』 그리고 『수서』, 『신·구당서』의 「고구려전」과 「고려전」에는 모두 고구려의 왕위 계승과 이와 관련된 역사 사실이 기록되어 있다. 그러나 대부분 간략하여 모든 왕계에 대해 소개하고 나타내기에는 부족한 부분이 많다. 이보다 시기가 늦은 『삼국사기』 「고구려본기」는 고구려 왕들의 전승 순서에 맞추어 시간에 따른 사건을 기록하였다. 왕들의 생애와 행적에 대한 기록은 비교적 상세한데 세 권의 『연표(年表)』가 있어 서로 대조해볼 수 있다. 『삼국유사』에서도 고구려, 신라, 백제의 왕들에 대한 행적을 간단한 표로 만들어놓았다. 『삼국사기』 「고구려본기」에 바탕을 두고 『연표』를 대조해조면 고구려 왕계는 아래와 같음을 알 수 있다.

고구려 왕위 계승도

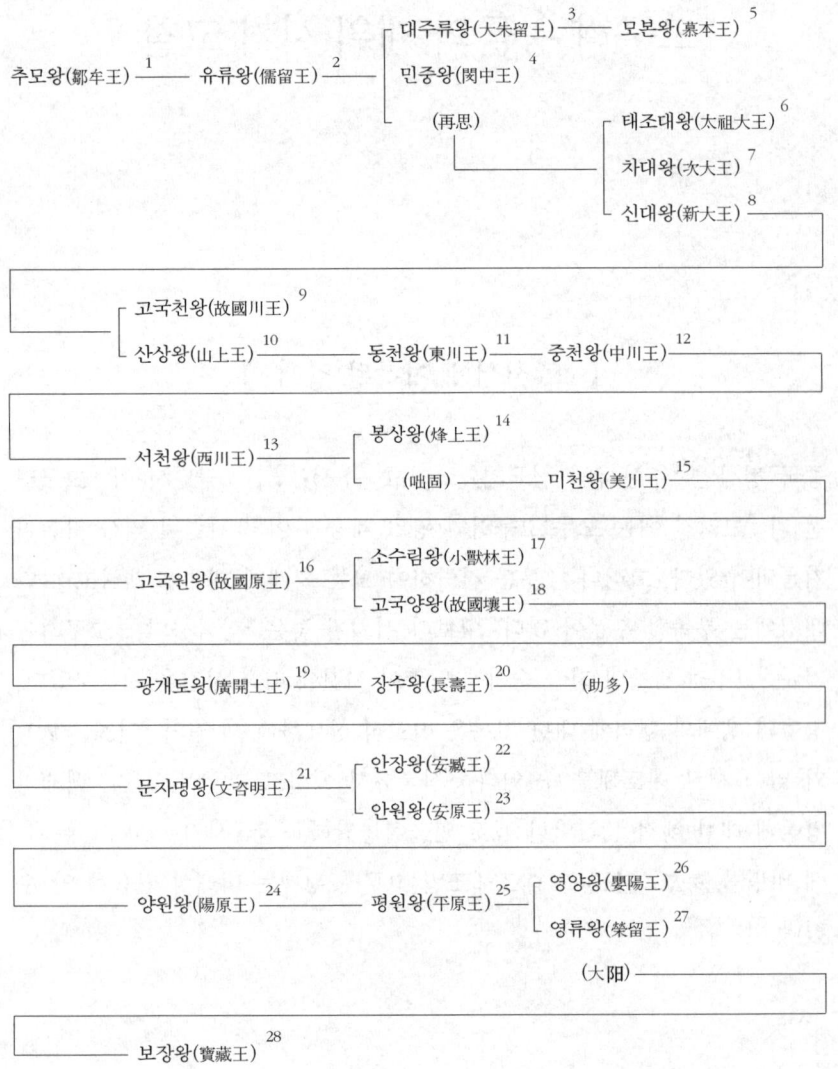

이상의 28대(代) 왕을 세(世)로 계산해 보면 21세(世)에 이른다.

『후한서』「고구려전」에는 "궁이 죽자, 아들 수성이 왕위에 올랐다. ……
수성이 죽자, 아들 백고가 왕위에 올랐다(宮死, 子遂成立 …… 遂成死, 子伯固
立.)"고 기록되어 있다. 그렇다면 태조대왕 궁, 차대왕 수성, 신대왕 백고 사
이는 부자 계승 관계로 28명의 왕 사이에 세대수는 23세이다. 그러나 『삼국
지』「고구려전」에는 "궁이 죽자 아들 백고가 왕이 되었다(宮死, 子伯固立.)"
라고만 기록되어 있다. 수성에 대해서는 말하지 않았지만 수성과 궁은 분명
형제 관계로 28명의 왕 사이의 세대수는 22세가 된다.

어떤 학자들은 고구려는 28대 왕이 아니라며 의문을 제기하기도 하였다.

양통팡(楊通方) 선생은 『삼국지』「고구려전」과 「관구검전」, 호태왕 비문
의 "유언의 명을 이어받은 세자 유류왕은 도로써 나라를 잘 다스렸고, 대주
류왕은 왕업을 계승하여 발전시켰다. 17세 손 국강상광개토경평안호태왕
에 이르렀다(顧命世子儒留王, 以道興治, 大朱留王紹承基業, 逮至十七世孫國岡
上廣開土境平安好太王.)"는 기록을 바탕으로 하여 『삼국사기』의 잘못으로 호
태왕 이전 2대에 걸친 국왕을 더 기재하였다고 제기하였다. 그는 "위궁은
동천왕 우위거의 다른 이름이며, 산상왕 연우의 다른 이름이 아니다", "산
상왕 연우와 고국천왕 이이모 두 사람은 실제로는 고국천왕 이이모 한 사
람"이라고 하였다. 그러므로 "고구려 산상왕 연우는 존재하지 않았다"고 하
였다.[55]

조선 학자 손영종(孫永鍾) 선생은 "광개토왕 비문에서 광개토왕은 시조
추모(주몽, 동명)왕의 17세 손이라고 하였으나 『삼국사기』「고구려본기」의
왕실 계보에서는 12세 손으로 5대가 부족하다." 이 5대의 왕은 "동명왕의

---

55) 양통팡(楊通方), 「고구려에 산상왕 연우는 존재하지 않았다─조선 『삼국사기』 고구려 군주
세계(世系) 문제에 관하여 논함(高句麗不存在山上王延優其人 ─ 論朝鮮三國史記有關高句麗
君主世系問題)」, 『세계 역사』, 1981년 제3기.

아들, 손자와 증손이다"고 하였다. 즉 『위서』, 『북사』의 「고구려전」에 기록된 여해[閭諧, 여달(閭達), 유류(儒留)], 여율(如栗), 막래(莫來) 세 사람과 해애루[애루(愛婁), 애루왕(愛婁王)] 및 그 아들이다.[56] 이로 인해 "고구려는 서기전 277년에 건국되었다"는 결론을 얻어냈다.[57]

이상의 관점들에 대해 우리나라 학자 포전스(朴眞奭), 류쯔민 선생은 이를 비평한 적이 있다.[58] 장보취안, 구밍쉐 선생 역시 『삼국지』「고구려전」, 『삼국사기』「고구려본기」에 기재된 고구려 왕계의 연구[59]를 통해 고구려에는 분명 산상왕이 존재하며 그 이름은 연우 또는 이이모라는 것을 증명하였다. 『삼국사기』에는 고국천왕 남무의 이름을 이이모로 잘못 기록하고 동천왕의 이름 위궁을 산상왕 연우 앞에 잘못 기록해놓았다. 『삼국지』「고구려전」에는 신대왕 백고 이후의 왕위 계승에 잘못 기록된 곳이 있다. 그리고 태조대왕과 차대왕, 차대왕과 신대왕 사이를 모두 부자 관계로 고증하였으나 『삼국사기』에는 형제 관계로 잘못 기록되어 있다. 이것을 제외하고 『삼국사기』「고구려본기」에 기록된 고구려 28왕과 그 계승 순서는 대체로 믿을 만하다.

호태왕비에 기록된 "17세 손 국강상광개토경평안호태왕에 이르렀다(建至十七世孫國岡上廣開土境平安好太王.)"와 추모왕 사이는 왕계에 따라서 세대를 배열한 것으로 19대의 왕은 정확히 17세 손이 된다. 실제로는 왕들의

---

56) 〔朝〕 손영종, 「고구려 초기 부분 역사 사실의 연대 문제에 대하여」, 유우적(劉宇摘) 옮김, 『동북아 역사와 고고 소식』, 1987년 제1기.

57) 〔朝〕 손영종, 「고구려 건국 연대의 재검토(高句麗建國年代的再探討)」, 문일개(文一介) 옮김, 『동북아 역사와 고고 소식』, 1991년 제1기.

58) 포전스(朴眞奭), 「고구려 산상왕의 존재 여부에 관하여 — 양통팡 선생 주장에 대한 검토(關于高句麗存在山上王與否的問題 — 與楊通方先生商榷)」, 『세계 역사』, 1989년 제2기; 류쯔민, 『고구려 역사 연구』(연변대학출판사, 1996), 130~133쪽.

59) 장보취안, 「고구려사에 나타난 몇 가지 문제(高句麗史中的若干問題)」(강의고); 구밍쉐, 「『위지 · 고구려전』의 고증과 해석」, 『학술연구 총간』, 1981년 제1, 2기.

세대에 따라서 계산한 것이 아니었던 것이다. 그러므로 호태왕 이전에 다섯 대의 왕을 더하여 고구려 건국을 240년 앞당긴 관점은 역사 사실을 위배한 것이며 문헌에 증거도 없으므로 역사적 증거가 없는 억측이 되고 말았다.

【 2. 고구려의 왕과 연대 】

(1) 추모왕(鄒牟王)

주몽, 중해(衆解)라고도 한다. 왕호로 동명성왕(東明聖王)으로 기록하기도 한다. 한 원제 건소 2년(서기전 37)에 나라를 세우고 왕이 되었는데 당시 22세였다. 19년간 재위하고 서기전 19년 가을 40세의 나이로 죽었다.[60]

(2) 유류왕(儒留王)

문헌에서는 유리명왕(琉璃明王)이라고도 하는데 이름은 유리(類利), 유류(儒留)이다. 추모왕이 죽은 뒤 서기전 19년 가을 왕위를 계승했다. 37년간 재위하고 18년 겨울에 죽었다.

『삼국사기』에는 추모왕 "19년 4월에 왕자 유리가 부여에서 그 어머니와 함께 도망쳐오자, 왕이 기뻐하여 태자로 삼았다(十九年夏四月, 王子類利自夫餘與其母逃歸, 王喜之, 立爲太子.)", "주몽의 원자이며, 어머니는 예씨(禮氏)이다(朱蒙元子, 母禮氏.)"라고 기록되어 있다.

『위서』「고구려전」에는 "처음 주몽이 부여에 있었을 때 부인이 잉태하였는데, 주몽이 도망한 뒤에 한 아들을 낳으니, 자를 처음에는 여해(閭諧)라

---

60)『한서』「왕망전」 등의 사서에 "고구려후 추"는 고구려 왕으로 보아도 문제가 없다. 그러나 그가 추모왕인지 어느 일 대의 왕인지는 사서의 기록들이 상세하지 않아 확정하기 어려워 이에 대해서는 의문이 있다.

하였다. 성장하여 주몽이 국왕이 되었다는 것을 알고 곧 어머니와 함께 도망해오니 이름을 여달(閭達)이라 하고, 나라 일을 그에게 맡겼다. 주몽이 죽자 여달이 왕이 되었다. 여달이 죽자 아들 여율(如栗)이 왕이 되었고, 여율이 죽자 아들 막래(莫來)가 왕이 되어 부여를 정벌하니, 부여는 크게 패하여 마침내 고구려에 통합, 복속되었다(初, 朱蒙在夫餘時, 妻懷孕, 朱蒙逃後生一子,[61] 及長, 知朱蒙爲國主, 卽與母亡而歸之, 名之曰閭達, 委之國事, 朱蒙死, 閭達代立, 閭達死, 子如栗代立. 如栗死, 子莫來代立, 乃征夫餘, 夫餘大敗, 遂統屬焉.)"고 기록되어 있다.

『북사』「고려전」과『위서』에는 약간 차이가 있는데 "주몽이 부여에 있을 적에 그의 아내가 임신 중이었는데, 주몽이 도망한 뒤 아들을 낳으니, 처음에는 자를 여해라고 하였다. 성장하여 주몽이 국왕이 된 것을 알고는 어머니와 함께 도망해오니, 주몽이 그를 여달이라 이름 지어주고, 나라 일을 맡겼다. 주몽이 죽고 아들 여율이 왕이 되었다. 여율이 죽자, 아들 막래가 왕이 되어 부여를 병합시켰다(其在夫餘妻懷孕, 朱蒙逃後, 生子始閭諧. 及長, 知朱蒙爲國王, 卽與母亡歸之. 名曰閭達, 委之國事. 朱蒙死, 子如栗立, 如栗死, 子莫來立, 乃倂夫余.)"고 기록하였다.

딩첸 선생은 "주몽 다음은 유리(類利)인데 유리왕(琉璃王)이라고 부르며 여달이라고도 전한다. 다음은 무휼(無恤)로서 태무신왕(太武神王)이라고 하는데 바로 여율이다. 그 다음이 해읍주(解邑朱)로 민중왕이라고도 하는데 바로 막래이다"라고 고증하였다.[62] 류쯔민 선생은 막래가 곧 무휼, 미류(味留)로 대무신왕(대주류왕)이라고 하고 "여달과 여율은 두 사람일 수도 있고 한 사람일 수도 있다. 그러나 각종 흔적으로 볼 때 후자일 가능성이 비교적

61) 【옮긴이】『위서』원문에 있는 "자시여해(字始閭諧)" 네 글자가 빠져 있다.
62) 딩첸, 「위서 외국전 지리 고증(魏書外國傳地理考證)」, 중앙민족학원(中央民族學院) 주편, 『역대 각 민족의 전기 집성(歷代各族傳記匯編)』제2편 하책(下冊) 인용, 1796쪽의 주⑦.

높다. ……우리는 여달과 유리의 출신 경력에 관한 기록에서 두 사람은 실제로는 한 사람이라는 것을 볼 수 있다"고 하였다.[63] 그리고 여율(閭栗)과 유리(類利), 유류(儒留)는 같은 음을 다르게 기록한 것으로 여러 사서들에 기록된 차이를 통해 비교적 좋은 해석을 얻을 수 있다.

(3) 대주류왕(大朱留王)

대무신왕, 대해주류왕(大解朱留王)이라고도 하며 이름은 무휼, 미류이다. 유류왕의 셋째 아들로서 서기 18년 겨울에 왕위에 올라 27년간 재위하고 서기 44년 겨울에 죽었다. 『위서』, 『북사』에 기록된 막래와 "이때 부여를 정벌했다(乃征夫余.)", "이때 부여를 병합했다(乃幷夫餘.)"는 기록과 대주류왕의 역사 사실은 서로 들어맞는다.

(4) 민중왕(閔中王)

대주류왕의 동생으로 이름은 해색주(解色朱, 또는 해읍주(解邑朱))라고 한다. 서기 44년 겨울 왕위에 올라 5년간 재위하고 서기 48년에 죽었다.

(5) 모본왕(慕本王)

이름은 해우(解憂, 또는 해애루(解愛婁))이며 대주류왕의 맏아들(원자)이다. 서기 48년 왕위에 올라 6년간 재위하였다. 서기 53년 겨울 나라 백성들이 그의 포악함을 이기지 못하여 모본 사람 두로(杜魯)가 그를 찔러 죽였다.

(6) 태조대왕(太祖大王)

국조왕이라고도 부르며 이름은 궁(宮), 어수(於漱)이다. 유류왕 아들 고추

---

63) 류쯔민, 『고구려 역사 연구』(연변대학출판사, 1996), 134~136쪽.

가 재사(再思)의 아들로 모본왕의 사촌동생이다. 53년 겨울에 왕위에 오르는데 당시 나이가 겨우 일곱 살이어서 태후(太后)가 수렴청정(垂簾聽政) 하였다. 『삼국사기』 기록에 따르면 태조대왕은 94년간 재위하며 서기 146년 왕위에서 물러나는데 그때 나이가 이미 100세였으며 그가 죽은 나이는 120세였다. 고대의 사회, 경제생활의 조건 아래서 사람의 수명은 그렇게 길지 않았으므로 태조대왕이 100세까지 정치를 하고 120세까지 살았다고 하는 것은 매우 믿기 어려운 일이다.

『후한서』「고구려전」에는 동한 안제 건무 원년(121) "이해에 궁이 죽고, 아들 수성이 왕이 되었습니다(是歲宮死, 子遂成立.)"라고 기록되어 있다. 이렇게 태조대왕은 69년을 재위하고 75세에 죽었다. 이미 고희를 넘겼고 고구려의 여러 왕들 가운데서 장수한 것에 속한다는 것은 믿을 만하다. 그러나 그가 만약 94년간 재위하고 120세까지 살았다고 한다면 이후 79년을 재위하고 98세까지 살았던 거련을 장수왕으로 부를 수는 없다.

(7) 차대왕(次大王)

이름은 수성(遂成)이다. 『삼국사기』에는 "태조대왕의 친동생이다. ……태조대왕의 선양을 받아 즉위하니, 나이가 76세였다. ……20년(165) 10월, 연나부 조의(皂衣) 명림답부(明臨答夫)가 백성들이 견디지 못한다는 것을 이유로 왕을 살해하였다(太祖大王同母弟也 ……受太祖大王推讓卽位, 時年七十六歲 ……二十年 ……冬十月, 椽那皂衣明臨答夫因民不忍弑王.)"로 기록되어 있다. 이를 근거로 차대왕의 재위 시기는 146~165년이다.

위에서 태조대왕이 안제 건무 원년(121)에 죽었다는 것이 이미 증명되었고 그 아들 수성이 이해에 당시 51세로 즉위하니 그가 바로 차대왕이다.

『삼국지』와 『후한서』의 기록을 대조해 구밍쉐 선생은 "조부(궁)의 재위 기간은 68년(53~121)간이고 부친(수성)의 재위 기간은 44년(121~165)간,

아들(백고)의 재위 기간은 14년(165~179)간이다"라고 하였다.[64] 류쯔민 선생은 "수성의 재위 기간은 121년부터 126년까지로 겨우 5년 전후의 기간이었기 때문에 진수는 『삼국지』 「고구려전」을 쓸 때 수성을 빠뜨렸을 것이다", "백고의 즉위 시기는 126년 전후로 그는 최소한 한 헌제(獻帝), 즉위 초년, 즉 190년 전후까지는 살았다"고 하였다.[65]

여러 역사 기록과 몇몇 왕의 즉위 연대와 사망 년대를 고증해볼 때 차대왕 수성의 재위 기간은 121~126년이라고 볼 수 있다. 정치에 어질지 못하여 명림답부에 의해 시해당함으로써 재위 기간은 그렇게 길지 않았다.

(8) 신대왕(新大王)

이름은 백고(伯固), 백구(伯句)이다. 『삼국사기』 기록에는 "태조대왕의 막내동생(太祖大王之季弟)"으로 『후한서』 「고구려전」에는 "수성이 죽자, 아들 백고가 왕위에 올랐다(遂成死, 子伯固立.)"로 기록되어 있다. 백고는 차대왕 수성의 아들로 태조대왕 궁의 손자였을 것이다. 수성은 126년에 죽는데 백고는 이해에 고구려 왕이 된다.

『삼국사기』의 기록에 따르면 차대왕 수성은 76세에 즉위하여 20년간 재위하고 95세에 죽는다. 만약 백고가 즉위할 때 77세였다고 한다면 두 사람의 나이 차이는 18세로 부자 관계가 타당하다. 다만 그 재위 기간은 『삼국사기』와는 다른데 우리는 126~179년 사이이며 91세에 죽은 것으로 추정하고 있다.

(9) 고국천왕(故國川王)

국양왕(國壤王)이라고 하기도 하며 이름은 남무(男武)이다. 사서의 고국천

---

64) 구밍쉐, 「『위지 · 고구려전』 고석」(하), 『학술연구 총간』, 1981년 제2기.
65) 류쯔민, 『고구려 역사 연구』(연변대학출판사, 1996), 142~144쪽.

왕에 대한 기록엔 착오가 많다.

『삼국지』「고구려전」에는 "백고가 죽고 두 아들이 있었는데, 큰 아들이 발기(拔奇)이고, 작은 아들이 이이모(伊夷模)였다. 발기는 어질지 못하여, 나라 사람들이 함께 이이모를 왕으로 모셨다(伯固死, 有二子, 長子拔奇, 小子伊夷模. 拔奇不肖, 國人便共立伊夷模爲王.)"고 기록되어 있다. 『삼국사기』는 『삼국지』 원문을 따라서 "고국천왕(또는 국양이라고도 한다)의 휘는 남무(또는 이이모라고도 한다)이니, 신대왕의 둘째 아들이다. 백고가 죽었을 때 나라 사람들이 장자 발기가 어질지 못하다고 하여, 함께 이이모를 왕으로 모셨다. 한나라 헌제 건안(196~220) 초에 발기는 형으로서 즉위하지 못한 것을 원망하여, 소노부 족장들과 함께 하호 3만여 명을 거느리고 공손강(公孫康)에게 항복하고, 다시 비류수 가로 돌아와 거주했다〔故國川王(或云國襄)諱男武(或云伊夷謨)新大王伯固之第二子, 〔伯固薨, 國人以長子拔奇不肖, 共立伊夷謨[66]爲王. 漢獻帝建安初, 拔奇怨爲兄而不得立, 與消奴加將下戶三萬余口, 詣公孫康降. 還住沸流水上.〕"고 기록하였다.

이 두 단락의 기록은 『삼국사기』 산상왕의 내용과 비슷하다. 그래서 어떤 학자들은 고구려 산상왕이 존재하였는가에 대해 의문을 가지기도 하였다.

이이모, 발기가 왕위 쟁탈을 벌인 시기는 건안 초년으로 공손강과 요동에서 일어난 여러 역사 사실들을 분석해보면 『삼국지』와 『삼국사기』가 고구려 고국천왕과 산상왕의 역사 사실을 서로 혼동하고 있음을 알 수 있다. 고국천왕의 이름은 남무이며 신대왕 백고의 장자이다. 179년 백고가 죽고 남무가 왕위를 이었는데 건안 2년(197) 여름 5월에 죽는다. 고국천원에 장사지냈기 때문에 고국천왕이라고 하였다.

---

66) 【옮긴이】『魏志』에는 '模', 『三國史記』에는 '謨'로 되어 있다.

(10) 산상왕(山上王)

이름은 연우(延優) 또는 이이모라고 한다. 산상왕의 역사 사실은 『삼국지』에 기록된 이이모에 관한 기록이지만 항렬에서는 약간의 차이가 있다. 사료를 교정하여 『삼국지』의 이이모에 대한 사실을 살펴보면, 남무가 죽었을 때 그에게는 아들이 없었다. 두 동생이 있었는데 첫째 동생은 발기이고 둘째 동생이 이이모이다. 발기는 어질지 못하여 국인은 모두 이이모를 왕으로 세웠다. 발기는 형이면서 왕이 되지 못한 것을 원망하여 요동으로 도망쳤는데 연노부의 대가와 함께 각각 하호 3만여 명을 이끌고 공손강에 투항하였다가 돌아와서 비류수에 살았다……. 이것은 『삼국사기』의 산상왕의 즉위와 관계된 상황과 서로 들어맞는다. 다만 동천왕 우위거의 이름인 위궁을 산상왕에 붙인 착오가 있다. 그 나머지는 모두 일치한다.

이렇게 산상왕은 고국천왕이 죽은 해인 건안 2년(197)에 즉위하였으며 31년간 재위하고 227년 여름에 죽는다.

(11) 동천왕(東川王)

동양왕(東壤王)이라고도 하며 이름은 우위거(憂位居)로 소명은 교체(郊彘) 또는 위궁이라고 하였다. 『삼국사기』에서 그는 "산상왕의 아들이며, 어머니는 주통촌 사람으로 궁궐에 들어와 산상왕의 작은 부인이 되었다. 사서에는 그녀의 가문에 대한 기록이 전하지 아니한다. 전왕인 산상왕 17년(213)에 태자가 되었고, 이때에 이르러 왕위를 이어 받았다(山上王之子, 母酒桶村人, 入爲山上王小后, 史失其族姓. 前王十七年立爲太子, 至是嗣位.)"라고 기록되어 있다. 그는 산상왕 17년(213)에 태자가 되는데 당시 겨우 5세였다. 산상왕 31년(227) 여름 왕위에 오르는데 이들 기록은 믿을 수 있다. 다만 "위궁"이라는 이름을 아버지 이름이라고 한 것은 잘못된 것이다. 『삼국지』 「고구려전」에는 "이이모는 아들이 없어 관노부의 여자와 사통하여 아들을 낳으니, 이름이 위궁이다. 이미모가 죽자 즉위하여 왕이 되니, 지금의 고구려 왕 궁이 그 사람이다. 그의 증조가 이름이 궁이었는데, 태어나면서부터 눈을 뜨고 사물을 보았으므로, 그 나라 사람들이 미워하였다. 궁이 장성해지자, 과연 흉악하여 자주 이웃 나라를 침략하다가 나라가 파멸되는 지경에 이르렀다. 지금의 위궁도 태어나자마자 눈을 뜨고 사람을 보았다. 고구려에서는 서로 닮은 것을 위(位)라고 부르는데, 그의 증조부와 닮았기 때문에 위궁이란 이름을 지었다(伊夷模無子, 淫灌奴部, 生子名位宮. 伊夷模死, 立以爲王, 今句麗王宮是也. 其曾祖父名宮, 生能開目視, 其國人惡之, 及長大, 果凶虐, 數寇鈔, 國見殘破. 今王生墮地, 亦能開目視人, 句麗呼相似爲位, 似其祖, 故名之爲位宮.)"고 기록되어 있다. 우리는 이미 이이모가 산상왕이라고 고증하였다. 그러면 그의 아들 동천왕의 이름이 위궁이다. 그는 22년간 재위하고 248년 죽었다.

(12) 중천왕(中川王)

또는 중양왕(中壤王)이라고도 하며 이름은 연불(然弗)로 동천왕의 아들이다. 248년 즉위하여 23년이 지난 후인 270년에 죽는다. 중천원에 장사지냈기 때문에 중천왕이라고 하였다.

(13) 서천왕(西川王)

서양왕(西壤王)이라고도 하며 이름은 약노[藥盧, 또는 약우(若友)]이다. 중천왕의 둘째 아들로 총명하고 인자하여 나라 백성들의 존경을 받았다. 중천왕 8년(255) 태자가 되었다가 23년(270) 겨울 10월 왕이 죽자 태자가 왕위에 올랐다. 23년간 재위하고 292년에 죽었다.

(14) 봉상왕(烽上王)

치갈왕(雉葛王)이라고도 하며 이름은 상부[相夫, 또는 삽부루(歃夫婁)]로 서천왕의 아들인데 교만하고 의심과 시기심이 많았다. 9년간 재위(292~300)하였고 군신들에 의해 폐위되어 스스로 자살하였다.

(15) 미천왕(美川王)

호양왕(好壤王)이라고도 하며 이름은 을불[乙弗, 또는 우불(憂弗)]로 봉상왕의 동생 고추가 돌고의 아들이다. 봉상왕이 즉위한 지 2년째 되는 해에 그 동생 돌고를 다른 마음을 품었다고 의심하여 죽이자, 그의 아들 을불은 해를 입을까 두려워 도망쳤다. 300년 군신들은 봉상왕을 폐위시키고 을불을 왕으로 모셨다. 32년간 재위하고 331년에 죽었는데 미천원에 장사지냈기 때문에 미천왕이라고 불렀다.

(16) 고국원왕(故國原王)

국강상왕(國岡上王)이라고도 하며 이름은 사유[斯由, 또는 쇠(釗)]로 미천왕의 아들이다. 331년 즉위하여 41년간 재위하였다. 371년 겨울 백제 왕이 병사를 이끌고 평양성을 공격하자 왕이 친히 맞서 싸웠으나 화살을 맞고 죽었다. 죽은 후 고국원에 장사지냈다.

(17) 소수림왕(小獸林王)

소해주류왕(小解朱留王)이라고도 하며 이름은 구부(丘夫)로 고국원왕의 아들이다. 371년 즉위하여 384년 죽을 때까지 14년 동안 재위하였다.

(18) 고국양왕(故國壤王)

이름은 이련[伊連, 또는 어지지(於只支)]으로 소수림왕의 동생이다. 소수림왕이 후사가 없이 죽자 384년 그의 동생이 즉위하였다. 『삼국사기』에는 고국양왕이 9년 동안 재위하고 죽은 해와 광개토왕이 즉위한 해는 392년으로 기록되어 있다. 그러나 호태왕 비문과 덕흥리 벽화 무덤을 대조해보면 광개토왕 영락 원년은 391년이다. 고국양왕은 391년에 죽었으며 8년 동안 재위하였다. 『삼국유사』에도 고국양왕이 갑신년에 즉위하여 8년간 다스렸다고 하였는데 이는 우리의 추측과 완전히 일치하는 것이다.

(19) 광개토왕(廣開土王)

이름은 담덕(談德)이며 안(安)이라고도 한다. 전체 시호는 "국강상광개토경평안호태왕(國岡上廣開土境平安好太王)"으로 간칭으로 호태왕 또는 영락대왕이라고 한다. 고국양왕의 아들이다.

　호태왕비에는 "국강상광개토경평안호태왕이 18세에 왕위에 올라 칭호를 영락대왕이라 하였다. 왕의 은혜와 혜택이 하늘까지 미쳤고, 위엄과 무공은 사해에 떨쳤다. 나쁜 무리를 쓸어 없애니, 백성이 각기 생업에 힘쓰고 편안히 살게 되었다. 나라는 부강하고 백성은 잘 살게 되었으며, 오곡이 풍성하게 익었다. 하늘이 이 백성을 어여삐 여기지 아니하여 39세에 세상을 버리고 떠나시니, 갑인년 9월 29일 을유에 산릉으로 모시었다(國岡上廣開土境平安好太王二九登祚, 號爲永樂太王. 恩澤洽于皇王, 威武振被四海. 掃除不佞, 庶寧其業, 國富民殷, 五穀豊熟. 昊天不弔, 卅有九, 晏駕棄國, 以甲寅年九月卄九日乙酉[67]遷就山陵.)"고 기록되어 있다. 그리고 비문에는 "영락 5년(永樂五年), 세재 을미(歲在乙未)", "6년 병신(六年丙申)", "8년 무술(八年戊戌)", "9년 을해(九年己亥)", "10년 경자(十年庚子)", "14년 갑진(十四年甲辰)", "20년 경술(卄年庚戌)" 같은 간지 기년이 있다. 영락 5년 을미는 395년, 6년 갑신은 396년, 8년 무술은 398년, 9년 기해는 399년, 10년 경자는 400년, 14년 갑진은 404년, 20년 경술은 410년이다. 광개토왕은 영락 원년 신묘, 즉 391

---

67) 【옮긴이】 비문에는 '乙酉'가 들어있어 바로잡는다.

년에 즉위하였다고 추정할 수 있다. 22년간 재위하였고 임자(412)에 죽었고 갑인(414)에 장사지냈다.

호태왕 비문의 간지 기년을 통해『삼국사기』의 고국양왕의 재위 기간과 호태왕의 즉위 시기가 1년씩 미루어진 착오를 교정할 수 있으며, 고구려 여러 왕의 연대를 연구하는 데 중요한 문자 자료를 삼을 수 있다.

(20) 장수왕(長壽王)

이름은 거련[巨連, 또는 련(璉)]으로 광개토왕의 맏아들이다. 412년 겨울 광개토왕이 죽자 거련이 즉위하였다. 413년을 원년으로 하였다.

『삼국사기』에는 "원년 왕이 장사 고익(高翼)을 동진(東晉)에 보내어 국서를 전하고, 붉은 빛이 도는 흰 말을 선물하였다. 동진의 안제는 왕을 고구려왕 낙안군공(樂安郡公)으로 책봉하였다(元年, 遣長史高翼入晉奉表獻赭白馬, 安帝封王高句麗王, 樂安郡公.)"고 기록되어 있고『송서』「고구려전」에는 "고구려 왕 련이 진 안제 의희 9년(413)에 장사 고익을 보내어 국서를 보내고 붉은 빛이 도는 흰 말을 선물하였다. 안제는 련을 사지절 도독영주 제군사(使持節都督營州諸軍事) 정동 장군 고구려 왕 낙랑공(樂浪公)으로 삼았다(高句麗王璉, 晉安帝義熙九年, 遣長史高翼奉表獻赭白馬. 以璉爲使持節都督營州諸軍事, 征東將軍, 高句麗王, 樂浪公.)"고 기록되어 있다. 이것은 같은 사건으로 장수왕 원년이 동진 안제 의현 9년(413)이라는 것을 증명해주는 것이다.

장수왕은 79년간 재위하였고 491년 겨울 98세에 죽었다. 시호를 장수왕이라고 하였다.

(21) 문자명왕(文咨明王)

명치호왕(明治好王), 문자왕(文咨王)이라고도 하며 이름은 나운(羅雲), 운(雲)으로 장수왕의 손자이다. 그 아버지는 장수왕의 아들 고추대가(古雛大

加) 조다(助多)로 일찍 죽었다. 장수왕이 79년 겨울 12월(492년 1월)에 죽었기 때문에 문자명왕이 즉위한 원년은 492년이다. 28년간 재위하고 519년에 죽었다.

(22) 안장왕(安臧王)

이름은 흥안(興安)으로 문자명왕의 장자이다. 519년 즉위하여 13년(531) 여름 5월에 죽는다.

(23) 안원왕(安原王)

이름은 보연(寶延)이며 안장왕의 동생이다. 안장왕이 아들 없이 죽자 보연이 531년 여름에 즉위하였다. 15년간 재위하고 545년 봄 3월에 죽는다. 『삼국사기』에는 그가 죽은 해에 괄호 안에 주석을 달아 설명해놓았는데, 양(梁) 대동(大同) 11년은 동위 무정(武定) 3년이다. 그 연대를 찾아보면 바로 545년이다. 이는 이후 몇몇 왕의 연대 추산에 정확한 참고 자료로 제공되었다.

(24) 양원왕(陽原王)

양강상호왕(陽岡上好王)이라고도 하며 이름은 평성(平成)으로 안원왕의 장자이다. 545년 즉위하여 15년간 재위하고 559년 봄에 죽었다.

(25) 평원왕(平原王)

평강상호태왕(平岡上好太王)이라고도 하며 이름은 양성〔陽成, 수·당서에는 탕(湯)〕으로 양원왕의 장자이다. 559년 즉위하여 32년간 재위하고 590년 겨울에 죽었다.

(26) 영양왕(嬰陽王)

평양왕(平陽王)이라고도 하며 이름은 원(元, 또는 대원(大元))으로 평원왕의 장자이다. 590년 즉위하여 29년간 재위하였다가 618년 가을에 죽었다.

(27) 영류왕(榮留王)

이름은 건무(建武, 또는 성(成))이며 영양왕의 이복동생이다. 618년 즉위하여 25년간 재위하였다가 642년 겨울 개소문(蓋蘇文)에 의해 죽임을 당한다.

(28) 보장(寶藏)

장(藏)이라고도 하였는데 나라를 잃었기 때문에 왕호가 없다. 영류왕의 동생인 대양(大陽)의 아들로 642년 왕위에 올라 27년간 재위하였다. 668년 가을 9월 당의 군대가 평양을 쳐부수고 보장이 포로로 잡히면서 고구려는 멸망하였다. 682년 공주(邛州)에서 죽었고 장안에 장사지냈는데 봉호(封號)는 없다.

이상의 연구를 근거로 고구려 28왕의 표를 만들어보면 아래와 같다.

순서	왕의 호칭	왕의 이름	전왕과 관계	재위 기간	비고
1	동명성왕, 추모왕	주몽, 추모, 중해		서기전 37~ 서기전19	
2	유리명왕, 유류왕	유리, 유류	부자	서기전 19~18	
3	대무신왕, 대주류왕	무휼, 미류	부자	18~44	
4	민중왕	해색주, 해읍주	형제	44~48	
5	모본왕	해우, 해애루	숙질	48~53	
6	태조대왕, 국조왕	궁, 어수	숙형제	53~121	『삼국사기』에는 53~146
7	차대왕	수성	부자	121~126	『삼국사기』에는 형제, 146~165
8	신대왕	백고, 백구	부자	126~179	『삼국사기』에는 형제, 165~179

순서	왕의 호칭	왕의 이름	전왕과 관계	재위 기간	비고)
9	고국천왕, 국양왕	남무	부자	179~197	『삼국사기』에는 이이모라고도 함
10	산상왕	연우, 이이모	형제	197~227	『삼국사기』에는 위궁이라고도 함
11	동천왕, 동양왕	우위거, 교체, 위궁	부자	227~248	
12	중천왕, 중양왕	연불	부자	248~270	
13	서천왕, 서양왕	약호, 약우	부자	270~292	
14	봉상왕, 치갈왕	상부, 삽시루[68]	부자	292~300	
15	미천왕, 호양왕	을불, 우불	숙질	300~331	
16	고국원왕, 국강상왕	사유, 쇠	부자	331~371	
17	소수림왕, 소해주류왕	구부	부자	371~384	
18	고국양왕	이연, 어지지	형제	384~391	『삼국사기』에는 384~392
19	광개토왕, 호태왕, 영락대왕	담덕, 안	부자	391~412	『삼국사기』에는 392~412
20	장수왕	거련, 연	부자	413~491	
21	문자명왕, 명치호왕, 문자왕	나운, 운	조손	492~519	
22	안장왕	흥안	부자	519~531	
23	안원왕	보연	형제	531~545	
24	양원왕, 양강상호왕	평성	부자	545~559	
25	평원왕, 평강상호왕	양성, 탕	부자	559~590	
26	영양왕, 평양왕	원, 대원	부자	590~618	
27	영류왕	건무, 성	형제	618~642	
28		보장, 장	숙질	642~668	682년 죽음, 봉호 없음

68) 원 책에는 삽부루(歃夫婁)로 되어 있으나 원본을 대조하여 삽시루(歃矢婁)로 바로잡음.

4장

고구려의 국가 부흥 활동 고찰

당 총장(總章) 원년(668) 당군이 평양을 공격하여 함락하면서 고구려는 멸망하였다. 당조는 안동도호부와 주현을 설치하여 관리하고, 고구려 귀족과 장수 그리고 유력한 가문을 내지와 요동 같은 곳으로 옮겼다. 그러나 고구려 옛 땅에 남아 있던 고구려 귀족들이 국가를 부흥하려는 움직임이 있었는데, 그중 두 차례 규모가 비교적 큰 활동이 있었다. 하나는 고구려 귀족들이 보장의 외손인 안순(安舜)을 왕으로 내세운 것이었고, 다른 하나는 보장과 말갈 귀족이 서로 결탁하여 모반 활동을 한 것이다.

【 1. 안순의 국가 부흥 활동과 실패 】

보장의 외손인 안순의 국가 부흥 활동에 대한 사서의 기록은 아래와 같다.

총장 2년(669) 고구려 백성 3만 명을 강회(江淮)와 산남(山南) 지방으로 옮겼다. 고구려의 대장 검모잠(鉗牟岑)이 무리를 거느리고 반란을 일으켜 보장왕의 외손인 안순을 왕으로 삼았다. 고간(高偘)을 동주도 행군 총관으로 삼고, 이근행(李謹行)을 연산도 행군 총관으로 삼아 토벌케 하였다. 사평 태상백 양방(楊昉)을 보내 도망치고 남은 무리를 불러들이게 하였다. 안순이 검모잠을 죽이고 신라로 달아났다. 고간은 도호부의 치소를 요동주로 옮기고, 반란군을 안시에서 격파하고, 또 천산에서 쳐부수고, 신라의 원병 2000명을 사로잡았다. 이근행은 그들을 발로하(發盧河)에서 쳐부수고, 다시 싸워서 포로와 참수한 자가 10만 명에 이르렀다. 이에 평양의 패잔병들은 다시 군대를 정비할 수 없게 되자, 함께 어울려 신라로 망명하였다. 그리하여 4년 만에 평정되었다. (『신당서』「고려전」)

— 總章二年, 徙高麗民三萬於江淮, 山南. 大長鉗牟岑率衆反, 立臧外孫安舜爲王. 詔高侃[69]東州道, 李謹行燕山道, 並爲行軍總管討之, 遣司平太常伯楊昉綏納亡餘. 舜殺鉗牟岑走新羅. 侃徒都戶府治遼東州, 破叛兵於安市, 又敗之泉山, 俘新羅援兵二千. 李謹行破之于發盧河, 再戰, 俘馘萬計. 於是平壤痍殘不能軍, 相率奔新羅, 凡四年乃平.

함형 원년 4월, 그 남은 무리 가운데 추장 검모잠(鉗牟岑)을 이끌고 반란을 일으키고 보장왕의 외손 안순을 왕으로 삼았다. 좌위 대장군 고간에게 명하여 토벌하여 평정하게 했다. 그 후, 그 남은 무리들이 스스로 자립할 수가 없자, 흩어져서 신라, 말갈 등에 투항하였다. 옛 나라 땅은 말갈의 땅으로 변하였고, 고씨 왕은 드디어 사라지게 되었다. (『통전』「고려전」)

— 咸亨元年四月, 其餘類有酋長鉗牟岑者, 率衆叛, 立高臧外孫安舜爲王. 令左衛大將軍高侃討平之. 其後, 餘衆不能自保, 散投新羅, 靺鞨, 舊國土盡入於靺鞨, 高氏君長遂絶.

---

69) 【옮긴이】 원서와 대조하여 '간(侃)'으로 바로잡는다.

함형 초, 그 남은 무리 가운데 추장 검모잠이란 자가 있어서, 반란한 무리를 거느리고, 보장왕의 외손 안순을 왕으로 모셨다. 좌위 대장군 고간에게 토벌하여 평정하라고 명하였다. 이때부터 남은 무리들은 스스로 자립할 수가 없어, 흩어져서 신라, 말갈 같은 나라로 투항하였다. 그 땅은 모두 말갈의 땅으로 변하였고, 고씨 왕은 드디어 사라지게 되었다. (『통지』「고구려」)

— 咸亨初, 其餘類有酋長劍牟岑者, 率叛人立高臟外孫安舜爲王, 詔左衛大將軍高侃討平之, 自是餘衆不能自保, 散投新羅, 靺鞨等國, 其土地盡入於靺鞨, 高氏君長遂絶.

총장 2년, 고구려 백성 3만 명을 강회와 산남으로 옮기었다. 대장 검모잠이 무리를 이끌고 반란을 일으켜, 보장왕의 외손 안순을 왕으로 모셨다. 고간을 동주도, 이근행을 연주도의 행군총관으로 삼아 토벌하게 하였다. 사평 태상백 양방을 보내어 도망치고 남은 무리를 불러들이게 하였다. 안순이 검모잠을 죽이고 신라로 도망쳤다. 고간이 도호부를 요동주에 설치하였고, 반란병을 안시에서 격파하였고, 또 천산에서 패배시켰고, 신라 원병 2000명을 잡았다. 이근행이 그들을 발로하에서 쳐부수고, 다시 싸워서 포로와 참수한 자가 1만 명에 이르렀다. 이에 평양의 패잔병들은 다시 군대를 정비할 수 없게 되자, 함께 어울려 신라로 망명하였다. 그리하여 4년 만에 평정되었다. (『문헌통고』「고구려」)

— 總章二年, 徒高麗民三萬于江淮, 山南. 大長鉗牟岑率衆反, 立臟外孫安舜爲王. 詔高侃東州道, 李謹行燕山道, 并爲行軍總管討之, 遣司平太常伯楊昉納亡余. 舜殺鉗牟岑走新羅. 侃徒都戶府治遼東州, 破叛兵于安市, 敗之泉山, 俘新羅援兵二千. 李謹行破之發盧河, 再戰, 俘馘萬計. 于是平壤痍殘不能軍, 相率奔新羅, 凡四年乃平.

함형 초, 그 남은 무리에 추장 검모잠이란 자가 있어 반란한 무리를 거느리고, 보장왕의 외손 안순을 왕위로 모셨다. 좌위 대장군 고간에 토벌하여 평정하라고 명하였다. 이로부터 남은 무리들이 스스로 자립할 수가 없어서, 흩어져 신라, 말갈 같은 곳으로 투항하였다. 옛 나라 땅(구당서에는 '國土'가 '戶'로 되어 있다)은 모두 말갈의 땅으로 변하였고, 고씨 왕은 드디어 사라지게 되었다. (『태평환우기』 「고구려」)

— 咸亨初, 其餘類有酋長劍牟岑者(按, 『新唐書』 "劍" 作 "鉗"), 率叛人立高臧外孫安舜爲王, 詔左衛大將軍高侃討平之, 自是餘衆不能自保, 散投新羅, 靺鞨, 舊國土(按, "國土", 『舊唐書』作 "戶")盡入于靺鞨, 高氏君長遂絶.

함형 원년 4월…… 고구려의 추장 검모잠이 반란을 일으켜, 보장왕의 외손 안순을 임금으로 삼았다. 좌감문 대장군 고간을 동주 행군대 총관으로 삼아 군사를 내어 토벌하였는데, 안순이 검모잠을 죽이고 신라로 달아났다.

함형 2년 7월 첫날 을미일, 고간이 고구려의 남은 무리를 안시성(安市城)에서 격파하였다.

함형 3년 12월 고간이 고구려의 남은 무리와 백수산(白水山)에서 싸워 그들을 깨뜨렸다. 신라가 군사를 내어 고구려를 구원하였으나, 고간이 쳐서 격파하였다.

함형 4년 윤5월, 연산도 총관, 우령 대장군 이근행이 고구려의 반란을 호로하(瓠盧河)의 서쪽에서 크게 격파하여, 포로로 잡은 사람이 1000명 남짓 되었고, 남은 무리들은 모두 신라로 달아났다. 이때에 이근행의 부인인 유씨가 벌노성(伐奴城)에 남아 있었는데, 고구려가 말갈을 이끌고 공격해오자, 유씨가 갑옷을 입고 부대를 지휘하여 성을 지켰다. 시간이 오래 지체되자 적이 퇴각하였다. (『자치통감』 「당기」)

— 咸亨元年, 夏四月…… 高麗酋長劍牟岑反, 立高臧外孫安舜爲主. 以左監門大將軍高侃爲東州行軍大總管, 發兵討之. 安舜殺劍牟岑, 奔新羅.

咸亨二年 秋七月, 乙未朔, 高侃破高麗餘衆於安市城.

咸亨三年 十二月, 高侃與高麗餘衆戰于白水山, 破之. 新羅遣兵救高麗, 侃擊破之.

咸亨四年 閏五月, 燕山道總管, 右領大將軍李謹行大破高麗叛者于瓠盧河之西, 俘獲千余人, 餘衆皆奔新羅. 時謹行妻劉氏留伐奴城, 高麗引靺鞨攻之, 劉氏擐甲帥衆守城, 久之, 虜退.

함형 원년 경오(670), 여름 4월, 검모잠이 국가를 다시 일으키기 위해서 당나라에 반대하고, 왕의 외손 안순을 임금으로 세웠다. 당 고종은 대장군 고간을 동주도 행군 총관으로 파견하여, 군대를 동원하여 공격해왔다. 안순이 검모잠을 죽이고 신라로 달아났다.

2년 신미, 가을 7월에 고간이 남은 무리들을 안시성에서 격파하였다.

3년 임신 12월, 고간이 우리 남은 무리들과 백수산에서 전투를 하여 이를 격파하였다. 신라가 병사를 보내 우리를 구원하였으나, 고간이 이를 쳐서 물리치고 2000명을 포로로 잡았다.

4년 계해, 여름 윤5월, 연산도 총관 대장군 이근행이 우리 군사들을 호로하에서 격파하고, 1000명 남짓한 포로를 잡았다. 남은 무리들이 모두 신라로 달아났다. (『삼국사기』「보장왕본기」)

— 至咸亨元年庚午歲, 夏四月, 劍牟岑欲興復國家, 叛唐, 立王外孫安舜爲主. 唐高宗遣大將軍高侃爲東州道行軍摠管, 發兵討之. 安舜殺劍牟岑奔新羅.

二年辛未歲, 秋七月, 高侃破餘衆于安市城.

三年壬申歲十二月, 高侃與我餘衆戰于白氷山破之. 新羅遣兵救我, 高侃擊克之, 虜獲二千人.

四年癸酉歲夏閏五月, 燕山道摠管大將軍李謹行破我人於瓠瀘河, 俘獲數千人, 餘衆皆奔新羅.

위의 사서들에 기록된 안순의 국가 부흥 활동에 관한 자료는 흩어져 있는 편이고, 서로 모순된 곳도 있다.

안순은 고구려 제28대 왕인 보장의 외손으로 고구려가 멸망한 뒤 평양 일대에 남아 있다가 검모잠 같은 일부 고구려 귀족, 장수들과 연합하여 국가 부흥을 시도하였다. 검모잠은 겸모잠(鉗牟岑)이라고도 하였는데 겸(鉗)은 검(劍)과 같은 운(疊韻)으로 서로 통한다. 검모잠은 다른 사서에는 전하지 않고 위에서 인용한 책에서만 찾아볼 수 있다. 대장(大長) 또는 추장(酋長)으로 칭하였는데 모두 고구려 중하층의 장수에 속한다.

검모잠은 군사를 일으키고 안순을 임금으로 내세웠는데『구당서』「고려전」에는 기록이 전하지 않는다.『신당서』「고려전」,『문헌통고』「고구려」에는 시기는 총장 2년(669)으로 되어 있으나 그 달은 기록되어 있지 않다.『통전』「고구려」,『통지』「고구려」,『태평환우기(太平環宇記)』「고구려」,『자치통감』「당기」,『삼국사기』「보장왕본기」에서는 모두 함형 원형(670) 4월 또는 함형 초로 되어 있다.『구당서』「고려전」에는 당 고종 총장 원년 9월에 이적이 당군을 거느리고 평양성 남쪽에 영을 치고 11월 평양성을 공격하여 고장과 남건 등을 포로로 잡아 12월 서울로 돌아와 함원전(含元殿)에서 포로를 바친 것으로 되어 있다. 그리고『신당서』「고려전」에는 총장 2년 고려 백성 3만 명을 강회(江淮), 산남(山南)으로 옮겼다고 되어 있다. 이 사실을『자치통감』에서는 총장 2년 여름 4월 이후 "고려 백성 가운데 반란을 꾀한 자가 많아 3만 8200호를 강회 남쪽과 산남, 경서(京西) 등 여러 주의 광활한 땅으로 옮기고 가난하고 약한 자들을 남겨 안동을 지키게 하였다"고 적고 있다. 백성들을 이동시킨 것은 총장 2년 5월이라는 설도 있다.[70] 이해는 정확히 안동도호부가 설치되고 주, 현을 세워 고구려 고지를 관리한 해이다. 그리고 유력한 고구려인을 내지로 옮겨 배치한 때였다. 설인귀가 안동도호를 맡아 군사를 거느리고 진을 지켰는데 일부 당군 장수들과 사병들은 완전

---

70) 펑쥔스(馮君實) 주편,『중국 역사 대사 연표(中國歷史大事年表)』〔요녕인민출판사(遼寧人民出版社)〕, 1984년, 249쪽.

히 철수하지 못하였다. 이때 고구려의 남은 무리들은 겁을 먹고 불안해하여 일을 도모할 만한 성숙된 준비가 이루어지지 못하였다.

함형 원년(670) 안동 지역은 기본적으로 안정되었다. 검모잠과 안순 등은 이미 연합을 시작하여 암암리에 활동하였다. 4월 토번이 군사를 일으켜 서역 주성(州城)을 공격하여 함락하였다. 당 고종은 우위위 대장군(右威衛大將軍) 설인귀를 나사도 행군대총관(邏娑道行軍大總管)으로 좌위원외 대장군(左衛員外大將軍) 아사나도진(阿史那道眞), 좌위 장군 곽대봉(郭待封)을 그 부총관으로 봉하고 토번을 토벌하게 하였다.[71] 설인귀가 안동 지역을 떠남으로써 군사를 일으킬 수 있는 절호의 기회를 잡게 될 검모잠은 안순을 내세워 국가 부흥을 꾀했다. 함형 원년 4월의 일이었다.

당 고종은 대장군 고간을 파견하여 군사를 거느리고 안순을 토벌하였는데 안순은 대세가 기울어진 것을 보고 검모잠을 죽이고는 신라로 도망쳤다. 고간, 이근행이 대군으로 안시성, 백수산, 호로하에서 전투를 벌인 것으로 보아 안순의 국가 부흥의 주력은 평양이 중심이었음을 알 수 있다. 압록강 하류와 호로하 유역의 잔여 병사들도 이에 호응하였고 신라의 지원을 받기도 하였다. 당군은 토벌에 힘을 쏟아 함형 4년(673) 안순의 국가 부흥 활동은 철저히 실패로 끝나고 말았다.

【 2. 보장의 국가 부흥 활동과 실패 】

보장은 고구려의 마지막 왕으로 영류왕 건무의 동생인 대양(大陽)의 아들이다. 영류왕 25년(642) 겨울 10월 (연)개소문은 군대를 소집하여 성의 사열식

---

71) 『자치통감』 권201, 당 함형 원년 4년 조.

을 열면서 대신(大臣)과 관원(官員)을 초대하여 기회를 틈타 그들을 모두 죽여버리고 군사를 거느리고 왕궁에 들어가 건무까지 죽여버렸다. 그리고 건무의 동생 아들 장을 왕으로 내세우고 스스로 막리지가 되어 군사와 정치권력을 장악하였다.

보장이 즉위한 뒤 모든 전권은 개소문으로부터 나왔다. 개소문이 군사를 일으켜 신라를 공격하자 신라 왕은 사신을 당에 파견하여 구원을 요청하였다. 당 왕조는 여러 차례 고구려에 사신을 파견하여 그 병사를 돌리고 신라, 백제와의 관계 개선을 권유하였다. 개소문은 이를 듣지 않고 여전히 신라를 공격하여 신라가 당으로 들어가는 길을 막아버렸으므로 당 태종이 출병하여 토벌하게 되었다. 개소문이 죽은 뒤 그 아들인 천남생이 막리지를 맡고 삼군 대장군을 겸하였다. 천남생의 동생인 남건, 남산이 권력을 빼앗고자 천남생과 내란을 벌이게 되자 고구려의 힘은 크게 약화되었다. 당 총장 원년(668) 천남생 부자와 여러 장수들은 당에 항복해왔고 9월에 이르러 당군은 평양성을 포위하였다. 천남산은 98명을 이끌고 투항하였는데 천남건은 여전히 문을 닫고 저항하였다. 5일 후 당군이 성을 무너뜨리자 남건은 자결했으나 죽지 않고 보장과 함께 포로로 잡혔다. 12월 당 고종은 함원궁에서 포로를 받았는데 정사를 보장 자신이 행한 것이 아니었으므로 그 죄를 용서하고 사평 태상백으로 삼고 천남생에게는 먼저 항복하였으므로 사재소경(司宰少卿)으로 삼았다. 그리고 천남건은 검주(黔州)로 유배 보내고 천남생은 향도로서 공이 있기 때문에 우위 대장군으로 삼아 변국공(汴國公)으로 봉하였다.

보장은 장안에서 29년을 거주하였는데 당 고종은 그가 안동 지역에 가서 당을 대신하여 관리하도록 명령을 내렸다. 보장이 안동에 도착한 지 오래지 않아 말갈과 내통하여 은밀히 국가 부흥을 준비하였다. 이 사실에 대한 사서의 기록은 비교적 간략하다.

의봉 연간(676~678)에 고종은 고장(高臧)에게 개부의동 삼사 요동도독에 임명하고, 조선 왕에 봉하여, 안동에서 살며 옛 고구려 백성(本蕃)을 다독거리는 임금으로 삼았다. 고장이 안동에 이르자, 몰래 말갈과 서로 통하여 반란을 꾀하였다. 일이 발각되어, 소환하여 공주(邛州)로 유배시켰다. 나머지 사람들은 하남, 롱우(隴右)의 여러 주로 분산시켜 옮겼는데, 그 가운데 가난하고 약한 자들은 안동성 부근에 머물러 살게 하였다. 고장이 영순(682) 초에 죽자 위위경(衛尉卿)으로 추증하였다. 조서를 내려 수도로 시신을 옮기게 하여 힐리가한의 무덤 좌측에 장지를 주고, 비도 세워주었다. 수공 2년(686) 또 고장의 손자 보원을 조선군왕으로 봉하였다. 성력 원년(698)에는 좌응양위 대장군(左鷹揚衛大將軍)으로 벼슬을 올려주고, 충성 국왕(忠誠國王)에 봉하였다. 안동의 옛 백성들을 맡겨 통제하고 간여하는 일을 맡기려고 하였으나, 끝내 실행하지 못했다. 성력 2년에 또 고장의 아들 덕무를 안동도독에 임명하여 옛 고구려 백성을 통치하게 하였다. 이로부터 안동에 거주하는 고구려의 옛 백성들은 점차로 줄어들어 돌궐, 말갈 등으로 흩어지자, 고씨 왕들은 마침내 끊기고 말았다. (『구당서』「고려전」)

— 儀鳳中, 高宗授高臧開府儀同三司, 遼東都督, 封朝鮮王, 居安東, 鎭本蕃爲主. 高臧至安東, 潛與靺鞨相通, 謀叛. 事覺, 召還, 配流邛州, 幷分徒其人, 散向河南, 隴右諸州. 其貧弱者, 留在安東城傍. 高臧以永淳初卒, 贈衛尉卿, 詔送至京師, 於頡利墓左賜以葬地, 兼爲樹碑. 垂拱二年, 又封高臧孫寶元爲朝鮮郡王. 聖曆元年, 進授左鷹揚衛大將軍, 封爲忠誠國王, 委其統攝安東舊戶, 事竟不行. 二年, 又授高藏男德武爲安東都督, 以領本蕃. 自是高麗舊戶在安東者漸寡少, 分投突厥及靺鞨等, 高氏君長遂絶矣.

의봉 2년, 고장에게 요동도독을 제수하고, 조선 군왕으로 봉하여 요동으로 돌아가 남은 백성들을 보살피게 하였다. 이에 앞서 내주(內州)에 편입되어 있던 교민들을 모두 돌려보내고, 안동도호부를 신성(新城)으로 옮겼다. 고장이 말갈과 반란을 꾀하다가 사전에 발각되었다. 그를 불러들여서 공주로 추방하고, 나머지 교민들은 하남과 롱우로 옮겼다. 약하고 빈곤한 자들은 안동에 머물게 하였다. 고장이 영순 초년에 죽으니, 위위경을 추증하여 힐리가한의 무덤 왼쪽에 장사하고 비석을 세워주었다. 예전의 성들은 종종 신라로 편입되었고, 유민들은 흩어져 돌궐과 말갈로 달아났다. 이로 말미암아 고씨의 군장들은 모두 끊겼다. (『신당서』 「고려전」)

― 儀鳳二年, 授藏遼東都督, 封朝鮮郡王, 還遼東以安餘民, 先編僑內州者皆原遣, 徙安東都護府於新城. 藏與靺鞨謀反, 未及發, 召還, 放邛州, 廝其人于河南, 隴右, 弱羸者留安東. 藏以永淳初死, 贈衛尉卿, 葬頡利墓左, 樹碑其阡. 舊城往往入新羅, 遣人散奔突厥, 靺鞨, 由是高氏君長皆絶.

의봉 2년 2월 정사일, 공부상서(工部尙書) 고장(高臧)을 요동주 도독으로 삼고, 조선 왕에 봉하여 요동으로 돌아가게 하여 고구려의 남은 무리들을 위로하고 모이게 하였다. 고구려 사람들 가운데 먼저 여러 주에 흩어졌던 자들을 모두 고장과 함께 돌아가도록 보냈다. 또 사농경(司農卿) 부여융(扶餘隆)을 웅진도독으로 삼고, 대방왕(帶方王)으로 봉하였다. 역시 백제의 남은 무리들을 위로하고 모이게 하기 위해 돌려보낸 것이다. 안동도호부가 신성으로 이사를 함에 따라 통제하게 되었다. 이때에 백제의 옛 땅이 황폐해져서, 부여융은 고구려의 땅에 머물렀다. 고장이 요동에 도착하자, 반란을 계획하고 말갈과 몰래 내통을 하였다. 다시 불려와서 공주로 옮겼다가 죽었고, 그 무리들은 하남, 롱우 등 여러 주로 흩어져 옮겨졌다. 가난한 자들은 안동성의 옆에 고구려의 옛 성에 머물렀는데, 점차 신라에 들어가게 되었다. 남은 무리들은 말갈과 돌궐로 흩어져버렸다. 부여융은 마침내 자기 옛 땅으로 감히 돌아가지 못하였다. 고씨와 부여씨가 드디어 사라져버렸다. (『자치통감』 「당기 · 고종 중(唐紀 · 高宗中)」)

― 儀鳳二年. 二月丁巳, 以工部尙書高藏爲遼東州都督, 封朝鮮王, 遣歸遼東, 安輯高麗餘衆, 高麗先在諸州者, 皆遣與藏俱歸. 又以司農卿扶餘隆爲熊津都督, 封帶方王, 亦遣歸安輯百濟餘衆, 仍移安東都護府於新城以統之. 時百濟荒殘, 命隆寓居高麗之境. 藏至遼東, 謀叛, 潛與靺鞨通, 召還, 徙邛州而死, 散徙其人於河南, 隴右諸州, 貧者留安東城傍. 高麗舊城沒於新羅, 餘衆散入靺鞨及突厥, 隆亦竟不敢還故地, 高氏, 扶餘氏遂亡.

의봉 2년 정축 봄 2월, 항복한 고구려의 보장왕을 요동주 도독으로 삼고 조선 왕으로 봉하였다. 그를 요동으로 돌려보내 남은 백성들을 수습하여 안정시키게 하였다. 이때, 동방 사람으로서 이전부터 여러 주에 살고 있던 자들을 모두 왕과 함께 돌아가게 하였다. 안동도호부를 신성으로 옮겨 통할하게 하였다. 왕은 요동에 도착하여 당 나라에 대항하고자 비밀리에 말갈과 내통하였다.

개요 원년(681) 왕이 공주로 소환되었다가 영순 초에 사망하였다. 고종이 그에게 위위경을 추증하고, 조서를 내려 영구를 수도로 오게 하여 힐리가한의 무덤 왼편에 장례를 지냈다. 묘 앞에 비를 세웠다. 그 백성은 하남, 롱우의 여러 주에 분산 거주케 하였다. 그 가운데 가난한 자들은 안동성 부근의 옛 성에 머무르게 하였다. 종종 신라로 도주하고, 남은 사람들은 흩어져 말갈과 돌궐로 갔다. 마침내 고씨의 왕통이 끊어졌다. (『삼국사기』 「보장왕본기」)

— 儀鳳二年, 丁丑歲春二月, 以降王爲遼東州都督, 封朝鮮王, 遣歸遼東, 安輯餘衆. 東人先在諸州者, 皆遣與王俱歸. 仍移安東都護府於新城以統之. 王至遼東, 謀叛, 潛與靺鞨通. 開元年, 召還邛州. 以永淳初死, 贈衛尉卿, 詔送至京師, 葬頡利墓左, 樹碑其阡. 散徙其人於河南, 隴右諸州, 貧者留安東城傍, 舊城往往沒於新羅, 餘衆散入靺鞨及突厥, 高氏君長遂絶.

문헌 기록을 통해 알 수 있는 것처럼 고구려에 투항한 왕 보장은 당 고종 의봉(儀鳳) 2년(677) 봄 2월에 요동으로 돌아와 백성들을 안정시키고 중원의 구부(舊部)에 있던 사람들도 동시에 되돌아온다. 이때 안동도호부는 신성으로 옮겨지는데, 지금의 요녕성 무순(撫順)시 부근이다. 이곳의 동북쪽은 말갈인의 거주지와 인접해 있었다. 보장은 요동으로 돌아간 이후 말갈 귀족과 서로 모반을 약속하고 고구려 통치의 회복을 기도하였으나 후에 당에 발각되어 보장은 공주로 유배당하고 공주에서 죽게 된다. 보장과 말갈의 모반은 결탁하는 과정에서 발각되었기 때문에 커다란 손실과 영향을 끼치지는 않았다. 보장이 죽은 뒤 장안의 힐리가한 무덤 옆에 장사지내고 비석을 세웠다.

보장의 국가 부흥 시도가 깨진 뒤 당 왕조는 다시 한 번 이민을 진행하는데 요동의 고구려 고지의 유민은 하남, 롱우의 땅으로 나누어 보내고 소수의 허약하고 가난한 사람들만을 요동에 남겨놓았다. 신라 부근의 고구려 옛 성도 신라에 점령당하였고 북부 거주민들은 돌궐과 말갈로 들어가 고구려 민족은 각지로 뿔뿔이 흩어져 기타 민족과 융합되었다. 그러나 대부분은 당 왕조의 백성이 되어 중화 민족의 대가정 속에 융합되어 들어갔다.

5장

고구려 5부에 대한 고찰

【 1. 고구려 5부의 형성과 지역 】

고구려에는 5부가 존재했는데 가장 먼저 5부를 기록한 것은 『삼국지』 「고구려전」으로 "고구려에는 본래 다섯 족이 있으니, 연노부, 절노부, 순노부, 관노부, 계루부다. 본래 연노부에서 왕이 나왔으나 점점 미약해져서 지금은 계루부에서 왕위를 차지하고 있다(高句麗本有五族, 有涓奴部, 絶奴部, 順奴部, 灌奴部, 桂婁部. 本涓奴部爲王, 稍微弱, 今桂婁部代之.)"고 기록되어 있다. 이보다 늦은 『후한서』 「고구려전」은 그것을 인용하여 "모두 다섯 족이 있으니, 소노부, 절노부, 순노부, 관노부, 계루부다. 본래 소노부에서 왕이 나왔으나, 점점 미약해져서 뒤에는 계루부에서 왕위를 차지하고 있다(凡有五族, 有消奴部, 絶奴部, 順奴部, 灌奴部, 桂婁部. 本消奴部爲王, 稍微弱, 後桂婁部代之.)"고 기록하였는데 두 기록에서 다른 점은 "본유(本有)"와 "범유(凡有)", "연노(涓奴)"와 "소노(消奴)", "금(今)"과 "후(後)" 같은 세 곳이다. "소노"와 "연노"처럼 비슷하게 잘못 쓴 것을 제외하고 나머지 두 곳의 글자 뜻은 『삼국지』의 것이 더 믿을 만하다.

이현(李賢)이 주를 단 『후한서』에는 고구려 5부는 "첫째는 내부 또는 황부로 계루부이다. 둘째는 북부 또는 후부로 절노부이다. 셋째는 동부 또는 좌부로 순노부이다. 넷째는 남부 또는 전부로 관노부이다. 다섯째는 서부 또는 우부로 소노부이다(一曰內部, 一名黃部, 卽桂婁部也; 二曰北部, 一名後部, 卽絶奴部也; 三曰東部, 一名左部, 卽順奴部也, 四曰南部, 一名前部, 卽灌奴部也; 五曰西部, 一名右部, 卽消奴部也.)"라고 하였다.

고구려 5부는 분명 상주(商周) 이래의 음양오행설의 영향을 받았다. 고대 사상가들은 목, 화, 토, 금, 수 다섯 가지 물질의 상호 변화 관계를 이용하여 세계 만물의 기원과 다양성의 통일을 설명하였다. 『상서대전(尚書大傳)』 기록에는 무왕이 주(紂)를 치고 군대가 상(商)의 교읍(郊邑)에 도착했을 때 사병들이 기쁘게 환호하였다고 나와 있다. "부지런히 노력하여 조금도 게으르지 않으니 수(水)와 화(火)는 백성이 먹고 마시게 하는 것이고, 금(金)과 목(木)은 백성을 낳게 하는 것이며, 토(土)는 백성을 자라게 하는 것이니 이것이 사람이 쓰는 것이 된다."(孜孜無怠, 水火者, 百姓之所飮食也. 金木者, 百姓之所興生也. 土者, 萬物之所滋生, 是爲人用.) 『좌전(左傳)』, 『국어(國語)』와 『상서(尚書)·홍범(洪範)』에도 기록이 있다.

전국 시기에는 오행학설이 유행하는데 심지어는 "상생상극(相生相剋)"의 설법이 나타나기도 한다. 『여씨춘추』에서는 여러 내용과 오행을 서로 조합시켰는데 주로 다음과 같은 것이 있다.

일(日): 갑을(甲乙), 병정(丙丁), 무기(戊己), 경신(庚辛), 임계(壬癸)
제(帝): 태호(太昊), 염제(炎帝), 황제(黃帝), 소호(少昊), 전욱(顓頊)
신(神): 구망(勾芒), 축융(祝融), 후토(後土), 욕수(蓐收,) 현명(玄冥)
덕(德): 목(木), 화(火), 토(土), 금(金), 수(水)
색(色): 청(靑), 적(赤), 황(黃), 백(白), 흑(黑)
향(向): 동(東), 남(南), 중(中), 서(西), 북(北)

『삼국지』와 『후한서』의 기록에 근거하면 고구려 5부와 그 방위는 아래와 같다.

고구려 5부가 존재했다는 점에 대해서 사가와 학자들 사이에는 어떤 의문의 여지도 없다. 다만 고구려 5부의 형성 시기와 대체적인 위치에 대해서는 여전히 서로 다른 견해가 존재한다.

고구려 5부의 형성 시기에 대해서는 지금까지 두 가지 견해가 있다. 첫 번째 견해는 고구려 건국 이전에 이미 5부가 형성되었고 "고구려인은 한 (漢) 이전에 압록강 중류와 혼강 중하류 일대에서 일하며 생활하였다······ 이러한 부락은 서기전 1세기 전후에 이르러 다섯 개의 꽤 커다란 부락 연맹이 형성된다. 이것이 소노부, 절노부, 순노부, 관노부, 계루부이다. 부락 연맹의 군사 추장은 처음에는 각 부락에서 추천되었는데 뒤에는 계루부가 군사 추장의 직위를 독점하였다."[72] 다른 견해로는 고구려 건국 뒤 비로소 5부가 형성되었다는 것인데 "5부란 실제로는 고구려족의 5개의 지연(地緣) 부락으로 주몽 건국 이후 몇 대에 걸친 왕들의 노력에 의해 여러 개로 분산된 부락을 정복하고 겸병한 바탕 위에 조금씩 형성된 것이다. 그 분포 범위는 고구려족의 초기 거주 지역으로 제2현도군 전 지역과 옛 고이(古高夷) 및 옛 맥국(古貊國)의 옛 땅(故地)을 포함한 지역이다."[73]

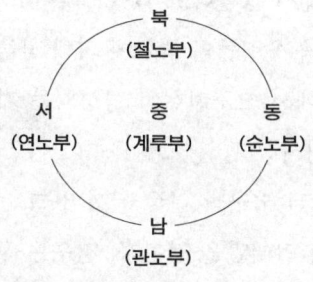

---

72) 리뎬푸, 「양한 시대의 고구려 및 그 물질문화」, 『요해 문물학간(遼海文物學刊)』, 1986년 창간호.
73) 류쯔민, 『고구려 역사 연구』(연변대학출판사, 1996), 59쪽.

『삼국지』「고구려전」의 기록에 따라, 고이(高夷), 즉 고구려인의 활동,
현도군과 고구려현 설치에 관련된 자료에서 우리는 고구려 5부가 형성된
시기가 고구려 건국 이전인 약 서기전 2세기 말, 즉 한 무제가 현도군에 고
구려현을 설치한 때라고 생각하고 있다.

일반적으로 말해서 사람들의 사회생활, 사회제도는 당시 사람들의 사회
경제 환경에 제약을 받는다. 비록 내부와 외부 요인의 영향이 있지만 사람
들의 사회조직과 생산력 발전의 수준은 서로 적응하게 마련이다. 고구려는
북방 민족으로서 지리 환경과 자연 조건의 영향으로 그 사회는 상대적으로
느리게 발전하였다. 당시 중원은 이미 전국(戰國)이란 봉건시대에 진입했지
만 고구려는 원시 씨족사회 단계에 머물러 있었다. 전국(戰國) 중, 후기 청
동기시대로 들어서면서 고구려는 조금씩 문명의 문턱에 들어서게 되었다.
이 시기 고구려는 혈연관계에 의한 가족, 부락에서 부락 연맹으로 넘어가는
과도기로 향하고 있었다. 그리고 은상(殷商) 사람들의 5토(五土)의 관리 방
식을 받아들여 가족, 부락을 결합하고 지역 방위에 따라 지역을 다섯 부분
으로 나누었다. 이것이 바로『삼국지』에 기록된 고구려에는 "본래 5족이 있
었다(本有五族.)"에서 점차 "5부(五部)"가 형성된 역사이다.

서기전 108년 한 무제가 4군을 설치했을 때 고구려 사람들은 부락 연맹
의 군사 민주 제도 아래에서 생활하고 있었으며, 사회조직은 이미 다섯 개
의 커다란 지연(地緣) 부족 수령들의 협상에 의해 만들어졌다. 한대 군현 제
도의 관리는 고구려 5부에서 고구려현이 형성되는 기층 조직이었으며 5부
의 정치 경제 발전을 촉진시켰다.

고구려 5부가 형성된 뒤 고구려 건국 전까지 그 분포 지역은 모두 고구
려현을 중심으로 한 범위 안이었을 것이다. 진수는 "본래 연노부에서 왕이
나왔으나, 점점 미약해져서 뒤에는 계루부에서 왕위를 차지하였다(本涓奴
部爲王, 稍微弱, 今桂婁部代之.)"고 기록하였다. 이 책은 3세기 말에 만들어

졌는데 당시 고구려의 도읍은 국내성(지금은 길림성 집안시)으로 정확하게 "지금의 계루부" 땅이다. "본래 연노부에서 왕이 나왔다(本涓奴部爲王.)"는 것은 고구려현 시기의 연맹 수령을 가리키거나 고구려 건국 왕을 가리키는 데 그 지역은 지금의 환인, 신빈 일대이다.

대체로 고구려 5부의 최초 구역은 계루부를 중심으로 한 지금의 집안시와 영전(嶺前) 일대이다. 북부 절노부는 지금의 통화시, 통화현 일대, 서부 연노부는 지금의 환인, 신빈 일대, 남부 관노부는 지금의 관전 동북쪽과 조선 초산군 일대, 동부 순노부는 지금의 조선 만포에서 강계 일대라고 할 수 있다.

고구려 건국 후 일정 기간 동안 고구려가 대외적으로 확장해감에 따라 고구려 5부의 범위도 끊임없이 확대되었다. 북부로는 송화강 유역에 이르고 서부로는 태자하 유역, 남부로는 청천강, 북부로는 바다에 닿았다.[74]

고구려의 국력이 강해짐에 따라 도성을 남쪽으로 천도하였고 군현제의 실행으로 고구려 5부는 점차 유명무실하게 되었다.

【 2. 5부 지역의 문화 유적 조사 】

1950년대 고고학자들은 길림성 동부 혼강(渾江) 중류에서 신석기시대 말기에서 청동기시대에 이르는 문화 유적을 발견하였다. 대표적인 것으로는 통

---

74) 고구려 5부의 최초 구역에 관해서는 다른 견해들이 있다. 리덴푸 선생은 위에서 인용한 글에서 계루부의 중심은 환인현성(흘승골성) 일대, 연노부는 지금의 신빈현 일대, 절노부는 지금의 통화현 일대, 순노부는 지금의 집안현 경계, 관노부는 지금의 환인현 남부와 관전현 북부 일대에 있었다고 하였다. 반면 류쯔민 선생은 『고구려 역사 연구』에서 계루부 중심은 지금의 집안 국내성 일대라고 하였고 연노부, 즉 비류부는 지금의 환인 · 신빈 일대, 절노부는 지금의 임강 · 장백 · 무순 · 청우현 일대, 순노부는 압록강 우안인 지금의 자강도 일대, 관노부는 지금의 환인현 남부와 관전현 북부 일대라고 하였다.

화시(通化市) 강남(江南) 금창향(金廠鄉) 왕팔발자(王八脖子) 유적, 통화현 고려묘자향(高麗墓子鄉) 강연촌(江沿村) 남산(南山) 유적, 하용두촌(下龍頭村) 남용두산(南龍頭山) 유적, 서강촌(西江村) 용두산(龍頭山)유적, 강구향(江口鄉) 강구촌(江口村) 유적, 집안현(지금의 집안시) 요영향(腰營鄉) 이수촌(梨樹村) 유적, 남대자촌(南臺子村) 유적 따위가 있다. 이후 강구촌 유적과 부근의 고구려 무덤에 대한 초보적인 발굴이 이루어졌다.[75]

이 가운데 몇 곳의 유적은 혼강 중류 및 그 지류의 산비탈과 대지 위에 분포하기 때문에 건축과 농경으로 교란되거나 파괴되었다. 수집, 발굴된 유물은 석기와 토기류가 가장 많다. 어떤 유적에서는 소량의 청동기와 돌 거푸집이 출토되었다. 석기에는 깬돌곡괭이[타제석호(打製石鎬)], 간돌칼[마제석도(磨製石刀)], 돌도끼[석부(石斧)], 돌창[석모(石矛)], 돌화살촉[석촉(石鏃)], 돌어망추[석망추(石網墜)] 따위이다. 깬돌곡괭이가 비교적 많으며 보고서에는 돌호미[석서(石鋤)]라고 불리는 것도 있는데 사다리꼴(梯形)과 허리가 잘록한 꼴(束腰形) 두 가지가 있다. 돌도끼는 판형(板形)과 기둥형(柱形) 두 종류가 있다. 토기는 대부분이 조각들이며 그릇 생김새를 알아볼 수 있는 것으로는 납작 바닥 단지[평저관(平底罐)], 잔[杯], 굽다리 두[高足豆. 두(豆)는 고대 중국에서 음식물을 담는 데 사용한 받침대가 붙은 그릇], 가락바퀴[방륜(紡輪): 솜이나 털 따위의 섬유를 자아서 실을 잣는 데 쓰는 가락에 끼워 그 회전을 돕는 바퀴] 따위이며 어떤 것은 둥근 손잡이(環狀耳)와 다리꼴 손잡이(橋狀耳)가 있다. 당시에는 정(鼎), 격(鬲) 종류의 세 발 그릇(三足器)은 발달하지 않았다. 토기는 모두 손으로 빚어서 만든 것으로 굵은 모래 입자의 붉은색 토기와 검은색 토기, 갈색 토기가 있다.

---

75) 강지아싱(康家興), 「혼강 중류의 고고 조사(渾江中游的考古調查)」, 『고고통신(考古通訊)』, 1956년 제6기;길림성 문물관리위원회, 「길림 통화시 강구촌과 동강촌 발굴 간보(吉林通化市江口村和東江村發掘簡報)」, 『고고』, 1960년 제7기.

1970년대부터 80년대까지 유물 유적에 대한 전면 조사와 발굴 작업을 전개하여 혼강 유역과 압록강 유역에서는 청동기시대의 문화 유적이 발굴되었는데 어떤 곳은 연대의 상한이 신석기시대 말기까지 이르기도 하였다. 이러한 고대 문화 유적의 분포 지역은 다음과 같다.

〈혼강 중하류 지역〉

통화시: 왕팔발자(王八脖子) 유적, 구선봉(九仙峰) 유적, 화수하구(樺樹河口) 유적, 서열하촌(西熱河村) 유적, 동열하남산(東熱河南山) 유적, 동열하동산(東熱河東山) 유적, 향양촌(向陽村) 유적, 압원수동산정(鴨園隧洞山頂) 유적.

통화현: 강구(江口) 유적, 우가구(于家溝) 유적, 용강(龍崗) 유적, 토주자(土珠子) 유적, 강연전강(江沿前崗) 유적, 동대자(東臺子) 유적, 서강(西江) 유적, 소용두산(小龍頭山) 유적, 금주(金珠) 유적, 연강(沿江) 유적, 영과포후산(英戈布後山) 유적, 영과포요상(英戈布窯上) 유적, 금두후산(金斗後山) 유적, 소도령(小都嶺) 유적, 서강(西崗) 유적, 소남구(小南溝) 유적, 여명(黎明) 유적, 광화(光華) 유적.

집안시: 황외자(荒崴子) 유적, 장강(長崗) 유적, 동촌(東村) 유적, 이수(梨樹) 유적, 남대자(南臺子) 유적, 이도외자 서구(二道崴子西溝) 유적.

환인현: 포권구(狍圈溝) 유적, 대서구(臺西溝) 유적, 요산(姚山) 유적, 봉명(鳳鳴) 유적, 조가보자(曹家堡子) 유적, 남변석합달(南邊石哈達) 유적, 반절구(半截溝) 유적, 석합달(石哈達) 유적, 납고갑(拉古甲) 유적, 소황구(小荒溝) 유적.

관전현: 유가관지(劉家館地) 유적, 나과지(羅鍋地) 유적, 노합립자(老古砬子) 유적, 동대강(東臺崗) 유적.

〈압록강 중류 지역〉

집안시: 대주선구(大朱仙溝) 유적, 장천(長川) 유적, 승리(勝利) 유적

관전현: 노지구(老地溝) 유적, 대대자(大臺子) 유적.

1955년 이래 조선민주주의 인민공화국의 고고학자들은 압록강 왼쪽 가의 자강도 강계시 공귀리(公貴里), 중강군(中江郡) 토성리(土城里), 시중군(時中郡) 심귀리(深貴里) 같은 곳에서 청동기시대 문화 유적을 발굴하였다.[76] 이 유적들은 중국 집안, 환인과 강을 사이에 두고 서로 마주보고 있는데 거리가 100리밖에 되지 않으며 출토된 석기, 토기는 재료, 형식, 제작 공예 면에서 아주 비슷하다. 특히 공귀리 상층 문화에서 출토된 돌도끼, 돌끌〔석찰(石鑿)〕, 돌칼〔석도(石刀)〕, 고리 형태의 석기〔환상석기(環狀石器)〕와 단지〔도관(陶罐)〕, 바리〔도발(陶鉢)〕 같은 것은 집안의 장천 유적, 승리 유적 등에서 출토된 것과 같은 종류의 유물로 모두 고구려 초기의 문화 유물에 속한다.

【 3. 만발발자(萬發脖子) 유적 발굴 】

만발발자 유적의 원래 이름은 왕팔발자(王八脖子) 유적으로 1956년 3월에서 5월까지 길림성 문화국 고고조사팀이 처음으로 발굴하였다. 채집된 석기, 굵은 모래 입자가 섞인 토기, 토기 조각 같은 유물과 유적의 상황, 범위를 근거로 신석기시대의 유적으로 확정하였다.[77]

---

76) 〔朝〕 조선사회과학원 고고연구소, 『조선 고고학 개요』 제1편 제2장 "청동시대", 리원둬(李雲鐸) 옮김, 구밍쒜 · 팡치동 교정, 흑룡강문물출판사 편집실, 1983년, 84~88쪽.

77) 강지아싱(康家興), 「혼강 중류의 고고 조사」, 『고고통신』, 1956년 제6기.

유적은 장백산구와 압록강 중류 주요 지류인 혼강의 남안에 자리하고 있는데 통화시 중심에서 북쪽으로 약 3km 떨어져 있다. 통화시 교외 지역에 속하는 금창진(金廠鎭) 약진촌(躍進村)에 속해 있으며 통화-집안 간 도로가 유적의 서쪽 산비탈 아래로 통과한다. 이곳은 고구려 초, 중기의 도성인 요녕성 환인현 흘승골성과 길림성 집안시 국내성에서 모두 100km쯤 떨어진 곳이다(세 곳의 지리적 위치는 삼각형의 세 정점이다).

1958년 7월 길림성 문물공작 현장회의에 참가한 고고학자들은 유적의 조사 과정에서 2점의 토기 다리를 발견했는데, 1점은 사각 기둥 모양(方柱形), 다른 1점은 둥근 기둥 모양(圓柱形)으로 길이는 10cm 정도였다. 이것은 혼강 중류의 고대 문화 유적에서 세 발 그릇이 존재했음을 가장 잘 증명해준 것이다.[78]

1960년 4월, 1985년 5월과 8월, 1988년 5월, 1995년 10월 길림성과 통화시 발굴조사팀은 여러 차례 반복적인 조사를 통해 돌곡괭이, 돌도끼, 돌칼, 돌낫, 돌화살촉, 돌창, 돌절구공이, 돌어망추와 단지, 바리, 두(豆), 잔, 토제 가락바퀴, 토제 어망추 따위를 발굴, 채집하였다.

1997년 5월~1999년 10월 길림성 문물고고연구소와 통화시 문물관리위원회 사무실은 여기에서 3년간 발굴을 진행하였다. 발굴 면적은 6015㎡에 달했으며 집자리 22곳, 재구덩이(灰坑) 160곳, 무덤 56기, 재고랑(灰溝) 9곳, 산을 도는 도랑(環山圍溝) 한 곳이 발견되었다. 그리고 토기, 석기, 골각기, 청동기, 도금기, 은기, 자기, 철기 등이 6942점 출토되었다.[79]

만발발자 유적은 대체로 여섯 시기로 나눌 수 있다. 1기는 신석기시대 말

---

78) 『통화시 문물지(通化市文物志)』, 10~15쪽;호화 · 지신(志新), 「통화시 왕팔발자 유적 재조사 보고(通化市王八脖子遺址復査報告)」, 『박물관 연구(博物館研究)』, 1988년 제3기;길림성 문물고고연구소 · 통화시 문물관리사무실, 「통화시 왕팔발자 유적 근처 지점의 조사와 발굴 (通化市王八脖子遺址及附近幾處地點的調査與發掘)」, 『박물관 연구』, 1995년 제2기.

기의 유적으로 연대는 6000년~5000년 전으로 문화 유적은 초기, 말기 두 단계의 특징이 나타난다. 2기는 상주(商周) 시기에 해당하는데 연대는 대략 서기전 1600~서기전 771년이다. 3기는 춘추전국 시기에 해당하며 연대는 대략 서기전 770~서기전 221년이다. 4기는 서한에 해당하며 연대는 대략 서기전 206~25년이다. 5기, 6기는 각각 위진(魏晉) 시기와 명대(明代)에 해당한다. 그 가운데서 2·3·4기는 대체로 시기적으로 연결되는 세 종류의 유적이다. 2기의 유적의 분포는 매우 좁고, 3기 유적은 모든 유적에 분포하여 이 유적의 주체라고 할 수 있는데 출토된 유적, 유물이 가장 풍부하며 문화 퇴적 역시 꽤 두텁다. 유적의 8층에서 4층이 모두 이 시기에 속한다. 4기의 유적은 면적이 비교적 넓은 데 반해 문화 퇴적은 그리 두텁지 않다.

만발발자 유적의 2, 3, 4기 문화는 서로 이어져 있으며 3기가 그 중심이다. 이 상황과 지금까지의 조사와 시굴 결과는 일치하며 고구려 건국 이전 문화의 전형이라고 할 수 있다. 3기 문화의 집자리는 반지하식으로 평면은 원형과 장방형 두 종류가 있다. 개별적으로 집자리 바닥에 불로 피워서 처리를 한 것을 제외하면 대부분 정리나 수리를 가하지 않은 비교적 간단한 것이었는데, 주거지의 가운데에는 화덕[火塘]이 위치하였다. 3기의 무덤과 집자리는 분명하게 갈라놓지 않았는데 4기 이후에 이르러서야 생활 거주지와 무덤이 각각 자기의 구역을 가지게 된다. 무덤 종류는 꽤 많은데 형식 또한 제법 복잡하다. 토광무덤[토갱묘(土坑墓)], 토광 돌덧널무덤[토갱석곽묘(土坑石槨墓)], 토광 돌덧널 돌관무덤[토갱석곽석관묘(土坑石槨石棺墓)], 큰 뚜껑돌무덤[대개석묘(大蓋石墓)], 큰 뚜껑돌 돌무지무덤(大蓋石積石墓) 따위가 있다. 매장 습속에서 3기의 토광무덤에서는 시신의 등이 바닥에 닿게 하

---

79) 진쉬동(金旭東)·안원룡(安文榮)·양리신(楊立新),「고구려 조기 유적 및 기원에 대한 탐구—길림 통화 만발발자 유적에서 발굴한 중요한 수확(探尋高句麗早期遺存及起源—吉林通化萬發脖子遺址發掘獲重要收穫)」,『중국 문물보(中國文物報)』, 2000년 3월 19일 제1판.

고 팔 다리를 굽혀서 묻는 방식(仰身屈肢葬)이 성행하였는데 한 사람 무덤 (單人葬)과 여러 사람 무덤(多人葬) 두 종류가 있다. 예를 들어 21호 무덤은 35명이나 묻혀 있었는데 연령은 6개월에서 50세까지 다양했고 남녀 비례는 대체로 비슷했다. 껴묻거리는 500점 남짓한데 뼈화살촉, 돌화살촉의 수량이 많다. 구성원마다 일반적으로 각각 2~3점의 토기를 껴묻었는데 가장 많은 껴묻거리가 출토된 곳은 무덤의 가운데 부분에 있는 30세 전후의 두 여성 무덤이 위치한 곳이었다. 흔히 볼 수 있는 토기, 석기, 골각기 외에도 청동단추(靑銅泡)와 옥가락지(玉環)가 함께 묻혀 있는데 한 여성의 두 팔에는 각각 13개의 큰 말씹조개고리(大蚌環)를 차고 있었다. 대부분 정교하여 세밀하고 그 신분의 지위가 비교적 높았음을 나타내준다. 토광 돌덧널무덤, 큰 뚜껑돌무덤의 연대가 조금 늦은데 대부분 시신의 등이 바닥에 닿게 하고 팔 다리를 굽혀서 묻는 방식과 화장을 하였다. 이것 역시 3기의 무덤과 차이가 비교적 큰 부분이다.

만발발자 유적의 2기 유적 토기는 대족격(袋足鬲), 누공권족두(鏤孔圈足豆), 단지(罐)를 기본 조합으로 하는데 단지류의 수량이 비교적 많다. 3기 유적의 토기는 여전히 단지류 위주로 수량이 가장 많을 뿐 아니라 형식 역시 꽤 복잡하다. 항아리(陶壺), 바리, 도완(陶碗)으로 기본 조합이 구성되며 소량의 둥근 바닥 그릇(圜底器)이 발견되었다. 청동기 유물로는 청동단검, 청동창, 청동도끼, 청동고리(靑桐環), 청동단추, 청동거울 따위가 있다. 함께 출토된 거푸집으로는 청동검 거푸집, 도끼 거푸집, 화살촉 거푸집 따위가 있다. 이 시기 유적에서는 일정 수량의 점치는 뼈(卜骨)와 대량의 동물 뼈도 발견되었는데, 각 유적 단위에서 발견된 동물 뼈의 수량은 토기 수량과 대체로 비슷하다. 4기 유적의 토기는 단지, 항아리, 두를 기본 조합으로 하여 일부의 한대(漢代) 철제 곡괭이 같은 유물이 출토되었다. 그리고 유적의 주위에서는 산을 도는 도랑도 발견되었다.[80]

만발발자 유적의 3, 4기 문화 유적과 유물은 춘추전국 시기, 고구려의 선민이 중원 문화의 영향 아래 청동과 돌을 함께 사용하던 시기(銅石幷用期)에서 점차 짧은 시기의 철기시대로 진입하였다는 것을 알 수 있게 해 준다. 한대의 철제 공구와 철기 생산 공예가 들어옴에 따라 고구려 인의 철기 시대가 시작되었고 사회조직은 더욱 엄밀해지고 사회생활은 더욱 진보하게 되었다.

【 4. 5부의 사회생활과 경제생활 】

상주(商周) 시기 고구려 이전의 백성들 사이에는 이미 씨족 공동체 사회제도가 출현하였다. 족외혼이 실행되기 시작하고 중원과 북방 민족과의 관계도 강화되었다. 성주(成周) 대회에 참석하여 서주의 선진 경제 문화를 배우면서 씨족제도는 점차 발전해갔다.

춘추전국 시기 혼강, 압록강 유역에서는 원시 농업과 어업, 수렵 경제가 끊임없이 발전하여 고구려인은 모계 씨족의 번영 시기로 진입하여 서한 초년까지 지속되었다. 두 개 이상의 씨족들이 서로 통혼 집안을 이루고 씨족 인구가 증가함에 따라 씨족은 끊임없이 확대되고 몇몇 여자 씨족으로 분해되어 모계를 중심으로 한 대가족을 만들어갔다. 그러다가 한 무제가 4군을 설치한 뒤부터는 점차 부락과 부락 연맹을 이루면서 발전하였다. 그 가운데서 비교적 큰 5부가 고구려인의 사회생활과 경제생활에서 가장 선진적인 지역이 되었다.

씨족들이 모여 사는 것도 고구려인 씨족 생활의 한 특징이었다. 만발발

---

80) 진쉬동 · 안원룡 · 양리신의 만발발자 유적에 관한 보고 자료를 근거로 정리하였다.

자 유적 3기 21호 무덤에는 35명이 합장되었는데 남녀 수가 비슷하며, 가운데에 부분에서는 30세 전후 여성 두 명의 껴묻거리가 비교적 많았다. 토기, 석기, 골각기 이외에 옥기와 청동기도 있는데 한 여성의 두 팔에선 각각 13점의 큰 말씹 조개고리가 발견되었다. 이것은 대가족의 여성 수령임을 나타내준다. 4기 유적에서 발견된 대형 도랑은 서한 시기 만발발자 유적에 이미 엄밀한 대형 촌락이 조성되어 있었음을 증명해주는 것이다. 이러한 촌락 유적은 집안 장천 유적, 이도외자 서구 유적, 조선 강계시 공귀리 상층 문화 유적에서 모두 발견되었다.

한 무제가 현도, 낙랑, 임둔, 진번 4군을 설치하여 북방을 관리하던 무렵에 고구려인은 이미 부계 씨족사회로 진입하여 연노부, 계루부, 절노부, 순노부, 관노부 같은 다섯 개의 비교적 커다란 부족이 형성되어 있었고, 부족 사이에는 넓은 지역, 많은 인구, 경제력이 비교적 강한 부족 연맹이 형성되어 있었다. 각 부족 수령과 부락 연맹의 수령은 모두 남자가 맡고 부족 수령들이 연맹의 수령을 뽑았는데, 처음에는 연노부에서 부족 연맹의 수령을 맡아 했다.

서한 왕조가 군현을 설치하여 이들을 관리하고 한대에 파견된 관리와 군대가 북방으로 들어왔다. 이와 함께 끊임없이 중원의 백성들이 이민해 들어오면서 선진적인 관리 방식과 생산 기술, 생산 문화를 함께 가지고 들어옴으로써 고구려인 주거 지역의 사회 진보와 경제 발전은 촉진되었다. 서한 왕조 중, 후기에서 고구려 건국 전까지 고구려인은 이미 원시 씨족사회에서 계급사회의 문턱에 들어와 있었다.

농업 경제가 고구려의 주요 경제 부분이 되었는데, 먼저 농업 용구의 개선이 나타났다. 전국 말에서 한 초에 이르는 시기의 혼강, 압록강 유역의 많은 유적에서는 여러 종류의 간돌도끼, 돌자귀(石錛)와 소량의 청동도끼(銅斧), 청동큰도끼(銅鉞)가 출토되었다. 이는 벌목, 황무지 개간, 농경지 면적을 넓히는 데 이용되었다. 각종 깬돌괭이는 사다리꼴, 허리가 잘록한 꼴, 큰 도끼꼴(鉞形) 같은 것으로 상당히 많은 수가 출토되었는데 땅을 파고 종자를 심는 등 실용성이 매우 강하였다. 한(漢) 초의 여러 유적에서는 철제 곡괭이, 철제 삽 그리고 전국시대 V자형 철제 보습(鐵鏵)이 출토되었는데 밭을 갈고 고르는 데 작업의 효과를 크게 높여주었다. 간 반달형 돌칼, 돌낫, 말씹조개 낫[방겸(蚌鎌)] 그리고 소량의 철제 칼, 철제 낫은 농작물을 수확하는 데 편리하여 식량의 증산이 확보되었다. 이 시기 중요한 농업 용구는 여전히 석기, 조개 공구[방기(蚌器)], 골각기였으나 소량의 금속 용구 사용으로 농업 생산은 이미 새로운 단계로 접어들었다.

농작물 품종으로는 조(粟)를 으뜸으로 삼아 기장, 벼, 보리 따위가 있었다. 장백산구(長白山區)는 산나물이 아주 풍부한데 부추, 미나리, 야생 고구마, 고사리, 고비, 버섯, 목이버섯 따위가 있고 여러 가지 야생 과일이 있어 이를 채집하여 먹고 집으로 옮겨 재배하였다.

고구려인들이 모여 살던 곳은 큰 산이 많고 골짜기가 깊으며 강이 가로세로로 흘러 야생동물 자원이 상당히 풍부한데, 예를 들면 호랑이, 곰, 사슴, 노루, 늑대, 산돼지, 토끼, 꿩, 너구리, 오소리 따위가 있다. 강에서도 여러 종류의 어류, 조개류가 많아 이를 먹을 수 있었다. 여러 유적에서 모두 다른 수량의 짐승 뼈, 조개껍질, 소라껍질 따위가 출토되었는데 어떤 유적에서는 물고기 비늘이 출토되기도 하였다. 출토된 고기잡이 용구로는 돌창, 돌칼, 돌화살촉, 청동창, 청동검, 청동도끼, 청동화살촉, 돌어망추, 토제 어망추, 뼈작살[골차(骨杈)], 표창[어표(魚鏢)], 뼈단검[골비(骨匕)] 따위가 있다.

농업 경제와 고기잡이 경제의 발전은 가축 사육 발전의 조건을 제공해주었다. 고구려 건국 이전의 한대 중, 후기에는 기본적으로 말, 소, 양, 닭, 개, 돼지 여섯 종류가 모두 사육되었다. 장백산구에서는 좋은 말이 나왔는데 산길을 가는 데 편리한 과하마(果下馬)가 먼 지역에까지 이름이 나 있었다. 당시의 유적과 무덤에서는 돼지, 양의 어깨뼈와 기타 동물의 뼈가 출토되었다.

이러한 기초 위에서 수공업 기술의 수준도 매우 높아졌다. 여러 유적에서 청동기가 출토되었는데 예를 들면 청동창, 청동도끼, 청동 큰도끼, 청동단검, 청동화살촉, 청동거울, 청동단추 따위가 있다. 만발발자 유적과 소도령 유적에서는 여러 점의 돌거푸집이 출토되었는데 거울 거푸집, 작은도끼(斧) 거푸집, 창 거푸집, 큰도끼(鉞) 거푸집, 칼 거푸집, 화살촉 거푸집 따위가 있다. 통화 일대에는 구리 광산이 있었고 연료가 매우 풍부하여 구리 정련업〔治銅業〕 발전에 유리하였다.

토기 제조는 손으로 빚는 것에서 이미 물레로 가공하는 단계로 들어가 있었다. 토기로는 굵은 모래가 섞인 붉은 토기와 회색 토기, 갈색 토기 위주였으며 일부 가는 모래가 섞인 토기와 점토질 토기와 활석분(滑石粉)이 섞인 토기도 있었다. 토기의 형태는 배부른 단지〔고복관(鼓腹罐)〕, 통형 단지〔통형관(筒形罐)〕, 두 귀 달린 단지〔쌍이관(雙耳罐)〕, 굽다리 제기, 둥근 발 제기〔권족두(圈足豆)〕, 둥근발 주발〔권족완(圈足碗)〕, 가짜 둥근발 주발〔가권족완(假圈足碗)〕, 바리, 잔, 가락바퀴, 토제 구슬, 어망추, 소량의 항아리(壺)와 옹(瓮) 등이 있다.

석기 가공은 깨서 제작한 것과 갈아서 제작한 것으로 나눌 수 있다. 깬 석기(타제석기)는 주로 각종 곡괭이와 눌러 만든 돌화살촉이 있다. 간석기(마제석기)에는 돌도끼, 돌칼, 돌창, 돌검, 돌보습, 돌끌, 돌화살촉, 둥근꼴 석기 따위가 있다. 그 가운데서 돌창과 돌검은 청동기 형식을 모방하여 정밀하게 만들어졌다. 둥근꼴 석기는 날이 얇고 가운데 매끄럽게 구멍이 뚫려 있다. 어떤 날 부분은 이빨 형태의 세로무늬로 되어 있는데 그 조형이 꽤 아름답다. 이것은 석기 가공과 제작의 수준이 매우 높았음을 보여주는 것이다.

옥기, 골각기, 조개 공구의 제작 역시 매우 아름답다. 옥기에는 옥환, 옥도끼, 옥구슬 따위가 있는데 대부분 작은 장식품이다. 골각기에는 뼈창, 뼈단검, 뼈화살촉, 뼈망치, 뼈바늘 따위가 있다. 만발발자 유적에서는 두 점의 뼈바늘이 출토되었는데 정밀하게 갈아서 만들었고 바늘구멍의 크기가 아주 알맞은 매우 정교한 것이다. 조개 공구에는 칼, 낫과 장식품이 있는데 만발발자 유적에서 출토된 두 개 조(組) 26개의 말씹조개 고리는 흔히 볼 수 없는 말씹조개 장식품이다. 그리고 조개껍질, 바다소라껍질, 유리질 구슬, 청동단추를 이용한 장식품들도 있는데 고구려인들의 생활이 더욱 풍요로워졌다는 것을 알 수 있다.

한 무제가 4군을 설치하여 고구려인이 모여 살던 지역을 관리한 뒤 한대의 정치, 경제, 군사 제도가 점차 보급되었는데 특히 고구려 5부의 정치, 경제, 문화의 발전과 사회 진척에 커다란 영향을 미쳐 고구려가 지방 민족 정권을 건립하는 데 견실한 기초를 닦아주었다.

연구편

東

北

工

程

高

句

麗

史

1장

고구려 고고 연구 평론

【 1. 중국의 고고 조사와 발굴 】

고구려의 유물과 유적은 주로 중국 길림, 요녕 두 성의 동부에 분포하고 있는데 특히 고구려의 고도인 집안과 환인 지역을 중심으로 하고 있으며 성터, 무덤, 벽화, 비석, 석각 같은 것들이 매우 풍부하다. 유적과 무덤에서는 많은 금기, 은기, 동기, 철기, 옥기, 석기, 토기 같은 유물이 출토되어 중국의 고구려 고고 조사, 발굴과 연구에 유리한 조건을 제공해주고 있다.

1877년(광서 3) 회인(懷仁: 지금의 환인) 치소를 설치하고, 서계 관웨산(書啓 關月山)이 통구의 무성한 잡초들 사이에서 호태왕비를 발견함으로써 우리나라 고구려 고고학 조사의 서막이 열리게 되었다. 그 후 탁공(拓工)과 비석 상인(碑賈)들이 통구(지금의 집안)로 들어와 비를 탁본하고 조사하였다. 예를 들어 왕옌좡(王彦莊), 왕즈슈(王志修), 리윈총(李雲從), 주톈푸(初天富), 우광궈(吳光國), 진위푸(金毓黻), 류청간(劉承幹), 류톈청(劉天成) 들은 모두 호태왕비와 기타 고구려 유물, 유적에 대한 조사를 진행하였다.

1902년(광서 28), 집안(輯安, 지금의 集安)에 현(縣)을 설치했다. 그때 현령(縣令)을 맡고 있던 우광궈은 마을 사람들과 함께 도로를 수리하면서 소판차령(小板岔嶺) 서북쪽의 천구(天溝)에서 조위 유주 자사 관구검이 고구려를 정벌한 후에 세운 기공비(紀功碑)의 남은 조각을 발견하게 된다. 석문의 내용은 왕궈웨이(王國維) 선생의 고증을 거쳐 더욱 분명하게 밝혀졌다.[1] 최근 100여 년이 된 관구검 기공비가 출토된 시기에 대해서는 대체로 세 가지 견해가 있다. 진위푸은 『동북통사(東北通史)』에서 광서 30년(1904)으로, 왕궈웨이는 『관당집림(觀堂集林)』에서 광서 32년(1906)으로 그리고 일본 학자 이케우치 히로시, 우메하라 스에지는 그들이 쓴 『통구』에서 광서 31년(1905)이라고 하였다. 우광궈의 발문에는 "청나라 광서 30년(1904) 7월, 광국(光國)이 봉천(奉天) 집안현을 개설하여 정무를 처리했다. 현의 경계는 압록강에 닿았고, 산길은 매우 험하여 도적을 안정시키는 것이 어려웠는데 통로를 개척함으로써 모두 화평하게 되었다. 판석령(板石嶺)의 서쪽 갈림길은 고개의 높이가 660장(丈)이나 되어 크게 넓혔다. 그곳에서 끊어진 비(碑)를 얻었는데 48자가 남아 있었다 『삼국지』 「위지」를 고찰해보니, 정시 3년(242)에 이 고구려를 토벌하였는데, 수레를 들어올리고 말을 묶어 환도산에 올라 마침내 그 성을 파괴했다. 비에 기록된 바가 그 일이다. 민국 5년(1916) 4월, 무진 우광궈이 삼가 꼬리말(跋文)을 쓴다(淸光緖三十年七月, 光國任奉天輯安縣設治事. 縣境臨鴨綠江, 山路險阻, 輯盜維艱, 因開關同和, 板石嶺西岔, 嶺高六百六十丈, 甫關其他, 得斷碑, 存四十八字. 按『三國魏志』: 正始三年, 毌丘儉討高句麗, 懸車束馬, 卒屠其城. 碑所記者, 卽其事也. 民國五年四月, 武進吳光國謹跋.)"[2]고 되어 있다. 비 뒷면의 머리말(題詞)과 꼬리말에는 "심양(沈陽)의 탄궈지(談國楫)과 환퉁(桓同)이 관구검이 고구려를 토벌한 기공비(紀功碑)를 살펴 보았다. □□원(□□袁)과 김개(金鎧)가 기록하고 이서(李

1) 왕궈웨이(王國維), 『관당집림(觀堂集林)』 권40, 「관구검의 환도 기공비에 대한 꼬리말(毌丘儉丸都紀功石刻跋)」.
2) 『봉천통지(奉天通志)』 권254.

西)가 돌에 새겼다(沈陽談國楫, 桓同觀冊丘儉討高句麗紀功碑. □□袁金鎧識 李西刻石.)"[3]로 되어 있다. 우광궈의 꼬리말 시간과 같다. 그 밖에 관구검 기공비 탁본도 볼 수 있는데 왼쪽 아래 모서리에 붓으로 "광서 31년 6월 집 안현 판석령의 고개 위에서 흙을 파다가 얻게 된 비를 수습하게 되었다. 안 동 지현 우광궈이 보충 설명하다(光緒三十一年六月承修輯安縣板石嶺于嶺上 破土得之, 安東知縣吳光國注.)"[4]라고 씌어 있다. 우광궈 본인의 머리말 및 꼬 리말(題跋)과는 분명 시기가 서로 다른데 광서 30년과 31년은 후대 사람들 이 골라잡기 어렵도록 만들었다. 그러나 이 비의 출토와 고증은 호태왕비 이외의 또 다른 하나의 수확이라고 할 수 있다.

1935년 10월 20일에서 26일까지 진위푸 등은 집안에 들어와 고고 조사 를 진행하는데 염모무덤, 고리무늬무덤, 다섯무덤, 세칸무덤, 사신무덤, 씨 름무덤, 춤무덤 그리고 환도산성과 무덤떼, 장군무덤, 태왕릉, 호태왕비, 천 추무덤 들을 조사하면서 자세하게 기록하고 스케치와 사진을 찍었다. 이 조 사는 중국 학자가 꽤 상세히 조사한 것이다.[5]

조사를 통해 호태왕비 탁본이 알려지게 되고 학자들의 초보적인 연구가 진행되었는데 주로 호태왕비 글자의 판정, 고증과 해석, 그리고 관련 사료 에 대한 분석이었다. 양이(楊頤), 성위(盛昱), 왕즈슈(王志修), 정원줘(鄭文 焯), 우종시(吳重熹), 루신위안(陸心源), 룽시(榮禧), 뤄전위, 양서우쟝(楊守 敬), 예창츠 (葉昌熾), 구셰광(顧燮光), 류청간(劉承幹), 류졔(劉節), 진위푸, 탄궈환(談國桓) 들이 논문과 꼬리말(題跋)을 발표하고 간행하여 우리나라 호태왕비 연구의 발전을 촉진시켰다.

---

3) 석문의 탁본과 꼬리말의 탁본은 집안시박물관에 소장되어 있다.
4) 아즈마 우시오(東潮)·다나카 도시아키(田中俊明), 『고구려 역사와 유적』(중앙공론사, 1995), 111쪽.
5) 진위푸, 『청오실일기(晴晤室日記)』 권87〔요심서사(遼沈書社), 1993〕, 3691~3716쪽.

또한 뤄전위(羅振玉)의 「호태왕릉 벽돌에 대한 꼬리말(好太王陵塼跋)」,
왕궈웨이(王國維)의 「위나라 관구검의 환도산 기공비에 대한 꼬리말(魏毌丘
儉丸都山紀功石刻跋)」, 라오간(勞幹)의 「고구려 대형 염모의 묘지에 대한 꼬
리말과 아울러 고구려 도성의 위치를 논함(跋高句麗大兄冉牟墓誌兼論高句麗
都城之位置)」 같은 글과 머리말·꼬리말(題跋)이 발표되면서 고구려 역사와
유물에 대한 연구가 시작되었다.

중화인민공화국이 성립된 이후 고고 부문(文物部門)과 학계에서는 고구
려 역사 유물의 보호와 연구를 중요시하면서 조사와 연구 작업을 점차 전개
해 나갔다.

최근 50여 년간 우리나라에서는 고구려의 유물과 유적에 대해서 여러 차
례 고고 조사를 진행하였는데 그 가운데 중요한 조사로는 다음과 같은 것이
있었다.

1) 1956년 4월, 요녕성 환인댐 건설 공정에 동북박물관 문물공작대(東北
博物館文物工作隊)가 환인 경내 혼강 유역의 문화 유적에 대해 조사를 벌여
고대 유적 24곳과 고구려 무덤 750기를 발견하였다. 그리고 석기와 토기 같
은 유물 1900여 점을 채집하였다. 길림성 문화국 문물조사조(吉林省文化局
文物調査組)도 집안 경내 혼강 유역의 주요 문화 유적인 패왕조 산성, 장강
(長崗) 유적, 남대(南臺) 유적 들을 조사하고 석기와 토기 같은 유물을 채집
하였다.[6]

2) 1958년 6월 동북박물관 문물공작대는 환인 경내 혼강 유역의 문화 유
적을 재조사하였다. 집안현 문화과(集安縣文化科)에서 국내성, 환도산성, 호

---

6) 『환인만족자치현 문물지(桓仁滿族自治縣文物志)』, 199쪽 ; 『집안현 문물지(集安縣文物志)』,
375쪽.

태왕비 및 민주촌(民主村) 돌기둥에 대한 조사와 실측을 진행하였다.

3) 1960년 국가 문화부의 요구에 따라 전국적으로 문물 보호 관찰 활동을 전개했다. 통화 지역 문화국과 집안현박물관 문물보사대(文物普查隊)는 집안현 경내의 옛 유적과 성터, 무덤, 비석 자료에 대한 정리 작업을 하였다. 환인현 역시 경내의 유물과 유적 자료에 대해 정리를 진행하였다. 그래서 초보적이긴 하지만 고구려 유물과 유적의 수량, 분포, 보호 상황을 분명하게 파악하여 문서로 만들고, 보호 범위를 확정하여 보호 등급을 확정하여 명단을 만들었다.

4) 1961년 집안 "통구무덤떼"(호태왕비 포함)가 국무원에 의해 전국 중점 문물 보호 단위로 공포되면서 국가 문화부에서는 집안의 문물 보호 검사 작업에 사람을 파견하였다. 길림성박물관과 집안현박물관은 통구 고무덤떼에 대한 조사를 벌이면서 그 분포 지역을 측량하고 그렸으며 모두 네 곳의 보호 구역을 획정하였다. 길림성 인민정부는 환도산성, 국내성, 패왕조 산성을 성급 중점 문물 보호 단위로 정하였다. 집안현 인민위원회는 모두 27곳을 중점 문물 보호 단위로 공포하였다. 환인현 인민위원회는 모두 21곳을 중점 문물 보호 단위로 공포하였다. (오녀산성은 1963년 요녕성에서 성급 중점 문물 보호 단위로 공포되었다.)

5) 1962년 4월에는 길림성박물관과 동북사대, 길림성사회과학원이 집안 고고대(考古隊)를 조직하는데 성박물관 부관장인 왕청리(王承禮)가 팀을 이끌고 집안의 유적에 대한 조사를 벌여 옛 유적 5곳, 옛 성터 4곳, 옛 무덤, 무덤떼 32곳을 조사하여 기록과 실측을 하였다. 주로 환도산성을 측량해서 그렸고 다섯무덤4호·5호무덤과 통구12호 무덤의 벽화를 모사하였다.

연말에는 운봉댐 건설로 길림성박물관과 집안현 문물관리소가 공동으로 댐 수몰 예정지의 고구려 문화 유적과 무덤에 대해서 조사를 벌였다.

6) 1963년 가을 중국과학원 고고연구소는 동북 고고 1대(隊)와 2대를 조

직하였다. 고고 2대는 집안 환도산성, 국내성, 통구무덤떼의 주요 무덤과 호태왕비, 석주 유적들을 조사하고 호태왕비를 탁본하였다.[7]

동북 고고 2대는 요녕성 오녀산성과 그 부근의 고구려 돌무지무덤떼를 조사하였다.

7) 1966년 3~6월 길림성 문물관리위원회 사무실은 운봉댐 측량팀을 초청하여 집안 통구무덤떼를 실측하고 처음으로 번호를 매겼다. 성 문물관리위원회 사무실의 쉬한쉬안(徐翰煊)은 길림성박물관과 집안현박물관의 인원들을 모아 번호를 매기는 작업을 하였다. 그와 함께 무덤의 형식, 규모, 보호 현황을 기록하면서 최종적으로 2000분의 1의 통구무덤떼 분포도가 완성되어 고구려 무덤의 보호와 연구에 대한 바탕을 만들었다.

8) 1974년 4월 요녕성 문화국이 조직한 요동편 문물보사조(遼東片文物普査組)는 환인 오녀산성의 보호 상황을 조사하였다. 같은 해 10월 길림성박물관과 집안현문물관리소가 유림공사(楡林公社)의 대주선구문(大朱仙溝門) 유적에 대한 조사를 진행하고 유물들을 채집하였다.

9) 1978년 7월 웨이춘청은 길림대학 역사학과 학생 100여 명을 이끌고 환인에서 실습 조사를 벌였다. 오녀산성, 하고성자 성지를 조사하였는데 하고성자 성지를 중심으로 실측하였다.

10) 1980년 4월 요녕성 본계시와 환인현 문물공작대는 환인 지구 유물에 대한 전면 조사를 벌여 모두 33곳의 유적을 조사하고 그 가운데 유적, 성지, 무덤떼 17곳을 새롭게 발견하였다. 많은 양의 역사 유물 표본을 채집, 수집하였다. 같은 해 11월 환인 북부 지역 4곳의 유적을 조사하고 2곳의 유적을 새로 발견하였다.

---

7) 리덴푸, 「고구려 고고의 회고와 전망(高句麗考古的回顧與展望)」, 『요해 문물학간』, 1992년 제2기.

길림성 문물국, 성 문물공작대는 집안통구무덤떼를 다시 조사하였다. 집안현 문물관리소는 국내성을 실측하고 두도공사(斗道公社) 이도위자서구(二道崴子西溝) 유적, 대로공사(大路公社) 고지(高地)무덤떼를 조사하여 측량하고 기록하였다.

11) 1981년 6월 길림성 문물연구실 부주임 왕젠췬(王健群), 팡치동은 집안에 도착하여 호태왕비를 고찰하면서 측량, 기록을 하고 부근 사람들을 방문하였다. 그리고 집안 문관소(文管所) 부소장 저우윈타이(週雲台)는 호태왕비를 탁본하였다.

12) 1983년 4월 집안현박물관은 세 개 문물보사대로 나누어 집안현의 영전(嶺前: 노령산맥의 앞쪽)과 영후(嶺後: 노령산맥의 뒤쪽)에 대해 두 달에 걸친 전면적인 조사와 재조사 작업을 진행하였다. 고대 유적, 성지, 차단성(關隘), 무덤떼 등을 새로 발견하고 유물을 수집하여『집안현 문물지(集安縣文物志)』를 쓰는 데 기초 자료로 사용하였다.

같은 해 10월 요녕성박물관 천다웨이(陳大爲)와 본계시박물관에서 환인하고성자에 대한 조사를 진행하였는데, 성내 2곳에 트렌치 작업을 하고 고구려 시기와 요금 시기의 토기편을 출토하였다.

13) 1992년 집안시박물관은 통구무덤떼의 산성하무덤구, 우산무덤구 51기의 무덤을 조사, 실측, 촬영을 하였는데 그 가운데에는 10기의 벽화 무덤이 포함되어 있었다. 자료를 한데 모아서 국가 문물국에 보고하고 "팔오(八五)" 보수 계획을 신청하였다. 그리고 태왕릉과 장군무덤에 대해서 기초 조사와 보수 계획을 준비하였다.

14) 1996년 길림성 문물고고연구소와 집안시 문관소는 집안시 유적 조사를 진행하여 통구무덤떼의 현존 수량, 형식, 규모, 보존 현황에 대한 상세한 조사, 기록, 실측, 촬영 등을 통하여 새로운 성과와 자료를 얻었다.

이 외에도 요녕, 길림 두 성(省)의 시현(市縣)에서도 고구려 유물, 유적이 보존되고 있는데, 예를 들면 요녕성의 심양, 안산, 본계, 단동, 철령, 무순 등의 고구려 산성과 길림성 길림, 연길, 요원, 백산, 통화 같은 곳의 고구려 산성, 고구려무덤 등이다. 1960년부터 각지에서 서로 다른 규모의 조사가 진행되었고 1980년대 이후에는 두 성에서 문물지와 문물 지도집이 편찬되고 대규모의 전면적인 조사가 진행됨으로써 여러 가지 새로운 성과들을 거두었다. 각 시현 문물지의 편찬과 두 성의 문물 지도집의 편찬은 풍부한 연구 자료를 제공해 우리나라 고구려 고고와 역사 연구를 전개해 나가는 데 단단한 바탕을 이루었다.

고고 조사를 바탕으로 요녕, 길림 두 성의 도시 건설, 수리 작업, 도로 확장 건설 같은 항목에서 고고 발굴이 진행되었다.

1) 1956년과 1958년 봄, 여름 사이 전(前) 동북박물관 문물공작대의 천다웨이는 환인현 혼강 중류와 부이강 하류의 조사를 진행하면서 무덤떼의 무덤 750기, 유적 24곳을 발견하고 7곳의 무덤을 정리하였다. 1958년 가을, 1959년 봄 다시 연강(連江), 고력묘자촌(高力墓子村) 무덤을 발굴하고 정리하여 고구려 무덤을 봉토(封土) 동실(洞室)무덤, 봉석(封石) 동실(洞室)무덤, 작은 돌무덤(小石墓), 대형돌무지무덤(大型積石墓) 네 가지 유형으로 나누었다.[8]

2) 1956년에서 1957년 가을까지 요녕성박물관 문물공작대 왕정신(王增新) 들은 무순시 전둔(前屯), 와혼목(洼渾木)에서 19기의 고구려 무덤을 발굴하고, 무덤의 구조에서 환인과 관전(寬甸) 유형의 고구려 무덤이 서로 동일한 특징을 가졌다고 하였다.[9]

3) 1958년 집안 동대자 벽돌가마(塼窯)의 흙을 채취하면서 고구려 건축

---

8) 천다웨이(陳大爲), 「환인현 고고 조사 발굴 간보(桓仁縣考古調査發掘簡報)」, 『고고』, 1960년 제1기.

유적을 발견하였다. 길림성박물관의 쑤난(蘇楠), 쑤차이(蘇才) 등은 집안에서 정리 작업을 하면서 건축 유적을 발견하였는데, 회랑과 연결되는 4기의 안방(屋宇正室)과 곁방이 포함되어 있었으며 철기, 도금기, 토기, 건축 벽돌과 기와, 연꽃무늬, 짐승 얼굴 무늬, 인동무늬 수막새가 출토되었다.[10]

4) 1962년 4월 길림성박물관 고고대는 집안 유림하(楡林河) 유역의 고구려 무덤을 조사하여 170기의 무덤을 새로 발견하였다. 이 무덤들을 방단적석묘(方壇積石墓)와 봉토묘 두 종류로 나누었으며 무덤방(石室)의 구조는 기본적으로 같아서 단칸[單室], 두 칸(雙室), 세 칸(三室) 등으로 나눌 수 있었다. 그리고 2기의 돌무덤, 1기의 흙무덤을 정리하였다.[11]

5) 1962년 년, 길림성박물관은 집안현 문관소와 함께 다섯무덤4호·5호와 통구 12호(말구유무덤)를 정식으로 정리, 기록, 실측하고 벽화를 모사하였다.[12]

6) 1963년 8월 길림성박물관은 차오저즈(曹者沚), 류쉬안탕(劉萱堂), 팡치동을 파견하여 집안 마선구 1호 벽화 무덤을 정리하였다. 이 무덤은 1년 전 가을 조사에서 발견된 것으로 날씨가 추워서 그때까지 정리하지 못하였던 곳이다. 무덤의 벽화는 아직 기록이 없다. 정리하는 가운데 진귀한 유물이 출토되었는데 금장식, 도금기, 철기, 뼈 장식, 유약 바른 아궁이, 유약 바

9) 왕정신(王澄新), 「요녕 무순시 전둔과 와혼목의 고구려 무덤 발굴 간보(遼寧撫順市前屯洼渾木高句麗墓發掘簡報)」, 『고고』, 1964년 제10기.
10) 길림성박물관, 「길림성 집안 고구려 건축 유적의 청리(吉林輯安高句麗建築遺跡的淸理)」, 『고고』, 1961년 제1기.
11) 자오정롱(曹正榕)·주한캉(朱涵康), 「길림 집안 유림하 유역 고구려 고묘 조사(吉林輯安楡林河流域高句古墓調査)」, 『고고』, 1962년 제11기.
12) 길림성박물관, 「길림성 집안시 다섯무덤4호와 5호 옛 무덤 정리에 대한 간략한 기록(吉林輯安五盔墳四號和五號墓淸理略記)」, 『고고』, 1964년 제2기;왕청리(王承禮)·한슈화(韓淑華), 「길림성 집안시 통구 12호 고구려 벽화 무덤(吉林輯安通溝十二號高句麗壁畵墓)」, 『고고』, 1964년 제2기.

른 질그릇 분(盆)과 네 귀 달린 유약 바른 항아리 따위가 발굴되었다.[13]

7) 1964년 5월, 길림성박물관 문물공작대는 운봉 발전소 건설로 댐 수몰 지구가 된 양민(良民)무덤떼를 발굴하였다. 정리, 발굴하는 작업 인원은 길림성에서 파견되었고, 발굴 자료는 아직 발표되지 않았다.

8) 1966년 3~6월 길림성 문물관리소 사무실은 운봉댐 측량대를 조직하여 통구무덤떼를 측량, 실측하였고 길림성박물관과 집안현 문물관리소는 332호, 983호, 1368호와 하해방31호벽화무덤을 정리, 발굴하였다.[14]

9) 1968년 봄 길림성 관련 부문의 비준을 거쳐 성박물관은 집안 통구무덤떼의 고구려 무덤 174기를 정리하였다. 같은 해 가을 길림성박물관의 천샹웨이(陳相偉), 장시잉(張錫英), 리원쿠이(李文奎), 공융샹(宮永祥)은 통구무덤떼의 고구려 무덤 326기를 발굴하였다.[15]

10) 1969년 길림성박물관은 사람들을 집안에 파견하여 통구무덤떼의 고구려 무덤 20기를 발굴하였다.[16]

11) 1970년 봄 길림성박물관 리원쿠이(李文奎)는 집안에서 고구려 무덤 267기를 정리, 발굴하였다.[17]

12) 1970년 8월 길림성박물관 천샹웨이, 장시잉, 리원쿠이, 리윈둬(李雲鐸), 공융샹은 집안현 문물관리소와 공동으로 장천1호벽화무덤을 발굴하였는데 섬세하고 아름다운 벽화를 발견하고 이를 기록, 실측, 모사, 사진 촬영을 하였다.[18]

---

13) 길림성박물관 집안고고대, 「길림성 집안시 마선구 1호 벽화 무덤」, 『고고』, 1964년 제10기.
14) 리뎬푸, 「집안 통구(洞溝) 3좌 벽화 무덤(三座壁畵墓)」, 『집안현 문물지』, 128~130쪽.
15) 『집안현 문물지』, 380쪽.
16) 『집안현 문물지』, 381쪽.
17) 위와 같음.
18) 길림성 문물공작대 · 집안현 문물보관소, 「집안 장천1호벽화무덤」, 『동북 고고와 역사』, 1982년 제1집.

13) 1972년 4~5월 길림성박물관 문물공작대는 집안에서 장천2호무덤을 발굴, 정리하여 연꽃, 왕자(王字) 같은 도안이 있는 벽화를 발견하였는데, 철기, 도금기, 유약 바른 토기, 목기와 채색 무늬가 있는 비단 조각들이 출토되었다.[19]

14) 1974년 가을 길림성박물관의 팡치동은 집안현 문물관리소와 함께 만보정78호무덤과 우산하41호무덤(M1078과 M1041)을 정리, 발굴하였다. 1972년 가을에는 1078호무덤 옆에서 도금된 유물을 발견하였다. 당시 현 문물관리소가 국부적인 정리를 진행하였다. 이 발굴에서 2기의 무덤에서 여러 점의 도금 마구와 장식들이 출토되었다. 1041호무덤의 안에서도 벽화가 발견되었다.[20]

15) 1975년 봄 집안현 문물관리소는 칠성산무덤구1196호무덤, 우산하 세칸무덤을 발굴, 정리하였다.[21] 같은 해 가을에는 만보정무덤구 가운데 242호 · 2164호 · 2165호무덤, 우산무덤구 2057호, 2077호, 2084호, 2086호무덤 역시 정리, 발굴하였다.[22] 그해 국내성 성벽을 구간별로 나누어 시굴했다.

16) 1976년 4~7월 길림성 문박(文博) 계통에서 집안현에 고고훈련반을 조직하여 무덤 188기를 정리, 발굴하였는데 그 가운데는 우산무덤구 56기, 산성하무덤구 37기, 칠성산무덤구 26기, 마선구무덤구 69기가 포함된다.[23]

---

19) 길림성 문물공작대, 「길림성 집안 장천 2호 봉토 무덤 발굴기 요약」, 『고고와 문물』, 1983년 제1기.
20) 길림성 박물관 문물공작대, 「길림성 집안의 2좌 고구려 무덤」, 『고고』, 1977년 제2기.
21) 집안현 문물문관소, 「집안현 2좌 고구려 무덤 적석무덤의 정리」, 『고고』, 1979년 제1기 ; 집안현 문물문관소 · 길림성 문물공작대, 「길림성 집안 동구 세칸무덤 정리기록」, 『고고와 문물』, 1981년 제3기.
22) 길림 집안현문관소, 「집안 만보정묘구 24호무덤 정리 간보」, 『고고와 문화』, 1982년 제6기.
23) 길림성 문물공작대 · 집안현문관소, 「1975년 집안 통구 고구려 무덤 정리」, 『고고』, 1984년 제1기.

같은 해 9월 말에서 11월 초까지 농지 건설에 따라 집안현 문물관리소는 산성하무덤구 동대파(東大坡)의 95기 무덤을 정리하였다.[24]

17) 1977년 5월, 집안현 문물관리소는 계속해서 국내성 성벽을 시굴하였다. 1975년 5월 이후 10곳에 트렌치를 설치하였는데 남벽에 5곳, 동벽에 1곳, 북벽과 서벽에 각 2곳이다. 석축 성벽 안에서는 연대가 꽤 이른 흙으로 쌓은 성벽과 유물들이 출토되었다.[25]

18) 1979년 10~11월 집안현이 수도 정수장을 건설할 때 현 문물관리소에서는 31곳의 고구려 무덤을 정리, 발굴하였다.[26]

19) 1981년 10월 집안현 문물관리소는 노호초(老虎哨) 수력발전소 건설에 따른 17기의 고구려 무덤을 발굴하였다.[27]

20) 1982년 5~10월 집안현 문물관리소는 마선향(麻線鄕)의 상활용(上活龍)과 하활용촌(下活龍村)에 있는 고구려 무덤을 정리하였는데, 상활용촌에서 14기, 하활용촌에서 34기 모두 48기였다.[28]

21) 1983년 무순시 고이산 공원 건설이 이루어짐에 따라 요녕성 문물 주관 부문의 비준을 거쳐 요녕성박물관과 무순시박물관은 고이산성 안의 일정 지점들에 대해 대규모의 조사와 발굴 작업을 진행하였다. 그리고 성벽이 이어진 방향과 구조에 대해 측량과 절개 작업을 하였다. 발굴 작업은 3년 동안 모두 6곳으로 나누어 진행되었으며 총면적이 3000평에 이르렀다. 발굴에서 출토된 것은 대부분 생활 용구, 생산 공구, 철제 무기, 건축 구조물 및 화폐 따위의 유물이었다.[29]

---

24) 장쉐옌(張雪巖), 「길림성 집안 동대파 고구려 무덤 발굴 간보」, 『고고』, 1991년 제7기.
25) 집안현 문물문관소, 「집안 고구려 국내성터의 조사와 시굴」, 『문물』, 1984년 제1기.
26) 집안현 문물문관소, 「집안 고구려 무덤 발굴 간보」, 『고고』, 1983년 제4기.
27) 집안현 문물문관소, 「집안현 노호소무덤(老虎哨古墓)」, 『문물』, 1984년 제1기.
28) 집안현 문물문관소, 「집안현 상,하 활용촌(活龍村) 고구려 무덤 정리 간보」, 『문물』, 1984년 제1기.

22) 1984년 6~8월 집안-석림호특(錫林浩特) 간 도로 건설로 국가의 비준을 거쳐 길림성 문물고고연구소와 집안시 문물보관소는 통구 무덤떼 가운데 우산무덤구를 통과하는 구간의 무덤을 정리, 발굴하였다. 발굴된 무덤은 모두 113기였으며 여기에서 931점의 귀중한 자료를 얻을 수 있었다.[30]

23) 1986년 5~8월 요녕성 문물고고연구소와 본계시, 환인현 문물 작업 인원들은 환인현 오녀산 산성에 대한 발굴을 진행하였다. 출토 유물은 아주 풍부했는데 석기, 토기, 철기, 동기, 자기, 옥기, 금은기 같은 것으로 대부분 고구려 초기의 유물들이었다.[31]

24) 1990년 길림성 문물고고연구소와 집안시 문물보관소가 공동으로 호태왕릉 무덤방을 정리하여 무덤방 안의 관대(棺床)와 석곽을 발견하였다.

25) 1990~1991년 심양시 문물고고공작대는 심양시 동릉구(東陵區) 석대자촌(石臺子村) 동북쪽에 있는 고구려 산성을 시굴하여 1곳의 주거지와 석축 아궁이 유적 1곳, 온돌 20곳을 정리하였는데 고구려 시기의 토기, 철기, 골기, 석기, 동기와 짐승뼈 같은 유물을 출토하였다.[32]

26) 1991년 9~11월 요녕성 문물고고연구소와 본계시박물관이 공동으로 환인 미창구 고구려 시기의 벽화 무덤을 발굴하였다. 채색 연꽃무늬, 구름이 흘러가는 왕자(王字) 무늬 도안이 발견되었다. 도금 장식과 마구, 철제 공구, 녹색 유약을 바른 토기, 네 귀 달린 유약 바른 항아리 등이 출토되었다.[33]

27) 1993년 길림성 문물고고연구소와 집안시 문물관리소는 통구무덤떼

29) 쉬지아궈(徐家國) · 순리(孫力), 「요녕 무순(遼寧撫順) 고이(高爾)산성 발굴 간보」, 『요해 문물학간』, 1987년 제2기.
30) 길림성 문물고고연구소 · 집안시 문물문관소, 「집안 통구무덤떼 우산무덤구 집석공로(集錫公路) 무덤 발굴」, 『고구려연구문집』(연변대학출판사, 1993), 21~79쪽.
31) 『환인 만족 자치현 문물지』 33, 203쪽.
32) 리시아오종(李曉種) · 류창지앙(劉長江) · 수안쥔앤(佫俊嚴), 「심양석대자(沈陽石臺子) 고구려 산성 시굴 보고」, 『요해 문물학간』, 1993년 제1기.

가운데 51기 무덤에 대한 수리 작업을 진행하면서 무덤방의 정리 작업을 통해 귀중한 유물을 발굴하였다.

28) 1996년 봄 길림성 문물고고연구소와 집안시 문물보관소는 집안시에서 대규모 유적 보호 조사를 벌이면서 몇 기의 고구려 무덤을 정리, 발굴하였다. 그 가운데 우산제3319호무덤을 정리, 발굴하면서 벽돌로 쌓은 무덤방과 딸린방을 발견하였으며 고구려 유물과 동진(東晉) 청자를 발굴했다.[34]

29) 1996년 5월에서 1999년 10월까지 요녕성 문물고고연구소와 본계시박물관, 환인현 문관소는 환인현 오녀산성에 대한 대규모 발굴을 진행하였다. 산 위의 저수지, 망대, 대형 건축터, 병영식 건축터 같은 유적이 발굴되었고 토기, 석기, 자기, 동기, 철기 같은 각종 유물이 1000점 남짓 출토되었다.[35]

30) 1997년 가을 집안시박물관은 장군총과 딸린무덤(陪墳)의 기초를 정리하고 또 다른 몇 기의 딸린무덤 기초와 유적을 발굴하였다.[36]

31) 1997년 5월에서 1999년 10월 길림성 문물고고연구소는 통화시 강남 약진촌(江南躍進村)의 만발발자 유적을 발굴하였는데 면적이 6000여 평에 이르렀다. 그 가운데서 제4기 서한 시기 대형 촌락 유적은 고구려 초기의 토착 유적으로 여겨지고 있으며 제5기 위진 시기 유적은 고구려 중기의 문화이다. 유적 위에서는 돌무지무덤이 발견되었는데 계단식 돌무지무덤 역시 고구려 민족의 무덤이다. 토기, 석기, 골기, 청동기, 도금, 은기, 자기, 철기 같은 6942점의 유물이 출토되었다.[37]

---

33) 우쟈창(武家昌)·위운형(魏運亨), 「환인 고구려 벽화 무덤 발견」, 『중국문물보』, 1992년 3월 8일, 제1판.
34) 집안시 문관소 공문서 자료로서 보고·발표를 기다리는 자료임.
35) 「1999년 전국 10대 고고 새로운 발견(1999年 全國十代考古新發現)」, 『중국 문물보』, 2000년 5월 31일 제3판.
36) 집안시박물관 공문서 자료.

32) 2000년에서 2002년까지 길림성 문물고고연구소와 집안시 문물보관소는 집안시 환도산성 궁전 유적과 국내성 가운데 위치한 건축 유적을 발굴하였다. 유적과 유물 자료는 현재 정리 중이다.

【 2. 중국 학자의 고고 연구 】

중국 학자의 고구려 고고 방면에 관한 연구는 대체로 1980년대 이후 점차로 전개되었다. 그 전에는 비록 몇 편의 글과 고구려 건축, 벽화에 대한 조사, 기록 같은 성과가 있었으나 최근 20년 남짓한 연구 성과와는 비교할 수 없는 정도였다.

아래는 여섯 개 부분으로 나누어 간략하게 평론한 것이다.

1) 고구려 고성(古城) 연구

20년 동안 학자들은 고구려 고성에 대해서 꽤 깊이 있는 연구를 진행해왔다. 대체로 두 가지 방면으로 나눌 수 있는데 하나는 특정 고성에 대한 연구이며 다른 하나는 종합적인 연구이다.

특정한 고성에 관한 연구 논문은 꽤 많은 편이다. 대표적인 것으로 리덴푸의 「집안 산성자산성 소고(集安山城子山城攷略)」, 「고구려 환도산성(高句麗丸都山城)」,[38] 구오쥔우(郭俊武)의 「흘승골성 시론(紇昇骨城初探)」, 쑤창

---

37) 국가문물국 편, 『1999년 중국 중요 고고 발견』(문물출판사, 2001), 26～30쪽.
38) 『구시학간(求是學刊)』, 1982년 제1기 ; 『문물』, 1982년 제3기.

칭(蘇長青)의 「고구려 초기 평원성 — 하고성자(高句麗初期平原城 — 下古城子)」,[39] 마쥔(馬俊)의 「오녀산 산성(五女山山城)」,[40] 장더위(張德玉)의 「군사 요새 목저성 고찰(軍事重鎭木底城考)」,[41] 천다웨이의 「무순 고이산 산성 구조와 포국 분석(撫順高爾山山城結構布局辯析)」,[42] 쟝멍산의 「국내성 유적터(國內城遺址)」,[43] 왕쩌(王則)의 「집안 고성은 환도성이다(集安古城應是丸都城)」,[44] 리젠차이(李健才)의 「길림시 용담산 산성 고찰(吉林市龍潭山山城考)」[45] 따위가 있다.

학자들의 고구려 평원성 또는 산성에 대한 연구는 주로 성벽의 구조, 성 안의 유적과 유물, 지리적 위치, 정치 군사적 위치, 건축 연대와 그 작용 등을 포함한 것으로 연구를 위한 새로운 관점과 새로운 성과를 제시해주었다.

고구려 고성의 종합적 연구는 최근 학자들이 매우 관심을 가지는 주제이다.

웨이춘청은 「고구려 초·중기 도성」을 『북방문물(北方文物)』 1985년 제2기에 발표하였다. 초기 도성인 흘승골성은 현재 요녕성 환인현의 오녀산성이며 현성 서쪽의 하고성자는 한대(漢代) 유적으로 고구려가 이어서 사용하였다고 하였다. 고구려 중기 도성은 집안에 있는 국내성과 산성자 산성을 가리키며 문헌에 나타나는 위나암성이 산성자산성인데 고구려 왕은 평시에 이 성에 머물지 않으며 전쟁이 나면 산성에 들어간다고 하였다. 환도산성 역시 산성자산성을 가리키며 산상왕대에 이곳으로 도읍을 옮겼다고 하였다.

---

39) 『요령성 본계·단동지구 고고 학술토론회 발표문집(遼寧本溪丹東地區考古學術討論會文集)』, 1985년.
40) 『요녕대학 학보』, 1986년 제1기.
41) 『동북지방사연구』, 1989년 제4기.
42) 『요해 문물학간』, 1992년 제2기.
43) 『고구려 유적과 유물 연구(高句麗遺址和遺物研究)』, 1994년 2월.
44) 『고대 동아세아의 재발견』, 1996년 6월(한국).
45) 『박물관연구』, 1995년 제2기.

천다웨이는 1986년과 1995년에「요녕 고구려 산성 초탐(遼寧高句麗山城初探)」,「요녕 고구려 산성 재탐구(遼寧高句麗山城再探)」[46]을 발표하였다. 논문에서 요녕성에는 87곳의 고구려 산성이 남아 있으며 그 가운데서 둘레가 2km 이상인 대형 산성이 27곳, 둘레가 1~2km 사이인 중형 산성이 23곳, 둘레 200~1000m 사이인 소형 산성이 37곳이 있다고 하였다. 대형 산성은 주로 요하 동안(東岸)의 산지와 평원이 만나는 지대에 분포하며, 중형 산성은 주로 요하 동안의 비교적 큰 지류 사이에 분포한다. 그리고 소형 산성은 대·중형 산성의 주위에 분포한다. 이러한 산성들은 성벽이 높고 두터우며 산세가 험준하고 수원이 풍부하여 지키기 쉽고 공격하기 어려운 특징을 가지고 있다고 하였다.

신잔산(辛占山)은『요해 문물학간(遼海文物學刊)』1994년 제2기에 발표한「요녕 경내 고구려 성터에 대한 고찰(遼寧境內高句麗城址的考察)」에서 고구려 성터의 일반적 특징을 종합하였다. 가파른 산세가 성벽의 일부분을 구성하고 평탄한 땅과 골짜기 부분을 인공으로 수축하고 성 안에는 성문, 망대, 수원 같은 것이 있다. 그리고 고구려 성터의 분포와 연대에 대한 자신의 견해를 제시하였다.

왕몐웨이는「압록강 우안에 있는 고구려 산성 연구(鴨綠江右岸高句麗山城研究)」[47]를 발표하였는데 먼저 산성의 건축 특징과 규율을 귀납 정리하였다. 여기에 지리 조건, 건축의 구성, 실용성, 군사 특징, 수원 배치 같은 것을 포함하였다. 다음으로 고구려 산성을 초, 중, 말 3단계로 나누었다. 초기는 고구려 건국에서 요양과 심양 변방 군(郡)에 들어가기 시작하여 나라의 북국 신성(北國新城)을 건립할 때까지이다. 중기는 북국 신성 건조에서 장수왕이 평양으로 천도(427)할 때까지며 후기는 장수왕 15년에서 영류왕 34

---

46)『중국 고고학회 제5차 년회 논문집』, 1986년;『북방문물』, 1995년 제1기.
47)『요해 문물학간』, 1994년 제2기.

년(628)까지이다. 그리고 고구려 산성의 명명(命名) 등 관련 문제에 대해 토
론하였다.

동펑(董峰)은「동북지구 고구려 산성의 분류 및 연대(東北地區高句麗山城
的分類及年代)」에서 고구려 산성의 건축 재료, 구조, 군사 시설과 분포의 특
징에 따라 산성을 두 종류로 나누었다. 첫 번째 유형은 1세기에서 3세기 말
까지이며 두 번째 유형은 4세기 초에서 5세기 말이라고 하였다.[48]

그 밖에 포룬우(朴潤武)의「고구려 도성과 발해 도성의 비교(高句麗都城
與渤海都城的比較)」,[49] 리구(栗谷)의「고구려 산성에 관하여(關于高句麗山
城)」,[50] 츠용(遲勇)의「고구려 도성의 전략 방어 계통(高句麗都城的戰略防禦
系統)」[51] 따위가 있는데 모두 좋은 관점과 의견들을 제시하였다.

이와 함께 학자들은 고구려 천리장성에 대해서도 연구를 진행하였다.
1987년『박물관연구(博物館研究)』제3기에 발표된 왕젠췬(王建群)의「고구
려 천리장성(高句麗千里長城)」에서 고구려는 수 양제 정벌에서 교훈을 얻어
당 초기 영류왕 건무 정권 때 당에 대해 두려운 마음을 품고 서부 장성을 축
조하여 16년 만에 장성을 완성한다. 이 장성은 요하 동안으로 축조한 것으
로 부여성 남쪽에서 요수로 이어져 해변까지 직접 닿는다. 그래서 고구려의
요동 지역은 북으로는 지금의 농안(農安), 남으로는 영구(營口), 동으로는
집안을 잇는 삼각구(三角區)를 이룬다. 조사를 통하여 회덕(懷德) 경내의 변
강(邊崗)은 고구려 장성 유적으로 당군에 대한 방어선이라고 하였다.

리젠차이(李健才)는『민족연구(民族研究)』1991년 제4기에 발표한「당대
고구려 장성과 부여성(唐代高句麗長城與夫余城)」에서 동북 중부 송요(松遼)

---

48) 『박물관연구』, 1995년 제3기.
49) 『박물관연구』, 1994년 제1기.
50) 『박물관연구』, 1983년 제1기.
51) 『고구려연구문집』, 연변대학출판사, 1993.

평원 지역의 변강(邊崗) 유적은 고구려 장성이라고 인정하였다. 고찰을 통하여 고구려 서부 장성은 북으로 부여에서 시작한다는 기록은 정확하며 농안성에서 시작한다는 기록은 부정확한 것이라고 하였다. 부여성은 부여 초기 녹산(鹿山)의 전기 도성, 즉 지금의 길림시 용담산 산성을 가리키며 부여성은 지금은 농안에 있는 것이 아니라고 지적하였다. 왜냐하면 농안은 고구려 장성의 서쪽에 있고 농안 부근에서는 고구려 유물이 발견되지 않았기 때문이다.

포롱위안(朴龍淵)은 「동북 지구의 고구려 장성(東北地區的高句麗長城)」[52] 에서 왕젠췬의 관점과 비슷하게 영류왕 14년에 건설하였으며 북으로는 부여성, 즉 지금의 농안현에서 시작하여 마지막 지점은 영구 지역이라고 하였다. 또한 연변 일대의 장성도 고구려가 건설한 것이라고 하고 그 수축 연대는 4세기이며 5세기에 다시 보강, 수리하였다고 하였다.

이외에도 장어환(張馭寰), 팡치동 등이 고구려 도성의 건축 유적에 대해서 소개하고 고증을 하여 고구려 고성 연구에 중요한 자료를 제공해주었다.

2) 고구려 무덤 연구

1980년 『고고학보(考古學報)』 제2기에 길림성 문물공작대 리뎬푸의 「집안 고구려 무덤 연구(集安高句麗墓研究)」가 발표되었다. 우리나라 학자의 고구려 무덤 연구에 대한 연구는 이때부터 끊임없이 발전해왔다. 그는 집안의 고구려 무덤을 두 종류, 아홉 개 양식으로 나누었다.

---

52) 『고구려 유적 연구』, 동북조선민족교육출판사, 1994.

〈돌무덤〔석분(石墳)〕류〉

    Ⅰ식: 적석묘(積石墓)

    Ⅱ식: 방단적석묘(方壇積石墓)

    Ⅲ식: 방단계단 적석묘〔方壇階梯積石墓〕

    Ⅳ식: 방단계단 석실묘〔方壇階梯石室墓〕

    Ⅴ식: 봉석동실묘(封石洞室墓)

〈흙무덤〔토분(土墳)〕류〉

    Ⅰ식: 방단봉토 석실묘(方壇封土石室墓)

    Ⅱ식: 방단계단 봉토석실묘(方壇階梯封土石室墓)

    Ⅲ식: 토석혼봉 석실묘(土石混封石室墓)

    Ⅳ식: 봉토석실묘(封土石室墓)

    그는 고구려의 매장 제도가 돌무덤에서 흙무덤으로 발전하였으며, 그렇게 된 데에는 그 자체에 내재된 요인 외에도 중원의 선진 문화가 고구려에 준 영향도 꼽을 수 있다고 하였다. 한대(漢代) 봉토석실 무덤은 고구려 무덤 제도와 매장 풍습의 변화에 일정한 촉진 작용을 하였다고 하였다.

    천다웨이는 요녕성 고고박물관학회 성립대회에서 「환인 고구려 적석묘의 유형 연대 및 그 변천(桓仁高句麗積石墓的類型年代及其演變)」을 발표하고 환인의 돌무지무덤을 세 가지 유형으로 나누었다.

    1) 원구식 적석묘(圓丘式積石墓)

    2) 계대식 적석묘(階臺式積石墓)

    3) 계대식 석실묘(階臺式石室墓)

그 연대는 원구식 적석묘가 가장 빠른데 상한은 동한 시기에 이르며 한 위(漢魏) 교체 시기보다 늦지 않다고 하였다. 계대식 적석묘 역시 고구려 적 석묘의 초기 특징을 가지고 있으며 그 연대의 하한은 위진(魏晉) 시기보다 늦을 수 없다고 하였다. 계대식 석실묘의 연대는 봉토 무덤보다 빠르며 계 대식 적석묘보다 늦은 위진 교체 시기로 보았다

팡치동은 고구려 적석묘의 외부와 내부의 구조를 근거로 고구려 돌무덤 의 변천 순서를 적석묘(積石墓) - 방구적석묘(方丘積石墓) - 유기단적석묘(有 基壇積石墓) - 방단적석묘(方壇積石墓) - 계단적석묘(階壇積石墓)라고 보았 다.[53]

웨이춘청은 「고구려 적석묘의 유형과 변천(高句麗積石墓的類型和演變)」 에서 고구려 적석묘를 다섯 유형으로 나누어야 한다고 주장하였다.

1) 무단석광묘(無壇石壙墓)

2) 방단석광묘(方壇石壙墓)

3) 방단계단 석광묘(方壇階梯石壙墓)

4) 방단석실묘(方壇石室墓)

5) 방단계단 석실묘(方壇階梯石室墓)[54]

그는 적석묘의 외부 구조를 무단(無壇)과 방단(方壇), 방단계단(方壇階 梯)으로 보고 단이 없는 무덤(무단)의 출현 시기가 더 빠를 수 있다고 하였 다. 고구려 건국 후 세 종류의 구조는 오랜 기간 동안 나란히 발전하였다. 하한 연대는 무단과 방단계단 모두 5세기이며 방단은 방단계단의 시기를

---

53) 「고구려 적석묘의 변천」, 『박물관 연구』, 1985년 제2기.

54) 『고고학보』, 1987년 제3기.

넘어설 수 없다고 하였다. 외부가 똑같이 방단, 방단계단 구조의 무덤이라고 하더라도 그 내부는 석광과 석실로 나눌 수 있으며 선후의 차이가 나타나는데 더 중요한 것은 등급상의 차이라고 하였다.

이외에도 류전화(劉振華), 장쉐옌(張雪巖), 쑨런제(孫仁杰), 경톄화도 고구려 무덤의 분류와 연대에 대한 서로 다른 연구와 인식이 있었다.

고구려 무덤의 연구에서 벽화 무덤은 이미 하나의 중요한 연구 과제로 무덤 연구에서 분리되었는데 여기에서는 다시 소개하지 않겠다.

최근 학자들은 집안의 대형 적석 왕릉의 연구에 주목하고 있다.

1986년 제2기 『박물관 연구』에 발표된 「천추묘, 태왕릉과 장군총 주인에 대한 추정(千秋墓, 太王陵和將軍墳墓主人的推定)」에서 팡치둥은 천추묘, 태왕릉, 장군총의 무덤 형식과 구조, 석축 공예에 대해 상세하게 서술하고, 변화하는 법칙을 통해 그 연대 순서를 추정했는데, 그의 주장에 따르면 천추묘가 가장 빠르고 그 다음이 태왕릉, 그리고 장군총이 가장 늦은 시기다. 이 때문에 다음과 같은 추정이 가능해진다.

천추묘는 고국양왕의 능묘일 가능성이 아주 높다.
태왕릉은 광개토왕 담덕의 능묘이다.
장군총은 장수왕릉이다.

경톄화는 「고구려 무덤 위의 건축과 그 성격(高句麗墓上建築及其性質)」〔『고구려 연구문집(高句麗研究文集)』, 연변대학출판사, 1993년 7월〕에서 집안에 있는 6기의 대형 적석 왕릉과 무덤 위 건축에 대해 연구, 고찰하여 그 연대 순서를 초보적으로 판단하고 무덤 주인을 다음과 같이 추정하였다.

서대묘—15대 미천왕의 능묘

JYM992—16대 고국원왕의 릉묘

JYM3319—17대 소수림왕의 능묘

천추묘—18대 고국양왕의 능묘

태왕릉—19대 호태왕의 능묘

장군분—20대 장수왕의 능묘

웨이춘청은 「집안 고구려 대형 적석묘 왕릉(集安高句麗大型積石墓王陵)」 〔『청과집(靑果集)』, 지식출판사, 1993년 12월〕에서 팡치동의 관점에 동의하고 태왕릉은 호태왕의 능묘이며 장군총은 장수왕의 능묘라고 하였다. 그리고 천추묘는 고국양왕의 능묘에 더욱 가깝다고 하였다. 1996년 그는 다시 「집안 고구려 왕릉 연구(集安高句麗王陵硏究)」에서 자신의 관점을 심화시켜 설명하였다.

고구려 묘제와 중원 묘제, 발해 묘제의 비교 연구 방면에서는 왕샤(王俠)의 「고구려 모줄임 고임 무덤 시론(高句麗抹角疊澁墓初論)」, 정융전(鄭永振)의 『고구려, 발해, 말갈 묘제에 대한 비교 연구(高句麗, 渤海, 靺鞨墓制的比較硏究)』에서 심화된 인식이 나타났다. 두 논문은 고구려 무덤 연구를 모든 중화 민족의 문화 영역에 융합시킨 것으로 각 민족 문화의 상호 융합, 상호 영향을 준 측면을 보여주었다.

3) 고구려 벽화 연구

1958년 양홍(楊泓)은 『문물 참고 자료(文物參考資料)』 제4기 「고구려 벽화 돌무덤(高句麗壁畵石墓)」에서 고구려 벽화 무덤의 형식상 특징, 벽화 내용, 연원, 시기 구분, 연대 등에 관한 연구를 발표하였다. 1980년 이후 우리나라 학자들은 고구려 벽화에 대해 전면적이고 심화된 연구를 진행하기 시작하면서 새로운 성과를 이루어냈다. 먼저 고구려 벽화의 내용, 형식, 표현 수법 및 문화 연원에 대한 연구가 진행되었다.

리덴푸은 「집안 고구려 벽화 시론(集安高句麗壁畵初探)」(『사회과학 집간(社會科學輯刊)』 1980년 제4기)과 「당대 발해 정효공주 무덤 벽화와 고구려 벽화 비교 연구(唐代渤海貞孝公主墓壁畵與高句麗壁畵比較硏究)」(『흑룡강 문물총간(黑龍江文物叢刊)』 1983년 제2기)에서 고구려 벽화의 풍습, 신앙, 경제, 건축, 신화 전설 등을 이용하여 고구려 사회의 여러 현상들을 해석하였다. 또 한편으로는 발해 시기 벽화와 비교를 통하여 그 회화 내용과 예술적 품격에 나타나는 차이점과 공통점을 이야기하여 중원 문화가 북방 민족의 문화 생산에 커다란 영향을 끼쳤음을 보여주었다.

천자오푸은 「고구려 벽화 예술 시론(高句麗壁畵藝術初探)」을 『중국화 연구(中國畵硏究)』 1982년 제2기에 발표하였다. 그는 고구려 전기 벽화는 주로 인간의 향락을 묘사하였고 이는 고구려 귀족의 생활 모습이라고 하였다. 그리고 후기 벽화는 천상을 지향하여 선인, 기예와 음악 그리고 신화 전설의 인물이 나타나는 낭만주의 색채를 가지고 있다고 하였다. 벽화의 주제, 사상 의식, 예술 품격 같은 것에서 고구려 벽화가 한대 이래 중원 회화의 영향을 상당히 많이 받아들였다는 것을 증명하였다.

류융즈(劉永智)는 「고구려 벽화 무덤과 중국 문화의 관계(高句麗壁畵墓與中國文化的關係)」를 『학술연구 총간(學術硏究叢刊)』 1982년 제4기에 발표하였는데 주로 한국 김원용이 쓴 『한국의 벽화 고분(朝鮮壁畵古墓)』[55]이라는 책에 대해 논평한 것이다. 그는 고구려 석실 봉토 무덤 또는 벽화 무덤이 고구려가 요동 지역을 공격하고 대동강 유역으로 남하하면서 중국의 무덤을

---

55) 【옮긴이】 김원용, 『한국벽화고분』(일지사, 1980)이 원제목이다.

접촉한 이후 만들어지고 유행한 것이라고 하였다. 초기 무덤 주인의 초상화, 부엌, 놀이, 사냥 같은 생활류의 벽화는 중국 벽화 무덤의 양식과 내용에서 배운 것이며, 고구려에 중국의 전통이 계승되어 5, 6세기에는 거의 독자적으로 동아시아 무덤 벽화의 발전을 지속적으로 추진해 나갔다.

우쟈창(武家昌)은 「환인 미창구 장군 무덤 벽화 시론(桓仁米倉溝將軍墓壁畵初探)」, 「미창구 장군 무덤 벽화와 벽화무덤의 피장자에 관한 문제(米倉溝將軍墓壁畵及諸壁畵墓被葬者的問題)」를 『요해 문물학간(遼海文物學刊)』에 발표하고 이를 외국 학계 회의에서도 발표하였다. 장군 무덤 벽화의 내용은 옆면에서 본 연꽃 위주이며 '왕(王)'자 형의 구름이 흘러가는 도안이 그려져 있다고 소개하였다. 여기에 반영된 사상 내용은 고구려가 숭상한 불교와 관련이 있으며 장군 무덤의 피장자는 발기(拔奇)의 후손이라고 하였다. 그리고 집안 벽화 무덤의 주인을 왕족, 상층 귀족과 중층 또는 더 낮은 관리들로 나누었는데 주요 근거로는 바깥 봉토의 크기를 들었다.

신쟌산(辛占山)의 「환인 미창구 고구려 장군 무덤(桓仁米倉溝高句麗將軍墓)」, 류이단(劉伊丹)의 「환인 미창구 고구려 장군 무덤 벽화에 대한 소고(淺談桓仁米倉溝高句麗將軍墓壁畵)」(『요해 문물학간』 증간) 두 논문에서는 미창구 고구려 벽화의 내용과 품격, 그 관련 문제에 대해서 소개하고 있다.

류쉬안탕은 『북방문물』 1988년 제1기에 「집안 고구려 벽화 무덤 연구 개설(集安高句麗壁畵墓硏究槪述)」에서 집안 고구려 벽화 무덤의 개황을 소개하고 중국 고고학자들이 집안 고구려 벽화 무덤에 대해서 진행했던 고고학 작업과 국내 학자의 연구 성과를 소개하였다.

다음으로 고구려 벽화의 연대와 시기 구분에 관한 연구가 있다. 양홍은 1950년대 고구려 벽화 무덤을 세 시기로 나누었다. 무덤 형식의 변화 규율은 외방[單室], 천장에 여러 층의 고임이 있는 돔 형식(疊砌穹窿式) ― 여러 방(多室), 천장 고임에 모줄임(疊砌加抹角) ― 외방, 천장부에 모줄인 고임

(抹角疊砌)으로 나누었다. 벽화 내용의 변화는 생활 소재 — 생활 소재에 사신이 더해진 것 — 순수한 사신 내용으로 나누었다. 그는 씨름무덤과 춤무덤을 제1기 고임이 있는 돔 형식에 넣었다.[56]

리롄푸은 「집안 고구려 무덤 연구」에서 고구려 벽화 무덤을 3시기로 나누었는데 이는 양훙과 비슷하다. 시기적으로 볼 때 초기는 3세기 중엽에서 4세기 중엽, 중기는 4세기 중엽에서 5세기 중엽, 말기는 5세기 중엽에서 6세기 중엽이라고 하였다.[57]

팡치동은 「집안 장천1호벽화무덤」에서 집안 고구려 벽화 무덤을 4시기로 나누어 연대는 4세기 말에서 6세기 중, 말기까지라고 하였다.[58]

탕츠(湯池)는 『중국 미술 전집(中國美術全集)』[59] 회화편 제12권에서 고구려 무덤 벽화의 3시기 구분법에 동의하였으나 연대가 넘어가는 정도가 비교적 짧은 것은 팡치동의 견해와 가깝다. 고증 방면에서는 회화의 품격을 비교 연구하는 데 치중하였다.

웨이춘청은 『고구려 고고(高句麗考古)』 제2장 제4절에서 4시기 구분법을 제기하였다.[60] 고증 방면에서는 무덤의 구조, 벽화 내용에서부터 출토된 유물 가운데 타원형의 말 등자를 증거로 삼아 설득력 있는 관점과 인식을 제기하였다. 그는 1기는 4세기 중엽에서 5세기 초, 2기는 5세기, 3기는 5세기 말에서 6세기 중엽, 4기는 6세기 중엽에서 7세기 초라고 하였다.

자오동옌(趙東艶)은 「집안 고구려 벽화 무덤 시기 구분 문제에 대한 견해(關于集安高句麗壁畵墓分期問題之我見)」, 「집안 고구려 벽화의 시기 구분 시

---

56) 「고구려 벽화 고묘」, 『문물 참고 자료』, 1958년 제4기.
57) 『고고학보』, 1980년 제2기.
58) 『동북 역사와 고고』, 1982년 제1집.
59) 문물출판사, 1989년.
60) 길림대학출판사, 1994년.

론(試論集安高句麗壁畵的分期)」두 논문에서 서로 다른 각도로 무덤 형식과 벽화 내용을 분석하여 3시기 구분법을 제기하였다. 그리고 개별적인 무덤 연대의 시기에 대해서는 전통적인 견해와는 다른 의견을 제기하였다.[61] 모든 시기 구분 연대의 시간은 웨이춘청이 제기한 것과 비슷하다.

다음은 고구려 벽화에 대한 분류 연구이다.

팡치동의 「집안 고구려 벽화에 나타난 춤과 음악(集安高句麗壁畵中的舞樂)」[62]은 분류 연구를 가장 먼저 시도한 대표적인 논문이다. 몇 기의 춤추는 장면이 있는 벽화를 결합하여 고구려 민족의 춤과 음악의 발전, 중원과 북방의 여러 민족 생산에 대한 영향을 보여주었다.

경톄화는 「고구려 벽화에 나타난 사회 경제(高句麗壁畵中的社會經濟)」[63]라는 논문에서 집안 고구려 벽화를 통해 고구려의 농업, 어업, 수공업의 발전된 상황과 수준을 분석 연구하였다. 출토 유물을 결합하여 고구려 사회 경제의 구조, 분포 및 안정적인 통치의 작용을 심화시켜 토론하였다.

쑨런졔은 「고구려 벽화에 나타난 연꽃무늬에 대하여(談高句麗壁畵中的蓮花圖案)」[64]에서 연꽃 도안의 변천을 4시기로 나누어 비교 연구하였다. 1기는 연꽃무늬를 천장에서만 볼 수 있고 변화가 많지 않으며, 사실 있는 그대로를 그리는 도안이 위주이다. 2기의 연꽃무늬는 모든 천장을 거의 차지하고 그림의 품격이 더욱 성숙해진다. 3기 연꽃무늬는 일반적으로 중요한 위치를 차지하지 않고, 꽃잎은 뾰족하고 좁아지며 종류도 많아지고 변화가 풍부해진다. 4기의 연꽃무늬는 연꽃무늬와 기타 무늬가 서로 결합되어 표현된 것으로 연꽃은 이미 많은 변형을 거쳐 예술적으로 과장이 매우 심하다.

---

61) 『동북 지방사 연구』, 1992년 제4기 ; 『북방문물』, 1995년 제3기.
62) 『문물』, 1980년 제7기.
63) 『북방문물』, 1986년 제3기.
64) 『북방문물』, 1986년 제4기.

경톄화 · 리수잉(李淑英)이 함께 쓴 「고구려 벽화에 나타난 귀족 생활(高句麗壁畵中的貴族生活)」[65]에서는 집안 고구려 벽화의 부부 술마시기(夫妻飮宴), 노래와 춤, 씨름, 잡기, 나들이, 사냥 같은 여러 화면을 분류 · 연구하여 고구려 귀족의 사치, 호화로운 생활과 그 생활이 몰락하지 않기를 바라는 사상과 의식을 추구하였다는 것을 보여주었다.

경톄화 · 아잉(阿英)이 함께 쓴 「고구려 벽화에 나타난 전쟁 소재를 통해서 본 고구려 군대와 전쟁(從高句麗壁畵中的戰爭題材, 看高句麗軍隊與戰爭)」[66]은 집안 고구려 벽화의 전쟁 장면을 바탕으로 하여 고구려의 대내외 전쟁의 규모와 작전 방식, 포로 정책, 군사 장비, 군대와 병사의 종류 같은 문제를 설명하였다. 그리고 벽화의 사냥 장면은 고구려인의 군사 훈련과 예비 병력의 근원이었음을 보여준다고 지적하였다.

경톄화는 「고구려 벽화에 나타난 종교와 제사(高句麗壁畵中的宗敎與祭祀)」[67]에서 집안 고구려 벽화의 종교와 제사 관련 그림을 분류, 정리하였다. 불교 활동을 반영한 내용이 가장 많고 도교를 반영한 내용이 그 다음을 차지하며 유학을 종교적으로 숭배한 내용은 비록 적으나 역시 찾아볼 수 있다고 하였다. 고구려인의 제사 활동은 상당히 빈번하였는데 여러 문헌에서 고구려는 "귀신, 사직, 신령한 별에 제사를 지낸다(祭鬼神, 又祀靈星, 社稷.)", "귀신을 공경하고, 도리에 어긋나는 제사가 많다(敬鬼神, 多淫祠.)"고 기록되어 있다. 벽화에 나타나는 해와 달, 별, 복희(伏羲), 여와(女媧), 선인[仙人], 역사(力士) 등이 모두 제사와 숭배의 대상으로 나타난 것이라고 하였다.

경톄화는 또한 「집안 다섯무덤5호무덤 천장 벽화에 대한 새 해석(集安五盔五號墓藻井壁畵新解)」[68]에서 동북쪽의 모줄임한 돌 위의 복희, 여와는 인

---

65) 『박물관 연구』, 1987년 제2기.
66) 『북방문물』, 1987년 제3기.
67) 『요해 문물학간』, 1988년 제2기.

류의 시조를 나타낸 것이라고 하고 동남쪽 모줄임 돌의 소머리를 한 사람은 농업 생산을 가르치는 신농씨, 서북쪽의 수레를 만드는 두 사람은 해종(奚種), 길광(吉光) 부자로 수공업 생산의 출현과 수공업의 분업을 대표한다고 하였다. 그리고 서북쪽의 용을 타고 면류관을 쓴 사람은 헌원(軒轅) 황제라고 하였다. 네 폭의 화면을 연결해서 보면 인류가 탄생된 이후 미개한 시대에서 문명시대로 진입하면서 나타난 사회 단계를 반영한다고 하였다.

인거우유(尹國有)는 「고구려 벽화에 나타난 탕곡부상도(高句麗壁畵中的湯谷扶桑圖)」[69]에서 "씨름무덤의 씨름 그림 뒤에 커다란 나무가 한 그루 있는데 위에는 나는 새가 머물고 있고, 아래에는 두 마리의 짐승이 엎드려 있다. 하늘에는 변형된 구름이 있고 나무 아래 오른쪽에는 두 역사가 씨름을 하는 그림이 있는데 이것이 '탕곡부상도(湯谷扶桑圖)'이다"[70]라고 했다. 그리고 그는 「고구려 무덤방 안에 나타난 새그림(高句麗墓室中的鳥圖騰)」에서 고구려가 검은 학, 태양새, 봉황 같은 토템을 숭배하고 벽화의 여러 관련 그림에서 고구려 추모왕 탄생 전설인 난생조(卵生鳥) 토템 신화와 연결된다고 설명하였다.

고구려 벽화의 보호 연구에서도 일정한 성과가 있었다. 리정핑(李正平)의 「집안시 고구려 무덤방 벽화 곰팡이 제거 기술 보고(集安市高句麗墓室壁畵霉菌淸除技術報告)」[71]는 집안시 다섯무덤4호무덤의 곰팡이 제거 작업에 대한 일차적인 총결산이다. 논문에서 곰팡이가 발생하는 원인을 분석하고

---

68) 『북방문물』, 1993년 제3기.
69) 『고구려 역사와 문화 연구』, 길림문사출판사, 1997년.
70) 【옮긴이】『산해경』「해외동경」에는 "양곡(湯谷)이란 계곡에 부상(扶桑) 나무가 있는데, 열 개의 태양이 목욕하는 곳이다"라는 대목이 나온다. 하지만 씨름과는 전혀 무관한 것이다. 최근 중국 학계는 고구려에서 나타난 모든 역사적 사실을 중국 역사에 나온 사실과 연결지어 설명하는 것을 가장 큰 연구 목적으로 삼고 있다.
71) 『박물관 연구』, 1991년 제1기.

화학약품으로 곰팡이를 제거하는 이론적인 검토와 사용에 대한 결과를 다룬 것이다.

경톄화의 「집안 고구려 고분 벽화와 그 보호(集安高句麗古墓壁畵及其保護)」[72]라는 논문은 집안에서 지금까지 고구려 벽화 무덤에서 볼 수 있었던 각종 문제에 대한 보호 방법을 매듭지은 것이다. 그 가운데 재래식 방법으로 고랑을 파서 배수하는 방법도 있고, 화학약품으로 보호하는 것 같은 서양식 방법도 있다. 여러 해가 지났지만 벽화 보호는 여전히 진지하게 연구되어야 할 과제이다.

리정펑은 「길림성 무덤 벽화 보호 조치에 대한 연구 토론(吉林省古墓壁畵保護措施的探討)」[73]에서 집안시의 고구려 벽화에 대해서 지금까지 나타났던 문제들을 매듭지었다. 무덤방 안의 환경을 통제, 그림 표면에서 수분의 응결 방지, 이산화탄소의 함량 통제, 곰팡이의 제거 같은 것을 주 내용으로 하고 있다.

지금까지 우리나라 학자의 고구려 벽화 연구는 주로 집안의 고구려 벽화와 환인 미창구 벽화 무덤에 관한 연구였다. 조선 경내의 고구려 무덤 벽화에 대한 연구는 매우 적어서 웨이춘청의 『고구려 고고』 제2장 제5절에서 이를 소개하고 시기 구분을 진행한 정도여서 앞으로 더욱 강화된 연구가 필요하다. 특히 중국 경내와 조선 경내의 고구려 벽화를 종합하여 연구를 진행해야 한다.

---

72) 『고구려 연구 문집』, 연변대학출판사, 1993.
73) 『박물관 연구』, 1996년 제1기.

4) 호태왕비 연구

중화인민공화국 성립 이전에도 우리나라의 여러 저명한 학자들이 호태왕비의 문자를 판독하여 초보적인 고증과 해석을 진행한 몇 편의 글이 세상에 나온 바 있다. 예를 들면 왕즈슈(王志修)의 「고구려 영락태왕 고비 노래 고찰(高句麗永樂太王古碑歌考)」, 정원줘(鄭文焯)의 「고려국 영락호태왕비 석문 찬고(高麗國永樂好太王碑釋文纂考)」, 왕옌좡(王彦庄)의 「봉천성 집안 고적 고구려 왕 비문(奉天省輯安古蹟高句麗王碑文)」, 룽시(榮禧)의 「고고구려 영락태왕무덤 비문 고찰(古高句麗永樂太王墓碑文考)」, 뤄전위의 「호태왕릉비(好太王陵碑)」, 「고구려 호태왕릉비 석문(高句麗好太王陵碑釋文)」, 「고구려 호태왕비 꼬리말(高句麗好太王碑跋)」, 구셰광(顧燮光)의 「호태왕비(好太王碑)」, 류졔(劉節)의 「호태왕비 고찰과 석문(好太王碑考釋)」 같은 것이 있다. 그 밖에도 오대징(吳大澂), 예창츠 (葉昌熾), 양서우징(楊守敬), 탄궈환(談國桓), 장옌허우(張延厚), 진위푸 같은 여러 선생의 꼬리말과 석문(釋文)이 있다. 이 시기의 호태왕비 연구는 일반적인 소개, 문자 판독, 관련 문제의 고찰과 해석 등에 한정되어 체계적이고 심도 있는 고증과 종합 연구가 결여되어 있었다.

1980년 이후 우리나라 학자들은 더욱 깊이 있고 구체적이며 광범위한 연구를 시작하였다. 일련의 저작과 논문을 간행하여 국내외 학계에 매우 커다란 반향을 불러일으켰다. 주요 연구자와 그 저술, 학술적인 관점은 아래와 같다.

왕젠췬은 길림성 문물고고연구소 연구원으로 1996년 병으로 작고하였다. 1979년 팡치둥과 집안 호태왕비에 대한 실지 조사와 연구를 진행하여 『호태왕비 연구(好太王碑研究)』라는 책을 완성, 1984년 8월 길림인민출판사에서 출판하였다. 그리고 『사회과학 전선(社會科學戰線)』, 『박물관 연구』 같

은 잡지에「호태왕비의 발견과 수탁(好太王碑的發現和捶拓)」,「신채호의 호
태왕비에 대한 논술과 그의 집안 기행(申採浩對好太王碑的論述和他集安紀
聞)」,「구주대학 소장 호태왕비 탁본의 수탁 연대에 관하여(關于九州大學藏
好太王碑拓本的拓制年代)」 같은 10편 남짓한 논문을 발표하였다.

왕젠췬의 연구 성과는 주로 비문의 판독에서 나타나는데, 스스로 "새로
판독한 글자 89자와 각 연구자들이 논쟁하고 있는 것을 다시 확인한 62자
가 있는 것으로 여겨져 석문에서 네모꼴로 대체하였으나 실제로는 글자가
아닌 29자 같은 총 180자를 해결하였다"고 하였다. 그러나 여기에는 통계의
실수도 있고 어떤 것은 판독된 문자에 넣을 수 없는 것도 있다. 그러나 이는
한 권위자의 체계적인 학술 성과로, 새로 판독된 문자들은 연구에 매우 가
치 있는 것이다. 그리고 왕젠췬은 호태왕비를 조사하면서 비가 발견된 지
얼마 되지 않아 이끼를 제거하려고 불을 질렀던 상황을 발견하였으며, 석회
를 바른 비문이라는 사실을 확인하고 자기의 견해를 제기하였다. 왕젠췬이
비문의 신묘년, 을미년, 갑신년의 각 조목을 고증, 해석하고 호태왕비에 기
록된 몇 차례 전쟁에 대해 고증하고 연구한 것은 매우 깊이가 있다.

그는 또한『호태왕비 연구』에서 일반적인 언어를 사용하여 비문에 대한
해석과 주석을 하였다. 그리고 중국 근대 학자들의 연구 성과를 정리하고
소개하였으며, 국외의 여러 호태왕비 연구 자료를 한데 모아서 호태왕비 연
구를 보급하고 연구 수준을 높이는 데 중요한 성과를 거두었다.

포전스는 연변대학 조선사연구소 교수로 1981년 전후부터 호태왕비 연
구를 시작하였다. 그는「광개토왕 비문과 신묘년 기사 시론(試論廣開土王碑
文和辛卯年紀事)」,「호태왕 비문 가운데 나타난 주몽과 그의 출신(好太王碑
文中的朱蒙和他的出身)」,「호태왕 비문에 나온 영락 연호에 관하여(關于好
太王碑文的永樂年號)」 같은 여러 편의 논문을『조선사 통신(朝鮮史通迅)』,
『조선학 연구(朝鮮學研究)』,『발해사 연구(渤海史研究)』에 발표하였다.

1993년 연변대학출판사에서 『호태왕비와 고대 조일 관계 연구(好太王碑與 古代朝日關係硏究)』가 출판되었고, 1999년에는 『고구려 호태왕비 연구(高 句麗好太王碑硏究)』와 『호태왕비 탁본 연구(好太王碑拓本硏究)』가 다시 정 리, 출판되었다.

포전스는 10년 남짓 이 연구에 몰두하여 호태왕 비문 고증, 해석과 역사 문제의 논쟁에 대한 독특한 견해를 보여왔다. 그는 비문의 문자 특징에 대 해서 분류 정리하여 규율성(規律性)을 찾았으며, 비문에 나타난 4~5세기 고구려와 동아시아 여러 국가의 관계에 대해 더욱 자세한 연구를 진행하였 다. 국외 학자의 임나일본부 존재 이론을 부인하고 임나일본부가 한반도를 통치했다는 것을 부정하면서 일본 학자들이 한반도에 왜(倭)의 땅이 있었 다는 논법을 비판하였다. 그리고 여러 측면에서 고구려 왕조가 자기의 연호 를 사용하였다는 것을 논증하였는데, 호태왕 비문의 "영락(永樂)"이 바로 호태왕의 연호라고 하였다.

경톄화는 집안시박물관에서 10년 남짓 문물 보호관리와 과학 연구의 책 임을 맡았다. 그는 국내외 학계에 「호태왕비 발견 시기에 대한 새로운 탐구 (好太王碑發現時間新探)」, 「호태왕비의 국연 간연 및 그 신분 문제(好太王碑 的國煙看煙及其身分問題)」, 「호태왕비 신묘년 조에 대한 연구와 해석(好太王 碑辛卯年條考釋)」, 「집안 고구려 역사와 호태왕비(集安高句麗歷史與好太王 碑)」 같은 논문을 열 편 남짓 발표하였다. 1994년 6월 길림인민출판사에서 그의 저서 『호태왕비에 대한 새로운 고찰(好太王碑新考)』이 출판되었다.

경톄화는 비문의 판독에서 비석에 현존하는 글자를 대조, 검토하여 비문 의 글자가 원래 1775자이고, 현존 글자는 약 1659자이며, 판독할 수 있는 글자는 모두 1622자라고 하였다. 그는 호태왕 비문의 서술, 돌의 채취, 건 립, 새김 방면에서 새로운 관점을 제기하였고 호태왕비 보호 현황과 화학 접착 처리 방법에 대한 문제를 제기하였다. 그리고 호태왕 비문의 "신묘년

(辛卯年)" 문구와 "왜(倭)"의 실체, "국연·간연(國烟·看烟)"의 신분, 호태왕의 군대, 비문에 나타난 신화 전설들에 관해 모두 깊이 있는 연구와 새로운 인식을 보여주었다. 탁본 연구에서는 비문의 해석에 대한 집대성 및 연구 수단과 방법에 대한 새로운 견해와 이해를 제시하였다.

이상 세 사람의 학자는 모두 호태왕비 연구에 대한 전문 저작을 출판하였고 여러 편의 논문을 발표하여 각자의 학술적인 관점과 품격을 형성하여 국내외의 고구려 호태왕비 연구 영역에 커다란 영향을 끼쳤다.

이외에 우리나라 몇몇 학자들도 연구 논문을 발표하여 중요한 영향을 미쳤다.

대만대학 역사학과 교수인 가오밍스(高明士)는 「대만 소장 고구려 호태왕비 탁본(臺灣所藏的高句麗好太王碑拓本)」, 「노정일 원사 방문과 고구려 호태왕비에 대한 대담(訪勞貞一院士談高句麗好太王碑)」을 대만에서 『한국학보(韓國學報)』에 발표하고 외국어로도 번역하여 실었다. 가오밍스는 대만에 소장된 다섯 종류의 호태왕비 탁본을 조사하여 진지하게 고증, 연구하여 이에 합당한 평가를 내림으로써 호태왕비 탁본의 전파와 연구 방면에 새로운 국면이 나타났다.

중국사회과학원 세계사연구소의 쉬젠신(徐建新) 연구원은 북경 지역에 소장되어 있는 호태왕비 탁본에 대한 조사와 연구를 진행하였다. 몇 년 동안 그는 「호태왕비 원석 탁본의 새로운 발견과 그 연구(好太王碑原石拓本的新發現及其研究)」, 「현재 북경에 있는 호태왕비 원석 탁본에 대한 조사(北京現存好太王碑原石拓本的調査)」, 「현재 북경에 있는 광개토왕 원석 탁본과 그 의의(北京現存廣開土王原石拓本及其意義)」, 「북경대학 도서관 소장 호태왕비 원석 탁본에 관하여(關于北京大學圖書館所藏好太王碑原石拓本)」[74] 같은 여러 편의 논문을 발표하고 옛날 왕소잠이 소장했던 탁본, 북경도서관 소장본, 북경대학 도서관 소장본 등 여섯 종류의 비교적 이른 시기 탁본을 상세히 소개하여 호태왕비의 고증, 해석과 연구에 중요한 근거를 제공하였다.

길림성사회과학원 연구원 류융즈는 호태왕비 연구에 20여 년간 몰두하면서 「호태왕비 신묘년 기사 시론(好太王碑辛卯年記事初探)」, 「호태왕비 논쟁 문제에 관하여(關於好太王碑爭論的問題)」, 「호태왕비의 발견과 기타 문제(好太王碑的發現及其他)」, 「호태왕비를 통해서 본 고구려의 사회 성질(從好太王碑看高句麗社會性質)」[75] 같은 여러 편의 논문을 발표하여 호태왕비의 발견과 탁본, 신묘년, 임나, 석회를 바른 문제에 대해 다루고, 소위 "남연서(南淵書)" 및 관련 고구려의 역사 사실에 대한 토론과 연구를 진행하여 학계에 커다란 영향을 주었다.

1990년 이후 오랫동안 진한(秦漢) 고고학에 종사한 왕종쉬(王仲殊)는 「호태왕비문 신묘년 조 글자풀이(關于好太王碑文辛卯年的釋讀)」, 「호태왕비 신묘년 조 글자풀이를 다시 논함(再論好太王碑文辛卯年的釋讀)」[76]을 차례로 발표하여 국제적으로 호태왕 비문의 신묘년 조에 대한 논쟁에 참여했다. 이외에도 뤄지쭈(羅繼祖) · 우치싱(吳琦幸) · 왕후이안(王會菴) · 팡치동 · 친웨이궈(秦維國) 같은 여러 학자들이 호태왕비의 글자, 서법, 역사에 대해서 연구, 소개하여 우리나라 학자들의 호태왕비 고증과 연구를 촉진시켰다.

5) 고구려 유물 연구

여기에서 말하는 고구려 유물[文物]이란 이동할 수 있는 유물로 박물관에

---

74) 『세계 역사』, 1993년 제2기;『한국 연구』, 1994년 제1집;『명치(明治)대학 국제교류기금 사업 초청 외국인 연구자 강연록』, 1994년 제2호;『세계 역사』, 1995년 제2기.
75) 『학술연구 총간』, 1981년 제2기;『동북아연구』, 1983년 제1집;『사회과학전선』, 1985년 제1기;『조선학연구』, 1988년 제1집.
76) 『고고』, 1990년 제11기, 1991년 제12기.

소장된 유물을 가리키며 지금까지 출토된 고구려 금은기, 옥석기, 도자기, 동기, 철기, 도금기 등이 포함된다. 주로 집안시박물관, 길림성박물관, 연변지구박물관, 요녕성박물관, 조선, 한국, 일본 같은 나라의 박물관에 소장되어 있다.

중국 학자의 고구려 유물에 대한 연구는 1980년대 이후 시작되었고 대체로 아래와 같은 몇 가지 방면으로 나눌 수 있다.

고구려 토기 연구는 고고학계에서 가장 주의를 끌 수 있는 주제이다.

경톄화·린즈더(林至德)은 『문물(文物)』 1984년 제1기에 「집안 고구려 토기에 대한 초보적 연구(集安高句麗土器初步研究)」를 발표하여 집안에서 출토된 고구려 토기에 대한 분류와 시기 구분을 정하였다. 토기는 모두 3시기로 나눌 수 있는데 초기(1조 토기)는 고구려 건국부터 3세기 말까지이다. 초기는 기본적으로 손으로 만들었으며 소성도(燒成度)가 높지 않다. 굵은 모래가 많이 섞여 있으며 진흙 성분의 토기가 적다. 표면 색깔은 황갈색, 홍갈색, 회갈색이다. 그릇의 형태는 주로 항아리, 단지, 잔 따위가 있다.

중기(제2조 토기)는 연대가 4세기 초에서 5세기 말까지로 기본적으로 물레로 만들었다. 손으로 만든 것은 양이 적으며 소성도가 점점 높아진다. 진흙 성분 토기가 많으며 굵은 모래가 섞인 토기는 양이 적다. 표면색은 회색, 흑색 또는 황토색으로 토기 색깔은 모두 한결같으며 토기 질이 단단하다. 이 시기에 저온의 유약 바른 토기가 나타난다. 그릇의 형태는 항아리, 단지, 병, 바리때(鉢), 주발(椀), 창고 모양의 토기(倉), 독(甕), 동이(盆), 귀 달린 잔(耳杯), 솥 모양의 토기(釜), 아궁이 모양의 토기(灶) 같은 것이 있다. 후기(3조 토기)의 연대는 약 6세기 이후에 해당한다. 토기의 바탕 성분은 대부분 진흙 성분이고 색이 맑으며, 대부분 회색, 검정색, 황색이 많다. 소성도가 높으며 그릇 형태는 항아리, 단지, 동이, 쟁반(盤), 바리때, 벼루(硯), 베개(枕), 요강〔虎子〕 등이 있다.

웨이춘청은 『문물』 1985년 제5기에서 「고구려 네 손잡이 바라진 아가리 항아리의 변천과 관계된 몇 가지 문제(高句麗四耳展沿壺的演變及有關的幾個問題)」에서 봉토석실 벽화 무덤의 변화 과정에 근거하여 5점의 '네 손잡이 바라진 아가리 항아리(四耳展沿壺)'를 두 유형으로 나누었다. Ⅰ식은 항아리의 목이 어깨에서부터 직접 비스듬히 아가리로 향하여 목구멍이 하나로 결합되어 있다. Ⅱ형은 항아리의 어깨 위에서 먼저 곧은 목이 나타난 후에 다시 비스듬하게 아가리로 향한다. 그리고 항아리의 꽃무늬의 변화를 분석하여 네 손잡이 바라진 아가리 항아리의 연대를 5세기 전후로 획정하였다.

1999년 제4기 『북방문물』에 챠오량(喬梁)이 발표한 「고구려 토기의 편년과 시기 구분(高句麗土器的編年與分期)」에서는 지금까지 학술지에 발표된 우리나라 고구려 토기를 연대에 따라 배열하여 연구를 진행하였다. 토기를 9개조로 나누고 4시기로 나누었다. 1기는 대체로 양한 시기, 2기는 대체로 조위에서 서진 시기, 3기는 대체로 동진 시기, 4기는 대체로 북조 시기에 해당한다. 그 하한은 고구려 말기라고 할 수 있다.

2001년 제3기 『고고와 문물(考古與文物)』에 발표된 경톄화의 「고구려 유약 바른 도기의 유형과 시기 구분(高句麗釉陶器的類型與分期)」에서는 지금까지 출토된 고구려 유약 바른 토기에 대한 분류 연구를 시도하여 그 연대를 4세기에서 6세기까지로 확정하면서 대체로 3시기로 나누었는데 각 시기는 약 1세기쯤 된다.

고구려 수막새 연구에 관한 글은 그리 많지 않다. 대체적인 상한은 길림성 집안시에서 출토된 고구려 수막새이다.

리뎬푸은 「집안 새털구름 무늬 수막새 고찰(集安卷雲紋瓦當考辨)」을 『사회과학 전선』 1984년 제4기에 발표하였다. 여기에서 집안에서 출토된 10점의 흑회색 새털구름 무늬 명문 수막새에 대해서 소개하고 고증하였다. 이러한 수막새는 진대(晉代) 또는 진 고구려(晉高句麗) 시기의 유물이라고 여기고, 대부분 고구려 도성인 국내성 일대에서 생활하던 한인(漢人) 기와장이가 만든 제품이라고 추정하였다. 그리고 고구려인이 이를 모방하여 만들었을 가능성도 부인하지 않았다.

린즈더 · 경테화는 「집안에서 출토된 고구려 수막새와 그 연대(集安出土的高句麗瓦當及其年代)」를 『고고(考古)』 1975년 제7기에 발표하였다. 논문에서는 집안에서 출토된 고구려 수막새를 문자 수막새, 연꽃무늬 수막새, 짐승얼굴 무늬 수막새, 인동무늬 수막새로 크게 네 가지 유형으로 나누고 각 유형마다 형식, 특징, 크기의 차이가 있어 이를 좀 더 세분화하여 나누었다. 고구려가 사용한 기와와 수막새의 연대는 대략 3세기 중엽, 후기 중원식의 새털구름 무늬 수막새와 문자 수막새를 이용하기 시작하였다고 하였다. 4세기 말에는 스스로 민족 특색이 있는 수막새가 출현하였다고 보고 있으며 고구려가 제작한 기와업을 관영(官營)과 사영(私營) 두 종류로 나누었다.

박물관에 소장된 고구려 유물 가운데는 마구와 병기의 수량이 적지 않은데 이 역시 학자들이 중점을 두는 연구 대상이라고 할 수 있다.

웨이춘청은 「고구려 말갖춤의 발전과 연구(高句麗馬具的發展及研究)」를 『북방문물』 1991년 4기에 발표하였다. 여기에서 환인, 집안의 고구려 무덤에서 출토된 고구려 말갖춤을 소개하고 말안장 가리개(鞍橋), 재갈멈치(銜鑣), 발걸이(馬鐙), 말띠드리개(杏葉) 같은 모든 항목에 대해 분석과 비교를 하여 고구려 말갖춤의 특징과 그 주변 지역과 국가 사이의 관계를 자세하게 설명하였다. 또한 중원의 말갖춤 기술이 한반도 남부와 일본에 전파된 과정에서 고구려가 이를 중계하고 계속 발전시켜 나감으로써 자기 창조와 공헌이 있었으며 고구려 마구에 직접적인 영향을 준 것은 주로 선비족이라고 하였다.

동가오(董高)는 『문물』 1995년 제10기에 「3~6세기 모용 선비, 고구려, 조선, 일본 말갖춤에 대한 비교 연구(3至6世紀慕容鮮卑, 高句麗, 朝鮮, 日本馬

具的比較研究)」를 발표하였다. 논문에서 모용 선비, 고구려, 조선, 일본의 말갖춤에 대한 분포, 특징, 연대, 시기 구분과 상호 관계를 쓰고, 고구려 말갖춤은 모용 선비의 말갖춤에서 영향을 받았고 집안의 고구려 말갖춤은 다시 한반도에 영향을 미쳤으며 그 뒤 일본의 말갖춤에도 영향을 미쳤다고 하였다. 이 때문에 이러한 말갖춤을 3~6세기 동북아 선비계 말갖춤이라고 일컬었다.

양홍은 「중국 고대 말갖춤의 발전과 대외 영향(中國古代馬具的發展和對外影響)」이라는 논문에서 안양(安陽) 효민둔(孝民屯)의 서진(西晉) 무덤, 조양(朝陽) 원대자(袁臺子) 진(晉) 무덤에서 출토된 말갖춤과 길림 집안 고구려 무덤에서 출토된 말갖춤을 대비, 분석하여 집안 고구려 말갖춤이 중원 말갖춤의 영향을 분명하게 받았다는 것을 지적하였다. 그리고 한반도와 일본의 말갖춤 역시 중원 말갖춤의 영향을 받았다고 하였다.

경톄화 · 쑨런졔 · 츠융이 쓴 「고구려 병기 연구(高句麗兵器研究)」는 연변대학에서 1993년 7월에 출판된 『고구려 연구문집(高句麗研究文集)』에 수록되어 있다. 고구려 병기를 긴 병기, 짧은 병기, 쏘는 병기와 막는 무기 같은 네 가지의 큰 유형으로 나누었다. 긴 병기에는 청동 투겁창, 철제 투겁창, 사지창, 삼지창이 있고, 짧은 병기에는 청동단검, 청동제 큰도끼, 쇠칼, 고리머리칼, 긴 세 모서리꼴 쇠칼, 세 가지 갈고리 따위가 있다. 쏘는 병기에는 금동화살촉, 쇠 슴베 청동화살촉, 우는살(鳴鏑), 쇠화살촉 따위가 있다. 그 가운데서 가장 특색이 있는 고구려 쇠화살촉은 대체로 23종류의 형식인데 그 종류가 대단히 많다. 막는 무기로는 주로 쇠 갑옷미늘, 쇠 못신, 금동제 못신 따위가 있다.

고구려 금속 병기는 주로 고구려인 스스로 생산, 제작한 것이다. 중원지역의 동기, 철기 제작 공예의 영향을 받았고 새롭게 창조한 것들도 있다. 여러 형식으로 된 대량의 철제 화살촉이 나타난 것이 가장 좋은 예이다. 설명이 필요한 부분은 고구려 병기의 작용이 전쟁에서만 이용하는 것이 아니라 사냥 활동에서도 자주 사용하고 있다는 것인데 이 점은 관심을 불러일으킨다.

이외에도 다른 유물들에 대한 학자들의 연구와 소개가 있었다.

쑨런졔의 「집안에서 출토된 고구려 금장식(集安出土的高句麗金飾)」이라는 논문은 고구려 장식 가운데서 금제품에 대한 연구이다. 이 가운데는 반지, 팔찌, 머리 장식, 고리 장식과 기타 금장식 등이 있으며 각 종류마다 다른 양식이 있다. 그 형식, 공예 등에 따라 그 용도와 가치를 이야기하였다.

화옌(華巖) · 지에용(杰勇)은 「길림 집안에서 출토된 몇 개의 구리 도장(吉林集安出土的幾方銅印)」에서 중원에서 고구려에 만들어준 도장인 군사마인(軍司馬印), 진 고구려 솔선읍장 인(晋高句麗率善邑長印), 진 고구려 솔선천장 인(晋高句麗率善仟長印), 진 고구려 솔선백장 인(晋高句麗率善佰長印)에 대해서 소개하였다. 그리고 고구려인이 새긴 청동 도장이 있는데 양면에 오목새김〔陰刻〕이 되어 있으며 한쪽 면에는 "비천여랑고인(樑天如郎古印)" 다른 한쪽 면에는 "계해년 정월중(癸亥年正月中)"이라고 새겨져 있다.

자오수친(趙書勤)은 「집안에서 출토된 고구려 쇠솥(集安出土的高句麗鐵鍋)」에서 집안에서 출토된 11점의 고구려 쇠솥을 소개하여 그 형식, 규격, 분류에 대해서 소개하였다. 그리고 그 제작 연대와 주조 공예 같은 상황을 설명하였다.

위안성(遠生)은 「고구려의 도금한 구리 못신(高句麗鎏金銅釘鞋)」에서 집안 마선구에서 출토된 1점이 도금한 구리 못신을 소개하였고 비록 껴묻기로 제작되어 무덤에 들어갔으나 이는 고구려 귀족의 생활 용품이라고 하였다.

6) 고고학 연구에 관한 전문 저술

중국 학자들의 고구려 고고 연구에 대한 중요 성과는 세 권의 고고학 전문 저작의 출판으로 표현할 수 있다.

첫 번째, 웨이춘청의 『고구려 고고(高句麗考古)』는 1994년 6월 길림대학 출판사에서 출판되었고 모두 4장(서론 포함) 16절로 나누어지며 전체 18만 5000자와 180장의 그림이 실려 있다.

이 책은 중국의 고구려 고고 발견과 성과를 전체적으로 소개하고 조선의 고구려 고고학 상황에 대해서도 설명을 하였다. 고구려 도성에 대한 논증 면에서 건축 구조, 규모, 유적, 유물에 대해 상세히 논술하였으며 고구려 도성의 위치에 대해서는 중국 환인, 집안, 조선 평양으로 확정하여 논증을 진행하였다. 또한 도성을 중심으로 각 유형별 산성의 분포와 형식, 규모와 가치를 소개하고 후기 장성과 여러 평지성, 관련 건축 유적의 조사 발굴에 대한 평론도 하였다.

고구려 무덤은 지금까지 보존된 수량이 가장 많고 분포 지역이 광범위한 고구려 유적이다. 이 책에서는 고구려 돌무지무덤의 유형, 등급, 연대에 대한 분류 연구를 진행하였다. 집안에 있는 대형 왕릉급 돌무지무덤(大形積石墓王陵)과 무덤 주인을 추정하였으며 돌무지무덤을 제외한 고구려 무덤에는 봉토무덤이 있는데 이에 대한 형식과 구조, 등급, 연대에 관한 연구도 함께 진행하였다.

고구려 무덤 가운데는 무덤방 안에 아름다운 벽화가 그려진 것이 있다. 이 책에서는 중국 집안의 고구려 벽화 무덤과 조선 경내의 고구려 벽화 무덤에 대한 종합적인 연구를 진행하여 유형과 연대, 시기 구분을 확정하였다. 이는 중국 학자가 조선 경내의 고구려 벽화 무덤을 전반적으로 한 차례 소개한 연구였다.

고구려 유물에 대해서 이 책에서는 건물 주춧돌·벽돌기와와 수막새, 토기, 금속기·비각·돌기둥 및 기타 유물을 4절에서 소개하고 연구하여 고구려 유물의 출토, 보호 및 연구 상황에 대해서 전반적으로 보여주었다.

2002년 6월 문물출판사에서는 '20세기 중국 문물고고 발견과 연구총서(二十世紀中國文物考古發現與硏究叢書)'의 하나로 웨이춘청의 『고구려 유적』이 출판되었다. 이것은 두 번째의 고고학 전문 저술이다.

이 책은 『고구려 고고』의 기초 위에 수정·보완하여 완성된 것으로 머리말, 도성, 산성, 무덤처럼 크게 네 부분, 18개 작은 항목으로 나뉜다. 48종류의 그림이 실렸으며 전체 약 18만 자에 이른다. 특히 산성 부분의 내용이 늘었는데 예를 들어 산성의 분포, 산성 규모, 산성의 유형, 산성의 성벽, 시설과 건축 방면 등이 더욱 상세해졌다. 그 가운데 중국 경내의 고구려 산성 일람표와 조선 경내 고구려 산성 일람표 및 분포도가 35쪽에 이르는 많은 분량을 차지하고 내용도 상세한 것이 특징이다. 그 밖에 고구려 유물에 대한 부분은 대폭 삭제되었다. 다만 무덤 부분에서 도자기와 금속기를 두 절로 나누어 실었다. 수막새와 비각은 모두 고구려 무덤과 관련지어 함께 다룸으로써 더욱 치밀하고 합리적으로 보인다.

세 번째 고구려 고고에 대한 전문 저술은 경톄화·인거우유가 함께 쓴 『고구려 수막새 연구』로 2001년 12월 길림인민출판사에서 출판되었다.

이 책은 고구려 수막새를 전문 연구한 저작으로 내용은 개요, 고구려 수막새 연구, 고구려 수막새의 연원, 고구려 수막새의 예술 같은 4장 16절로 나뉜다. 그리고 칼라, 흑백 사진 16장, 고구려와 중원, 발해 수막새의 탁본과 그림 157장이 함께 실렸다. 전체 약 25만 자에 이른다.

이 책은 중국 집안, 무순(撫順), 서풍(西豊), 봉성(鳳城), 신빈(新賓), 혼춘(琿春), 요원(遼源)과 조선 평양, 한국 중원군 일대에서 출토된 고구려 수막새와 중, 조, 한, 일 각국 박물관에 소장 기록된 고구려 수막새를 연구 대상으로 하여 구역, 유형으로 나눠 연구하고 그 연대를 확정하였다. 그리고 고구려 수막새의 용도, 가치, 예술 특징, 문화 연원에 대해서도 연구를 진행하였다. 이 책에 실린 170여 장의 수막새 사진, 탁본, 그림은 많은 수가 우리나라에서 처음 발표된 것에 속하여 그 연구와 사용 가치는 매우 높다.

【 3. 외국 학자의 고고 연구 】

1) 조선 학자의 연구[77]

조선 학자들은 역사와 고고 저작에서 고구려 고고 발견에 대한 광범위한 소개와 연구를 진행하였다. 여기에서는 1985년 이후 대표적인 학술 논문을 분류하여 소개함으로써 그들의 최근 연구 상황을 이해하는 데 편의를 돕고자 한다.

(1) 고구려 유적 연구

안병찬(安炳燦)은 장수산 일대의 고구려 유적에 대해 연구한 글을 발표하였다. "장수산 일대의 고구려 유적은 장수산성, 평지성, 건축군, 무덤 등이 하나의 체계를 이루고 있다. 지금까지 알려진 고구려 유적을 살펴보면 산성, 평지성, 건축군, 무덤이 한 체계를 이루고 있는 것으로는 고구려의 수도인 국내(성)와 평양 이외의 지역에서는 찾을 수 없다. 국내는 산성자산성, 국내성, 동대자 유적을 으뜸으로 삼아 주위에 건축군 및 많은 무덤이 하나의 체

---

77) 이 절은 리수잉 · 류란, 「조선 학자의 최근 고구려 고고 연구에 대한 개황(朝鮮學者近年來高句麗考古研究概況)」과 양춘지 · 경톄화 주편, 『고구려 귀속문제 연구』, 364~373쪽을 주로 참고함.

계를 이루고 있고 평양은 대성산성, 안악궁성, 청암동 건축군, 대성산성 남쪽 산기슭에 1000기 남짓한 무덤이 하나의 체계를 이룬다", "장수산 일대의 고구려 유적 가운데서 왕궁이나 수도 같은 중요한 건축지에서 볼 수 있는 암기와 막새와 연꽃무늬 수기와 막새가 출토되었다", "위의 사실은 장수산 일대가 고구려 남부 지역의 정치, 경제, 군사 거점임을 설명한다. 문헌 기록에 근거해보면 고구려에는 남평양이 존재했는데…… 이로 인해 장수산 일대의 고구려 유적은 고구려 남부 유적으로 볼 수 있다. 다시 말하면 고구려 남부의 정치, 경제, 군사 거점으로 장수산 일대가 고구려의 남평양이다. 남평양은 고구려의 별도로서 수도의 다음 지위에 있다."[78]

유병흥(柳炳興)도 장수산 일대 고구려 유적 발굴의 가장 중요한 성과는 "4세기 고구려의 남평양과 그 위치를 증명한 것이다", "이 일대에서는 여러 곳의 왕궁지 또는 수도의 중요한 건축지에서 볼 수 있는 암기와 막새와 연꽃무늬 와당이 출토되었다. 그리고 지리적으로 볼 때 이 일대는 서북 지방과 내륙 지방의 왕래가 편리한 곳이며 멸악산맥, 수양산맥과 구월산맥 등 험준한 지세로 둘러싸여 있는 군사 요충지다"라고 하였다.[79]

최승택(崔承澤)은 장수산성 1호 건축 유적에 대해 토론을 전개하면서 유적에서 출토된 홍색 꼰 무늬, 네모무늬, 그물무늬 같은 형식과 산성하 아양리(峨洋里), 월당리(月堂里) 일대의 고구려 건축 유적 및 평양, 대성산성, 청암, 청호동 같은 다른 고구려 유적에서 출토된 기와류가 여러 공통점을 가지고 있다고 하였다. 이로 인해 1호 건축지에서 "출토된 기와가 고구려 시기의 기와일 가능성이 매우 높다. 이는 1호 건축지가 고구려 시기의 유적이라는 것을 뜻한다", "그 연대는 4세기 초에서 중엽으로 볼 수 있다", "건축

---

78) 안병찬, 「장수산 일대의 고구려 유적 유물에 대하여」, 『조선고고연구』, 1990년 제2호.
79) 유병흥, 「고고학 분야에서 이룩한 성과」, 『조선고고연구』, 1992년 제2호.

지는 국왕이 일이 있을 때 사용하던 행궁지로 볼 수 있다", "결과적으로 장수산성은 371년 백제군과 대규모 전투을 벌였을 때 고구려의 남평양성으로 볼 수 있으며 산성 안에서 출토된 행궁지는 이 전투 가운데 전사한 고국원왕이 머물렀던 곳으로 볼 수 있다"고 하였다.[80] [81]

(2) 고구려 고성 연구

안병찬, 최승택, 남일룡(南日龍)은 고구려 장수산성, 봉세(鳳勢)산성, 학(鶴)산성의 구조, 연대, 성질에 대한 연구를 진행하였다.

여러 연구 가운데서 채희국(蔡熙國)의 「고구려 성곽 연구」는 장장 8만여 단어에 달하는 가장 대표적인 연구 논문이다.[82]

「고구려 성곽 연구」는 모두 다섯 부분으로 나뉜다.

첫 번째 부분은 "고구려 성곽의 분포와 종류"이다.

고구려 성곽의 분포에 대하여 먼저 『삼국사기』의 「고구려본기」, 「신라본기」, 「지리지」, 「열전」 등에서 모두 158곳의 고구려 성곽이 기록되어 있는데 중복되는 것을 제외하고는 104곳이라고 하였다. 만약 "요서 10성", "국남 7성", "국동 6성"처럼 성 이름이 구체적이지 않은 85곳을 더하면 189곳이 된다고 하였다.

이 외에도 광개토왕비에서 나타나는 고구려 성은 94곳으로 이 비에서 중복되는 21곳과 『삼국사기』에서 중복되는 7곳을 제외하면 모두 66곳이다. 즉, 『삼국사기』와 광개토대왕비에 기록된 고구려 성은 모두 255곳이다. 그러나 지금까지의 현지 조사를 근거로 확인된 고구려 성은 그렇게 많지 않아

---

80) 최승택, 「장수산성 1호 건물터에 대하여」, 『조선고고연구』, 1991년 제4호.
81) 【옮긴이】 이 글을 쓴 경혜화가 최승택을 최영택으로, 1991년 4기를 1990년 제2기로 잘못 적었다. 바로잡는다.
82) 채희국, 「고구려의 성곽 연구」, 『고구려역사연구』, 1985년.

서 "압록강 이남의 우리나라 지역 내에는 37곳이 알려져 있다. 압록강 이북의 고구려 고지(故地)는 42곳이 알려져 있으므로 이를 합치면 79곳밖에 되지 않는다. 앞으로 조사 작업의 진전에 따라 그 수는 끊임없이 증가할 것이다"라고 하였다.

『삼국사기』, 광개토대왕비에 기록된 고구려 성곽 조사를 통해 알게 된 고구려 성을 나눈 목록에는 성의 이름, 연대, 소재지 및 관련 설명을 기재하고 있다. "고구려 성의 분포에서 밀도가 높은 지역은 북부에서는 요동반도 서해안으로 이어지는 북쪽으로 요하 동안(東岸)과 여기서부터 혼하를 따라 상류로 향하여 다시 강을 건너 집안으로 향하는 두 개 노선이다. 국내에서는 의주에서 평양에 이르는 통로와 평양 부근, 황해남도 일대, 금강 상류와 청주 부근이다"라고 하였다.

고구려 성곽의 종류로는 주로 다음과 같은 것이 있다.

A. 산성(山城)

수량이 가장 많다. 이미 알려진 79곳의 성들 가운데서 국내에 있는 산성은 32곳이며 압록강 북쪽에서 확실하게 알 수 있는 29곳의 성들 가운데 산성은 23곳으로 모두 55곳이다. 이미 알려진 성곽의 83%를 차지한다. 특징은 성벽이 산 능선과 이어지는 구조로서 방어하기에 매우 유리한 시설이라는 점이다.

B. 〔평성坪城. 평지성(平地城)〕

특징은 평원 또는 구릉지에 건설한다는 것이다. 규모는 비교적 작고 형태는 네모꼴을 이룬다. 그 부근 일대에 산성이 있으며 성안에는 왕궁 또는 기타 대형 건축물이 있다.

C. 도성〔都城. 읍성(邑城)〕

산성과 평지성의 요소를 함께 가지고 있는 형식으로 대표적인 것으로는 6세기에 건설된 평양성이 있다.

D. 차단성(關城)

길이가 비교적 짧고 구조가 간단한 것이 특징이다. 고개 정상 또는 골짜기 입구의 통로를 차단한다. 예를 들어 집안의 관마장 차단성(關馬牆關城), 망파령 차단성(望波嶺關城), 소자하(蘇子河) 중류에 있는 이도 차단성(二道關城), 삼도 차단성(三道關城) 같은 네 곳이 있다.

E. 장성(長城)

요하와 일직선으로 쌓은 천리장성으로 국경 지방의 방어선을 만든 것이 분명하다.

F. 책성(柵城)

일반적으로 나무로 만드는데 예를 들면 나무 울타리 성과 같은 것이다. 대부분 임시로 사용하는 구조이다.

두 번째 부분은 "고구려 성곽의 구조"이다.

성의 위치를 보면 큰 성은 예외 없이 당시의 큰 도로와 접해 있다. 예를 들면 무순 고이산성과 평양 대성산성 등으로 모두 교통의 요충지이다. 작은 산성들도 마찬가지로 방어와 공격에 똑같이 필요한 것이다.

성곽의 지형을 살펴보면 산성, 차단성은 모두 독립된 고지 위에 있는 것이 아니라 대부분 여러 산이 모여 있는 곳에 위치한다. 그리고 근처에 반드시 강이나 하천이 있다. 당시의 역사 조건 아래서 큰 힘을 들여 만든 방어 시설이다. 평지성에서 주의할 만한 것은 구릉지라는 것이다. 부근 산성과의 연락을 유지하고 성 안의 배수와 기후, 일조 같은 요소들을 고려하였다는 점이다. 그리고 고구려 성곽에서 중요한 지위를 차지하는 것이 도성이다. 평양성을 대표로 들 수 있는데 산과 강의 자연지세를 합리적으로 이용한 구조라고 말할 수 있다.

성벽의 구조는 주로 돌로 쌓는 것과 흙으로 쌓는 것이 으뜸이다. 나무로 만든 책성은 극히 드물다. 현장 조사 자료가 증명하듯 돌로 쌓은 성벽이 대다수를 차지하는데 압록강 남쪽에 있는 37곳의 고구려 성 가운데 흙으로 쌓은 성벽은 4곳이며 흙과 돌을 섞어서 쌓은 성은 2곳, 그 나머지 31곳은 모두 돌로 성벽을 쌓은 석성이다. 압록강 북쪽의 현지 조사된 성 가운데 흙으로 쌓은 성벽은 길림의 용담산성 등 몇 곳에 지나지 않는다. 돌로 쌓은 성벽의 구축 방법은 여러 형식이 있으며 돌의 형태와 크기도 서로 차이가 있다.

성곽의 가장 중요한 시설 가운데 하나가 성문이다. 성문은 일상적으로 사용하는 문과 전쟁 때 사용하는 암문 두 종류가 있다. 방어 능력을 강화하기 위하여 옹성, 적대, 치 따위를 만든다. 감시와 관찰을 위해 사용하는 각루, 망대, 장대도 성곽의 중요한 구성 부분이며 봉수는 통신 연락에 이용한다.

고구려 산성 가운데 행궁, 병영과 창고 등을 만드는 것도 전쟁 준비에 필요한 것이다. 그리고 성 안의 연못, 우물 같은 용수 시설은 생존을 위해 필요한 것이다.

세 번째는 "고구려 성의 방어 체계"이다.

대체로 "최전방 방어 체계", "종심 방어 체계", "위성 방어 체계", "외곽 방어 체계", "지역 방위성" 같은 다섯 종류로 나누고 각종 방어 체계의 구성과 기능, 작용으로 다시 나누어 연구하였다. 예를 들어 "최전방 방어 체계"는 고구려 서부의 "요하 유역의 성"에서 시작하여 문헌에 기록된 요동성, 안시성, 백암성, 건안성, 개모성, 비사성 등을 언급하였다. 그 밖에도 유적이 남아 있는 고성이 있는데 주로 변경에서 "고구려의 자주 권력을 침범하는 세력"을 방어하기 위한 것이다.

네 번째는 "축성 작업과 성곽 관리"이다.

고구려의 축성 작업은 축성의 시기, 계절을 비롯하여 축성 작업에서 노동력의 근원, 신분, 지위, 연령 등을 어떻게 조직하고 진행시킬 것인가 하는 것이 포함된다. "대략적으로 계산해보면 큰 산성의 성벽을 건축할 때는 70만의 인원이 투입되었고, 평양성 건축에는 약 640만의 인력이 투입되었을 것으로 보이는데 그 노력이 매우 컸다"고 하였다.

"고구려는 어떻게 성을 관리했을까. 기록을 통해 보면 행정 및 군사 기관과 밀접하게 결합되어 모든 성의 일들을 관리하고 운영했던 대체적인 내용을 추정할 수 있다."『한원』, 『구당서』, 『신당서』, 『북사』, 『통전』의 기록을 통하여 지방 장관, 도시(城市) 장관을 이해할 수 있고 성의 관리(管理)를 추측해볼 수 있다.

다섯 번째는 "고구려 성곽의 작용"이다.

먼저 "국가 자주권을 지키는 투쟁에서 고구려 성곽은 기대한 바와 같은 작용을 하였다." 예를 들어 28년, 172년, 404년, 612년 한, 요동, 모용씨, 수(隋)군과의 전쟁에서 커다란 역할을 했다.

그 다음이 "고구려 성곽의 역사적 지위"이다. 당시 백제와 신라의 성곽 발전에 커다란 영향을 주었고 고구려 이후 역대 봉건 국가의 성곽 발전에 결정적인 영향을 미쳤다.

(3) 고구려 무덤 연구

최근 조선 고고학계는 압록강 유역의 고구려 무덤에 대한 조사와 발굴을 강화하고 발견된 돌무지무덤과 봉토무덤에 대한 초보적인 분류 연구를 진행하였다.

리창은(李昌恩)[83]은 최근 압록강 유역의 돌무지무덤을 발굴 조사하여 몇 가지 주목을 끄는 문제를 제기하였다.[84]

"첫째, 고찰은 돌각담무덤의 구조라는 한 가지 측면을 자세하게 세분할 수 있다." 그는 "지금까지 고구려의 돌각담무덤은 대체로 기단이 없는 무기단 돌각담무덤과 유기단 돌각담무덤으로 나누었다. 외부 구조를 보면 두 무덤의 봉분이 함께 합쳐 구성된 두 칸 무덤및 세 칸 무덤 그리고 더욱 많은 무덤방으로 된 무덤으로 나눌 수 있다. 내부 구조를 보면 무덤방이 있는 무덤과 곽실이 있는 무덤으로 나눌 수 있다. 매장법에 따라서는 단장 무덤과 부부 합장 무덤으로 나눌 수 있다. 그런데 최근 압록강 유역의 조사 발굴된 자료를 보면 돌각담무덤의 구조 형식이 더욱 다양해졌다는 것을 이해할 수 있다. 새로 발견된 제단 시설이 갖추어진 돌각담무덤은 무덤 네 변을 더욱 견고하게 만든 (사면 돌출식) 돌각담무덤으로 횡혈식 무덤방의 무기단 돌무덤이다.

"둘째, 최근 몇 년간 압록강 유역 일대의 돌무지무덤에 대한 조사 발굴이 사람들의 주목을 받아온 것은, 과학 이론으로 고구려 건국 연대를 논증할 수 있다는 점이다."

무덤에서 출토된 갈색 간그릇과 검정 간그릇 그리고 함께 출토된 명도전 유물은 이와 같은 돌무지무덤이 서기전 3세기 또는 이전에 만들어졌다는 것을 인증해주는 것이다.

그 밖에도 "압록강 유역 일대의 고구려 돌무지무덤은 선행하는 구려국의 무덤인 오도령구문 무덤(五道嶺溝門墓)과 아주 많은 공통점을 가지고 있다." 출토된 철제 도끼와 오도령구문 무덤의 청동도끼의 형태는 같다.

---

83) 【옮긴이】이 글을 쓴 경례화는 이창은(李昌恩)으로 표기하였으나, 이는 리창언의 잘못이다. 바로잡는다.
84) 리창은(李昌恩), 「최근에 조사 발굴된 압록강 유역의 돌각담무덤들에서 주목되는 몇 가지 문제」, 『조선고고연구』, 1991년 제3호.

"고구려 돌무지무덤이 만들어진 시기가 서기전 3세기라는 것을 과학적으로 설명해주고 있기 때문에 무덤을 남긴 사람들이 건립한 나라는 고구려이며 그 건국 연대는 자연 서기전 3세기라고 할 수 있다. 이러한 실물은 우리나라의 첫 번째 봉건국가인 고구려가 서기전 227년 건국된 역사적 사실을 증명하는 유력한 증거가 된다."

리창언은 고구려 돌칸흙무덤(봉토석실묘)이 압록강 유역에서 탄생되었으며 그 연대에 관한 문제를 중심으로 토론하였다.

"고구려 흙무지 돌방무덤의 탄생 문제에 대하여 지금까지 여러 견해들이 있어왔지만 아래와 같이 세 종류의 견해로 귀납할 수 있다. 고구려 돌각담무덤의 탄생이 고인돌 형식의 하나인 묵방리형(墨房里型) 고인돌에서 탄생되었다는 설, 고구려 천도 뒤에 비로소 탄생했다는 설, 돌각담무덤에서 탄생했다는 설이 그것이다." 그는 최근 압록강 유역에서 발굴 조사된 고구려 돌각담무덤과 돌칸흙무덤의 비교 연구를 통해 "압록강 유역의 고구려 돌칸흙무덤은 돌각담무덤에서 탄생되었다고 여기면서 아래와 같은 근거를 들었다. 첫째, 각종 무덤 형식이 하나의 무리로 형성되는 무덤 구역 안에서의 분포 상태, 둘째는 무덤의 구조 형식, 셋째는 외부 형태이다. 압록강 유역의 돌칸흙무덤은 선행한 돌각담을 계승했으며 그 연대는 1세기부터 사용하기 시작한 것으로 볼 수 있다."

리순진(李淳鎭)은 최근 낙랑 구역 일대에서 발굴된 330여 기의 무덤 가운데서 고구려 무덤에 관한 연구를 진행하여 돌각담무덤에서 돌칸흙무덤으로 변천하는 과정을 아래와 같이 나타냈다.[85]

---

85) 리순진(李淳鎭), 「낙랑 구역 일대의 고구려 돌칸흙무덤에 대하여」, 『조선고고연구』, 1990년 제4호.

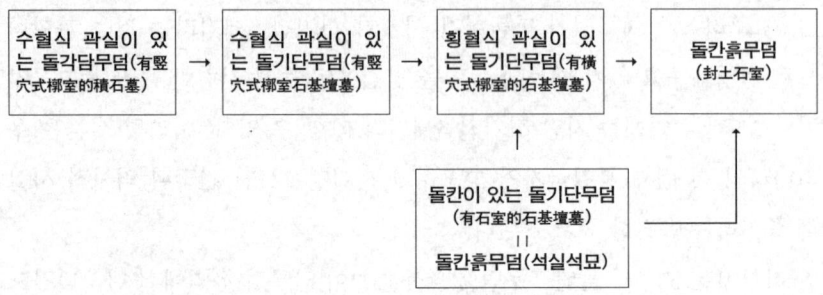

(4) 고구려 벽화 연구

최근 10여 년 동안 조선 학자들은 고구려 벽화와 그 무덤에 대한 연구를 상
당히 중요시하였고 연구 논문도 꽤 많다. 지금까지 볼 수 있는 논문 가운데
는 특정 제목의 연구가 다수를 차지하고 종합적으로 연구한 제목은 그리 많
지 않다.

고구려 벽화와 그 무덤의 종합 연구는 박진욱(朴晋煜)이 대표적이다.

그는 "고구려 벽화는 지금까지 약 90기가 발견되었는데 평양 부근에 54
기, 황해남도 안악군에서 11기, 집안시 부근에서 22기, 환인에 1기가 있다.
무덤 벽화는 처음에는 인물 풍속도(人物風俗圖)로 시작하여 얼마 지나지 않
아 사신도가 출현하였다. 4~5세기에는 인물 풍속도만을 그린 무덤과 인물
풍속도와 사신을 함께 그린 그림이 공존하다가 6~7세기에는 사신만을 그
리는 무덤이 기본이 된다."

"고구려 벽화 무덤 가운데서 고구려의 강력한 국력을 잘 나타내주는 대
표적인 무덤이 있는데 이것이 안악3호무덤과 덕흥리벽화무덤이다." 이들
무덤은 "만든 절대 연대를 명확하게 알 수 있는 2기의 무덤이다." 안악 3호
무덤에는 '영화 13년(永和十三年)'(357) 기년명의 묵서가 씌어 있는데, 이로
써 이 무덤이 4세기 중기에 만든 것임을 알 수 있다. 덕흥리벽화무덤의 묘
지명에는 '영락 18년(永樂十八年)'(408)에 이 무덤이 완성되었다고 씌어 있

어 5세기 초에 만들어진 무덤이라는 것이 분명하다.

"고구려 벽화 무덤 가운데서 회화 기술이 가장 세련되고 무덤방을 만드는 기술이 가장 발달된 것은 강서큰무덤이다. 이 무덤은 고구려 벽화 무덤 발전에서 최고의 단계에 도달한 것으로…… 7세기의 무덤이며 고구려 벽화 무덤 가운데 가장 늦은 무덤이다", "그리고 강서큰무덤은 영류왕의 전왕인 영양왕의 무덤으로 여기는 것이 타당하다."[86]

박진욱은 「고구려 벽화 무덤 유형의 변천과 편년에 관한 연구」에서 현존하는 고구려 벽화에 대한 전면적인 연구를 진행하였다.[87]

그는 먼저 고구려 벽화 무덤의 구조 형식에 대한 유형과 변천에 대한 연구를 진행하였다. 무덤방의 방향에 대해서 집안 일대의 무덤 대부분은 서남향이며 평양 부근은 절대 다수가 남향으로 되어 있다. 그리고 소수의 서향과 동향도 있다. 무덤방이 있는 위치는 지하와 반지하, 지상의 세 종류가 있으며 무덤방의 수량은 단칸, 두 칸, 여러 칸이 있고 감실이 딸린 곁방 또는 감실이 없는 곁방이 있다.

천장에 관해서 처음에는 돔형 천장 또는 돔형 고임식 천장이었다가 5세기 전반기에 모줄임 고임천장, 평행 고임천장, 평행 모줄임 천장이 나타나며 마지막에는 평행 모줄임 고임천장이 중심 형식이 되었다.

다음으로는 고구려의 벽화 내용의 유형과 변천인데 벽화 내용은 아래 네 종류의 유형이 있다.

1) 인물 풍속도
2) 인물 풍속과 사신도

---

86) 박진욱(朴晋煜), 「3~7세기의 고구려 벽화 무덤에 대하여」, 『아시아 학술회보』 제15호, 1996년 8월 1일.
87) 『제3차 고구려 국제 학술대회 발표 논문 · 고구려 고분 벽화』, 1997년, 동경.

3) 장식 무늬

4) 사신도

그 다음은 고구려의 각종 벽화 무덤의 연대에 관한 연구이다.

시 기	유 형	무덤 이름
3세기	인물 풍속도	만보정1368호무덤, 봉성리1호무덤 태성리2호무덤
4세기 전반기	인물 풍속도	평양역앞벽화 무덤, 감신무덤
4세기 후반기	인물 풍속도, 인물 풍속 및 사신도 장식 무늬 무덤	안악3호무덤, 요동성무덤 태성리1무덤, 씨름무덤, 춤무덤
5세기 전반기	인물 풍속도, 인물 풍속도 및 사신도 장식문 무덤	덕흥리벽화무덤, 약수리벽화무덤 모두루무덤, 연꽃무덤 용강큰무덤, 동명왕릉
5세기 후반기	인물 풍속도, 인물 풍속 및 사신도	쌍기둥무덤, 장천1호무덤 수산리벽화무덤, 덕화리2호무덤 안악1호무덤, 진파리4호무덤
6세기	사신도	호남리사신무덤, 통구사신무덤 다섯무덤4호무덤 및 5호무덤 진파리1호무덤
7세기	사신도	강서큰무덤, 강서중무덤

벽화 무덤의 묵서와 벽화 내용, 유형을 바탕으로 벽화 무덤의 연대를 위의 표와 같이 추정할 수 있다.

조선 학자는 고구려 벽화에 대한 특정 제목의 연구에 높은 열정을 투입하였는데 논문 수량이 꽤 많다. 그 가운데 대표적인 것으로 박진욱의 「덕흥리 벽화 무덤의 주인공과 유주의 소속 문제에 대하여」,[88] [89] 김혜숙(金惠淑)의 「고구려 벽화 무덤에 그려진 수렵도의 유형에 대하여」,[90] 한인호(韓仁浩)의 「고구려 벽화 무덤의 사신도에 대하여」[91]와 「고구려 고분 벽화를 통해 본 고구려의 건축에 관한 연구」,[92] [93] 이준걸(李俊杰)의 「고구려 고분 벽화를 통해 본 고구려의 천문학 발전에 관한 연구 — 덕흥리2호무덤과 진파리4호무덤의 별자리 그림을 위주로」,[94] 손영종의 「고구려 벽화 무덤의 묵서명과 피장자」[95] 등이 있다. 제목을 통해 우리는 그들의 연구에 대한 대체적인 내용과 연구 방향을 볼 수 있으므로 이에 대해서 덧붙여 설명하지 않겠다.

(5) 기타 방면의 연구

조선 학자들의 고구려 출토 유물과 박물관 소장 유물에 대한 연구력은 그다지 크지 않으며 금기, 은기, 철기, 토기 등의 분류에 관한 연구 논저들도 쉽게 찾아보기 힘들다. 유명한 호태왕비 연구에서도 지금까지 조희승(曹熹勝)의 「고구려의 남방 진입과 광개토왕릉 비문에 나타난 "왜"의 진짜 신분」 등 소수의 글들만 볼 수 있을 뿐이다.

조희승은 지금까지의 연구를 종합하여 능비의 "왜"가 어디에 머물렀는지, 왜가 어떤 성격의 것이었는가에 대해 대체로 아래 네 가지를 주장하였다.

1) 일본 열도 기내(畿內) 대화(大和)의 "왜"
2) 북구주(北九州)와 대마(對馬) 및 낙동강 하류 일대의 "왜"
3) 대마 일대의 해도(海盜) 집단
4) 북구주 백제-가야 계통 집단의 "왜"

---

88) 『조선고고연구』, 1992년 제2호.
89) 【옮긴이】 이 글을 쓴 경태화는 이 논문의 출전을 『력사과학』이라고 했으나, 이는 잘못이다. 바로잡는다.
90) 『조선고고연구』, 1993년 제2호.
91) 『조선고고연구』, 1988년 제1기.
92) 『제3차 고구려 국제 학술대회 발표 논문 · 고구려 고분 벽화』, 1997년, 동경.
93) 【옮긴이】 고구려연구회, 『고구려연구』 제4집(고구려 고분 벽화―고구려연구회 제3회 국제 학술대회 특집호), 학연문화사, 1997년 12월
94) 『제3차 고구려 국제 학술대회 발표 논문 · 고구려고분벽화』, 1997년, 동경.
95) 『제3차 고구려 국제 학술대회 발표 논문 · 고구려고분벽화』, 1997년, 동경.

최근의 깊이 있는 연구 과정에서 광개토왕릉비에서 볼 수 있는 "왜"는 백제 - 가야의 동맹 관계에서 활동했던 가야 계통의 "왜" 세력이라는 것을 밝혀냈다. 즉 이 "왜"의 위치는 한반도에서 최근의 북구주 반도 일대이다. "당시의 각종 역사 사실의 결과를 미루어 살펴보건대 광개토왕릉 비문에 나타난 '왜'는 반도를 중심으로 비교적 넓은 지역으로 확장된 조선(가야) 세력의 군사 집단으로 이해할 수 있다. 고구려인은 왜의 땅(일본열도)에 거주하는 그들을 '왜'라고 불렀다."[96]

2) 일본 학자의 연구[97]

(1) 호태왕비 연구

일본 학자의 호태왕비 연구는 19세기 말에 시작되었다.

1883년(광서 9) 가을 일본 육군 참모본부가 중국 동북 지역에 파견한 간첩 사코 가게아키, 사까와 카게노부(酒勾景信)은 통구 호태왕비 현장에서 호태왕비 탁본을 한 부 얻어 그것을 가지고 일본으로 돌아갔고 그 뒤부터 일본 학자들은 이에 대한 연구를 시작하였다.

가장 이른 시기의 연구자는 아호에 히데(靑江秀)로 1884년 7월 「동부여 영락태왕 비명의 풀이(東夫余永樂太王碑銘之解)」를 쓰고 그 후에 다시 「고구려 제19세 광개토왕 묘비의 풀이(高句麗第十九歲廣開土王墓碑之解)」라는 논문을 완성하였다. 손수 쓴 이 두 편은 일본 국회도서관에 소장되어 있다. 작자는 『삼국지』「동이전」, 『동국통감』, 『조선사략』, 『일본 서기』 같은 문헌

---

96) 『아세아사학회회간(亞細亞史學會會刊)』 제15호, 1996년 8월 1일.
97) 이 부분은 경톄화 · 니준민(倪軍民) 주편, 『고구려 역사와 문화』, 401~414쪽 참고.

을 고증하여 고구려와 신라, 백제, 왜의 관계에 주목하였다. 그러나 기년과 사실 고증에 일부 실수가 존재하며 비문의 석문에서도 혼란스러움이 나타난다.

같은 시기에 연구를 진행했던 사람으로 요고이 다다나오(横井忠直)가 있다. 그는 「고구려 옛 비 고찰(高句麗古碑考)」, 「고구려 옛 비 석문(高句麗古碑釋文)」을 쓰고 1889년 『회여록(會余錄)』 5집에 발표하였다. 여기에는 「고구려 옛 비문(高句麗古碑文)」과 「고구려비 출토기(高句麗碑出土記)」도 함께 실려 있다. 요고이 다다나오의 고증은 아호에 히데에 비해 상세하고 세밀하다. 그러나 그들은 비 앞에 가본 적이 없고 호태왕비와 그 발견에 대한 기록도 매우 부정확하며 석문과 고증에 일부 문제가 있다. 이는 호태왕비 연구를 시작한 시기의 연구 여건이 그리 좋지 못했음을 보여준다.

1905년 10월 토리이 류조(鳥居龍藏)는 통구에 도착하여 현장 조사와 연구를 시작했다.

그는 통구에서 3일을 머물렀으며 이후 「남만주 조사 보고(南滿洲調査報告)」를 발표한다. 여기에서 통구 고구려 호태왕비의 현황과 고성, 무덤을 소개하였다. 현장 조사에서는 호태왕비의 발견과 부근 현황에 대해 잘못 전달된 것을 바로잡고 비문, 비석에 대해서도 연구를 진행하였다. 후에 그는 『만몽탐사(滿蒙探査)』라는 책에서 현장 조사의 상황을 다시 상세하게 소개하였다.

1913년 9월에서 12월 세키노 타다시(關野貞), 금서룡(今西龍) 등은 조선총독부의 위탁을 받아 고구려의 유물과 유적을 조사하였다. 그들은 통구 부근에서 11일을 머물었는데 다음해 세키노 타다시(關野貞)는 「만주 집안 및 평양 부근 고구려 시대의 유적(滿洲輯安及平壤附近高句麗時代的遺跡)」(『고고학 잡지(考古學雜誌)』 5-3.4)을 발표하여 호태왕비 위치, 현황, 비석 형태, 높이, 너비, 글자 숫자 등을 언급하고 석회를 바른 상황에 대해서도 설명하였다. 1915년 9월 금서룡(今西龍)은 「광개토경호태왕릉비에 대하여(關于廣開土境好太王陵碑)」를 써서 구메 구니타케(久米邦武)의 『일본 고대사(日本古代史)』에 발표하여 비석의 재료에 대해서 새로운 관점을 제기하고 호태왕비가 흙에 묻혀 있었다는 요고이 다다나오의 설을 부정하였다.

1918년 여름 구로이타 카쓰미(黑板勝美)는 통구에서 호태왕비를 조사하였다. 그는 보고서를 쓰지는 않았으나 일본 역사지리학회 제109차 정기회의에서 이에 대한 강연을 하였다. 이때 호태왕비의 위치, 석재와 비석을 탁본한 노인 등의 상황을 소개하고 석회를 바른 상황도 언급하였다. 그리고 석회를 바른 것과 관련한 귀중한 사진을 남기기도 하였다.

2차대전 후 일정 기간 동안 일본 학자들의 호태왕비 연구는 완전한 정체 단계에 있었다. 1959년 6월에 미즈타니 데이지로(水谷悌二郎)의 「호태왕비고찰(好太王碑考)」이 『서품(書品)』 100호에 발표됨으로써 일본 학자들의 호태왕비 연구는 비로소 새로운 국면에 접어들게 되었다.

미즈타니 데이지로는 상태가 좋은 두 종류의 호태왕비 탁본을 가지고 있었다. 그 가운데 하나는 국내외에서 "수곡탁본(水谷拓本)"으로 불리고 있다. 그는 이 탁본을 근거로 몇십 년 동안의 연구를 통해 문자 판독과 사실 고증 면에서 독자적인 견해를 내놓았다. 이는 탁월한 성과가 있는 연구 수준을 반영해주는 것으로 일본 학자들의 호태왕비 연구의 시대를 가르는 작품이기도 하다.

그의 석문은 이전 학자들에 비해 45자를 더 해석하였는데 대부분 정확하다는 것이 이후의 연구로 증명되었다. 그리고 그는 2면 비문의 9줄, 10줄 상부의 공각(空刻)을 발견하였는데, 이는 비석의 원래 문자의 수를 확인하는 데 매우 중요한 것이다. 그의 고증은 20개의 작은 표제로 나뉘는데 예를 들어 "고구려 문화의 기념비(高句麗文化的紀念碑)", "기공비의 초창(紀功碑之初創)", "고구려 왕 세계(高句麗王世係)", "추모왕 전설(鄒牟王傳說)", "호태왕 시호(好太王諡號)" 같은 것으로 그 성과는 매우 컸다.

미즈타니 데이지로는 현장 조사를 할 수 없었기 때문에 일부 관점과 문자에서 부족한 부분도 나타난다. 그러나 그의 연구 성과는 그 실수를 덮고도 남으며 후인의 고증과 연구에 견실한 기초가 되었다. 이후 중국과 일본 학자의 연구는 미즈타니 데이지로의 「호태왕비 고찰」에서 얻은 것이 적지 않았다. 1977년 9월 일본 개명서원(開明書院)에서 『호태왕비 고찰』을 단행본으로 다시 출판, 발행하였다.

1972년 11월 이진희(李進熙)의 『광개토왕릉비 연구(廣開土王陵碑研究)』가 길천 홍문관(吉川弘文館)에서 출판되어 나왔는데 여기에서 그는 일본 참모본부의 "석회 바르기 작전(石灰塗抹作戰)"의 문제와 석문이 왜곡되고 위조된 문제를 제기하였다. 학계의 토론과 비평을 불러 일으켜 사이키 아리키요(佐伯有淸), 하타다 다카시(旗田巍), 후루타 다케히코(古田武彦), 김종무(金種武), 우메하라 스에지, 하마다 고사쿠(濱田耕策), 고토 다카노리(後藤孝典) 등이 토론에 참여하여 관련된 여러 논문들을 발표하였다.

1973년 11월에는 이진희의 『호태왕비의 수수께끼(好太王碑之謎)』가 강담사(講談社)에서 출판되었다.

1974년 8월 사에키 아리키요의 『광개토왕비 연구사(廣開土王碑研究史)』가 길천 홍문관에서 출판되었다. 이것은 지금까지도 유일하게 볼 수 있는 호태왕비에 관한 연구사이다. 이 책에서는 호태왕비 발견과 일본으로 들어오게 된 경위에서부터 시작하여 일본 학자의 호태왕비 연구를 몇 개 단계로 정리하였는데, 연구 자료는 1973년까지로 한정하여 인증하였다.

1985년 이후 집안시가 대외에 개방됨에 따라 일본 학자들도 집안의 호태왕비 현장을 직접 방문하여 연구하기 시작하였고, 이에 따른 학술 논저와 논문들이 출판, 발표되는데 여기에는 데라다 다카노부(寺田隆信), 이노우에 히데오(井上秀雄) 편 『호태왕비 탐방기(好太王碑探訪記)』, 미카미 스구호(三上次男) 등 편 「호태왕비 —4, 5세기 동아와 일본(好太王碑 —四, 五世紀的東亞與日本)」, 후지타 도모지(藤田友治)가 쓴 『호태왕비 논쟁의 해명(好太王碑論爭之解明)』, 독매전시(讀賣電視) 편 『호태왕비와 집안 벽화 무덤(好太王碑與集安壁畵墓)』 등이 있다.

1988년 3월에는 동경대학 출판회에서 다케다 유키오(武田幸男)이 편저한 『광개토왕비 원석 탁본 집성(廣開土王碑原石拓本集成)』이 출판되었다. 이 책은 푸쓰녠(傅斯年) 소장본(갑, 을), 미즈타니 데이지로 소장본, 가네코 오테이(金子鷗亭) 소장본을 포함하고 있다. 이러한 종류의 탁본은 모두 연대가 비교적 이른 시기의 탁본으로 호태왕비 연구에 중요한 가치를 가지고 있다. 그리고 이 책에서는 사코 가게아키, 사까와 카게노부(酒勾景信)이 가져온 것(장정 표지)과 석문 설명도 함께 실려 있다.

1990년 이후 일본 학자들의 호태왕비에 대한 조사와 연구는 그 열기가 점점 식어갔다. 연구 논문도 점점 적어졌고 출판 부문에서도 이전 몇 편의 연구 논저들이 다시 출판되었을 뿐 새로운 논저가 나온 것은 극히 드물었다.

(2) 고구려 고성 연구

1895년에서 1905년 기간 동안 일본 학자인 토리이 류조는 단동의 봉성, 요양, 무순, 집안 같은 곳을 조사하면서 고구려 시기의 봉황성, 통구성(通溝城) 같은 문화 유적을 「남만주 조사 보고」에 수록하였다.[98] 이때부터 일본 학자들은 중국에 들어와 고구려 문화 유적에 대한 조사 연구를 진행하였다. 그 가운데 고구려 고성 연구의 저술이 꽤 많았는데 연구 인력은 그다지 많지 않았으며 대표적인 저작으로는 네 편 정도가 있다.

이케우치 히로시가 쓴 『통구(通溝)』 상권은 가장 먼저 고구려 도성 유적

---

98) 『토리이 류조 전집(鳥居龍藏全集)』 제10권, 원 보고는 1910년에 발표.

에 대해 조사, 연구한 논저이다. 1938년에 출판되었는데 여기에 수록된 것은 1935년과 1936년 2년간 집안 통구에서 모은 고구려 유물, 유적에 대한 조사 연구 성과였다.

1935년 9월 28일 이케우치 히로시, 후루타 다케히코(藤田亮策), 우메하라 스에지, 미즈노 세이치(水野淸一), 미카미 스구호, 이도 이하치(伊藤伊八), 사이토 기쿠타로(齋藤菊太郎), 오카자키 노부오 등이 조선 만포를 거쳐 통구로 들어왔다. 9월 29일에서 10월 4일까지 통구성, 산성자산성(환도산성)과 태왕릉, 장군무덤, 천추무덤, 서대무덤, 사신무덤, 세칸무덤, 고리무늬무덤, 모두루무덤 등에 대한 실측과 촬영, 기록을 하였다. 이후에 조사에 참여한 사람으로는 다나카 도요조(田中豊藏), 고이즈미 아키오(小泉顯夫), 용천정차랑(瀧川政次郞), 구로다 겐지(黑田源次) 등이 있다.

1938년 일만 문화협회(日滿文化協會)에서 『통구』 상권을 출판하였는데 이케우치 히로시가 집필하였으며 1940년 출판된 『통구』 하권은 이케우치 히로시, 우메하라 스에지가 집필하였다.

『통구』 상권은 모두 6장으로 제1장은 서설, 제2장은 통구 평야, 제3장은 환도성과 국내성, 제4장은 고구려 유적, 제5장은 고구려 고적, 제6장은 돌무덤과 흙무덤의 연대로 구성되어 있다. 앞의 4장이 고구려 도성에 대한 조사 연구로 채워져 있다.

이케우치 히로시는 압록강 중류의 벌등도가 통구 평야의 중추이며 북쪽에 사방 6정 남짓한 성곽이 있는데 이는 통구성이라고 불리며, 옛 국내성의 궁터를 덮고 있는 성벽, 성문, 옹성이 있다고 하였다. 출토된 기와 조각을 고증하여 "고구려의 두 번째 도읍인 환도, 즉 국내성은 통구 평야에 있는 것으로 이곳이 바로 그 유적으로 그 지세로 보아 의문의 여지가 없다고 하였다. 성은 비록 3면이 약간 옮겨지긴 했으나 북면은 여전히 옛터 그대로이며 대체로 옛 규모를 잃지 않고 있다"고 하였다. 또한 통구성의 서북 5리 산

위에는 산성이 있는데 남문은 옹성으로 되어 있고 성 안에서는 고구려 기와를 많이 볼 수 있다고도 했다. 그 가운데 짐승 얼굴 수막새가 있는, 분명한 고구려 시대의 고성이라고 했다. 이케우치 히로시는 이어서 『삼국사기』에 유리왕이 국내로 천도하여 쌓은 위나암성으로 여기면서, "지금의 국내, 즉 환도는 방어 산성으로 손색이 없다. 여러 문헌에서 또한 이를 증명할 수 있다. 『위지』 권30 「고구려전」에 '환도 아래에 도읍을 세웠다(都于丸都之下.)'는 평야에 있는 환도의 이름이며 권28 「관구검전」에서 '말을 묶고 수레를 들어 올려 환도산에 올라 고구려의 수도를 파괴했다(束馬縣車以登丸都, 屠句麗所都.)'고 한 것은 이 산성을 가리킨다"고 기록하고 있다.

이를 통해 이케우치 히로시이 통구 평원의 국내성을 환도성이라고 불렀으며 국내성 서북쪽의 산성을 환도산성이라고 했다는 것을 알 수 있다.

이러한 관점은 나중에 중, 일 학자들이 바로잡았으며, 지금의 학자들은 대개 그 의견에 동의하고 있다. 바로 집안 시내의 평지성이 국내성이며 여기에서 서북쪽으로 2.5km 떨어진 산 위의 고성은 최초의 이름이 위나암성이었으며 산상왕 이후에 비로소 환도성(즉 지금의 환도산성)으로 불리게 되었다는 인식이 그것이다.

고성 연구에 관한 두 번째 저작은 미카미 스구호, 다무라 고이치(田村晃一)가 쓴 『북관산성 고이산 산성― 고구려 "신성"에 대한 조사(北關山城高爾山山城 - 高句麗 "新城"的調査)』이다. 1993년 10월 일본 중앙공론미술출판사(中央公論美術出版社)에서 출판되었다. 이 책은 미카미 스구호가 1940년과 1944년 두 차례에 걸친 조사의 성과를 정리하여 완성한 것이다.

1940년 10월 2일에서 16일까지 미카미 스구호는 고야마 후지오(小山富士夫), 미야케 무네요시(三宅宗悅), 사카모토 만시치(板本萬七), 사이토 기쿠타로(齋藤菊太郎), 와타나베 산조(渡邊三三), 이케우치 히로시, 사이토 부이치(齋藤武一), 미즈노 세이치 그리고 중국 학자인 리원신(李文信)과 함께 조사와 발굴에 참여하였다. 발굴의 중점은 동문 터와 동문 남부의 튀어나온 부분으로 이 문 안의 덕땅(고원) 일대이다.

1944년 5월 19일에서 27일까지 미카미 스구호는 이토 이하치(伊藤伊八), 미야케 무네요시(三宅宗悅), 와타나베 산조(渡邊三三)의 도움을 받아 서문 터와 서문 안쪽의 집터, 중탑(中塔) 터, 동탑터 동쪽 부분을 발굴하였다.

두 차례의 조사와 발굴을 통해 북관산성의 형식, 규모, 성벽과 성문의 구조가 대체로 분명해졌다. 출토된 유물로는 쇠화살촉, 쇠못, 쇠 갑옷미늘, 수레바퀴 줏대, 반구형 철기, 토기, 가락바퀴, 토기 조각, 기와 조각, 벽돌, 흙으로 만든 말, 금동 허리띠, 자기 조각과 화폐 따위가 있다.

미카미 스구호와 다무라 고이치는 북관산성이 고구려 시기의 산성으로 이후에 요, 금 시기에도 계속 사용되었다고 하였다. 북관산성은 분명 『삼국사기』에 기록된 '신성'이다.

북관산성은 무순시 북부에 자리 잡고 있는데 1956년 이래로 무순시 문화국이 여러 차례 조사를 벌였으며 현재 고이산 산성이라는 이름으로 요령성 중점 문물 보호 단위이다. 1983년에서 1985년까지 요녕성박물관, 무순시박물관은 고이산산성을 발굴, 조사하여 완전한 철기와 토기, 그리고 대부분 고구려 시기에 속하는 병기와 생활 도구를 출토했다. 더 자세히 증명하자면 고이산산성은 고구려 고국원왕 5년 봄 정월에 축성한 북국신성이다. 처음 축성한 연대는 동진 함강(咸康) 원년(335)이다.[99] 이 점은 일본 학자의 관점과 중국 학자의 관점이 동일하다.

세 번째 고구려 고성에 관한 연구 논저는 스기야마 노부조(杉山信三), 오가사와라 요시히코(小笠原好彦)가 편찬한 『고구려 도성 유적과 고분(高句麗

---

99) 쉬지아궈(徐家國)·순리(孫力), 「요동 무순 고이산성 발굴 간보」, 『요해 문물학간』, 1987년 제2기.

都城遺蹟和古墳)』으로 1992년 8월 일본 동붕사 도서인쇄주식회사(同朋舍圖書印刷株式會社)에서 출판, 발행되었다.

이 책은 스기야마 노부조, 오가사와라 요시히코를 단장으로 한 "고구려 도성 연구 학술 우호방문단"이 1988년 집안을 방문했을 때의 기록과 "일조(日朝) 문화 연구 학술 우호방문단"이 1989년 평양, 개성을 방문했을 때의 기록을 모아서 편찬한 것이다. 이 책은 모두 네 부분으로 나뉜다. 첫째는 고구려 도성 유적, 둘째는 고구려 고분, 셋째는 고구려, 고려의 건축, 넷째는 풍토와 인정(人情)이다. 그 가운데 첫 부분에서 집안의 국내성과 환도산성, 조선의 평양성과 대성산성, 안학궁을 중심으로 소개하였다.

저자는 집안 시내의 평지성이 고구려 도성인 국내성이며 국내성에서 서북으로 2.5km 떨어져 있는 산성이 환도산성으로 처음의 이름은 위나암성이라고 불렀으며 209년 산상왕이 여기에 도성을 건설하였다고 하였다. 평양성은 지금의 조선 평양가구(平壤街區) 서반(西半) 부분으로 장수왕 15년(427) 이곳으로 천도하였으며 대성산성은 환도산성의 성격과 동일하다고 하였다.

네 번째 고구려 산성에 관한 연구 저작은 아즈마 우시오(東潮), 다나카 도시아키(田中俊明)가 쓴 『고구려 역사와 유적(高句麗歷史與遺蹟)』으로 1995년 4월 중앙공론사(中央公論社)에서 출판되었다.

이 책은 저자가 여러 해 동안 중국, 조선을 방문하여 조사하고 연구한 성과를 모아 편찬한 것이다. 그 가운데서 각 장과 절로 나누어 고구려 각 시기의 도성에 관한 토론을 진행하였다.

〈전기, 중기 도성〉
환인 왕도론
환인 부근의 산성

〈중기 왕도 국내성〉
왕도의 방어 체계
왕도의 교통로
광개토왕의 발자취

〈후기 도성〉
천도 이전의 평양
전기 평양성
장안성(후기 평양성)
왕도 주변의 산성

기타 장과 절은 각 시기의 고구려 고분, 벽화, 유물, 역사에 대한 논술과 연구이다. 내용은 비교적 전면적이고 상세하며 자료 역시 매우 풍부하다.

이 밖에도 고구려 고성을 연구한 논문이 있는데 예를 들면 나가시마 기미치카(永島暉臣慎)의 「고구려의 도성과 건축(高句麗的都城和建築)」, 다무라 고이치의 「고구려산성 ― 대성산성(高句麗山城 ― 大聖山城)」, 다나카 도시아키의 「고구려의 흥기와 현도군(高句麗的興起與玄菟郡)」, 미시마 아기히데(三品彰英)의 「고구려 왕도 고찰(高句麗王都考)」, 스다 소키치(津田左右吉)「고구려 시대의 신성, 목저성과 남소성(高句麗時代的新城, 木底城及南蘇城)」, 호리우치 아키히로(堀內明博)의 「평양성(平壤城)」, 치다 다케미치(千田剛道)의 「평양 안학궁 유적에 대한 기초적 검토(平壤安鶴宮遺跡基礎的檢討)」 등이다. 이와 같은 논문은 중국 환인, 집안, 조선 평양 일대의 도성 유적과 유물에 대한 토론과 연구를 진행하여 얻은 성과이다.

(3) 고구려 무덤 연구

일본 학자들의 고구려 무덤에 대한 연구는 대체로 두 단계로 나눌 수 있다. 앞 단계는 조사와 기록이며 뒷 단계에서 비로소 연구에 들어선다. 전쟁과 기타 여러 가지 원인 때문에 조사, 기록에서 연구에 이르기까지의 간격은 근 반세기에 이른다.

1909년에서 1910년까지 야쓰이 세이치(谷井濟一), 구리야마 토시카즈(栗山俊一)는 집안, 평양의 고구려 유적을 조사하였다. 그 가운데 장군무덤, 태왕릉, 천추무덤, 서대무덤, 임강무덤, 형무덤, 동생무덤, 꺾인천장무덤, 매산리(梅山里)무덤떼, 황산(黃山) 남쪽 기슭의 무덤떼, 계명동(桂明洞)무덤, 청룡산무덤, 용강읍(龍岡邑)무덤떼 등이 있다. 이러한 무덤과 고성 유적은 『조선고적도감(朝鮮古蹟圖鑑)』 1~3에 실려 있다.

1911년 세키노 타다시(關野貞), 야쓰이 세이치, 구리야마 토시카즈는 용강읍 북쪽의 무덤떼, 황산 기슭의 무덤, 우현리무덤떼, 한평동(漢坪洞)무덤 같은 고구려 유적을 조사하여 『대정 3년도 고적 조사 보고(大正三年度古蹟調査報告)』를 발표하였다.

1913년, 1916년 세키노 타다시(關野貞), 구로이타 카쓰미(黑板勝美)는 장군무덤, 태왕릉, 천추무덤과 조선 경내의 고구려무덤떼를 조사하여 1917년 『대정 5년도 고적 조사 보고』를 발표하였다.

1935년에서 1936년까지 이케우치 히로시, 하마다 고사쿠(濱田耕作), 우메하라 스에지, 미즈노 세이치, 미카미 스구호 등은 통구 부근의 고구려 무덤과 유적을 조사하고 기록하여 중요한 무덤과 무덤떼의 자료를 『통구』 상 · 하권에 수록하였다.

이후에도 소규모의 조사가 있었으나 성과는 모두 이케우치 히로시, 우메하라 스에지의 『통구』의 수준을 넘어서지 못하였다.

1980년 이후 일본 학자들은 고구려 무덤에 대한 종합 연구를 진행하기 시작하는데 그 가운데 중요한 상징은 1982년 미카미 스구호 박사의 생일을 기념한 『동양 고고와 고고학 문집(東洋考古與考古學文集)』에서 발표된 다무라 고이치의 「고구려 적석묘의 구조와 그 분류를 논함(論高句麗積石墓的結構與分類)」이라는 논문이다. 이 논문은 여덟 개 부분으로 나뉘어 있다.

一. 머리말
二. 중국 방면의 조사 연구 성과
三. 북조선 방면의 조사 연구 성과
四. 돌무지무덤의 분류에 관한 각종 학설의 연구 토론
五. 고구려 돌무지무덤의 외부 구조
六. 고구려 돌무지무덤의 각종 형식
七. 돌방 돌무지무덤(석실적석묘) 건조(建造)의 역사 배경
八. 맺음말

그는 돌무지무덤의 내부 구조와 외부 봉분(封丘)의 상황에 따라 세 가지 형식, 여덟 가지 유형으로 나누었다.

제1형식: 돌덧널 돌무지무덤(石槨積石墓)
A류: 네모난 대가 있는 꼴(有方臺形) 또는 바른네모뿔꼴(방추형) 봉분.
B류: 네모난 대가 있는 꼴 또는 바른네모뿔꼴 봉분과 그 주변에 1단의 기단을 쌓은 것.
C류: 여러 층의 계단 형태로 만든 봉분.

제2형식: 널길〔墓道〕이 있는 돌널 돌무지무덤
A류: 덧널방(槨室)의 너비가 비교적 좁은 1인 무덤.

B류: 덧널방이 비교적 넓은 합장 무덤으로 추정.

제3형식: 돌방 돌무지무덤(石室積石墓)
A류: 돌방[石室] 천장이 돔식(穹窿式).
B류: 돌방은 평천장(平天井), 무덤방 안의 지면이 외부 지표와 같은 높이.
C류: 돌방은 평천장, 무덤방 안의 지면은 외부 지표보다 높음.

1984년 9월 다무라 고이치는 『아오야마사학(青山史學)』 제8호에 「고구려 적석묘의 연대와 피장자 문제(高句麗積石墓的年代與被葬者問題)」라는 논문을 발표하였다. 집안 고구려 무덤에서 출토된 수막새와 그 변화를 바탕으로 수막새의 순서가 태왕릉꼴→천추 무덤꼴→장군 무덤꼴이라고 하고 장군 무덤은 광개토왕릉일 가능성이 비교적 높다고 하였다.

1990년 다무라 고이치는 「고구려의 적석묘(高句麗的積石墓)」라는 논문을 『동북아 고고학, 동북아 고고연구회 20주년 기념문집(東北亞考古學, 東北亞考古研究會 二十周年紀念文集)』에 발표하였다. 이 논문은 주로 리뎬푸, 하마다 고사쿠(濱田耕策), 웨이춘청 등이 이야기한 돌무지무덤 유형의 구조와 수막새 연대의 관점에 대한 비평을 제기하거나 답한 것이다.

다무라 고이치는 여러 해 동안 고구려 돌무지무덤을 연구하여 그 관점은 대가의 위치를 얻었다. 그러나 웨이춘청, 리뎬푸의 비평과 장군무덤 주인에 대한 추정에서는 그의 주장이 반드시 타당한 것은 아니었다.

고구려 무덤을 연구한 또 다른 연구자는 오가타 이즈미(緒方泉)이다.

1985년 그는 『고대문화(古代文化)』 37, 제1·3기에 「집안 고구려 무덤 시기 구분에 대한 시론(試論集安高句麗墓的分期)」을 발표하였다. 네 손잡이 달린 항아리의 변천 연대에서 출발, 관련 출토 유물의 연대를 결합하여 집안 고구려 무덤을 6기로 나누었다.

Ⅰ기: 굴식 돌방〔횡혈식(橫穴式) 석실〕으로의 진입 시기, 4세기 전반.

Ⅱ기: 감집과 딸린방, 무덤방이 있고, 천장은 돔식으로 되어 있다. 4세기 중엽에서 5세기 중엽.

Ⅲ기: 고임식 천장이 출현하고 감실과 딸린방이 달린 외방 무덤이다. 5세기 초기.

Ⅳ기: 외방 무덤과 여러 방 무덤이 아울러 존재하며 사신도가 출현한다. 5세기 중엽에서 후기.

Ⅴ기: 보편적으로 긴 돌덩이(석조)를 사용한 외방으로 무덤 벽에 사신도를 그렸다. 연대를 확정하기 힘들다.

Ⅵ기: 벽화가 없는 것으로 우산1080호무덤, 산성하1411호무덤 등이 있다. 연대를 확정하기 힘들다.

1995년 4월 중앙공론사에서 아즈마 우시오와 다나카 도시아키가 함께 지은 『고구려 역사와 유적』이 출판되었다. 이 책에서는 두 개 장에서 따로 "돌무지무덤의 형성과 발전"을 다루어 집안, 평양의 고구려 돌무지무덤의 분포, 구조, 연대와 출토 유물을 상세히 소개하였다. 이것은 그들의 여러 해 동안에 걸친 고구려 무덤 연구의 총결산이기도 하였다. 그 성과는 주목하여 참고할 만한 가치가 있는 것이다.

(4) 고구려 벽화 연구

20세기 초 일본 학자들의 고구려 벽화 무덤에 대한 조사와 기록이 시작되었다. 1909~1910년 야쓰이 세이치, 구리야마 토시카즈는 집안과 평양 일대의 고구려 벽화 무덤을 조사하였다. 후에 출판된 『조선 고적 도감』 1~3에는 고구려 벽화 무덤인 다섯무덤, 세칸무덤, 흩어진연꽃무덤, 거북등껍질무덤, 매산리사신무덤, 감신무덤, 별무덤, 간성리연꽃무덤 등이 수록되었다.

1913년, 1916년 세키노 타다시, 구로이타 카쓰미는 세칸무덤, 흩어진연꽃무덤, 거북이등껍질무덤, 개마무덤, 내리(內里)큰무덤, 토포리(土浦里)큰무덤, 호남리(湖南里)사신무덤, 황산남록여러칸무덤(黃山南麓多室墓)으로 나누어 조사하였다.

1935~1936년 이케우치 히로시, 우메하라 스에지, 미카미 스구호, 미즈노 세이치 등은 집안의 씨름무덤, 춤무덤, 세칸무덤, 다섯무덤, 사신무덤, 둥근무늬무덤, 모두루무덤(염모 무덤) 등을 조사하고 그 성과를 『통구』 상·하에 수록하였다.

1972년 나가시마 기미치카는 주영헌(朱榮憲)이 쓴 『고구려 벽화 옛 무덤(高句麗壁畵古墓)』을 번역하여 학생사(學生社)를 통해 출판하였다. 이 책에서 고구려 벽화 무덤의 분포, 벽화 내용과 그 연대를 소개하였다. 이 자료는 일본 학자들의 연구에 좋은 참고 자료로 제공되었다.

1985년 집안이 대외에 공개되고 조선이 일본에서 고구려 벽화와 유물전을 열면서 일본 학자의 고구려 벽화에 대한 고찰과 연구는 더욱 촉진되었다. 그 가운데 대표적인 학자가 아즈마 우시오이다.

아즈마 우시오는 1946년생으로 나라현(奈良縣) 입강원 고고학연구소(立橿原考古學研究所) 주임연구원을 역임하고 현재는 도꾸시마(德島)대학 교수로 재직 중이다.

1988년 9월 아즈마 우시오는 「집안 벽화 무덤 및 그 변천(集安壁畵墓及其變遷)」(『호태왕비와 집안 벽화 옛 무덤(好太王碑與集安壁畵古墓)』에 수록)을 발표하였다. 이 논문은 두 부분으로 나뉜다.

제1부에서는 집안의 고구려 벽화 무덤인 장천1호무덤, 장천2호무덤, 염모무덤, 고리무늬무덤, 씨름무덤, 춤무덤, 우산하41호무덤, 흩어진연꽃무덤, 사신무덤, 다섯무덤4호무덤, 다섯무덤5호무덤, 세칸무덤, 통구12호무

덤, 산성하332호무덤, 산성하983무덤, 거북등껍질무덤, 미인무덤, 만보정 1368호무덤, 마선구1호무덤을 상세히 소개하면서 19기 벽화 무덤의 지리적 위치, 무덤의 구조, 벽화 내용에 대해서 설명하였다.

제2부에서는 돌방의 구조와 벽화의 변천을 설명하고 양홍, 주영헌, 리뎬푸, 팡치동, 오가타 이즈미 등의 연구 성과를 종합 정리하였다. 그리고 벽감(壁龕)과 천장의 변화를 다섯 유형으로 나누었다. 그런 뒤 벽화 내용의 변화에 대한 연구를 진행하고 무덤방의 구조와 벽화 내용을 근거로 하여 집안 고구려 벽화 무덤을 세 가지 계통으로 나누었다.

1993년 그는 『조선학보(朝鮮學報)』 제149기에 「요동과 고구려 벽화(遼東與高句麗壁畵)」를 발표했는데, 여기서 그는 비교 연구 방법을 운용하여 토론을 진행하였다. 먼저 요동 지역의 한위(漢魏) 벽화 무덤의 무덤방 구조와 벽화 내용을 소개한 뒤 집안, 평양의 고구려 벽화 무덤으로 나누어 비교하여 그 연원 관계를 찾아냄으로써 효과가 높은 탐색을 진행하였다.

1995년 그와 다나카 도시아키는 함께 『고구려 역사와 유적』을 썼는데 제6장 "돌방무덤의 형성과 발전"에서 집안, 환인, 청천강, 재령강 유역의 고구려 벽화 무덤과 그 계통[譜係]을 중점으로 소개하였다. 제9장 "무덤 벽화와 고구려 사회"에서는 고구려 벽화 형상의 변천, 고구려 유물과 벽화의 관계에 대해 논술하여 고구려 벽화 연구의 내용을 더욱 넓혀주었다.

일본 학자들의 고구려 벽화의 연구는 아직 체계성과 전면성이 결핍되어 있어 대표적인 저작이 나오지 않고 있고, 관련 논문 역시 드물며, 내용 역시 분산되어 있음을 알 수 있다. 주요 논문으로는 나가시마 기미치카의 「고구려 벽화 무덤 — 진파리 무덤떼에 대하여(高句麗壁畵古墓 - 關于眞坡里古墓群)」(『일한 고대 문화 교류사(日韓古代文化交流史)』), 다케다 유키오(武田幸男)의 「모두루 일족과 고구려 왕권(牟頭婁一族與高句麗王權)」(『조선학보』, 99·100집), 제등충(齋藤忠)의 「고구려 무덤 벽화에 표현된 장사 의례(高句麗古墓

壁畵中所表現的送葬禮儀)」(『조선학보』, 91), 호카쓰 유키노리(深津行德)의「고구려 고분 벽화에서 볼 수 있는 종교와 사상에 대한 연구(對見諸高句麗古墓壁畵之宗敎及思想的硏究)」(한국『고구려 고분 벽화』, 1997년 12월), 미나미 히데오(南秀雄)의「고구려 무덤 벽화의 도상 구성 — 천장 벽화를 중심으로(高句麗古墓壁畵的圖像構成 — 以天井壁畵爲中心)」(『조선 문화사 연구(朝鮮文化史硏究)』, 1995년 제2호) 등이 있다.

2장

중국 학자들의 고구려 귀속 연구에 대한 평가와 분석

【 1. 고구려 귀속 연구는 이미 고구려 역사 연구 논쟁점 가운데 하나가 되었다 】

고구려 역사 연구에 대한 여러 과제들 가운데서 고구려 귀속 문제는 시종 연구자의 관심을 끌어왔다. 최근 100년 동안 특히 1980년대 이후 중국 학자들은 이에 관한 많은 글들을 발표하였고 우리는 2001년 2월 『고대 중국 고구려 역사 총론』을 출판하면서 2000년까지의 귀속 문제 연구에 대해서 이미 평가를 한 바 있다.[100] 이를 전후하여 고구려 귀속 문제 연구에 관한 두 편의 논문이 더 발표되었는데 이를 눈여겨볼 만하다. 하나는 1999년 6월 "1차 전국 고구려 학술 연구 토론회"에서 발표된 한종푸(韓忠富)의 「국내 고구려 귀속 문제 연구에 대한 종합 서술(國內高句麗歸屬問題硏究綜述)」[101]이며 다른 하나는 쏜진지가 쓴 「고구려 역사 연구 종합 서술(高句麗歷史硏究綜述)」의 다섯 번째 부분인 "고구려 귀속 문제 종합 서술(高句麗歸屬問

---

100) 『중국 고구려 역사 총론』, 321~339쪽.
101) 『사회과학 전선』, 2001년 제5기.

題綜述)"[102]이다. 두 편의 글은 독자에게 이 문제에 대한 연구의 전개 상황을 자세하게 이해할 수 있도록 도움을 주었다. 또 양춘지 · 경톄화 주편의 『고구려 귀속 문제 연구』는 '고구려 역사와 문화총서(高句麗歷史與文化叢書)'로 나온 것으로 2000년 12월 길림문사출판사에서 출판되었다. 이 책은 국내에서 처음으로 고구려 귀속 문제 연구라는 특정 제목으로 발표된 논문집이다. 여기에는 모두 36편의 논문이 수록되었고 부록 형식으로 조선, 한국, 일본 학자의 관련 논문과 글이 7편 더 실려 있는데 실제로 이 논문집은 지금까지 중국 학자의 고구려 귀속 문제 연구에 대한 중요 성과를 종합한 것이다.

2001년 1월 류허우성(劉厚生), 쑨치린(孫啓林), 왕징쩌(王景澤) 주편의 『흑토지의 고대 문명—1차 전국 민족 강역 문제 학술 연구 토론회 논문집(黑土地的古代文明— 全國首屆東北民族與疆域問題學術硏討會論文集)』이 '동북민족강역연구총서(東北民族與疆域硏究叢書)'로 원방출판사(遠方出版社)에서 출판되었다. 이 논문집은 총론편, 민족편, 강역편, 소식편으로 나뉘어 모두 46편의 학술 논문을 싣고 있다. 또 다른 한 편은 『동북 민족 강역 연구 참고도서 목록(東北民族與疆域硏究參考書目) 1978~1998년』이다. 그 가운데 쟝밍산의 「고구려사의 귀속 문제(高句麗史的歸屬問題)」, 장비보(張碧波)의 「역사상 민족 귀속과 강역 문제를 다시 생각해보는 것에 대해 —더불어 '일사양용' 사관을 평가한다(關于歷史上民族歸屬與疆域問題的再思考 — 兼評 '一史兩用' 史觀)」(『중국 변강사지 연구』, 2000년 제2기에도 발표), 류쯔민의 「고구려 역사 연구의 잘못된 구역에서 빠져나오다—고구려 귀속 문제에 대한 옛사람의 잘못된 논법에 대한 시험 분석(走出高句麗歷史硏究的誤區 — 試析古人在高句麗歸俗問題上的錯誤說法)」(『동강학간(東疆學刊)』, 2000년 제1기)은 모

---

102) 『사회과학 전선』, 2001년 제2기.

두 고구려 귀속 문제 연구에서 중요하게 보아야 할 논문이다.

2000~2002년까지 중국 학자가 발표한 고구려 귀속 문제에 관한 주요 논문은 아래와 같다.

- 쑨진지, 「오늘날 고구려 귀속 연구에 나타난 몇 가지 문제(當前硏究高句麗歸屬的幾個問題)」, 『동강학간』, 2001년 제3기.
- 쉬더위안(徐德源), 「고구려 역사와 강역의 귀속 문제에 관한 보충 논의(高句麗歷史與疆域歸屬問題補議)」, 『사회과학 전선』, 2001년 제5기.
- 류쯔민, 「고구려 강역의 연혁에 관한 고찰(高句麗疆域沿革考辨)」, 『사회과학 전선』, 2001년 제4기.
- 가오푸순(高福順), 「한나라 위나라 시기 고구려 정권의 통할 구역에 대한 시론 — 삼국사기·고구려본기 기사를 중심으로(試論漢魏時期高句麗政權的統轄區域 — 以『三國史記·高句麗本紀』記事爲中心)」, 『동강학간』, 2001년 제4기.

이를 통해 중국 학자들이 고구려 역사 연구를 깊이 있게 하는 데 고구려 귀속 문제에 관한 연구는 시종 연구자들이 주목해왔던 논쟁점 가운데 하나라는 것을 볼 수 있다.

고구려 민족은 우리나라 동북의 고대 민족으로 고구려 국가는 우리나라 역사상 소수민족 정권이다. 이것은 이미 중국 학자들로부터 학술적 공인을 받은 것으로 중국 학자들의 주류를 이루는 인식이 되었다고 할 수 있다. 그러나 고구려 귀속 문제의 연구를 깊이 있게 하는 데 학자들 사이에는 지금까지도 여전히 다른 의견과 나누어진 갈래가 존재하고 있다. 예를 들어 쉬더위안이 지적한 "귀속의 표준과 같은 문제는 먼저 역사 문헌 자료를 검토하고, 고구려 왕국의 다른 시기 정치적 지위 및 역대 중원 왕조 사이의 정치

관계 그리고 전쟁의 성질, 수당 여러 황제의 고구려 정책에 대한 평가, 고구려 강역과 역사의 계승 등을 살펴보아야 하는데, 이 같은 문제에서 존재하는 차이, 나아가서는 근본 입장이 일치하기 전에는 계속 나누어진 갈래가 나타나며 불명확한 인식과 충분치 않은 논쟁이 있을 수 있다."[103]

【 2. 고구려 귀속 연구는 더 깊어져야 한다 】

연구의 심화는 고구려 역사에서 언급되는 귀속 문제에 대한 내용을 광범위하면서도 자세하게 연구하는 것 외에도 연구의 시야를 좀 더 확대시켜볼 필요성이 있다. 아래의 두 가지 면을 특별히 주목해야 하는데 하나는 기자조선과 위씨조선의 역사와 활동 지역에 대한 연구이며, 두 번째는 중국 고대 강역 이론 연구를 전개하는 것이다.

1) 기자조선과 위씨조선의 역사와 활동 지역 연구

서기전 1세기 후반 고구려는 서한 현도군 고구려현에서 일어났다. 이 지방 최초의 귀속이 고구려 귀속을 확정하는 전제(前提)이다. 그리고 현도군 지방의 귀속 역사를 인정할 수 있도록 하는 전제는 기자조선과 위씨조선에 대한 귀속 문제이다.

　기자조선에 대해서 선배 학자인 진위푸는 『동북통사』 상권에서 상세하

---

103) 쉬더위안(徐德源), 「고구려 역사와 강역의 귀속 문제에 관한 보충 논의(高句麗歷史與疆域歸屬問題補義)」, 『사회과학 전선』, 2001년 제5기.

고 확실히 믿을 수 있는 역사 문헌 자료로 기자조선의 역사와 강역이 중국사에 속한다는 논증을 내놓았다. "주 무왕이 기자를 조선에 봉하여 동북의 강역을 개척하게 하였는데 이는 태공(太公)을 제(齊)에 봉하고 소공(召公)을 연(燕)에 봉한 것과 같은 것으로, 조선은 당시 하나의 번국(藩國)이었다. 『위략』에는 기자 후대를 조선 후(朝鮮侯)라고 불렀으며 그 선대가 반드시 5등 작(爵)을 수여받아야 후(侯)로 봉해지는데, 이는 노군(魯君)을 노후(魯侯)로 부르고 제군(齊君)을 제후(齊侯)로 부른 것과 같은 것이다. 연(燕) 역시 후작(侯爵)으로 전국시대에는 분수에 넘치게 왕(王)이라고 불렸던 것이다. 그리고 조선 또한 스스로 왕이라고 불렀는데 조선은 중국 북방의 연이라고 할 수 있으며, 연나라와 비교하여 땅과 덕이 비슷하여 서로 뛰어난 것이 없다는 것 또한 알 수 있었다.

그때는 중국 제후들을 패자(覇者)라고 칭하고 반드시 주 왕실을 존중하는 것으로 스스로를 높였다. 그리고 조선 또한 병사를 일으켜 연을 공격하는 것으로써 주 왕실을 존중하려고 하였다. 그 조선이 처한 위치를 볼 때 중국의 제후와 같은 지위였다. 요즘 사람들이 흔히 기자조선을 동이(東夷)의 하나로 보고, 그 이후를 왕씨 고려, 이씨 조선과 같이 보고 있는데 이것은 큰 실수이다. 기자조선은 한족이 세운 번국(藩國)으로 한족들이 개척한 동북사에서 중요한 지위를 차지하기 때문에 그 도읍을 압록강 동쪽에 세우지는 않았을 것이므로 여기에서 차별이 생겼다." 사실 이것은 이전 일본 학계에서 기자조선을 조선 역사에 집어넣은 것에 대한 반박이다.

두루 알다시피 유구한 역사 시기 안에서 한반도 대부분, 특히 현재의 한강 이북 지역은 줄곧 고대 중국의 영토였다. 서기전 3세기 말, 주 왕조는 제후국의 하나인 연나라, 즉 지금의 요하 유역에서 한반도 북부에 이르는 지역에 정식으로 요동군을 설치하고 군 치소를 양평(襄平: 지금은 요양 부근)에 두었다. 진(秦)이 6국을 멸망시키고 중국을 통일한 뒤 한반도 북부는 요동군 동남 경계인 "요동 바깥의 변방 지역에 속하고(屬遼東外徼)", 진 왕조의 통치력이 미치는 구역 안에 있었다. 한 무제는 위씨조선을 멸망시킨 뒤 반도에 진번, 임둔, 낙랑, 현도 4군을 설치하는데 반도 대부분은 한 왕조가 직접 관할하는 군현 지역이었다. 당이 고구려를 멸한 뒤에는 반도에 안동도호부를 설치하고 그 아래 도독부·주·현을 관할하였다.

여러 원인으로 말미암아 우리나라 학자들은 한반도의 고대 봉국(封國)과 그 민족에 대한 체계적이고 전면적인 연구가 부족하였고 전문 연구 저작과 논문 또한 매우 드물었다. 현재의 연구 가운데 절대 다수가 통론의 성질에 속하는 것으로 구소련의 『세계 통사(世界通史)』와 일본 『동양사 대계(東洋史大系)』의 영향을 받아왔기 때문에 반도 북부의 고대 민족과 국가를 조선사의 체계 안에 편입시키는 결과를 가져왔다. 이런 현상은 현재의 관련 세계사 교재와 세계사 저작 및 전문 역사류 저작에 꽤 집중적으로 나타났다.

(1) 역사 교과서와 세계사 저작 같은 종합 연구이다

여기에서 말하는 역사 교과서는 주로 국가 교육 부문의 검정을 거친 것을 가리키는 것으로 우리나라 중학, 대학에서 사용하는 역사 교재로 제공되는 것이다. 지적이 필요한 점은 모든 역사 교재와 세계사 저작에서 한반도의 국가와 민족에 대한 연구와 논술이 통론의 성질에 속하는 종합적 연구라는 점이며 일정한 역사 시기 내 반도에 있었던 국가와 민족을 함께 논술에 넣고 있다는 점이다.

1950년대 중학 세계사 교과서에는 조선과 관련된 부분에 예외 없이 고구려를 조선 고대 국가의 하나라고 말하고 있는데, 우리나라에서 반도의 조선 고대사에서 말하는 "삼국"설 또는 "삼국 시기"설이 시작된 것은 바로 이 시기이다. 1956년 쉬더위안이 쓰고 요녕대학 교재과(敎材科)에서 발행한 『세계 중세사(世界中世史)』는 대학 역사학과의 교재로 만들어진 것으로 기자조선, 위씨조선, 한사군, "삼국시대"의 신라, 고구려, 백제의 틀을 채용하여 기씨조선, 위씨조선, 고구려 세 정권을 조선 역사상의 왕조로 만들어놓았다. 그리고 치쓰허(齊思和)의 『세계 중세사 강의(世界中世史講義)』(1956), 쑨빙잉(孫秉瑩)의 『세계 중세사 강의』(1956), 동북 사범대학(東北師範大學) 역사계(歷史係) 세계 고대 중세기(世界古代中世紀) 교연실(敎硏室)에서 『세계 중세기사(世界中世紀史)』가 잇달아 나왔는데, 모두 고조선과 고구려의 여러 문제를 위와 같이 처리하고 있다. 또한 주안점을 모두 그 사회의 발전 정도에만 두고 기타 방면, 즉 종족 근원(族源), 족칭, 풍습, 습관, 고고학 문화, 유동 방향 같은 문제는 일반적으로 언급하지 않았다.

1962년에서 1963년까지 고등교육부는 국가조직 편(國家組織編) 고등원교(高等院校) 세계사 교과서를 선정하였는데, 저우이량(周一良), 우위친(吳于廑)이 쓴 네 권의 『세계 통사』로 이 역시 고조선과 고구려의 처리에 대해서는 아무런 변화도 없었다.

1970년대에 들어와 조금씩 상황이 변하기 시작하였다. 1978년 교육 부문은 14개 원교합 편(院校合編)을 조직하여 『세계 고대 중세기사(世界古代中世紀史)』를 편찬하는데 고구려를 논급하면서 중국에서 일어난 하나의 옛 민족이었음을 지적하였다. 1983년 인민교육출판사에서 리춘우(李純武), 서우지위(壽紀瑜)의 『간명 세계 통사(簡明世界通史)』를 출판하는데 인민출판사는 교육부 조직(敎育部組織編)에서 편찬한 것을 출판하여 고등학교 역사 교재로 사용하도록 제공하였다. 쵀리엔쫑(崔連仲)이 주편한 『세계사』에서는 여전히 고조선, 고구려를 조선사의 범주 안에 집어넣어 논술하였다. 1980년대 중반부터 시작하여 상황은 다시 변화하기 시작했다. 1985년 인민교육출판사에서 출판된 쑨이쉐(孫義學) 주편의 『세계 중세기사』에서는 고구려 등이 길림 집안을 중심으로 요동과 압록강 유역에서 건립된 고대 정권이라고 하였다. 1990년 북경대학출판사에서 출판된 주환(朱寰) 주편 『세계

상고 중고사(世界上古中古史)』에서는 고구려 시기를 논하는 데 여전히 쑨이쉐(孫義學) 주편의『세계 중세기사』에 근거하였다. 1997년 인민출판사는 각 원교통 편(院校統編) 교재로『세계 통사』를 출판하는데 이 여섯 권의 교재에서는 객관적으로 역사를 서술하여 기자조선, 위씨조선, 고구려를 중국 동북방의 봉국과 소수민족 정권으로 처리하고 수, 당 두 왕조가 고구려를 정벌한 것을 통일을 위한 전쟁이라고 하였다.

(2) 전문 역사 저작의 연구이다

여기에서 말하는 전문 역사 저작이란 우리나라 학자들이 쓴 한반도에 관련한 역사 저작과 기타 영역의 역사 서적(종합적인 연구 논문 포함)이다.

중화인민공화국 성립 이전 이 방면의 연구는 일정한 규모를 형성하지 못하였는데, 앞서 보았던 몇 편의 저작과 연구 논문 정도에 지날 뿐이었다.

1949년부터 시작하여 우리나라 학자는 참고할 자료가 전혀 없는 상태에서 한반도의 국가와 민족에 대한 연구를 시작하였다. 당시 국제 환경에 영향을 받았기 때문에 이 연구는 시작부터 정상적인 학술 연구의 궤도에서 벗어나 있었다. 거의 모든 연구가 기자조선, 위씨조선, "한사군", "삼국시대"의 신라, 고구려, 백제…… 현재의 조선 민족까지 일직선으로 이어지는 전형적인 형식이 채용되었고, 예외 없이 중국 고대 왕조, 예를 들어 한·당·수 등이 고대 조선을 "침략"한 것을 비판 검토한 것으로, 이러한 연구는 현재까지 여전히 이어지고 있다.

1951년 개명서점(開明書店)에서 출판된 왕지우(王輯五)의『5000년 동안의 중국과 조선의 우호 관계(五千年來的中朝友好關係)』, 저우이량(周一良)의『중국과 조선 인민의 우호 관계와 문화 교류(中朝人民的友誼關係與文化交流)』, 1986년 연변인민출판사에서 출판된『조선족 간사(朝鮮族簡史)』, 1968년 연변교육출판사에서 출판된 포전스의『조선 간사』, 1984년 요령인민출판사에서 출판된 포전스의『중조 경제 문화 교류사 연구(中朝經濟文化交流史研究)』, 1992년 연변대학출판사에서 출판된 쟝명산 주편의『중조 관계사 연구(中朝關係史研究)』, 1995년 중주(中州)고적출판사에서 출판된 류 융즈의『중조 관계사 연구』, 1996년 흑룡강교육출판사에서 출판된 쟝연괴(張連瑰)의『1945년 이전 국제정치 속의 조선과 중국(1945年以前國際政治中的朝鮮和中國)』, 1996년 길림인민출판사에서 출판된 길림성사회과학원의『중한 관계 통사(中韓關係通史)』, 편사조(編寫組)에서 쓴『중한 관계 통사』그리고『중한 우의 3000년(中韓友誼3000年)』,『간명 조선사(簡明朝鮮史)』,『조선 철학사 간편(朝鮮哲學史簡編)』,『조선사 강의(朝鮮史講義)』,『조선 철학사상사(朝鮮哲學思想史)』,『조선 경제사 개론(朝鮮經濟史槪論)』,『호태왕비와 고대 조일 관계(好太王碑和古代朝日關係)』,『조선 중세기사 연구(朝鮮中世紀史研究)』등이 모두 이 같은 논리를 세운 것들이다. 예를 들어 중조 관계 통사 편사조가 쓴『중조 관계 통사』에서는 기자조선, 위씨조선, 고구려가 모두 조선의 고대 국가이며 "고구려는 평양성으로 천도하여 신라, 백제 같은 나라와 한반도를 쟁패하기 시작하였는데 이것을 조선의 삼국시대라고 한다"고 하였다. 이 같은 연구 방법과 사관은 현재까지 줄곧 영향을 미쳐왔다. 그러나 우리나라의 동북사 연구 영역은 예외였다. 1980년대 이후 동북 민족과 역사에 관한 저작 가운데는 이와 같은 관점을 분명히 볼 수 있다.

2차 세계대전 이후 중한 외교 관계가 성립되기 이전까지 우리나라 대만학자들 역시 반도의 역사에 관한 저작을 출판하였는데 중요한 것으로는 1958년 중화문화출판사 사업위원회가 출판한 동쿼빈(董作賓) 등의『중한 문화 논집(中韓文化論集)』, 1969년 중화총서편심회(中華叢書編審會)가 출판한 리광타오(李光濤)의『중한 민족과 문화(中韓民族與文化)』, 중화서국이 출판한 왕이(王儀)의『고대 중한 관계와 일본(古代中韓關係與日本)』, 1986년

문사철(文史哲)출판사에서 출판한 류쟈쥐(劉家駒)의 『청조 초기의 중조 관계(淸朝初期的中朝關係)』 같은 것이 있다. 그 관점은 대륙 학자의 관점과 상당히 비슷하였으며 똑같이 기자조선, 위씨조선, 고구려 같은 국가와 민족을 한국사의 체계 안에 집어넣었다.

(3) 고조선에 관한 전문 주제의 연구

고조선은 한반도 역사에서 처음으로 건립된 국가의 민족이다. 이로 인하여 우리나라를 제외한 조선, 한국, 일본 등에서도 이에 대한 연구를 중요시해 왔다. 일반적으로 고조선 연구의 핵심 문제는 단군, 기자 두 가지에 초점이 맞춰져 있다고 말할 수 있다. 종합해서 말하자면 조선과 한국 학계의 관점은 일치하는데 그들은 고조선이 단군조선이며, 고조선은 조선사 또는 한국사의 시작이다. 기자조선과 위만조선은 고조선의 주류가 아니며 고조선에 그들은 포함되지 않는다고 여기고 있다.

이 같은 관점에 대해 우리나라에서는 극히 소수의 학자들만이 조선, 한국 학자의 관점과 일치를 보이고 있다. 대표적인 것으로는 포전스의 「고조선에 대한 몇 가지 문제에 대하여(關于古朝鮮的幾個問題)」(『조선사 통신』, 1980년 제2기), 왕쉐메이(王雪梅)의 「기자조선에 대한 간단한 서술(箕子朝鮮述略)」(『장백학보(長白學報)』, 1991년 제7기) 등으로 고조선을 조선, 한국사의 시작으로 승인하고 고조선은 조선의 고대 민족과 국가라고 하였다.

이와 반대로 우리나라 절대 다수의 학자들은 조선, 한국의 학계(정계를 포함)의 관점, 사실(史實)과는 반대의 입장이다. 소위 단군은 존재하지 않았으며 고조선족은 우리나라 고대 역사에서 이 지역 하나의 민족 및 지방 민족 정권이었으며 기자는 고조선에 들어가 고조선의 주류가 되었다는 것을 지적하고 있다. 한 무제가 고조선을 멸망시킨 것은 하나의 봉건국가 내에서 중앙 정권과 지방 정권의 모순이 격화된 산물이며 진(秦)을 이어서 통일된 중국이 계속된 것이라고 하였다. 대표적인 논저로서 쟝이쉐(蔣逸雪)의 「은(상)나라가 개척한 땅 조선 고찰(殷商拓地朝鮮考)」(『동북 잡지(東北雜誌)』, 1945년 11월호), 머우치후(繆奇虎)의 「기자가 조선에 간 진상과 초기 중한 관계(箕子入朝鮮之眞象及早期中韓關係)」(『대륙 잡지(大陸雜誌)』, 1969년 2월호), 량쟈빈(梁嘉彬)의 「기자조선고(箕子朝鮮考)」(『사학회간(史學匯刊)』, 1980년 10월호), 류융즈의 「기자조선을 임의로 부정한 것에 따르지 않는다(箕子朝鮮不應任意否定)」(『세계사 논문집(世界史論文集)』), 쟝보취안의 「기자의 여덟 개 가르침의 연구(箕子"八條之敎"的研究)」(『사학집간(史學集刊)』, 1995년 제1기), 「장백산 옛 민족의 신화와 전설(長白山古民族的神話與傳說)」(『동북 민족(東北民族)』, 1995년 1기), 「기자와 조선 논집(箕子與朝鮮論集)」, (길림 인민출판사, 1995년 판), 리젠차이(李健才)의 「'기자조선 전설 고찰'을 평한다(評「箕子朝鮮傳說考」)」(『동북 민족과 강역 연구 동태(東北民族與疆域研究動態)』, 1999년 제2기), 쟝비보의 「조선 기자 고찰(朝鮮箕子考)」(『사회과학 전선』, 1997년 제6기), 「고조선 문화의 몇 가지 생각할 문제에 대하여(對古朝鮮文化的幾點思考)」(『북방 논총(北方論叢)』, 1998년 제1기), 「고조선과 고구려 연구 가운데 잘못된 부분에 대한 간단한 언급(略談古朝鮮 · 高句麗研究中的誤區)」(『동북 민족과 강역 연구 동태』, 1999년 제2기), 「공상 위에 세워진 역사관 ― '고조선 역사 개관'에 대한 평(建立在空想上的歷史觀 ― 評「古朝鮮歷史槪觀」)」, (『북방 민족(北方民族)』, 2001년 제1기), 리더산(李德山)의 「기자족에 대한 새로운 증거(箕族新證)」(『북방 민족』, 2000년 제4기) 등이 있다.

위와 같은 전문 주제의 연구는 실사구시(實事求是)의 원칙에 따라 고조선의 원류, 족칭, 지역, 그리고 주변 여러 민족과의 관계, 기자가 고조선으로 간 원인, 고조선과 중앙 왕조와의 관계, 풍습 습관 및 문화 같은 측면에 대한 문제를 연구, 토론한 것이다. 대부분 고조선족은 우리나라 상고(上古) 동이족계의 일원으로 그 족칭과 풍습, 습관과 문화는 한어(漢語)와 한(漢)

문화의 특징과 완전히 부합한다고 여기고 있다.

또한 국내 학자들 사이에 일부 세부적인 문제에 대해서는 관점이 일치하지 않는 부분이 있는데, 이는 아래의 몇 가지 면에서 나타난다. 첫째는 기자조선 시대를 고조선이라고 칭할 수 있겠는가? 둘째, 고조선 족명(族名)의 진정한 뜻은 무엇인가? 셋째, 기자가 고조선에 들어와 머문 시기는 상나라 말인가 아니면 상이 망한 후인 주나라 초인가? 하는 점인데 연구가 끊임없이 전개됨에 따라 이러한 문제는 점차 해결될 수 있으리라 믿는다.

기자조선에 대한 연구는 현재 전개 중이며 위씨조선과 관련된 연구는 아직 개척되기를 기다리고 있다. 그런데 기자조선과 위씨조선의 연구는 특히 고구려 귀속 문제의 중요성과 더불어 현재 학자들의 인식이 점차 심화되어 가고 있다. 예를 들면 쉬더위안이 지적한 것처럼 "한반도의 초기 역사 문제를 어떻게 처리하느냐에 대해서 우리는 아래의 분명한 두 가지 기본 관점을 가지고 있다. (1) 기자조선은 선진 시기 분봉제(分封制)의 지방 행정 관리 체제 아래 있었던 지방 제후국이며 위씨조선은 서한 초기의 지방 왕국이었다. 고구려는 서한에서 당 왕조까지의 소수민족 지방 왕국이었으며 이들의 당시 강역은 모두 고대 중국의 영토로 이것이 역사의 원래 모습이다. (2) 기자조선, 위씨조선의 기본 강역과 고구려의 일부 옛터는 신라, 고려 및 이씨조선의 발전으로 점차 한반도의 국가 판도에 들어가게 되는데 이것이 역사의 계승이다.[104] 이러한 인식의 기초 위에서 쉬더위안은 "기자조선의 역사와 강역의 귀속이 고구려 왕국의 역사와 강역을 확정짓는 간접적인 원인, 조건이 되었다", "위씨조선의 역사와 강역의 귀속은 고구려 왕국 역사와 강역의 귀속을 확정짓는 직접적인 전제조건이다"고 하였다.[105]

---

104) 쉬더위안, 「한반도 초기사 연구 과정에서 잘못된 것을 받아 되돌아보는 생각에 대하여(關于朝鮮半島早期史硏究經受誤導的反思)」, 『전국 1차 고구려 학술연구토론회 논문집(全國首屆高句麗學術硏討會論文集)』(통화, 1999년 6월), 195쪽.

2) 중국 고대 강역 이론 연구

역사상의 중국 강역 및 그와 관련된 이론은 중국 사학자들이 줄곧 주목하고 연구해온 것이다. 마다정과 유적이 함께 쓴『20세기 중국 변강 연구 — 발전하고 있는 변연학과(邊緣學科)의 전개 역정(二十世紀的中國邊疆硏究——門發展中的邊緣學科的演進歷程)』에서 이 문제를 종합적으로 평론한 적이 있다.[106] 그리고 "역사상 중국 강역 연구는 중국 고대 강역 개념의 형성과 발전 연구를 포함하며 중국 고대 강역의 성격과 특징 연구, 중국 고대 강역 발전에 대한 대강의 연구, 중국 고대 강역의 발전 과정 연구 같은 중요한 문제들이 포함되어 있는데 여기에는 매우 다양한 문제들을 내포하고 있다"고 지적하였다. 싱위린(邢玉林)은『1989~1998년 중국 고대 강역 이론 문제 연구 종합 서술(1989~1998年中國古代疆域理論問題硏究綜述)』[107]에서 역시 유용한 평가를 내리고 있다.

고대 강역 문제와 이론에서 가장 직접적인 관련이 있는 것은 변경 지역의 민족, 정권에 대한 귀속 문제이다. 역사상 변경 지역 민족, 정권의 귀속을 확정하는 이론 원칙이 변강사[邊疆史, 또는 강역(疆域)이라고 한다] 연구의 기초이다. 학자들 사이에서는 근거로 하고 있는 이론 원칙의 차이로 말미암아 같은 사실을 근거로 하면서도 자주 반대되는 관점이 나타나 서로 다른 결론이 나오고 있다. 우리나라 학계에서는 대체로 아래 세 종류의 의견이 있다.

1) 바이서우이(白壽彝)가 대표적이다. 그는『역사상 조국 국토 문제의 처

---

105) 쉬더위안,「고구려 역사와 강역의 귀속 문제에 관한 보충 토의」,『사회과학 전선』, 2001년 제5기.
106) 이 책의 166~172쪽, 흑룡강교육출판사, 1997년 판.
107)『중국 강역사지 연구(中國疆域史地硏究)』, 2001년 제1기.

리를 논한다(論歷史上祖國國土問題的處理)」(『광명일보(光明日報)』, 1951년 5월 5일)에서 "황조(皇朝) 강역의 관점을 이용하여 역사 속의 국토 문제를 처리하는 것은 잘못된 방법이다. 중화인민공화국의 국토 범위에서 역사 속의 국토 문제를 처리하는 것이 정확한 방법이다"라고 주장하였다. 이후 작자는 「중국 역사 속의 강역 문제(中國歷史上的疆域問題)」(『역사지식』, 1981년 제4기)에서 또 다시 자신의 인식을 보충하여 발표하였다. 이 이론에 관한 더욱 완전한 설명은 주로 바이서우이 주편 『중국 통사』 제1권(상해인민출판사, 1989)에서 나타난다. 이 관점과 유사한 관점을 가진 것으로 하자전(何玆全)의 「중국 고대사 교육 가운데 존재하는 한 가지 문제(中國古代史教育中的存在的一個問題)」(『광명일보』, 1951년 7월 5일) 등이 있다.

2) 단치샹이 대표적이다. 그는 「역사 시기에서 중국 변방의 경계와 변강에 관한 몇 가지 문제를 보는 법에 대해(對歷史時期的中國邊界和邊疆的幾點看法)」(『중국사 연구 동태』, 1979년 제11기)에서 "중국의 변계(邊界)는 중원 왕조의 변계만을 가리킬 수 없다. 변경의 기타 소수민족이 세운 정권의 변계를 포함해야 하며 기타 소수민족이 건립한 정권은 모두가 중국의 일부분이다"라고 하였다. 이후 작자는 「역사 속의 중국과 중국의 역대 강역(歷史上的中國和中國歷代疆域)」(『중국 변강사지 연구』, 1991년 제1기)을 발표하여 중국 역대 강역을 처리하는 두 가지 원칙을 설명하였다. 첫째 "우리는 현대의 중국인이다. 우리는 옛 사람의 마음속에 가지고 있던 '중국'을 중국의 범위로 받아들일 수 없다." 둘째, "우리는 옛 사람의 '중국'이 역사상의 중국일 수 없으며 현재의 중국 범위만을 우리 역사 속 중국의 범위로 한정짓는 것도 받아들일 수 없다. 우리는 모든 역사 시기, 수천 년 이래의 모든 역사 발전을 채용하여 자연스럽게 형성된 중국을 역사상의 중국이라고 해야 한다." 이 두 원칙에서 출발하여 작자는 결론에서 "우리는 청 왕조가 완성한 통일 이후 제국주의가 중국을 침략하기 이전의 청 왕조의 판도에서, 구체적으로

말하면 1850년대에서 1940년대 아편 전쟁 이전 시기의 중국 판도를 우리역사 시기의 중국 범위라고 해야 한다. 소위 역사 시기의 중국은 이 범위에해당한다. 수백 년도 좋고, 수천 년도 좋다. 이 범위 내에서 활동한 민족을우리는 모두 중국사의 민족이며 이 범위 내에서 건립된 정권은 모두 중국역사상의 정권으로 여겨야 한다.”이 관점과 유사한 관점으로는 쑨자민(孫祚民)의 「중국 고대사 가운데 존재하는 조국 강역과 소수민족의 문제(中國古代史中有祖國疆域和少數民族的問題)」(『문회보(文匯報)』, 1961년 11월 4일),양지엔신(楊建新)의 「혁명 전 러시아가 가장 일찍 침략해 점령한 중국 영토와 역사상 중국의 강역(沙俄最早侵占的中國領土和歷史上中國的疆域)」(『중국과 러시아 관계사 논문집(中俄關係史論文集)』, 감숙인민출판사(甘肅人民出版社),1979년 판), 천롄카이(陳連開)의 「중국 역사상의 강역과 민족을 논하다(論中國歷史上的疆域與民族)」(『중앙 민족학원 학보(中央民族學院學報)』, 1981년 제4기), 쑨진지의 「우리나라 역사상 민족 관계에서 몇 가지 문제(我國歷史上民族關係的幾個問題)」(『중국 민족 관계사 연구(中國民族關係史研究)』, 중국사회과학출판사, 1984년 판) 등이 있다.

3) 장보취안이 대표적이다. 그는 「고대 변강 민족과 강역 연구 문제를 논한다(論古代邊疆民族與疆域研究問題)」(『길림대학 사회과학 학보』, 1999년 제3기)에서 “역사적 사실이 증명하는 것을 보면, 민족·국가와 강역은 역사 발전에 일정 단계의 산물로 국가와 민족이 있어야 비로소 민족과 국가의 강역이 있다. 이것은 말하지 않아도 알 수 있는 것이다. 역사상의 민족, 국가와강역은 발전, 변화하는 것이고 그 땅의 넓이의 크고 작음 역시 발전, 변화하는 것이기 때문에 하나의 고정된 모델로 판도 범위를 확정지을 수는 없으며역사가 가는 발걸음을 빼앗을 수도 없는 것이다. 역사 발전의 진실은 역사상의 판도 범위에서 어떤 때는 크기도 하고 어떤 때는 작을 수도 있다. 또어떤 때는 넓다가도 어떤 때는 줄기도 한다. 크다고 해서 안 된다, 작다고

해서 안 된다, 또한 넓어졌다고 해서 안 된다, 줄었다고 해서 안 된다고 할 수는 없다. 역사상의 변강 민족과 강역 연구에서 지켜야 할 규칙은 실제 역사에서 출발하여 역사 본래의 모습을 존중하고, 각 민족, 정권과 토지를 포함한 내적으로 통일된 많은 민족의 국가 강역을 포괄적으로 써야 한다는 것이다. 당시의 판도 범위가 크면 크다고 쓰는 것이고 어느 곳에 도달했다면 어디에 도달했다고 쓰는 것이다. 판도 범위 내에 속한 민족, 정권과 토지를 떠나갔다고 써서는 안 되며, 판도 범위 내에 속하지 않는 민족, 정권과 토지가 (흘러)들어왔다고 해서도 안 되는 것이다. 이것이 바로 우리나라 고대 민족과 강역을 연구하는 데 따르고 의지해야 할 근거와 표준이다." 장보취안은 고대 변경 민족과 강역 귀속을 연구하는 이론 근거에 대해서도 자세하게 설명하였다. 첫째 "왕천하(王天下)"와 "군천하(君天下)"의 뜻, 둘째 "민족과 국가는 지역 관념이다. 국경선은 민족의 혈통, 언어로 분계선을 삼는 것이 아니다." 셋째, "우리나라 고대 변경 민족과 강역의 귀속 연구에서 공납제(貢納制)의 이해와 인식 문제에 대해 언급해야 한다." 장보취안의 전체적인 이론의 상세한 해석은 그의 저작인 『중화가 하나 되어 역사에서 걸어온 길(中華一體的歷史軌跡)』(요녕인민출판사, 1994년 판)과 정니나(程妮娜)와 함께 지은 『중국 지방사론』(길림대학출판사, 1994년 판)에서 볼 수 있다.

그리고 고구려 당시의 활동 지역이 오늘날 두 개의 서로 다른 주권 국가로 나뉘어 있는 현실 때문에 고구려 역사를 서술하고 연구하는 데 중국 학자들은 "일사양용(一史兩用)"이라는 견해를 제기하였다는 점이다.

류쯔민은 「고구려국과 남북조의 관계(高句麗國與南北朝的關係)」에서 "현재의 중국 판도 안에 있는 고대 민족 또는 국가는 모두 중국 고대의 민족 또는 국가로 보아야 한다. 현재 조선 판도 내에 있는 고대 민족 또는 국가는 모두 조선 고대의 민족 또는 국가로 보아야 한다. 그러나 현재의 국경을 뛰어 넘는 고대 민족 또는 국가에서는 양국 공동의 역사로 보아야 하며 양국이 공동 역사를 서술할때에는 그 역사의 진실된 상황에 비추어 그 경과와 인과관계를 분명하게 밝히기만 하면 된다"고 하였다.[108] 류쯔민은 「고구려 정권과 그 영역의 역사 귀속 문제에 관한 나의 견해에 대하여(關於高句麗政權及其領域的歷史歸屬問題的我見)」에서 "고구려의 역사는 의심할 여지없이 중국과 조선 양국의 공동 역사이며 양국이 자기의 국사를 쓸 때는 양국 모두 자기 역사에 포함시킬 수 있다. 이것은 '현재에 근거를 둔(入足于現在)' 문제이다. 소위 '과거를 정확하게 인식한다'는 것은 역사상의 고구려가 고대 조선이 아니라 고대 중국에 속해 있었다는 것을 분명하게 하는 것이다"라고 쓰고 있다.[109] [110] 쉬더위안은 「한반도 초기사 연구 과정에서 생긴 잘못된 반대 의견에 대하여(關於朝鮮半島早期史研究經受誤導的反思)」에서 "우리는 실제 역사를 바탕으로 고구려 역사와 강역이란 두 갈래의 계승에 관한 객관적 사실을 원칙으로 삼아 중국과 조선의 역사 편찬이 모두 가능할 뿐 아니라 이 세 왕조(지은이 주: 기자조선, 위씨조선, 고구려)도 포함하여야 한다고 생각한다. 관건은 역사의 원래 모습을 존중하고 의미를 곡해하거나 왜곡하지 않는 것이다. 그리고 역사와 강역에 존재하는 두 가지 계승의 객관적인 사실을 존중해야 하며 그 독점적인 입장만을 취해서는 안 된다"[111]고 주장했으며, 쟝밍산은 『고구려사의 귀속 문제』에서 고구려 역사의 "일사양용" 문제에 대한 더욱 상세한 설명을 하였다. 그는 고대 민족사와 고대 국

---

108) 『중조 한일 관계사 연구(中朝韓日關係史研究論叢)』, 연변대학출판사, 1995년 판.
109) 『전국 1차 고구려 학술연구토론회 논문집』, 23쪽.
110) 【옮긴이】 여기서 말하는 '일사양용(一史兩用)'이란 한 역사(고구려사)를 두 나라(중국과 한국)가 함께 쓰는 것을 말한다. 이런 이론은 중국과 몽골과의 관계에서도 논의되고 있는 문제이다. 여기서 주의할 것은 중국 학자들의 '일사양용'은 '고구려사가 두 나라의 역사'가 아니라는 것이다. 현재 국경이 잘못되어 고구려의 땅이 한반도에 걸쳐 있기 때문에 한국에서도 고구려사를 쓸 수는 있지만 '그러나 고구려사는 중국사'라는 것을 분명하게 하고 있고, 일사양용 자체를 부정하는 연구자도 상당히 많다.
111) 『전국 1차 고구려 학술연구토론회 논문집』, 195쪽.

가사의 귀속 문제에 대해 네 가지 표준을 제기하였다. "첫째, 양국이 평등하고 서로 이익이 되는 원칙 아래 국제법으로 정해진 현재의 국경선을 표준으로 한다. 즉 현재의 국경선을 표준으로 그 국경 내의 과거와 지금의 역사를 그 국가 역사에 포함시킨다. 둘째, 고대 국가의 정치, 경제, 문화의 중심이 어느 곳에 있었는가 하는 문제인데 지금의 국경선을 표준으로 삼아 귀속을 정한다. 셋째, 민족의 혈연관계와 문화의 계승성을 살핀다. 즉 고대 민족과 현재 민족 사이의 혈연관계 유무와 문화의 계승성을 본다. 넷째, 역대 중앙 왕조와 변강 또는 지방 왕조의 관계, 즉 중앙 왕조와 지방 왕조 사이의 종속관계의 유무를 살핀다." 이 원칙에 근거하여 그는 "고구려사는 먼저 중국 역사에 속한다. 그러나 고구려사는 조선 역사에 속하기도 한다"고 하였다. 그렇다면 역사를 쓸 때 이를 구체적으로 어떻게 다루어야 하는가? "427년을 경계로 삼아 전기를 중국사, 후기를 조선사로 삼는 것은 역사유물주의(歷史唯物主義)에 부합하지 않는다. 첫째, 역사유물주의에서 역사는 발생, 발전, 소멸의 과정을 겪는데, 이런 관점에서 볼 때 한 나라 역사를 둘로 갈라서 나눌 수는 없기 때문이다. 둘째, 427년 고구려는 비록 평양으로 천도하지만 우리나라 동북 지역의 넓은 영토는 여전히 고구려의 주요 활동 지역이었다. 그러므로 모든 고구려사를 중국 동북사에 포함시켜야 한다. 셋째, 조선사에서 고구려사를 쓸 때에도 근거가 없고 근원이 없는 역사를 쓸 수는 없는 것이며 또한 한 나라의 역사를 칼로 자를 수도 없는 것이므로 조선사 역시 고구려 전기사를 써야 한다. 당연히 역사를 쓸 때에는 구체적으로 어떻게 다루어야 하는가? 예를 들어 427년을 경계로 중국 지방사가 전기사 위주이며 조선사는 후기사 위주라는 것은 계속 연구 토론해야 할 문제이다."[112] 쟝멍산의 결론은 분명 바이서우이를 대표로 하는 '당대의 국경선으

---

112) 류허우성(劉厚生)·쑨치린(孫啓林)·왕징쩌(王景澤) 주편, 『검은 땅의 고대 문명(黑土地的古代文明)』, 37~38, 41, 43~44쪽.

로, 역사상 국가의 강역사를 연구하는 관점'에서 영향을 받은 것이다.

장비보는 「역사상 민족 귀속과 강역 문제를 재고하는 것에 관해 — 더불어 "일사양용" 사관을 평가한다」[113]에서 "일사양용"에 대하여 이의를 제기하였다. 먼저 "중화 강역은 역사의 상대적인 개념으로 민족과 민족 귀속 및 정치, 경제, 문화, 지리 같은 각종 요소를 종합적으로 고려해야만 하나의 명확한 결론과 표준이 나올 수 있다", "중화 민족은 다원 통일체라는 역사 형성 과정에서 중화 강역은 역사의 흥망성쇠, 변동과 형성의 역정을 거쳐왔다. 우리의 임무는 이 역정에 대하여 역사 현실에 부합하는 연구를 하는 것이다. 그리고 이 연구의 기초 위에서 중화 강역의 표준을 확정하는 것이다"라고 지적하였다. 이 글에서 그는, '일사양용'을 제기하는 것은 우리나라 사학계 연구가 잘못된 부분으로 그 근본 원인이 민족 귀속과 강역의 경계를 정할 때 저지른 실수에 있다고 하였다. 그들은 먼저 중화 강역을 '1840년 이전'의 강역 또는 '지금의 국경을 표준'으로 고정하여 복잡한 강역 문제를 단칼에 잘라 고구려를 '이웃나라'로 귀속시켰으나 이는 고구려 귀속 문제를 철저하게 해결하지 못한 것이다. 작자는 "이러한 '일사양용' 사관 또는 사학 '원칙'의 실질은 사학 영역의 절충주의"라고 지적하였다. 작자는 "고구려는 '먼저 중국사'일 뿐만 아니라 427년에 천도한 평양[한(漢)의 낙랑군 강역 안으로 한왕(漢王)의 '외신(外臣)'이었다]은 속국인 위씨조선 강역 안이었으며 주(周), 진(秦)에 신복한 기자조선 강역 안이기도 했기 때문에 중화 역사의 강역 안이라고 말할 수 있다. 고구려의 평양 천도는 중화 역사 강역 안의 정치 문화의 중심이 동쪽으로 이동한 것이며 그 민족 속성, 정치 성질은 변하지 않았다. 최종적으로 여전히 중화 민족의 지방 구역의 정권에 속하였다"고 결론을 내리고 있다.

---

113) 『중국 변강사지 연구』, 2000년 제2기.

쑨진지는 「오늘날 고구려 귀속 연구에 나타난 몇 가지 문제」[114]에서 "지금의 중국, 조선 양국의 국토에 가로 걸쳐 있는 역사상의 정권과 민족에 대해서 중국, 조선 양국의 역사를 나누어 연구하는 것은 합리적인 것이다. 이러한 '일사양용'은 피할 수 없는 것이며 세계 통용이다"라고 했다. 그는 구체적으로 고구려 역사의 "일사양용"을 분석할 때 작자는 "먼저 정확한 판별이 필요하다. 하나의 정권과 하나의 민족이 역사상에서 어느 국가에 예속되느냐 하는 것과 이 정권, 민족이 어느 국가 역사 연구 범위에 속하느냐 하는 것은 서로 다른 성질의 문제이다. 건국 초기, 여러 학자들이 이 두 가지 문제를 서로 혼동하였는데 현재의 국경선을 이용하여 역사의 귀속을 나누어 정하는 것은 잘못된 것이다. 그러나 지금의 국경선을 이용하여 한 국가 역사의 연구범위를 획정하는 것은 가능한 것이다"라고 지적하였다. 이 때문에 작자는 "현재 중국 국경선 안의 역사상 정권과 민족은 모두 중국 역사의 연구 범위에 속한다. 그 당시 중국 중앙 정권에 예속되었느냐 여부에 상관없이 이것은 독립된 것이다. 또는 그 국가에 예속된 것이 만약 오늘날의 중국 국경선 안이라면 기자조선, 위씨조선, 고구려가 당시 조선에 속해 있었느냐의 여부에 상관없이 중국사 연구 범위에 넣을 수 있다. 그리고 지금의 조선사 역시 이 민족과 정권을 연구할 수 있으며 조선사에 넣어 쓸 수 있다", "그러나 이처럼 정권과 민족을 조선사 연구 범위에 넣을 수 있기 때문에 그들이 역사에서 조선에 예속되어 있었다고 할 수는 없다. 이것이 두 가지 서로 다른 문제이다. 조선사에서 이 민족과 정권을 연구할 수는 있지만 당시 그들은 조선 민족이 아니었으며 조선 국가가 아니었다는 것을 구체적으로 설명해야 한다. 또한 그들은 중국에 속해 있었으며 그 땅과 백성이 이후에 점차 조선 국가, 민족의 일부분이 되었다는 것을 설명해야 한다"고 하였다.

---

114) 『동강학간』, 2001년 제3기.

요컨대 고구려 귀속 문제에 관한 연구는 현재 심화되어가고 있다. 이 문제에 관한 연구에서 나타난 다른 견해를 쑨진지가 정리한 것을 근거로 정리해보면 대체로 아래의 여섯 가지가 된다.[115]

첫째, 고구려가 중국 중앙 왕조와 예속 관계를 맺고 있었다는 것에 관하여 칭신, 납공, 책봉받은 것을 예속에 포함시켜야 하느냐 그렇지 않느냐 하는 점에서 인식의 차이가 나타났다. 어떤 사람들은 포함시켜야 한다고 하고 어떤 사람은 포함시키지 않아야 한다고 여기며, 또 어떤 사람은 장기적인 공납과 중앙 지방 관직을 받아야만 비로소 이에 포함할 수 있다고 하고 어떤 사람은 신복하였을 때만 포함하고 배반했을 때는 포함시키지 말아야 한다고 한다. 어떤 사람은 배반과 신복이 수시로 변하지만 신복이 위주였다고 하였다.

둘째, 고구려가 어느 국가의 강역 안에서 건립되었는가 하는 점이다. 어떤 사람은 지금의 국경선을 이용하여 나누어 구별하면서 전기는 중국 국경선 안에, 후기는 두 나라의 국토에 가로 놓여 있다거나 후기는 주로 조선에 있었다고 하였다. 어떤 사람은 역사상 국경선에 근거하여 고구려의 영토는 원래부터 모두 중국의 군현이었다. 그러나 어떤 경우에는 그 구별이 상대적이므로 요동 땅은 자고로 줄곧 중국에 속해 있었고 반도 북부는 낙랑군 이전에 고조선에 귀속되어 있었다고 하였다. 고조선의 귀속에 대해서도 역시 서로 다른 관점이 나타나고 있는데 어떤 사람은 역사상 장기적인 형성과 전통 국경선에 의거하여 주장하였는데 이것은 역사상 오랜 시간 동안의 국경선의 변화 및 역사, 오늘날의 국경선 등의 상황을 종합하여 확정한 것이다. 이처럼 전통 강역 내에서 복속되었을 때는 지방 자치 정권에 속하고 반역하

---

115) 쑨진지, 「고구려 역사 연구 종합 서술(高句麗歷史研究綜述)」, 『사회과학 전선』, 2001년 제2기.

였을 때는 지방 할거 정권에 속한다. 전통 국경선 밖에서 신하로 복종하였을 때는 우리나라의 이민(移民) 정권에 속하며 반역했을 경우에는 독립 국가에 속한다.

셋째, 왕씨 고려와 고구려의 관계이다. 어떤 사람은 그 이름이 같고 지역이 대체로 비슷하기 때문에 계승 관계에 속한다고 하였다. 반면 어떤 사람은 다만 명칭만을 통해서 이를 볼 수는 없으며 양자의 지역과 민족 성분에서 커다란 차이가 있기 때문에 하나의 국가로 포함시킬 수 없다고 하였다.

넷째, 민족 귀속과 정권 귀속의 관계이다. 어떤 사람은 양자를 동일한 것으로 보고 민족 귀속이 정권 귀속을 결정한다고 하는 반면 어떤 사람은 양자는 서로 다른 것으로 민족은 서로 다른 국가에 귀속시킬 수 있으며 고금이래 여러 국가에 걸쳐 있는 민족이 형성되었다고 하였다. 민족 귀속을 확정하는 방법에서도 역시 차이가 나타나는데 어떤 사람은 민족 기원에서부터 민족 귀속을 찾아야 한다고 주장하는 반면 어떤 사람은 민족의 주류가어느 국가로 흘러갔느냐, 민족의 주요 활동이 어느 나라의 강역 안에서 이루어졌느냐에 따라 그 주요 귀속을 확정해야 한다고 하였다.

다섯째, 각 나라의 역사 연구 범위와 정권, 민족이 역사상의 귀속과 구별이 있느냐 없느냐에 대해 서로 다른 인식이 존재한다. 어떤 사람은 양자는서로 같은 문제로 오늘날 어떤 국가의 강역 안에만 있다면 역사상에 어떤나라가 귀속된다고 주장하는 반면, 어떤 사람은 양자는 사로 다른 성질의문제로 오늘날의 강역 안에 고대 민족과 정권은 이 나라 역사 연구 범위에속하나, 역사에서 이 나라를 귀속시키는 것과는 다른 것이라고 하였다. 역사에서 본래 중국에 속했으나 오늘날에는 조선 영역에 있다면 조선사 연구를 허락할 수 있다. 즉 소위 말하는 '일사양용'이다. 그러나 어떤 사람은 역사상 전부 중국에 속해 있었기 때문에 '일사양용'은 불가능하며 고구려사는조선사 연구 범위에 속하지 않는다고 하였다.

여섯째, 역사와 현실을 어떻게 처리하느냐 하는 정치와 학술의 관계이다. 어떤 사람은 역사에서 누군가가 귀속되어 있었다면 지금도 누구를 귀속할 수 있으며 역사를 분명하게 하는 것은 오늘날의 영토 귀속이라고 하였다. 어떤 사람은 오늘날의 국경선은 역사에서 장기간 형성된 것으로 양국 정부의 승인이 필요하며 역사의 귀속을 토론하는 것은 다만 역사에 대한 학술 연구에 속하는 것으로 양자는 구별되어야 한다고 보았다.

【 3. 강역 이론 연구를 강화하는 것이 급선무이다 】

지금까지의 동북 강역에 대한 이론 연구는 분명 부족한 점이 있었다. 첫째, 투입된 역량이 매우 한정적이어서 이론 연구를 깊이 있게 전개하는 데 영향을 주어 동북 강역사는 비록 시작은 늦지 않았으나 그 발전이 더뎠는데, 그 중에서도 정치적 요소의 제약을 받는 것이 매우 커다란 원인이었다. 금지 구역의 존재는 다수의 학자들이 장기간 전문성, 실증성, 미시성의 구체적 사실을 연구하는 데 연구 방향을 변화시키거나 이론상의 "모험"을 할 수 없도록 하였다.

둘째, 현재 이미 제기된 강역 이론 문제는 광범위한 것이 아니며 각자의 견해는 완비되어 있지도, 체계적이지도 않다. 이런 상황은 동북 강역 이론 연구가 발전할 수 없었던 현실을 잘 보여주는 것이다.

구체적으로 말하면 중국, 주로 동북의 강역 이론 연구에는 아래와 같은 약점 또는 공백이 존재한다.

1) 종번(宗藩) 관계

이것은 중국 강역 이론의 핵심 문제이다. 중국 역사 강역 이론은 역사상 어느 지역이 중국의 변강 지역이고 중국의 강역이며, 어느 민족이 중국 국내 민족이고 어느 정권이 중국의 지방 정권이며, 또한 어느 관계가 국내의 민족 관계이며 어느 관계가 국내 지방 정권과 중앙 정권 사이의 관계인지, 그리고 어느 관계가 국제 관계인지 등과 같은 문제를 해결하는 것이다. 이와 같은 문제는 모두 종번 관계 문제와 밀접한 관련이 있는 것이다. 역사상 동양의 국제 관계는 서양과 다르다. 그리고 당시 동아에 존재했던 종번 관계를 국내외 일부 학자들은 국제 관계로 보는 경우가 있다. 심지어 현대 국제 관계의 구조, 원칙, 관념으로 고대 동아시아 지역을 연구하려고 하는데 이것은 큰 실수이다. 종번 관계는 발전, 변화의 과정이 있는데 전체적으로 말하면 어떤 번속은 "내번(內藩)"으로 민족은 국내의 민족에 속하며 그 강역은 중국의 영토이다. 또 어떤 번속은 "외번(外藩)"으로 그 민족, 강역은 모두 국외에 속한다. 그러나 이에 대해 어떻게 경계를 정할 수 있겠는가? 우리는 이를 하나의 틀로 만들어 정할 수 없는데 서로 다른 역사 시기에 종번 관계의 내용 역시 같다고 할 수 없기 때문이다. 그러므로 종번 관계의 문제를 해결하지 않고서는 중국 고대 강역 이론 연구는 돌파구를 찾을 수 없으며 변강사의 자세한 연구에 영향을 주게 된다. 그러나 지금까지 우리 학계에서는 이러한 매우 중요한 문제에 대해 언급은 하고 있으나 그 전문적인 연구가 부족했다. 학술 저술도 기본적으로 마찬가지 상황이다. 장보취안(張博泉)은 "번부(藩附)는 일체(一體) 안의 번부와 일체 밖의 번부가 있다"고 이야기하면서 "이 두 가지 성질이 다른 번부를 처리할 때에는 반드시 전체적으로 일체 안의 바깥과 일체 밖의 바깥이 갖는 차이를 파악해야 한다"고 지적하고 "천하일체(天下一體)", "중화일체(中華一體)" 이론을 제기하였다.

이는 종번 관계 문제를 해결하기 위한 하나의 시험이었으나[116] 이것은 다만 개별 학자의 인식에 지나지 않는다.

2) 기미(羈縻) 정책

기미 정책 문제와 종번 관계 문제는 서로 관련이 있으면서도 차이가 있다. 중국 고대 역대 왕조의 기미 대상은 국내의 변경 소수민족인데 후기, 예를 들어 원·명·청 시대에는 기미 정책의 지도 사상이 주변 국가와의 관계로 나타나게 된다. 변경 지역의 기미 정책을 추진할 때 언급되는 주요 문제는 "풍속에 따라 다스리기(因俗而治)"이다. 먼저 "풍속에 따라 다스리기"는 기미 제도의 핵심 내용으로, 정책의 대상은 비교적 큰 자치권을 부여받기 때문에 중앙 정권의 기미 지역 관할과 내지와는 차이가 있다. 그래서 일부 외국 학자들은 이를 바탕으로 이 지역이 고대 중국 영토라는 것을 부정한다. 다음으로 "풍속에 따라 다스리기"는 각 소수민족을 존중하고 변경 지역에 중앙의 구심력을 강화하는 데 유리하다고 하는데 이는 정확한 표현이다. 강역 안에 있는 각 종족들의 어떤 "풍속" 가운데는 뒤떨어진 것이 있다. 이러한 "풍속"을 그대로 유지하는 것은 민족의 진보에 불리하며 변경 지역의 발전을 막는 것으로, 변경과 내지는 그 차이가 점점 더 커지게 된다. 이렇게 변경 지역의 낙후된 상황을 벗어날 수 없을 때에는 반드시 배반하는 경향이 나타났다. 그러므로 기미 정책, "풍속에 따라 다스리기"에 대한 변증적인 분석이 필요하며 한 번에 긍정할 수는 없는 것이다. 유감스럽게도 당 왕조

---

116) 장보춰안, 『중화가 하나 되어 역사에서 걸어온 길(中華一體的歷史軌跡)』(연변인민출판사, 1995), 171쪽.

와 청 왕조 외에 우리나라 학계에서는 봉건 시기의 기미 정책과 "풍속에 따라 다스리기" 및 "변강의 내지화(內地化)" 문제에 대한 자세한 연구가 부족하다.

3) 외국 학자들의 잘못된 관점

국외에서 중국 강역과 민족을 연구하는 학자들 가운데는 여러 가지 잘못된 관점을 가지고 있는 경우가 있다. 우리나라 학자들이 이에 대해서 소개하고 있는데[예를 들어 장선여(張璇如), 「외국 학자 가운데 우리나라 동북 강역, 민족과 관련해 가끔 저지르는 잘못된 관점(國外學者有關我國東北彊域, 民族的種種錯誤觀點)」, 『검은 땅의 고대 문명』] 여기엔 적지 않은 문제가 존재한다. 첫째, 이러한 관점에 대한 전면적이고 체계적인 소개가 부족하여 각종 관점에 대한 전체 내용을 이해할 수가 없으며 둘째, 각종 관점에 대해 조직 역량이 없어 이에 대항할 수 있는 분석 연구를 진행하지 못하고 있다.

위에서 거론한 연구의 약점과 공백은 다만 일부분에 지나지 않으나 매우 중요한 것들이다. 이 몇 가지 문제를 해결하지 않으면 우리나라 고대 강역 이론을 연구하는 데 커다란 장애를 가져올 수 있다.

이상의 인식을 바탕으로 하여 중국 고대 강역 이론 연구의 돌파구를 선정하는 것은 어느 한 가지 점만 찾는 것이 아니라 계통적인 공정(工程)을 찾는 작업이라고 할 수 있다. 중국 고대 강역사 연구 그 자체는 불충분하고 모자란 영역이기 때문에 이론 면에서 노력이 필요하고 반드시 기초적인 연구를 강화해야 한다. 이것을 전제를 삼고 이론 연구라는 현실 목표를 정하여 먼저 중국 고대 종번 관계(주체는 종번 체제) 문제를 해결해야 한다. 이렇게 해야만 비로소 중앙 정권과 변경 민족의 관계, 중앙 정권과 변경 정권의 관계, 역사 연구에서 중국 강역을 인정하는 표준 같은 일련의 문제를 상대적으로 쉽게 해결할 수 있다.

그러나 이 문제는 단번에 해결될 수 있는 것이 아니다. 종번 관계, 종번 체제 연구에 대한 돌파구를 찾기 위해 "중국 고대 종번 관계 문제 연구(中國古代宗藩關係問題硏究)"라는 큰 과제를 설립하는 것이 급선무이다. 앞으로 중국 고대 기미 제도를 연구하는 데 먼저 단대사(斷代史)나 지역에 관한 연구를 진행하고, 조건이 구비되었을 때 다시 총체적인 연구를 진행해야 한다.

이를 위해서는 중국 고대의 "풍속에 따라 다스리기" 정책에 대한 연구와 평가가 필요하다. 이 문제와 위에서 본 문제는 교차될 수도 있으나 주안점은 다른 것이다.

중국 고대의 "변강에 대한 내지화(邊疆內地化)" 문제에 대한 연구도 이루어져야 한다. 이 문제와 "풍속에 따라 다스리기" 정책의 연구는 관련이 있으므로 대략 훑어보았던 문제를 더욱 광범위하고 더욱 자세하게 해야 한다.

중국 고대 각 왕조의 "국가", "강역", "국제 관계"에 관한 관념 연구도 필요하다. 중국 고대의 이러한 관념은 당시 매우 차이가 있었으며, "오늘로써 옛날의 예를 삼는 것(以今例古)"을 막기 위해 이것은 필수적인 연구이자 해결해야 할 문제이다.

3장

오대(五代)에서 명(明)까지의 중국 정사에서 고구려가 왕씨 고구려전, 조선전에 포함되어 쓰인 원인에 대한 분석

동북아 역사에는 일찍이 두 번에 걸쳐 고려로 불린 정권이 출현하였다. 하나는 서기전 37년에 건국된 고구려로 우리나라 여러 사서에서는 고려라고도 불렀다. 다른 하나는 918년 한반도에서 건국된 고려이다. 이를 구분하기 위해서 학계에서는 일반적으로 통치자의 성씨에 따라 전자를 "고씨 고려"로 후자를 "왕씨 고려"라고 부르고 있다. 두 고려의 차이에 대해서 우리는 『고대 중국 고구려 역사 총론』에서 이미 꽤 자세하게 고증하였다. 그러나 두 정권이 모두 고려라고 이름 부름으로써 지금을 사는 사람들에게 왕씨 고려가 고씨 고려의 후계자라는 오해를 쉽게 불러일으키고 있다. 그리고 우리나라 사서에서도 고씨 고려의 역사를 왕씨 고려전에 집어넣어 쓰고 있으며, 심지어는 "왕건이 고씨의 자리를 계승했다"라고까지 쓰고 있다. 그러므로 우리나라 사서에 기재된 이와 같은 혼란이 나타나게 된 원인에 대해서 깊이 있는 토론이 필요하게 된 것이다.

【 1. 당(唐) 이전 중국 정사에 나타난 고구려에 관한 기록 】

소위 "정사(正史)"는 각 왕조(朝代)의 이름을 따서 붙인 25사를 가리킨다. 이 사서들 가운데서 반고가 지은 『한서』는 처음으로 고구려의 사적(事跡)에 관해 기록한 사서이다. 그리고 진수의 『삼국지』는 고구려를 독립된 전(傳) 으로 서술한 최초의 사서이다. 이후 대부분 사서의 「동이전」 또는 「만이전」 에 고구려전이 들어 있다.

『삼국지』는 삼국시대 촉나라 사람인 진수(陳壽, 233~297)가 지었으며 권 30의 「동이전」에 고구려전을 따로 둔 것은 이후 역사 서술의 효시가 되었 다. 『삼국지』 「동이 · 고구려전」 전문은 1,300자 남짓 되며 내용은 대체로 앞뒤 두 부분으로 나눌 수 있다. 앞부분은 고구려의 지리적 위치, 경제 상 황, 서한(西漢)과의 관계, 관직 설치, 내부 구조, 생활 풍속들에 관한 내용이 며 뒷부분은 고구려와 왕망 신조, 동한 왕조와의 관계들에 관한 내용이다. 그 밖에 조위 정권의 유주 자사 관구검이 환도성을 공격해 점령한 기사가 「관구검전」에 포함되어 있다. 자료의 유래를 살펴보면, 앞 부분은 어환(魚 豢)의 『위략(魏略)』과 많이 같은 부분이 나타나는데, 두 책이 쓰인 연대로 판단해볼 때 진수가 어환의 『위략』을 참고하여 기록한 것으로 보인다. 뒷부 분의 앞 단락은 고구려와 왕망 신조와의 관계에 관한 기사를 쓴 것으로 기 본적으로 『한서』 「왕망전」의 관련 기록을 옮겨 실었다. 뒷 단락은 고구려와 동한 왕조, 조위 정권과의 관계 기사를 기록한 것으로 당시까지 전해 내려 오던 왕침(王沈)의 『위서(魏書)』를 참고하였을 것이다. 이상의 내용을 통해 판단해보건대 진수가 『삼국지』를 쓸 당시에는 "위, 오 두 나라는 이미 자신 의 사서를 가지고 있었는데, 나라에서 편찬한 것으로 왕침의 『위서』와 위소 (韋昭)의 『오서(吳書)』가 있었고, 개인이 편찬한 것으로 어환의 『위략』이 있 었다. 이 세 종류의 책이 진수가 근거한 기본 자료"[117]였음을 알 수 있다.

『삼국지』의 고구려 관련 기사에 대해서는 후대 사람들의 많은 연구가 있었다. 어떤 학자들은 그 가운데서 어떤 기사에 대해 의문을 제기하기도 하였는데 주로 왕망 신조와 고구려에 관한 기사들 가운데 받아들이기 힘든 부분이 있다고 여겼다. 그러나 앞서 말한 바와 같이 이러한 관점은 부정확한 것이다. 진수의 기록은 비록 간략한 것이 유감이긴 하지만 그 정확성은 의심할 여지가 없는 것이다. 진수보다 130년 늦게 배송지(裵松之)가 210종에 달하는 위, 진 사람들의 저작을 근거로 『삼국지』에 주석 작업을 진행하였는데 『동이전』에 들어 있는 각 종족의 열전에 모두 많고 적은 주석을 하였다. 그 가운데서 유일하게 「고구려전」에 대해서만 주석을 달지 않았는데, 이는 『삼국지』 「동이 · 고구려전」 기사의 정확성을 충분히 증명해주는 것이다.

『후한서』는 남조 시기 송나라 사람인 범엽(范曄, 398~445)이 쓴 것으로 두 번째로 고구려전이 실린 정사이다. 『후한서』 「동이 · 고구려전」의 전문은 1,060자 남짓 되는데, 앞부분에는 고구려의 지리적 위치, 경제 상황, 서한과 왕망 신조와의 관계, 관직 설치, 내부 구조, 생활 풍습 같은 방면의 내용을 기록하였다. 이는 『삼국지』 「동이 · 고구려전」과 기본적으로 같으나 동한 왕조와 고구려의 관계에 관한 기사는 『삼국지』 「동이 · 고구려전」에 비해 약간 상세하며 건녕(建寧) 2년(169)에서 그 내용은 끝이 난다. 범엽이 『후한서』를 쓰기 시작한 것은 원가(元嘉) 9년(432)으로 이때는 동한 왕조가 멸망한 지 이미 200여 년이 지난 후였다. 그래서 직접 동한 시기에 발생한 사건을 보고 들을 수 없었던 것이 하나의 결함이다. 그러나 이 시기까지 전해 내려오던 매우 많은 사서들이 『후한서』를 쓰는 데 자료로 제공되었을 것이다. 그리고 범엽과 동시기에 살았던 배송지가 『삼국지』 주석 작업을 하는 데서도 실제로 여기에 의거하였을 것이다. 범엽이 『후한서』를 쓰던 당시에

117) 『삼국지』 출판 설명, 중화서국(中華書局), 1982년 제2판.

는 10여 종에 이르는 역사 서적이 나와 있었다. 예를 들면 유진(劉珍) 등의 『동관한기(東觀漢記)』, 사승(謝承)의 『후한서』, 사마표(司馬彪)의 『속한서(續漢書)』, 사심(謝沈)의 『후한서』, 원산송(袁山松)의 『후한서』 등이다. 『송서』「범엽전」에는 "원가 원년(424)…… 범엽이 의성 태수로 좌천되어, 기록을 얻을 수가 없었다. 이에 여러 가문에서 오는 책들의 내용을 가려 뽑았으니, 후한서는 큰 성과를 얻은 책이 되었다(元嘉元年…… 左遷曄宣城太守, 不得誌, 乃刪衆家, 后漢書爲一家之著.)"라고 기재되어 있다. 범엽의 『후한서』는 여러 『후한서』의 성과들을 모은 기초 위에서 쓰어진 것이다. 이것이 범엽의 『후한서』가 지금까지 유일하게 전해지고 있는 주요 원인이다.

　『후한서』에 실린 고구려 관련 기사의 가치에 대해서는 우리나라 학자들이 더 긍정적으로 평가하고 있다. 그러나 기록이 상세하지 못하여 학자들은 어떤 기사를 이해하는 데 여러 가지 해석을 내려왔다. 그 가운데서 꽤 논쟁이 심한 것이 고구려의 거주지, 관직, 풍속 뒤에 첨가된 "구려는 일명 맥이라 부른다. 별종이 있는데, 소수에 의지하여 사는 까닭에 이를 소수맥이라고 부른다. 좋은 활이 생산된다(句麗一名貊, 有別種, 依小水爲居, 因名小水貊. 出好弓.)"라는 부분이다. 학자들 사이에서는 고구려와 구려 중 어느 것이 완전한 명칭인지, 어느 것이 간략한 명칭인지에 관해서 논쟁이 일어났다. 더 나아가 어떤 학자들은 고구려와 구려는 같은 시기 병존한 두 개 민족이라고 여기고 있다. 외국의 어떤 학자는 『후한서』의 고구려에 관한 기재에 대해 "커다란 사료적 가치"가 없다고 하였으며 우리나라의 일부 학자들 역시 이에 동의하고 있다.[118] 그러나 이러한 단면적인 일부 인식은 부정확한 것이다. 이에 대해 우리는 앞에서 이미 논술한 바 있다. 앞으로도 학자들이 한대(漢代)와 그 이전 고구려 역사에 관한 주요 사료의 연원(來源)에 대해 연구

---

118) 박찬규, 『삼국지 · 고구려전 연구』(길림인민출판사, 2000), 9쪽.

해야 할 것이다.

남북조 시기 각 왕조의 전사(專史)에서 보편적으로 고구려전을 쓰기 시작하였는데 『송사』, 『남제서』, 『양서』, 『위서』, 『주서』, 『남사』, 『북사』에는 모두 고구려전이 있다.

『송서』「동만(東蠻)·고구려전」은 남조인 양나라 심약(沈約, 441~513)이 지은 것으로 전문은 640자 남짓 되며 기사는 진(晉) 의희(義熙) 9년(413)에서 시작하여 송 폐제(廢帝) 원휘(元徽) 연간(473~477)에서 끝이 난다. 기본적으로 송과 고구려의 관계 발전의 앞뒤를 바탕으로, 조공과 책봉, 모용 선비와 고구려의 관계 등을 주요 내용으로 하고 있다. 내용을 볼 때 그 자료의 출처는 주로 공문서 자료라고 할 수 있다. 왜냐하면 조공과 책봉의 상황은 분명히 모두 기록으로 남겨져 있었을 것이기 때문이다. 그리고 모용 선비와 고구려의 관계에 대한 기록은 아마 사신이 왕래하면서 보고 들었던 것이었을 가능성이 크다.

『남제서』「동남이(東南夷)·고구려전」은 남조 양나라의 소자현(蕭子顯, 489~537)이 지었으나 지금 전하는 판본은 완전한 것이 아니다. 겨우 430여 자만이 전하고 있는데, 주요 내용은 남제의 사신이 북위에 갔을 때 고구려 사신과 자리 배치 문제를 놓고 발생하였던 싸움의 발단과 고구려의 복식 등에 관한 것들이다. 내용을 통해 볼 때 그 자료의 출처는 사신이 돌아간 후에 종합하여 보고한 것이라고 할 수 있다.

『위서』「고구려전」은 북제의 위수(魏收, 506~572)가 지었으며 전문은 1,750자 남짓 된다. 내용은 상대적으로 완전한 고구려 건국 신화, 왕위 계승 상황, 조위와 모용 선비 정권이 고구려를 두 차례 전면적으로 공격한 일, 북위의 관계, 거주 범위, 풍속, 고구려와 기타 주변 민족과의 관계 등을 언급하고 있다. 내용에서 보자면 『위서』「고구려전」은 분명 고구려로부터 영향을 받았다. 첫머리의 고구려 건국 신화는 우리나라 정사 가운데서는 처음으로 완전한 형태로 나타난 것으로 우리는 고구려 '호태왕비'에서 그 신화의 내용을 개괄해볼 수 있다. 이러한 기록은 고구려인에 의해 나온 것으로 볼 수 있으며 고구려전에서 소위 "스스로 선조를 주몽이라고 말한다(自言先祖 朱蒙.)"고 한 것이 명백한 증거이기도 하다. 북위와 고구려 관계에 대한 기사는 공문서 자료 또는 기타 사서에서 나온 것이다. 『북사』「위수전」, 『수서』「경적지(經籍志)」의 기록을 근거로 위수가 『위서』를 쓸 때에는 최호(崔浩)의 『위서』, 이표(李彪)의 『위서』 및 『후위기거주(後魏起居注)』, 『후위의주(後魏儀注)』 등을 참고로 하였다. 그 가운데서 『후위기거주』 전문 336권에는 북위와 고구려의 왕래 상황이 꽤 상세하게 기록되어 있었을 것이다.

『양서』「동이 · 고구려전」은 당 요사염(姚思廉, 556~637)이 쓴 것으로 전문은 1400자 남짓 되는데, 서한에서부터 양 태청(太淸) 2년(548)까지의 고구려와 역대 왕조와의 관계, 고구려의 시조 전설, 거주지, 관직, 풍속 등이 기록되어 있다. 이는 두 번째로 고구려의 시조 전설을 고구려전의 정사로 쓴 것이다. 그러나 이 기록과 『위서』의 내용에는 약간의 차이가 있다. 첫째, 그 시조를 주몽이 아닌 동명이라고 하였으며 둘째, 북이 탁리국 왕의 아들로 분명히 기록하고 있다는 점이다. 이는 『양서』를 쓴 사람이 후에 의문을 가지고 『위서』의 기록에 대한 관련 고증을 통하여 얻은 것이다.

『수서』「동이 · 고려전」은 당나라 사람인 위징(魏徵)이 쓴 것으로 전문은 1,900자 남짓 된다. 내용은 고구려의 건국 신화를 포함하여 조위 정권에서 수 왕조까지 고구려와의 관계, 거주 범위, 관직, 풍속에 관한 것으로 주로 고구려와 수 왕조의 관계에 중점을 두고 있다. 내용을 보면 수대 이전 부분의 기록은 전대의 사서 기록을 참고하였고, 수와 고구려 관계에 관한 기록은 당시 왕소(王劭)의 『수서』, 우홍(牛弘)의 『조의기(朝儀記)』를 참고하였으며, 저자가 수나라 말기의 전쟁을 직접 경험한 덕에 기록의 가치는 더욱 높다고 할 수 있다.

위 사서들 이후에 씌어진 『주서』, 『남서』, 『북사』에도 모두 고구려전이 있는데 그 가운데 『북사』「고구려전」의 기록이 가장 상세하다. 이는 당나라 사람인 이연수(李延壽)가 정관(627~649) 연간에 쓰기 시작한 것으로 전문은 3500자 남짓 된다. 내용은 고구려의 건국신화, 서한에서 수 왕조까지 각 왕조가 고구려와 맺었던 관계, 거주지, 관직, 풍속, 문화 등을 언급하고 있다. 『북사』「서전(序傳)」의 기록을 보면 이연수는 당시 볼 수 있었던 여러 사서들을 참고하여 완성하는데 특히 위, 북제, 주, 수, 남송, 남제, 남양, 남진 같은 8대 정사 위주였으며 기타 잡사(雜史)도 참고하여 16년 만에 비로소 증보, 완성하게 된다. 이 책의 「고구려전」의 내용은 기본적으로 전대 사서를 기초로 하여 종합적으로 고증하여 완성한 것이라고 할 수 있다.

『구당서』, 『신당서』에도 마찬가지로 고구려 열전이 있다.

『구당서』「고려전」은 후진(後晉)의 유구(劉昫)가 쓴 것으로 전문은 4300자 남짓 되며, 내용은 고구려의 족원(族源), 도성, 거주 범위, 관직, 풍속, 문화 그리고 당 왕조와의 관계를 언급하고 있는데 특히 후자가 상세하다. 전대 사서와 비교해볼 때, 고구려 건국신화의 내용이 없고 고구려는 "부여의 별종에서 나온 것(出自扶余之別種)"임을 명확하게 이야기하고 있다. 나머지 내용들은 대부분이 당대(唐代)의 상황이다. 『구당서』의 자료 출처는 주로 두 가지인데 하나는 실록(實錄)이며 다른 하나는 당대에 쓰인 국사(國史)로 「고려전」이 이 점을 입증한다. 내용을 보면 이 고려전에 기록된 당 왕조와 고구려의 관계는 주로 조공과 책봉, 황제와 대신의 고구려 문제에 대한 대화와 당 왕조의 사신이 고구려에 갔을 때 보고 들은 것, 당 왕조가 고구려를 통일한 과정, 고구려 통일 이후 고구려 지역에 대한 관리 등에 집중되어 있다. 기사는 측천무후 시대에 이르러 끝난다. 성력(聖曆) 2년(699)에는 "또 보장왕의 아들 덕무를 안동도독에 제수하여 본번을 통치하게 하였다. 이로부터 안동에 있는 고구려의 옛 백성들이 점차 줄어들어 돌궐, 말갈 등으로 흩어지자, 고씨의 군장은 마침내 끊기고 말았다(又授高藏南德武爲安東都督, 以領本蕃. 自是高麗舊戶在安東者漸寡少, 分投突厥及靺鞨等, 高氏君長遂絶矣.)"고 기록되어 있는데, 이 시기 고구려 정권은 이미 존재하지 않았을 뿐 아니라 대부분의 사람들 역시 내지로 옮겨졌다.

『신당서』「동이 · 고려전」은 『구당서』가 세상에 전해진 지 100년 후인 북송 구양수(歐陽修), 송기(宋祁) 등이 쓴 것으로 전문은 6100자가 넘는다. 내용을 언급한 범위가 『구당서』「동이 · 고려전」과 대체로 비슷하다. 그러나 꽤 분명한 변화가 나타나는데 첫째, 기재된 사건이 『구당서』「동이 · 고려전」에 비해 상세하여 글자 수가 2000자 이상 증가하였다. 둘째, 기사의 하한이 원화(元和) 말(806~820)까지 이어진다는 것이다. 그 자료의 출처는 상세하게 주를 달지 않았기 때문에 자세하게 고증하기 어렵다.

위에서 소개한 것처럼 이러한 사서들의 고구려 역사에 대한 기록에는 몇 가지 분명한 특징이 나타난다.

첫째, 비록 각 사서의 중점은 다르지만 기사의 연대는 책이 완성된 시기에 한정되고 있어 서로 차이가 있다. 그러나 기본적으로 앞뒤 서로 연결되는 관계가 형성되며 이를 종합한 것이 상대적으로 완전한 형태의 고구려 흥망사이다.

둘째, 자료의 출처 대부분이 당시의 자료를 위주로 했고, 고구려인과 고구려에 사신으로 간 사람을 통해 나온 자료도 포함하고 있으며, 전대의 여러 사람들의 저술도 함께 참고하였다.

셋째, 각 사서에서 어떤 구체적인 사실은 비록 착오가 나타나고 심지어는 모순도 존재하였지만 기본적으로 그 사실들은 정확하다고 할 수 있으며 우리가 고구려 역사를 연구하는 데 주요 자료의 연원이 된다는 것은 국내외 학자들의 보편적인 인식이다.

그러나 이와 같은 긍정적인 면이 있는 동시에 우리는 앞에서 말한 사서에서 정확하지 않은 구체적 기록도 존재한다는 것을 볼 수 있어야 한다. 이는 우리가 고구려 역사 발전에 대한 상세한 상황을 분명하게 밝히는 데 장애 요소가 되고 있으며, 이후 사서의 기록에 심각한 착오가 나타나게 된 기초를 제공하였다. 그 가운데서 가장 분명한 착오는 『신당서』「동이 · 고려전」 마지막 부분에 "이듬해 고장의 아들 덕무를 안동도독으로 삼으니, 이 뒤로 조금씩 나라의 틀이 잡혀갔다. 원화(806~820) 말에 이르러 사신을 보내어 악공을 헌상하였다고 한다(明年, 以藏子德武爲安東都督, 後稍自國. 至元和末, 遣使者獻樂工云.)"라는 기사이다. 이 부분의 기사로 인해 후대 사서에서 고씨 고구려 역사가 왕씨 고려 역사로 들어가게 되었으며 양자가 전후 계승 관계로 변하게 된 간접적인 원인을 제공하였다. 그러나 이 기록을 자세히 분석해 보면 우리는 그 가운데 여러 의문점이 존재하는 것을 발견할 수 있다. 같은 고구려전 앞에 이미 "고씨의 군장은 마침내 끊기고 말았다(高氏君長皆絶.)"라고 한 것은 고씨가 이미 자손이 끊겼음을 나타낸다. 그런데 어떻게 소위 "이 뒤로 조금씩 나라의 틀이 잡혀갔다(後稍自國.)"고 할 수 있겠는가? "원화말에 이르러 사신을 보내어 악공을 헌상하였다고 한다(元和末, 遣使者獻樂工云.)"는 것은 더욱 불가능하다. 구양수가 어떻게 이와 같이 간단한 착오를 범하였는지에 대해서는 깊게 토론해볼 문제이다.

고구려와 250년 후에 출현한 왕씨 고려가 전후로 서로 이어지는 관계가 아니었다는 것은 『고대 중국 고구려 역사 총론』에서 이미 여러 사실을 이용하여 논증하였다. 또한 구양수가 쓴 『신당서』「동이 · 고려전」과 『신오대사(新五代史)』「고려전」에 존재하는, 위에서 본 착오에 대해서도 역시 여러 사실을 이용하여 논증한 바 있다. 그러므로 여기에서는 후자가 발생하게 된 원인에 대해서 깊이 있는 토론을 진행해볼까 한다.

사서의 기록을 통해 살펴보면 사실 구양수가 쓴 『신당서』가 나오고 얼마 지나지 않아 북송의 사관인 증공(曾鞏)이 『신당서』「동이 · 고려전」의 기록에 대해 의문을 재기하였다.

『속 자치통감 장편(續資治痛鑑長編)』 권323의 송 원풍(元豊) 5년(1082) 2월 기사(己巳) 조에는 이런 기록이 나온다.

사관수찬 증공(曾鞏)이 말하기를: "옛 역사를 살펴보니, 고구려는 주몽으로부터 나와 흘승골성을 얻어 거주하게 되어, 나라를 고구려라고 하였고, 이로 말미암아 고씨라고 했다. 한나라 때부터 당나라에 이르기까지 지내오다가, 당 고종 시에 그 왕 고장(高藏)이 나라를 잃고 당나라로 이주해왔다. 성력(698~699) 시기에 고장의 아들 덕무(德武)가 안동도독이 된 뒤 점차 조금씩 나라의 틀이 잡혀갔다. 원화(806~820) 말에 이르러 사신을 보내어 악공을 헌상하였다. 이로부터 다시 중국을 뵈러 오지 않았다. 오대 동광(923~925), 천성(926~929) 시기에 고려의 왕 고씨가 다시 사신을 파견하여 조공하였는데, 이름은 기록되어 있지 않다. 장흥 3년(932)에 권지국사(權知國事)라 부르는 왕건(王建)이 사신을 보내어 공물을 받들어왔다. 이로써 왕건이 왕이 되었다. 건의 아들 무(武: 고려 효종), 무의 아들 소(昭: 광종), 소의 아들 주(伷: 경종), 유의 동생 치(治: 성종), 치의 동생 송(誦: 목종), 송의 동생 순(詢: 현종)이 서로 이어받아 왕위에 올랐다. 대개 주몽으로부터 고장까지 고찰해보건대 한 가지 성(고씨)으로 900년을 이었고, 21명이 왕위를 이어가다가 나라가 망했다. 그 뒤 다시 스스로 나라를 세웠으니, 이것이 (왕의) 이름과 (왕의) 대수에 대한 흥망의 본말이다. 그리고 왕건이 (나라를) 시작한 바는 자세히 알 수가 없다. 왕씨는 (왕)건에서 주(伷)까지 네 명의 왕은 아들에게 왕위를 전했고, 치(治)에서 순(詢)까지 3대 왕은 동생에게 왕위를 전했다. 순은 천성 8년(1030) 때부터 공물을 보내왔다. 희녕 3년(1070)에 이르러 지금의 왕 휘(徽: 문종)가 공물을 보내왔다. 중국을 뵈러 오지 않은 지가 대개 43년이었다. 지금 폐하(송의 신종)의 인덕과 성품, 문무의 번영함이 동으로 바다 바깥까지 점점 나아가자, 휘가 이에 사신을 보내 대궐 아래 다

다른 것이다. 고구려는 문자를 가진 나라였으니, 그 사신이 마땅히 그 나라 임금과 응망에 대한 본말, 이름 및 세차(世次)에[119] 대한 본말을 알 것이다.

전객(典客)[120]의 신하에게 조령을 내려 묻기를, "덕무(德武)[121]가 동쪽으로 간 뒤 어떻게 나라를 회복했는가? 또 어떻게 다시 잃었는가? 그리고 역대로 몇 임금을 전하였는가? 그 이름과 세대수는 따져볼 수 있는가? 왕건(王建)이 일어난 것은 무엇 때문이었는가? 또 왕건으로부터 시작되었는가? 아니면 왕건의 윗대에 일어난 자가 있었는가? 천성(天聖)[122] 연간으로부터 희령(熙寧)[123] 4년에 이르기까지 13년 동안[124] 휘(徽)[125]가 거듭 중국에 보이는데, 그가 순(詢)[126]을 이어서 왕위에 오른 자인가? 아니면 그 사이에 또 순을 이은 자가 있었는가? 휘는 순과 무슨 관계인가? 이 물음에 대하여 차례로 논할 수 있다면 옛 역사의 빠진 부분을 보충할 수 있을 것이다. 밝은 폐하의 덕이 만리(萬里)에 미쳐서, 멀리 떨어진 타국에서 지난 세대에는 올 수 없었던 자들도 의(義)를 사모하여 내조하게 되었으니, 이 때문에 사이(四夷)의 일을 알 수 있게 되었다. 황제의 교화를 입은 자가 아니라면 멀리서 이렇게 오지 않았을 것이다"라고 하였다. 이것을 필중연(畢仲衍)[127]에게 내렸다. 중연이 사인(使人) 최사제(崔思齊), 이자위(李子威)와 나눈 말을 보고하였다. "그들이 아는 바는 공(鞏)[128]의 논저보다 상세하지 않

---

119) 세대(世代)의 차례.

120) 진대(秦代)에 소수민족과 제후의 접대에 관한 일을 맡아보던 벼슬.

121) 보장왕(寶藏王)의 아들. 699년 당(唐)으로부터 안동도독에 임명되었다.

122) 송(宋) 인종(仁宗)의 연호(1023~1031).

123) 송(宋) 신종(神宗)의 연호(1068~1077).

124) "천성(天聖) 연간으로부터 희령(熙寧) 4년에 이르기까지 13년 동안(自天聖至熙寧四年十三年之間)"이라는 부분은 햇수가 맞지 않아 기록의 착오로 보인다. 이는 같은 사실을 기록한 다음 자료인 『원풍류고(元豊類稿)』의 "自天聖至熙寧四十三年之間"이라는 기록에 따라 43년 간이 맞다고 판단된다.

125) 고려 11대 왕 문종(文宗)의 이름. 재위 1047~1082년.

126) 고려 8대 왕 현종(顯宗)의 이름. 재위 1010~1031년.

127) 송 정주(鄭州) 사람.

습니다. 기록할 만한 것은 신라와 백제가 내란을 벌였는데 왕건이 마침내 삼한을 통합하고 고(高)씨 성을 바꾸었습니다. 치적이 기려져서 왕씨의 시조가 되었으며, 휘(徽)는 순(詢)의 아들입니다. 또 이르기를 고씨의 성력(聖曆)은 원화(元和)[129] 연간의 일로 모두 기록이 있고, 삼한도 본래 역사가 있습니다. 원화 연간에 악(樂) 두 부(部)를 바쳤는데 바로 당악(唐樂)과 향악(鄕樂)입니다."[130]

— 史館修撰曾鞏言: "竊考舊史, 高句麗自朱蒙得紇升骨城居焉, 號曰高句麗, 因以高爲氏, 歷漢至唐, 高宗時其王高藏失國內徙. 聖曆中, 藏子德武安東都督, 其後稍自爲國. 元和之末嘗獻樂工, 自此不復見于中國. 五代同光, 天成之際, 高麗王高氏復來貢而失其名. 長興三年乃稱權知國事王建遣使奉貢, 因以建爲王. 建子武, 武子昭, 昭子伷, 伷弟治, 治弟誦, 誦弟詢, 相繼而立. 蓋自朱蒙至藏, 可考者一姓九百年, 傳二十一君而失國. 其後, 復自爲國, 而名及世次興廢之本末, 與夫王建之所始, 皆不可考. 王氏自建至伷, 四王皆傳子. 自治至詢, 三王皆傳弟. 詢自天聖八年來貢, 至熙寧三年今王徽來貢, 其不見于中國者蓋四十有三年. 今陛下仁聖, 文武聲敎之盛, 東漸海外, 徽所遣使方集闕下. 蓋高句麗文字之國, 其使者宜知其國之君長興坏本末, 名及世次. 愁乞詔諭典客之臣, 問自德武之東也, 其後何以能復其國? 何以復失之? 嘗傳幾君? 其名及世次可數否? 王建之所以興者, 何繇其興也? 自建始歟? 建之先已有興者歟? 自天聖至熙寧四年, 十三年之間而徽復見于中國, 其繼詢而立者歟? 豈其中間復自有繼詢者歟? 徽于詢爲何屬? 如其言可論次, 足以補舊史之闕, 明陛下德及萬里, 殊方絕域前世有不能致者, 慕義來廷. 故能究知四夷之事, 非聲敎之所被者, 遠不能及此." 下畢仲衍. 仲衍以所與使人崔思齊, 李子威語來上, 其所知不詳于鞏所論著也. 所可紀者, 新羅, 百濟內亂, 王建遂合三韓, 易高氏姓. 誦于治,

---

128) 송나라 사람 증공(曾鞏)의 이름(1019~1083).
129) 당(唐) 헌종(憲宗)의 연호(806~820).
130) 원화(元和) 13년에 소고구려국(小高句麗國)으로 보이는 나라에서 당에 사신을 파견하여 악공(樂工)을 바친 일을 말한다. 『삼국사기』 「고구려본기」 보장왕 27년 조 참조.

爲遠宗王徽詢之子也. 又曰: 高氏聖曆, 元和間事, 皆有記錄. 三韓自有史, 元和中獻樂兩部, 蓋唐樂, 鄕樂也.

이 사실은 증공이 쓴『원풍류고』권31「고(구)려 세차에 방문하십시요 (請訪問高麗世次)」에서도 볼 수 있다.

신이 옛 서적들을 살펴보니, 고구려는 주몽이 흘승골성에 거주하면서부터 시작되었다. 나라 이름을 고구려라 하였고, 이로 인해 고씨를 성씨로 삼았다. 한나라에서 당나라에 이르기까지 지내왔다가, 당 고종 시기에 그 왕 고장이 나라를 잃고 내지로 옮겨왔다. 성력 시기에 고장의 아들 덕무가 안동도독이 된 뒤 조금씩 나라의 틀이 잡혀갔다. 원화 말에 이르러 사신을 보내 악공을 헌상하였다. 이로부터 다시 중국을 뵈러 오지 않았다. 5대 동광, 천성 시기에 고려의 왕 고씨가 다시 사신을 파견하여 조공하였는데, 이름은 기록되어 있지 않다. 장흥 3년(932)에 권지국사라 부르는 왕건이 사신을 보내어 공물을 받들어왔다. 이로써 왕건이 왕이 되었다. 건의 아들 무(武), 무의 아들 소(昭), 소의 아들 주(伷), 유의 동생 치(治), 치의 동생 송(誦), 송의 동생 순(詢)이 서로 이어받아 왕위에 올랐는데, 대개 주몽으로부터 고장까지는 고찰해보건대 한 성(고씨)으로 900년이었고, 왕위를 21명이 계승하였다가 나라가 망했다. 그 후에 다시 스스로 나라를 세웠다. 이것이 (왕의) 이름과 (왕의) 대수에 대한 흥망의 본말이다. 그리고 왕건이 (나라를) 시작한 바는 자세히 알 수가 없다. 왕씨는 (왕)건에서 주(伷)까지 네 명의 왕은 아들에게 왕위를 전했고, 치(治)에서 순(詢)까지 3대 왕은 동생에게 왕위를 전했다. 순은 천성 8년(1030) 때부터 공물을 보내왔다. 희녕 3년(1070)에 이르러 지금의 왕 휘(徽: 문종)가 공물을 보내왔다. 중국을 뵈러 오지 않은 지가 대개 43년이었다. 지금 폐하(송의 신종)의 인덕과 성품, 문무의 번영함이 동으로 바다 바깥까지 점점 나아가자, 휘가 이에 사신을 보내 대궐 아래 다다른 것이다. 고구려는 문자를 가진 나라였으니, 그 사신이 마땅히 그 나라 임금과 응망에 대한 본말, 이름 및 세차(世次)에[131] 대한 본말을 알 것이다.

전객의 신하에게 조령을 내려 묻기를, "덕무가 동쪽으로 간 때부터 뒤에 어떻게 나라를 회복했는가? 또 어떻게 다시 잃었는가? 그리고 역대로 몇 임금을 전하였는가? 그 이름과 세대수는 따져볼 수 있는가? 왕건이 일어난 것은 무엇으로 말미암아 이루어진 것인가? 또 왕건으로부터 시작되었는가? 아니면 왕건의 윗대에 일어난 자가 있었는가? 천성[132] 연간으로부터 희령[133] 4년에 이르기까지 13년 동안[134] 휘[135]가 거듭 중국에 보이는데, 그가 순[136]을 이어서 왕위에 오른 자인가? 아니면 그 사이에 또 순을 이은 자가 있었는가? 휘는 순과 무슨 관계인가? 이 물음에 대하여 차례로 논할 수 있다면 옛 역사의 빠진 부분을 보충할 수 있을 것이다. 밝은 폐하의 덕이 만리(萬里)에 미쳐서, 멀리 떨어진 타국에서 지난 세대에는 올 수 없었던 자들도 의(義)를 사모하여 내조하게 되었으니, 이 때문에 사이(四夷)의 일을 알 수 있게 되었다. 황제의 교화를 입은 자가 아니라면 멀리서 이렇게 오지 않았을 것이다"라고 하였다. 성스러운 명령을 취하여 미진한 바를 황지(黃紙)에 따로 적어 필중연에게 내리니 이에 따라 조용히 방문하여 묻고, 또는 사신으로 와서 다 대답하지 못하는 것은 일러주어 본국으로 돌아가서 기록을 조사하여 찾기를 기다린 다음, 따로 사신을 시켜 첨부하여 보내오게 하였다.

고려의 왕위 계승: 고구려는 그 선조가 부여에서 나왔고, 부여 왕이 하백의 딸을 얻어 방 안에 가두어두었는데, 햇빛에 감응하여 아이를 잉태하고 주몽을 낳았

---

131) 세대의 차례.
132) 송 인종의 연호.
133) 송 신종의 연호.
134) 앞의 주 121) 참조.
135) 고려 11대 왕 문종의 이름. 재위 1047~1082년.
136) 고려 8대 왕 현종의 이름. 재위 1010~1031년.

다. 그가 성장하자, 부여의 신하들이 그를 죽이려고 하였는데, 주몽이 달아나서 죽음을 면했다. 흘승골성에 이르러 거주하면서, 나라 이름을 고구려라 했고, 이로 말미암아 고씨로 성씨를 삼았다. 주몽이 죽자, 아들 여율이 왕위에 올랐고, 여율이 죽자, 아들 막래가 왕위에 올랐다. 추가 왕이 되었다. 광무제 건무 8년(32)에 고구려가 사신을 보내 조공을 바쳐오자, 다시 왕호를 복구시켰다. 막래의 후손인 궁이 왕이 되었다. 궁이 죽자, 아들 수성이 왕위에 올랐고, 수성이 죽자, 아들 백고가 왕위에 올랐다. 백고가 죽자, 아들 이이모가 왕위에 올랐고, 이이모가 죽자, 아들 위궁이 왕위에 올랐다. 위궁이 죽자, 손자인 을불리가 왕위에 올랐다. 을불리가 죽자, 아들 쇠가 왕위에 올랐다. 안이 왕위에 올랐다. 쇠의 증손 련이 왕위에 올랐다. 련이 죽자, 손자인 운이 왕위에 올랐고, 운이 죽자, 아들 안이 왕위에 올랐다. 안이 죽자, 아들 연이 왕위에 올랐고, 연이 죽자, 아들 성이 왕위에 올랐다. 성이 죽자, 아들 탕이 왕위에 올랐고, 탕이 죽자, 아들 원이 왕위에 올랐다. 원이 죽자, 동생인 건무가 왕위에 올랐고, 건무가 죽자, 동생의 아들인 장이 왕위에 올랐다. 장의 아들 덕무가 안동도독이 되었다. 동광, 천성 연간에 고려국왕 고씨가 여러 차례 사신을 보내 공물을 바쳤다. 고려 국왕 왕건이 왕위에 올랐다. 왕건이 죽자, 아들 무(武: 효종)가 왕위에 올랐다. 무가 죽자, 아들 소(昭: 광종)가 왕위에 올랐다. 소가 죽자, 아들 주(伷: 경종)가 왕위에 올랐다. 동생 치(治: 성종)가 왕위에 올랐다. 치가 죽자, 동생 송(誦: 목종)이 왕위에 올랐다. 송이 죽자, 동생 순(詢: 현종)이 왕위에 올랐다.

— 臣竊考舊史. 高句麗自朱蒙得紇升骨城居焉, 號曰高句麗, 因以高爲氏, 歷漢至唐, 高宗時其王高藏失國內徙. 聖曆中, 藏子德武得爲安東都督, 其後稍自爲國. 元和之末嘗獻樂工, 自此不復見于中國. 五代同光, 天成之際, 高麗王高氏復來貢而失其名. 長興三年乃稱權知國事王建遣使奉貢, 因以建爲王. 建子武, 武子昭, 昭子伷, 伷弟治, 治弟誦, 誦弟詢, 相繼立. 蓋自朱蒙至藏, 可考者一姓九百年, 傳二十一君而失國. 其後復自爲國, 而名及世次興廢之本末, 與夫王建之所以始, 皆不可考. 王氏自建至仙, 四王皆傳子. 自治至詢, 三王皆傳弟. 詢自天聖八年來貢, 至熙寧三年今王徽來貢, 其不見于中國者蓋四十有三年. 今陛下仁聖, 文武聲敎之盛, 東漸海外, 徽所遣使方集闕下. 蓋高句麗文字之國也, 其使者宜知其國之君長興坏本末, 名及世次. 慾乞詔諭典客之臣, 問自德武之東也, 其後何以能復其國? 何以復失之? 嘗傳幾君? 其名及世次可數否? 王建之所以興者, 何繇其興也? 自建始歟? 抑建之先已有興者歟? 自天聖至熙寧四十三年之間而徽復見于中國, 其繼詢而立者歟? 豈其中間復自有繼詢者歟? 徽于詢爲何屬? 如其言可論次, 足以補舊史之闕, 明陛下德及萬里, 殊方絶域前世有不能致者慕義來庭. 故能究知四夷之事, 非聲敎之所被者, 遠不能及此. 取進止貼黃慾乞諭畢仲衍, 因話從容訪問, 或來使未能盡對, 卽諭以候歸本國, 討尋記錄, 因向後別使人附來. 高麗世次: 高句麗, 其先出夫餘. 王得河伯女, 因閉于室, 感日而孕, 生朱蒙. 及長, 夫餘之臣謀殺之, 朱蒙走得免. 至紇升骨城居焉, 號高句麗, 因以高爲氏. 朱蒙死, 子如栗立; 如栗死, 子莫來立; 驥立. 光武建武八年, 高句麗遣使朝貢, 復其王號. 莫來裔孫宮立, 宮死, 子遂成立; 遂成死, 子伯固立; 伯固死, 子伊夷模立; 伊夷模死, 子位宮立; 位宮死, 元孫乙弗利立; 乙弗利死, 子釗立; 安立; 釗曾孫璉立; 璉死, 孫雲立; 雲死, 子安立; 安死, 子延立; 延死, 子成立; 成死, 子湯立; 湯死, 子元立; 元死, 弟建武立; 建武死; 弟之子藏立. 藏子德武爲安東都督. 同光, 天成間, 高麗國王高氏累遣使朝貢. 高麗國王王建立, 建死, 子武立; 武死, 子昭立; 昭死, 子伷立; 伷死, 弟治立; 治死, 弟誦立; 誦死, 弟詢立.

위의 기록을 통해서 우리는 몇 가지 결론을 얻을 수 있다.

첫째, 송 원풍 5년(1082) 당시의 북송 왕조는 고씨 고려의 왕위 계승 상황에 대해 정확히 알지 못했을 뿐 아니라 왕씨 고려의 왕위 계승 상황에 대해서도 이해하지 못하고 있었다. 두 고려 사이에 어떤 관계가 있는지에 대해서는 더욱 몰랐다. 이때는 구양수(1007~1073)가 죽은 뒤 9년째 되는 해이다.

둘째, 일반적인 사리 판단에 근거해 이를 추정해보면 구양수가 당서(唐

書)를 다시 수정한 것은 『구당서』에 만족하지 못했던 것으로 그 근거 자료
들을 북송의 사관수찬 신분이었던 증공은 분명 알고 있었을 것이다. 그런데
증공은 무엇 때문에 다시 황제에게 청하여 황제의 명으로 전객인 관원에게
왕씨 고려 사신에게 알아보도록 요구하였을까? 단 한 가지의 해석이 가능
한데, 그것은 증공이 구양수의 기록이 정확한지의 여부를 분명히 알지 못했
거나 유력한 증거를 찾지 못했다는 것을 의미한다. 이는 한 가지 면에서 구
양수가 "이 뒤로 조금씩 나라의 틀이 잡혀갔다. 원화 말에 이르러 사신을
보내어 악공을 헌상하였다고 한다(後稍自國. 至元和末, 遣使者獻樂工云.)"로
「고려전」에 쓴 것은 충분한 근거가 없으며 잘못 썼을 가능성이 매우 높다는
것을 설명해준다.

셋째, 질문을 받은 왕씨 고려의 사신은 처음 사관수찬 증공에게 명확한
대답을 하지 않았다. 이것은 왕씨 고려의 사신이 사관수찬 증공이 제기한
이 문제에 대답할 수 없었음을 나타낸다. 만약 왕씨 고려 사신으로 온 관원
이 왕씨 고려와 고씨 고려 사이의 관계를 정확히 알지 못했다면 이것은 단
하나의 문제를 설명할 수 있다. 즉 왕씨 고려는 고씨 고려의 계승자가 아니
라는 것이다.

넷째, 왕씨 고려가 나중에 파견한 사신이 바친 "고(구)려세차(高麗世次)"
에 대해서 우리는 다른 학자들이 인용하고 분석한 것을 아직 보지 못하였
다. 이는 고구려를 연구하는 학자들이 앞서 인용한 두 권의 기록에 대해서
주의를 기울이지 않았다는 것을 나타낸다. 왕씨 고려의 "고려세차"에 대한
해석과 『신당서』「동이 · 고려전」 마지막 부분의 기록을 비교해보면 양자는
내용에서 꽤 커다란 차이가 있다. 그러나 북송 설거정(薛居正)이 쓴 『구오
대사(舊五代史)』「고려전」에는 "그 후 당나라 말엽에 이르러 중국이 혼란에
빠지자, 고려가 마침내 스스로 임금을 세웠는데, 앞선 왕의 성은 고씨이다.
후당 동광(923~925), 천성 연간(926~929)에 고려가 여러 번 사신을 파견하

여 조공하였다(及唐之末年, 中原多事, 其國遂自立君長, 前王姓高氏. 唐同光, 天成中, 累遣使朝貢.)"라고 기록되어 있어 놀랄 정도로 비슷한 특징이 있다. 설거정(912~981)은 북송 초기인 송 태조 개보(開寶) 6년(973) 4월에서 7년 윤10월 사이에『구오대사』를 완성하고 가우(嘉祐) 5년(1060) 구양수는『신당서』를 완성하고 그 후 또다시『신오대사』도 완성하게 된다. 이를 통해 설거정의『구오대사』는 구양수가 쓴『신당서』와『신오대사』에 영향을 주게 된다. 3권이 세상에 나온 순서로 볼 때 이치에 맞다. 그러나 설거정의『구오대사』와 왕씨 고려가 말한 "고려세차"는 어느 것이 먼저인지 정확한 판단을 내리기 어렵다. 그런데 왕씨 고려의 사신이 "모두 기록이 있다(皆有記錄.)"고 말한 것을 통해 추측해볼 때 "고려세차"가 설거정의『구오대사』에 영향을 미쳤다고 할 수 있다.

이를 근거로 우리는『신당서』「동이·고려전」마지막 단락의 기록에 대해 새롭게 인식할 수 있다. 당시 북송의 사관들은 왕씨 고려와 고씨 고려의 관계에 대해서 잘 알지 못했고, 이 부분이 포함된 설거정『구오대사』의 영향을 받았을 가능성이 아주 높다. 물론 설거정은 왕씨 고려의 "고려세차"에서 영향을 받았다. 이러한 왕씨 고려의 영향 때문에『송사』「고려전」부터 우리 사서에서는 고씨 고려를 왕씨 고려의 역사에 넣게 되었으며 왕씨 고려를 고씨 고려의 계승자로 여기게 된 직접적인 원인이 되었던 것이다.

【 2. 오대에서 명까지의 중국 정사에서 고구려와 왕씨 고려의 관계에 대한 오기(誤記)의 변천 과정 】

918년에 건국된 왕씨 고려는 1392년 이씨 조선이 대신하게 된다. 이 시기는 우리나라의 오대 중기에서 명조 초기에 해당한다. 그러므로『구오대사』,

『신오대사』,『송사』,『요사』,『금사(金史)』,『원사(元史)』,『명사』에는 모두 「고려전」 또는 「조선전」이 있다. 모두 고씨 고려의 역사를 앞에서 약술함으로써 왕씨 고려가 고씨 고려의 계승자라는 잘못된 인식을 보여주고 있다. 종합해보면 이러한 사서에 쓰어진 기록은 『구오대사』와 『신오대사』에서 가장 먼저 고씨 고려를 왕씨 고려전에 넣어 기록한 것으로,『송사』에서 "왕건이 고씨의 지위를 계승하였다(王建承高氏之位.)"라고까지 한 시작점이 되었다. 이 세 사서들의 기록은 이후의 몇몇 사서에도 직접적인 영향을 미쳤다.

『구오대사』「고려전」은 북송의 설거정이 쓴 것으로 전문은 아래와 같다.

고려는 본래 부여의 별종이다. 그 나라는 평양성에 도읍하였는데, 곧 한나라 낙랑군의 옛 땅으로, 경사(장안)의 동쪽 4000여 리에 있다. 동쪽으로는 바다를 건너 신라에 이르고, 서북쪽으로는 요수를 건너 영주에 닿으며, 남쪽으로는 바다를 건너 백제에 닿고, 북쪽으로는 말갈에 닿는다. 동서의 거리는 3100리이며, 남북으로는 2000리이다. 그 나라의 관직에서 제일 높은 것을 대대로(大對盧)라고 불렀는데, 1품에 해당되며 나라 일을 모두 관장하였다. 3년에 한 번씩 교체하는데, 적격한 사람이면 연한에 구애받지 않았다. 대로(對盧) 이하의 관직은 총 12등급이 있었다. 지방에는 60여 주, 현을 설치하여, 큰 성에는 욕살(褥薩) 1인을 두었는데, 도독에 해당되고 작은 성에는 도사(道使) 1인을 두었는데 자사에 해당된다. 그 밑에 각각 돕는 벼슬아치들이 있어서 부서를 나누어 사무를 관장하였다. 그 왕은 흰 비단으로 만든 관을 쓰고, 흰 가죽으로 만든 작은 허리띠를 둘렀는데, 모두 금으로 장식하였다.
당나라 정관(627~649) 말기에 태종이 고려를 정벌하였으나 항복받지 못하였다. 총장(668~669) 초에 이르러 고종이 이적(李勣)으로 하여금 군사를 거느리고 고려를 정벌하도록 하였더니, 마침내 그 성을 함락시키고 땅을 나누어 군, 현으로 만들었다. 그 뒤 당나라 말엽에 이르러서는 중국이 혼란에 빠지자, 고려가 마침내 스스로 임금을 세웠는데, 앞선 왕의 성은 고씨이다. 후당 동광(923~925), 천성 연간(926~929)에 고려가 여러 번 사신을 파견하여 조공하였다. 후주 현덕 6년(959)에 고려가 사신을 파견하여 자수정, 백수정 2000개를 보냈다.

— 高麗, 本扶餘之別種. 其國都平壤城, 卽漢樂浪郡之故地, 在京師東四千餘里. 東渡海至于新羅, 西北渡遼水至于營州, 南渡海至于百濟, 北至靺鞨, 東西三千一百里, 南北二千里. 其官大者號大對盧, 比一品, 總知國事, 三年一代, 若稱職者不拘年限 ; 對盧已下官總十二級. 外置州縣六十餘, 大城置褥薩一人, 比都督 ; 小城置道使一人, 比刺史 ; 其下各有僚佐, 分曹掌事. 其王以白羅爲冠, 白皮小帶, 咸以金節. 唐貞觀末, 太宗伐之, 不能下. 至總章初, 高宗命李勣率軍征之, 遂拔其城, 分其地爲郡縣. 及唐之末年, 中原多事, 其國遂自立君長, 前王姓高氏. 唐同光, 天成中, 累遣使朝貢. 周顯德六年, 高麗遣使貢紫白水晶二千顆.

『신오대사』「고려전」은 북송 구양수가 썼으며 전문은 아래와 같다.

고려는 본래 부여인의 별종이다. 그 나라의 지리와 군왕의 세차는 『당서』에 나타나 있으며, 다른 오랑캐와 비교하면 성씨도 있고, 그 관직의 이름도 뜻을 대략 알 수 있는 것들이다. 당 말엽에는 그 왕의 성이 고씨였다. 동광 원년(923)에 정사로 광평시랑(廣評侍郎) 한신일(韓申一)과 부사로 춘부소경(春部少卿) 박암(朴巖) 등을 보내왔는데, 그 국왕의 성명에 대해서는 사관이 잃어버리고 기록하지 못하였다. 장흥 3년(932)에 권지국사 왕건(태조)이 사신을 보내오니, 명종은 즉시 (왕)건을 현도주 도독으로 임명하고, 대의군사를 맡기며, 고려 국왕으로 책봉하였다. 왕건은 고려의 큰 집안이다. 개운 2년(945)에 왕건이 죽자, 아들 무(혜종)가 즉위하였다. 건우 4년(951)에 무가 죽자, 아들 소(광종)가 즉위하였다. 왕씨 3대는 오대가 끝나도록 항상 조공하였고, 그들이 즉위할 때에는 반드시 중국에 명을 요청하였고, 중국에서는 언제나 정중하게 답하였다. 그 땅에서는 구리와 은 등이 생산되었다. 후주 세종 때에는 상서수부원외랑(尙書水部員外郎) 한언경(韓彦卿)을 보내 비단 수천 필로 고려에서 구리를 사다가 돈을 주조하였다. 후주 세종 6년에 소(광종)가 사신을 보내 황동 5만 근을 보내왔다. 고려 사람들은 문자를 알고 글 읽기를 좋아한다. 소가 『별서효경(別叙孝經)』 1권과 『월왕신의(越王新義)』 8권, 『황령효경(皇靈孝經)』 1권, 『효경웅도(孝經雌圖)』 1권 등을 보내왔다. 『별서효경』은 공자의 탄생 및 그 제자들의 일을 서술하였고, 『월왕신의』는 '월왕(越王)'으로 죄인을 신문하는 조목(問目)으로 삼았는데 지금의 '정의(正義)'와 같았으며, 『황령효경』은 나이를 연장하고 곡식을 먹지 않는 것에 대하여 서술하였고, 『웅도효경』는 일식과 별의 변화를 기록하였는데, 모두 상도에서 벗어난 말이었다.

― 高麗, 本扶餘人之別種也. 其國地, 君世見於唐, 比佗夷狄有姓氏, 而其官號略可曉其義. 當唐之末, 其王姓高氏. 同光元年, 遣使廣評侍郎韓申一, 副使春部少卿朴巖來, 而其國王姓名, 史失不紀. 至長興三年, 權知國事王建遣使者來, 明宗乃拜建玄[137]菟州都督, 充大義軍使, 封高麗國王. 建, 高麗大族也. 開運二年, 建卒, 子武立. 乾祐四年, 武卒, 子昭立. 王氏三世, 終五代常來朝貢, 其立也必請命中國, 中國常優答之. 其地産銅, 銀, 周世宗時遣尙書水部員外郎韓彦卿以帛數千匹市銅於高麗以鑄錢. 六年, 昭遣使者貢黃銅五萬斤. 高麗俗知文字, 喜讀書, 昭進別敍[138]孝經一卷, 越王新義八卷, 皇靈孝經一卷, 孝經雌圖一卷. 別敍, 敍孔子所生及弟子事迹; 越王新義, 以 "越王" 爲問目, 若今正義; 皇靈, 述延年辟穀; 雌圖, 載日食, 星變. 皆不經之說.

---

137)【옮긴이】 '찬(選)'으로 되어 있으나 원서와 대조하여 '현(玄)'으로 바로 잡는다.

138)【옮긴이】 '베풀 서(叙)'로 되어 있으나 원서와 대조하여 '차례 서(敍)'로 바로잡는다.

『송사』는 원나라 사람 탈탈(脫脫) 등이 썼는데, 책에는 왕씨 고려전을 단독으로 한 권에 배열하였으며 그 내용은 아래와 같다.

고려는 본래 고구려라 불렸다. 우임금이 9개 주를 나눌 때 기주(冀州)의 땅에 속했다. 주나라 때에는 기자(箕子)의 나라였고, 한나라 때에는 현도군이었다. 요동 땅에 있는데, 대개 부여의 별종이다. 평양성을 나라의 도읍으로 삼았다. 한나라, 위나라 이래로 항상 직공을 보내 통하여 왔고, 또 여러 차례 변경을 침략해 오기도 했다. 수 양제가 다시 군사를 일으켰고, 당 태종이 친히 토벌에 나섰으나, 모두 패배했다. 고종이 이적에게 명하여 토벌하게 하여 마침내 그 성을 함락시켰고, 땅을 나누어 군현으로 삼았다. 당나라 말에 중국이 혼란에 빠지자, 고려가 마침내 스스로 임금을 세웠다. 후당 동광, 천성 연간에 고려가 여러 번 사신을 파견하여 조공하였다. 장흥 연간에 권지국사(權知國事) 왕건이 고씨왕을 이어 왕위에 올랐고, 사신을 파견해 조공하였다.

― 高麗, 本曰高句麗. 禹別九州, 屬冀州之地, 周爲箕子之國, 漢之玄菟郡也. 在遼東, 蓋扶餘之別種, 以平壤城[139]爲國邑. 漢魏以來, 常通職貢, 亦屢[140]爲邊寇. 隋煬帝 再擧兵, 唐太宗親駕伐之, 皆不克. 高宗命李勣征之, 遂拔其城, 分其地爲郡縣. 唐末, 中原多事, 遂自立君長. 後唐同光, 天成中, 其主高氏累奉職貢. 長興中, 權知國事王建承高氏之位, 遣使朝貢.

뒤의 씌어진 내용은 왕씨 고려와 송 왕조의 왕래에 관한 사실이다.
『요사』와 『금사』 역시 원나라 사람인 탈탈 등이 썼으며, 자연 『송사』의 관련 기록을 따르고 있기 때문에 일일이 인용할 필요는 없을 것이다.

---

139)【옮긴이】『속론』에는 '평양'으로 되어 있으나 원서와 대조하여 '성(城)'을 더한다.
140)【옮긴이】『속론』에는 '야누(也累)'로 되어 있으나 원서와 대조하여 '역누(亦屢)'로 바로잡는다.

『원사』는 명의 송렴(宋濂), 왕위(王褘) 등이 썼으며, 역시 왕씨 고려를 단독으로 하나의 열전에 배열하였다. 그 시작은 다음과 같다.

고려는 본래 기자가 책봉을 받은 땅이다. 또 부여의 별종이 이미 거주했던 곳이다. 그 땅은 동으로는 신라에 이르고, 남으로는 백제에 닿는데 모두 큰 바다를 건너야 한다. 서북으로는 요수를 건너 영주(營州)와 접하며, 그리고 말갈이 그 북쪽에 있다. 그 나라의 수도는 평양성인데, 곧 한나라 낙랑군이었다. 물은 말갈의 백산(白山)에서 흘러나오는 것이 있는데 압록강이라고 부른다. 그리고 평양이 그 동남쪽에 있는데, 험한 곳을 의지하고 있다. 후에 땅을 개척하여 더욱 넓어졌는데, 옛 신라와 백제, 고구려 삼국을 합하여 한 나라가 되었다. 그 임금의 성은 고씨인데, 당나라 건봉(666~667) 초에 나라가 망한 이후 스스로 처음 나라를 세웠다. 수공(685~688) 연간 이후로 자손이 다시 그 땅에 책봉받았고, 후에 점차 능히 스스로 서게 되었다. 오대 시대에 이르러 자립하게 되었는데, 그 나라의 대를 이은 주인은 도읍을 송악으로 옮긴 자이니, 성은 왕씨요, 이름은 건이다. 태조 왕건으로부터 도(燾: 충숙왕)에 이르기까지 무릇 27명의 왕이 있었고, 역사는 400여 년이 지났는데, 아직 성씨가 바뀐 적은 없었다.

— 高麗本箕子所封之地, 扶餘別種嘗居之. 其地東至新羅, 南至百濟, 皆跨大海, 西北度[141]遼水接營州, 而靺鞨在其北. 其國都曰平壤城, 卽漢樂浪郡. 水有出靺鞨之白山者, 號鴨綠江, 而平壤在其東南, 因恃以爲險. 後闢地益廣, 幷古新羅,百濟,高句麗三國而爲一. 其主姓高氏, 自初立國至唐乾封初而國亡. 垂拱以來, 子孫復封其地, 後稍能自立. 至五代立, 代主其國遷都松岳者, 姓王氏名建. 自建至燾, 凡二十七王, 歷四百餘年未始易姓……

---

141)【옮긴이】『속론』에는 '도(渡)'로 되어 있으나 원서와 대조하여 '도(度)'로 바로잡는다.

『명사』는 청의 장정옥(張廷玉) 등이 썼는데 이때는 이씨 조선이 이미 왕씨 고려를 대신한 때로 『명사』에서는 「조선전」이라고 되어 있다. 그 시작은 다음과 같다.

조선은 기자가 책봉을 받은 나라다. 한나라 이전에는 조선이라 불렸다. 처음 연나라 사람 위만이 그곳에 거주하였는데, 한 무제가 평정을 한 후, 진번, 임둔, 낙랑, 현도 4군을 두었다. 한 나라 말에 부여인 고씨가 있어서 그 땅을 경영하게 되었는데, 나라 이름을 고쳐 고려 또는 고구려라고 했다. 평양에 도읍을 잡았는데, 즉 낙랑이다. 이미 당나라에게 파괴되어 동쪽으로 옮겼다. 후당 시절에 왕건이 고씨의 대를 이었고, 신라와 백제의 땅을 함께 차지하였으며, 송악으로 도읍을 옮겼는데, 동경(東京)이라고 했다. 그리고 평양을 서경(西京)으로 삼았다. 그 나라는 북쪽에 거란과 인접하고 있고, 서쪽은 여진이며, 남쪽은 일본이다. 원 지원(1264~1294) 연간에 서경이 원나라에 속했고, 동녕로총관부(東寧路總管府)를 설치하여, 자비령(慈嶺)을 경계로 삼았다. 명나라가 일어났을 때, 고려 왕은 왕전(王顓: 공민왕)이었다. 태조가 즉위한 원년(1368)에 사신을 파견하여 국서를 보내왔다. 2년에는 그 나라의 유민들을 데리고 돌아갔다. 왕전이 이에 감사하다는 글과 함께 진귀한 물건을 보내왔고, 또 봉작을 청하기도 했다. 황제가 부새랑(符璽郞) 설사(偰斯)에게 조서와 금 도장, 고문을 주어 보내면서 왕전을 고려 국왕에 봉했고, 역법과 비단을 주었다. ……(홍무 25년 겨울) 황태자가 죽었다는 것을 알고 사신을 보내 위로하는 글을 보내왔고, 더불어 국호를 다시 청하자, 황제가 옛 이름을 따라 국호를 조선이라고 명했다.

— 朝鮮, 箕子所封國也. 漢以前曰朝鮮. 始爲燕人衛滿所據, 漢武帝平之, 置眞番,臨屯,樂浪,玄菟四郡. 漢末, 有扶餘人高氏據其地, 改國號曰高麗, 又曰高句麗, 居平壤, 卽樂浪也. 已, 爲唐所破, 東徙. 後唐時, 王建代高氏, 兼倂新羅,百濟地, 徙居松岳, 曰東京, 而以平壤爲西京.其國北隣契丹, 西則女眞, 南曰日本. 元至元中, 西京內屬, 置東寧路總管府, 盡慈嶺爲界. 明興, 王高麗者王顓. 太祖卽位之元年遣使賜璽書. 二年送還其國流人. 顓表賀, 貢方物, 且請封. 帝遣符璽郎偰斯齎詔及金印誥文封顓爲高麗國王, 賜曆及錦綺…… (洪武二十五季)冬, 成桂聞皇太子薨, 遣使表慰, 幷請更國號. 帝命仍古號曰朝鮮.

위에서 본 이러한 사서의 기록을 통해 우리는 『구오대사』가 고씨 고려와 왕씨 고려를 함께 뒤섞어 놓음으로써 이후 각 사서가 잘못된 기록을 남기는 데 발단이 되었다는 것을 분명하게 볼 수 있다. 만약 『신오대사』·『구오대사』에서 두 고려의 관계에 대한 기재가 아주 명확하지 않고, 중간에 유효한 연결이 결핍되었다고 한다면, 『송사』에서 "장흥(930~933) 연간에 권지국사 왕건이 고씨왕을 이어 왕위에 올랐다(長興中, 權知國事王建承高氏之位.)"는 한 귀절은 양자를 긴밀하게 함께 연결하게 된 것이라 할 수 있다. 『원사』「고려전」은 내용에서 『송사』의 착오를 그대로 따랐을 뿐 아니라 기자조선의 사실도 『고려전』에 넣고 있다. 『명사』에서는 앞의 몇몇 사서에 비해 더욱 커다란 발전이 있었다. 명 왕조가 이성계를 조선 국왕으로 책봉함으로써 하나의 합리적인 해석을 갖게 되었으며, 위에서 본 착오를 그대로 따르고 있을 뿐 아니라 이씨조선 정권의 연혁 상황에 대해서도 완전히 잘못된 계승을 따르게 되었다. 즉, 기자조선 - 위씨조선 - 한사군 - 고구려 - 동으로 옮겨 국가 부흥 - 왕씨 고려 - 이성계의 명칭을 개정하기 이전의 고려 - 이씨 조선으로의 계승이다. 더더욱 잘못을 범한 것은 기록을 더욱 원만하게 하려고 당 왕조가 고구려를 멸망시킬 당시 고구려인을 '서쪽으로 옮긴 것(西徒)' 즉, 내지로 옮긴 것을 '동쪽으로 옮긴 것(東徒)'[142]으로 바꾼 것이다. 이로

---

142) 『명사(明史)』 이전의 사서에서도 비록 "동천(東遷)"이라는 말이 나타나나, 이는 왕도 평양으로의 "동천"을 가리킨다.

인해 뒤에서 이야기한 "왕건이 고씨를 대신하여 신라와 백제 땅을 합쳤다 (王建代高氏, 兼倂新羅, 百濟地.)"고 한 부분이 더욱 합리화되었다. 이와 같이 왕씨 고려는 고구려의 계승자로 뒤바뀌었을 뿐만 아니라 고구려 역시 기자 조선의 계승자로 바뀌었다. 더욱 심각한 것은 이성계가 왕씨 고려 정권을 찬탈한 후 국호를 조선이라고 개칭하여 기자조선의 계승자가 된 것이다. 이처럼 삼한에서 근원한 신라의 계승자인 왕씨 고려 정권이 '고려'라는 우리나라 고대 변경 민족이 사용한 칭호를 세습하여 사용한 데 이어, 왕씨 고려 정권의 계승자인 이씨 조선마저도 다시 기자조선이 사용한 '조선'을 자기 머리 위에 씌워놓아, 현재를 사는 사람들에게 우리나라 고대 동북 지역 지방 정권의 연혁을 잘못 인식하게 하는 결과를 가져오고 말았다.

마지막으로 짚고 넘어가야 할 점이 하나 있는데, 그것은 바로 우리가 옛날 사람들의 부족함을 지적하는 것은 그 사람들을 비난하고자 하는 것이 아니라 가장 중요한 목적인 역사 사실을 제대로 해명하여 역사를 본래 모습대로 찾는 데 있다는 사실이다.

4장

『삼국사기』와 고구려 역사 기술

1145년(을축년, 고려 왕조 인종 23, 송 고종 서흥 15, 금 회종 완안단 황통 5) 고려 왕조의 원로 문인인 김부식이 중심이 되어 편찬한 『삼국사기』는 모두 50권으로 되어 있다. 이 사서는 한반도 역사에서 지금까지 전하는 가장 오래된 기전체 정사로서 한반도 역사에서 현존하는 가장 오래된 고대 고구려 및 신라, 백제 같은 3국 역사에 관한 저작이기도 하다. 이 때문에 『삼국사기』는 한반도 고대 역사를 연구하는 데 매우 중요한 문헌일 뿐만 아니라 고대 고구려 역사를 연구하는 데에도 역시 중요한 참고 문헌이기도 하다.

【 1. 김부식의 생애와 사학 사상 】

김부식(金富軾, 1075~1151)은 고려 왕조(918~1392)의 저명한 정치가이자 사학자로서 자는 입지(立之), 호는 뇌천(雷川), 시호는 문열(文烈)이다. 김부식은 한반도 동남부인 경주 지방의 한 귀족 집안 출신이었으나[143] 그 가세가 계속 쇠락하면서 조부는 일개 향리로 있었다. 그 아버지 김근(金勤)에 이르러 처음 과거를 통해 벼슬길에 오르게 되는데 그는 예부시랑, 좌간의대부(左諫議大夫), 국자제주(國子祭酒) 같은 벼슬을 역임하였으나 요절하는 바람에 결국 가계를 일으킬 수 없었다. 고려 왕조는 귀족 사회로서 "나라에 벼슬하는 자라야 귀한 신하가 되며, 이것으로 가문의 명성을 서로 겨룬다(仕于國者唯貴臣, 以族望相高.)"[144]고 표현되는 사회였다. 그래서 당시 김부식 일가의 상황은 아무리 해도 그러한 권세가 대단한 대명문 귀족과는 비교할 수가 없었다. 김부식이 뒤에 "신은 양반 집안의 후손이나, 낮고 평범하며 외로운 족속(臣衣冠子孫, 寒素單族)", "조상이 많지 않고 평범하다(世係單平.)"[145]고 공공연하게 말한 것은 과장된 말이 아니었다.

김부식 일가가 가세를 일으킨 것은 역시 김부식과 그 형제들에 의해서였다. 김근은 모두 다섯 아들을 두었는데 순서에 따라 부필(富弼), 부일(富佾), 부식(富軾), 부철[富轍, 후에 부의(富儀)로 개명]과 출가하여 승려가 된 현담(玄湛)이었다. 1123년(계묘, 송 휘종 선화 5년, 고려 인종 원년) 고려에 사신으로 갔던 송나라 문신 서긍(徐兢)은 그가 쓴 『선화봉사고려도경(宣和奉使高麗圖經)』 제8권 인물 조에 김부식에 대해서 기록하였는데 "김씨는 대대로 고려의 큰 씨족이 되어 앞선 역사책에도 기록되어 오는데, 이들은 박씨와 더불어 가문의 명성이 서로 비슷하다. 그러므로 자손들 가운데 문학으로 진

---

143) 한국 학계는 김부식의 손자 김군수(金君綏)가 지은 「동도객관(東都客館)」이라는 시에 "무열왕 손자 문열의 집(武烈王孫文烈家)"이라는 구절을 근거로 김부식 가계를 고대 신라 왕조 제29대 국왕 태종무열왕(654~661)의 후예로 추정하고 있다. 〔韓〕김연옥, 「고려 시대 경주 김씨 가족」, 『숙대사론』, 11 · 12, 1982년, 236쪽; 〔韓〕정구복(鄭求福), 『한국 중세사학사(Ⅰ)』, 서울: 집문당, 1999년, 227쪽.

144) 서긍(徐兢), 『선화봉사고려도경(宣和奉使高麗圖經)』 권8 「인물(人物)」(서울: 아세아문화사, 1972) 영인본, 41쪽.

145) 김부식, 「사은명표(謝恩命表)」, 『참지정사판호부사가 올린 표문(讓 參知政事判戶部事表)』, 『동문선』 권42 · 43(정구복, 『한국 중세사학사 Ⅰ』, 228쪽 재인용) 상. 한반도의 고대 한문 전적을 보면 모두 문장부호가 없다. 지금의 책들도 문장부호가 거의 없이 띄어쓰기 같은 형식으로 쓰기 때문에 작자는 글에서 인용한 한반도의 고대 한문 전적을 국내 독자들이 읽기 편하게 하기 위하여 모두 중국의 예에 따라 문장부호를 사용하였다.

출한 사람이 많다(金氏世爲高麗大族, 自前史已載, 其與朴氏族望相埒, 故其子孫多以文學進.)"[146]고 칭하였다. 여기에서 김부식 일가를 "고려의 큰 씨족"으로 칭한 것은 물론 사실이나 그 가세가 일어난 것은 역시 김부식 같은 형제가 "문학으로 진출"한 뒤의 일인 것이지 그 이전이 아니다. 『고려사』 기록에 따르면 김부식의 부친 김근은 생전에 학문으로 이름을 알렸으며, 그와 함께 고려 문신이었던 박인량(朴寅亮)이 지은 「척독, 표장, 제영(尺牘, 表壯, 題詠)」 작품은 심지어 당시 송대 문인으로부터 "찬양하기를 그치지 않았으며, 두 사람의 시와 글을 수록하여 『소화집(小華集)』이라는 책까지 냈다(稱嘆不置, 至刊二人詩文, 號小華集.)"[147]는 칭찬까지 받은 바 있다.

이러한 집안의 학문적 내력은 자연히 김부식 형제에게 중요한 영향을 끼쳤을 것이다. 그해 고려에 사신으로 간 송대 문신 서긍은 김부식과 김부철 형제를 향해 친히 "은밀히 방문하여 그 형제의 이름 지은 뜻을 물어보았는데, 대개 사모하는 바가 있었다(密訪其兄弟命名之意, 蓋有所慕云.)"라고 하였다. 즉, 김부식 형제의 이름을 송대 저명한 문학가인 소식(蘇軾), 소철(蘇轍) 두 형제의 이름을 따서 지었기 때문에 당시 김부식 형제의 관심이 무엇인지 충분히 나타냈던 것이다. 후에 김부식 형제는 일찍 출가하여 스님이 된 현담을 제외하고 네 명 모두 과거에 합격하였다. 그 가운데서 부일과 부식, 부의 삼형제는 전후로 한림(翰林)을 맡았고 벼슬이 재상에까지 이르러 고려왕조의 저명한 문신이 되었다. 『고려사』 열전에는 모두 그 전기가 전해지고 있다.[148] 김부식의 모친은 일찍이 자식을 바르게 가르쳤다고 하여 당시 고려 국왕이었던 예종(1105~1122)으로부터 대부인(大夫人)으로 봉해지고 "창

---

146) 서긍, 『선화봉사고려도경』 권8 「인물」, 45쪽.
147) 〔朝〕 정인지 등 편찬, 『고려사』 권95 「박인량전(朴寅亮傳)」, 서울: 연희대학 동방학연구소, 1955년 영인본.
148) 상세한 내용은 『고려사』 권97 「김부일전(金富佾傳)」, 「김부의전(金富儀傳)」; 『고려사』 권98 「김부식전(金富軾傳)」에서 볼 수 있다.

고의 곡식"을 주었으나 모든 아들들이 이미 나라로부터 은혜를 받았다고 하여 사양함으로써 사람들에게 큰 존경을 받았다.[149] 김부식은 「삼사기복표 (三辭起復表)」에서 홀어머니께서 자기 다섯 형제를 기르면서 많은 어려움을 겪었다고 쓰면서 "엎드려 생각하옵건대, 신은 일찍이 불행하여 어려서 아비를 잃고 어린 동생과 함께 홀어머니의 양육을 받았는데, 돌보고 또 돌보아주셔 물과 불에 다치는 것을 면하였고, 가르치고 또 깨우쳐주셔 집안의 안정을 이루게 되었습니다(伏念臣弔以不天, 少亡所怙, 同彼諸幼鞠于偏親, 顧之復之, 以免水火之傷, 敎之誨之, 以至家室之定.)"라고 하였다.[150]

1096년(고려 숙종 원년) 22세의 김부식은 과거에 급제하면서 벼슬길에 들어서기 시작한다.[151] 당시는 정확히 고려 왕조 제15대 국왕인 숙종 (1095~1105) 시기로 김부식은 먼저 당시 수도 개경(지금의 조선 개성) 서쪽에 있는 해주 '보안서대도호부녹참군사(補安西大都護府錄參軍事)'로 부임해 임기를 채우고 나서 추밀원승선(樞密院承宣) 위계정(魏繼廷)의 추천으로 '직한림원(直翰林院)'을 지낸 뒤 20여 년 동안 우사간(右司諫), 중서사인(中書舍人) 같은 직책을 역임하였다. 고려 왕조 시기의 한림원은 왕명을 받들어 각종 문서를 작성하는 곳으로 한림은 당시 고려의 문인들이 가장 부러워하는 관직이기도 하였다. 김부식의 문학 소양과 사학 사상 등은 주로 이 한림 시기에 형성되었다. 고려 예종(睿宗, 1105~1122) 때는 한 우수한 인재들이었다. 김부식이 임기를 다한 후 한림에 들어갈 수 있었던 것은 그의 과거 시험 성적이 뛰어났음을 보여준다.[152] 1116년(예종 11) 고려 왕조는 보문각

---

149) 『고려사』 권97 「김부일전」.
150) 김부식, 「삼사기복표(三辭起復表)」, 『동문선(東文選)』 권42.
151) 조선총독부충추원 편인, 『경상도지리지』, 1938년 간행, 26쪽에서 재인용: 〔韓〕 허홍식, 『고려 과거제도사 연구』(서울: 일조각, 1981), 272쪽.
152) 주등길지(周藤吉之), 『고려조 관료제 연구(高麗朝官僚制研究)』〔동경: 법정(法政)대학 출판부, 1980〕, 209쪽.

(寶文閣), 청연각(淸燕閣)을 설치하여 국왕의 경연과 궁정 장서를 맡아보았다. 김부식은 여러 차례 명을 받들어 예종에게 경전과 역사(經史)를 강의하였다.[153]

　　김부식은 당송 고문 8대가인 송대 문장가 소식을 어렸을 때부터 존경하였고 한림에 들어간 뒤에는 "해동 제일고문가(海東第一古文家)"로 불리던 김황원(金黃元), 이궤(李軌) 등과 교류하면서 당시 고려 문단에 성행하던 중국 남북조 병려(駢儷) 문체를 반대하고 당송의 고문을 힘써 주창하였을 뿐 아니라 유학을 숭상하여 점차 당시 고려의 고문대가로서 이름을 떨치게 되었다. 김부식은 말년에 「중니봉부(仲尼鳳賦)」를 짓고 자기의 유학 사상과 학문에 대해 아래와 같이 그 취지를 말하고 있다.

　　공자는 인간 중의 걸출한 인물이요, 봉황(鳳凰)은 조류의 왕이니, 이름은 약간 다를망정 지닌 그 덕은 서로 비슷하다. 봉이 나타나고 숨는 것을 삼가니, 세상에 나감과 들어감을 아는 듯, 쇠퇴한 뒤에 예악을 바로잡았으니, 봉황의 문체를 가진 듯하다. 스승이 뜻을 『춘추(春秋)』에 두었고…… 보잘것없는 작은 선비로 가업〔靑氈〕을 진작 물려받았으나, 아로 새긴 붓을 아직 꿈꾸지 못하여 어려선 문장을 꾸미는 공부를 하고, 장년엔 경전을 즐겨 읽고 읊조리니, 성인이 전하는 모습을 우러러 배우며, 기어이 봉황이 갖는 붉는 영광을 가지려고 하네.

— 仲尼乃人倫之傑, 鳳凰則羽族之王, 何其名之稍異? 含厥德以相將, 愼行藏于用舍之間, 如知出處, 正禮樂于陵遲之後, 似有文章, 夫子誌在春秋…… 小儒靑氈早傳, 鏤管未夢, 少年攻章句之雕篆, 壯齒好典謨而吟諷, 贊仰遺風, 勃深期于附鳳.[154]

---

153) 『고려사』 세가(世家) 기록에 김부식이 예종 16년 3월, 17년 정월에 강경(講經)에 참여한 기록을 볼 수 있다.

154) 김부식, 「중니봉부(仲尼鳳賦)」, 『동문선』 권1.

그해 고려에 사신으로 갔던 송대 문신 서긍은『선화봉사고려도경』인물 조에서 김부식 조를 따로 배열하여 자기가 본 김부식의 인상과 그 학문 도덕을 크게 칭찬하면서 다음과 같이 기록하였다. "부식은 풍만한 얼굴과 큰 얼굴을 한 체구에 얼굴이 검고 눈이 튀어나왔다. 그러나 널리 배우고 많이 기억하여 글을 잘 짓고 옛일과 지금의 일을 잘 알아, 배우는 사람들에게 신임과 복종을 받는 것이 능해 그보다 앞선 사람이 없었다. 그의 아우 부철은 또한 시를 잘한다는 명성이 있다."(富軾豊貌碩體, 面黑目露, 然博學強識, 善屬文, 知古今, 爲其學士所信服, 無能出其右者. 其弟富轍, 亦有時譽.)[155]『고려사』 「김부식전」에는 당시 서긍이 김부식에 대해 쓴 위의 글과 함께 "그의 화상을 그려 가지고 가서 송나라 황제에게 보고하였더니 황제가 주관 부서에 명령하여 그 책을 판에 새겨 널리 배포하게 하니 이때부터 김부식의 이름이 송나라에 알려졌다. 그 후 사신으로 송나라에 간 일이 있었는데, 이르는 곳마다 극진한 대접을 받았다(圖形以歸, 奏于帝, 乃詔司局鏤版以廣其傳, 由是名聞天下. 后奉使如宋, 所至待以禮.)"는 부분도 덧붙여 기록하였다.

김부식은 두 차례 명을 받아 서쪽으로 건너 중국 송으로 사신을 간 바 있다. 1116년(병신, 고려 예종 11년, 송 헌종 정화 6) 7월 김부식은 고려 왕조의 추밀원지주사(樞密院知奏事), 정사 이자량(李資諒)과 부사 이영(李永) 등과 함께 송에 사신으로 가서 송이 대성악(大晟樂)을 보내준 것에 대해 사의를 표한다.[156] 이때 김부식 일행은 송에서 반년 이상을 머무는데 다음해 3월에야 비로소 귀국하게 된다. 김부식은 송에 사신으로 와 있는 동안 송 왕조의 발달한 문화를 직접 보고 들으면서 여러 편의 시를 남겼는데 그 가운데 일부분은『동문수(東文粹)』와『동문선(東文選)』[157]에서 볼 수 있다. 또한 이때

---

155) 서긍,『선화봉사고려도경』권8「인물」, 45쪽.
156) 탈탈(脫脫) 등,『송사』권129「악지사(樂志四)」.

김부식은 송 왕조로부터 사마광의 『자치통감』을 한 질 가져오는데, 역사관과 역사 편찬, 나아가 문풍(文風) 방면에서 『자치통감』[158]에서 커다란 영향을 받게 된다. 1126년(병오, 고려 인종 4년, 송 흠종 정강 원년) 김부식은 정사(正使) 자격으로 다시 사신으로 송에 건너와 송 흠종의 즉위를 축하하게 된다.[159] 당시 송 정부는 고려를 "고려가 과거에 거란을 섬겼으므로 지금에는 반드시 금나라를 섬길 터인데 그들이 우리의 허실을 정탐하여 금나라에 보고하지 않는다는 것을 어떻게 알겠습니까. 고려의 사신 왕래를 중지시켜 오지 않도록 하는 것이 마땅합니다(昔臣事契丹, 今必事金國, 安知不窺我虛實以報, 宜止勿使來.)"[160]라는 이유로 물리쳤다. 겨우 명주(지금의 절강 녕파시) 지방관에게 "교대로 표를 올리며 나오니, 그 사신을 돌려보내라(遞表以進, 遣其使還.)"[161]고 명을 내렸다. 또 다른 『삼국사기』 권33 「잡지2 색복」 조에는 김부식이 "신이 세 번 송에 사신을 간 적이 있는데, 일행의 의관이 송나라 사람들과 같았다(臣三奉使上國, 一行衣冠, 與宋人同.)" 운운한 것으로 볼 때 김부식이 위에서 본 두 차례 외에 세 번째로 송에 사신을 갔었음을 알 수 있다. 이에 대해 한국 학자 정구복(鄭求福)은 『삼국사기』 판각의 실수를 지

---

157) 『동문수(東文粹)』는 조선 왕조 초기의 문신인 김종직(1431~1492)이 편찬한 것으로 모두 2권으로 되어 있으며 조선 고대에서 조선 왕조 초기에 이르는 훌륭하고 이름난 집안의 시문(詩文)을 수록하고 있다. 『동문선』은 모두 154권으로 목록 3권, 정편(正編) 130권, 속편 21권으로 나눌 수 있다. 조선 왕조 시기의 문신인 서거정, 신용경(申用慨), 송상기(宋相琦) 등이 편찬하였다. 그 가운데서 정편에는 고대 신라에서 조선 왕조 초기까지의 시문이 수록되어 있으며 속편에는 조선 왕조 초기에서 숙종 시기까지의 시문이 수록되어 있다. 『동문선』이라는 이름은 중국 고대 소명태자(昭明太子) 편 『문선』에서 따온 것이다.

158) 〔韓〕권중달(權重達), 「자치통감의 동전(東傳)에 관하여」, 『문리문학보(文理大學報)』 38 (중앙대학교, 1980); 〔韓〕정구복, 『삼국사기 해제』; 〔韓〕정구복 · 노중국 · 신동하 · 김태식 · 권덕영 등, 『역주 삼국사기』 1, 감교 원문편,(한국정신문화연구원, 1996), 497쪽.

159) 〔朝〕김종서(金宗瑞), 『고려사절요』 권9, 인종 4년 9월, 일본: 학습원대학 동양문화연구소 영인본.

160) 『송사』 권487 「고려전」.

161) 『송사』 권23 「흠종기」.

적하면서도 세 번째[162] 송에 사신으로 간 결과에 대해 명확한 결론을 내리지 않고 보류해두었다.

1122년(임인, 고려 예종 17) 4월 관거평장사(官居平章事)라는 요직에 있는 개경 문벌 귀족 인주 이씨 이자겸(李資謙)은 선왕인 예종의 권세를 빌려 자기 딸의 소생을 왕이 되도록 하는데, 그가 바로 고려 왕조 제17대 인종이다. 인종이 즉위한 뒤 이자겸은 '협모안사공신(協謀安社功臣)'과 '조선국공(朝鮮國公)'으로 연이어 봉해지는데, 인종에게 이모가 되는 자신의 세째, 넷째 딸을 비로 맞아들이도록 강제로 요구하였다. 그래서 국왕의 외조부 및 장인으로 그 권세를 끝없이 확장하려 했는데, 마침내는 스스로 왕이 되고자 하였다. 1126년 1월 이자겸은 무신(武臣) 척준경(拓俊京)과 결탁하고 공공연히 병사를 모아 왕궁을 포위하고 불을 질렀을 뿐 아니라 국왕의 친신대신을 죽였다. 그리고 국왕을 협박하여 인종이 할 수 없이 "왕위를 선양(禪讓)"하도록 하였다. 같은 해 3월 이자겸 등은 권력을 더욱 공고히 하기 위해서 권력을 찬탈할 기도를 하였고, 심지어는 금 왕조가 "형제" 관계에서 "군신" 관계로 양국의 지위를 바꾸자는 요구를 받아들여야 한다고 주장하기도 하였다. 이자겸 일파의 거슬리는 행동은 조야(朝野)의 광범위한 반대를 받았고 국왕 인종[163]은 드디어 내부 모순과 조야 반대 세력을 이용하여 같은 해 5월에서 다음해 3월 사이에 이자겸과 그 동조 세력을 차례로 제거하게 된다. 그리고 이자겸의 세째, 넷째 두 딸은 왕비 자리에서 쫓겨나게 된다.

이자겸이 악행을 저지르던 시기 김부식은 문신 신분으로 여러 차례 공개적으로 그의 월권 행위를 막아냈는데 그 일은 『고려사』 「김부식전」에 상세히 전한다. 인종 즉위 초 이자겸이 "왕후의 아버지(국구)로서 국권을 잡게

---

162) 〔韓〕정구복, 「삼국사기 해제」, 『역주 삼국사기』 1 감교 원문편, 498쪽;『조선 중세사학사 (Ⅰ)』, 232쪽의 주29 참조.

163) 【옮긴이】필자는 高宗이라고 표기하였으나, 이는 분명한 오류다. '仁宗'이 옳다. 바로잡는다.

되자" 조서를 내려 조회에서 "석차와 예우에서 일반 관원들과 같이할 수가 없다"는 기록을 살펴볼 수 있는데, 조정에 모인 대신 모두 이의가 없었으나 한림으로 보문각대제(寶文閣待制)를 맡아보던 김부식은 분명하게 반대를 표시한다. 그리고 한 고조 유방 등 중국 고대 왕조의 사실을 역술하여 "정전에서는 군신간의 예를 행할 것이고, 내전에 있을 때에는 집안사람끼리 대하는 예로 접견하셔야 합니다. 이렇게 하시면 공적인 의리와 사적인 은혜 두 가지가 모두 다 순리에 이르게 될 것입니다"라고 하여, 끝내 이자겸이 김부식이 말한 "참으로 천하의 공정한 논의(實天下之公論)"를 승인하지 않을 수 없게 하였으며 이를 그대로 따르도록 하였다. 이후 김부식은 예부시랑을 역임하면서 고려 왕조 중앙 정부의 고급 관원이 되기 시작한다. 당시 그는 중국 유학자의 말 가운데서 군신의 예(禮)와 관련 있는 원칙과 사실에 의거하여 이자겸의 각종 월권 행위를 계속 반대하여 조정에서 이자겸이 전권을 행사하는 것을 견제하는 주요 인물이 되었다. 그러나 이자겸 세력에 반대하는 정치 군사 투쟁에 직접 참가하지는 않았다. 김부식은 1126년(인종 4) 관배 어사대부(官拜御使大夫)로 벼슬길의 청운이 계속되었는데, 이는 당시 커다란 권력을 가지고 있던 이자겸 세력에 대한 중용 태도로 직접적인 대항을 하지 않았던 것과 관계가 없지 않았다고 할 수 있다. 당시 같은 고려 왕조 문신으로 형인 김부일과 동생인 김부의도 정치적 입장에서는 모두 김부식과 같은 중용 태도를 가지고 있었으므로 이자겸이 정권을 가진 동안 김씨 3 형제의 벼슬길은 영향을 받지 않았다.

이자겸의 난이 진압된 뒤 김부식이 추밀원부사(樞密院副詞) 신분으로 정사(正使)를 맡아 중국으로 건너가서 송 흠종의 즉위를 경축한 것은 두 번째로 송에 사신으로 갔을 때였다. 이후 김부식은 동지중추원사(同知中樞院事)에서 추밀원사(樞密院使)로 벼슬이 오르면서 고려 왕조 정부 재추(宰樞)의 대열에 들어서게 된다. 1130년대(고려 인종 8) 정당문학 겸 수국사(政堂文學

兼修國史)를 제수받고 그 후에는 참지정사(參知政事), 중서시랑, 동중서문하시랑(同中西門下侍郎), 평장사가수사공(平章事加守司空) 등 요직을 역임하게 된다. 또한 여러 차례 인종에게 경(經)을 강의하여 고려 인종 때 원로중신이 된다. 당시 이미 재상을 역임한 형 부일〔원래 이름은 부철(富轍)로 후에 태자 철(徹)의 이름을 피하기 위하여 '일(佾)'로 고치게 된다. 한국어에서 '철(徹)'과 '철(轍)'은 같은 음이다〕, 문한(文翰)을 맡은 동생 김부의는 정치에서 의문의 여지가 없는 김부식의 유력한 지지자였다.

당시 이자겸의 난을 진압하고 정치력을 얻기 시작한 정지상(鄭知常)과 승려 묘청(妙淸) 등은 음양도참설을 이용하여 소위 도읍을 옮기는 운동을 진행하는데, 국왕 인종에게 개경에서 서경(지금 조선의 평양)으로 도읍을 옮기도록 국왕 인종을 부추기는 데 온 힘을 다하였다. 국왕 인종은 줄곧 그 홀림을 받아 자주 서경으로 순행하고 심지어는 서경에 임원역(林原驛)과 새 왕궁을 건설하기도 하였다. 이미 고려 왕조의 정권을 장악하고 있던 개경의 귀족 계층은 도읍을 옮기는 것을 강력하게 반대하였고 김부식 역시 여러 차례 인종의 서행을 반대하였다. 1135년(인종 13) 1월 묘청 세력은 드디어 서경에서 반란을 일으키는데 스스로 "대위(大爲)"라는 이름의 국가를 세우고 고려 왕조에 대항하였다. 인종은 좌, 중, 우 3군으로 2만 명이 넘는 병력을 동원하여 이들을 토벌하는데 판병부사(判兵部事) 김부식을 각 군을 통솔하는 원수로 임명하고 당시 이부상서(吏部尙書)를 맡고 있던 동생 김부의를 좌장군에 임명하였다. 문인 출신의 김부식은 드디어 고려 왕조 최대 규모의 반란을 진압하는 군사 통수가 되었고 그 사적은『고려사』「김부식전」에서 상세히 볼 수 있다.

1136년 2월 묘청의 난이 14개월 후에 마침내 평정되고 김부식은 난을 평정한 공로로 인종으로부터 "수충정난정국공신(輸忠定難靖國功臣)"으로 봉해지고, 검교태보수태위문하시중(檢校太保守太尉門下侍中), 판상서이부사

(判尙書吏部事), 감수국사(監修國史), 상주국 겸 태자태보(上柱國兼太子太保)를 받게 된다. 개경에 개선한 뒤 인종은 다시 "큰 집 한 채"를 주고 2년 후인 1138년(인종 16)에는 또다시 검교태사(檢校太師), 집현전대학사(集賢殿大學士), 태자태사(太子太師)를 더하게 된다. 1138년 11월 김부식은 집현전에서 인종에게 『역경(易經)』을 강의하기도 한다. 『고려사』 「김부식전」에는 인종이 김부식을 불러 "술을 마시면서 한나라 사마광의 유표와 훈검문(訓儉文)을 읽으라고 명하였다"는 단락이 보이며 "인종이 감상하면서 오래도록 감탄하고 있다가 말하기를 '사마광의 충성과 의리가 이와 같았는데, 그때의 사람들이 그를 간사한 무리라고 말한 것은 무슨 까닭인가?'라고 물으니 김부식이 대답하기를 '왕안석과 서로 사이가 좋지 못한 까닭이요, 실제는 아무런 죄가 없습니다'"[164]라는 기록을 볼 수 있다. 1142년(고려 인종 20) 김부식이 세 차례에 걸쳐 사직 상소를 올리자 국왕 인종이 "허락하면서 동덕찬화공신(同德贊化功臣) 칭호를 더 주고 조서를 내리기를 '그대는 비록 나이가 많으나, 중대한 의논이 있을 때는 마땅히 함께 의논할 지어다'"[165]라고 했다는 기록이 있다.

김부식은 사직한 후 "신라, 고구려, 백제 삼국사" 편찬을 주관하게 되는데 3년 후인 1145년(인종 23) 비로소 완성하게 된다. 책의 제목을 『삼국사기』라고 짓고 국왕에게 바치자 인종은 "내시 최산보(崔山甫)를 그의 집으로 보내 칭찬과 위로의 말을 전하고 꽃술을 내렸다." 1년 후인 1146년(인종 24) 국왕 인종이 죽고 태자인 현[睍, 또는 철(徹)]이 왕위를 계승하는데 그가 고려 왕조 제18대 왕 의종(毅宗, 1124~1170)이다. 의종 즉위 후 김부식은 원로 중신으로 "낙랑군 개국후로 봉하고, 식읍 1000호에 식읍에서 일하는 자

---

164) 『고려사』 권98 「김부식전」.
165) 『고려사』 권98 「김부식전」.

400호를 주고, 인종실록을 편찬할 것을 명했다."[166] 1151년(의종 5) 김부식은 향년 77세로 죽는데 의종은 "문열(文烈)이라는 시호를 내리고 중서령(中書令)으로 벼슬을 올려 인종 묘정(廟庭)에 배향하도록 하였다. 그의 아들 돈중(敦中), 돈시(敦時)가 있었는데 돈중은 관직이 좌승선(左承宣), 돈시는 상서우승(尙書右丞)에 이르렀다. 『고려사』 「김부식전」에 따르면 그는 20권의 문집을 남겼다고 하나 지금은 전하는 것이 없으며 그 시문은 『동문선』 등에서 볼 수 있다.

종합하자면 김부식은 고려 왕조 중기의 예종, 인종, 의종 3대의 왕을 모신 저명한 문신이자 정치가이며 관군을 통수하여 고려 왕조 시기 최대 규모의 반란을 평정한 저명한 군인이기도 하였다. 또한 시문으로도 유명해 "삼장예규이득사(三掌禮闈以得士)"의 일대 문호이기도 하였다. 한편 김부식은 역사를 편찬한 고려 왕조, 나아가 한반도 중세 역사에서 가장 저명한 역사가이기도 하였다. 사직하기 전 김부식은 예종실록과 인종실록 집필에 참여하고 주관하였고 풍부하고 깊은 문사(文史) 소양과 공력(功力)으로 당시 관이 편찬한 역사 작업의 중요 책임자였다. 김부식의 사학 사상은 역시 가장 중요한 편찬 작품인 『삼국사기』 50권에서 구체적으로 나타난다고 할 수 있다.

『삼국사기』의 구체적인 내용은 다음 글에서 상세히 보도록 하겠다. 여기에서는 김부식의 사학 사상에 대해서 간략하게 살펴보도록 하겠다. 김부식의 사학 사상은 대체로 유교 사관에 속한다고 할 수 있는데, 그의 사론 가운데는 좋고 나쁨을 평가하는 판단 기준을 기본적으로 중국 고대의 유가 경전에서 인용하고 있는 것이 많다. 『삼국사기』에서는 여러 차례 유가 경전을 인용하였는데 『춘추』, 『상서』, 『예기』, 『역경』, 『맹자』, 『노자』, 『장자』 등이 포함되어 있다. 『삼국사기』에서 김부식은 31개 사론을 썼는데 한국 학자 고

---

166) 『고려사』 권98 「김부식전」.

병익(高柄翊)은 "옳고 그름, 좋고 나쁜 것을 평가하는 것을 목적으로 한 유교 윤리의 평가와 중국 중심의 예론"이 시종 관통하고 있으며 구체적으로 "예법, 덕치, 군신 행동" 같은 내용으로 나누었다고 적고 있다.[167]

이에 대하여 한국 학자 이기백(李基白)은 김부식의 『삼국사기』에 반영된 사관을 대체로 "도덕적 합리주의 사관, 유교의 도덕 사관, 유교의 합리주의 사관"으로 귀납할 수 있다고 지적하였다.[168] 정구복은 최근의 연구에서 김부식의 사학 사상, 즉 유교 사관의 구체적인 내용을 자세히 분석하였는데 대체로 아래와 같은 내용을 포함한다. 현실주의 합리 사관 때문에 초경험적인, 소위 신기하고 이상한 전설이나 신화 등을 부인하였고, 군주와 국가의 정치사를 중심으로 한 사관을 강조하였다. 문화와 예치(禮治), 교화의 문명 사관을 강조하였는데 그 가운데 명분 부분에서 특히 군신의 명분을 중요시하였다. 교육 사관은 역사의 현실 의의, 특히 자치(自治) 작용을 더욱 강조하여 역사의 차감(借鑑) 작용을 국가와 왕실을 유지하고 군왕과 신하의 명분과 행위, 도덕 예법의 준수 같은 방면에 체현하고자 하였다.[169] 이러한 뜻에서 김부식의 사학 사상은 중국 고대 유교 사관의 기초 위에서 당시 고려 왕조의 사회, 역사 현실과 결합하여 점점 성숙된 고대 중세 사상으로 성숙되었고 이후 한반도 역사 사상과 사학 발전, 나아가 모든 전통 문화에 깊은 영향을 미쳤다고 할 수 있다.

위에서 본 김부식의 사상은 주로 『삼국사기』에서 구체적으로 나타났다. 그리고 그가 『삼국사기』의 편찬을 완성한 뒤 국왕 의종에게 올린 『삼국사기를 올리는 표문(進三國史記表)』에는, 그가 『삼국사기』를 편찬한 까닭이 반

---

167) 〔韓〕 고병익, 「삼국사기의 역사 서술」, 『김재원(金載元) 박사 회갑 기념 논총』, 1969년, 9~16쪽.

168) 〔韓〕 이기백, 「삼국사기론」, 『문학과지성』, 1976년 겨울호, 863쪽.

169) 〔韓〕 정구복, 『한국 중세사학사(Ⅰ)』, 227~284쪽.

영되어 있을 뿐 아니라 그 편찬 목적과 의도도 잘 드러나 있다.[170]

　　신(臣) 부식은 아뢰나이다. 옛날의 열국에서도 각각 사관(史官)을 두어 사적을
기록하였습니다. 그러므로 맹자는 "진 나라의 『승(乘)』, 초나라의 『도올(檮杌)』,
노나라의 『춘추』는 똑같은 역사서이다"라고 말했습니다. 우리 해동 삼국은 유구
한 역사를 가졌으니, 그 사적들이 책으로 저술되어야 하는 것은 당연한 일입니
다. 이리하여 이 늙은 신하에게 편집의 명을 내리셨으나 저의 부족한 역량을 생
각하고 어찌할 바를 몰랐습니다. 엎드려 생각건대 성상 폐하의 품성은 요임금의
경륜과 사상을 타고나셨으며, 몸은 우임금의 근검을 얻었으니, 아침저녁의 여가
에 옛날의 사적들을 널리 섭렵하셨습니다. 그리하여, 지금의 학자와 관리들 가운
데 5경(五經) 제자의 서적과 진·한의 역사에 대해서는 정통하여, 이를 자세하게
설명하는 사람도 있지만, 정작 우리나라의 사적에 대해서는 그 전말을 알지 못하
니 이는 심히 개탄할 일이라고 생각하시게 되었습니다. 더욱이 신라·고구려·
백제는 개국 때부터 삼국으로 우뚝 솟았고, 중국과는 예의로 관계를 맺어올 수
있었습니다. 범엽의 『한서』와 송기의 『당서』에는 모두 열전이 있습니다. 그러나
이에는 중국에 대해서는 상세한 기록이 있지만, 외국에 대해서는 소략하게 다루
어 상세한 기록이 보이지 않습니다. 또한 삼국의 옛 기록은 문자가 거칠고 바르
지 않을 뿐 아니라 사적들이 누락된 경우가 있습니다. 이리하여 임금과 왕후의
선악, 신하의 충성과 간사함, 국가 사업의 평안과 위기, 백성의 안녕과 혼란에 관
한 사실들이 후세에 교훈으로 전하여질 길이 없었습니다. 그러므로 마땅히 재능
과 학문과 견식을 겸비한 인재를 찾아 권위 있는 역사서를 완성하여 자손만대에
전함으로써 우리의 역사가 해와 별같이 빛나게 해야 할 것입니다. 그러나 소신은

---

170) 김부식, 『삼국사기를 올리는 표문(進三國史記表)』; 〔韓〕 정구복 등, 『역주 삼국사기』 1 감교
　　원문편, 1쪽 이하에서 인용되는 『삼국사기』는 모두 이 책을 인용한 것으로 나머지에서는 별
　　도의 주를 달지 않음.

원래 훌륭한 인재도 아니며, 심오한 지식도 갖추지 못한데다가, 나이 들어서는 나날이 정신이 혼미하여 책을 열심히 읽어도 덮고 나면 바로 잊어버리며, 붓을 잡기에도 힘이 들어 종이를 대하면 글을 쓰기가 어렵습니다. 소신의 학문이 이와 같이 천박하고, 옛 말과 지난 일에 대해서 몽매하기가 또한 이와 같았기에, 소신은 정기와 힘을 모두 기울여서야 간신히 이 책을 완성하였습니다. 그러나 결국에는 볼 만한 것이 없게 되었으니 스스로 부끄러울 뿐입니다. 바라옵건대 성상 폐하께서는, 좋은 성과를 이루지 못한 채 뜻만 높았던 점을 양해하여주시고, 잘못 기록한 죄가 있다면 그것을 용서하여주소서. 이 책이 비록 명산의 사고(史庫)에 보관될 가치는 없을지라도 버리는 종이로 사용되지 않게 하여주시며, 숨어버리고 싶은 망령된 이 심정에 햇빛으로 밝게 임하여주시옵소서!

【 2. 『삼국사기』의 편찬과 간행 】

『삼국사기』는 김부식이 국왕의 명을 받고 관원 여덟 명의 도움을 받아 편찬한 사서로서 김부식 개인이 편찬을 주관한 각도에서 보자면 이후의 고려, 조선 왕조의 관찬(官撰) 사서와는 차이가 있다. 그리고 국왕의 명을 받아 고려 왕조의 관원이 직접 참여하고 협력하여 편찬이 완성되었다는 것은 완전한 개인이 쓴 역사서와는 또 다른 차이점이 있다. 김부식은 '감수국사' 관원의 신분이 아니면서 편찬을 주관하였고, 사직할 무렵에 이미 고희에 가까운 나이로(68세) 그가 직접 50권에 달하는 『삼국사기』를 전부 편찬하기는 어려웠다.

『삼국사기』 제50권 뒤쪽을 살펴보면 편찬 작업에 참여한 관련 인원의 명단이 있는데 명단은 아래와 같다.[171]

참고 보문각수교 문림랑 예빈승동정 신 김영온

— 參考 寶文閣修校 文林郎 禮賓丞同正 臣 金永溫

참고 서재장판관 유림랑 상의직장동정 신 최우보

— 參考 西材場判官 儒林郎 尙衣直長同正 臣 崔祐甫

참고 문림랑 국학학유 예빈승동정 신 이황중

— 參考 文林郎 國學學諭 禮賓丞同正 臣 李黃中

참고 유림랑 전국학학정 신 박동주

— 參考 儒林郎 前國學學正 臣 朴東柱

참고 유림랑 금오위록사참군사 신 서안정

— 參考 儒林郎 金吾衛錄事參軍事 臣 徐安貞

참고 문림랑 수궁서령 겸 직사관 신 허홍재

— 參考 文林郎 守宮署令兼直史館 臣 許洪材

참고 장사랑 분사사재주부 신 이온문

— 參考 將仕郎 分司司宰注簿 臣 李溫文

참고 문림랑 시장치서령 겸 보문각교감 신 최산보

— 參考 文林郎 試掌冶[172]署令兼寶文閣校勘 臣 崔山甫

---

171) 『역주 삼국사기』 1 감교 원문편, 478쪽. 그 가운데서 개별적인 자구(字句)의 교감 내용은 수
록하지 않았으며 교감 후의 정자(正字)만을 수록함, 아래도 동일함.

편수 수충정난정국 찬화동덕공신 개부의동삼사 검교태사

수태보 문하시중 판상서이예부사 집현전대학사

감수국사 상주국 치사 신 김부식

— 編修 輸忠定難靖國 贊化同德功臣 開府儀同三司 檢校太師

太保 門下侍中 判尙書吏禮部事 集賢殿大學士

監修國史 上柱國 致仕 臣 金富軾

동관구 내시 보문각교감 장사랑 상식직장동정

신 김충효

— 同管句 內侍 寶文閣校勘 將仕郎 尙食直長同正

臣 金忠孝

관구 우승선 상서공부시랑 한림시강학사 지제고

신 정습명

— 管句 右承宣 尙書工部侍郎 翰林侍講學士 知制誥

臣 鄭襲明

그 가운데 김부식의 직함 및 '편수(編修)'라는 이름을 이곳에서 볼 수 있을 뿐 아니라 각 권의 첫머리에서도 "수충정난정국 찬화동덕공신 개부의동삼사 검교태사 수태보 문하시중 판상서이예부사 집현전대학사 감수국사 상주국 치사 신 김부식 봉선찬(輸忠定難靖國 贊化同德功臣 開府儀同三司 檢校太師 守太保 門下侍中 判尙書吏禮部事 集賢殿大學士 監修國史 上柱國 致仕 臣

172) 【옮긴이】『삼국사기』 원본에 '치(治)'로 되어 있는데 『역주 삼국사기』에서는 성암본(誠庵本)에 따라 '야(冶)'로 고쳤다. 여기서는 글쓴이가 『역주 삼국사기』를 따랐기 때문에 '야(冶)'로 바로 잡는다.

金富軾奉宣撰)"이라는 문구를 서명해 놓았다. 그리하여 김부식이 편수 작업을 주관한 총책임자 신분과 지위를 가지고 있었다는 것을 반박할 수 없는 것이다. 그 직함 가운데서 "찬화동덕(贊化同德)"은 『고려사』, 『고려사절요』 같은 기록과는 차이가 있는 것으로 "동덕찬화(同德贊化)"를 잘못 쓴 것이다.[173] 한국 학자 정구복의 연구에 따르면 김부식이 주관했던 작업은 주로 아래와 같은 몇 가지 방면에서 나타나는데 왕명을 받들어 "편수"를 담당하고 편집 원칙의 범례를 제정하는 책임을 맡았을 뿐 아니라 나아가 집필 작업을 직접 조직하고 지도했다. 또한 직접 각 사론 부분을 쓰고 부분적으로는 지(志)의 차례와 열전을 직접 쓰거나 고치기도 하였으며 본기 부분 역시 그 집필 흔적을 찾아볼 수 있다.[174]

위의 명단에서 "관구(管句)" 및 "동관구(同管句)" 직은 성격상 당시 고려 왕조의 보문각에 설치된 관구 및 동관구 직에 해당하는 것이다.[175] 소위 "관구"라는 뜻은 "관장(管掌)" 또는 "관리계구(管理稽句)"로 해석할 수 있고[176] "동관구"의 "동(同)"은 의미가 "부(副)"자와 같은 의미로 직위상 "관구"의 아래에 있었다.[177] 『삼국사기』의 편찬은 왕명에서 나온 것이고 이 두 이름 "관구"와 "동관구"는 국왕의 신임을 받는 문신으로 그 작용은 김부식이 편찬 작업을 주관하는 것을 보좌하는 것이었다. "관구"를 맡은 정습명(鄭襲明)은 당시 과거 출신의 저명한 문신으로 1140년(고려 인종 9) 6월 김부식과 함께 복각상서(伏閣上書)를 올려 국왕 인종에게 "시폐 10조(時弊十條)"를 지적하여

---

173) 〔韓〕 정구복, 「삼국사기 해제」, 『역주 삼국사기』 1 감교 원문편, 503쪽;〔韓〕 정구복, 『한국 중세사학사(Ⅰ)』.
174) 〔韓〕 정구복, 「삼국사기 해제」, 『역주 삼국사기』 1 감교 원문편, 504~505쪽.
175) 『고려사』 권76 「백관지・보문각(百官志・寶文閣)」.
176) 다나카 도시아키, 「삼국사기 편찬과 구삼국사(三國史記撰進と舊三國史)」, 『조선학보』 83(일본조선학회, 1977), 32쪽.
177) 〔韓〕 정구복, 『한국 중세사학사(Ⅰ)』, 247쪽.

개진하였다.[178) 왕명을 받들어 김부식을 보좌한 "관구" 및 "동관구"는 국왕의 총애를 받았을 뿐만 아니라 김부식이 신임하고 중요시 여겼던 문신이기도 하였다. 그리고 편찬 작업을 순조롭게 진행하는 데 중요한 보증과도 같았다. 고려 왕조 시기 판각관(板刻官)을 읽는 습관에 근거해보면 위에서 본 명단은 아래에서 위로 읽어야 하며 최소한 표면적으로 또는 관방(官方) 각도에서 말하자면 『삼국사기』 편찬 작업을 주관한 것은 이미 사직한 "편수" 김부식이 아니라 바로 "관구" 정습명이었다.[179)

"참고(參考)"라는 이름으로 편찬 작업에 참여한 여덟 명은 품계로 볼 때 모두 종9품에서 정9품 사이의 하급 문관들이다. 그들은 대체로 과거 출신의 문사들로 김부식이 왕명을 받들어 편찬 작업을 시작한 뒤에 그가 직접 선발한 사람들로 편찬 작업에서 관련 자료를 정리하고 자세히 조사하는 역할을 담당하고 교정 같은 보조 작업을 진행하였다. 이러한 편찬 체제는 고려 왕조 당시에 이미 형성되었던 사관 제도[180)와 직접적인 관계는 없으나 기본적으로 사직한 원로인 김부식 개인의 주관 아래 국왕의 명에 따라 국왕이 파견한 관원이 직접 참여하고 협조한 것이었으므로, 국가의 지원을 받은 일종의 반공식적(半官方) 성질을 가진 편찬 작업이라고 할 수 있었다.

이와 같은 하급 문관의 행적은 고려 왕조 시기 공사(公私) 문헌에서는 보이지 않아 그 지위가 낮음을 볼 수 있는데 유일하게 최우보(崔祐甫) 한 사람만이 후세에 그 묘지명이 발견되었다. 거기에는 "상국낙랑공 김부식이 임금의 명을 받아 삼국사를 편찬하였는데, 최우보가 이때에 수교(讎校)를 맡아

---

178) 『고려사절요』 권10, 인종 18년 윤6월.
179) 〔韓〕 정구복, 『한국 중세사학사(Ⅰ)』, 247~248쪽.
180) 『고려사』 권76 「백관지(百官志)」, 춘추관(春秋館) 조에는 당시 이미 "장시정지록(掌時政之錄)"의 사관 제도가 있었으며 시중 겸 감수국사에서부터 수국사, 동수국사 및 수찬관, 직사관 등의 직책이 설치되어 있었다. 주둥길지, 『고려조 관료제의 연구(高麗朝官僚制の研究)』, 27쪽; 〔韓〕 박용운(朴龍雲), 『고려시대사』(서울: 일지사, 1993), 102~103쪽.

서 여러 가지로 밝게 밝힌 바가 있었다"[181]고 씌어 있다.『삼국사기』를 살펴보면 중국 고대 전적(典籍)에 나온 관련 기록과 한반도 고대의 관련 기록에서 나타난 같은 점과 틀린 점에 대해서 꽤 진지하게 대조하여 검토하였고, 중국 고대 문헌에 나타난 한반도에 관한 각종 기록을 광범위하게 인용하였음을 알 수 있다. 이처럼 매우 어렵고 섬세하고 치밀한 기초 자료 작업과 후기 자료와의 대조 검토와 초고 교정 같은 여러 임무를 당시 이미 고희에 가까웠던 김부식이 혼자 완성할 수는 없었을 것이다. 의심할 나위 없이 이들 문인 출신 "참고" 여덟 명의 부지런한 노력에 도움을 받은 것이었다.

『삼국사기』의 편찬 작업은 대체로 김부식이 사직을 허락받은 1142년(고려 인종 20)에 시작되었고 김부식이 최종적으로 편찬 작업을 완성하여 임금에게 올린 때는 1146년 2월 4일(고려 인종 23년 12월 임술)이었다.[182] 이를 통해『삼국사기』50권의 편찬이 4년 동안에 걸쳐 이루어졌음을 알 수 있다. 이 사서의 편찬 목적과 필요성에 대하여 김부식은 「삼국사기를 올리는 표문」에서 대체로 아래와 같이 두 개 조목을 이야기하였다. 첫 번째 "지금의 학자와 관리들 가운데 5경 제자(諸子)의 서적과 진·한의 역사에 대해서는 정통하여, 이를 자세하게 설명하는 사람도 있지만, 정작 우리나라의 사적에 대해서는 그 전말을 알지 못한다." 두 번째 "신라씨, 고구려씨, 백제씨(新羅氏, 高句麗氏, 百濟氏)" 같은 "우리나라의 일"에 관한 "옛 기록은 문자가 거칠고 사적이 빠져 없어진 것이 많으므로 임금과 왕후의 선악, 신하의 충성과 간사함, 국가 사업의 평안과 위기, 백성의 안녕과 혼란에 관한 사실들에 대해 후세 사람에게 경계를 권할 수 없게 되었다"고 하였다. 그 가운데 첫 번째 조목은 국왕 인종이 고대 한반도 역사 문화를 중시하였던 태도를 반영

---

181) 〔韓〕이난영(李蘭暎), 『한국 금석문 추보(韓國金石文追補)』(서울: 아세아문화사, 1968), 160쪽.
182) 『고려사』권17 「세가」, 인종 23년 12월 임술.

한 것이고 두 번째 조목은 시문으로 세상에 이름이 높던 당시 김부식의 문화관과 사학 사상을 주로 반영한 것이다. 김부식은 편찬 과정에서 기본적으로 당시 전해 오던 여러 "옛 기록" 자료의 내용을 받아들이지 않고 유창한 당송고문체(唐宋古文體)를 사용해 직접 사론을 쓴 점 등을 통해 이 점을 충분히 증명하고 있다.

이 외에도 당시의 고려 왕조는 강역, 영토에서뿐만 아니라 문화 전승에서도 앞서 천년 왕조인 신라(서기전 57~935)를 직접 계승하였다. 즉 고려는 고대 신라 왕조 또는 "삼한"의 계승 국가였던 것이다. 어떤 사람은 한동안 신라와 고구려가 병렬한 소위 이원 역사 계승 의식이 형성되었다고 여기기도 하였다.[183] 경주(고대 신라 왕조의 수도) 출신의 김씨 문벌 귀족이었던 김부식은 신라 정통 역사 인식을 가진 대표적인 사람이라고 할 수 있다. 그가 『삼국사기』의 내용을 배열하면서 신라를 맨 처음에 두고 그 뒤에 고구려, 백제 순으로 배열한 것은 신라 정통의 역사 인식을 집중 반영한 것이다.[184] 김부식에게 『삼국사기』의 편찬을 명한 인종 역시 신라 정통 사관을 지지한 제창자였다. 이와 같은 의미에서 『삼국사기』의 편찬과 간인(刊印)은 당시 고려 왕조가 신라 정통 사관을 확립하고 추진하는 일종의 정치적 문화 프로젝트였다. 그리고 이후 한반도의 고대 역사 인식 체계, 나아가서는 민족 문화 의식의 발전에도 커다란 영향을 미치는 사건이었다.

『삼국사기』의 편찬이 완성되어 국왕 인종에게 바친 1146년 2월(고려 인종 23년 12월) 이 책을 바로 간각(刊刻)하였는지의 여부는 문헌의 결여로

---

183) 〔韓〕 하현강(河炫綱), 『고려 시대의 역사 계승 의식』 ; 〔韓〕 이우성(李佑成) · 강만길(姜萬吉) 편, 『한국의 역사 인식』 상(서울: 창작과비평사, 1983), 191~211쪽.

184) 스에마쯔 야스카쯔(末松保和), 「구삼국사와 삼국사기(舊三國史と三國史記)」, 『조선학보』 39 · 40, 1966년 ; 〔韓〕 이우성, 「삼국사기의 구성과 고려 왕조의 정통 의식」, 『진단학보(震檀學報)』 38, 1974년 ; 〔朝〕 김석형(金錫亨), 「자료: 삼국사와 삼국사기」, 『력사과학』, 1981년 제4기.

상세히 알 수 없다. 『삼국사기』의 간인을 보면 목각본(木刻本), 주자본(鑄字本), 영인본(影印本), 필사본(手抄本), 신활본(新活本)이 있는데 이 외에도 각종 역주본(譯註本)이 있다. 그 가운데서 가장 오래되고 진귀한 목각본은 모두 4판이다. 송나라 사람 왕응린(王應麟)이 편찬한 『옥해(玉海)』를 보면 송(宋) 효종(孝宗) 순희(淳熙) 원년(고려 명종 4)인 1174년 명주진사(明州進士) 심문(沈忞)은 "해동 삼국사기 50권"을 바치면서 명에 따라 모두를 "비각(秘閣)에 보관한다"[185]고 되어 있다. 또 『삼국사기』 고구려 본기 중천왕 부분에서 인종의 무덤인 장릉(長陵)[186]이 언급되는 것으로 보아 그 간인(刊印)은 인종이 죽은 뒤인 의종(毅宗) 때 이루어졌음을 알 수 있다. 고려 왕조 시기의 목판은 대부분 경주 같은 큰 고을에서 새긴 뒤 그 각판을 개경 비서성(秘書省)으로 옮겼다. 『삼국사기』의 초각도 예외가 아니었을 것이다. 현존하는 가장 오래된 『삼국사기』는 두 번째 각판으로 그 초각본에 사용된 목록 부분의 판목을 다시 사용했으며 그 서체는 바르고 똑똑하게 쓴 구양순체이다.

현존하는 가장 오래된 『삼국사기』 간행본은 그 간인 시기와 장소가 상세하지 않으며 제44~50권의 열전 부분만이 남아 있다. 현재는 한국 조병순(趙炳舜)씨의 성암 고서박물관(誠庵古書博物館)에 소장되어 있으며 한국 정부로부터 보물 제722호로 지정받았다. 한국 서지학자 천혜봉(千惠鳳)은 이 장본을 소개하는 글[187]에서 간인 시기를 초판 각본이 나오고 100년 남짓 지난 13세기 중엽으로, 간인 지점을 경주로 추정하였다. 『삼국사기』 3차 각본

---

185) 왕응린(王應麟), 『옥해(玉海)』 권16 「지리이역도서(地理異域圖書)」, 사고전서본(四庫全書本); 〔韓〕 천혜봉(千惠鳳), 「새로 발견된 고판본 삼국사기」, 『대동문화 연구』 15, 1982년에서 재인용.
186) 『삼국사기』 권17 「고구려본기」, 제5 중천왕 12년 12월 조. "위나라 장수 위지해(이름이 장릉의 이름에 저촉된다)가 별사를 거느리고 쳐들어왔다(魏將尉遲楷名犯長陵諱將兵來犯.)"라는 구절로 "해(楷)"자는 인종의 휘(諱)를 피하기 위하여 새기지 않았다.
187) 〔韓〕 천혜봉, 「새로 발견된 고판본 삼국사기」, 『대동문화 연구』 15, 1982.

(또는 '3차 개각본'이라 부른다)은 조선 왕조 초기인 1394년(갑술, 조선 태조 3년, 명 태조 홍무 27)에 간인된 것으로 부사(府使) 가선대부(嘉善大夫) 김거두(金居斗)가 발문을 썼는데 이것은 현존하는 가장 오래된 『삼국사기』 간인과 관련된 문자 기록이다. 이 발문은 매우 짧은 글로서 간인 이유와 경과 및 그 일에 참여한 사람에 대해 꽤 분명하게 설명하고 있다.[188]

　"『삼국사기』 영인본으로 경주에 보관되어 있던 것이 세월이 흘러 없어지고, 세상에는 사본이 전해지고 있었다. 안렴사(按廉使) 심공(沈公) 효생(孝生)이 영인본 한 권을 구하여 이전의 부사(府使) 진공(陳公) 의귀(義貴)와 이의 간행 문제를 의논하고, 계유년 7월에 경주부에 통첩을 내렸다. 8월에 각판을 시작하였으나 얼마 지나지 않아 두 분이 관직을 옮기게 되었다. 나는 그해 겨울 10월 경주부에 부임하였다. 나는 관찰사(觀察使) 민상공(閔相公)의 지시를 받고, 두 분의 뜻을 계승하기 위하여 이 일의 실행을 명령하였고 중단 없이 작업을 진행하였다. 이 일은 갑술년 여름 4월에 완성되었다. 아아! 이 사업을 지휘하여 진행하도록 하고 완성에 이르게 한 것은, 오직 위 세 분에게서 힘입은 것이니, 나에게 무슨 능력이 있으랴? 다만 일의 전말을 모아 이 책의 말미에 기록이나 할 뿐이다. 부사 가선대부(府使 嘉善大夫) 김거두(金据斗)가 발문을 쓰다."

부사 가선대부 겸 관내권농 방어사 신 김거두
— 府使 嘉善大夫兼管內勸農防禦使 臣 金据斗

권지경력 전봉정대부 삼사좌자의 신 최득경
— 權知經歷 前奉正大夫 三司左咨議 臣 崔得冏

---

188) 부1 발문, 『역주 삼국사기』 1 감교 원문편, 479쪽.

가정대부 경상도 도관찰출척사 겸 염창안집전수권농관학사 제조

형옥 병마공사 동지 중추원사 신 민개

— 嘉靖大夫 慶尙道道觀察黜陟使 兼 鹽倉安集轉輸勸農管學士 提調

刑獄兵馬公事 同知中樞院事 臣 閔開

이를 통해 알 수 있는 것은 이 각본의 제작과 간인이 경주(즉 옛날 계림)에서 안렴사 심효생이 발기하고 진의귀, 김거두 두 전·현직 부사를 거쳐 모두 아홉 달에 걸쳐 완성되었다는 것이다. 이 기간 동안 그 일에 참여한 사람으로는 "권지경력(權知經歷) 전봉정대부(前奉正大夫)" 최득경(崔得岡)과 경상도 도관찰출척사(慶尙道都觀察黜陟使) 민개(閔開) 등 지위가 더 높은 고급 관원도 있었다. 그러나 진·김 두 부사의 직무가 도대체 어디에서 이루어졌는가에 대해서는 지금까지도 명확하게 찾을 수 없기 때문에 그 판각과 간인한 곳이 어디인가 하는 점에 대해서는 정확하게 알기 힘들다. 그리고 이 각판은 현재는 존재하지 않고 있으며 대체로 그해 경주 지방에 있었을 것으로 추정할 수 있다.[189]

『삼국사기』 목판본의 제4차 판각은 1512년(임신, 조선 왕조 중종 7년, 명 무종 정덕 7) 경주 지방에서 완성되었다. 이 목판은 현존하는 가장 오래된 『삼국사기』 목각판으로 이 목각판으로 간인된 『삼국사기』는 현존하는 『삼국사기』 전체 판본 가운데서 가장 원시 판본으로 이를 "정덕본(正德本)" 또는 "정덕임신본(正德壬申本)", "중종임신본(中宗壬申本)"이라고 부른다. 이 "정덕임신본"의 판각과 간행은 경상도 관찰사 "안당(安瑭)"이 주관하였으며 여기에 참여한 사람으로는 경주 부윤 이계복(李繼福), 성주 목사 권주(權輳), 경주 부판관(慶州府判官) 이류(李瑠), 수경상도도사(守慶尙道都事) 박전(朴

---

189) 〔韓〕정구복,「삼국사기 해제」,『역주 삼국사기』1 감교 원문편, 548~552쪽.

佺) 같은 각급 관원들이 있다. 그리고 경주 지방 생원 최기동(崔起潼), 이산보(李山甫) 두 사람이 교정을 맡아보았다.

그 이유와 경과는 이계복이 지은 꼬리말에서 상세히 알 수 있다.[190]

우리 동방의 삼국 본사(三國本史)와 유사(遺事) 두 책은 다른 곳에서는 간행되지 않았고 오직 본 경주부에만 보존되어 있었다. 그러나 세월이 오래되자 마멸되고 낙장이 생겨서, 알아볼 수 있는 것이 한 줄에 겨우 네댓 자밖에 없었다. 내가 선비로 이 세상에 태어나 여러 역사 서적들을 보아가며, 천하의 흥망성쇠와 기이한 역사의 흔적에 대해서도 많이 알고자 하거늘, 하물며 이 나라에 살면서 이 나라의 사적을 몰라서야 되겠는가! 이러한 뜻으로 이 책을 다시 간행하기 위하여 완전한 판본을 널리 구하였으나, 수년이 지나도록 얻을 수가 없었다. 이 책은 예전부터 세상에 많았던 것이 아니었기에 사람들이 쉽사리 얻어볼 수 없었다. 따라서 만약 지금이라도 복각을 하지 않는다면 앞으로는 완전히 없어지리라는 것을 알 수 있었다. 그렇게 되면 우리나라의 지난 사적을 후학들이 필경 알 수 없을 것이니 이는 대단히 개탄스러운 일이었다. 다행히 나의 선배인 성주 목사 권주(權輳)는 내가 이 책을 구한다는 소식을 듣고 완전한 책을 얻어 나에게 보내주었다. 내가 이를 반가이 받아들고, 감사(監司) 안당(安瑭)과 도사(都事) 박전(朴佺)에게 고하였더니 모두 이의 복각에 찬성하였다. 이렇게 되어 여러 고을에 판각 사업을 분담시키고, 판각이 완성되는 대로 경주부에 보내 보관토록 하였다. 아아! 사물이란 오래되면 반드시 없어지고, 없어지면 반드시 생기는 것이니, 생겼다가 없어지고 없어졌다가 생기는 것은 당연한 이치이다. 이 당연한 이치를 알아서 어느 시기엔가 이러한 사업이 다시 진행되어 이 책이 영원히 전해지기를, 훗날의 지혜로운 학자에게 기대한다.

---

190) 부2 발문, 『역주 삼국사기』 1 감교 원문편, 480쪽.

최근 한국 학자의 연구에 따르면 이 "정덕임신본"에 사용된 목각판은 약 45장이며 그 판형은 1행 18자 반쪽 9줄이다. 판면에는 순서에 따라 "삼국사목록(三國史目錄)", "삼국사본기(三國史本紀)", "삼국사연표(三國史年表)" 및 "삼국사열전(三國史列傳)"으로 새겼고, 역시 순서에 따라 권호(卷號) 및 쪽수를 표시하였다. 사용된 글자체는 글씨체가 바르고 똑똑한 구양순체이다. 판식(板式)의 좌우에 두 변, 백구(白句)에 어미(無魚尾)가 없다.[191] 이외에도 『삼국사기』는 주자본(鑄字本), 영인본. 필사본, 신 활자본 따위가 있는데 그 구체적인 상황은 아래 표[192]를 보기 바란다.

이 외에도 일본 신전자작가본(神田子爵家本), 근위공작가본(近衛公爵家本), 러시아 소련과학원 동방연구소 영인본 등이 있다. 『삼국사기』는 옛 한문을 이용하여 쓴 것이다. 1443년(계해, 조선 세종 25년, 명 영종 정통 8)부터 이미 자기 민족 문자를 사용하였기 때문에 조선 민족 일반 독자가 읽기에는 매우 어려웠다. 그로 인해 1940년대 이후 『삼국사기』의 옛 한문을 현대 한국어로 번역하고 필요한 주석이 달려 있는 소위 역주본(譯註本)이 나오기 시작한다.

---

191) 〔韓〕천혜봉 · 황천우(黃天午), 『삼국사기 조사보고서』, 1981년 본 참조; 〔韓〕정구복, 「삼국사기 해제」, 『역주 삼국사기』 1 감교 원문편, 553~557쪽.

192) 이 표는 필자가 한국 학자 정구복의 「삼국사기 해제」의 관련 내용(『역주 삼국사기』 1 감교 원문편, 557~562쪽)을 근거로 편집 · 제작한 것이다.

『삼국사기』 주자, 영인, 필사 및 신활자 각본(各本) 간략 현황표

순서	형태	간인 시기	책임자와 주요 참여자	간본 명칭	비 고
1	주자본	1711년	알 수 없음	없음	동활자본(銅活字本) 사용
2	영인본	1931년	조선 고전간행회(古典刊行會) 영인본	고전간행회	저본(底本)은 중종임신본(中宗壬申本)으로 그 원형에 의거함
3	영인본	1973년	한국 민족문화 추진위원회	이 위원회가 간행한 '고전총서'를 받아들임	고전간행회 영인본의 축소 인쇄
4	영인본	1984년	조병순(趙炳舜)	조병순 영인본	고전간행회본의 축소 인쇄와 증수보주(增修補注)
5	영인본	1986년	일본 학습원대학 동양문화연구소	일본 학습원대학 '학동총서(學東叢書)' 13	저본은 중종임신본
6	필사본	19세기 말	알 수 없음	오경석(吳慶錫) 소장 필사본(筆寫本)	해주 오씨 천죽제장서 (天竹齋藏書)
7	신활자본	1909년	조선 통감부	조선 고서간행회본	가장 이른 신활자본, 저본 불확실, 양장(洋裝) 1책
8	위와 같음	1913년	동경 제국대학	동경 제국대학본	저본은 가가전전(加賀前田) 소장, 1573년 간행본, 7권 7책
9	위와 같음	1914년	최남선(崔南善)	조선 광문회본 (朝鮮光文會本)	저본은 김교헌(金敎獻) 소장, 현종실록(顯宗實錄), 주자본(鑄字本), 선장(線裝) 2책
10	위와 같음	1916년	김택영(金澤榮), 왕성순(王性純), 하겸진(河謙鎭), 황원(黃瑗), 이형(李泂), 하익진(河益鎭) 등	김택영 등 교정본 (校正本)	저본은 조선광문회본, 중국 남통한묵림서국 (南通翰墨林書局) 출판

20세기 중엽 한반도가 조선과 한국 양국으로 분열된 뒤 조선과 한국은 모두 많은 역주본이 출현하였으며 일본 역시 일역본이 나왔다. 상세한 내용은 아래 표[193]를 보기 바란다.

---

193) 이 표는 필자가 한국 학자 정구복의 앞의 책 562~565쪽을 근거로 편집 · 제작한 것이다.

조선, 한국과 일본 학계의 『삼국사기』 주요 역주본 간략표

순서	역주자	출판사	출판 시기	권/책수	비고
1	아오야기 난메이 (靑柳南冥)	일본 조선연구회	1914년	상하 2책	가장 이른 일본어 역주본, 일본 조선연구회 주관
2	이병도 (李丙燾)	서울 박문서관, 박문출판사, 서울 춘조사, 서울 을유문화사	1941~1977년 (재판본은 포함하지 않음)	박문관 3책 춘조사 3책 을유문화사 2책	가장 이른 한국어 역주본, 서명은 순서에 따라 『역주 삼국사기』, 『대역(對譯) 상주(詳註) 삼국사기』, 『국역 삼국사기』
3	조선과학원 고전연구실	조선 과학원출판사	1959년	상하 2책	의역(意譯) 위주, 일부 교정, 원문 수록
4	김종권 (金种權)	서울 선진문화사	1960년	1책	매권 뒤에 원문 수록
5	이재호 (李載浩)	한국 자유교육협회	1971년	1책	뒤에 원문 수록
6	임영수 (林英樹)	동경 삼일서방	1974년	상중하 3책	
7	김호열 (金浩烈)	서울 동서문화사	1977년	1책	원문 수록
8	정구복 등 (鄭求福等)	한국 정신문화연구원	1996 ~1997년	5책	감교(勘校) 원문, 번역 및 총 색인이 각 1책, 주석 2책

위의 각 역주본 가운데서 정구복 등이 공동으로 완성한 『역주 삼국사기』
는 5책으로 꽤 전면적이고 완전한 형태의 역주본이라고 할 수 있다. 정구복
은 한국 정신문화연구원 교수로 주로 한국 중세사학사 및 고문헌의 저명한
학자이다.[194] 그와 함께 노중국(계명대학교 사학과 교수), 신동하(동덕여자대
학교 국사학과 교수), 김태식(홍익대학교 역사교육과 교수), 권덕영(국사편찬위
원회 편사연구사)이 4년간의 노력 끝에 1992년 『삼국사기』 원문 교정과 주석
및 번역 작업을 완성하고 1996~1997년 한국 정신문화연구원에서 그 성과

---

194) 이혜국(李惠國) 주편, 『당대 한국 인문사회과학』〔상무인서관(商務印書館), 1999〕, 990쪽에
    "부록5·한국 인문사회과학 학자 명록" 정구복 조 참조. 이 조의 내용은 필자가 쓴 것이다.

를 간행하였다. 모두 5권으로『역주 삼국사기』1 감교(勘校) 원문편,『역주 삼국사기』2 번역편,『역주 삼국사기』3 주석편(상),『역주 삼국사기』4 주석편(하),『역주 삼국사기』5 총색인편으로 나뉘어 있다. 2001년 7월에는 『역주 삼국사기』5권의 수정 재판본이 한국 정신문화연구원에서 출판 발행되었다.

그 가운데『역주 삼국사기』1의 감교 원문편은 지금까지 가장 오래된 중종임 신목판본을 저본으로 하여 교정한 것이다. 그리고 빠진 글자의 보충 주석을 달고 교정 과정에서 국내외의『삼국사기』에 관한 연구 성과를 충분히 수용하여 현재까지 가장 완전한『삼국사기』교감 원문본을 제공해주고 있다.『역주 삼국사기』2 번역편은 옛 한문을 이용해 쓴 원문을 현대 한국어로 번역하여 현재의 독자가 읽기에 편리하도록 하여 "옛 문장을 지금 말로 풀어쓰는" 수준인 이전의 모든 번역본을 능가하였다.『역주 삼국사기』3~4의 주석편은 1995년까지 국내외 학계의『삼국사기』및 관련 사실에 대한 연구 성과를 기초 바탕으로『삼국사기』전 부분의 내용에 대해 상세한 주석을 달았다. 그 가운데『역주 삼국사기』3 역주편(상)의 내용은 신라본기, 고구려본기, 백제본기 및 연표 부분에 대한 주석이며,『삼국사기』4 주석편(하)의 내용은 잡지, 열전 그리고 편찬자 명단과 발문에 대한 주석이다.『역주 삼국사기』5 총색인편에서는 인명, 지명, 역사 사건 같은 고유 명사를 전술한 각 책의 쪽수를 차례대로 보여주어 독자가 검색하는 데 편리하게 되어 있다. 이 외에도 정구복은 이 역주본에 장장 86쪽에 이르는 해제를 쓰고 있는데 그 내용은『삼국사기』의 편찬 배경과 편찬에 참여한 인원에 대한 고찰, 편찬 체제와 내용의 분석, 인용 사료에 대한 고찰, 편찬자 김부식 및 그 사관에 대한 연구, 그리고『삼국사기』각종 판본의 고증과 그 사학사적 가치에 관한 내용을 포함하고 있다. 이는 신라, 고구려, 백제 삼국의 역사를 전면적으로 기록한 기전체 사서에 관한 결정적인 연구이다.

『삼국사기』에 관한 연구로 한국 이화여자대학 사학과 교수 신형식(申瀅植)이 지은『삼국사기 연구』[195]와 한국 백산학회 편『삼국사기 연구 논선집(論選集)』3권[196]도 들 수 있다. 전자는 통계사학 방법을 운용하여『삼국사기』본기, 지와 열전의 내용을 상세히 분석하는 등 각종 통계표만도 148개에 이른다. 이는 한국 역사학계의『삼국사기』에 관한 종합 연구의 시작이었다.[197] 백산학회에서 편찬한 3권의 논문집은 당시 한국 역사학계에서 발표된『삼국사기』에 관한 연구 논문을 수록한 것으로 한국 사학계의『삼국사기』연구에 관한 수준과 그 성과를 집중 반영한 대표작이다.

【 3.『삼국사기』의 체제와 내용 】

『삼국사기』의 체제는 중국 고대 정사의 기전체를 모방하여 본기(本紀), 지(志), 연표(年表) 및 열전 등 네 개 부분으로 나뉘어 구성되어 있다.『삼국사기』는 모두 50권이며 그 가운데 28권의 본기가 첫 부분으로 전체 총 권수의 56%를 차지한다. 연표 3권이 그 다음으로 전체 총 권수의 6%를 차지한다. 그리고 지 9권이 그 다음 순서로 전체 총 권수의 18%, 열전 10권이 마지막 부분으로 전체의 20%를 차지한다. 중국 고대 기전체 정사에서 열전 편이 많은 분량을 차지하는 체계와는 차이가 있다.[198]

---

195) 〔韓〕신형식(申瀅植),『삼국사기 연구』, 서울: 일조각, 1981년 판. 당시 서울 성신여자대학 사학과 부교수로 재임하고 있었다.
196) 〔韓〕백산학회 편,『삼국사기 연구론 선집』, 서울: 한국학자료원, 1984년 판.
197) 권혁수(權赫秀),「한국 사학계의 고구려 연구(韓國史學界의 高句麗研究)」;마다정 등,『고대 중국 고구려 역사 총론』, 368쪽.
198) 〔韓〕신형식 교수 화갑 기념 논총간행위원회 편,『신형식 교수 화갑 기념 한국 사학사』(서울: 도서출판 삼영사, 1999), 46~47쪽.

본기 부분은 연월에 따라 기술하는 체계로 신라, 고구려, 백제 삼국의 통사로 구성되어 있는데 대체로 정치, 천재지변, 전쟁, 외교처럼 크게 네 개 부분이 포함되며 그 가운데서 신라와 고구려본기에는 정치와 관련된 기록이 많다. 반면 백제본기는 천재지변과 전쟁 기록이 많은 부분을 차지한다. 한국 학자 신형식의 연구에 따라 각 부분의 내용을 분석하면 아래 표와 같다.[199]

『삼국사기』 본기 내용 분석(%)

국별 내용	정 치	천재지변	전 쟁	외 교
고구려	36.4	24.1	18.3	21.2
백제	29.8	31.3	20.6	18.3
신라	48.3	26.8	10.1	14.8

본기 부분에서는 각 왕의 본기 뒤쪽에 "저자의 견해"의 형식으로 김부식이 직접 쓴 사론 23곳이 부가되어 있다. 그 내용은 주로 역사적 성격에 관한 평론과 옳고 그름에 대한 평가인데, 옳고 그름에 대한 평가가 사론의 3분의 2가 넘는다.[200] 옳고 그름의 평가 대상은 대체로 군왕의 행위, 신하의 행위 및 풍속 제도 같은 것을 포함하고 있는데 김부식의 유교 사관과 당시 사회 문화적 인식이 집중 반영되어 있다. 그 가운데서 김부식은 『삼국사기』 권12 「신라본기」 제12 「경순왕본기」 및 권28 「백제본기」 제6 「의자왕본기」의 뒤쪽에서 신라와 백제 멸망의 원인을 나누어 논급하고 있다. 여기에 이 두 고대 국가에 대한 그의 역사 인식이 잘 나타나 있는데 이를 인용하면 아래와 같다.

---

199) 〔韓〕 신형식, 「삼국사기」, 『신형식 교수 화갑 기념 한국 사학사』, 47~48쪽.
200) 〔韓〕 정구복, 『한국 중세사학사(Ⅰ)』, 264~276쪽.

지은이의 견해: 신라의 박씨와 석씨는 모두 알에서 태어났으며, 김씨는 금궤에 들어 있다가 하늘로부터 하강하였거나 또는 금수레를 타고 왔다고 하니, 이는 더욱 이상야릇하여 믿을 수 없다. 그러나 세속에서는 이것이 대대로 전해 내려와 사실로 알려져 있다. 정화 연간에 우리나라에서 상서(尙書) 이자량(李資諒)을 송나라에 보내 조공할 때, 신(臣) 부식(富軾)은 글 쓰는 임무를 맡아 보좌로 가게 되었다. 우리가 우신관(佑神宮)에 이르렀을 때 마루 한 편에 선녀의 화상을 걸어 놓은 것을 보았다. 숙소에서 접대를 맡은 학사 왕보(王黼)가 "이는 귀국의 신인데 공들은 이를 아는가?"라 하고, 이어서 말하기를 "옛날에 어떤 제왕의 딸이 있었는데, 남편 없이 잉태하자 남들에게 의심을 받게 되었다. 그녀는 곧 바다를 건너 진한으로 가서 아들을 낳았는데, 이 사람이 해동의 첫 임금이 되었고, 제왕의 딸은 땅의 신선이 되어 영원히 선도산(仙桃山)에 살게 되었으니, 이것이 그녀의 화상이다"라고 하였다. 나는 또한 송나라 사신 왕양(王襄)이 지은 동신성모(東神聖母) 제문에 "어진 사람을 낳아 나라를 창건하였다"는 구절이 있는 것을 보고, 이 동방의 신이 곧 선도산의 신성임을 알게 되었다. 그러나 그 선녀의 아들이 언제 왕 노릇을 하였는지는 알 수 없고, 이제 다만 이러한 전설이 생긴 시초를 고찰해본 것이다.

신라에서 왕위에 오른 자들은, 자기에게는 엄격하고, 남에게는 너그러우며, 관직은 간략히 두고, 일의 처리는 간편하게 하며, 지성으로 중국을 섬기어, 산 넘고 바다 건너 예방하는 사신이 끊이지 않았고, 항상 자제들을 보내 중국의 조정에 나아가 숙위하게 하였으며, 국학에 입학하여 학문을 닦게 하였으니, 여기에서 성현의 교화를 받았기 때문에 미개하고 거칠던 풍속을 바꾸어 예의가 있는 나라를 만들었다. 또한 신라는 중국 군사의 위세를 빌려 백제와 고구려를 평정하고, 그 지역을 취하여 군현으로 만들었으니, 가히 성대를 이루었다고 할 수 있었다. 그러나 신라는 불가의 법을 받들고, 그 폐해를 깨닫지 못하였으며, 심지어 마을에도 탑과 절간이 늘어서고, 백성들이 사찰로 도피하여 승려가 되었으니,

군사와 농사지을 사람이 점점 줄어들고, 나라는 날로 쇠퇴하게 되었으니, 어찌 나라가 문란하지 않고 멸망하지 않기를 바라겠는가? 이때에 이르러서 경애왕(景哀王)은 더욱 황음하게 되어, 궁인과 근신을 데리고 포석정(鮑石亭)에 나가 놀면서 술을 마시며 연회를 하다가 견훤(甄萱)이 오는 줄을 알지 못하였으니, 이것이 문 밖에 한금호(韓擒虎)가 온 것을 모른 것이나, 누각 위에서 장여화(張麗華)를 데리고 놀다가 화를 당하였던 것과 다름이 없었다. 경순왕이 태조에게 귀순한 것은 비록 부득이한 일이기는 하지만 또한 가상한 일이었다. 그 당시에 만약 목숨을 걸고 태조의 군사와 싸워서, 힘이 다하고 형세가 곤궁하여졌다면, 필히 그의 일족은 멸망하고, 무고한 백성들에게도 해가 미쳤을 것이다. 그러나 명령을 기다리지 않고, 나라의 창고를 봉하고, 군현을 기록하여 태조에게 귀의하였으니, 그가 고려에 세운 공로와 백성들에게 입힌 은덕이 매우 크다 할 것이다. 옛날 전씨(錢氏)가 오(吳)와 월(越)의 국토를 송나라에 바친 것을 두고, 소자첨(蘇子瞻)은 그를 충신이라고 하였으니, 지금 신라의 공덕은 그보다도 훨씬 더 훌륭한 것이다. 우리 태조는 비빈이 많았고, 그의 자손들 역시 번창하였는데도, 현종(顯宗)은 신라의 외손으로서 왕위에 오르게 되었고, 그를 계승한 자들이 모두 그의 자손이었으니, 어찌 위와 같은 음덕의 보답이 아니겠는가? (『삼국사기』 권12 「신라본기」 제12 「경순왕본기」[201])

지은이의 견해 : 신라의 옛이야기에 "하늘이 금궤를 내려 보냈기에 성을 김씨로 삼았다"고 하는데, 그 말이 이상야릇하여 믿을 수 없으나, 내가 역사를 편찬함에 있어서, 이 말이 전해 내려온 지 오래되니, 이를 없앨 수가 없었다. 그러나 또한 듣건대 "신라 사람들은 스스로 소호 금천씨(小昊金天氏)의 후손이라 하여 김씨로 성을 삼았다. 이는 신라 국자박사(國子博士) 설인선(薛因宣)이 지은 김유신

---

201) 『역주 삼국사기』 1 감교 원문편, 143~144쪽.

(金庾信)의 비문과 박거물(朴居勿)이 지었고 요극일(姚克一)이 쓴 삼랑사(三郞寺) 비문에 보인다. 고구려는 또한 고신씨(高辛氏)의 후손이라 하여 고씨로 성을 삼았다"고 한다. 『진서』의 기록에 보인다. 옛 사기에는 "백제와 고구려가 모두 부여에서 나왔다"고 하며, 또한 "진·한의 난리 때, 중국 사람이 해동으로 많이 도망왔다"고도 한다. 그렇다면 삼국의 조상들은 옛 성인의 후예가 아니겠는가? 어찌하여 그렇게 오래도록 나라를 향유할 수 있었는가? 백제 말기에 와서는 도리에 어긋나는 행동이 많았으며, 또한 대대로 신라와는 원수를 맺고, 고구려와는 화친을 계속하면서 신라를 침공하여, 유리한 조건과 적당한 기회만 있으면 신라의 중요한 성과 큰 진을 빼앗기를 그치지 않았으니, 이른바 어진 사람을 가까이 하고 이웃과 잘 사귀는 것이 나라의 보배라는 말과는 달랐다. 이에 당 나라의 천자가 두 번이나 조서를 내려 백제와 신라 사이의 원한을 풀기 위하여 노력했으나, 겉으로는 순종하는 듯하면서 안으로는 이를 어겨 대국에 죄를 졌으니, 그들이 패망한 것도 당연한 일이었다. (『삼국사기』 권28 「백제본기」 제6 「의자왕본기」[202])

본기 뒤의 3권의 연표는 간지로 기년을 나타내고 그 뒤에 년에 따라서 중국 역대 왕조와 신라, 고구려 및 백제의 기년을 나타냈다. 연표 앞에는 간략한 서문이 덧붙여져 있는데 내용은 다음과 같다.

"해동에 국가가 형성된 것은 오래 전이었다. 그러나 기자가 주 왕실에서 봉작을 받고, 위만이 한 나라 초기에 제호를 참칭한 이후로 시대가 멀고 기록이 소략하여, 실로 그 사적을 자세히 알 수 없었다. 그러나 삼국이 정립하여 대치하는 시기에 이르러서는, 대대로 전해진 기록이 아주 많았다. 신라는 56대 왕 992년 동

---

202) 『역주 삼국사기』 1 감교 원문편, 268쪽.

안 이어졌으며, 고구려는 28대 왕 705년 동안 이어졌고, 백제는 31대 왕 678년 동안 이어졌다. 이제 그 시말을 살필 수 있으므로 삼국의 연표를 작성하기로 한다. 당의 가언충(賈言忠)이 "고구려는 한대부터 국가를 형성하여 지금까지 900년이 되었다"고 말한 것은 잘못이다.

연표 뒤의 지(志)는 모두 9권으로 되어 있는데 "잡지"라고 불려 편수자인 김부식이 이 부분의 내용에 대해서는 가볍게 보았다는 것을 보여준다. 지의 내용은 제사(祭祀), 음악, 색복(色服), 차기(車騎), 기용(器用), 옥사(屋舍), 지리(地理), 직관(職官)의 순서로 되어 있는데 그 가운데 지리가 4권, 직관이 3권을 차지하고 있으며 나머지 제사, 악, 색복, 차기, 기용, 옥사 부분이 각각 1권씩을 차지하고 있어 지리와 직관의 내용을 중요하게 여겼음을 보여준다. 지는 『삼국사기』에서 전체의 18%를 차지하며 당시 사회 문화의 상황을 충분히 나타내주고 있다.

열전은 『삼국사기』에서 본기 다음으로 중요한 부분으로 모두 10권이다. 전체의 20%를 차지하는 열전은 52명의 전기와 34명의 기록을 덧붙여 모두 86명의 기록이 수록되어 있다. 그 가운데 69명의 개인은 꽤 상세하게 기록되어 있는데 신라 56명, 고구려 10명, 백제 3명을 포함하고 있다. 이러한 열전은 주로 다음과 같은 여덟 종류의 유형으로 나눌 수 있다. 즉 김유신과 같은 명신1(장군), 명신2(간언, 보필, 충성), 학자, 충의(忠義), 기타(효, 아첨, 열녀, 숨은 이들을 포함), 반신(叛臣), 역신(逆臣)이다.[203] 그 가운데 「김유신전」이 전체 열전에서 으뜸을 차지하는데 모두 3권 분량이며, 그 자손, 나아가 손자의 손자에 대한 기록까지 덧붙여져 있어, 김부식이 특별히 김유신을 중

---

203) 〔韓〕 신형식, 『삼국사기 연구』, 338~339쪽 ; 〔韓〕 신형식, 「삼국사기」, 『신형식 교수 화갑기념 한국 사학사』, 50~51쪽. 『삼국사기』 열전 내용에 관한 구체적인 분석은 신형식, 『삼국사기 연구』, 341~355쪽에서 상세하게 볼 수 있다.

요하게 여겼음을 알 수 있다. 이러한 의미에서 김유신은 고대 삼국시대의 역사 인물 가운데서 김부식이 가장 좋아했던 인물이었으며 그가 「김유신전」 뒤에 쓴 사론은 그가 편찬한 『삼국사기』 열전에서 고대 삼국의 역사 인물에 대한 기본 인식을 대표한다고 할 수 있다.

그 내용은 아래와 같다.[204]

지은이의 견해: 당의 이강(李絳)이 헌종(憲宗)에게 말했다. "간사하고 아첨하는 자를 멀리하고, 충성스럽고 정직한 자를 등용하며, 대신과 대화할 때는 공경스럽고 믿음직하게 하여 소인이 끼어들지 못하게 하며, 어진 사람과 어울리는 경우에는 친하게 지내되 예절을 갖추어 불초한 자가 끼어들지 못하게 하소서." 성실 하도다, 이 말이여! 이는 실로 임금이 갖추어야 할 요긴한 도리이다. 그러므로 「상서(尙書)」에서 말했다. "어진 이에게 일을 맡길 때는 의심하지 말며, 간사한 자를 버릴 때도 의심하지 말라."

신라가 유신을 대우한 것을 보면 친근히 하여 간격을 두지 않았고, 임무를 맡길 때도 의심하지 않았으니, 그의 계책은 실행되고 그의 말은 채용되어, 그로 하여금 자신의 계책이나 의견이 받아들여지지 않았다는 원망을 품지 않게 하였다. 그러므로 가히 '육오동몽의 길함(六五童蒙之吉)'을 얻었다고 할 만하다. 그러므로 유신은 자신의 뜻한 바를 행할 수 있어 중국과 협력하여 삼국을 합쳐서 한 나라로 만들었고, 능히 공명으로써 일생을 마칠 수 있었던 것이다.

비록 을지문덕(乙支文德)의 지략과 장보고(張保皐)의 의용이 있었어도 중국의 서적이 없었다면 그들에 대한 사적이 없어져서 후세에 알려지지 못하였을 것이다. 그러나 유신 같은 사람은 온 나라 사람들의 칭송이 지금까지도 계속되고 있다. 사대부가 그를 아는 것은 그럴 수 있는 일이거니와 꼴 베는 아이나 소 먹이

---

204) 『역주 삼국사기』 1 감교 원문편, 420쪽.

는 아이에 이르기까지도 능히 그를 알고 있으니, 그 위인이 틀림없이 보통 사람과 다른 점이 있었을 것이다. (『삼국사기』 권43 「열전」 제3 「김유신 하」)

【 4.『삼국사기』의 고구려 역사 기술 】

앞에서 말한 것처럼 김부식은 『삼국사기』의 편찬을 통해서 일종의 신라 정통의 역사 인식 체계를 확립하고자 시도하였다. 이로 인해 『삼국사기』 내용의 배열은 본기, 연표는 물론 지와 열전 모두 신라가 우선이며 그 다음이 고구려와 백제이다. 그러나 본기 부분만을 놓고 이야기해보면, 고구려본기는 모두 10권으로 되어 있다. 그 가운데서 제1권은 동명, 유리 2대왕 기록이며 제9, 10 두권은 보장왕에 대해서만 기록되어 있다. 그 사이의 각 권에서는 대부분 2대에서 5대에 걸친 국왕에 대해서 기록되어 있는데 평균 각 국왕이 차지하고 있는 비중은 분명 신라와 백제본기를 초과하고 있다. 이는 편수자의 「고구려본기」에 대한 일종의 편중 경향을 나타내주고 있다. 한국 학자 신형식은 「고구려본기」의 구체적인 내용에 대한 상세한 통계 작업을 하였는데 상세한 것은 아래 표를 보기 바란다.[205]

『삼국사기』 「고구려본기」 부분은 각 국왕 본기의 중간 또는 뒤에 "지은이의 견해" 형식으로 김부식이 직접 쓴 사론이 있다. 김부식이 고구려본기 부분에 쓴 "저자의 견해", 즉 사론은 모두 7곳으로 13권 유리명왕 28년 조의 뒤쪽에 "효자는 어버이를 섬긴다"는 단락과 14권 대무신왕 15년 조 뒤쪽의 "지금 왕은 하리(참소)하는 말을 믿었다"는 단락, 제15권 차대왕 3년 조 뒤쪽의 "옛날 송 선공(宣公)이 그의 아들 여이(旅夷)를 왕으로 세우지 않았

---

205) 〔韓〕 신형식, 『삼국사기 연구』, 113쪽.

다"는 단락, 제16권 고국천왕 13년 조 뒤쪽의 "옛날의 명철한 임금들은 현명한 자를 대하였다"는 단락, 제21권 보장왕 4년 조 뒤쪽의 "당 태종은 어질고 명철한 불세출의 임금이다"라는 단락, 제22권 보장왕 8년 조 뒤쪽의 "처음에 태종이 요동 원정을 하다"라는 단락, 그리고 제22권 보장왕본기 뒤쪽의 "지은이의 견해"가 그것이다.

고구려본기 내용에 관한 통계(%)

권호	각권 왕 수	왕명과 재위 년수	정치 내용	천재지변	전쟁 내용	외교 내용
1	2대	동명왕~유리왕(53)	57.4	23.0	13.6	6.0
2	3대	대무신왕~모본왕(35)	50.5	34.0	9.5	6.0
3	2대	태조왕~차대왕(112)	42.8	45.2	6.9	5.1
4	3대	신대왕~산상왕(62)	67.9	23.5	8.6	없음
5	5대	동천왕~미천왕(104)	47.4	28.1	17.8	6.7
6	5대	고국원왕~장수왕(40)	23.2	18.8	29.5	28.5
7	5대	문자왕~평원왕(98)	17.7	19.3	11.0	52.0
8	2대	영양왕~영류왕(52)	11.3	2.3	20.2	60.2
9~10	1대	보장왕(27)	9.4	21.9	42.2	26.5

제13권 유리명왕 28년 뒤쪽의 "지은이의 견해"는 "효자가 어버이를 섬기는 데에는 마땅히 어버이의 곁을 떠나지 않는 것으로 효도를 삼아, 마치 문왕(文王)이 세자 시절에 행동하듯 하여야 한다. 해명(解明)은 옛 도읍에 살면서 용맹을 좋아한다고 소문이 났으니, 그는 당연히 죄를 범한 것이다. 또한 전해오는 말에 '아들을 사랑하거든 옳은 방향으로 가르치고, 사악한 길로 들어가지 않도록 하라'는 말을 들은 적이 있으니, 왕이 처음에는 한 번도 가르친 일이 없다가, 죄악이 이루어진 다음에 지나치게 미워하여 죽여버리고 말았으니, 이야말로 애비는 애비답지 못하고, 자식은 자식답지 못하다고

할 수 있다"고 되어 있다. 이 단락의 사론은 유리명왕 28년 조에 기록된 태자 해명이 유리명왕에게 의심을 사서 마침내 죽임을 당하는 이야기에 대한 평론으로, 결론은 "애비는 애비답지 못하고, 자식은 자식답지 못하다(父不父, 子不子.)", 즉 유리명왕과 태자의 행동이 모두 유가의 앞선 성현의 옛 가르침에서 어긋난 것으로 보았다.

제14권 대무신왕 15년 조에 쓴 "지은이의 견해"는 "왕은 하리하는 말을 믿고, 죄 없는 사랑하는 아들을 죽였으니, 그의 어질지 못함은 말할 것도 없으나, 호동(好童)에게도 죄가 없는 것은 아니다. 왜 그런가? 자식이 아버지에게서 책망을 들었을 때는, 마땅히 순(舜)이 고수(瞽瞍)에게 하듯이 조금 때리면 맞고 많이 때리면 피하여, 아버지가 불의에 빠지지 않게 하여야 할 것이다. 호동은 이러한 행동으로 나아갈 줄을 모르고, 죽지 않을 일로 죽었으니, 가히 작은 성실을 행하기 위하여 대의에 어두웠다고 말할 수 있다. 이는 옛날의 공자(公子) 신생(申生)에 비유할 만하다"고 되어 있다. 이 부분의 사론은 대무신왕 15년 조에 나오는 대무신왕의 사랑하는 아들 호동이 원비의 모함을 받고 "칼에 엎드려서 죽은" 이야기에 대한 평론이다. 대무신왕은 하리를 듣고 믿어 어질지 못하였으며 호동왕자는 중국 옛 성현 순과 같이 "작은 매면 받고 큰 매면 달아나서 그 아버지로 하여금 불의에 빠지지 않도록 하여야 하나" 도리어 "죽을 곳에서 죽지 않았으니" 실제로는 "작은 일을 삼가는 데 큰 의리에 어두웠다고 할 것이다." 그러므로 "죄가 없다고 말할 수 없다"고 하였다. 이 평론의 기준은 역시 중국 고대 유가의 윤리 도덕 사상이다.

제15권 차대왕 3년 조에 쓴 "지은이의 견해"는 "옛날 송 선공이 그의 아들 여이를 왕으로 세우지 않고, 아우 목공(繆公)을 왕으로 세웠으니, 이는 작은 인정에 이끌려 국가의 대계를 어지럽힌 것이다. 그리고 이에 따라 여러 세대에 걸친 환란이 일어났다. 이 때문에 『춘추』에서는 "올바른 도에 처하는 것을 가장 크게 여기라"고 말하였다. 이제 태조왕(太祖王)이 정의를 알지 못하고, 중대한 왕위를 가볍게 여겨 어질지 못한 아우에게 넘김으로써 재앙이 한 명의 충신과 사랑하는 두 아들에게 미치게 하였으니, 어찌 탄식을 금할 수 있으랴?"고 되어 있다. 이 단락의 사론은 태조대왕이 동생에게 자리를 물려주어 결국은 차대왕의 폭정이 조성된 것에 대한 평론으로 중국 고대 춘추시대의 이야기를 들어 서로 비교하고 있다. 이는 김부식이 명분대의라는 유가 사관을 중요하게 여겼음을 보여주는 것이다.

제16권 고국천왕 13년 조에 쓴 "지은이의 견해"는 "옛날의 명철한 임금들은 현명한 자를 등용함에 상례를 따지지 않았으며, 등용한 후에는 의심을 하지 않았으니, 은나라 고종(高宗)은 부열(傅說)에게, 촉나라 유비는 공명(孔明)에게, 진나라 부견(符堅)은 왕맹(王猛)에게 그러하였다. 이러한 연후에야 직위에서 현명함과 능력이 발휘되어 정치가 개선되고 교화가 이루어져 국가를 보존할 수 있는 것이다. 이제 왕이 결연히 혼자 용단을 내려 을파소(乙巴素)를 바닷가에서 발탁하고, 중론에 구애받지 않고 그를 백관의 윗자리에 임용하였으며, 또한 천거한 자에게까지 상을 주었으니, 가히 옛 임금들의 법도를 체득하였다고 말할 수 있겠다"고 되어 있다. 이 단락의 사론은 고국천왕 13년 조에 나오는 안류가 현인을 추천하고 고국천왕이 을파소를 임용한 이야기에 대한 평론으로 김부식이 고구려 왕에 대해 긍정적인 평가를 내린 유일한 사론이다. 김부식의 이해에 비춰볼 때 고국천왕이 힘으로 다수의 의견을 물리치고 과감하게 을파소와 같은 재야의 현인을 임용하고 또한 "천거한 자에게 상을 주는" 것은 중국 고대 "앞선 왕들의 법도"를 배우고 모방한 결과이다.

제21권 보장왕 4년 조에 쓴 "지은이의 견해"는 "당 태종은 어질고 명철한 불세출의 임금이다. 난을 평정하기는 탕과 무왕에 견줄 만하고, 이치에 통달하기는 성왕(成王)·강왕(康王)과 비슷하였으며, 병법에는 기묘한 전술이 무궁하였으니, 가는 곳마다 적수가 없었다. 그러나 동방 정벌의 공이 안시성에서 무너졌으니, 그 성주는 가히 비상한 호걸이라고 말할 수 있을 것이다. 그러나 사서에는 그의 이름이 전하지 않고 있다. 이는 양자가 이른바 "제(齊)·노(魯)의 대신은 역사에 그 이름이 전해지지 않는다"라고 한 것과 다름이 없다. 매우 애석한 일이다"라고 되어 있다. 이 단락의 사론은 당 태종이 고구려를 동정하였으나 안시성에서 패한 이야기에 대한 평론으로, "가는 곳마다 적수가 없던" 당 태종의 대군에 저항할 수 있었던 안시성 성주의 "비상한 호걸"과 "사서에 그의 이름이 전하지 않는 것"에 대해서 크게 탄식하며 애석하게 여겼음을 보여준다. 여기에서 김부식은 비록 고구려와 당의 전쟁에 대해 직접 긍정하고 있지는 않지만 고구려의 완강한 대응에 대해서 상당히 좋아하고 또한 동정의 뜻이 있었음을 보여준다. 이 역시 『삼국사기』에서 고구려의 대당 전쟁에 대한 김부식의 평가를 보여주는 중요한 사례라고 할 수 있다.

권22 보장왕 8년 4월에는 "당 나라 태종이 사망하였다. 태종은 조칙을 내려 요동 정벌을 중지하게 하였다"고 기록되어 있다. 그리고 그 뒤에 "지은이의 견해"에는 "처음에 태종이 요동 원정을 할 때, 이를 말리는 자가 한 사람뿐이 아니었다. 또한 안시성으로부터 군사를 철수한 뒤에는, 자기가 성공하지 못한 것을 깊이 후회하고 한탄하며, '만약 위징(魏徵)이 있었다면, 나로 하여금 이번 원정을 못하게 하였을 것이다'라고 말했다. 그가 다시 고구려를 치려 할 때 사공 방현령(房玄齡)이 병을 앓고 있으면서도 표문을 올려 다음과 같이 간했다. …… '당태종이 비록 뒤에 몸은 탈출했으나 그와 같이 겁을 내었는데, 『신구당서』와 사마광의 『자치통감』에 이를 기록하지 않은 것은, 나라의 체면 때문에 말하기를 기피한 것이 아니겠는가?'라고 되어 있다. 이 단락의 사론에서는 방현령의 상소와 유공권(柳公權)이 말한 바에 대한 기록을 인용하며 당시 많은 사람들이 당 태종의 고구려 동정을 반대하였음을 드러내고 있다. 또한 『구당서』, 『신당서』 그리고 사마광의 『자치통감』에 당 태종에게 불리한 사실을 상세하게 기록하지 않은 것이 "자기 나라를 위하여 사실을 숨긴 것이 아니겠는가?"라고 한 것은 실제로 김부식 본인의 역사 편찬 태도의 한 측면을 보여주는 것이다.

22권 「보장왕본기」의 사론에서 그는 모든 고구려 역사에 대한 평가를 하고 있다. 이는 김부식의 기본 인식을 집중적으로 반영한다고 할 수 있다.

현도와 낙랑은 원래 조선의 국토로서 기자가 봉해졌던 곳이다. 기자는 백성들에게 예의와 농사와 누에치기와 베 짜는 법을 가르치고, 8조의 금법을 만들었다. 이리하여 이곳 백성들은 서로 도둑질하지 않고, 대문을 닫지 않고, 부녀들이 정조와 신의를 지켜 음란하지 않고, 음식을 먹을 때 그릇을 사용하였다. 이는 어질고 현명한 사람의 교화가 미친 탓이었다. 또한 그들은 서·남·북방의 오랑캐들과는 달리 천성이 유순하였다. 이리하여 공자(孔子)는 자기의 도가 중국에서 행하여지지 않는 것을 슬퍼하고, 바다에 배를 띄워 이곳에 살고자 하였으니, 이 또한 그럴 만한 이유가 있었던 것이다. 그러나 주역(周易)의 괘(卦)가 효이(爻二)를 다예(多譽), 효사(爻四)를 다구(多懼)라 한 것은 임금의 위상(君位)에 가깝기 때문이다. 고구려는 진·한 이후로 중국의 동북방의 한 쪽에 끼어 있었다. 북쪽 인근 지역들은 모두 천자가 관리를 보내 통치하고 있었다. 그러나 혼란한 시기에는 영웅들이 나타나 참람하게도 황제의 이름과 지위를 차지하려 하였다. 그러므로 고구려는 실로 두려움이 많은 지역에 있었다고 말할 수 있다. 그러나 고구려는 겸양하려는 생각 없이, 천자의 영역을 침노하여 원수를 맺었으며, 천자의 군현에 들어가 살기도 하였다. 이에 따라 전쟁이 계속되고 화근이 맺어졌으므로 평안한 해가 거의 없었다. 평양으로 도읍을 옮긴 때는 수·당이 중국의 통일을 이루었던 시기에 해당한다. 이때 고구려는 오히려 불손하게도 중국의 조서와 명령을 거역했으며, 천자의 사신을 토방에 가두기도 하였다. 고구려는 이와 같이 고집스럽고 겁이 없었기 때문에, 여러 번이나 죄를 묻는 정벌의 군사를 부르게 되었다. 그리하여 비록 어떤 시기에는 기묘한 계책으로 대군에게 승리를 거두었던 적도 있었으나, 결국은 왕이 항복하고 나라가 멸망하였다. 고구려 전체의 역사를 살펴보면, 임금과 신하가 화평하고 백성들이 서로 화목했을 때는 비록 대국이라 할지라도 고구려를 빼앗지 못하였지만, 나라에 정의가 사라지고 군주가 백성들을 사랑하지 않아 그들의 원성이 일어난 뒤에는, 나라가 붕괴되어 스스로 일어나지 못하였다. 그러므로 맹자는 "전쟁의 승리에서 시기의 이로움과 지형의 이로움이 인심이 화목한 것만 못하다"라고 말했으며, 『좌씨(左氏)』는 "국가는 복으로 흥하고 화로 망한다. 나라가 흥하려면 군주가 자기 몸에 난 상처를 보듯이 백성을 보살펴야 하나 이것이 복이다. 나라가 망하려면 백성을 흙먼지같이 여기나니 이것이 화이다"라고 하였다. 이 말은 의미심장하다. 그렇다면 무릇 나라를 맡은 군주들이 횡포한 관리들을 풀어놓아 백성을 구박하게 하며, 권문세가들로 하여금 가혹한 수탈을 일삼게 하여 인심을 잃게 되면, 비록 정치를 잘하여 혼란을 제거하고, 나라를 유지하여 망하지 않게 하려고 노력할지라도, 이것이 또한 억지로 술을 권하면서도 취하는 것을 싫어하는 것과 무엇이 다르겠는가?

『삼국사기』 연표 부분은 앞에서 말한 것과 같이 간지로 기년을 나타내었고 전면에 연에 따라 중국 역대 연호를 표기하고 그 뒤로 순서에 따라 신라, 고구려, 백제 기년을 표시하였는데 역시 신라를 맨 앞에 두었다. 잡지 부분 역시 신라를 가장 먼저 기술하고 있으며 그 뒤로 고구려와 백제의 순으로 되어 있다. 『삼국사기』 권32는 「잡지 제1 제사 · 악(祭祀 · 樂)」 부분인데 제사 부분은 먼저 신라 내용을 서술하고 그 뒤에는 "고구려와 백제의 제사 예전은 명확하지 않으므로 다만 옛 기록과 중국 역사에 실린 내용을 상고하여 다음과 같이 기록한다"고 되어 있어 그 내용은 아주 간략하다. 음악 부분은 역시 신라 내용을 상세히 서술하고 고구려악 부분은 『통전』, 『책부원구』 같은 중국 쪽의 관련 기록을 옮겨 적은 것에 그치고 있다. 권33 「잡지 제2 색복」의 차기, 기용, 옥사 부분의 상황도 대체로 비슷하다. 색복 부분 역시 먼저 신라의 내용을 상세히 설명하고 그 뒤로 "고구려와 백제의 의복 제도는 자세히 알 수 없으므로 이제 중국의 역대 사서에 보이는 것만을 기록하기로 한다"고 쓰고 있는데 그 가운데 고구려 관련 내용은 『북사』, 『신당서』, 『책부원구』에 나타난 단편적인 기록을 옮겨 적었을 뿐이다. 차기, 기용, 옥사 부분에서는 신라의 내용만 볼 수 있고 고구려, 백제 관련 내용은 한 글자도 기록되어 있지 않다.

『삼국사기』 권34 「잡지 제3 지리1」, 권35 「잡지 제4 지리2」, 권36 「잡지 제5 지리3」은 모두 신라에 관한 내용이며 권37 「잡지 제6 지리4」가 고구려, 백제에 관한 내용인데 그 가운데 고구려 부분은 "주 군 현 합쳐서 164", "삼국 가운데 이름만 남아 있는 정확히 알 수 없는 지명"으로 기록되어 있다. 그리고 "안동도호부" 부분 역시 고구려에 관한 상당 부분의 내용을 포함하고 있다. 권38 「잡지 제7 직관(職官) 상」, 권39 「잡지 제8 직관 중」 및 권40 「잡지 제9 직관 하」의 대부분은 신라에 관한 내용인데 권40 「잡지 제9 직관 하」의 끝 부분에서 이르러서야 비로소 "고구려와 백제의 관직은 연대가 오래되었으며, 기록이 알쏭달쏭하여 자세히 알 수 없다. 이제 다만 옛 기록과 중국 사서에 나타나 있는 것을 기록하여 지(志)를 만든다"고 기록되어 있다. 그 가운데 고구려 관직에 관한 내용은 『수서』, 『신당서』, 『책부원구』에 나온 단편적인 기록과 "우리나라의 옛 기록"에 나온 아주 짧은 몇 글자뿐이다. 요컨대 모든 "잡지" 부분은 주로 신라에 관한 내용이며 고구려에 관한 내용은 개별적으로 "우리나라의 옛 기록", 즉 당시까지 전해 내려오던 부분적인 옛 기록의 자료를 가려 뽑아 인용하였고 기본적으로는 중국 고대 사서의 관련 자료를 그대로 옮겨 적은 것이어서 『삼국사기』 고구려 관련 기록 가운데서 가장 빈약한 부분이라고 할 수 있다.

『삼국사기』 열전에는 모두 86명의 자료가 수록되어 있다. 그 가운데 개인의 상세한 기록이 있는 것은 69명인데 그 가운데 고구려인은 열 명이며 주로 을지문덕, 을파소, 밀우, 유유(같은 조에 기록), 명림답부, 온달, 창조리 등이다. 열전에 수록된 고구려인 가운데서 김부식은 을지문덕 한 사람에 대해서만 사론을 쓰고 있다.[206]

"양제(煬帝)의 요동 전역은, 출동 병력이 전례가 없을 만큼 거대하였다. 고구려가 한 모퉁이에 있는 조그마한 나라로서 능히 이를 방어하고 스스로를 보전하였을 뿐만 아니라 그 군사를 거의 섬멸해버릴 수 있었던 것은 (을지)문덕 한 사람의 힘이었다. 『좌전』에 이르기를 '군자가 없으면 어찌 나라를 다스릴 수 있으리오?'라 하니 참으로 옳은 말이다."

여기에서 한 가지 제기할 만한 점은 김부식이 『삼국사기』에서 고구려에 관한 내용을 쓸 때 장수왕 이래 역대 국왕에 대해 중국에서 책봉받은 "고려 왕(高麗王)"이란 글자를 모두 "고구려 왕(高句麗王)"으로 고쳤다는 점인데, 심지어는 중국 사서에서 "고려" 또는 "고려 왕"이라고 부른 자료도 모두 "고구려" 또는 "고구려 왕"으로 고쳤다. 그러나 연표 서문 같은 부분에서는 그대로 "고려"라고 쓰고 있는데 이는 김부식 등이 편찬하면서 책을 전부 고치지 못한 실수였다고 여겨진다. 이에 대해 한국 학자 정구복은 김부식이 이처럼 "편찬하여 고친 역사 기록"을 함으로써 주로 고려 왕조와 고대 고구려와의 계승 관계를 막고 나아가 고려와 고대 신라 왕조의 역사 계승 의식을 확립하게 되었다고 하였다.[207]

『삼국사기』의 고대 고구려에 관한 기록은 그 뒤 한반도 역대 왕조의 역

---

206) 『역주 삼국사기』 1 감교 원문편, 422쪽.

207) 〔韓〕 정구복, 「고구려 "고려" 국호에 관한 일고찰」, 『하산(何山) 정기돈(鄭起燉) 교수 정년 기념 논총』, 1992년, 50~58쪽; 〔韓〕 정구복, 「삼국사기 해제」, 『역주 삼국사기』 1 감교 원문편, 540~542쪽.

사 인식과 역사 편찬에서 아주 깊고 또 중대한 영향을 미쳤다. 『삼국사기』는 한반도 역사에서 고대 고구려를 정식으로 한반도 고대 역사의 범주에 넣은 첫 번째 기전체 정사이다.[208] 고려 왕조 후기 충렬왕(1274~1308) 시기 중 일연은 『삼국유사』 다섯 권을 편찬하여 조선 고대 역사와 문화를 기술하였는데, 여기에 조선 민족의 시조 신화(단군신화)와 신라, 고구려, 백제 연표와 위에서 본 고대 삼국에 관한 많은 "유사(遺事)"를 포함시킴으로써 『삼국유사』를 『삼국사기』를 이어 위에서 본 세 고대 국가에 관한 역사 문화를 보여주는 또 다른 중요한 문헌으로 자리 잡게 했다. 이로부터 고구려를 포함한 소위 "삼국시대"가 한반도의 고대 역사 인식 체계의 중요한 구성 부분이 되었고 고려 왕조와 조선 왕조(또는 이씨 왕조, 1392~1910)를 거치면서 현재에 이르게 된 것이다. 지금의 한반도 남북 학계는 고대 고구려가 한반도 역사에 속한다는 일치된 주장을 하고 있는데, 이것은 앞에서 말한 역사적 배경과 관련이 있다고 말할 수 있다.

요컨대 고구려를 고대 한반도의 역사 범주에 넣는 역사 인식과 기술은 조선과 한국을 포함한 모든 한반도에서 이미 1000년 이상의 역사를 가진 유구한 전승이며 그 시작은 바로 김부식이 편찬한 『삼국사기』 50권이다.

---

208) 『삼국사기』는 비록 편찬을 시작한 김부식 개인이 주관하였다고는 하나, 어디까지나 그 시작은 왕명에서 나왔으며 국왕이 파견한 관원이 직접 참여·협조하고, 또한 완성된 후에는 다시 국왕에게 바쳐지게 된다. 이 때문에 완전히 개인이 쓴 성질의 역사 편찬은 아니며, 일종의 관방 배경을 가지고 국왕의 지시와 지지를 얻은 준관방 행위로 볼 수 있고, 대체로 정사로 볼 수 있다.

5장

조선 학자 손영종의
고구려사 연구에 대한 평론

【 1. 손영종 교수 】

손영종 교수는 지금까지 조선 역사 학계의 고구려 연구에서 권위 있는 대표적인 학자로 그의 생애에 대해선 외부에 알려진 바가 극히 적다. 필자가 찾아본 여러 문헌들을 근거로 아래와 같이 아주 간략한 정보만을 찾을 수 있을 뿐이었다. 손영종 교수는 1928년 생으로 2003년 현재 75세로 조선에서 나이를 세는 습관을 따르면 76세가 된다.[209] 1997년 7월, 한국 고구려 연구회와 일본 학습원(學習院)대학이 일본 동경에서 연합 개최한 고구려 고분 벽화 국제 학술대회에 조선 역사학자들은 비록 직접 참가하지는 않았으나 논문을 제출하였고, 그 가운데에는 손영종도 포함되어 있었다. 이 학술대회를 종합한 논문집에 덧붙여진 참가자의 이력과 연구 실적[210]을

---

209) 한국 측의 자료에서는 손영종을 "월북 학자"라고 부르는 있는데, 그 의미는 손영종이 원래는 한반도 남부(지금의 한국)에 사는 인사였다가 후에 조선으로 가서 일을 했다는 의미이다. 그에 대한 구체적인 상황, 예를 들어 손영종의 출생지 같은 것은 상세하지 않기 때문에 여기에서는 의문으로 남겨둘 수밖에 없다.

210) 〔韓〕고구려연구회 편, 『고구려연구』제4집; 『고구려 고분 벽화』(서울: 학연문화사, 1997), 790쪽.

보면 손영종의 학력은 조선 김일성종합대학 역사학부를 졸업한 것으로 되어 있다.

김일성종합대학은 1946년 10월 1일에 건립된 이래로 지금까지 조선 국내의 최고 학부이자 조선 유일의 종합대학이다. 이 대학 역사학부를 졸업한 손영종 교수는 자연 조선 국내 최고급의 역사학 전문 훈련과 교육을 받은 우수 인재라고 할 수 있다. 해당 범위 내에서 필자가 발견할 수 있었던 손영종의 가장 이른 학술적인 글은 서평이었는데 1963년 『력사과학』 제1기에 발표한 「『조선 전사』 상 1962년 판에 대하여」이다. 그리고 가장 빠른 학술 논문은 1966년 『력사과학』 제4기(총 66기)에 발표한 「금석문에 보이는 삼국 시기의 몇 개 연호에 대하여」이다. 비록 이것이 손영종이 쓴 최초의 논문이라고 확정하기는 어렵지만 대체로 이를 통해서 손영종의 연구가 기본적으로 한반도의 고대 역사 중 '삼국시대'에 집중되어 시작되었다고 할 수 있으며 그 가운데에는 고구려 역사도 자연스럽게 포함된다.

손영종은 『력사과학』 1976년 제2기(총 78기)와 제3기(총 79기)에 연속해서 두 편의 논문을 발표한다. 즉 「『삼국지』 「위서」 동이전에 대하여(1)」와 「『삼국지』 「위서」 동이전에 대하여(2)」가 그것인데 역시 한반도의 고대 '삼국시대'에 관한 연구였다. 그리고 1979년 제3기와 제4기 『력사과학』에 「612년 살수전투와 관련한 력사지리 문제에 대하여(1)」과 「621년 살수 전투와 관련된 력사지리 문제에 대하여(2)」로 나누어 다시 두 편의 논문을 연속 발표하는데 이는 고구려 시기의 당과의 전쟁을 직접 연구한 것이다.

아래 표의 내용을 통해 1980년대 손영종의 연구는 고구려사 연구 부분에 주로 집중되어 있음을 볼 수 있다. 『력사과학』은 조선사회과학원 역사연구소가 주관하며 원래는 격월간으로 출판되었으나, 1976년 이후에는 계간으로 바뀌었다. 이 잡지는 조선사회과학원출판사에서 출판하는 것으로 조선 역사학계 최고 권위의 전문 학술지이다. 이러한 『력사과학』에 지속적으로 연구 논문을 발표할 수 있다는 것은 손영종이 이미 조선 역사학계의 고구려 연구 영역에서 권위가 높다는 것을 의미한다. 이 외에도 손영종은 1987년에 출판된 『조선 통사』[211) 상권의 집필에도 참여하는데 위의 연구를 기초로 삼국시대를 포함한 고대 역사 부분의 집필에 주로 참여하였다.

1980년대 손영종이 『력사과학』에 발표한 주요 논문 일람표

순서	논 문 제 목	수록잡지	권/기	비 고
1	발해의 서변(西邊)에 대하여 (1), (2)	력사과학	1980년 1~2기	연재
2	중원고구려비에 대하여	력사과학	1981년 제2기	한국에서 발견
3	백제 칠지도의 명문 해석에서 제기되는 몇 가지 문제 (1), (2)	력사과학	1983년 제4기 1984년 제1기	연재
4	고구려의 5부	력사과학	1984년 제4기	
5	고구려 초기 일부 역사적 사실들의 연대에 대하여	력사과학	1985년 제4기	
6	광개토왕릉비를 통하여 본 고구려의 영역	력사과학	1986년 제2기	즉 호태왕비
7	광개토왕릉 비문에 보이는 '수묘인연호'의 계급적 성격과 입역(立役) 방식에 대하여	력사과학	1986년 제3기	
8	덕흥리벽화무덤의 주인공의 국적 문제에 대하여	력사과학	1987년 제1기	
9	대녕강반의 옛 장성에 대하여	력사과학	1987년 제2기	
10	광개토왕릉비 왜 관계 기사의 올바른 해석을 위하여	력사과학	1988년 제1기	
11	고구려의 남도·북도와 환도성의 위치에 대하여(1),(2)	력사과학	1989년 3~4기	연재
12	고구려 건국 연대에 대한 재검토	력사과학	1990년 제1기	
13	발해는 조선 중세의 당당한 독립국가	력사과학	1990년 제2기	
14	덕흥리벽화무덤의 피장자 망명인설에 대한 비판(1), (2)	력사과학	1991년 1~2기	연재

1990년 손영종의 『고구려사(1)』가 출판될 때 그의 직위는 박사, 부교수로 표기되다가 1997년 8월 『고구려사(2)』가 출판될 때는 이미 교수, 박사로 바뀌었고 같은 해 다른 자료에는[212) 손영종의 당시 직위가 조선사회과학원 역사연구소 실장, 박사, 교수로 나타나 있다. 이를 통해 손영종은 주로 조선사회과학원의 연구 인원이었다는 것을 알 수 있다.

211) 〔朝〕『조선 통사』 상, 평양: 사회과학출판사, 1987년 판.
212) 〔韓〕 고구려연구회 편, 『고구려연구』 제4집: 『고구려 고분 벽화』, 790쪽.

조선사회과학원은 조선의 사회과학 분야에서 최고의 연구 기관이다. 조선사회과학원은 원래 1952년 12월 1일 건립된 조선과학원의 사회과학 연구 기구였다가 1964년 2월 사회과학원으로 독립하였고 그 아래 역사학, 법학, 철학, 문학, 언어학, 경제학 같은 각 연구소를 두고 있다.

한편 조선 학계의 박사학위는 영국, 미국 교육 체제의 '박사'와는 다르다. 1962년 3월 2일 조선 정부의 내각 결정에 따라 같은 해 4월 정식으로 박사원(博士院)이 성립되었다. 박사 학위를 취득한 사람은 필수적으로 연구생원(研究生院)에서 3년에서 4년간의 전문 교육을 받고 이미 부박사 학위를 취득했거나 부교수나 교수 직위를 가지고 있는 고급 연구 인력이다. 그리고 교학 또는 과학 연구 기구의 책임자가 추천하고 다시 고등 교육부장이 그 연구 상황과 성과를 심사한 뒤에야 최종적으로 합격 여부가 결정된다.

합격된 자는 다시 2년 동안 공부하여 졸업시험에 합격하여야 박사학위를 받을 수 있다. 조선 학계의 박사학위는 일종의 교육 경력의 증명일 뿐 아니라 학술 수준과 지위의 상징이다.

이와 같은 점에서 교수와 박사학위를 취득한 손영종은 이미 조선 역사학계에서 권위 있는 학자라고 말할 수 있다. 그의 고구려 연구 영역의 성과는 최근까지 지속적으로 출판된 3권의 『고구려사』에 집중적으로 나타나 있다.

【 2. 손영종의 『고구려사』 3권에 대한 평론 】

1960년대 후반 이후 '주체사상' 체계와 '주체사관'의 확립에 따라 조선 역사학계의 고구려 연구 역시 새로운 단계에 접어들기 시작하였다. 고구려는 위로는 단군 고조선을 계승하고 아래로는 고려 왕조로 이어져 현재의 조선 역사에 직접 이르렀다는 역사 인식 체계 안에서 중요한 역사 시기로 아주 높은 평가를 받고 깊이 있는 연구가 시작되었다. 그 결과는 70년대 중반 이후 지속적으로 출판된 『고구려 문화』, 『고구려연구』 그리고 33권에 이르는 『조선 통사』에 고구려 역사를 강조하여 기술한 데서 집중적으로 나타난다.[213] 위에서 본 연구의 기초 위에서 조선 역사학계는 90년대 이후 '중심 국가'로서의 고구려의 역사 지위를 더욱 강조하고 고구려가 고조선을 계승한 한반도 역사상 최초의 봉건국가이자 가장 강력했던 고대 문화 국가였음을 강조하였다. 손영종이 1990년대 이후 연속적으로 출판한 3권의 『고구려사』는 그 가운데서도 가장 전형적인 연구 성과이다.

『고구려사』는 국내에 아직 번역 소개되지 않았기 때문에 국내 학계가 이 책의 기본 내용을 이해하는 데 편리를 돕기 위해 그 목록을 순서에 따라 아래에 번역 소개한다.[214] 『고구려사(1)』는 1990년 8월 조선과학백과사전종합출판사에서 출판되었고 저자는 '박사 부교수 손영종'이라고 되어 있다. 판권 장에는 책의 원고를 심사한 인원의 명단이 있는데 '원사 교수 박사 김석형, 준박사 이순진, 부교수 준박사 박진욱'이라고 되어 있다. 그 가운데 김석형은 조선사회과학원 역사연구소 소장을 역임하였으며 박시형과 함께 조선 역사학계에서 유명한 원로 학자이다. 1966년 『초기 조일 관계사 연구』를 출판한 적이 있으며 이 책은 지금까지도 서기전 3세기에서 7세기 말까지 고대 조일 관계 영역에서 중요한 연구 문헌이다. 박진욱은 조선의 유명한

---

213) 상세한 것은 권혁수(權赫秀), 「조선 사학계의 고구려 연구(朝鮮史學界的高句麗研究)」; 마다정 등, 『고대 중국 고구려 역사 총론』, 351~363쪽을 볼 것.

214) 이 책 1, 2 두 권의 목차를 간단하게 번역하여 소개한 것으로 색풍(索豊) 옮김, 쑨치린(孫啓林) 교열, 「조선 학자 손영종 박사 저 『고구려사(1)』의 전언(前言)과 목차」, 「조선신출판사의 『고구려사(2)』 목차」, 길림성사회과학원 고구려 연구중심 · 통화사범학원 고구려연구소 편, 『전국 수계 고구려 학술연토회 문집』, 1999년 6월, 219~234쪽이 있다. 그러나 이 번역 소개에는 잘못된 곳이 나타나는데 "服屬"을 "附屬"으로, "大加"를 "大家"로 "角逐戰"을 "各種慶祝"이라고 하는 등 틀린 곳이 적지 않다. 여기에서는 필자가 전부 다시 번역하였는데 역사와 관련된 명사 및 그 고유한 표현 방식은 원문을 그대로 따랐다.

고고학자로『덕흥리 고구려 벽화 무덤』[215]과『조선 고고학 전서』고대편[216]과 중세편 · 고구려[217]를 편저하였다. 이러한 저명 학자들이 손영종의『고구려사(1)』를 심사함으로써 이 책 내용의 권위를 크게 높여주었다.

『고구려사(1)』의 목차는 아래와 같다.[218]

머리말

제1장 고구려의 건국

　제1절 서기전 5~3세기 고구려의 전신 국가 구려국의 형편

　　1. 구려국의 형성

　　2. 구려국의 사회 경제 형편, 봉건적 관계의 발생

　제2절 고구려 봉건국가의 성립

　　1. 서기전 3세기 초엽 고구려의 건국

　　2. 비류국의 통합과 졸본성의 건설

　　3. 고구려 건국 설화와 그에 반영된 역사적 사실

　　4. 고구려 건국 연대 및 초기의 일부 역사적 사실들의 연대 문제

　　5. 고구려 봉건국가의 초기 주민 구성

　　6. 고구려 건국의 역사적 의의

---

215) 〔朝〕 박진욱,『덕흥리 고구려 벽화 무덤』, 평양: 과학백과사전종합출판사, 1981년 판.

216) 〔朝〕 박진욱,『조선 고고학 전서』고대편, 평양: 과학백과사전종합출판사, 1988년 판.

217) 〔朝〕 박진욱,『조선 고고학 전서』중세편 · 고구려, 평양: 과학백과사전종합출판사, 1988년 판. 이 책은 이미 전부 중국어로 번역되어(이운석 옮김, 구밍쉐 · 팡치둥 심사) 길림성 고고연구소에서 발행하는『역사와 고고 소식』, 2001년 제2기에 실렸다.

218) 【옮긴이】 북한에서 나온 책의 내용은 중국말로 옮긴 것을 다시 옮기지 않고 될 수 있는 대로 원본을 찾아서 원본에 있는 그대로 옮겼다. 다만 몇 가지 맞춤법이나 띄어쓰기는 우리와 다른 점이 많아 '한글 맞춤법 통일안'에 맞게 수정하였다. 그에 따라 두음법칙도 적용했다. 이하 북한의 자료를 인용한 곳에서는 모두 이 원칙을 따랐다.

『고구려사(2)』는 1997년 8월 역시 과학백과사전종합출판사에서 출판되었고 저자는 '교수 박사 손영종'으로 되어 있다. 손영종의 직위가 『고구려사(1)』를 출판할 당시의 부교수에서 교수로 바뀌었음을 알 수 있다. 이 책의 판권 장에는 심사 인원이 표기되어 있는데 '박사 부교수 문병우, 박사 부교수 채태형, 박사 부교수 김병룡'으로 되어 있다.

    그 목차는 아래와 같다.

　　『고구려사(3)』는 1999년 3월 역시 과학백과사전종합출판사에서 출판되었다. 저자의 직위는 『고구려사(2)』와 같고, 심사는 '박사 교수 문병우, 박사 부교수 김병룡, 박사 부교수 채태형'으로 되어 있다. 목차는 아래와 같다.

제11장 문화

제1절 과학과 기술

　1. 기상천문학

　2. 수학과 지리학

　3. 의학

　4. 제철제강 기술

　5. 금속가공 기술

　6. 건축 기술

　7. 요업 기술

제2절 사상과 종교, 교육과 역사 편찬

　1. 진보적 사상 조류

　2. 종교, 신앙, 관념론 사상 조류

　　1) 고유 종교, 신앙

　　2) 외래 종교

　3. 교육과 역사 편찬

제3절 말과 글

　1. 말소리

　2. 어휘

　3. 문법

　4. 이두

제4절 문학

　1. 설화문학

　2. 국어가요와 시문학

　3. 서사문학

　4. 한시

제5절 미술

　　1. 그림

　　2. 건축

　　3. 공예

　　4. 조각

제6절 음악과 무용, 교예

　　1. 음악

　　2. 무용

　　3. 교예

제7절 생활 풍습

　　1. 노동 생활 풍습

　　2. 식생활 풍습

　　3. 옷차림 풍습

　　4. 쓰고 사는 풍습

　　5. 관혼상제 풍습

　　6. 명절, 민속놀이와 체육 경기

〈부록〉

　　1. 고구려 건국 설화에 대한 보충적 자료

　　2. 부여 건국 설화에 대한 참고 자료

　　3. 덕흥리 벽화 무덤의 일부 묵서에 대한 보충적 자료

　　4. 고국원왕릉 앞 칸 서벽 북쪽 장하독의 내력에 대한 묵서 자료

고구려사 주요 연대표

이와 같이 모두 3권으로 된 『고구려사』는 10년(1990~1999)의 기간에 걸쳐 출판되었고 모두 891쪽에 이른다. 이는 70년대 33권의 『조선 전사』 가운

데 제3권에서 고구려사를 기술한 이후 조선 역사학계에서 고구려사에 관한 가장 전면적이고 체계적이며 또한 가장 권위 있는 정리 결과라고 말할 수 있다. 이 책을 쓴 의도와 그 주요 내용은 손영종이 1990년에 출판한『고구려사(1)』의 머리말에서 잘 나타나 있는데, 여기에서 그는 이와 같이 이야기하고 있다.[219]

위대한 수령 김일성 동지께서는 다음과 같은 내용으로 교시하시었다. 역사학자들은 지난날에 쓴 역사 자료들에 대한 고증을 잘하며 고구려 역사를 자랑할 수 있도록 잘 써야 하겠습니다. 위대한 영도자 김정일 동지께서는 다음과 같이 지적하시었다. "역사적 사실은 삼국 시기 우리나라의 역사는 신라를 중심으로 발전하여온 것이 아니라 고구려를 중심으로 발전하여왔다는 것을 보여주고 있다." 지난날 우리나라가 가장 강하였던 때는 고구려(서기전 277~668)때였다. 고구려는 삼국(고구려, 백제, 신라) 가운데서 가장 일찍이 봉건국가로 형성되었으며 또 가장 선전적인 경제와 문화를 가진 나라로서 당시 우리나라 역사 발전에서 가장 중심적인 지위를 차지하고 주도적인 역할을 하였다.

고구려는 정치, 경제, 문화의 여러 분야에서 급속한 발전을 이룩함으로써 해당 시기 아세아에서 가장 발전된 나라의 하나로 되었으며 세계적으로 손꼽히는 선진적인 문화를 가진 나라로 이름 떨치었다. 고구려에서는 서기전후 몇 세기 동안에 봉건적 제관계가 공고 발전되고 제반 봉건제도가 정연하게 서게 되었으며 그것은 후세 조선의 봉건국가들인 발해, 후기 신라, 고려, 이조 등의 국가 사회 체제의 기본 틀을 마련한 것으로 되었다.

고구려 인민들은 서기전 2세기 말부터 4세기 중엽까지의 기간에 수백 년 동안

---

219) 이 머리말은 이미 번역된 적이 있다. 색풍 옮김, 쑨치린 교열,「조선 학자 손영종 박사 저『고구려사(1)』의 전언과 목차」,『전국 수계 고구려 학술연토회 문집』, 1999년 6월, 219~234쪽. 이것도 역시 필자가 전부 다시 번역한 것이다.

계속 침입해온 강대한 외래 침략 세력들을 물리치고 동족의 나라였던 고조선의 옛땅을 되찾았을 뿐 아니라 그 뒤에도 반침략 투쟁을 힘 있게 벌여나감으로써 전 민족적 범위에서 국토와 겨레를 보위하는 방패의 역할을 담당·수행하였다. 고구려는 4세기 중엽 이후 우리나라 사회 역사 발전의 성숙된 요구로 나섰던 국토와 겨레의 통일을 실현하는 일에서도 주도적인 역할을 맡아 하였으며 통일 위업을 거의 다 완성하는 단계에까지 이끌었던 강대국이었다. 고구려 인민들은 또한 경제와 문화의 여러 분야를 조선 반도와 그 주변 지역에는 가장 일찍이 훌륭하게 발전시켜나갔다. 이것은 이웃한 동족의 나라들인 부여, 백제와 신라, 가야국들의 경제, 문화 발전에 커다란 영향을 주었다. 고구려는 또한 해외에까지도 우수한 문화를 전해주었다. 참으로 고구려는 삼국 시기 우리 역사 발전에서 선도자적, 중심적 역할을 담당·수행한 나라였다.

이처럼 중요한 자리를 차지하는 고구려의 역사를 깊이 연구하여 과학적으로 체계화하는 것은 우리 역사학계 앞에 나서는 당면한 중요 임무의 하나이다. 그것은 지난 시기 김부식을 비롯한 봉건 사대주의사가들이나 다른 나라의 봉건 대국주의사가들, 제국주의 어용사가들에 의한 우리 민족 역사의 왜곡 말살 책동을 짓부시며 오늘날까지도 삼국 시기 우리나라 역사가 신라를 중심으로 발전해온 듯이 역사적 사실을 왜곡하여 묘사하고 있는 남조선 반동사가들과 그 아류들의 책동을 타파하기 위해서도 간절하게 나서는 과업이다. 1970년대 이후 우리 학계에서는 고구려 역사를 전면적으로 올바르게 체계화하기 위한 연구 사업들이 적지 않게 진행되었으며 많은 문제들이 새로운 각도에서 탐구, 해명되고 해당한 성과들이 이룩되었다.

이러한 성과들에 기초하여 『고구려사(1)』는 6세기 전반기까지의 고구려 역사에서 보다 심화시켜야 할 일련의 문제들의 해명에 특별한 주의를 돌리었다.

먼저 고구려의 건국 연대를 새로운 각도에서 재검토하고 고구려는 그에 앞선 고대 국가인 구려국의 영역 안에서 발생 발전한 봉건적 제관계에 기초하여 서기전

3세기 초엽에 성립된 봉건국가라는 것을 밝히었으며 고구려 초기 일부 역사적 사실들의 연대를 다시 확정하였다.

다음으로 외래 침략 세력을 반대한 고구려의 세기적인 투쟁을 연대순, 사건별로 취급하면서 해당 시기 내외 정세와의 밀접한 연관 속에서 매 사건들의 원인, 경과, 결과 및 그 역사적 의의를 해명하는 방향에서 서술하였다. 여기서는 주체적 입장을 확고히 견지하면서 안팎의 봉건사가, 부르주아사가 등이 왜곡하였거나 왜소화해놓은 역사 서술들을 비판적으로 검토하여 바로잡음으로써 고구려 인민의 빛나는 투쟁 업적을 부각시키기에 노력하였다.

다음으로 국토 통일을 위한 고구려의 투쟁을 북방 정세, 대외 정세와의 상호 관련 속에서 정확히 해명하기 위하여 힘썼다. 여기서는 1세기 전반기 고구려의 중부조선 진출 문제, 4세기 70년대 고구려의 유주 진출 문제, 안악3호무덤의 피장자 문제, 4세기 70년대 고구려의 유주 진출 문제, 안악3호무덤의 피장자 문제, 4세기 고구려의 남평양 건설 문제, 광개토왕릉비를 둘러싼 국제 논쟁 문제, 5세기 말~6세기 초엽 고구려의 남쪽 진출 과정 문제를 자세하게 그리고 설득력 있게 해명하는 데 힘을 넣었다.

이 밖에도 4세기 중엽을 전후한 시기 고구려에서의 봉건적 토지 제도, 계급 신분 관계, 봉건 통치 체제의 정비, 경제 발전 형편 등에 대해서도 새로운 자료를 보충해가면서 보다 논리성 있게 서술하려고 노력하였다.

위에서 명확하게 표명한 것처럼 손영종의 『고구려사』는 70년대 조선 역사학계의 고구려사 연구 성과를 기초로 하여 진행된 것이다. 70년대 조선 학자의 고구려사에 관한 대표적 저작은 『조선 전사』의 제3권인 중세편 · 고구려사이다.[220] 이 두 저작을 비교해보면 고구려사에 대한 주요 문제의 제기 방식과 관점 그리고 장절(章節)의 배열에 이르기까지 매우 유사하다는 것을 발견할 수 있다. 이런 의미에서 손영종의 『고구려사』는 『조선 전사』

제3권을 바탕으로 한 걸음 더 나아가 보충하고 발전시킨 고구려사에 관한 대표적인 저작이라고 할 수 있다.

『고구려사(1)』에서는 먼저 고구려의 건국 연대를 서기전 3세기 초로 확정하여, 『조선 전사』 제3권에서 주장한 서기전 1세기 건국설을 2세기 가량 앞당겨 놓았다. 사실 손영종 본인은 『력사과학』 1985년 제4기의 「고구려 초기 일부 역사적 사실들의 연대에 대하여」라는 논문에서 고구려 건국이 서기전 1세기 초라고 주장하였다. 그러나 손영종은 『고구려사(1)』에서 자신의 옛 주장을 포함한 전통적인 관점을 바꾸어 서기전 3세기 초 건국설을 주장하고 있다. 그는 대체적으로 다음과 같은 근거를 제시하였다. 첫째, 『삼국사기』 권22 「고구려본기」에는 "고구려는 진 · 한 이후로 중국의 동북방의 한 쪽에 끼어 있었다"고 기재되어 있는데 이를 근거로 고구려가 중국을 통일한 진과 이웃한 나라로, 진이 중국을 통일한 서기전 221년 이전에 이미 존재하였다고 하였다. 둘째, 광개토왕릉비에서 광개토왕을 추모왕(즉 동명왕)의 17세 손이라고 하였는데 그는 동명왕 이전에 모두 5대에 걸친 왕이 있었고 재위 기간은 대체로 150~250년간의 기간으로 추산하였다. 가장 길게는 267년으로 추산하였다. 셋째, 『구삼국사』, 『삼국사기』, 『삼국유사』, 『제왕운기』 같은 문헌 기록을 근거로 동명왕 주몽의 출생, 즉위와 사망 연대의 간지를 계해(癸亥), 갑신(甲申), 임인(壬寅)년으로 나누었다. 고구려의 건국은 진이 중국을 통일한 서기전 221년 전이라고 이미 확인되며 그 앞의 갑신년은 서기전 277년과 서기전 337년이다. 그 가운데 서기전 337년은 원래 확정했던 서기전 37년에 비해 무려 300년이나 앞서기 때문에 이 기간 동

---

220) 〔朝〕 조선사회과학원 역사연구소, 『조선 전사』 제3권, 중세편 · 고구려사(평양: 과학백과사 전출판사, 1979)는 이미 중국어 번역본이 나와 있다. 조선사회과학원 역사연구소 편, 왕건 · 반창화(潘暢和) · 노학해(魯學海) 옮김, 구밍쉐, 『조선전사』 제3권, 중세편 · 고구려사, 연변대학출판사, 1988년 판.

안 5대에 걸친 왕의 평균 재위 기간은 장장 60년에 이른다. 이는 상식적으로 불합리하기 때문에 이것을 취하지 않았다. 그래서 서기전 277년 갑신년이 동명왕이 즉위하고 고구려가 건립된 연대가 된 것이다.

그리고 『고구려사(1)』에서는 고구려의 대외 전쟁 부분에 대해서 상세하게 기술하고 있는데 그 중점은 왜와 후한, 위, 수, 당 같은 중국 역대 왕조와의 전쟁에 관한 것이다. 모두 5장으로 구성된 이 책의 내용 가운데서 2장과 5장의 상당 부분이 주로 위에서 본 전쟁의 내용이다. 동시에 고구려의 평양 천도와 신도시 건설 및 한반도 중남부 진출에 대한 것도 중요하게 기술하였다. 이는 그의 고구려 역사 인식의 명확한 경향성을 나타내주는 것이다. 구체적인 문제는 위에서 본 저작의 머리말에서 상세히 볼 수 있으므로 여기에서는 생략한다.

그 밖에도 고구려 사회의 봉건성을 강조하고 사회, 정치, 경제 제도 방면에도 분석과 해석을 진행하였는데 기본적으로 『조선 전사』 제3권 이래의 관점을 그대로 좇고 있다.

『고구려사(1)』의 내용이 주로 고구려사의 전기와 중기에 집중되었다면 7년 후에 출판된 『고구려사(2)』는 주로 고구려 후기와 마지막 멸망까지의 역사를 서술하고 있다. 모두 5장으로 구성되어 있는 이 책은 8장에서 수와의 전쟁을, 제9장에서는 당과의 전쟁 사실을 주로 서술하였다. 제7장 역시 대내외 전쟁 사실을 집중 기술하였고 제10장의 제2절에서는 고구려 유민의 '고국 회복' 전쟁을 설명함으로써 이 책의 경향을 충분히 드러내고 있다. 1999년 출판된 『고구려사(3)』는 고구려 문화를 주로 논하고 있다. 1975년 조선사회과학원 역사연구소가 편찬한 『고구려 문화』[221] 이후 조선 역사학

---

221) 〔朝〕 조선사회과학원 역사연구소, 『고구려 문화』, 평양: 사회과학출판사, 1975년 판. 이 책에 관한 소개는 권혁수, 「조선 반도학계 대 고구려 역사 연구 평술(朝鮮半島學界對高句麗歷史研究評述)」; 마다정 등, 『고대 중국 고구려 역사 총론』, 356~357쪽을 보기 바란다.

계에서 고구려 문화에 대해서 쓴 거의 유일한 연구 논저이다. 그 가운데서 제1절~제4절의 과학과 기술, 사상과 종교, 교육과 역사 편찬, 말과 글, 문학의 내용은 모두가 새로운 내용들로『고구려 문화』를 포함한 조선 역사학계의 다른 관련 저술에서는 볼 수 없는 것이다. 제5절~제7절은 미술, 음악과 무용, 교예, 생활 풍습 등에 관한 내용으로『고구려 문화』의 내용에 비해 더욱 풍부하고 완전해졌다.

『고구려사(3)』의 고구려 문화에 관한 내용은 1979년 9월 조선사회과학원 역사연구소가 편집·출판한『조선 전사』제3권 중세편·고구려사의 제9장 '고구려의 문화'에 비교해서 목차와 내용의 배열은 대체로 비슷하나 20년 전에 출판된 전자에 비해 후자의 내용은 그만큼 더욱 풍부해졌다. 예를 들어 제1절 과학과 기술 부분은 전자에 비해 수학과 지리학, 제철제강 기술, 요업 기술 같은 3개 항목의 내용이 추가되었다. 제2절에서는 철학 사상을 제외하고 교육과 역사 편찬 항목이란 내용이 추가되었다. 제4절~제7절의 관련 내용 역시 이전에 비해 풍부하고 충실해졌다. 이로 인해서『고구려사(3)』의 고구려 문화 관련 내용은 지금까지 조선 역사학계의 고구려 문화 연구 수준과 성과를 대표하는 결정판이라고 할 수 있다.

요컨대 손영종이 쓴 3권의『고구려사』는 891쪽에 이르는 장편 거작일 뿐만 아니라 한반도 남북 학계를 포함한 국제 학계에서 고구려사에 관한 최대의 통사 저작이다. 특히 그 내용의 전면성과 풍부함은 20세기와 21세기가 교차하는 조선 학계의 고구려 연구 수준을 대표한다고 할 수 있다.

【 3. 손영종의 새로운 저서『고구려사의 제 문제』에 대한 평론 】

『고구려사의 제 문제』는 손영종의 고구려 연구 가운데 필자가 지금까지 본 가장 최근의 논저이다. 이 책은 2000년 1월 조선사회과학출판사에서 먼저 출판되었고[222] 같은 해 11월에는 한국 도서출판 신서원이 서울에서 다시 출판하였다.[223] 이 책의 서울 판은 한국 측에서 조선사회과학원과 판권 협의를 거쳐 판권을 얻은 뒤 정식 출판한 것으로 이전 한국 측에서 불법 복제 같은 형식을 통해 비정상적으로 조선 학자의 연구 논저를 출판하던 것에 비하면 커다란 차이가 있다.[224] 이는 한반도의 남북 교류와 협력 관계가 점점 발전해 나가는 정치 현실이 학술 출판 영역에도 반영되고 있음을 이야기해 준다. 그리고 동일 민족으로서 한반도 남북 학계가 고구려 같은 역사 문제에 관한 학술 입장과 관점을 일정 부분 표명한 것으로 서로 커다란 차이는 없으며 어떤 부분은 서로 상당 부분 접근해 있다.

개론적인 통사 저작이었던 『고구려사』와는 달리 이 책의 내용은 주로 고구려사 관한 구체적인 역사 사실들을 주로 연구한 것이다. 이 책은 모두 376쪽이며 각각 특정 제목으로 나누어 모두 여덟 개 부분과 머리말, 맺음말로 구성되어 있다. 그리고 각 부분을 다시 구체적인 특정 제목으로 나누었다. 그 목록의 내용은 아래와 같다.

머리말

Ⅰ. 고구려의 건국, 왕 세계

  1. 건국 연대

  2. 건국 전설과 역사적 사실

---

222) 〔朝〕손영종, 『고구려사의 제 문제』, 평양: 사회과학출판사, 주체 89년(2000) 1월 초판.

223) 〔朝〕손영종, 『고구려사의 제 문제』, 서울: 신서원, 2000년 11월 초판.

224) 한국 측이 판권 협의 방식을 통해 조선 학계의 역사 연구 논저를 정식으로 출판할 수 있는 권리를 얻은 최근의 사례이다. 그리고 한국의 '중심'은 2000년 3월부터 "북한의 우리 역사 연구 알기"시리즈를 계속 출판하고 있다. 상세한 것은 쑨치린, 「반도 남북방연합출판 "고대사 연구 총서" 개평(介評)」, 『동북 민족과 강역 연구 동태』, 2002년 제1기를 보기 바란다.

11. 4세기 초 낙랑군, 대방군, 현도군 지역의 통합

12. 346년 후부여의 종말과 그 옛 땅의 수복

13. 370년대 대릉하 하류 이동 요동 지역의 수복

14. 4세기 말~5세기 초 광개토왕 시기의 영역 확대와 완정

15. 북부여의 변천과 고구려에 의한 그 옛 땅의 통합

16. 고구려에 의한 삼국통일의 완성 단계(5세기 말~6세기 초엽)

17. 6세기 중엽 고구려 남부 및 동부 지역 정세의 변화

18. 6세기 말엽~7세기 중엽 국토 통일 위업의 계속 추진

19. 6세기 말갈족의 복속, 북방의 최대 판도

20. 6~7세기 거란족의 복속, 서북방의 최대 판도

Ⅳ. 고구려 인민의 반침략 투쟁

1. 전한의 침공을 반대한 투쟁(서기전 2~1세기)

2. 신나라(9~23)와의 전쟁

3. 고구려-후한 전쟁(28~172)

4. 공손 세력의 침공을 반대한 투쟁(2세기 말~3세기 초)

5. 위나라(조위)의 침략을 반대한 고구려의 투쟁

6. 모용 선비(전연)의 침략을 반대한 투쟁

7. 전연과의 대결과 고구려의 유주 진출(343~376)

8. 후연의 침공을 반대한 투쟁(4세기 말~5세기 초)

9. 수나라의 침략을 반대한 투쟁(6세기 말~7세기 초)

10. 당나라의 침략을 반대한 투쟁(7세기 중엽)

11. 고구려 유민들의 반침략 고국 회복 투쟁

Ⅴ. 고구려의 봉건적 사회, 정치, 군사 제도, 주요 정치적 사변

1. 봉건적 사회 제도

2. 봉건적 통치 체제-정치 제도

맺는말

위의 목록을 통해 이 책이 고구려사의 구체적인 역사 사실과 그 상관 문제에 대해 일종의 각론식의 연구를 진행하고 있음을 볼 수 있다. 더불어 이 책은 개론적인 통사 저작인 『고구려사』와 적절한 상호 보완 작용을 형성하고 있다. 손영종이 이 책을 저술한 목적과 의도는 책의 머리말과 맺음 부분에서 상세히 나타난다.

머리말[225]

위대한 영도자 김정일 동지께서는 다음과 같이 지적하시었다. "고구려는 세 나라 가운데서 제일 강대한 나라였고 삼국 시기 우리나라 역사는 고구려를 중심으로 발전하여왔습니다."

고구려는 삼국 시기 우리나라 역사에서 중심적인 지위를 차지하고 주도적인 역할을 수행한 나라였다. 삼국 시기 우리나라 역사를 올바로 이해하고 체계화하기

---

225) 〔朝〕 손영종, 『고구려사의 제 문제』, 1~2쪽.

위해서는 고구려사의 발전 과정을 잘 알아야 한다.

지난날 안팎의 봉건사가들과 일제 어용사가들은 흔히 고구려, 백제, 신라 등 삼국 시기 나라들의 국력을 과소평가하고 왜소화하였으며 낙후한 것으로 묘사해 놓았다. 그리하여 고구려 관계 서술 특히는 고구려 역사를 빛낼 만한 중요한 사실들을 누락시키거나 사실과는 어긋나게 왜곡, 날조해 놓은 것이 적지 않았다. 그 후과는 오늘날까지도 계속 작용하고 있다.

오직 위대한 수령 김일성 동지께서 창시하시고 위대한 영도자 김정일 동지께서 발전 풍부화시키신 영생불멸의 주체사상에서 출발하고 주체의 역사관에 철저히 의거하여 연구를 심화 발전시켜 나감으로써만 안팎의 역사 위조자들의 왜곡 말살 행위의 진상을 꿰뚫어보고 역사적 진실을 찾아낼 수 있고 고구려가 조선 역사와 동아시아 역사 발전에서 커다란 역할에 대하여 옳게 이해할 수 있다.

이 책은 고구려사에서 지난날 왜곡 말살되었거나 불충분하게 해명된 중요 문제들에 대하여 광복 후 우리 학계에서 밝혀내고 바로잡은 내용에 대하여 서술함으로써 고구려사를 비롯한 삼국 시기 역사에 대한 이해를 깊이하는 것을 도우려는 목적에서 집필되었다. 편의상 몇 개의 편으로 구분하고 그 안에서 문제별로 다시 갈라서 보기로 하며 해당 문제에 대한 이해에서 잘못된 것, 의견 상이가 있는 것은 무엇인가에 대하여 언급하고 우리의 견해를 쓰되 될수록 간단 명료하고 알기 쉽게 쓰도록 노력하며 자세한 것은 해당 논문, 단행본을 통하여 알 수 있도록 참고문헌을 소개하려고 한다.

이 책에서 주로 논쟁 문제, 미해명 문제를 다루었으므로 경제와 문화의 여러 부문의 발전 등에 대해서는 따로 언급하지 않았다.

맺는말[226)

지난 시기 안팎의 봉건사가들, 일제 어용사가들, 부르주아사가들을 비롯하여 고구려에 대하여 편견을 가지고 있던 사가들에 의하여 고구려의 역사는 여러 모로 심히 왜곡되어왔다.

고구려는 유구한 역사와 찬란한 문화, 강대한 국력을 가지고 우리 민족사를 빛내온 강대국이었다. 오직 가장 과학적인 사회역사관인 주체사관에 철저히 입각하여 소여의 자료들을 주체적 입장에서 깊이 연구함으로써만 고구려 인민이 창조한 빛나는 역사를 올바로 해명하고 역사적 진실에 맞게 체계화할 수 있다.

오늘도 일부 다른 나라 학계들에서 고구려사에 대한 왜곡 말살 행위가 계속되고 있는 조건에서 무엇보다 우리 자신이 고구려사의 중요한 문제들에 정확한 인식을 가지고 고구려사를 헐뜯는 데 대하여 제때에 반박하고 타격을 줄 수 있게 준비되어 있어야 할 것이다. 이를 위하여 다소라도 도움이 된다면 이 책을 집필한 목적이 달성되었다고 말할 수 있다.

【 4. 조선 학계 고구려 연구에서 손영종이 차지하는 위치와 영향 】

위에서 본 논저 이외에도 필자가 본 손영종의 고구려 관련 논저로는 1992년에 출판된 『고구려 시조 동명왕』[227]이라는 책이 있다. 그러나 이 책은 고구려 제1대 왕인 주몽(동명왕)의 행적을 개략적으로 소개한 것으로 겨우 75쪽밖에 되지 않는다. 대체로 일반 독자를 위해 쓴 일종의 역사 보급 도서로 엄격한 의미에서 보자면 학술 연구 저작이라고 말하기는 힘들다. 그리고 같은 해인 1992년, 조선교육도서출판사에서 역사과학 논문집인 『조선 고대 및 중세 초기사 연구』[228]가 출판되었다. 그는 머리말에서 이 책이 조선 역

---

226) 〔朝〕 손영종, 『고구려사의 제 문제』, 376쪽.
227) 〔朝〕 손영종, 『고구려 시조 동명왕』, 평양: 사회과학출판사, 1992년 초판.

사학계에서 "최근의 주체적 입장의 정확한 인식을 근거로 고대 국가와 중세 초기 국가를 연구한 작업"의 산물이라고 하였다. 이 책에는 모두 18편의 논문이 수록되어 있는데 그 가운데 손영종의 논문도 두 편이 포함되어 있다. 「고구려 봉건국가의 형성 과정과 그 초기 발전」, 「고구려의 영토 확정 과정에 대하여」라는 제목으로 되어 있고 그 내용은 손영종 본인이 상술했던 고구려 역사 관련 논저들과 일맥상통한다.

요컨대 손영종은 1980년대 이후 조선 역사학계의 고구려 연구에서 이미 대표적인 인물이었다. 그가 조선 역사학계 최고 권위의 간행물인 『력사과학』에 지속적으로 고구려사 관련 연구 논문을 발표한 것은 이 사실을 충분히 뒷받침한다. 1990년대 이후 손영종은 10년에 걸쳐 세 권의 『고구려사』와 『고구려사의 제 문제』를 출판하여 조선 역사학계에서 고구려 연구 영역의 권위자로서 대표적인 위치를 확립했다. 손영종의 네 편의 저작은 기본적으로 고구려에 관한 조선 학계의 최고 연구 수준을 대표한다고 할 수 있으며, 고구려에 관한 그의 주요 학술 입장과 관점이 또한 조선 역사학계 주류의 입장과 관점임을 볼 수 있다. 예를 들어 1993년 8월 중국 길림성 집안시에서 개최된 '고구려 문화 국제 학술회의'에서 조선의 또 다른 저명 역사학자인 강인숙이 발표한 「광개토왕릉 비문에 보이는 고구려의 건국 연대」라는 논문은 손영종이 고구려 건국 연대로 본 서기전 3세기설을 주로 논증한 것으로, 이는 손영종의 고구려에 관한 기본 관점이 조선 역사학계에서 보편적으로 받아들여지고 있음을 나타낸다.

228) 〔朝〕 강인숙 등, 『조선 고대 및 중세 초기사 연구』, 평양: 교육도서출판사, 1992년 판. 머리말의 내용은 이 책 2쪽에서 볼 수 있다.

6장

한국 학계의 고구려 연구에 대한 평론
– 백산학회와 고구려연구회를 중심으로 –

제2차 세계대전 후에 건립된 신흥 국가의 하나인 한국의 현대 역사는 참으로 우여곡절이 많았다. 현대 사회의 문화 구성 부분으로서 한국 역사학의 발전 과정도 자연 순탄치만은 않아서 분명한 곡선식(曲線式) 발전 역정이 나타난다. 한 세기가 바뀌는 교차점에서 한국 역사학계는 이미 그 반세기이래의 사학 발전 자체의 역사를 정리하고 반성하는 각종 연구 논저들을 출판하였다. 그 가운데 국사편찬위원회와 한국역사연구회 같은 정부 측 또는 단체가 중심이 되어 공동 편찬한 연구 성과도 있었고,[229] 조동걸(趙東杰) 등과 같은 학자의 독립적인 연구 성과도 있었다.[230] 우리나라 학계는 20세기 후반의 현대 한국 역사학 연구의 개황에 대해 이미 소개한 적이 있었고,[231] 그 가운데서 한국 학계의 고구려 연구 현황에 관해서는 필자가 이미 전문적

---

229) 대표적인 연구로는 다음과 같은 것이 있다. 〔韓〕국사편찬위원회 편, 「한국사 연구의 회고와 전망」 1~5, 『한국사론』 제23~27호, 1993~1997년;〔韓〕한국역사연구회 편, 『해방 50년―분열의 역사, 통일의 역사』, 1995.

230) 대표적인 연구로는 다음과 같은 것이 있다. 〔韓〕조동걸 등, 『한국의 역사가와 역사학』 상·하, 서울: 창작과비평사, 1994년 판;〔韓〕조동걸, 『현대한국사학사』, 서울: 나남출판사, 1998년 판 등.

231) 자세한 것은 엄성흠(嚴聖欽), 「사학 연구」; 권혁수, 「고고학 연구」; 이혜국 주편, 「당대 한국 인문사회과학」, 『상무인서관(商務印書館)』, 1999년 판, 223~294쪽 참조.

인 평가를 진행한 적이 있다.[232]

　이전에 있었던 소개가 한국 역사학 연구, 나아가 고구려 연구의 전체적인 모습을 파노라마식으로 열람한 것이었다면, 여기에서는 지금까지 고구려를 연구하는 한국 학계의 대표적인 두 단체에 대해서 구체적이고 자세한 고찰을 진행할 것이다. 즉, 세밀한 각도에서 한국 학계의 고구려 연구에 대한 상황을 좀 더 자세하게 이해하는 데 이 글의 목적이 있다고 하겠다. 이러한 의의에서 지금까지 이미 40년 남짓한 역사가 있는 백산학회와 아직 10년을 넘지 않은 고구려연구회는 상당히 적합한 고찰 대상이라고 할 수 있다.

【 1. 백산학회의 연혁 및 주요 학술 활동 】

1960년 4월 19일, 서울 시내 각 대학의 10여 만 애국 학생들은 거리로 나와 시위 행렬에 가담하였다. 그리고 이승만 독재 통치를 반대하는 기세는 더욱 높아져 4 · 19 민주 운동의 결과로 1948년 한국 건국 이래 12년 동안 정권을 담당하던 이승만은 하야를 선포하기에 이르렀다. 그리고 자유당 정권도 그에 따라 무너졌다. 이어서 민주당이 정권을 잡아 제2공화국이 들어섰으나 당시 한국 사회에서 분출되는 민주화 요구를 충분히 만족시키지 못하였고 정치와 경제의 안정과 발전을 실현시키지도 못하였다. 이처럼 동요하고 혼란스러웠던 사회 국면은 박정희 같은 소장파 군인들이 쿠데타를 일으켜 정권을 탈취할 수 있는 유리한 기회를 제공했다. 박정희 군사 정권은 초기부터 소위 '민족 주체성'과 '근대화'를 적극 표방하였다. 그리고 이와 같은

---

232) 자세한 것은 권혁수, 「한국 사학계의 고구려 연구」; 마다정 등, 『고대 중국 고구려 역사 총론』, 363~390쪽 참조.

사회 정치의 변화 현실에서 한국의 역사학계 역시 그 영향을 받았다. 60년대 후반 역사학 방면에서 많은 수의 학회와 연구소가 연속적으로 성립된 것이 그 예라고 할 수 있다. 한국 학자 조동걸의 조사에 따르면 1965~1969년 사이 한국 각지에서는 모두 17개의 역사학에 관한 학회와 연구소가 생겨났다.[233] 이때 한국 현대 사학사에서는 학회와 연구소 성립이 일대 전기를 맞게 되었다. 그 가운데 많은 수의 학회와 연구소가 한국 현대 역사학의 발전기에 매우 중요한 작용을 하였다. 본 글에서 고찰하고자 하는 백산학회는 바로 이 시기에 성립된 주요 사학 연구 단체이다.

1966년 4월 27일 저녁, 한국 역사학계의 저명한 학자들이 서울 뉴코리아 호텔에서 백산학회 발기인 총회를 열었다. 회의에는 고병익, 김상기, 김성균, 김원용, 김정학, 신석호, 유홍열, 유봉영, 윤무병, 이광린, 이선근, 이용범, 이홍직, 전해종, 정재각, 정재호, 천관우 등 17명이 참석하였고 이병도, 홍이섭, 강진철 3명은 사정으로 참석하지 못했다. 이것은 당시 한국사 및 고고학계의 주요 학자들의 명단을 포괄하며 그 상당수가 지금도 한국 역사학계의 원로로 활약하고 있다. 바로 이 회의에서 백산학회의 성립이 결정되었고 회칙을 정하고 선거로 학회의 1차 중심 기구가 성립되었다. 고병익, 김상기, 신석호, 유봉영, 이병도, 이선근, 전해종, 정재호, 천관우 등 9명이 학회 중심 기구의 평의회 평의원으로 선출되었고 그 가운데 서울대학 사학과 교수인 김상기가 제1대 회장으로, 유봉영이 부회장 겸 총무로 선출되었다. 당일 통과된 회칙은 후에 이 학회에서 편집 발행하는 『백산학보』 창간호에 발표되었다.[234] 여기에 백산학회가 주장하는 요지와 연구 방향이 반영되어 있다.

---

233) 〔韓〕 조동걸, 『현대한국사학사』, 450~451쪽. 이 책 451쪽 주93에 기재된 백산학회 부분에는 "백산학회(1966, 유봉영)"로 씌어 있는데 유씨가 이 학회의 초대 회장인 것처럼 표명되어 있으나 이는 실수이다. 필자가 백산학회의 회보 자료를 찾아본 것을 근거로 하면 초대 회장은 김상기이며 유봉영은 부회장과 총무를 겸임하였다.
234) 백산학회 편, 「본회회칙」, 『백산학보(白山學報)』 창간호, 1966년 12월, 232~233쪽.

백산학회 회칙

제1장 총칙

제1조 본회는 백산학회라 칭한다.

제2조 본회는 국사 부문 중 대륙 관계의 연구 편저 및 발간을 목적으로 한다.

제3조 본회는 전조의 목적에 찬동하는 인사를 회원으로 하되 평의원회의 승인이
　　　있어야 한다.

제4조 본회의 사무소는 서울특별시에 둔다.

제2장 임원과 기구 및 그 권한

제5조 본회에 좌기 임원을 둔다.

　①회장 1인 회무를 총괄하며 본회를 대표한다.

　②부회장 1인 회장을 보좌하며 회장 유사시에는 회장을 대리한다.

　③총무 1인 제반 실무를 관장한다.

제6조 임원의 임기는 1개 년으로 하되 중임할 수 있다.

제7조 본회에는 9인 이내(임원 포함)의 평의원을 둔다.

제8조 필요에 따라 분과위원회를 둘 수 있다. 위원회 규정은 따로 정한다.

제9조 모든 중요 안건은 평의원회의 심의를 거쳐야 한다.

제10조 본회에는 약간명의 고문을 둘 수 있다.

제3장 회의

제11조 총회는 매년 5월과 11월 2회 개최하며 임원의 선출 기타 중요 사안을 의
　　　결하되 필요한 때는 평의원회의 의결을 거쳐 회장이 임시총회를 소집할
　　　수 있다.

제12조 평의원회는 기수월마다 개최하되 회장 또는 부회장이 의장이 되며 필요

한 때는 회장이 임시회를 소집할 수 있다. 본 회원은 평의원회에 출석하여 의견을 개진할 수 있다.

제13조 총회 및 평의원회는 재적 과반수 출석으로 성회하며 회칙 개정 이외의 모든 사안은 재적 과반수로 의결한다.

제4장 사업

제14조 본회는 제2조의 목적을 달성하기 위하여 좌기 사업을 한다.

① 대륙 관계사의 개설을 국문 영문 양종으로 출판한다.

② 학보를 발간한다.

③ 대륙 관계사를 가능한 한 조속한 시일 내에 출판하되 그 필자는 회원 중에서 선출하며 담당자의 조사 연구를 본회가 지원한다.

제5장 경비

제15조 본회의 경비는 당분간 회원 중 유지가 이를 담당한다.

부칙

본 회칙은 총회에서 재적 3분의 2 가결로써 개정할 수 있다.

같은 해 12월 백산학회는 학술지인 『백산학보』를 정식 발행하였다. 초대 회장을 역임한 김상기는 백산학회를 대표하여 창간호에 창간사를 발표하였다. 여기에서 "백산흑수는 나아가 상고 이래부터 소위 동이계 종족의 활동 무대로 대표적인 산수의 상징적인 명칭"이라고 하여 이 학회의 명칭에 담긴 뜻을 명확하게 표명하였는데, '동이계 족속' 특히 '한·예·맥' 더 나아가서 '우리 민족'은 '만주' 대륙에서 활약한 대륙의 역사였다고 지적해냈다.[235]

한(韓)·만(滿) 양역(兩域) 사이에는 지리적으로 역사적으로 보아 얼마나 밀접 불가분의 관계가 맺어져왔던가는 위에서도 개술한 바와 같이 사실(史實)이 그것을 설명해주고 있는 터이다. 그런데 이 분야에서의 우리의 연구 활동이 아직도 미미한 양상을 벗어나지 못하고 있음은 유감이나마 오늘의 현실인 것이다. 만근(挽近) 이래로 중·일인과 구(歐)·미인(美人) 사이에는 소위 만몽(滿蒙) 문제의 연구와 논저가 자못 행하여왔으나 이는 대개 그들 나름으로서의 주관과 의도에 입각한 것이어서 그에 관한 객관적인 비판과 검토가 가해져야 할 문제도 적지 아니한 터이다. 이러한 관점에서 볼 때에 상고 이래로 적어도 중세까지 만주를 한반도와 더불어 생활 무대로 살아온 우리의 입장에서 그에 관한 내외의 기록·전설 유적 등의 연구와 정리 공작을 함은 또한 독특한 의도와 가치를 지니고 있는 것이다.

이에 오인은 이 분야의 연구와 학적 개척의 중요성과 필요성을 느껴온 지 이미 오래되었던 바 이의 실현을 위하여 꾸준히 힘을 기울여온 원봉(圓峰) 유봉영(劉鳳榮) 선생의 주선으로 이제 우리는 역량의 부족과 준비의 미흡을 무릅쓰고 본 학회를 창건하게 되었다. 본 학회에서는 우선 학보의 간행과 아울러 사적(史籍)의 편찬에 미력을 다하고저 하는 바이니 이로 말미암아 만주 또는 그의 인접 지역과 우리 민족과의 유구한 역사적 관계가 더욱 규명되어 나아가선 동북아세아 종족사의 천명(闡明)에도 이바지할 수 있는 기틀이 된다면 이는 실로 분외(分外)의 행(幸)일까 한다.

위 내용을 통해서 백산학회가 당시 한국 역사학계와 고고학계의 주요 저명한 학자들로 조직되고 "만주 및 그 부근 지역과 우리 민족의 유구한 역사 관계"를 연구하는 목적의 민간 학술 연구 단체임을 알 수 있다. 한국 학계에 즐비한 각종 학회와 연구 단체 가운데서 이와 같이 우리나라 동북 지역에

---

235) 김상기, 「창간사」, 『백산학보』 창간호, 7~11쪽.

관련된 역사를 연구하는 것을 주요 목적으로 하는 단체로서 백산학회는 지금도 여전히 영향력을 발휘하고 있다. 이 점이 우리가 백산학회를 주목하는 주요 이유인 것이다.

한국 학계에서 학회는 일종의 느슨한 구조를 가진 학술 단체로 보통 하나의 상설 연구 기구를 가지고 있지는 않다. 그 연구 활동은 주로 학술지를 편집·발행하고 각종 학술회의를 거행하는 것으로 나타난다. 백산학회에서 편집·발행하는 『백산학보』는 1966년 12월 창간되어 2002년 4월까지 이미 제62호가 발행되어 근 40여 년에 이르는 발전을 거쳐왔다. 이 『백산학보』는 이미 한국 역사학계에서 한국 역사와 중국 동북 및 구소련 등 '북방 지역'과 관련된 역사 연구 논문을 발표하는 대표적인 학술지가 되었고, 한국, 나아가 국제 학계에서도 상당한 영향력을 끼치고 있다. 백산학회의 홈페이지 (http://www.paeksan.com)를 통해서 『백산학보』에 실린 주요 논문의 제목과 그 전문을 검색하고 볼 수 있다.

백산학회가 개최하는 각종 학술회의는 고정된 기간이나 고정된 주제에 국한된 것은 아니며 지금까지의 학술회의는 대체로 고조선, 고구려, 발해 및 한국의 북방 대륙 관계에 대한 내용들이었다. 그 가운데 상당 부분은 특히 우리나라 동북 지역의 역사와 밀접한 관련이 있다. 예를 들어 중한 변경 문제의 연구는 우리나라의 동북 변경 문제와 더욱 직접적인 관계에 있다. 1996년 7월 백산학회는 학회 창립 30주년을 기념하여 "한민족의 성장과 영역"이라는 제목으로 학술회의를 열었다. 이때 자세하게 토론된 내용은 한민족의 형성 과정 및 그와 관련된 영역의 변천 과정이었다. 그 가운데서 상당 부분의 내용이 중한 역사의 국경 문제와 관련된다. 이어서 백산학회는 학회 창립 30주년 기념으로 『한민족의 대륙 관계사』[236]를 편집·출판하였다. 이

---

236) 백산학회 편, 『한민족의 대륙 관계사』, 서울: 백산학회, 1996년 판.

것은 이 학회의 연구 경향을 보여주는 대표적인 논문집이다. 이 논문집에 실린 간행사에는 이 학회의 연구 중점과 이 책을 출판한 의도에 대해서 다음과 같이 말하고 있다.

본 백산학회에서는 대륙 관계 연구 기관으로서 30년간이나 줄곧 연구되어왔고 창립 초부터 대륙 관계사 개설서를 단행본으로 추진한 바 있다. 학회 재정상 단행본으로 간행하지 못하고 백산학보에 연재되던 옥고를 이번 30주년 기념 사업으로 재편집하여 출판하게 되었다.

우리의 대륙에 대한 관심은 고조되었다고 본다. 그러나 자유 중국 정부에서는 변계총서(邊界叢書) 12책이 70년대 출판되었고, 변계총서 중에는 만주와 백두산에 관한 문헌만도 3책이나 된다고 한다. 만주가 우리의 고토임에도 불구하고 우리는 무엇을 했는가 반성할 문제이다.

만주 지배 연수(1996년 현재)

고대 조선		서한 시대	71년	거란	199년
(단군 이후 위씨조선)	2225년	당 시대	31년	금(여진)	109년
		명 시대	248년	몽골	134년
고구려	705년	청말민국 시대	91년	청(여진)	226년
발해	227년	중공	38년	일본	15년
한(韓) 민족	3157년	한(漢) 민족	461년	기타 민족	683년

위 표를 보면 만주 대륙 일대는 한민족의 생활 무대요 국토의 근간이었음을 알 수 있다. 이 『한민족의 대륙 관계사』는 우리 민족에게 상고 역사를 소상히 알려줌으로써 대륙에 대한 고토를 우리 조상들이 오랫동안 지배해왔다는 역사적 사실을 알려주며, 동시에 구한말 30년간이나 간도 영유권 문제로 분쟁한 바 있고, 현시점까

지도 한민족 자치주라는 우리 민족이 언어, 민속, 풍속까지 간직하고 살고 있는 간도는 백두산정계비문대로 우리 국토로 환수되어야 한다는 사실도 알려준다.

모두 364쪽에 이르는 이 논문집은 다섯 편의 논문을 수록하고 있다. 그 가운데 앞 네 편의 논문은 1970년대에 쓴 것으로 당시 백산학회는 학회의 성원들을 조직하여 『대륙 관계사』를 공동 출판하려 하였다. 후에 재정적인 원인으로 그 결과를 맺지는 못하였으나 이 논문들은 모두 1974년부터 1978년까지 『백산학보』에 연속해서 발표되었다. 다섯 번째 논문은 한국 정치외교사 연구 영역의 원로 학자인 신기석(申基碩)이 1955년 발표했던 논문이다. 저자는 당시 한국 역사학계에서 한국과 '대륙 관계사'의 연구에 관한 저명한 학자로 그 연구 성과는 한국 학계, 나아가 한국의 사회 형성에서 상당한 영향을 끼쳤다. 백산학회는 20년 뒤에 이러한 옛 논문들을 다시 편집하여 출판하였다. 비록 출판 당시인 90년대 후반기의 연구 수준을 대표할 수는 없으나 이 학회와 이를 대표하는 한국 역사학계가 가지고 있던 이 연구 영역의 기본 경향과 관점을 대표한다고 볼 수 있다. 이 논문집에 수록된 다섯 편 논문의 목차와 저자는 아래와 같다.

Ⅰ. 선사시대편〔김정학(金廷鶴)〕[237]
 1. 민족고
 2. 고고학적 고찰
Ⅱ. 고대편〔이용범(李龍範)〕[238]
 1. 만주의 명칭과 풍토
 2. 만주사의 여명기
 3. 제 부족(諸部族)의 흥기
 4. 공손씨와 위진 시대의 만주

---

237) 김정학(金廷鶴)은 한국의 고고학자, 역사학자이다. 경성제국대학 사학부를 졸업하고 서울
대학 사범대학 조교, 고려대학 사학과 조교수, 교수, 박물관장, 영남대학 사학과 교수, 박물
관장, 부산대학 사학과 교수, 박물관장을 역임하였다. 저서로는『한국의 고고학』,『한국상
고사연구』,『임나와 일본』,『백제와 일본』등이 있다. 연구 영역은 한국 선사시대 및 상고
부분이며 일본어 판『한국의 고고학』은 한국 고고학 연구의 상황을 가장 먼저 체계적으로
정리한 대표작이다. 상세한 내용은 이혜국 편,『당대 한국 인문사회과학』, 951쪽을 보기 바
란다. 이 내용은 필자가 쓴 것이다.

238) 이용범(李龍範). 작고. 동국대학 사학과 교수였다. 주요 연구 영역은 고대 한중 관계사 및
중국 동북 지역사로 저서로는『고대의 만주 관계』(1976),『중세 동북아시아사 연구』
(1976),『중세 만주몽고사의 연구』(1988),『한만 교류사 연구』(1989) 등이다.

239) 조영록(曹永祿). 동국대학 사학과 교수. 서울대학 동양사학과 박사, 한국 명청사학회 회장,
동양사학회 회장 역임. 저서로는『한중 문화 교류와 남방 해로』(1977),『중국의 강남 사회
와 한중 교섭』(1997) 등이 있다.

역대 학술회의에서 발표된 논문들은 보통 회의 뒤 모두 백산학회 주도로 편집·출판되었다. 백산학회가 편집·출판하는 회의 논문집을 통해 이 학회 연구 활동의 기본 상황을 대체적으로 이해할 수 있다. 백산학회의 학술 회의 같은 각종 활동은 매우 빈번한 것은 아니며 그 연구 중심은 지금까지도 소위 '대륙 관계'에 집중되어 있다. 1997년 11월 29일 백산학회는 사단 법인 해외 한민족연구소와 함께 서울 세종문화회관에서 '한민족의 북방 영토 의식과 간도 영유권 문제의 학술대회'를 개최하였다. 회의에서 발표된 논문은 이 학회에서 모아 『한국의 북방 영토』[241]라는 제목으로 출판하였다. 이 책에는 당시 학술회의에서 발표된 논문 다섯 편과 회의 토론 내용을 수

---

240) 신기석(申基碩, 1908~1988)은 한국의 저명한 정치외교 사학자로 경성제국대학 법과를 졸업하고 서울대학, 고려대학, 중앙대학 교수 및 학술원 회원, 부산대학 총장, 영남대학 총장 등을 역임하였다. 저서로는 『동양 외교사』, 『한말 외교사 연구』 등이 있다.

241) 〔韓〕백산학회 편, 『한국의 북방 영토』, 서울: 백산자료원, 1998년 판.

록하고 있는데, 구체적으로 조선 후기 영토 의식의 전개와 그 이상, 백두산 정계비와 조·청 간의 을사(乙巳), 정해(丁亥) 국경회담, 간도 협약과 간도 영유권 문제, 일본의 간도 분쟁 개입과 청일 간도 문제 교섭 과정, 간도 문제와 국제법 같은 주제를 포함하고 있다. 그리고 1909년 중일 양국이 정한 "도문강중한계무조관(圖們江中韓界務條款)"(곧, 간도협약)에 대해 100년이 되는 2009년 이전에 이 조약이 무효임을 정식으로 제기하고 앞으로 중·한 교섭의 법률 기초로 삼아야 한다고 주장하였다. 이 회의는 한국 학계의 간도 영유권 문제에 관한 최초의 공개 학술회의로서 당시 한국 학계와 사회에 상당한 영향을 미쳤다.

【 2. 백산학회의 최근 고구려사에 관한 주요 연구 성과 】

앞서 말한 바와 같이 백산학회의 연구 중점은 우리나라의 동북 지역이 포함된 소위 '북방 대륙' 지역에 관계된 한국 역사를 집중하는 데서 시작되었다. 이로 인해 고구려 문제 역시 자연히 이 학회와 그 성원들의 연구 활동에 하나의 중점이 되었다. 1984년 백산학회는 『삼국사기 연구 논선집(三國史記研究論選集)』[242]을 출판하였는데 여기에 고구려, 백제, 신라 삼국의 한반도 고대사를 기록한 기전체 정사인 『삼국사기』에 관한 연구 논문들을 수록하였다. 비록 이 논문들은 가장 최근의 연구 성과는 아니지만 백산학회가 대표가 되어 당시 한국 학계의 『삼국사기』에 대한 연구 수준과 성과를 집중 반영하였다. 2년 뒤 1986년에는 이 학회의 백산자료원에서 『삼국유사 연구 논선집(三國遺事研究論選集)』[243]을 잇달아 출판하였는데, 이는 고구려, 백

---

242) 〔韓〕백산학회 편, 『삼국사기 연구 논선집』 1~3, 서울: 한국학자료원, 1984년 판.

제, 신라 삼국의 '유문일사(遺聞逸事)'에 관한 내용을 기록한 한반도 고대 역사의 또 다른 저작인『삼국유사』에 관한 연구 논문들을 수록한 것으로 앞서 말한『삼국사기 연구 논선집』과 함께 자매편을 이룬다. 당시로 말하자면 백산학회는 한반도 고대 삼국 역사에서 중요한 이 두 편의 사서에 대해 전면적인 연구를 주도하고 그 성과를 간행한 유일한 학술 단체였다. 그리고 한국 역사학계에서 고구려사 연구에 관한 새로운 발전을 가져오는 데 상당한 역할을 했다고 말할 수 있다.

90년대에 이후 한국 역사학계에서는 고구려사에 대한 연구가 고조 단계에 접어들었다. 백산학회와 그 성원들의 고구려 연구도 이에 따라서 활발한 국면에 접어든다. 1995년 3월 백산자료원은 경희대학 사학과 교수 박성봉(朴性鳳)이 주편한『고구려 남진경영사 연구』[244]를 출판하였다. 이 책은 당시 한국 학계의 고구려사와 현재 한국의 현실적 행정 범위에 직접 관련된 문제의 연구 성과들을 집중 반영한 것이다. 이 책은 535쪽으로 모두 15편의 논문을 수록하고 있다. 그 제목과 저자는 아래와 같다.

1. 고구려 발전의 방향성 문제(박성봉)

2. 평안, 황해도 지방 출토 기년명전(紀年銘塼)에 관한 연구(공석구)

3. 발전기 고구려의 남진 과정(박성봉)

4. 안악 3호묘 묵서명에 대한 고찰(공석구)

5. 덕흥리 벽화 고분의 주인공과 그 성격(공석구)

6. 광개토호태왕기 고구려 남진의 성격(박성봉)

7. 광개토왕의 남하 정복지에 대한 일고(一考)(김창우)

---

243) 〔韓〕백산학회 편,『삼국사기 연구 논선집』, 서울: 백산자료원, 1986년 판.
244) 〔韓〕박성봉 편,『고구려 남진경영사 연구』, 서울: 백산자료원, 1995년 판.

8. 영락 6년 광개토왕의 남정(南征)과 국원성(國原城)(이도학)

9. 광개토호태왕의 내정 정비에 대하여(박성봉)

10. 고구려 평양 천도의 동기(서영대)

11. 고구려의 한강 유역 진출과 의의(박성봉)

12. 고구려의 낙동강 유역 진출과 신라 · 가야 경영(이도학)

13. 중원고구려비에 대한 일고(一考)(신형식)

14. 5세기 고구려 세력권의 남한(南限)(정운용)

15. 장수와의 남진 정책과 동아지중해의 역학 관계(윤명철)

같은 해 7월 백산학회는 1960년대 이후 지속적으로 발표해온『백산학보』의 고구려 관련 연구 논문에 중국, 프랑스 학자들의 관련 논문을 더하여『고구려사 연구』[245]라는 제목의 책을 다시 편집 · 출판하였다. 비록 이책의 내용은 모두 최신의 연구 성과는 아니지만 30여 년 동안 한국 역사학계의 고구려사 연구에 관한 성과들을 충분히 반영하고 있다. 동시에 프랑스 학자 샤반(M. ED. Chavannes)의 고구려 유적에 관한 고찰 논문 및 세 사람의 중국 학자(길림대학 고고학계 교수 웨이춘청, 통화사범학원 고구려연구소 교수 겅톄화, 연변대학 조선문제연구소 교수 쟝멍산)가 쓴 고구려사 관련 논문 네 편도 함께 수록하였다. 그래서 당시 한국 학계가 중국 학계의 고구려 연구에 관한 가장 최근의 상황을 이해하는 데 편의를 제공하였다. 논문집은 710쪽에 이르며 모두 24편의 논문이 수록되었다. 제목과 저자는 아래와 같다.

---

245) 〔韓〕백산학회 편,『고구려사 연구』, 서울: 백산자료원, 1995년 판.

『고구려사 연구』(1995)의 목차

 1. 고구려 유적 조사의 역정(이홍직)

 2. 환도의 회상(김득황)

 3. 고구려의 성장과 철(이용범)

 4. 안악 지역의 벽화 고분(채병서)

 5. 와공소(臥箜篌)와 현금(玄琴)(이해구)

 6. 나말 여초의 고구려 고강(故疆) 수복 운동(김용국)

 7. 온달전의 검토(이기백)

 8. 고대 사상의 대륙 관계―고구려를 중심으로(정중환)

 9. 한중 간의 고대 육상 교통(유봉영)

10. 한국의 고대 왕조 고구려의 역사 기념물(샤반 지음, 김정배 옮김)

11. 벽화를 통해 본 고구려 복식의 소매에 관한 고찰(김영자)

12. 광개토경평안호태왕릉비문 석략(정인보 지음, 이형구 옮김)

13. 중국인의 고구려 유망과 요동 개간(開墾)(서병국)

14. 고구려 성립 과정고(지병목)

15. 고구려 군사 역량의 재검토(박경철)

16. 고구려 적석묘에 관한 고찰(웨이춘청 지음, 지병목 옮김)

17. 각저총과 무용총을 가다(신형식)

18. 중국 고구려 문화 연구 10년(1981~1990)(경톄화 지음, 손춘일 옮김)

19. 고구려 의복에 관한 연구(김미자)

20. 가장 이른 고구려 국가(쟝멍산)

21. 장군총과 태왕릉을 가다(신형식)

22. 고구려 태천 농오리 산성과 마애석각(민덕식)

23. 호태왕 시기의 군대(경톄화 지음, 마성길 옮김)

24. 부여 초기 대고구려 관계(오윤경)

2000년 8월 백산학회는 현임 회장이자 이화여자대학 사학과 교수인 신형식과 최근영, 윤명철, 오순제 등 한국 학자와 중국 학자 서일범이 함께 참여하여 실지 답사와 공동 연구를 통해 『고구려 산성과 해양 방어 체제 연구』[246]라는 책을 출판하였다. 이는 1999년 10월 고구려연구회가 주최한 제5회 고구려국제학술대회[247] 이후 한국 역사학계에서 고구려 산성에 관한 문제를 다룬 또 하나의 대표적인 연구 성과이다. 그 가운데서도 해양 방어 체제에 관한 내용은 한국 역사학계에서 처음으로 전면적인 연구를 시도한 것에 속한다. 이 책에는 중국 동북 및 한반도 남북 각지의 고구려 산성과 유적에 관한 68장의 귀중한 사진 자료도 함께 수록되었다. 724쪽에 이르며 총 6장, 머리말, 맺음말로 나뉘는데 구체적인 목차와 저자는 아래와 같다.

머리말(신형식)
제1장 고구려 산성의 분포와 특징
  Ⅰ. 고구려 산성의 분포와 구조(신형식)
  Ⅱ. 고구려 산성의 특징(신형식 · 윤명철)
제2장 만주의 고구려 산성
  Ⅰ. 도성 체제(신형식)

---

246) 〔韓〕 신형식 · 최근영 · 윤명철 · 오순제 · 서일범 등, 『고구려 산성과 해양 방어 체계 연구』, 서울: 백산자료원, 2000년 8월 판.
247) 이 고구려국제학술대회의 주제는 "고구려 산성과 방어 체계"로 대회에서 발표된 논문은 『고구려 연구』 제8집 『고구려 산성 연구』에 수록되었다. 상세한 내용은 본장의 "3. 고구려 연구회의 연혁과 그 주요 학술 활동"을 보기 바란다.

위에서 본 연구에 근거하여 이 책에서는 산악과 해양의 이중 방어 체제가 고대 고구려 성곽이 가지는 하나의 전형적인 특징이라고 하였다. 그리고 현존하는 200여 곳의 고구려 산성의 구성은 한국 고대 산성의 기본 틀로서 고대 한국의 영토와 그 문화를 보존하는 기지(基地)로서의 역할을 하였다고 하며 나아가서는 당시 백제, 신라 그리고 고대 일본의 산성 탄생에도 커다란 영향을 미쳤다고 주장하였다.

【 3. 고구려연구회의 연혁 및 주요 학술 활동 】

1980년대 이후 한국 학계 및 사회 각계에서의 고구려사에 대한 연구와 관심의 열기는 나날이 증대되었고, 학계를 포함한 사회 각계가 광범위하게 참여하는 일대 고구려 연구 '붐'이 일기 시작하였다. 90년대에 이르러 이러한 분위기는 더욱 고조되었는데[248] 1994년 고구려연구소(후에 고구려연구회로 개칭)의 성립과 그 활동은 이와 같은 고조된 분위기의 산물이었다.

고구려연구회의 원래 명칭은 고구려연구소로 1994년 6월 24일 서경대학 교수인 서길수 등이 창립하였다. 1년 반 후인 1995년 12월 28일에는 한국 교육부 산하 서울특별시 교육위원회의 허가를 받아 사단법인으로 정식 등록하였다. 그러나 한국 법률에서 연구소 또는 연구원(研究院)으로는 사단법인에 등록할 수 없기 때문에 연구소에서 연구회로 그 명칭을 바꾸었다. 연구회의 중심 기구는 이사회와 학술 자문위원회 두 부분으로 구성되며 구체적인 구성원은 아래 표와 같다.

이후 고구려연구회의 중심 기구에 일대 변화가 있었는데, 서길수가 직접 이사장과 회장을 겸임함으로써 명실상부한 연구회의 핵심 인물이 되었다.

---

248) 자세한 것은 권혁수, 「한국 사학계의 고구려 연구」, 『고대 중국 고구려 역사 총론』, 363~390 쪽 참조.

이 외에도 고구려연구회는 한국 국내에서는 물론 일본, 중국 등에서 수십 명의 학술 자문위원을 초빙하여 그 전문성과 연구 역량을 증대시켰다. 이 연구회가 1995년 12월에 발표한 자료[249]를 근거로 당시 위촉된 24명의 학술 자문위원을 살펴보면 아래와 같다.

한국:

　　김위현(명지대학 사학과)

　　박성봉(경희대학 사학과)

　　서영수(단국대학 역사학과)

　　양기석(충북대학 역사교육과)

　　윤근일(국립 문화재연구소)

[249) 자세한 것은 〔韓〕 사단법인 고구려연구회 편, 『고구려 연구』 제1집, 부록 "사단법인 고구려연구회 휘보"를 참고하기 바란다. 이 명단의 원본은 각 자문위원의 성명 및 소속만 있으며 구체적인 직함은 표기하지 않았다. 앞뒤 순서나 "대만"을 따로 한 줄 넣은 것 따위는 모두 원본에 따른 것이다.

이기동(동국대학 사학과)

이희덕(연세대학 사학과)

차용걸(충북대학 역사교육과) 이상 8명

일본:

고관민(高寬敏, 조선대학 역사지리학부)

하마다 고사쿠(濱田耕策, 규슈대학 문학부)

스즈키 야스타미(鈴木靖民, 국학원대학 문학부)

이성시(李成市, 와세다대학 문학부)

다나카 도시아키〔자하현립(滋賀縣立)대학 인간문화학부〕

전호천(全浩天, 재일본 조선 역사고고학협회)

사오토메 마사히로(早乙女博雅, 동경대학 문학부) 이상 7명

대만:

가오밍스(高明士, 대만대학 역사학계) 이상 1명

중국:

쟝밍산(연변대학 조선문제연구소)

박용현(연변대학 박물관)

포전스(연변대학 조선문제연구소)

방학봉(方學鳳, 연변대학 발해사연구소)

왕젠췬(길림성 고고연구소)

웨이춘청(길림대학 고고학계)

류융즈(심양 동북연구중심)

총원쥔(叢文俊, 길림대학 고적연구소) 이상 8명

위에서 본 이사회의 구성원들 가운데서 핵심 인물은 역시 서경대학 교수 서길수이다.

서길수는 1944년 전라남도 화순군에서 태어났다. 한국 경제사에 관한 논문으로 단국대학에서 석, 박사학위를 획득하고 한국 경제사학회 부회장 등을 역임하였다. 현재는 서경대학 경제학과 교수로 재직하고 있는데 1948년 한국 건국 이후에 성장한 학자라고 말할 수 있다. 원래는 역사, 특히 고구려사 연구를 전공하지 않았는데, 고구려사 연구 영역에서 보자면 비전공 출신의 "반로출가(半路出家)"[250]한 인물로 볼 수 있다. 한국 경제사 전공으로 지금도 대학에서 경제사를 강의하고 있는 서길수가 고구려사 연구 영역에 발을 들여놓은 것은 대략 1993년이었다. 이해 3월에서 8월 사이 서길수는 교환교수 자격으로 중국 연변대학 조선문제연구소에 있으면서 우리나라 동북 지역의 50여 곳에 이르는 고구려 산성 유적을 답사하였고 그 족적이 흑룡강, 길림, 요녕 동북 3성의 각지에까지 이르렀다. 동시에 고구려 산성 유적에 관한 많은 사진과 영상 자료 및 문자, 구전 자료들도 얻었다. 주로 서길수 개인적으로 진행하였던 이 조사는 실제로는 한국 학계 인사가 우리나라 동북 지역의 고구려 산성 유적을 조사한 최초의 것이었으며 가장 전면적이고 상세했던 비정식(非正式), 비공개적(非公開的)으로 벌인 조사 활동이기도 하였다.

이후 서길수는 더욱 적극적으로 고구려 연구 작업을 하기 시작하였다. 귀국 후인 1994년 6월 24일 고구려연구소를 발기, 창립하여 당시 한국 국내에서 막 일어나기 시작했던 "고구려 연구 붐" 가운데 하나의 중요한 상징이 되었다.[251] 연구소의 설립 초기에는 서경대학 안에 있는 자신의 교수 연구

---

250) 【옮긴이】 '반로출가'란 중년이 넘어 출가한다는 뜻으로 여기서는 늦게야 전공을 바꾸었다는 뜻이다.

실에 직접 연구소를 설치하였다가 같은 해 연말, 서울시 종로구의 한 사무실로 이전하였다. 고구려연구소는 비전문 인사가 발기하고 주도한 연구 단체였으나 1948년 한국 건국 이후 최초로 첫머리에 직접 '고구려'라는 명칭이 붙은 연구 단체로서 이때부터 한국 국내외에서 매우 활발한 조사와 연구 활동을 진행하기 시작하였다. 1994년 6월에서 10월 사이 서길수와 고구려연구소의 성원들은 또 한 번 우리나라 길림, 요녕 등지에서 고구려 산성 및 벽화 고분의 유적에 대한 광범위한 조사를 진행하고 이를 기초로 같은 해 연말에는 한국방송공사(KBS)가 주최하여 국립민속박물관에서 5개월 동안 열린 고구려 특별대전에 참여하였다. 이 특별대전은 1993년 한국 최대의 신문사인 조선일보사가 주최한 〈아, 고구려―우리의 옛 땅, 현장 이야기〉특별대전 이후 한국 국내에서 또 한 번 거행된 고구려에 관한 대규모의 전람회였으며, 학계를 포함한 한국 내의 사회 각계가 고구려 및 그 역사 문제에 대해 관심을 가지는 중요한 계기가 되었다.

당시 서길수와 고구려연구소는 주로 고구려 특별대전의 학술 자문 역할을 담당했으며 이때『고구려 산성』도록이 출판되었다. 이는 모두 서길수와 고구려연구소가 하나의 신흥 연구 단체로서 한국 학계와 사회 각계에 그 존재를 분명히 알리는 절호의 기회가 되었다. 이후 고구려연구회는 각종 학술회의를 거행하고 고구려 역사 유적 탐방 등을 조직하여 적극적으로 고구려사 연구를 촉진하고 한국 사회 각계에 고구려사에 대한 관심을 불러 일으켜 1990년대 이후 한국 내에서의 소위 "고구려 붐"을 끊임없이 고조시키는 주요 역량이 되었다. 그리고 서길수 개인적으로는 고구려사, 특히 중국 동북 지역의 고구려 유적에 대한 각종 조사 보고를 발표하기 시작하였

---

251) 상세한 내용은 권혁수,「한국 사학계의 고구려 연구」, 마다정 등,『고대 중국 고구려 역사 총론』, 363~390쪽을 보기 바란다.

고 각지에서 고구려와 관련된 여러 차례의 강의와 보고회를 진행하였다. 이로 인해 그는 점차적으로 한국의 고구려사 연구 영역에서 없어서는 안 될 대표적인 인물이 되었다. 비록 서길수의 전공 수준은 오랜 기간 동안 고구려사 연구를 해온 한국 학계의 저명한 학자의 수준을 초월하지는 못하였으나 최소한 "고구려 붐"을 촉진시키는 방면에서는 한국 내에서 지명도가 매우 높은 인물이 되었다. 그리고 본인의 고구려사에 대한 인식과 평가도 나날이 발전했다.

1994년 출판된 『고구려 산성』 도록에 이어서 서길수는 1998년 『고구려 역사 유적 답사 ─ 홀본 · 국내성 편』[252]이라는 책을 내놓았다. 이 책은 주로 자신이 여러 해 동안 고구려 초기 두 도성인 홀본(지금 요녕성 환인현)과 국내성(지금의 길림성 집안시)의 고구려 유적에 대한 답사 결과를 쓴 것으로 전반부 홀본 부분 5장과 후반부 국내성 부분 7장의 내용으로 나뉘어 있다. 그 가운데 답사와 관련된 학술적인 내용도 있지만 일반 독자들을 위한 여행 가이드로서의 내용들을 더 많이 담고 있어 전문적인 학술 연구 저작은 아니다. 그러나 이러한 이유로 인해 내용을 이해하기 어려운 전문 연구 저작들에 비해 한국 사회 각계에서 고구려사, 특히 우리나라 동북 경내의 고구려 유적에 대한 보편적인 관심을 더욱 불러일으킬 수 있었다. 동시에 저자 본인의 고구려에 대한 문제의 기본 입장과 관점들도 분명히 나타나 있다.

그는 책머리에서 한국 국민은 통상적으로 지금까지 한반도 남부의 역사 유적과 그에 관계된 역사만 알고 있었지 한반도 북부, 특히 '만주'(지금 우리나라 동북 지역을 가리킴)와 '연해주'(지금의 러시아 극동 지구를 가리킴)의 역사 유적에 대해서는 거의 생각이 미치지 않는다고 하고, 그 원인이 일제 이후

---

252) 〔韓〕 서길수, 『고구려 역사 유적 답사 ─ 홀본 · 국내성 편』, 서울: 사계절, 1998년 판.

의 반도 사관과 한국 동란(1950~1953년의 조선전쟁)이후 굳어져가는 '반도의 반도 사관'의 영향이라고 하였다. 그리고 그가 이 책을 쓴 목적에서는 "우리는 왜 지금까지 고구려와 발해가 압록강 이북에서 꽃피웠던 역사를 아무런 부끄럼 없이 까맣게 잊고 살아왔을까?"[253)라는 중요한 질문에 대한 구체적이고 적극적인 대답이자 실질적인 안내서라고 밝히고 있다.

고구려사에 대한 이러한 인식과 입장은 한국 학계, 나아가 사회 각계에서 보편성을 띠고 있다고 말할 수 있다. 그리고 이 같은 보편적인 역사 인식과 사회 정서는 서길수와 고구려연구회의 활동이 사회 각계에서 주목받는 중요한 사회적 원인이기도 하다. 학술 방면에서 고구려연구회의 활동은 고구려 연구에 관한 국내 및 국제 학술회의를 거행하는 것으로 주로 나타난다. 1995년 3월 18일 제1회 고구려연구소 학술 발표회가 열린 이후 2001년 7월 7일까지 고구려연구회는 이미 19차례에 이르는 학술 발표회를 열었다. 그 형식은 대체로 이 연구회에 소속되어 있거나 초청된 연구 인원들이 고구려 등의 문제에 관해 전문적인 주제를 발표하고 토론하는 식으로 진행하며, 통상적으로 비교적 구체적인 하나 또는 여러 개의 연구 제목으로 구성되고 일종의 소규모 학술 활동에 국한된다고 할 수 있다. 초기인 제1회에서 제3회까지의 학술 발표회에서 최근 제16회에서 제19회까지의 학술 발표회의 상황을 요약하면 이래의 표와 같다.

아래의 표에서 볼 수 있는 것처럼 고구려연구회의 학술 발표 활동은 이 연구회의 범위에 국한되고 규모와 영향 또한 상대적인 한계를 지닌다. 그러나 그 연구 수준과 깊이는 분명히 진보하고 있음을 볼 수 있다. 광범위하게 젊은 연구자들이 참여한다는 점에서 더욱 발전 추세가 드러난다.[254) 고구려연구회에 관한 최근의 현황은 이 연구회의 홈페이지(http://www.

---

253) 〔韓〕 서길수, 『고구려 역사 유적 답사—홀본·국내성 편』(사계절, 1988), 4쪽.

koguryo.org)를 통해서 상세히 알 수 있다. 그리고 한국 학계 및 사회 각계에서 광범위한 주목을 받는 것은 고구려연구회에서 주최하는 여러 차례의 국제 학술토론회 때문이었다.

고구려연구회 학술 발표회에 대한 간략한 상황표

차수	시 간	장 소	발 표 주 제	발표자	비 고
1	1995.3.18	모름	고구려어(語)의 연구—갑골문, 일본어 등과의 연계를 중심으로.	신용태	동국대학 교수
2	1995.7.19	모름	부여 건국 신화와 고구려 건국 신화의 관계에 대한 재검토.	이복규	서경대학 교수
3	1995.9.30	모름	고구려 초기에 존재한 두 개 고구려국.	장멍산	중국 연변대학 교수
16	2001.3.10	연구회 회의실	고구려 태천(泰川) 농오리(籠吾里) 마애석각에 대한 고찰. 고구려와 전연의 관계에 대한 고찰.	민덕식 강선	국사편찬위원회 교육연구관 숙명여대 강사
17	2001.5.12	연구회 회의실	사신도 형식의 성립 과정과 한대(漢代)의 천문성수도(天文星宿圖) 고찰. 고구려 난방 시설의 구조적 특징과 열효율에 대한 연구. 고구려 산성—대흑산 산성.	김일권 서정호 서길수	서울대학 강사 공주대학 교수 서경대학 교수
18	2001.6.9	연구회 회의실	안악 3호분 주인공의 절(節)에 대하여. 신라 고분의 고구려적 요소. 러시아 연해주 발해 유적 답사 발표.	공석구 김창호 서길수	한밭대학 교수 경주대학 교수 서경대학 교수
19	2001.7.7	연구회 회의실	6~7시기 고구려 남경(南境) 고찰. 벽류하 유역의 고구려 산성. —위패 산성을 중심으로.	서영일 서길수	단국대학 교수 서경대학 교수

254) 【옮긴이】 참고로 글쓴이가 분석한 19차 이후부터 2004년 말까지 고구려연구회가 실시한 학술 발표 결과는 다음과 같다.
제20차(2001. 9. 8.) 1. 궁예의 발해 계승 의식(박한설); 2. 광개토태왕비 서체가 6세기 신라 금석문 서체에 미친 영향(손환일); 3. 러시아 연해주 발해 유적 발굴 답사 보고(서길수).
제21차(2001. 11. 10.) 1. 「『삼국사기』 고구려본기 동천왕 21년 조 기사 검토」(장효정); 2. 「고구려 서옥제의 혼인 형태」(김선주); 3. 2001년 요서 지역 답사 보고(서길수).

제22차(2002. 3. 2.) 광개토태왕 동상 건립 기념 고구려 국제 학술대회 ; 광개토태왕과 고구려 남진 정책(논문 9편 발표).

제23차(2002. 5. 4.) 1. 고구려 철기 유물의 미세 조직 연구(정광용) ; 2. 고구려의 고조선 계승성 연구(윤명철) ; 3. 2002년 고구려 산성 조사 보고(서길수).

제24차(2002. 6. 29.) 1. 안사의 난과 발해의 대일 외교 (조이옥) ; 2. 고구려 영토 내의 지석묘 연구(유태용).

제25차(2002. 9. 14.) 1. 고구려 때 요동 대장산 군도의 해양 전략적 가치(윤명철) ; 2. 고구려 평양 지역 벽화에 나타난 수렵도 연구(김수민) ; 3. 요동 반도 낭낭산성 조사 보고(서길수).

제26차(2002. 11. 23.) 1. 일본에 전해진 고구려 악과 그 의복(김상현) ; 2. 고구려 평양성의 도시 형태와 설계(민덕식).

제27차(2003. 2. 5.) 국내성 천도 2000주년 기념 학술대회(국립중앙박물관) : 1. 홀본성(환인)과 국내성(집안)의 새로운 고고학적 성과(서길수) ; 2. 국내성 천도의 역사적 의의(김경숙) ; 3. 국내성을 중심으로 한 방어 체계 —압록강 루트를 중심으로(윤명철) ; 4. 국내성에서 발견된 고구려 윷놀이판에 대한 연구(김일권).

제28차(2003. 5. 17.) 1. 고구려 서법이 고대 일본에 미친 영향(손환일) ; 2. 중국 정사 소재 고구려 복식과 안악 3호묘 장식과의 상관성 연구(임명미).

제29차(2003. 12. 17.) 1. 고구려=중국사이다. 중국의 논리와 국가 프로젝트 "동북공정"(서길수) ; 2. 고구려와 수·당 전쟁은 중국의 국내 전쟁인가?(윤명철) ; 3. 고구려족=중국 소수민족, 그 논리는 무엇인가?(서영수) ; 4. 발해=중국사, 중국의 논리는 무엇인가?(한규철).

제30차(2003. 12. 23.) 1. 유네스코 세계 유산의 결정 절차와 현황(허권) ; 2. 북한의 고구려 유적 세계 유산 등재 신청 과정과 현황(이혜은) ; 3. 중국의 고구려 유적 세계 유산 등재 신청 과정과 현황(서길수).

제31차(2004. 1. 27.) 1. 중국의 세계 유산 등재를 위한 새로운 고고학적 발굴과 성과(서길수) ; 2. 발해 문자의 서체(손환일).

제32차(2004. 9. 10.) 고구려연구회 10년의 성과와 방향 : 1. 한·중 고구려 연구의 현황과 고구려연구회(서길수) ; 2. 한국의 고구려 연구 성과와 고구려연구회의 역할(박성봉) ; 3. 고구려 국내 학술 발표회 성과와 고구려연구회(김용은) ; 4. 고구려 국제 학술대회 성과와 고구려연구회(박찬규) ; 5. 「고구려연구회」의 고구려 대중화 활동(서진수) ; 6. 고구려연구회의 지향성, 과거와 미래(윤명철).

제33차(2004. 11. 27.) 환인·집안 지역의 고구려 유적 발굴 성과와 검토 : 1. 환인·집안의 고구려 유적 발굴 성과의 의의와 발굴 보고서 개황(박성봉) ; 2. 오녀산성, 국내성, 환도 산성에서 새로 발굴된 성문 연구(서길수) ; 3. 집안 민주 유적 건물터의 성격 연구(서정호) ; 4. 국내성 지역에서 새로 발굴된 와당 연구(김희찬) ; 5. 집안 지역의 왕릉 —서대묘, 천추묘, 임강묘, 우산하 992호, 1106호 등(서길수) ; 6. 태왕릉과 장군총(이도학) ; 7. 집안 일대 고구려 왕릉의 제단(박승범) ; 8. 광개토태왕비 신석문(新釋文)과 청동방울 태왕령의 명문(서영수) ; 9. 집안 지역에서 최근 발견된 고구려 문자 자료(박찬규) ; 10. 환인·집안에서 새로 발굴된 고구려 병기 연구(김성태).

1995년 2월 14일 당시의 고구려연구소는 서울 프레스센터에서 '만주에 거주하는 고구려 후손에 관한 연구'를 주제로 제1회 고구려 국제 학술대회를 열었다. 당시 서길수와 고구려연구소는 중국 동북의 요양 지역에서 대대로 살아온 고구려 제19대 왕[255] 고련(高璉)의 후손을 찾았고 이들이 '고씨가보(高氏家譜)'를 소장하고 있다는 소식을 들었다. 그리고 자칭 고구려 장수왕 후손인 고지겸(高之謙), 고흥(高興) 두 사람과 가장 먼저 이 소식을 전한 중국『흑룡강조문보(黑龍江朝文報)』대표 등을 한국으로 초청하였다. 또한 단국대학 교수 이호영, 한국 정신문화연구원 교수 박성수, 경희대학 명예교수 박성봉 등 한국 학자들을 모아 이 연구소가 창립된 이래 최초의 국제 학술회의를 개최하였다. 당시 회의에서 발표된 네 편의 논문은 이 연구회에서 편집·발행하는『고구려연구』제1집에 수록되었다.[256] 그 제목과 저자는 아래와 같다.

- 고구려 왕실 후손 고양 고씨 가족 연구(주현남, 중국 흑룡강 신문사 부사장)
- 고구려 장수왕 후예에 대한 연구―고씨가보를 중심으로(고지겸, 중국 흑룡강성 위생관리 간부대학 주임의사)
- 명대 요양 동녕위 세습지휘사(東寧衛世襲指揮使)에 관한 고찰(고흥, 중국 하얼빈시 방송통신대학 전임강사)
- 고구려 후손의 현황과 의식에 관한 연구―중국 요녕성 태안현(台安縣) 대고려방진(大高麗房鎭) 거주 후손을 중심으로(서길수, 서경대학 경제학과 교수)

1996년 8월 9~11일 고구려연구회는 서울 세종문화회관 대회의실에서

---

255)【옮긴이】고련은 장수왕이며, 고구려 20대 왕이다. 저자의 착각이므로 바로잡는다.
256)〔韓〕고구려연구회 편,『고구려 연구』제1집, 서울: 학연문화사, 1995년 판.

'광개토호태왕비 연구 100년'이라는 주제로 제2회 고구려 국제 학술대회를 개최하였다. 한국, 중국(대만 포함), 일본 등에서 온 30명의 학자들이 회의에 참석하였고 발표된 논문은 모두 20편으로 이 연구회에서 편집 · 발행하는 『고구려연구』 제2집에 수록되었다.[257] 이 대회는 호태왕비 연구에 관해 한중일 각국 학계를 포괄하는 유일한 전문 국제 연구 토론회의로 이 영역의 연구에서 의심할 여지가 없는 성대한 회의였다. 회의에서 발표된 논문은 대체로 세 부분으로 나눌 수 있다. 즉, 광개토호태왕비 탁본 및 석문의 연구사, 광개토호태왕비 연구의 주요 문제, 광개토호태왕 시기의 고구려 사회 연구가 그것으로 구체적인 제목과 저자는 아래와 같다.

• 일본에서의 광개토왕비 탁본과 비문 연구(명목정민, 국학원대학 문학부 교수)
• 중국 학계에서의 고구려 호태왕비 비문과 탁본 연구〔쉬젠신(徐建新), 중국사회과학원 세계역사연구소 연구원〕
• 대만의 호태왕비 탁본과 비문에 관한 연구〔가오밍스(高明士), 대만대학 역사학계 교수〕
• 한국에서 호태왕비의 탁본과 비문 연구(임기중, 동국대학 국어국문학과 교수)
• 북한에서의 광개토호태왕비 탁본과 비문에 관한 연구(서길수, 서경대학 경제학과 교수)
• 호태왕비의 발견과 석문(釋文)연구(류융즈, 심양 동아연구중심 부주임)
• 고구려 호태왕비 문자와 서법에 관한 연구(총원췬, 중국 길림대학 고적연구소 교수)
• 신묘년 기사 재론(포전스, 중국 연변대학 조선문제연구소 교수)
• 신묘년 기사의 변상(變狀)과 원상(原狀)(서영수, 단국대학 역사학과 교수)

---

257) 〔韓〕고구려연구회 편, 『광개토호태왕비 연구 100년』, 서울: 학연문화사, 1996년 판.

- 광개토왕 비문 중 "왜"의 실체(왕젠췬, 길림성 문물고고연구소 연구원)
- 광개토왕비 연구와 한일 관계 사상(像)(연민수, 동국대학 강사)
- 고구려의 북방 진출과 「광개토왕 비문」(다나카 도시아키, 자하현립대학 인간문화학부 교수)
- 집안 고구려 왕릉 연구(웨이춘청, 길림대학 고고학계 교수)
- 광개토호태왕 왕호와 세계관(박성봉, 경희대학 사학과 명예교수)
- 광개토호태왕 시대의 "성왕" 질서에 대하여(하마다 고사쿠, 규슈대학 문학부 교수)
- 광개토대왕의 대외 정책과 동아지중해의 질서 재편(윤명철, 성균관대학 강사)
- 광개토왕비의 입비(立碑) 목적과 고구려의 수묘역제(이성시, 와세다대학 문학부 교수)
- 광개토호태왕비를 통해 본 고구려의 남방 경영(이인철, 중앙대학 강사)
- 광개토왕릉 비문에 보이는 전쟁 기사의 분석(이도학, 연세대학 강사)
- 광개토왕릉 비문에 보이는 '민'의 성격(임기환, 경희대학 교양학과 교수)

위에서 본 논문들은 한국, 조선, 중국, 일본을 포함하는 호태왕비 연구사에 대한 종합 정리로서 호태왕비 비문 및 탁본에 대해 깊이 있게 고증한 것이며 이 시기의 사회 역사에 대한 심도 있는 토론이기도 하였다. 그리고 조선, 한국, 중국, 일본 등 각 학계 최근의 호태왕비 연구 성과에 대한 집중 정리이자 반영이기도 하였다. 이 논문집에서 고구려연구회는 호태왕의 칭호를 "광개토호태왕(廣開土好太王)"으로 통일하기를 제안하였다. 그 이유는 대략 두 가지인데 첫째는 한, 일 학계에서 "광개토왕(廣開土王)", 중국 학계에서는 "호태왕(好太王)"이라고 부르나 실제로는 동일 역사 인물로서 그 칭호를 통일할 필요가 있다는 점이다. 둘째는 고구려 시기 금석문 자료를 근거로 호태왕비에서 "국강상광개토경평안호태왕(國岡上廣開土境平安好太王)"이라고 하고, 모두루 묘지에서는 "국강상광개□토지호태성왕(國岡上廣開□土地

好太聖王", 호우총 호우명문에서는 "국강상광개토지호태왕(國岡上廣開土地好太王)"이라고 하였다. 그 가운데서 "국강상(國岡上)"은 장지를 표시하므로 생략이 가능하며, "광개토호태왕(廣開土好太王)"이 위에서 본 세 곳에서 공통적으로 표기하고 있는 부분이다. 그러므로 "광개토호태왕(廣開土好太王)"이라는 명칭이 당시 고구려인이 사용하던 원래 명칭에 근접하며 각국의 학계에서 서로 다른 칭호로 부르는 문제점을 해결할 수 있다고 한 것이다. 이후로 고구려연구회의 상관 논저들은 모두 이 명칭을 사용하고 있으며 한국 학계의 부분적인 연구자들도 점차 이 명칭을 받아들여 사용하기 시작하였다. 그러나 아직 한국 학계의 전체적인 인정을 얻지는 못하였으며 중국, 일본 학계에서는 아직까지 그 제안을 받아들이지 않고 있다.

1년 후인 1997년 7월 20~21일에는 고구려연구회와 재일 조선 역사고고학협회 그리고 학습원대학 동양문화연구소가 연합하여 동경 학습원대학 창립 100주년 기념회관에서 제3회 고구려 국제 학술대회가 개최되었다. 대회의 주제는 '고구려 고분 벽화'였다. 한국, 조선, 일본, 중국에서 모인 열네 명의 학자들이 이 대회에서 논문을 발표하였는데, 그 가운데서 조선 학자들은 회의에 참석하지 않았고 대회 전에 논문을 제출하여 재일 조선 역사고고학협회(회장은 일본 조선대학 역사지리학부 교수인 전호천)[258] 가 위탁받아 일본어로 번역하였다. 간접적인 방식이긴 하였으나 조선과 한국 학계 그리고 국제 학계에서 고구려 고분 벽화 문제의 연구에 관한 커다란 교류가 실현되었다. 이 대회에 발표된 논문은 모두 『고구려연구』 제4집인 『고구려 고분 벽화』에 수록되었다.[259] 그 제목과 저자는 아래와 같다.

---

258) 【옮긴이】 전호천은 한때 조선대학 교수였으나 당시는 교수직을 그만두고 재일 조선 역사고고학협회 회장을 맡고 있었다.

259) 〔韓〕 고구려연구회 편, 『고구려연구』 제4집 『고구려 고분 벽화』, 서울: 학연문화사, 1997년 판.

- 고구려 고분 벽화 연구사(전호태, 울산대학 사학과 교수)
- 고구려 벽화 무덤의 유형 변천과 편년에 관한 연구(박진욱, 조선사회과학원 고고학연구소 연구사 · 박사 · 교수)
- 일본의 고분 벽화와 고구려의 고분 벽화[백석태일랑(白石太一郎), 일본 국립 역사민속박물관 관장[260] · 고고연구부 부장]
- 중국 집안 고구려 벽화 무덤과 요동 · 요서 한위진(漢魏晉) 벽화 무덤의 비교 연구(류쉬안탕, 길림성 문물고고연구소 부연구원)
- 고구려 고분 벽화와 신라 · 백제 · 가야 고분 벽화에 관한 비교 연구(이은창, 대전보건전문대학 박물관과 교수)
- 고구려 벽화 무덤의 묵서명과 피장자(손영종, 조선사회과학원 역사연구소 실장 · 박사 · 교수)
- 미창구 장군 무덤 벽화 및 여러 벽화묘의 피장자 연구[우쟈창(武家昌), 요녕성 문물고고연구소]
- 고구려 고분 벽화를 통해 본 고구려의 건축에 관한 연구(한인호, 조선사회과학원 고고학연구소 소장 · 박사 · 교수)
- 고구려 고분 벽화를 통해서 본 종교와 사상에 관한 연구[호카쓰 유키노리(深津行德), 릿꾜(立敎)대학 문학부 교수]
- 고구려 고분 벽화를 통해서 본 고구려 사회 생활 풍속에 대한 연구(리뎬푸, 심양 동아연구중심 연구원)
- 고구려 고분 벽화를 통해 본 고구려 복식에 관한 연구(김미자, 서울여자대학 의류학과 교수)
- 고구려 고분 벽화를 통해 본 고구려의 천문학 발전에 관한 연구(이준걸, 조선사회과학원 고고학연구소 연구사)

---

260) 【옮긴이】 관장이 아니고 교수였다.

- 고구려 벽화 고분의 석실 구조에 관한 연구[아즈마 우시오, 덕도(東潮, 德島)대학 종합과학부 교수]
- 고구려 고분 벽화에 나타난 춤사위의 되살림(이애주, 서울대학 체육교육과 교수)

소개된 자료를 근거로 보면 지금까지 발견된 고구려 시기 벽화 고분은 모두 95기이다. 그 가운데서 중국 요녕성 환인 지역에 1기, 중국 길림성 집안 지역에 23기가 있으며 조선 평양 등지에 71기가 있다. 고구려사를 비춰볼 수 있는 문헌이 결여되어 있는 현실적 상황에서 고구려 고분 벽화는 고구려 시기 역사의 진상을 직접 펼쳐볼 수 있는 가장 중요한 자료이며 심지어는 당시의 문화, 풍속, 종교, 사상, 과학 기술 등의 상황을 반영하는 보고로 일컬어지고 있다. 1908년 이래 각국 학계는 고구려 고분 벽화에 대해서 이미 많은 연구를 진행해왔다. 그러나 각국 학계 간의 상호 교류와 깊이 있는 토론이 진행된 국제적인 전문 회의는 열리지 않았다. 이 대회에서 드디어 역사상 처음으로 고구려 고분 벽화에 대한 국제 학술회의가 이루어졌다. 위에서 본 논문들은 제목에서 볼 수 있는 것처럼 그 토론 내용이 고구려 고분 벽화에 관한 각 영역을 거의 모두 언급하고 있으며, 이 영역에서는 아주 성대한 회의였다. 그 가운데서 조선 학계는 비록 이 대회에 직접 참석하지는 못했지만 이 영역의 권위자가 학술 논문을 보내와 국제 학계로서는 조선 학계가 가지고 있는 고구려 고분 벽화 연구의 주요 견해와 최신 주장들을 이해할 수 있었다.

『고구려연구』 제4집의 앞부분은 조선 경내 고구려 고분 벽화 및 중국, 일본 양국의 고분 벽화 사진 30여 장을 실어 연구자들에게 귀중한 사진 자료로 제공되었다. 이외에도 한국 학계의 전호태가 정리한 「고구려 고분 벽화 연구 문헌 목록」이 함께 실려 있는데 시기, 영역, 주제별로 나누어 조선, 한국, 일본, 중국 및 기타 각국 학계의 고구려 고분 벽화 관련 연구 문헌을 정리하였다. 1908년 고구려 산연화총(散蓮花冢) 벽화를 포함하여 1997년까지 발표된 각종의 상관 논저 등 모두 106쪽(676~782쪽)에 이르는 분량으로 이 영역의 연구에서 가장 상세하고도 빠짐 없는 참고문헌 목록을 제공하였다.

1999년 9월 11~13일 고구려연구회는 '발해 건국 1300주년'이라는 주제로 서울 한국전쟁기념관 소강당에서 제4회 고구려국제학술대회를 개최하였다. 이 주제와 고구려 연구는 직접적 관련은 없으나 이는 고구려연구회의 관심 분야가 고구려 영역에만 그치는 것이 아님을 나타낸다. 한국, 일본, 중국 등에서 모인 40여 명이 회의에 참가했는데 그 가운데 18명의 학자가 논문을 발표하였다. 이 논문은 모두 『고구려연구』 제6집 『발해 건국 1300주년 (698~1998)』[261]에 수록되었다. 그 논문들의 제목과 저자는 아래와 같다.

- 발해사 연구의 현황과 과제(한규철, 경성대학 사학과 교수)
- 발해사 사료와 발해사 인식의 변천(정진헌, 경희대학 강사)
- 대흠무(문왕) 시대 — 발해의 역사적 성격〔하마다 고사쿠(濱田耕策), 규슈대학 문학부 교수〕
- 발해 지배 세력과 성씨(임상선, 서울시립박물관 전문위원)
- 발해 멸망의 원인(김은국, 중앙대학 사학과 강사)
- 발해 유민과 후발해 및 대발해국(김위현, 명지대학 사학과 교수)
- 러시아 연해주 지역의 발해 유적 조사와 소장 유물〔이블리예프(Ivliev Alexander Lvovich), 러시아 극동 고고역사연구소 소장〕[262]

---

261) 〔韓〕고구려연구회 편, 『고구려연구』 제6집 『발해 건국 1300주년(698~1998)』, 서울 : 학연 문화 사, 1999년 판.
262) 【옮긴이】 이블리예프 교수는 당시나 지금이나 소장이 아니고 주로 발해의 유적을 전문적으로 발굴하는 교수이다.

- 서울대학교박물관 소장 발해 유물(최몽룡, 서울대학박물관장)
- 북한의 발해 유적 조사와 소장 유물(서일범, 중국 연변대학 조선문제연구소)
- 일본의 발해 유적 조사와 소장 유물〔고지마 요시타카(小嶋芳孝), 석천현립(石川縣立) 매장문화재센터 조사부장〕
- 상경용천부와 새로 발굴된 사리함(김태순, 중국 흑룡강성 문물고고연구소 연구원)
- 발해 샤만교〔薩滿敎〕 존재 여부에 대하여(방학봉, 중국 연변대학 발해사연구소 소장)
- 발해의 불교와 불상(정영호, 한국교원대학 교수)
- 발해의 고분 벽화와 발해 문화의 성격(전호태, 울산대학 사학과 교수)
- 동경대박물관 소장 발해 불상(임석규, 대구시 문화재 감정위원)
- 발해 건축에 대하여(이병건, 동원대학 실내건축과 전임강사)
- 발해의 수공업 제품에 대하여(서길수, 서경대학 경제학과 교수)
- 발해의 해양 활동과 동아시아의 질서 재편(윤명철, 동국대학 겸임교수)

또한 『고구려연구』 제6집에도 한국 학자인 한규철이 정리한 '발해사 분류별 논저 목록'이 함께 실려 있는데 한국, 조선, 중국, 일본, 러시아 등 각국 학계에서 1900년부터 1997년 사이에 이르는 발해 역사 연구의 논저와 신문 보도 등 상관 자료들을 정리한 것으로 모두 123쪽(541~664쪽)에 이른다. 구체적으로 통사와 개론, 사학사와 연구사, 성격 및 계승 문제, 정치 및 제도, 외교 및 군사, 유민, 건국, 종족, 주민, 사회, 경제, 무역, 토지, 산업, 사상, 종교, 학문, 인물, 전기, 교육, 문학, 예술, 민속, 과학, 언어 문자, 문화, 미술 등 모두 열아홉 종류이며 세계 각국의 발해사 연구와 관련된 기본 현황을 이해할 수 있는 귀중한 정보 자원이라고 할 수 있다.

1999년 10월 1~2일까지 고구려연구회는 서울시 세종문화회관 대회의실에서 '고구려 산성과 방어 체계'를 주제로 제5회 고구려 국제 학술대회를 개최하였다. 한국, 중국, 일본, 미국 등 국가의 30여 명의 학자들이 대회에 참석했고 그 가운데서 열네 명의 학자가 이 대회에서 논문을 발표하였다. 논문은 모두 『고구려연구』 제8집 『고구려 산성 연구』[263]에 수록되었다. 고구려 국호는 "구루(溝漊)", 즉 산성에서 유래하였으며 이로 인하여 산성은 고구려의 국방 군사 시설인 동시에 행정 구역의 지표이기도 하다. 조사 자료를 근거로 지금까지 발견된 고구려 산성은 200여 곳이 넘는데 주로 우리나라 동북 및 조선 북부 지역에 분포하며 고구려사를 연구하는 데 '살아 있는 자료 보고'라고 할 수 있다. 이 대회는 고구려 산성에 관한 최초의 국제적인 학술 연구 토론회였으며 고구려 산성, 더 나아가서 모든 고구려사의 연구에 매우 중요한 의의를 가지고 있다. 이 대회에서 발표된 열네 편의 논문과 저자는 아래와 같다.

- 길림성 내 고구려 산성의 현황과 특성(웨이춘청, 길림대학 고고학계 교수)
- 고구려 고성의 축성에 대한 시대 구분 및 그 역사적 배경(왕몐웨이, 요녕성박물관 관장)
- 북한 경내의 고구려 성의 분포와 연구 현황(서일범, 연변대학 조선문제연구소 강사)
- 남한 내 고구려 산성의 현황과 특성(차용걸, 충북대학 역사교육과 교수)
- 성곽 시설에서 본 고구려의 방어 체계(다나카 도시아키, 자하현립대학 인간문화학부 교수)
- 경기 북부 지역의 고구려 관방 체계(최종택, 서울대학 고고미술사학과 강사)
- 경기 남부와 충청 지역의 고구려 성(정영호, 한국교원대학교박물관장)
- 고구려 축성법 연구(1)(서길수, 서경대학 경제학과 교수)

---

263) 〔韓〕고구려연구회 편, 『고구려 연구』 제8집 『고구려산성연구』, 서울: 학연문화사, 1999년 판.

- 고구려의 평지성과 군현성 운용(윤용구, 인하대학 사학과 강사)
- 연변 지역의 성곽에 대한 연구(정용전, 연변대학 발해사연구소 소장)
- 고구려와 요·금 고성(古城)의 비교 연구(유풍, 길림성 고고연구소 부연구원)
- 신라 성과 고구려 성(심봉근, 동아대학 고고미술사학과 교수)
- 고구려 산성과 백제 산성과의 비교 검토(심정보, 대전산업대학 교수)
- 일본에 있는 조선식 산성의 조사와 성과[오다 후지오(小田富士雄), 후꾸오까(副岡)대학교 인문학부 교수]

위에서 본 논문들은 대체적으로 두 부분으로 나눌 수 있다. 첫째는 고구려 산성의 현황과 그 방어 체계인데 중국 동북 지역을 포함하여 남북한 각 지역에 분포되어 있는 고구려 산성의 현황과 고구려 시기 산성을 중심으로 한 방어 체계에 관한 문제들을 언급하였다. 둘째는 고구려 산성과 기타 산성과의 비교 연구로 구체적으로 고구려 산성 자체의 축조 방법에 대한 연구 등 세부적인 부분에서 중국 동북 지역의 고구려에서 요금 시기에 이르는 산성 그리고 일본의 조선식 산성의 비교 연구가 이루어졌다. 이들 내용에는 기본적으로 고구려 산성에 관한 주요 문제가 대부분 포함되어 있다. 이 대회는 직·간접적으로 관련이 있는 남북한과 중국, 일본 등 상관 국가의 학계가 참여한 고구려 산성 연구에 관한 성대한 회의였다고 할 수 있으며, 고구려 산성 연구를 종합 정리하고 서로 교류할 수 있는 좋은 기회였다. 이 외에도『고구려 연구』앞부분에는 남북한과 중국 동북 지역의 고구려 산성 자료 및 사진을 모두 36쪽에 걸쳐 싣고 있어 이 영역의 연구에서 얻기 어려운 사진 자료와 통계 자료들을 제공하였다.

2000년 10월 13~14일까지 고구려연구회는 서울시 세종문화회관 회의실에서 '중원고구려비 신조명'이라는 주제로 제6회 고구려 국제 학술대회를 개최하였다. 1979년 4월 8일 단국대학박물관 학술조사단은 충청북도 중원군 가금면 용전리 입석촌에 있던 고구려 시대 석비 1기를 발견하였다. 그 형태는 고구려 호태왕비와도 유사하며 정면은 높이가 203cm, 너비는 55cm이다. 한국 학계의 반복적인 조사와 연구를 통해서 이 비가 호태왕비와 같은 고구려 시기에 속한 석비임이 확인되었다. 한국은 물론 한반도 경내에서 발견된 유일한 고구려 시기의 석비이다. 그리고 호태왕비를 제외한 고구려 시기부터 직접 전해내려온 또 다른 중요한 석각 자료이기도 하다. 4면의 석문은 고구려사의 중요한 실마리를 풀 수 있는 것으로 그 명칭은 발견된 장소인 중원군의 이름을 따라 붙인 것이다.

2000년 2월 22~26일까지 고구려연구회는 한중일 50여 명의 학자들을 조직하여 충청북도 중원군 가금면 용전리 입석촌 현장에 직접 내려가 중원고구려비 비문의 새로운 해석 작업을 진행하고 전문적인 연구 토론회를 거행하였다. 이를 기초로 하여 이 국제 학술대회가 열린 것이다. 이 국제 학술대회에는 모두 열세 명의 학자가 논문을 발표했으며 모두 『고구려연구』 제10집 『중원고구려비 연구』에 수록되었다.[264] 그 제목과 저자는 아래와 같다.

• 1979년 중원고구려비 발견 조사와 2000년 신석문(新釋文)(정영호, 한국교원대학 명예교수)
• 중원고구려비의 건립 목적(이도학, 한국 전통문화학교 문화재관리학과 교수)
• 중원고구려비의 입비(立碑) 년에 관해서(기무라 마코토, 동경도립대학 인문학부 교수)
• 중원고구려비의 건립 연대 고증(포전스, 중국 연변대학 역사계 교수)
• 중원고구려비의 건립 연대(김창호, 경주대학 문화재학과 교수)
• 중원고구려 비문의 해독과 이두적 성격(남풍현, 단국대학 국어국문학과 명예교수)

---

264) 〔韓〕고구려연구회 편, 『고구려연구』 제10집, 『중원고구려비 연구』, 서울: 학연문화사, 2000년 판.

- 중원군의 고려비를 통해 본 고구려 국명의 변천(리덴푸, 심양 동아연구중심 연구원)
- 중원고구려비를 통해 본 고구려와 신라의 관계(임기환, 서울교육대학 강사)
- 중원고구려비와 신라 비와의 비교(이용현, 국학원대학 일본문화연구소 연구원)
- 중원고구려비에 나타난 고구려 성과 관방(關防) 체계(서영일, 단국대학 강사)
- 염모 묘지와 중원고구려비(경톄화, 통화사범학원 역사계 교수)
- 중원고구려비와 고구려 금석문의 서체에 대하여(김양동, 계명대학 서예과 교수)
- 중원고구려비 부근의 고구려 유적과 유물(장준식, 충청대학박물관장)

위에서 본 논문의 제목을 통해 중원고구려비에 관한 대부분의 문제를 포함하고 있다는 것을 쉽게 알 수 있다. 그 가운데서 중원고구려비 비문의 자외선 촬영 및 새로운 탁본을 통해 비문의 새로운 해석 작업이 시도되었다. 이 비가 발견된 지 20여 년이 지난 후 처음으로 학술적인 깊이 있는 토론이 진행되었고 호태왕비를 제외한 유일한 고구려 석비 및 그 석문에 대한 관심과 연구의 커다란 촉진제가 되었다. 『고구려연구』 제10집에는 13편의 논문이 수록된 이외에도 제1편 자료편을 따로 편성하여 중원고구려비의 컬러 사진 43장과 자외선 사진 72장 그리고 중원고구려비의 1979년 탁본 사진 120장과 2000년 고구려연구회 탁본 사진 156장, 고구려연구회 신석문(2000)에 관한 표도 함께 수록하였다. 또한 서길수는 중원고구려비 신석문 국제 연구 토론회 및 국제 학술대회 보고 등 관련 자료 등도 수록하여 세계 연구자들에게 귀중한 사진 및 문자 자료들을 제공하였다.[265]

1998년부터 고구려연구회는 '고구려연구회 학술총서'도 편집 · 출판하기 시작하였다. 이 총서의 제1집은 『러시아 연해주 발해 절터 유적』이라는 제목으로 고구려연구회와 러시아과학원 시베리아 분소 고고민족학연구소가 공동으로 편집하여 학연문화사가 출판 · 발행하였다.[266] 같은 해 고구려

연구회는 서기 698년 건립된 발해 건국 1300주년을 기념하기 위하여 아래와 같은 다섯 가지의 기념 활동을 벌였다. 즉 발해 건국 1300주년 기념 국제 학술대회를 개최하고, 발해 유적의 한·러 공동 발굴 보고서를 출판하였다. 그리고 발해 건국 1300주년 기념 전람회를 개최하고, 발해 문화 대학(공개 강좌)을 열었으며 발해·고구려 유적 답사 활동을 조직하였다. 이 보고서의 출판·발행은 위에서 본 기념 활동의 하나였다. 이 보고서는 러시아과학원 시베리아 분소 고고민족학연구소 연구원인 메드베데프 박사가 중심이 되어 발굴 조사를 진행하고 보고서를 집필하였다. 그리고 이 연구소의 박사 과정에 있는 한국 학자 강인욱이 한국어로 번역하였다. 이 책은 모두 475쪽으로 그 가운데 13~217쪽은 한국어 번역문이며 218~475쪽까지는 러시아어로 수록되어 있다. 그리고 고구려연구회 회장 서길수와 러시아과학원 시베리아 분소 고고민족학연구소 원장이자 학술원 회원인 A. P 데레비얀꼬가 한국과 러시아 양국을 대표하여 발간사를 썼다.

다시 말해 이 보고서는 러시아 학자의 극동 지역 발해 유적에 관한 고고 발굴 성과를 한국 학계에 번역하여 소개한 것으로 고구려연구회와 그 학자들의 독립된 연구 성과는 아니다. 그러나 한국 학계, 특히 이 연구회의 발해 역사에 대한 지대한 관심을 반영해준다. 그러나 이 보고서의 내용과 고구려사 연구와는 직접적인 관련이 없으므로 그 내용을 구체적으로 평가하여 설명하지 않겠으며 대신 그 목록 부분을 아래와 같이 번역·소개한다.

---

265)【옮긴이】참고로 글쓴이가 분석한 6회 이후 2004년 말까지 고구려연구회는 국제 학술대회를 10회까지 마쳤는데 다음과 같다.
제7회(2001. 10. 12~10. 14) 「고구려 유적 발굴과 유물」(세종문화회관 컨퍼런스홀).
제8회(2002. 10. 11~10. 12) 「고구려 국제 관계」(국제 청소년센터).
제9회(2003. 10. 22~10. 24) 「고구려 벽화의 세계」(세종문화회관 컨퍼런스홀 소회의실).
제10회(2004. 6. 28~6. 30) 「고구려의 정체성」(세종문화회관 컨퍼런스홀 소회의실).
266) 〔韓〕고구려연구회·러시아과학원 시베리아 분소 고고민족학연구소 편, 『러시아 연해주 발해 절터』, 서울: 학연문화사, 1998년 판.

1999년 12월 고구려연구회는 '고구려연구회 학술총서' 제2집을 편집·출판하게 된다. 제목은 『서희와 고려의 고구려 계승 의식』으로 역시 학연문화사에서 출판하였다.[267] 서희(942~998)의 자는 염윤(廉允)이며 고려 왕조의 문신으로 내의시랑(內議侍郎), 검교병부상서(檢校兵部尙書), 병관어사(兵官御事), 내사시랑(內史侍郎), 중군사(中軍使), 태보내사령(太保內史令) 등의 요직을 역임하였다. 그리고 고려 성종 12년(993) 소항덕(蕭恒德)[자(字) 손녕(遜寧)]이 거느린 거란 요군 80만의 병력을 외교 담판으로 물리쳐 대동강 이북의 4진을 개척하는 등의 업적으로 고려 왕조 역사에 길이 이름을 남겼

---

267) 〔韓〕 고구려연구회 편, 『서희와 고려의 고구려 계승 의식』, 학연문화사, 1999.

으며 『고려사』 권 93에 그의 전기가 전한다. 1999년 11월 8일 고구려연구회와 이천문화원 및 이천서씨대종회는 서울에서 가장 큰 규모인 세종문화회관 대회의실에서 서희 서거 1000주년 기념 학술대회를 연합 개최하였다. 한국 대통령 김대중 역시 축사를 보내기도 하였다. 이 책은 대회에서 발표된 논문들을 수록한 것으로 모두 아홉 편, 총 284쪽에 이른다. 이 논문들의 제목과 저자에 대해서는 아래와 같다(대회 발표 및 책에 수록된 순서에 따름).

- 서희의 가계 연구(서길수, 서경대학 경제학과 교수)
- 서희와 고려의 고구려 계승 의식(박한설, 강원대학 사학과 교수)
- 서희와 성종(成宗) 대의 정치적 지배 세력(김당택, 전남대학 역사교육과 교수)
- 서희의 외교(김위현, 명지대학 사학과 교수)
- 서희의 북방 정책(최규성, 상명대학 사학과 교수)
- 서희가 축조한 성곽과 청천강(淸川江) 이북 방어 체계(서일범, 중국 연변대학 조선문제연구소)
- 려요(麗遼) 전쟁 시기 고려와 요의 군사력 비교(이재범, 한국 국방군사연구소 연구원)
- 서희의 송나라 사행항로(使行航路) 탐구(윤명철, 동국대학 사학과 겸임교수)
- 근대 외교사적 입장에서 본 서희(이재석, 인천대학 정치외교학과 교수)

소위 고구려 계승 의식은 한국 학계가 고구려와 한국 고대 역사의 상관성을 주장하는 하나의 중요한 이유가 된다. 서희는 고구려 계승 의식을 이야기할 때 반드시 제기되는 대표적인 인물이다. 그로 인해 고구려연구회는 이와 같은 역사 인물을 기념하는 데 참여한 것이며 실제로 그들의 고구려 역사 인식과 밀접한 연관이 있다. 그리고 한국 학계 및 사회 각계의 고구려사 인식을 반영하는 하나의 전형적인 예라고도 할 수 있다.

【 4. 고구려연구회 간행『고구려연구』1~11집에 수록된 주요 논문에 대한 논평 】

고구려연구회에서 편집·발행하는『고구려연구』는 이 연구회가 고구려 연구와 관련된 성과들을 발표하는 주요 활동의 진지(陣地)이다. 1995년부터 현재에 이르기까지(2001) 이미 11집이 출판되었는데, 한국 학계의 고구려 관련 연구 성과를 집중 반영하는 주요 학술 간행물이다. 그 가운데서 여러 차례 국제 학술대회에서 발표된 논문들에 대해서는 이미 간략하게 상술하였으므로 여기에서는 그 나머지 기간 동안 간행된 논문과 저자들에 대해서 소개하고 관련 내용을 간략하게 논평하도록 하겠다.

『고구려연구』제1집은 제1회 고구려 국제 학술대회의 특별 논문집으로 중국 국내의 고구려 장수왕의 후손에 관한 논문을 수록하였고, 제2집은 제2회 고구려 국제 학술대회의 특별 논문집으로 호태왕비 연구에 관한 논문들을 실은 것이다. 관련 내용은 앞에서 이미 간략하게 설명하였다.『고구려연구』제3집은 1997년 6월 출판되었다. 모두 아홉 편의 논문을 싣고 있으며 그 제목과 저자는 아래와 같다.

- 북경대학 도서관에 보존된 호태왕비 탁본(3021326-3)의 채탁(採拓) 연대 고증 (포전스, 연변대학 조선문제연구소 교수)
- 포천 반월산성 출토 '고구려' 기와 명문의 재검토(이도학, 연세대학 강사)
- 국립중앙박물관 소장 고구려 청동 삼족정(三足鼎)에 대한 소고(小考)(김대환, 고구려연구회 연구원)
- 평양 지역 고분 벽화의 분포 현황과 보존 방향(서길수, 서경대학 경제학과 교수)
- 고구려 고분 벽화의 천문 사상 특징(김일권, 서울대학 종교학과 박사과정 수료)
- 고구려 춤의 민속학적 연구(이애주, 서울대학교 체육교육과 교수)

- 『삼국사기』에 보이는 말갈의 실체(김택균, 영월공업전문대학 교수)
- 요동 지역 신석기시대 주거 문화에 대한 연구(김희찬, 고구려연구회 연구원)
- 일본 나가사키현 난고촌(南鄉村) 신문신사(神門神社)의 백제왕 전설과 비단 묵서(박찬규, 단국대학 강사)

위의 저자들 가운데서 연변대학 교수인 포전스는 중국 국내 학계에서도 고구려 연구의 원로 학자로서 호태왕비 연구 영역에서 『호태왕비와 고대 조일(朝日) 관계 연구』, 『중국 경내 고구려 유적 연구』(공저), 『고구려 호태왕비 연구』 같은 전문 논저들을 발표한 바 있다. 여기에서 발표한 논문은 제첨(題簽)과 기(記) 및 발문 등을 분석하여 1876~1884년 채탁설(釆拓說)과 1889년 채탁설의 착오를 논증하였고, 북경대학 도서관에 소장된 호태왕비 탁본 3호본은 1884, 1885년에 리윈총(李云從)이 탁본한 것이라고 주장하였다. 한국 학자 이도학은 경기도 포천군 반월산성에서 출토된 명문 기와의 연구를 통해서 이전 판독의 착오를 논증하고 그 명문은 "마홀수해구초(馬忽受蟹口草)"라는 자형이라고 주장하면서 이를 통해 고구려 시대 방어 및 운용 노선을 확인할 수 있다고 하였다. 한국 학자 김대환은 국립중앙박물관에 소장된 고구려 삼족정의 연구를 통해 이 정이 고구려인이 독자적으로 제작한 귀중한 보물임을 주장하였다.

고구려연구회 회장 서길수는 조선 평양 지역의 고구려 고분 벽화의 현황에 대해서 그림과 문자 자료 그리고 국제사회의 관심 등에 대해서 분석하면서 지금까지 조선의 고분 벽화 보호 수준이 상당히 낙후되어 있음을 주장하고 가장 큰 문제점으로 자금과 기술 부족을 들었다. 또한 외교적인 노력과 기금의 마련 등을 통해서 조선 경내에 있는 고구려 고분 벽화가 유네스코의 세계 문화유산에 등록되도록 적극 지원해야 한다고 거듭 주장하였다. 젊은 학자에 속하는 김일권은 "삼중(三重) 천문 방위 표지(標指) 체계"를 중심으로 고구려 고분 벽화에 반영된 천문 사상을 고찰하였다. 그는 고구려의 천문 사상은 자연 관측 지식의 반영에만 그치는 것이 아니라 일정한 우주론의 체계적 인식, 특히 천하 중심 사상을 반영한다고 하였다. 서울대학의 무용 교수 이애주는 전통 무용가의 전문적인 시각에서 고구려 고분 벽화에 반영된 각종 무용 자세들을 고찰하였다. 구체적으로 소매춤, 맨손춤, 행렬춤, 곡예춤, 무예춤, 하늘춤 등 그 기능적인 면과 계급성 및 사상적 특징 등을 면밀히 분석하여 고구려 무용이 당시 고구려 민속 예술을 반영할 뿐 아니라 고구려 문화의 하나의 축소판이라고 하였다.

『고구려 연구』제4집은 제3회 고구려국제학술대회의 특별 논문집으로 고구려 고분 벽화에 관한 논문들을 수록하였다. 제5집은 1998년 6월 출판되었으며 모두 여덟 편의 논문이 수록되었으며 그 제목과 저자는 아래와 같다.

- 고구려 수공업 제품에 대하여(서길수, 서경대학 경제학과 교수)
- 미송리형 토기와 청동기시대 유물에 대하여(서영수, 단국대학 역사학과 교수 · 김희찬, 강남대학 강사)
- 삼국쟁패기 아단성(阿旦城)의 위치와 영유권(김영관, 서울시립박물관 학예연구사)
- 고구려 금동불상의 신예(新例)(정영호, 한국교원대학박물관장)
- 고구려 고분 벽화의 북극성 별자리에 관한 연구(김일권, 서울대학 강사)
- 안악 3호분 주인공의 관모(冠帽)에 대하여(공석구, 대전산업대학 교수)
- 고구려 벽화 제작 기법 시고(試考)(이상수 · 안병찬, 국립중앙박물관)
- 고구려 고분 벽화 무늬를 응용한 도제 장신구 연구(조재희, 서울시립미술관)

『고구려연구』제4집은 위에서 본 논문 중 제1~2편을 특집으로 '김영길 소장 유물 공개 학술 발표문'으로 싣고 있다. 그해 81세로 서울에 거주하는 김영길은 소금 판매업을 하던 그의 부친이 생전에 중국 동북 및 조선 북부 지역에서 수집하였던 고구려 시기의 귀중한 유물들을 고구려연구회를 통해 공개했는데, 그 가운데는 많은 금동 장식구가 포함되어 있다. 고구려연구회는 전문가를 조직하여 관련 연구 논문을 작성하였고 『고구려연구』의 첫머리에는 19쪽에 이르는 컬러 사진을 함께 실었다. 그 가운데 서길수의 논문은 김영길 소장 유물을 중심으로 고구려 시기의 금제품, 금동 제품 및 명문 와당으로 나누어 고찰하고 학계에 김영길이 소장한 고구려 시기의 귀중한 유물과 그 가치를 소개하였다. 서영수·김희찬의 논문은 이때 공개된 유물 가운데서 고조선 시기와 관련된 두 점의 미송리형 토기를 면밀히 분석한 것으로, 이것이 한국 국내에서 지금까지 유일하게 공개된 고조선 시기 미송리형 토기라고 하였다. 그리고 조선 북부 및 중국 동북 지역에서 출토된 미송리형 토기를 대조하여 미송리형 토기의 특징과 학계의 쟁점에 대해서 깊이 있게 논술하였다.

　김영관의 논문은 고고학적인 각도에서 아단성 등 한강 유역의 고구려 유적을 고증한 것으로, 유적 모두가 고구려의 남진 시기 단기간 사용했던 군사 시설로 보고 있다. 정영호는 논문에서 1983년 러시아 하바로프스키 지역에서 발견된 금동 불상을 고찰하고 이 불상이 고구려인에 의해서 제작되었을 가능성이 높다고 하였다. 김일권은 고구려 고분 벽화의 북극성의 별자리 그림을 고찰하였다. 그리고 중국과 일본 양국의 관련 자료들을 비교 분석하여 고구려 고분 벽화의 별자리가 북극삼성 및 북두칠성 위주의 천문도로 고구려식 중궁(中宮) 표현 방식으로 설정하고 고구려 시기 천문 연구 체계의 일부분이라고 하였다. 공석구는 안악 3호분 벽화 인물의 관모를 고찰하였는데 흑책 위에 그물형의 백색무관을 착용한 것을 통해 피장자가 동수임을 주장하였다. 이상수와 안병찬은 논문에서 학계의 벽화 제작 기법 분류 기준을 근거로 고구려 고분 벽화의 제작 기법을 구체적으로 분석하였다. 당시 사용 재료의 구체적인 성분을 정확하게 판단하기는 어려우나 최소한 고구려 벽화가 벽면이 축축한 상태에서 그림을 그리는 습식 기법(프레스코)에 속하지는 않는다고 하였다. 그 가운데 국립 중앙박물관에 소장되어 있는 고구려 벽화편에 관한 사용 재료의 분석 통계와 사진들도 실어 이 연구의 고도의 전문성을 나타내주었다. 조재희의 논문은 우리나라 집안 지역의 고구려 고분 벽화를 중심으로 토제품에 당시의 벽화 무늬를 응용할 수 있음을 전문적으로 고찰한 것으로, 이러한 고대 전통 무늬 자료를 이용하여 세련된 현대 장식품을 개발할 수 있다고 하였다. 이를 통해 한국 사회의 전문 인력이 고구려 역사 자원을 현실 생활과 생산의 의의에 맞게 충분히 응용해가고 있는 추세를 볼 수 있다.

『고구려연구』 제6집은 제4회 고구려 국제 학술대회의 특별 논문집으로 발해 역사와 관련된 논문을 싣고 있다. 제7집은 1999년 10월에 출판되었는데 모두 여섯 편의 논문과 두 편의 답사 보고가 실려 있다. 그 제목과 저자는 아래와 같다.

- 고구려 기와의 현미경 관찰과 XRD분석(양동윤 · 김주용, 한국 자원연구소 연구원 / 한창균, 한남대학 역사교육과 교수)
- 고구려 유적 기와에 관한 조사 연구(최맹식 · 서길수, 부여문화재연구소 소장. 서경대학 교수)
- 석대자(石臺子)산성을 통해서 본 고구려 산성의 특징(서길수, 서경대학 교수)
- 4~7세기 고구려 벽화 고분 묵서의 서예사적 의의(고광의, 연변대학 박사과정)
- 춤무덤과 씨름무덤의 벽화 재료(채미영, 경주대학 문화재학과 석사)
- 발해 시대 건축의 복원 가능성에 대한 소고(서정호, 전주대학 건축공학과 겸임교수)
- 내몽골 대흥안령 주변 역사 유적 답사기(서길수, 서경대학 교수)
- 광개토태왕 서북 정복로 대탐사 일정 보고(최유식, 조선일보 기자)

위의 논문 가운데서 고구려 기와에 관한 연구가 특히 주목을 끈다. 양동운, 김주용, 한창균 세 사람은 현미경 관찰과 X선 등의 과학적인 방법을 이용하여 적색, 회색의 고구려 기와 15점을 분석하였다. 그 가운데 함유 성분 등의 통계 자료들을 일일이 열거하고 현미경 사진 33장과 X선 분석 통계 자료 37가지를 덧붙여 실었다. 현대 과학 기술 방법을 이용하여 고구려사를 연구한 하나의 전형이라고 할 수 있다. 최맹식·서길수의 논문은 서길수와 고구려연구회가 여러 해 동안 수집한 고구려 기와 39점(와당 3점, 평와 36점)을 집중적으로 고찰한 것으로, 그들은 고구려 기와의 제작 기법이 백제와 매우 근접해 있으며, 이는 당시 양국 사이의 밀접한 문화 교류가 있었다는 것을 반영한다고 하였다. 서길수는 또한 석대자산성에 관한 논문에서 1987년 이후 요녕성 심양의 석대자 고구려 산성의 발굴과 정리 상황을 소개하고 저자 자신이 1998년 9월 답사한 이틀간의 기록을 덧붙여 우리나라 고구려 산성에 관한 고고학적인 성과들을 소개하였다. 고광의의 논문은 4~7세기 사이 고구려 고분에서 나온 묵서 자료의 자형과 서체를 분석한 것으로 글자가 쓰인 연대를 추정하는 데에는 고구려 서체의 변천과 당시 중국 서법 발전사의 관계를 통해 고찰하였다. 그리고 '고구려 벽화 고분 묵서 필 검자표(高句麗壁畵古墳墨書筆檢字表)'를 덧붙여 수록하였다. 모두 48쪽(185~273쪽)에 이르며 고구려 서법 연구에 관한 한 편의 역작이라고 할 수 있다. 채미영의 논문은 고구려 벽화 고분에 사용된 회화 재료와 보조 자료를 분석한 것인데 구체적으로 그 종류와 명칭 및 그 효과를 가리킨다. 이를 근거로 고구려 고분 벽화가 장기간 보존될 수 있었던 과학적인 이유를 논증하였고 과학적인 각도에서 고구려 벽화 고분의 수수께끼에 대한 답안을 제시하였다.

『고구려연구』 제8집은 제5회 고구려국제학술대회의 특별 논문집으로 고구려 산성에 관한 연구 논문을 수록하였다. 제9집은 2000년 6월에 출판되었고 모두 여덟 편의 논문과 네 편의 자료가 수록되어 있다. 그 제목과 저자는 아래와 같다.

- 고구려 기와의 화학 분석과 강도 측정을 통한 제작 기법 고찰 — 고구려연구회 소장 유물을 중심으로(양동윤 · 김주용, 한국 자원연구소 연구원 / 한창균, 한남 대학 역사교육과 교수)
- 고구려 시대 성곽의 문루(門樓)에 관한 연구(서정호, 전주대학 건축공학과 겸임 조교수)
- 고구려 벽화 무덤의 바탕재에 관한 고찰 — 석회 모르타르를 중심으로(채미영, 경주대학 문화재학과 석사)
- 중원 고구려비의 서체(손환일, 원광대학 강사)
- 고구려의 언어에 대하여(임병준, 이천 장호공업고교 교사)
- 고구려의 사회 경제적 특징과 경제 제도의 연구(關于高句麗社會經濟的特點與 經濟制度的研究)(송용호, 길림대학 동북아연구소 연구원)
- 고구려 담론 I —그 미래 모델의 의미(윤명철, 동국대학 겸임교수)
- 왕젠췬 「'남북국 시대론'의 잘못을 바로잡는다〔南北國時代論糾謬〕」에 대한 분 석과 비판(정진헌, 목포해양대학 강사)

위의 논문 외에도 여기에는 네 편의 자료가 함께 수록되어 있는데, 중국 학자 왕젠췬이 1995년 발표한 「'남북국시대론'의 잘못을 바로잡는다」를 번 역하여 실었고(원문은 『동북아 역사와 문화』, 1995년 제2기에 수록), 박찬규, 강 선이 쓴 「만주 지역 고구려 · 발해 유적 답사 보고」도 함께 수록하고 있다. 나머지 두 편은 중국 학자의 논문을 번역한 것들로 쉬밍강(許明綱)의 「대련 지구 네 곳의 고구려 산성에 대한 간략한 고찰(大連地區高句麗山城略考)」(원 문은 『박물관 연구』, 1996년 제1기에 수록)과 쑨더롄(孫德蓮)의 「비사성(卑沙 城)」(원문은 『금주 박물관학간(金州博物館館刊)』, 1990년 제1기에 수록)이다. 중국 학자의 논문을 번역 · 소개한 것은 고구려연구회 및 한국 학계가 중국 학계의 고구려 연구 성과들을 주목하고 있다는 표현으로 볼 수 있다.

위에서 본 논문 가운데서 양동윤, 김주용, 한창균 세 사람의 논문은 『고구려연구』 제6집에서 발표한 논문의 속편으로 상세한 분석 결과와 통계 자료를 수록하여 고구려 기와의 제작 기법을 추정하였다. 서정호의 논문은 건축학의 각도에서 고구려 시대의 성곽 문루의 형태와 그 특징을 고찰한 것인데 이러한 특징은 이후 통일신라 시대와 고려 왕조 그리고 조선 왕조에 이르기까지 줄곧 영향을 미쳤음을 지적하였다. 채미영의 논문은 62쪽이나 되는 장편의 논문으로서 고구려 벽화의 바탕재와 그 특징과 변천을 통해 한국 역사상 가장 이른 회화 작품인 고구려 고분 벽화가 칠(漆) 벽화에 속하며 당시 사용된 바탕재는 건축 공간 내의 벽면이었다고 하였다. 손환일의 논문은 필획, 결구 및 장법(章法) 등의 각도에서 중원고구려비 비문의 서체를 구체적으로 분석한 것이다. 그 서체가 호태왕비보다는 한국 경내의 적성비에 더욱 접근해 있음을 지적하였다. 임병준의 논문은 고구려 언어의 차자 표기의 자료들을 분석하여 고구려 언어의 음운과 어휘 특징을 고찰한 88쪽에 이르는 긴 논문이다. '중국 길림대학 동북아연구소 연구원'이라고 이름한 송용호는 사실 중국 학자가 아니라 한국 유학생으로, 우리 학계에서 통상적으로 이야기하는 '연구원'의 신분은 아니다. 이 논문에서는 경제, 신분제도 및 토지제도와 조세 제도를 통해 고구려의 사회 경제 특징들을 고찰하였는데, 고구려 초기와 중기에는 비교적 강한 노예사회적 특징을 띠고 있었으나 말기에는 봉건사회적 성격을 강하게 가지고 있었다고 하였다. 윤명철의 소위 「고구려 담론」은 고구려 역사를 빌려 한국 문화와 민족 통일 그리고 국제 정책들을 의논하자는 것으로 한 편의 연구 논문은 아니다. 정진헌의 논문은 중국 학자인 왕젠췬이 1995년에 발표했던 논문을 집중적으로 반박한 것으로 중국 학자들이 비판하는 발해의 '남북국' 주장에 대한 대응이라고 볼 수 있다. 그는 왕젠쿤이 『삼국사기』를 삼국시대 역사로만 이해한 것이 그의 논문에서 오인을 불러온 주요 원인이었다고 하였다.

『고구려연구』제10집은 제6회 고구려 국제 학술대회의 특별 논문집으로 중원고구려비의 연구에 관한 논문들을 담고 있다. 제11집은 2001년 7월에 출판되었으며 모두 여덟 편의 논문과 네 편의 자료가 수록되어 있다. 그 제목과 저자는 아래와 같다.

- 고구려와 전연(前燕)의 관계에 대한 고찰(강선, 숙명여자대학 강사)
- 6~7세기 고구려 남경(南境) 고찰(서영일, 단국대학 매장문화재 연구소)
- 안악 3호분 주인공의 절(節)에 대하여(공석구, 한밭대학 교수)
- 고구려 척(尺)에 대한 문헌 사료와 고고학적 유물의 재검토(유태용, 한양대학박물관 연구원)
- 사신도 형식의 성립 과정과 한대(漢代)의 천문성수도(星宿圖) 고찰―고구려 벽화의 천문 세계관 이해와 관련하여(김일권, 서울대학 강사)
- 고구려 태천(泰川) 농오리(籠吾里)산성 마애석각에 대한 검토(민덕식, 국사편찬위원회 교육연구관)
- 벽류하 유역의 고구려 산성과 관방 체계(서길수, 서경대학 교수)
- 고구려 난방 시설의 과학적인 특징에 관한 연구(서정호, 공주대학 문화재보호학과 교수)

위에서 본 논문들 가운데서 강선의 논문은 고구려와 전연의 관계에서 고구려는 역사상 처음으로 북방 유목 민족과 정식 교류를 시작하였고 전연과의 끊임없는 충돌과 전쟁이 최종적으로는 고구려의 내적 발전을 촉진시키는 결과를 가져왔다고 하였다. 서영일은 논문에서 한강 이북 지역의 고구려 보루 유적을 집중 고찰하였는데 이러한 보루가 한국 학계에서 통상적으로 주장하는 것처럼 일시적인 조치를 위한 계획의 산물이 아니었음을 지적하였다. 공석구의 논문은 안악3호무덤 주인공의 절(節)을 고찰한 것인데 이 무덤이 주인은 동수이며 고구려 왕이 아니라는 점을 거듭 주장하였다. 유태용의 논문은 고구려가 사용했던 자[尺]에 관한 문헌 사료와 고고학 유물을 고찰한 것으로 고구려가 사용했던 자가 당나라 시기에 사용하던 자와는 달랐으며 그 정확도가 기타 자를 능가한다고 하였다. 김일권은 논문에서 사신도 형식의 성립 과정과 한대(漢代) 천문 자료를 고찰하였고, 고구려 벽화에 반영된 천문 사상을 이해할 때에는 고구려 문화가 가지고 있던 보편성과 특수성에 주목해야 한다고 하였다. 민덕식과 서길수 두 사람의 논문은 조선과 중국 학계의 고구려 고고 성과들을 나누어 소개하고 약간의 견해를 보탠 것인데 사실은 모두 그 실물 자료를 보지는 못했으며 대체적으로 학술적으로 소개한 글에 속한다. 서정호의 논문은 고구려 시대 난방 시설, 즉 온돌의 기원과 그 유적과 과학 특징을 고찰한 것으로 특히 과학적인 각도에서 그 열효율을 분석하여 고구려가 복사 난방 방식의 온돌로 난방을 했다고 주장하였다. 또한 고구려 시대에는 먼저 귀족 계층이 이를 사용하였고 후에 민간에 보급되어 이후 한반도 역사의 각 시기마다 줄곧 사용되었다고 하였다.

이 외에 자료 부분에는 중국 학자 리뎬푸 · 쑨위량이 쓴 『발해국』을 번역(정진헌 · 서길수 옮김, 문물출판사, 1987년 판)하여 실었고, 중국 동북 지역의 고구려 산성 답사 보고 두 편과 러시아 극동 지역 발해 유적 답사 보고 한 편도 함께 수록하였다.[268]

---

268) 【옮긴이】 지은이가 분석한 11집 이후 2004년 말까지 여덟 권의 논문집이 더 출간되었다. 『고구려 연구』 제12집—고구려 유적 발굴과 유물(2001. 12. 30); 『고구려 연구』 제13집(2002. 6. 30); 『고구려 연구』 제14집—고구려 국제 관계(2002. 12. 30); 『고구려 연구』 제15집(2003. 6. 30); 『고구려 연구』 제16집—고구려 벽화의 세계(2003. 12. 30); 『고구려 연구』 제17집—고구려의 사회와 문화(2004. 6. 30); 『고구려 연구』 제18집—고구려 정체성(2004. 12. 30)

위에서 본 논문들을 통해 고구려연구회와 『고구려연구』 학술지가 그들의 연구 계층과 경향을 대표하며 대체로 아래와 같은 두 가지 특징이 있음을 볼 수 있다.

먼저, 고구려연구회에 소속되어 있거나 『고구려연구』에 논문을 발표하는 주요 저자들은 한국 학계에서 중요한 영향력이 있거나 그러한 지위를 가지고 있는 원로 학자가 아닌 소장파 학자들이다. 여기에는 정식 교수 직위를 취득하지 못한 젊은 연구자들도 포함된다. 즉, 박사학위를 취득한 지 얼마 되지 않았거나 고구려 연구라는 전문 영역에 발을 들여놓기 시작한 젊은 학자들인 것이다. 한편 『고구려연구』는 아직 성숙하지 않은 연구 논문들까지도 비교적 쉽게 발표할 수 있는 하나의 중심 진지(陣地)라고 할 수 있다. 고구려연구회와 『고구려연구』 학술지는 주로 이와 같은 젊은 연구자들로 인해서 연구 방법에서나 연구 영역에서 모두 새로운 경향들이 나타나고 있다. 예를 들면 자연과학을 응용하거나 각종 실질적인 고찰 같은 방법을 포함한 여러 학문의 종합적인 연구를 더욱 중요하게 여기고, 국가를 뛰어넘는 협력과 공동 연구를 더욱 중요시하고 있다는 점이다.

바로 이러한 특징들로 인해서 고구려연구회는 한국 학계에서 이미 고구려사를 가장 활발히 연구하는 단체가 되었고, 『고구려연구』 역시 한국 학계에서 고구려 연구에 관한 최신의 연구 성과와 새로운 경향을 대표하는 중요한 학술적 진지가 되었다.

꼬리말

2001년 2월 『고대 중국 고구려 역사 총론』을 출판하고, 같은 해 6월 장춘에서 열린 "동북 변강 역사와 현상에 관한 연구 공작 좌담회"에서 회의에 참석한 전문가들이 (그 책의 출간을) 아주 중요하게 여기고 있다는 것을 알았다. 우리나라의 저명한 고구려사학자 쑨위량 연구원이 『사회과학 전선』 2001년 제6기에 「『고대 중국 고구려 역사 총론』을 평한다 ─ 근본을 거슬러 올라가 근원을 찾아 논증했다」라는 글을 쓴 가운데 그 책을 긍정적으로 평가하고, "다섯 분 저자들이 속편을 내면 금상첨화겠다는 희망 사항"을 내놓았다. 장비보(張碧波) 교수도 「『고대 중국 고구려 역사 총론』을 평한다 ─ 연구를 새로운 단계로 끌어올린 상징」(『중국 변강사지 연구』, 2002년 제2기)"에서 같은 바람을 내놓았다. 이런 것들은 우리에게 대단한 격려가 되었고, 우리가 『고대 중국 고구려 역사 속론』을 다시 쓰게 된 실마리가 되었다.

2002년 설날이 끝난 뒤 『고대 중국 고구려 역사 속론』 연구를 본격적으로 시작할 시기를 선택하기 위하여 널리 여러 전문가들의 의견을 구했다. 저명한 동북사 전문가 양바오롱(楊保隆) 연구원이 「『고대 중국 고구려 역사 속론』을 쓰는 데 대한 몇 가지 의견」이란 글을 써서 열 가지 측면에 관한 문제를 제출해주었는데 이 책의 뼈대를 구성하는 데 아주 중요한 길잡이가 되었다.

2002년 7월 『고대 중국 고구려 역사 속론』은 동북공정〔동북 변강의 역사와 현상에 대한 시리즈(系列) 연구 공정]의 2002년도 위탁 연구 주제로 정식 선정되었고, 마다정, 리다롱, 겅톄화, 권혁수로 구성된 팀이 성립되어 정식 집필 단계에 들어갔다. 2003년 3월 중순 초고가 완성되었다.

이 책의 집필은 다음과 같이 분담하였다.

머리말 ....마다정
이론편 ....리다롱
역사편 상(1장, 2장, 3장, 4장) ....리다롱
역사편 상(5장)..겅톄화
역사편 하 ....겅톄화
연구편
  1장 ....겅톄화
  2장 ....마다정
  3장 ....리다롱
  4장, 5장, 6장 ....권혁수
꼬리말 ....마다정

마다정 연구원은 책의 뼈대를 설계하고, 팀을 조직하고, 전체를 편집하는 일과 원고를 최종적으로 마무리 짓는 작업에 대한 책임을 졌다.

이 책을 쓰는 과정에서 왕징쩌, 가오푸순의 「고대 중국 강역 이론 연구」, 권혁수의 「우리나라 고구려 역사 연구와 조선, 한국 관계에 대한 약간의 건의에 관하여(關于我國高句麗歷史研究與朝鮮, 韓國關係的苦于建議)」, 학시원(郝時遠)의 「고구려 연구를 한 걸음 더 강화하는 일에 관한 건의(關于進一步加强高句麗問題研究的建議)」 같은 간행되지 않은 원고들의 견해가 함께 일하

는 동지들의 연구 성과에 크게 도움이 되었다. 특별히 양바오롱 연구원과 쑨위량 연구원, 그들의 명철한 견해는 이 책을 쓰는 데 중요한 지도 지침이 되었다. "동북공정" 전문가위원회, 동북공정을 집행하는 행정부서가 이 책의 주제와 집필에 관심을 보여주었고, 중국 변강사지 연구중심, 통화사범학원, 동북 사범대학이 이 책을 쓰는 데 인력을 제공해주었으며, 중국사회과학출판사가 본서 출판을 위해 수고를 다해준 것에 대해 여기서 충심으로 감사를 드린다.

2003년 5월 15일
중국 변강사지 연구중심에서

고구려사 동북공정

2006년 2월 27일 1판 1쇄

지은이 | 마다정 외
옮긴이 | 서길수

편집 | 류형식·강창훈·강변구
디자인 | 백창훈
제작 | 박흥기
마케팅 | 이교성
홈페이지 관리 | 최영미

출력 | 한국커뮤니케이션
인쇄 | 대원인쇄
제책 | 명지문화

펴낸이 | 강맑실
펴낸곳 | (주)사계절출판사
주소 | (413-756)경기도 파주시 교하읍 문발리 파주출판도시 513-3
등록 | 제 406-2003-034호
전화 | 마케팅부 031)955-8588 편집부 031)955-8558
전송 | 마케팅부 031)955-8595 편집부 031)955-8596
홈페이지 | www.sakyejul.co.kr 전자우편 | skj@sakyejul.co.kr

값은 뒤표지에 적혀 있습니다.
잘못 만든 책은 구입하신 서점에서 바꾸어 드립니다.

사계절출판사는 성장의 의미를 생각합니다.
사계절출판사는 독자 여러분의 의견에 늘 귀기울이고 있습니다.

ISBN 89-5828-124-3 93910

이 도서의 국립중앙도서관 출판시도서목록(CIP)은
e-CIP홈페이지(http://www.nl.go.kr/ecip)에서 이용하실 수 있습니다.
(CIP제어번호: CIP2006000284)